新时期社会主义经济体制改革研究

XINSHIQI SHEHUI ZHUYI JINGJI TIZHI GAIGE YANJIU

丁任重◎主　编
盖凯程◎副主编

西南财经大学马克思主义经济学研究院暨全国中国特色社会主义政治经济学研究中心『中国特色社会主义政治经济学理论体系构建』项目资助

西南财经大学出版社
四川·成都

图书在版编目(CIP)数据

新时期社会主义经济体制改革研究/丁任重主编.—成都:西南财经大学出版社,2020.11
ISBN 978-7-5504-4589-5

Ⅰ.①新…　Ⅱ.①丁…　Ⅲ.①社会主义经济—经济体制改革—研究—中国　Ⅳ.①F121

中国版本图书馆 CIP 数据核字(2020)第196087号

新时期社会主义经济体制改革研究
丁任重　主编
盖凯程　副主编

责任编辑:李思嘉
封面设计:墨创文化
责任印制:朱曼丽

出版发行	西南财经大学出版社(四川省成都市光华村街55号)
网　　址	http://www.bookcj.com
电子邮件	bookcj@foxmail.com
邮政编码	610074
电　　话	028-87353785
照　　排	四川胜翔数码印务设计有限公司
印　　刷	四川新财印务有限公司
成品尺寸	185mm×260mm
印　　张	29.25
字　　数	606千字
版　　次	2020年11月第1版
印　　次	2020年11月第1次印刷
书　　号	ISBN 978-7-5504-4589-5
定　　价	98.00元

目　录

专题一　经济制度改革

专题二　企业改革

专题三 农村改革

专题四 城市改革

专题五 金融改革

专题一

经济制度改革

不断推进和深化经济体制改革

刘诗白

科学社会主义由理论形态转化为人民的实践和现实，无疑是20世纪世界最重大的社会历史事件。1917年俄国十月革命的胜利，揭开了世界社会主义建设的历史篇章。二战后欧亚、美洲一系列国家走上社会主义的道路。1949年，中国共产党人在毛泽东思想指引下取得了新民主主义革命的胜利，成立了中华人民共和国，并且逐步启动了社会主义革命和社会主义建设。社会主义合乎历史规律而产生，但也是一个新生事物，需要在总结实践经验中摸索寻找与本国国情相适应的体制形式。因此，社会主义发展不可能一帆风顺，它在前进中遭遇困难，甚至发生曲折是不奇怪的。1989年的苏联东欧社会主义挫败，就是世界社会主义初始发展中的一次大曲折。社会主义拥有强大生命力，是具有自我完善能力的新社会形态，它在历艰克难中向前迈进是任何力量也遏阻不了的。在一些西方人士欢呼"历史的终结"和西方自由、民主模式的胜利之时，中国正在开展一场生机勃勃的社会主义自我完善和体制创新。1979年以来，在邓小平同志睿智领导下，有着坚持理论与实践相结合优良传统的中国共产党人，站在时代的高度，冷静地和深入地总结了苏东社会主义挫败以及我国一段时间的工作中发生失误的教训，及时地和果敢地做出了实行改革开放和构建中国特色社会主义的伟大战略决策，拨正了中国社会主义前进的历史方向。

进行经济体制改革是这一场社会大革新的第一战役。中国摒弃了西方人士极力推荐的新自由主义经济模式，坚持走社会主义制度基础上引进市场的改革路径，经过40年的大胆探索，成功地在中国构建起以公有制为主体，多种经济成分共同发展，充分发挥市场机制功能的社会主义市场经济体制。这是一种由"看不见的手"和"看得见的手"二者有机结合的崭新市场经济模式，一方面，它依靠市场力量调动亿万人民的劳动、创业和企业创新发展的积极性，另一方面又发挥政府调控、引导市场运行的功能，避免了经济大起伏，保障和维护经济稳定增长。中国新市场经济模式激活了国民经济，带来40年经济平均9%的高速增长，经济结构不断优化，一些产业技术跃升到世界先进水平。2018年中国GDP已经超过80万亿人民币，位居世界第二，人民的收入水平不断增长。肇始于1979年的中国经济体制大革新实现了人类历史上一次史无前例的经济起飞、社会进步和国力增强，谱写出20世纪末以来世界历史上中国崛起这一最华丽的篇章。

而就在这一时段内，资本主义世界遭受了2008年爆发的金融危机的沉重打击，众多国家经济长期不振，美国、英国等大国社会、政治矛盾不断加剧，有关“西方自由资本主义危机到来”的惊呼也频频出现在美欧的媒体上。

中国的改革是一场全域性的改革，是一次社会革命，它由经济改革开始，逐步向其他社会领域扩展。党的十八大以来，在以习近平同志为核心的党中央领导下，改革加大了势头，在经济、政治、党建、社会、文化、生态等领域全面推进。党的十九大宣告我国进入了中国特色社会主义发展的新时代，提出了我国建设分两步走，在21世纪中叶实现社会主义现代化的宏伟目标，绘制了新时代进行改革开放、建设的具体蓝图。当前，在习近平新时代中国特色社会主义思想指导下，新一轮的改革、发展大潮正在中国大地涌现。

经济体制改革，仍然是新时代我国改革的一个重头戏。经过40年的艰辛探索，中国社会主义市场经济体制已经形成，但还需要进一步完善，国有企业的改革还要深化，市场化改革还要向农村经济全领域推进，发展和增强社会公共品的改革需要加大力度。经济改革的任务还十分繁重。40年改革实践的经验启示我们：在坚持社会主义基本经济制度和坚持社会主义文化制度条件下，通过深化改革，形成完善的公共竞争市场经济体制，充分发挥市场驱动大众创业、质量提高、结构优化和促进创新的功能，同时有效发挥政府的调控、分配调节和公共品提供的功能，将能最大程度搞活国民经济，同时活而不乱。总之，坚持改革开放，进一步完善中国社会主义市场经济模式，进一步激活经济，进一步挖掘经济内生潜力，将为新时代我国经济持续强劲发展构筑坚实的体制保障。

进入深水区的我国经济改革的顺利推进，需要研究的重大现实问题很多。另外，中国成功地实现由高度集中的计划经济体制向社会主义市场经济体制平稳转型的经验，以及在生产技术落后的条件下实现经济社会大跨越发展的经验，也需要进行深入的理论总结、梳理，形成中国版的社会主义政治经济学。习近平总书记要求我们构写“中国理论”，彰显“中国智慧”，构建充分汲取人类一切优秀学术成果，特别是充分汲取中国优秀传统文化的具有中国特色、中国气派的中国经济理论。新时代向我们提出了更繁重的理论任务，中国经济学工作者大有可为，应肩负起重要责任和使命。我寄希望于年轻的经济学家，祝愿中国经济学进一步繁荣。我虽年迈，但还要有一分热、发一分光。

（本论文原载于《经济学家》2019年第1期）

中国特色社会主义政治经济学要系统化研究社会主义基本经济制度的重大理论问题

刘灿

中共十九届四中全会提出，要坚持和完善社会主义基本经济制度，推动经济高质量发展，并明确提出公有制为主体、多种所有制经济共同发展和按劳分配为主体、多种分配方式并存，社会主义市场经济体制等是社会主义基本经济制度。基本经济制度是社会生产关系中最基础的生产关系，马克思主义政治经济学从辩证唯物主义和历史唯物主义出发构建了基本经济制度和生产关系分析的理论逻辑。中国特色社会主义政治经济学要从基本生产关系层面研究坚持和完善中国特色社会主义基本经济制度的重大理论问题，形成系统化的理论，揭示生产力和生产关系变化的经济规律，构建中国特色社会主义政治经济学的理论体系，更好地指导中国特色社会主义建设实践。

一、社会主义所有制与产权理论

公有制为主体、多种所有制经济共同发展的实践及理论创新是改革开放以来马克思主义中国化的最大成果之一。中国特色社会主义所有制理论创新包括社会主义公有制理论、所有制结构理论、所有制与产权理论、混合所有制理论、财产权理论等。

传统的公有制理论（苏联模式）是一种“纯粹形态”的理论结构。这种理论深刻地影响了计划经济时期的中国经济社会发展。改革开放以后，随着中国特色社会主义理论的不断探索和实践，这种“纯粹形态”的理论正在失去其现实基础。中国改革开放的实践丰富和发展了公有制理论。以公有制为主体、多种所有制经济共同发展的所有制结构显然不同于传统的公有制模式，这是以马克思主义为理论指导，结合中国实际，立足中国国情，进行探索和实践的结果，是对马克思所有制理论的创造性发展。马克思认为公有制是资本主义发展“自然历史过程”的必然产物。马克思的公有制理论包含着深刻的科学内涵，但马克思关于未来社会公有制的构想，不是实际经验的总结，而是一种科学的假设。我们需要立足于坚持和完善社会主义基本经济制度和发挥社会主义公有制的基础性作用，总结我国构建社会主义初级阶段公有制的历程及经验，将中国经验上升为系统化的社会主义公有制理论。

关于所有制结构，即社会主义初级阶段以公有制为主体、多种所有制共同发展，其政治经济学分析范式是生产力与生产关系及其相互关系。过去政治经济学理解的作为社会主义基本经济制度的所有制基础只有公有制（全民所有制和集体所有制）一种形式，在实践中把非公所有制当作“异类”加以消灭。在改革实践和理论创新中，我们把社会主义需要什么样的所有制建立在生产力基础上即生产力标准，正如马克思所讲的，“无论哪一个社会形态，在它们所能容纳的全部生产力发挥出来以前，是决不会灭亡的；而新的更高的生产关系，在它存在的物质条件在旧社会的胎胞里成熟以前，是决不会出现的”。生产力标准使我们对社会主义初级阶段的所有制有了重新认识，也使我们寻找到在坚持和完善社会主义基本经济制度条件下所有制改革的中国道路。以公有制为主体、多种所有制经济共同发展之路极大地激发了各类经济主体的活力，极大地解放了生产力，使改革开放以来的中国经济保持了长期稳定的增长。从理论体系构建来看，对所有制结构的政治经济学解释，其理论运用主要是马克思的所有制思想或者是西方产权结构理论，其理论研究主要是专题式的，还没有一个以马克思所有制思想为理论基础，以构建社会主义公有制的中国实践为主线，系统化解释公有制的科学内涵、存在基础、发展方向和目标，及其实现形式的社会主义公有制理论。

关于财产权理论，在传统社会主义政治经济学理论体系中是没有的，我们只讲所有制，不讲财产权。实际上在马克思《资本论》和其他经典著作中有着丰富的关于所有制和财产权的理论，马克思把财产关系作为社会生产关系来研究，马克思阐释了物与财产、财产的所有与占有、财产所有权与使用权的分离，等等。只不过马克思研究和阐释的财产权是资本主义私有制，并没有把这种财产权放入社会主义公有制和市场经济体系中。

中国特色社会主义政治经济学的所有制理论应该包括财产权理论这一内容。改革开放以来关于社会主义市场经济的财产权制度和财产权结构理论探索极大地丰富了社会主义所有制理论。关于财产权制度和财产权结构，在改革实践和理论创新中我们遇到两个问题：一是社会主义基本经济制度及所有制结构为什么能够容纳私有财产，二是怎样构建平等保护各类财产权利的法律体系。

马克思所说的私有财产权都是从生产资料所有制（生产条件的占有）的意义上讲的，并且主要是针对资本主义社会的私有财产。马克思通过对资本主义“异化劳动”的分析揭示了私有财产的来源和本质，并提出“ 共产主义是私有财产即人的自我异化的积极扬弃”，从而为“消灭私有制”的观点奠定了基础。在过去的社会主义实践中，我们理解马克思的这一逻辑是社会主义社会应实行高度的公有化，造成在生产资料所有制的社会主义改造中把生产资料私有制甚至公民的私产也加以消灭。这种理论逻辑和实践过程实际上背离了马克思所说的“废除私有制只有在废除私有制所必需的大量物质条件创造出来之后才能进行”。按照社会主义初级阶段生产力发展的要求，按照社会主义基本经济制度的质的规定性和基本原则，以公有制为主体的多种所有制结构包括非公的私人所有制，即非公的私产（生产资料和消费资料，即现在讲的私人拥有的不动产和金融资产，以及作为资本投资于企业的私人股权）。从所有制与财产权的关系来看，财产权是所有制在法律上的实现形式，而财产权又是现代社会公民三大基本权利之一。在市场经济中财产权是一种自由选择权，财产权可以激发人们累积财富的积极性和提高市场配置资源的效率。斯密认为，“政府是作为保护财产和财产权的手段而发展起来，具有财产权、经济自由以及司法框架的商业社会的发展对于经济增长和经济自由至关重要”。因此，社会主义基本经济制度及所有制结构应该能够容纳私有财产。

改革开放以来，我国构建财产权法律保护制度的基本走向是承认和平等保护各类经济主体（民事主体）的财产权利。构建平等保护各类经济主体的财产权利的法律体系是社会主义基本经济制度和实行社会主义市场经济体制的基本要求，在理论上需要从政治经济学和法理学的双重视角来解释财产权的内涵、财产权思想的来源、财产权制度的历史流变、财产和财产权制度与国家经济制度和政治制度的关系等基础理论问题；在实践中需要处理好经济主体、市场与政府的关系，公有财产与私有财产的关系，公权与私权的关系等。

二、国有经济与国有企业理论

通观世界各国经济发展历程，任何一个国家的任何一个经济发展阶段，都不是由单一的经济成分构成的，都存在国有经济和非国有经济，只是由于不同国家的不同社会制度性质、不同历史文化传统、不同经济发展阶段，国有经济的总量规模、分布范围、资产比重、影响程度和实现形式有着明显的差别。关于国有经济存在的理论依据，经济学解释为：一是提供公共产品，二是存在于自然垄断企业，三是国家宏观调控的基础与工具，四是实现国家安全和国家战略目标。我国的国有经济是社会主义基本制度的经济基础，其理论解释不能只用西方经济学理论，我们应该科学地总结中国特色社会主义国有经济建立、发展、改革的实践经验和理论创新，构建系统化的国有经济和国有企业理论。

在传统的社会主义政治经济学中，国有经济和国有企业作为社会主义公有制的主体，其性质已由社会主义经济制度规定了，企业的生产目标、生产方式和分配方式由社会主义基本经济规律决定，在计划经济体制中企业并不是一个独立的微观经济组织，从而也没有进行独立研究的必要性，因此传统的社会主义政治经济学没有企业或国有企业理论。以国有企业为研究对象的企业理论是在国有企业改革和构建社会主义市场经济体制的实践和理论探索中发展起来的。作为政治经济学理论体系中的企业理论，其理论逻辑是阐释企业的性质和存在（企业与市场的边界），企业的内在结构（所有制和产权），企业治理与绩效，而这些基础问题的解释最初都是来自西方主流经济学和产权理论、交易费用经济学等，我们并没有构建起马克思主义政治经济学范式的企业理论及国有企业理论。

国有企业是社会主义公有制的实现形式，是社会主义基本经济制度的核心保护层，在坚持“两个毫不动摇”中，国有经济和国有企业发挥着重要作用。改革开放40多年来，我国的国有企业改革走了一条比较独特的路径：没有大规模的产权私有化；在关系国民经济命脉的关键行业引入有限的竞争；发展混合所有制企业但国有控股的格局没有变。中国的改革实践需要新的理论解释。西方主流产权理论还不能提供我国国有企业产权改革的理论解释。主流产权理论，包括交易费用理论和资产专用化理论等均不能从根本上解释国有产权的性质问题，也没有回答什么情况下会出现国有企业的问题。阿罗、德布鲁等人的福利经济学基本原理告诉我们，在一般均衡条件下，市场经济可以达到资源有效配置的结果。但也有学者证明，如果有这些一般条件，计划经济也可以达到有效的配置结果。这样，从某种程度上来讲，资源配置效率似乎与产权制度的安排无关。另外，如果用合约理论来解释国有企业改革也存在问题。

在转轨经济中，把国有企业放到一个特殊产业的环境中来研究其产权与改革绩效，是中国特色社会主义政治经济学从所有制和产权视角来研究国有企业特别是国有垄断企业的一个方向，它需要说明国有企业改革所有制为什么重要。中国的实践表明，对于在转型期制度环境不稳定的国家，应着重探讨制度因素，分析一个产业的所有制结构、企业制度和政企关系对企业行为的影响从而对绩效的影响，在不改变产业内所有制结构和企业制度的前提下，即使政府放松产业管制，也可能无法保证市场竞争性的提高。正因为如此，社会主义基本经济制度中国有企业的政治经济学分析，其逻辑主线应该是所有制（企业产权结构）、市场（放松管制和引入竞争）和政府以及它们之间的关系，在此基础上形成立足于中国实践的系统化的国有企业理论。

三、社会主义收入分配理论

改革开放40多年来，中国特色社会主义收入分配理论以马克思主义为指导，立足于中国国情和改革开放的实践经验，经历了由单一的按劳分配，到按劳分配为主体、其他分配方式为补充，再到按劳分配为主体、其他分配方式共同发展以及按劳分配与按生产要素分配相结合的发展过程，走了一条理论与实践不断创新发展之路。中国特色社会主义收入分配理论中不仅包含体现社会主义基本经济制度和生产关系性质的按劳分配的基本原则、内容、方式，还包含社会主义初级阶段和市场经济条件下按劳分配的实现方式，社会主义公有制为主体的所有制结构与多种分配方式并存的分配制度特征，以及社会主义市场经济中按要素贡献分配的依据和实现路径。中国特色社会主义收入分配制度与所有制结构、国有经济与国有企业一样，构成社会主义基本经济制度的核心层，是社会主义基本经济制度最核心的内容。

中国特色社会主义收入分配理论的逻辑主线是基于中国实践的生产力—生产关系—上层建筑的相互影响及互动机制，基本理论维度是分配基础、分配原则、分配机制和分配形式，理论背景是中国收入分配制度变迁，实践基础是收入分配体制改革的中国经验，重大问题是收入分配领域要解决的重大课题的理论基础与实践方案，包括：社会主义初级阶段分配结构的完善，收入分配领域如何处理好公平与效率的关系，初次分配领域如何处理好劳动与资本的关系，在经济增长过程中如何发挥政府与市场的作用有效调节收入差距，如何走包容性发展道路，脱贫致富实现共享发展，以及缩小差距和实现共同富裕的生产力与生产关系基础，等等，这些重大问题是坚持以人民为中心的发展思想的集中体现。逻辑主线、理论维度、理论背景、实践基础和重大问题将构成系统化的中国特色社会主义收入分配制度理论。

四、社会主义市场经济中政府与市场的关系理论

在社会主义市场经济体制中，政府与市场都有着自己的功能和作用边界，在此基础上，政府和市场都可以充分而有效地发挥作用，政府作用和市场作用不是对立的，不能以为强市场就一定是弱政府，强政府一定是弱市场。当代资本主义国家奉行自由市场经济，其模式的特征也不是一个强市场、弱政府的问题，资本主义市场经济在社会经济结构失衡问题上也十分强调政府通过各种手段来积极干预。

市场决定资源配置是市场经济的一般规律，市场与政府两种机制的交织和互补作用，是现代市场经济运行的常态。但是，在社会主义市场经济中政府与市场的关系以及各自作用的边界，有着其制度和体制的特征，我们不能仅在西方主流经济学理论框架内来解释这个问题，而应该进行马克思主义政治经济学的分析。从政治经济学的基本命题和研究方法看，政府与市场的关系本质上是上层建筑与经济基础的关系，社会主义市场经济的逐步建立和成熟使得生产关系适应了生产力的发展的需求，作为生产关系之总和的经济基础出现的变革也同时要求上层建筑进行相应的调整，坚持和完善社会主义基本经济制度和全面深化经济体制改革反映了这一规律的要求。党的十八大报告中提出让市场在资源配置中起决定性作用，同时更好发挥政府作用。在社会主义市场经济中，政府与市场、政府与各类市场主体、政府与公民个体之间的关系是社会经济运行的关键性基础，理顺这些关系是建立和谐市场秩序的先决条件。

系统化的政府与市场的关系的理论，其逻辑主线应该是社会主义市场经济的运行机制。在我国市场化改革和构建社会主义市场经济理论中，我们一开始引进、应用的是西方宏观和微观经济学，在政治经济学教科书中关于企业、市场与政府，以及供给与需求、市场体系和市场结构等基本上是西方经济学教科书的内容。中国市场化改革的独特实践给我们提出了具有社会主义基本经济制度特性和社会主义市场经济体制特征的政府与市场的关系，提出了基本生产关系与市场经济运行机制的关系，以及政府失灵和市场失灵产生的生产关系基础等这些重大理论问题。这些重大问题的政治经济学分析正是社会主义市场经济中政府与市场的关系的理论，其实践基础（案例）是中国经验，它的

构建将挑战西方经济学的“经济自由主义”和“凯恩斯主义”，具有重要的学科意义和实践意义。

五、社会主义发展道路理论

马克思把人的自由全面发展作为人的权利的基本内涵，同时把人的劳动实践活动作为权利实现的途径和过程。他认为只有在现实的世界中并使用现实的手段才能实现真正的解放，也只有在共同体中，个人才能获得全面发展其才能的手段。中国特色社会主义建设进入新时代，我们以马克思关于人的全面发展的思想为指导，提出了社会主义共享发展理念下的发展道路要坚持人的全面发展，以发展来推进社会公平正义，体现包容性增长和益贫式增长。实践证明，中国现代化必然要走也正在走一条有自己特色的独特道路。

政治经济学长期缺乏对发展中国家现代化和发展问题的理论解释。改革开放 40 多年来新发展理念和发展道路的中国实践，推动了这方面理论的创新，形成了一个“中国的新发展经济学”，它具有重要的学科意义。从坚持和完善社会主义基本经济制度出发，我们需要进一步研究发展与制度的关系，发展道路的选择中生产力与生产关系、经济基础与上层建筑的关系，把这种研究建立在马克思主义的方法论基础上，构建以马克思主义为指导的、立足中国实践的系统化的发展经济学理论，使之成为中国特色社会主义政治经济学理论体系的重要部分。

（本论文原载于《政治经济学评论》2020 年第 1 期）

完善社会主义市场经济体制与财产权法律保护制度的构建

——政治经济学的视角

刘灿

2016年11月27日，《中共中央 国务院关于完善产权保护制度依法保护产权的意见》（以下简称《意见》）发布。《意见》指出，有恒产者有恒心，经济主体财产权的有效保障和实现是经济社会持续健康发展的基础。必须加快完善产权保护制度，依法有效保护各种所有制经济组织和公民财产权，增强人民群众财产财富安全感，增强社会信心和形成良好预期，增强各类经济主体创业创新动力，维护社会公平正义，保持经济社会持续健康发展和国家长治久安。

2018年11月，习近平同志在民营企业座谈会上的讲话中指出，公有制经济和非公有制经济都是社会主义市场经济的重要组成部分，都是我国经济社会发展的重要基础；公有制经济财产权不可侵犯，非公有制经济财产权同样不可侵犯；国家保护各种所有制经济产权和合法利益，坚持权利平等、机会平等、规则平等，健全以公平为核心原则的产权保护制度，加强对各种所有制经济组织和自然人财产权的保护。

构建与社会主义市场经济相适应的财产权制度，面临着一些重大的理论与实践问题。财产权制度的理论基础不仅仅在法理学范围内，更需要政治经济学的解释。因为财产权是整个生产关系在法律上的最好体现。马克思曾说，“在每个历史时代中所有权以各种不同的方式、在完全不同的社会关系下面发展起来的。因此，给资产阶级的所有权下定义不外是把资产阶级生产的全部关系描述一番。”[1]我们需要从马克思主义政治经济学角度，运用历史唯物主义的方法，从财产权制度演进既受到整体社会经济制度演进的制约、又深刻影响着社会经济制度转型发展，在“生产力—生产关系—上层建筑”相互影响和作用的互动中找到财产权制度构建的经济学理论基础，同时丰富和拓展中国特色社会主义政治经济学。

一、西方国家财产权法律保护制度的构建与演进

1. 财产权制度是资本主义市场经济形成的基础

在近代社会发展过程中，随着摆脱政治、社会因素和纯粹经济性财产的出现，以自下而上的方式反对封建特权，建构自由、平等、所有权、契约的市场经济，促进了政治社会的转型和市民社会的出现。市民社会是各个成员作为独立的单个人的联合，因而也就是在形式普遍性中的联合，这种联合是通过成员的需要，通过保障人身和财产的法律制度，和通过维护他们特殊利益和公共利益的外部秩序而建立起来的。财产是政治社会的真正基础，是公民契约的重要保障。市民社会是从个人利益出发，以经济生活为中心形成的人际交往领域，它随着现代市场经济的起源而出现，是在破除君权神授观念之际，建构世俗国家理性的尝试。“市民社会”的实质是指与“政治社会”相对立的“财产关系”，而“财产关系”只是“生产关系的法律用语”。

近代西方市民社会的兴起，其实是人们的权利意识和公民意识觉醒的结果。权利意识，主要表现为在政治、经济生活过程中对人自身和财产的保护意识提高。洛克在关于财产权的论述中提到了自然权利（包括生命、自由和财产的权利），并认为财产权是最基本的自然权利，也是生命和自由等权利的基础[2]。所以捍卫生命、自由等权利，首先是要捍卫财产权利。这是近代西方社会构建公民权利保障体系的一个基本逻辑。

财产权是现代市民社会的基本权利，它既是每一个公民社会生存及自由选择的基础，也是资源配置的手段。从人类历史上财产权制度的演进来看，对个人或家庭拥有自己的、并得到确认和保护的财产，从中世纪社会以来就是人们的一个理想追求，直到15~16世纪欧洲各国才普遍建立了以私人财产神圣不可侵犯为核心的私人财产权利体系，并在此基础上推进了市场经济制度的形成①。近代西方个人主义是以所有权为基础的个人主义，人与人之间的社会关系实际上是不同的所有者之间的交换关系、财产关系，这种个人主义是对中世纪团体精神的否定，对于崇尚个体、自由的市场经济制度的形成有着重要的、革命性的意义，但是它也包含不利于社会平等和谐的极端化因素。

资本主义市场经济崇尚经济自由。“各个人都不断地努力为他自己所能支配的资本找到最有利的用途，固然他所考虑的不是社会的利益，而是他自身的利益，但他对自身利益的研究自然会或者毋宁说必然会引导他选定最有利于社会的用途。”[3]53-54 “看不见的手”一直被解释为市场力量，其核心是自由价格的作用调节着受自我利益驱动的经济活动者在完全竞争的市场中的行为，最后能够无意中促进整个社会的福利和经济增长。

---

① 近代西方社会确立了一个以私人财产权利为核心的观念和制度体系，即私人财产权利体系；它是绝对私人所有权、私人财产神圣不可侵犯原则和行使私人财产权利的自由和经济自由的三位一体。这一过程大致经历了300年时间（1600—1900年）。参见：赵文洪. 私人财产权利体系的发展［M］. 北京：中国社会科学出版社，1998：31.

亚当·斯密的“看不见的手”的背后是他的个人主义和自由主义的哲学观。斯密的自由主义哲学观认为，在社会的自然秩序中，个人具有“自然的自由”追逐他们的利益，这种自然自由涉及的是个人的自由和经济的自由，是从事自己个人事务的自由，它处在市场经济的社会中，在受到司法限制的环境中起作用。这种限制不是对贸易、讨价还价、制造、工资的限制，而是在更基本层面上的限制，即受到公正的限制[4]。以斯密为代表的英国古典政治经济学，用经济自由主义反对的是18世纪的重商主义，反对政府对市场经济活动的干预和政府管制。财产权是经济自由的基础和条件，即公民作为市场主体参与经济活动，与他人进行经济交换，是对自由的保证。财产权作为经济自由的保证具有两方面的作用：一方面，它使人（经济人）能够自主、理性地参与经济活动，在这方面，个人的财产可向社会提供关于他的能力的信息，包括他承担责任的能力的信息，在这种情况下，财产具有“抵押”的作用；另一方面，财产又使人能够在某种社会组织方式、关系所可能具有的强权威胁、风险和不确定性面前，自主、安全地选择退出，如从被操纵的市场交易条件下退出，从受强制的雇佣劳动关系中退出，等等。在这种情况下，财产起着一种“保险”的作用。在这两种意义上，财产权都是一种自由选择权。

私人财产权利的确立为资本主义的长期发展提供了动力和制度环境。建立财产权所有权的重要性在于它提供了财产的安全，从而使得财富的激励与财富的积累得以实现，而这正是资本主义发展的动力。资本主义制度确立后，财产立法允许个人合法地追求财富，并对他们取得的财富提供法律保护。保护财产权，实际上是给财产所有者提供一个理性预期，使他们有信心为财产增值而投入生产性劳动，对积累财富有安全感。追求财富的行为既是个人生存与发展的必要条件，也是一个国家、社会生存与发展的必要条件。法律保护私人财产权利实际上是引导把每个人追求财富、爱惜财富、保护财富的自觉性变为促进经济社会发展的持续动力。

2. 西方私有财产权思想的演进

西方私有财产权思想的演进有深刻的经济思想和政治思想渊源。由于资本主义国家经历了资本主义形成和巩固、自由资本主义和垄断资本主义三个时期。与此相应，其经济、政治思想也经历了三个阶段。即资本主义形成巩固时期的重商主义经济思想和鼓吹“天赋人权”的自然法政治观、自由资本主义时期的重农学派标榜的“自由放任”主义和“功利主义”政治思想、垄断资本主义时期的“国家干预”主义和“社会本位”政治思想。

在第一阶段即资本主义形成巩固时期，主流经济学思想是重商主义。这一理论着眼于为资本主义原始积累提供依据，因而强调国家权利的重要性，主张国家对经济的干预。显然这里的“国家干预”目的是对“外界干预”的干预，从而保持自身自治。实质上，就是主张国家用法律的手段确保资本家通过残酷的原始积累所得来的财富的安全。与此呼应的政治思想则是鼓吹“天赋人权”的自然法主义。它把财产和生命、自由并在一起奉为不可剥夺的天赋人权。自然法理论的第一人格老秀斯指出，基本的自然权利包括三个方面：自由、守信和对私有财产的尊重。实质上，就是主张国家用法律排除外力对资本家财富的侵犯，以维护资本家的“自治领地”。

在第二阶段即自由资本主义时期，私有财产权思想是以追求自由与功利为目的的“神圣不可侵犯”思想。这一时期“经济自由”的呼声日益高涨，重农学派标榜的“自由放任”主义原则成为经济思想的旗帜。亚当·斯密将其推至完备，并提出“看不见的手”的理论，主张越无为的政府就是越好的政府。实质上，“自由放任”主义反映了资本家对个人自由发展和对财富无限追求的欲望，与之相匹配的政治思想则是推崇“功利主义”的资产阶级自由主义。其最重要的代表有洛克、边沁、密尔等人，洛克是奠基人[5]。在这一时期，自由主义和个人功利主义的思想内核在私有财产权上也必然体现为以追求自由与功利为目的的“神圣不可侵犯”思想。

在第三阶段即当进入垄断资本主义以后，私有财产权思想是“财产权神圣不可侵犯”思想去掉了“神圣”二字。在这一时期，自由放任主义的经济理论已不能解决垄断的现实，宣扬国家在经济发展中的特殊作用的经济思想大行其道。李斯特等人创立了反对“自由放任”主义的历史学派；1933 年世界经济危机爆发后，美国总统罗斯福接受了国家干预经济的思想；此后国家干预理论进一步深入并由凯恩斯推向完备。二战后资本主义世界出现了“政治、经济民主化”的倾向，经济思想方面出现了调和“自由”与“控制”的“供给学派”。可见，这一时期的经济学思想总体上都强调国家干预主义在经济生活中的重要地位，并注重对个人和社会民主的维护。同时，如影相随的政治思想则强调以维护整体利益为目标的“社会本位”思想和“社会福利”思想。实质上，这一时期的政治思想仍然体现了国家在社会生活中对维护资产阶级整体利益的作用和国家行使该权力的界限。可见，经济思想与政治思想在维护整体利益和推进民主这一本质上是一致的，与之血脉相承的私有财产权思想自然就是以尊重社会利益为前提的“不可侵犯”思想。

从各国财产权的宪法保护制度来看，财产权的在近代市民宪法中，“神圣不可侵犯”的私有财产权思想体现为“私权至上”和“财产权神圣”的宪法条文。国家对私有财产权的干预给予积极限制。例如，近代市民宪法大都以大量条文限制政府的征税权与财政权，这实际上是防止政府“私利”膨胀。现代市民宪法具有国家干预的色彩并通过宪法赋予国家在经济生活中的社会性与民众性的取向。这决定了现代市民宪法在财产权保障问题上对私有财产权进行有条件消极保护。在该模式下的现代资本主义国家多以宪法条文宣布私有财产权“不可侵犯”，去掉了近代市民宪法所推崇的“神圣”话语，市民社会的私有财产权的范围有所收敛。

财产和财产权利问题是近代西方资本主义经济制度和政治制度的核心，行使私人财产权利的自由，是资本主义经济自由和政治自由的前提和基础。斯密认为，“政府是作为保护财产和财产权的手段而发展起来，具有财产权、经济自由以及司法框架的商业社会的发展对于经济增长和经济自由至关重要。”[3]242

应该看到，西方私有财产权思想演进的实质不过是私人对财富控制量在一定范围内“量”的伸缩与分割，而不是其权利本身的“质”发生了变化。正是由于私有财产权思想在演进的历程中保持了核心和“质”的稳定，西方的资本主义私有制才得以稳定。法国学者亨利·勒帕日对此有类似的阐述：“人们很容易看到所有权结构和经济增长之间的关系，一个社会所有权体系如果明确规定每一个人的专有权，为这种专有权提供有效保护，并通过缩小对革新带来额外利益可能性无把握的程度，促使发明者的活动得到最大的个人收益，那么，这个社会就更富于革新精神，并且能够使经济增长。”[6]这实质上也从另一侧面表明资本主义制度下财产权的裂变对私有制下的社会经济发展所产生的反作用，而私有制下社会经济的发展需要也反过来决定了私有财产权必须发生量的伸缩和分割。

3. 20 世纪以来西方各国财产权立法实践的新变化

20 世纪以来西方各国的财产权概念和立法实践发生了一些新变化。

一是私人财产权利的绝对性受到挑战。在经济思想和法律制度的演进上，财产权一开始就是为实行私有财产而提出来的，各国在财产法立法上都十分强调私人财产权的绝对权利，强调私有财产权“神圣不可侵犯”。自 19 世纪中叶以来，绝对权的概念受到了挑战，社会利益和社会公平日益受到重视。这些国家财产权制度价值目标和功能的变化，其基本趋向是注重社会公益，限制私人自由，强化国家干预。在规定私人财产权行使的权利和义务时，开始规定应该承担的社会义务，即实行“公权优于私权”的原则。20 世纪以来西方各国发生的“所有权的社会化”趋势也值得充分关注。所有权的社会化主要是指作为私人所有者对其土地和某些生产资料的支配和使用应同社会利益相一致，所有权人不得以反社会的方式使用其财产；在土地的私人占有与社会利益相冲突时，所有权的排他性应让位于社会公共利益，但应获得公正的补偿。现代资本主义国家多以宪法条文宣布私有财产权“不可侵犯”，去掉了近代市民宪法所推崇的“神圣”话语，市民社会的私有财产权的范围有所收敛。

二是所有权在财产权中的地位变化。所有权范畴作为一种法律思想形式曾经在资本主义制度中非常重要，现在已经发生了改变。对资源的法律控制已日益被分解为各个特殊的权利，在控制主要生产资料的大型的公众持股的公司中，这种财产权的分解表现得特别明显。“没有财产权的控制权”即不持有股份的经理权力的增长，是现代公司财产权结构的一个最基本的现象。所有权在财产权中的地位的“衰落”是与财产的中心从“物”转移到“权利”有关的，在另一方面也与现代财产权注重对财产的使用而不注重财产的归属有关。

大陆法系以所有权为中心制度，在面对现在社会许多新的财产现象时是以抽象物（所有权以外的具体的财产权利）为基准，对各种具体财产权利予以平等保护。英美法系“所有权一词纯粹是作为占有的对应词，其意义并不比产权包含更多的含义，所有者比单纯的占有者地位要高一些，但在恢复占有的诉讼中，所有权并无任何技术性的意义”。所有权地位变化的主要原因是它赖以存在的经济条件发生了显著变化，即经济形态由“相对静态”到“频繁交易”；价值目标由“归属”到“利用”；利益实现由“自主管理”到“价值支配”[7]64-66。

三是财产权概念体系的扩展。20 世纪以后现代市场经济的发展，从罗马法沿袭下来的传统的财产法概念体系在纷繁复杂的商品世界和经济活动中受到了严重的挑战，各国财产权确认和立法保护的新实践中推进了财产权概念体系的扩展。主要表现在：

（1）财产权立法的价值目标保护的变化。法律本位由个人本位到社会本位；财产法目标由保护私人占有到维护公平分配；财产法原则由私人自治到限制自由，所有权至上的原则受到冲击[7]64-66。

（2）财产权的非物质化。在传统财产权概念中，通常把财产与物联系在一起，即把有形的物作为权利拥有的客观对象。在现代市场经济中，大多数财产都是无形的，如商标、商誉、专利、版权、特许权等，任何有价值的利益都可能成为财产权的对象，法律上也开始把财产定义为对价值而非对物的权利，财产不再只是支配物的权利，而是支配有价值的利益的权利[8]35-41。

（3）新财产概念的形成。在现代市场经济中，传统的财产概念已经被一种新的财产概念所取代，这种新财产是物质的，不是由支配物的权利所组成，而是由有价值的权利所组成；财产权由一束依情况而受到限制的权利所构成[8]35-41。美国法学家托马斯·G. 格雷清晰地表达了他关于新财产概念的思想，他说：“财产权意味着对某一物品的权利的思想究竟是什么呢？也许我们从来就不需要一种所有权概念，但是可以肯定，财产权是一种从其他法律权利中派生出来的独特范畴，在法律权利中，财产权与物品是相称的。但是，这一看法也经不起分析。因为在现代资本主义经济中，大多数财产权都是无形的。就拿财产权的公共形式说：公司中的股票份额，债券，各种形式的商业票据，银行账户，保险单，等等。更不用说那些更加神秘而难以确定的财产权如商标、专利、版权、特许权和商业信誉。”[9]这些新形态的财产的分配是通过公法实现的，也应当给予适当的法律保护。

二、1949 年至今我国财产权法律保护制度的构建与演进

1. 新中国成立后财产权法律制度的构建：大量移植苏联模式

苏联型社会主义宪法模式中的财产权具有比较突出的“国家观念”和“公权意识”。它在宪法中使用了对财产主体区别对待的条文，往往规定“国家财产神圣不可侵犯”，甚至取消私有财产权；通常不承认个人对生产资料的所有权。1936 年《苏联宪法》奠定了这种模式的基础，它完全取消了私有财产权在宪法中的地位。宪法制度在“显性”方面对私有财产权进行无条件限制；在“隐性”方面有意模糊政治国家中的私

有财产权与公有财产权的界限。

“国家几乎垄断了全部的社会资源……公民个人则丧失了资源和机会，只是整个计划经济体制中的一个零件，公民个人财产也只是国家通过配给制度给予的维持生存必需的基本生活资料”。这种模式的思想基础来源于列宁的主张——“我们不承认任何‘私法’”。

改革开放前，我国宪法在私有财产的保护方面，主要经历了1949年《中国人民政治协商会议共同纲领》的过渡性保护、1954年宪法的基本肯定、1975年和1978年宪法的基本否定几个阶段。

1949年《中国人民政治协商会议共同纲领》对私有财产的保障做了一些初步的规定，如“保护国家的公共财产和合作社的财产，保护工人、农民、小资产阶级和民族资产阶级的经济利益及其私有财产”。对公民私有财产权的保障是以阶级划分的，具有强烈的政治色彩。另外其没有设立“公民的基本权利义务”部分。

1954年宪法，多条条款规定了私有财产权的主客体和内容，既具多元性又受严格限制。“国家依照法律保护农民的土地所有权和其他生产资料所有权。”“国家依照法律保护手工业者和其他非农业的个体劳动者的生产资料。”“国家依照法律保护资本家的生产资料所有权和其他资本所有权。”“国家保护公民的合法收入、储蓄、房屋和各种生活资料的所有权。”

在1975年宪法中，公有制就是公有财产权的观念高度强化；公有财产权几乎取代了多种财产权而“一统天下”。这种局面实质上就是追求纯粹的阶级身份与财产权身份同一的形式，而否定了人作为独立主体享有人格与福利的实质。

1978年宪法，对公民的私有财产的保护范围有所扩大；国家保护公民的合法收入、储蓄、房屋和其他生活资料的所有权；财产权作为一种能带来财富增值和福利的权利开始受到重视，但仍未完全摆脱一些长期积淀的思想的束缚。

2. 改革开放后财产权法律制度的重塑

改革开放以后，随着我们形成社会主义初级阶段多种所有制结构和逐步向社会主义市场经济体制的转型，财产权立法的指导思想和财产权保护条款发生了很大变化。值得一提的是两大事件。

一是“私产入宪”。1982年宪法确立了我国财产权法律制度的基础框架，在保持对公有财产权实行特殊保障的基础上，构建了多种财产权并存的制度；1988年宪法修正案扩大了私有财产的来源和获取方式；1993年宪法修正案确立了市场经济体制，增强了私产的主体性；2004年宪法修正案确立“私有财产不可侵犯”“国家尊重和保障人权”，财产权与人权实现了制度上的同构；2018年宪法修正案在“总纲”部分继续保持了法治、人权、私有财产保护、征收补偿等基本原则。

二是2007年颁布《中华人民共和国物权法》。《中华人民共和国物权法》作为一种调整财产归属和利用关系的基本法律，其基本规则是民事主体在法律地位上一律平等。

物权平等保护原则是指各类民事主体享有的所有权和他物权平等地受法律保护。《中华人民共和国物权法》规定，国家实行社会主义市场经济，保障一切市场主体的平等法律地位和发展权利；国家、集体、私人的物权和其他权利人的物权受法律保护，任何单位和个人不得侵犯。《中华人民共和国物权法》对公民私有财产的范围做了明确的界定。在我国现行民法立法体系中，已有民法通则、民事特别法、财产管理法等法律法规，但还没有形成一个完善的体系，主要是缺乏物权的最基本的规则和基本制度。因此，物权法的制定具有重要意义。物权法中规定的所有权制度、用益物权制度和担保物权制度，是实行社会主义市场经济体制的基本制度[10]。

对于我国财产权法律制度的建立，我们从马克思主义政治经济学关于经济基础与上层建筑的关系看，要关注的是：其一，与西方国家一般将财产权宪法的“公民的基本权利和义务”部分不同，我国从 1954 年宪法起，财产权条款就一直放在“总纲”部分。我国宪法的“总纲”主要是用来规定国家的基本政治制度、基本经济制度、基本文化制度①。将财产权放入总纲部分，在立法思想上是把财产权看作经济制度的一部分，这与马克思认为财产权就是整个生产关系在法律上的最好体现一致。生产力决定生产关系，经济基础决定上层建筑，这是马克思主义政治经济学的基本命题。生产资料所有制、财产权、分配制度共同构成一个逻辑整体，它是经济制度的核心内容，也是规定上层建筑的基础，在规定社会基本制度的宪法总纲中出现体现了政治经济学的这个逻辑关系。其二，1982 年宪法以前，我国宪法中对私人财产一般不用“财产”来表述，而是用生产资料、生活资料。生产资料和生活资料是马克思对财产的最基本的分类，而且马克思是把财产作为生产关系来分析的，认为财产关系的基础是生产资料所有制，它反映的是生产过程中人与人之间的关系，因此在马克思那里，有意义的是生产资料所有制，即人们把“生产条件看着是他自己的”，而财产关系通过法律形式把这种关系固定下来。所有制，无论是公有制还是私有制都是针对生产资料而言。在我国 1975 年、1978 年、1982 年宪法中都规定实行单一的社会主义公有制，即不允许个人拥有生产资料，因而保护公民的私产就只意味着保护其生活资料。1988 年宪法修正案以后，多种所有制结构和多种所有制经济共同发展得到宪法的确认，允许私有经济和私人合法财产的存在，公民的私产也就自然分为生产资料和生活资料两大类，生产资料和生活资料在宪法层面受到“双重保护”。

3. 关于构建保护公民私人财产权法律制度的理论讨论

关于公民私人财产权的法律制度的构建。首先涉及宪法如何保护财产权，国内学者对此有较多研究。“宪法保护私有财产，不仅要实现公民自由权利，也要捍卫社会的平

---

① 例如，“社会主义制度是中华人民共和国的根本制度”“中国共产党领导是中国特色社会主义最本质的特征。禁止任何组织或者个人破坏社会主义制度”“国家在社会主义初级阶段，坚持公有制为主体、多种所有制经济共同发展的基本经济制度”“社会主义的公共财产神圣不可侵犯”“公民的合法的私有财产不受侵犯”“国家发展社会主义的教育事业，提高全国人民的科学文化水平”。这些条款都是放在总纲部分的。

等和正义价值。财产权制度要关注社会的自由、平等与正义价值，这是法律在作为制度之外，其作为规范的有效性和正当性的内在要求”[11]“‘宪法财产权’是指公民取得民事财产权的不可转让、不可剥夺的资格，与主体的人身不可分离”。“在谈及宪法财产权时，更深的意思是通过划定公权和私权的界限，确认主体普遍享有的财产资格，严格限定政府或者说公共权力侵蚀私有财产的恣意妄为，建立健全以宪法为依托的系统的财产法律制度”[12]。“财产权是一个由民法和宪法共用的内容宽泛的权利概念，但宪法上的财产权主要指的是公民（或私主体）针对国家而享有的权利，为此具有某种‘防御权’的性质。然而，这并不意味着财产权是绝对不可侵犯的。只是来自国家的侵犯必须是一种合理的侵犯，这也使财产权作为针对国家而享有的权利的性质更为突显。在这种‘针对国家’的结构中，财产权处于‘防御国家的不当侵犯’与‘国家可予正当侵犯’的二律背反之中，而对这一现代性矛盾的消解，则有赖于宪法所预备的征用补偿条款。”[13]

关于制度构建和创新的意义。学界认为公民私人财产权是公民社会发展和法治社会的基础，也是市场经济有效运行的前提。关于在宪法中确立保护公民财产权利的基本原则问题，王利民提出，宪法作为保障公民基本权利的根本大法，理所当然地要对公民的基本权利和自由，包括公民的所有财产权做出原则性的规定；在宪法中增加规定对私有财产的征收、征用制度，有利于正确处理私有财产保护和公共利益需要的关系[14]。范亚峯提出，宪法保护私有财产，不仅要实现公民自由权利，也要捍卫社会的平等和正义价值；财产权制度要关注社会的自由、平等与正义价值[15]。屈茂辉认为，完善我国私人财产法律制度可以促进人权保障、发挥市场主体的最大能动性，有利于社会主义市场经济秩序的建立，是将鼓励、支持和引导非公有制经济发展的政策法律化，其基础应当是重塑人们应有的适应市场经济体制的所有权平等观念、自由观念和安全观念，构建科学的私人财产权法律制度，最为突出的是要进行宪法、民法、产业政策法和税法的变革。

关于如何构建公民财产权利的法律保护制度。许多学者提出，要构建私法财产权和公法财产权，来保障个人拥有和使用私有财产的经济过程不受国家政治权力的任意侵害[16]。姚德利认为，“制度首先为人们获得财产提供获得财产的生产条件，进而通过良好的制度充分保障人们财产权利的实现，并通过对人们行为的正外部性的激励和负外部性的限制，实现对人们的财产权利行为的调节”[17]；毛寿龙认为“财产权不仅需要明确界定和充分的保护，而且还需要有一个竞争性的结构，来替代垄断性的产权结构，让所有的人都能够获得自由：充分自由竞争是进一步富裕的基本条件”[18]。

关于物权法的意义。物权法在财产权法律制度中具有基石地位。经过多年立法讨论和研究，我国物权法在 2007 年获得通过，同年 10 月 1 日起实施。关于物权法的意义，国内学者认为，按照大陆法系民法理论，规范财产关系的法律为财产法。财产法分为物权法和债权法两大部分，物权法是规范财产归属关系的法律，债权法是规范财产流转关系的法律。在我国现行民法立法体系中，已有民法通则、民事特别法、财产管理法等法律法规，但还没有形成一个完善的体系，主要是缺乏物权的最基本的规则和基本制度。因此，物权法的制定具有重要意义。财产法分为物权法和债权法两大部分，物权法是规范财产归属关系的法律[19]。周林彬认为，作为我国民事立法核心内容之一的物权立法，虽然因我国既存的公有制经济体制的障碍而导致物权立法成本较高，但是以私法为基本特征的物权法，因该法与市场主体较强的亲和力，使物权法的实施成本低于一系列国有资产管理法规的实施成本；加之物权法采取人大立法的基本法形式，所以物权法稳定性强，能创造更大的效益。可见制定统一物权法是一种有效率的法律资源配置。他认为，我国物权立法应当坚持以所有权为核心的大陆法系物权法为基本构架，以个人与社会相结合的所有权观念为核心，注重用益物权和担保物权的种类和内容，使归属与利用并重，从而适应现代物权法发展趋势[20]。梁慧星认为，物权法中规定的所有权制度、用益物权制度和担保物权制度，是实行社会主义市场经济体制的基本制度。因此可以说，物权法的制定和实施，对于激发全社会的创造活力，全面建设小康社会，构建社会主义和谐社会，具有重大的现实意义和深远的历史意义[10]。

四、完善财产权法律保护制度的几个问题：政治经济学的视角

1. 社会主义市场经济为什么可以容纳私人财产权?

这里讲的私人财产权包括私人拥有的不动产和金融资产，以及作为资本投资于企业的私人（自然人）股权。

所有权是所有制的法律形态。对所有制来说，有决定意义的是实际占有。马克思认为“只是由于社会赋予实际占有以法律的规定，实际占有才具有合法占有的性质，才具有私有财产的性质”[21]。

从人类的基本历史进程来看，由原始社会逐步过渡到社会主义社会的历程中包括两种基本的所有制类型：私有制和公有制。而就财产权的类型来说有两种基本的分类：私有财产权和公有财产权。两相对照，人们就自然地通过先验的方式以财产权作为逻辑的起点去寻找所有制这个逻辑终点。因此，认为私有财产权就是私有制而公有制就应该实行公有财产制。这一逻辑造成私有制社会极力实行私有化并努力限制公有财产，社会主义社会实行高度的公有化而视私有财产为洪水猛兽。这样财产权和所有制之间形成了高度的黏合。随着人类社会生产生活实践的丰富与发展，我们发现财产权和所有制的“质”是可以互相分离和独立的。在马克思关于财产权和所有制的思想中清晰地表达了这二者之间的关系[22]。

马克思把所有制作为社会形态划分的主要依据，而把私有财产权作为商品经济存在的基本要素之一。在社会功能上，所有制决定经济基础的性质及演变，并由经济基础支配着上层建筑和社会的基本性质及社会形态更迭规律。因而，在国家产生后所有制构成

了政治国家的制度基础，并以此划定政治国家行为选择的自由界限。财产权则在实现不同目的的过程中成为对有限财富定分止争或有效利用的手段。同时由于其追求目的的差异而分裂为以政治国家为目的的公有财产和以私益为目的的私有财产。

我国对私有财产权的思想认识是随着对社会主义本质和社会主义初级阶段认识的深入而演进的。我国私有财产权思想演进的轨迹，始终强调国家的强力作用，其发展的轨迹大致是：从最初“否定”一切私有财产权，到逐渐“承认”生活资料私有财产权，直至承认各种市场要素可进入私有财产权。我国私有财产权演进的实质是：逐步扩张私有财产权的量，并在保持财产的“人与人”的关系的本质不变和作为经济基础的公有制不变的前提下，逐步恢复财产的“人对物”的效用关系和私有财产权是“私权”的“质”。同时将公有财产权和私有财产权的并存作为现阶段社会主义基本经济制度的构成要素。

马克思对资本主义私有财产的态度是建立在社会生产力发展的客观基础上的。马克思所说的私有财产都是从生产资料的意义上讲的，并且主要是针对资本主义社会的私有财产；马克思通过对资本主义“异化劳动”的分析来揭示私有财产的来源和本质，并提出“ 共产主义是私有财产即人的自我异化的积极扬弃”；马克思认为，废除私有制只有在废除私有制所必需的大量物质条件创造出来之后才能进行，因为“无论哪一个社会形态，在它们所能容纳的全部生产力发挥出来以前，是决不会灭亡的；而新的更高的生产关系，在它存在的物质条件在旧社会的胎胞里成熟以前，是决不会出现的”[23]。马克思批评了那种不顾私有财产的历史发展性和历史进步性，简单消灭私有财产的思想，他称之为“粗陋的共产主义”。他认为，财产权利是把“双刃剑”，它在保障个人自由、促进经济效率的同时也是人与人之间经济不平等的根源。马克思对资本主义积累和私有财产制度带来的严重的社会两极分化进行了深刻批判，100 多年后不少学者再次证实财产权利分布的不均是个人收入不平等的主要来源①。

马克思认为人的自由而全面的发展才是人类社会的理想状态，它应该存在于未来的共产主义社会，只有超越了资产阶级的财产权利观念、超越资本主义制度，才能真正实现人的全面发展。在市场经济中财产权是一种自由选择权。财产权可以激发人们累积财富的积极性，可以促进人的全面发展的欲望，在提升社会生产力的效率的同时为人的全面发展提供先进的物质设施和良好环境。从这个意义上来说，保护公民私人财产是同实现人的全面自由发展的终极目标相一致的。马克思在深刻揭示资本主义私有制和私有财产的本质及其历史归宿的基础上，阐释了自己关于未来社会私有财产的思想，即“重新建立劳动者个人所有制”，这一思想贯穿其中的是马克思关于人的自由与全面发展的思

---

① 皮凯蒂基于自 18 世纪工业革命至今的财富分配的数据分析，认为不加制约的资本主义导致了财富不平等的加剧，自由市场经济并不能完全解决财富分配不平等的问题。参见：托马斯·皮凯蒂. 21 世纪资本论［M］. 巴曙松，陈剑，等译. 北京：中信出版社，2014.

想维度和实现实质公平正义的价值维度，马克思关于未来社会私有财产思想对我们构建与社会主义市场经济体制相适应的财产权制度，把私人财产权纳入我国现阶段社会主义基本制度之中有着重大意义；同时也体现了中国特色社会主义以人为本理念的意识重构、市场化改革的路径选择和推进法治化进程的理论逻辑和实践逻辑。

社会主义初级阶段基本经济制度可以容纳私人财产权，但是我们需要研究和在实践中处理好这样一些问题，例如，怎样处理私有财产权的“私权”本性的恢复与保持社会秩序及其伦理的稳定？如何实现财产权与所有制从理念和实践中的“黏合”中脱离？如何保障在我国社会主义市场经济中既有私有财产权的地位与作用又不会使社会主义公有制的经济基础受到伤害？如何确保私有财产权得到发展的同时又能实现社会公平正义？这些都是中国特色社会主义政治经济学的重大课题，需要我们以马克思主义政治经济学的基本命题和基本研究方法，结合中国新时代全面改革开放和完善社会主义市场经济体制的伟大实践来探索和回答这些问题。

2. 如何构建平等保护各类财产权利的法律体系？

马克思从所有权在经济上利用和实现的意义上论述了所有与占有、使用、支配权的统一和分离。马克思并没有把所有权等同于全部财产权利，除了所有权，马克思还研究了占有权、使用权、支配权等一系列权利，这些构成了他对所有制结构的动态分析。所有权与占有权、使用权、支配权的统一或分离，并不改变所有权的基本性质，但它要影响所有权的实现方式和所得利益的分配。

在任何社会任何时代，财产法的目的都在于对社会资源的最优配置及充分利用。财产法的一个主要功能便是创造、保护以及促进资源有效配置的交易结构。“利用”是财产价值实现的唯一途径，从现实意义来看，所有权的归属意义也不单纯为归属本身而在于对物的使用。传统大陆法系以所有权为中心的制度的局限是它追求所有权的完整性和缺乏“弹性”而阻止了财产的自由让渡，使利用人无法摆脱所有权人的控制。英美法系没有他物权制度，所有权概念具有与“物权”相类似的含义，这样它就已经确立了占有人之间的权利平等。

当代市场经济运行的复杂性使财产利用不再局限于资源的自然使用价值的释放，而是靠各种生产要素组织起来的一个创造性过程，非所有人利用财产已成为常态。西方国家财产权制度价值目标由“归属”到“利用”的改变正是适应了这一趋势。

所有权人可以把所有权的部分甚至全部权能分离出去由他人行使并在这些权能的基础上形成具体的财产权利（他物权），这种分离正是所有权实现的方式。这种认识在当代已成为实行所有权——他物权制度国家（包括我国）的共识。但这种权能分离还存在着理论上的误区，例如，认为他物权与所有权是不平等的，所有权优于他物权；他物权是由所有权人设定的，他物权依附于所有权。大陆法系的三个误区导致了物、财产和财产权运用上的混乱（实际上马克思已经清楚地区分了这三种概念），从而忽略了财产权实际上表现为一系列独立、完整和平行的具体财产权利。从法理来看，权利由法律赋予并由法律强制力给予保护（首先是排他性），权利在各自领域内是平等的。他物权的取得是依据合法的法律关系，并通过实际占有而最后由法律确认的结果，从这个意义上讲与原所有权并不存在依附关系[7]。

所有制的实现不仅局限于所有制性质，更在于既定所有制条件下如何安排使用财产权，从事社会财富的生产。而生产效率的要求又迫使财产权主体对不同的财产权通过价值判断进行选择，并将符合所有制实现的财产权以法律形式加以确认。

我国现行产权保护制度的相关法律和意见明确提出了“平等保护作为规范财产关系的基本原则”“依法有效保护各种所有制经济组织和公民财产权”“落实承包地、宅基地、集体经营性建设用地的用益物权，赋予农民更多财产权利，增加农民财产收益”；等等。目前存在的问题是还没有构建起完善的他物权（用益物权，包括承包经营权、建设用地使用权、宅基地使用权、地役权）法律保护制度，相对于所有权，他物权处于弱势地位，这就难以对抗所有权和公共权力的侵害，他物权人也难以建立稳定的经济预期。特别是农村居民的土地财产权利（性质和范围）还没有一个明确的法律确认。从所有权与使用权（他物权）的关系看，目前农村土地产权关系有这样几种：一是“三权分置”下农地集体所有权与农户承包权的关系，以及农户承包权与经营权（农户或非农户的）的关系。二是农村集体经营性资产的产权关系，农户通过集体资产股份量化改革而获得的股权，其产权权能主要表现为集体收益分配权而交易权和处分权却缺乏或得不到保证。从法理上讲，通过确权后目前农户手中这种产权是所有权还是使用权（他物权），它们与农村集体所有制是什么关系？三是集体非经营性建设用地的产权关系，这里主要涉及的是农户的宅基地使用权。宅基地使用权是农村集体所有资产的重要构成部分，目前的问题是，由于强调所有权使农户的宅基地使用权的产权权能受限，农民更多的是拥有所有权约束下的使用权，处分权如何行使还缺乏明确的法律解释，致使收益权行使的范围及程度也受到了极大限制。从农村土地所有权与使用权的契约关系看，以上提到的三种产权关系都涉及产权获得者的集体成员资格问题，这种基于成员身份的产权契约应如何解释？它如何受到与所有权一视同仁的法律保护？

马克思认为，财产反映的不是人与物的关系，而是人与人之间的关系，因为世界上不存在孤零零的财产，财产必然是你的财产或是我的财产。他说：“私有财产的真正基础，即占有，是一个事实，是不可解释的事实，而不是权利。只是由于社会赋予实际占有以法律的规定，实际占有才具有合法占有的性质，才具有私有财产的性质。”[21]马克思曾说过给资产阶级的所有权下定义不外是把资产阶级生产的全部关系描述一番，可见，财产权就是整个生产关系在法律上的最好体现。马克思从所有权利用和实现的意义上论述了所有权与占有权、使用权、支配权的统一和分离。马克思并没有把所有权等同于全部财产权利，除了所有权，马克思还研究了占有权、使用权、支配权等一系列权利，从而构成他对所有制结构的动态分析。所有权与占有权、使用权、支配权的统一或分离，并不改变所有权的基本性质，但它要影响所有权的实现方式和所得利益的分配。

只有基于马克思关于所有权和生产关系的分析才能科学地解释在现行制度下农民土地财产权的各种权利形式之间存在着的复杂关系，以便建立起能平等保护各类产权的财产权法律制度，从而最大限度地释放产权激励。

3. 私人财产权法律保护与规范公权

限制私权是20世纪以来各国财产权立法实践的趋势。随着国家对经济宏观调控能力的增强，公法不断入侵传统的私法领域，几个世纪以来法律确认的不受公法干预的私人权利无一例外地受到公法上的限制，尤以财产权最为显著。在法国，一些主要的财产通过国有化途径被排除私人所有权的标的的范围；在德国，公法对私有财产的限制和剥夺表现为对不动产所有权的限制和对土地所有权的剥夺（征收征用）。英美国家的财产法也面临同样的困境，即国家为了公共利益要通过公法或公权征收私人所有的土地，强化政府的城市规划权等。

我们要承认，在财产法行使中公权与私权是一对矛盾。财产权在民法中一直被视为私权，从某种意义上讲，私有财产权成为个人权利与政治权利之间的界限，传统财产权体系基本上是私法上的权利体系，因此，国家限制私权作为一种异质性因素，是对私人权利的一种破坏。又如，现在许多国家直接由国家赋予的财产权在无形中被排除在传统的财产权体系之外，如企业的排污权以及特许经营权，就实质意义而言，这两种权利都是市场主体享有的具有排他性的财产权，无法纳入私权体系范围，主要原因就在于它们是国家直接赋予的权利，具有公众性。近代私法体系以私人权利为主线营造了个人的自由领域，从而与国家权力相对抗，其中，财产权是个人主义的基础。财产权利划定了个人自由与政府合法范围的界限，也是市场经济中政府、市场、个人之间作用范围的界限。但是要看到，个人权利永远是以国家（政府）权力为基础的，不受国家保护而享有的绝对自由的财产权只是一种“空想”。在市场经济中，市场机制对私人自治范围的扩大并不能代表私人能独立于国家权力。就市场经济的客观要求而言，私人被赋予较大的自由，即私法自治原则。但是，市场机制对私人自治范围的扩大并不能代表私人可以独立于国家权力，私人的自由和私权确认“度”只是国家适应市场经济活动而采取的干预或不干预态度，国家之手总是在无形中引导和控制着经济的运行。私法原则并不是自然规律，而是政治国家公共选择的结果。在财产权行使中，私有财产权既可能受到来自私权利主体的侵害，也可能受到来自公权力主体的侵害，而对私有财产权威胁最大、危害最严重的是公权力主体滥用权力的行为。面对政府滥用公权力侵夺公民私有财产的行为，私权则显得力不从心。因此，保护私有财产权，既要重视私法的作用，更要突出公法的作用。有专家认为，重构一个完整的财产权体系要解决公权和私权划分的历史性和局限性，使财产权能超越纯形式的分类而在共同的性质和特点上统一起来。

长期以来，在我国财产权的法律保护体系中，私权地位相对弱势。我国向市场经济转型的过程中行政权力对市场的干预仍大量存在，计划经济时代“权大于法”的观念仍然盛行，公权不规范、私权受侵害是财产权领域的主要矛盾。完善产权保护制度应在相关法律条款中进一步界定公法关系和私法关系以及它们之间的关系，界定它们各自的范围。法的背后是生产关系，财产权反映的是国家（政府）与私人市场主体之间的权利义务关系。在社会主义市场经济中，财产关系要由市场经济中政府与市场的定位与作用来说明，这种财产关系能够使市场发挥配置资源的基础作用和更好地发挥政府的作用。市场决定资源配置是市场经济的一般规律，市场与政府两种机制的交织和互补作用，是现代市场经济运行的常态。但是，在社会主义市场经济中政府与市场的关系以及各自作用的边界，有着其制度和体制的特征，我们正确认识保障私权和限制公权的问题，离不开这种制度和体制特征，正如马克思说的："权利永远不会超出社会的经济结构以及由经济结构所制约的社会的文化发展。"[24]

（本论文原载于《政治经济学评论》2019 年第 5 期）

参考文献：

［1］中共中央马克思恩格斯列宁斯大林著作编译局. 马克思恩格斯全集：第 4 卷［M］. 北京：人民出版社，1972：144.

［2］约翰·洛克. 政府论两篇［M］. 赵伯英，译. 西安：陕西人民出版社，2004：4-5.

［3］亚当·斯密. 国民财富的性质和原因的研究［M］. 郭大力，王亚南，译. 北京：商务印书馆，1983.

［4］沃哈恩. 亚当·斯密及其留给现代资本主义的遗产［M］. 夏镇平，译. 上海：上海译文出版社，2006：53-54.

［5］唐士其. 西方政治思想史［M］. 北京：北京大学出版社，2002：246.

［6］亨利·勒帕日. 美国新自由主义经济学［M］// 王永华. 美国新自由主义经济学评价. 北京：经济科学出版社，1999：103.

［7］梅夏英. 财产权构造的基础分析［M］. 北京：人民法院出版社，2002.

［8］肯尼斯·万德威尔德. 十九世纪的新财产：现代财产概念的发展［J］. 王战强，译. 经济社会体制比较，1995（1）.

［9］托马斯·C. 格雷. 论财产权的解体［J］. 高新军，译. 经济社会体制比较，1994（9）：21-26.

［10］梁慧星. 梁慧星教授今日成都说物权［EB/OL］.［2006-4-23］. 新华网：http：//www.sc.xinhuanet.com/content/2006-04/23/content_6840831.htm.

［11］范亚峯. 财产权保护的正义之路［N］. 经济学消息报，2003-10-8.

［12］饶志平. 完善宪法财产权：基于我国公民宪法财产权问题的分析［J］. 黑龙江省政法管理干部学院学报，2003（2）：100-101.

[13] 林来梵. 论私人财产权的宪法保障 [J]. 法学, 1999 (3): 15-22.

[14] 王利明. 关于中国物权法的基本原则、主要内容（下）[J]. 中国法律, 2001 (4): 27.

[15] 范亚峰. 公民的合法的私有财产不受侵犯：财产权入宪的意义 [J]. 求是, 2004 (15): 44-44.

[16] 田宝会, 刘静仑. 私有财产权与法律改革：1978—2003 中国法律改革史考察 [J]. 河北法学, 2006 (8): 92-95.

[17] 姚德利. 论我国制度对财产权利的保护 [J]. 皖西学院学报, 2009, 25 (4): 50-53.

[18] 毛寿龙. 财产权的悖论 [J]. 商务周刊, 2003 (2): 46-46.

[19] 梁慧星. 制定中国物权法的若干问题 [J]. 法学研究, 2000, 22 (4): 3-18.

[20] 周林彬, 刘俊臣. 我国物权立法若干问题新探 [J]. 四川大学学报（哲学社会科学版）, 2001 (4): 126-132.

[21] 中共中央马克思恩格斯列宁斯大林著作编译局. 马克思恩格斯全集：第 1 卷 [M]. 北京：人民出版社, 1956.

[22] 刘灿. 完善社会主义市场经济体制与公民财产权利研究 [M]. 北京：经济科学出版社, 2014.

[23] 中共中央马克思恩格斯列宁斯大林著作编译局. 马克思恩格斯全集：第 42 卷 [M]. 北京：人民出版社, 1956.

[24] 马克思. 哥达纲领批判 [M]. 中共中央马克思恩格斯列宁斯大林著作编译局, 译. 北京：人民出版社, 1997.

论生产力的性质及其评价

丁任重　黄世坤

改革开放以来，生产力发展问题一直是中国化马克思主义研究的重心所在。是否认同社会主义初级阶段的中心任务是发展生产力，甚至被提到了是否是真正的马克思主义的高度[1]254-255。但在中文语境中，“生产力”一词经常是单独使用的，容易让人误以为凡是生产力增长都值得肯定，都可以成为“标准”。事实上，马克思曾指出生产力也可能是一种“破坏的力量”[2]542。毛泽东、邓小平、江泽民等中国马克思主义者则提出了“中国人民的生产力”“社会主义社会的生产力”“先进生产力”等概念。本文尝试回到马克思和恩格斯的原典论述，系统研究生产力的性质，并试图为国民经济评价找寻一个新的思路。

一、生产力的四种关系性存在

物质性存在都是关系性存在，马克思曾说，一个存在物如果“它没有对象性的关系，它的存在就不是对象性的存在。非对象性的存在物是非存在物”[2]210。所谓性质，是事物本质在与他物关系中的某种外在显现。所以，弄清楚决定生产力之存在的“关系”是弄清生产力性质的前提。

这个问题早在《德意志意识形态》中就有了比较全面的论述。概括起来主要讲了四种关系。

第一种是生产力与人的需求之间的关系。《德意志意识形态》明确指出：人类为了能够生活，首先需要衣、食、住以及其他东西，“因此第一个历史活动就是生产满足这些需要的资料，即生产物质生活本身”[2]531。尽管马克思也曾提到，需要也可能是生产出来的。但是生产与需要事实上又经常不一致，表明两者是相互制约而非生产对需求的单方面制约。既然如此，生产力与人的需求的关系就是贯穿生产力发展始终的一对基本关系。

第二种是生产力与自然之间的关系。人类要生产满足“衣、食、住以及其他东西”需要的资料，当然需要物质对象和工具。因此《德意志意识形态》又讲“第一个需要确认的事实就是这些个人的肉体组织以及由此产生的个人对其他自然的关系”[2]519。显然，离开了自然界，生产力亦无从谈起。

第三种是生产力与生产关系之间的关系。紧接着的问题是，生产力可以在个人改造自然的活动中孤立存在吗?《德意志意识形态》曾讲“生产本身又是以个人彼此之间的交往为前提的”[2]520。在《雇佣劳动与资本》中，马克思说得更清楚，他说：人们“只有以一定的方式共同活动和互相交换其活动，才能进行生产”[2]724。可见，生产力也不能脱离生产关系而存在。

第四种是生产力与自身之间的关系。这一点最易被忽略。人的实践能力要发展，总得要有所继承，否则，必然的逻辑结果是人的实践能力发展只能始终从零开始，人就只能始终处在即将转变为人的那种临界状态。这段话在各个时代都曾被反复提及“历史的每一阶段都遇到一定的物质结果，一定的生产力总和，人对自然以及个人之间历史地形成的关系，都遇到前一代传给后一代的大量生产力、资金和环境”，这些生产力、资金和环境为新的一代所改变，但“它们也预先规定新的一代本身的生活条件，使它得到一定的发展和具有特殊的性质”[2]544-545。我们把这种生产力在继承基础上的发展，称之为生产力与自身的关系。

以上论述表明，这四种关系是决定生产力之所以存在的必要条件，但是否是充分条件呢？第一种关系讲的是生产力之所以存在的原动力，第二和第四种是物质条件，第三种是社会条件。何谓生产力？尽管学界颇有争议，但这样理解应大致不错：即社会中的人在与自然界“持续不断的交互作用”中形成的满足自身物质生活需要的能力。所以，上述四个关系又是生产力之所以存在的充分条件。

二、生产力的基本性质与评价上的困惑

四种基本关系，必然会表现出四种基本性质。根据马克思恩格斯的相关论述，我们可将它们称为生产力的价值性、自然性、社会性和动态性。也正是在这四大方面，可能产生对生产力评价的困惑。

1. 生产力的价值性

这是由生产力作为相对于人的需要的关系性存在而决定的。所谓生产力的价值性，就是指生产力具有满足人的需要的性质。表面看来，这似乎是个很直观的结论，但问题的复杂性在于，人的需求如同产品和各种劳动技能一样，也是生产出来的[3]。马克思和恩格斯甚至指斥“那些以消费为出发点的经济学家是反动分子，因为他们忽略了竞争和大工业的革命方面”[4]614-615。似乎在马克思和恩格斯看来，消费只是处于从属地位，其实不然，因为“已经得到满足的第一个需要本身、满足需要的活动和已经获得的为满足需要而用的工具又引起新的需要”[2]531。这表明，“新的需要”的生产，每一项都有“满足”“需要”作为限定。所以，马克思才会强调，作为生产力成果的劳动产品都应具有满足人的某种需要的使用价值。这是生产力价值性的直接体现。

不过吊诡的是，生产力的不断发展，可能反而会产生不能很好满足人的需要的结果，我们可称为生产力的价值性困境。

这里又要提到《德意志意识形态》，马克思恩格斯主要在该书两处着重谈了这个问题。一是在第1卷《费尔巴哈》章中谈了生产力的“异化”，即生产力作为人本身的活动产物，反而成为同他对立的、压迫着人的力量。他们将他归因于旧式分工和生产资料私有制。由于前者，虽然可以形成“成倍增长的生产力”，但在生产者看来终究不是他们自身的联合力量[2]537-538；由于后者，生产力表现为一种完全不依赖于各个人并与他们分离的东西，从而“表现为与各个人同时存在的特殊世界”[2]580。另一处是在第2卷《卡尔·格律恩》章批评“真正的社会主义”坚持生产和消费一致的庸俗理论时，强调“生产和消费往往处于互相矛盾之中”。因为从需求来看，消费者的需求“是有效的需求”；而从生产的角度来看，生产力发展又是一个历史过程，比如，“生产面包的不同方式完全不取决于他吃面包这一简单的行为”[4]614-615。这两大价值性困境表明，现实世界里的生产力又并不一定真的符合人的需要。正因为如此，我们该如何评价生产力的增长呢?

2. 生产力的自然性

这由生产力作为相对于自然界的关系性存在所决定。所谓生产力的自然性，用马克思的话来说，就是一切生产力都可归结为自然力[5]。

我以为，可以从三个方面来理解马克思的这句话：生产力的自然条件、生产力的自然效能和生产力的自然限定。就生产力的自然条件来说，马克思认为，无论是劳动者、劳动资料和劳动对象，都是具有自然特性的物质存在。劳动者的劳动无非是“使他身上的自然力——臂和腿、头和手运动起来”[6]，并利用物的机械的、物理的和化学的属性，实现与外在自然界的物质能量交换。即便是科学这种精神产品，马克思也强调它“同样表现为直接包括在资本中的东西……表现为自然力本身，表现为社会劳动本身的自然力。”[7]所谓生产力的自然效能，这里是指不同的自然条件会导致生产效率的不同。马克思曾区分两类不同的自然富源：生活资料的自然富源和生产资料的自然富源，前者如土壤的肥力、渔产丰富的水等，后者如奔腾的瀑布、森林、金属、煤炭等，他认为，这些都对人类的生产效率起着重要作用。比如，在同等条件下，“在土地最肥沃的地方生产率最高”[8]。马克思还提到了生产力的自然限定，比如，“耕作如果自发地进行，而不是有意识地加以控制……接踵而来的就是土地荒芜，像波斯、美索不达米亚等地以及希腊那样”[9]。所以，“不以伟大的自然规律为依据的人类计划，只会带来灾难”[10]。

显然，马克思非常清楚地展示出人与自然是对立统一的整体。问题在于，“土地荒芜”等现象是生产力发展过程中必然会出现的吗？早在《1844年经济学哲学手稿》中，马克思就谈到了人与自然的异化现象，并证明它是私有制的必然产物。他又讲“共产主义是对私有财产即人的自我异化的积极的扬弃，因而是通过人并且为了人而对人的本质的真正占有；这种共产主义，作为完成了的自然主义，等于人道主义，而作为完成了的人道主义，等于自然主义。”[2]185换言之，在私有制的条件下，生产力又存在着反生态的本质，而要彻底解决它，只能是共产主义。这在气候危机越来越严重的今天，更加印证了马克思此论的正确。数据显示，从 1850 年到 2005 年，以发达国家为主的碳排放占到历史总排放的 74.82%[11]。面对马克思早已预言的“灾难”，我们又该如何衡量生产力的增长呢?

3. 生产力的社会性

这是由生产力作为相对于生产关系的关系性存在所决定的。既然生产力在一定的社会条件和社会关系内才能存在，必然会产生生产力为谁占有、怎样占有、社会化程度、成果为谁享用等问题，这就是生产力的社会性。

马克思和恩格斯曾在《德意志意识形态》中提出了一个重要概念“生产力的总和”。从具体语境来看，他们是在分析生产力为何表现为“完全不依赖于个人并与他们分离”时提到这个概念的，即“各个人——他们的力量就是生产力——是分散的和彼此对立的，而另一方面，这些力量只有在这些个人的交往和相互联系中才是真正的力量”。他接着说“因此，一方面是生产力的总和”[2]580。显然，这个概念的确切含义是指“个人的交往与相互联系中”形成的生产力的有机整体，绝非个人生产力的简单加总。“个人的力量”与“生产力的总和”的关系表现为，前者不仅是后者的有机组成部分，它本身就是生产力的总和的表现，因为没有后者，前者甚至不是“真正的力量”。这是生产社会化的集中体现。正因为生产力已发展到“总和”阶段，它才产生了与生产资料私有制的尖锐对立，客观上要求“各个人必须占有现有的生产力总和”。最终，生产力将属于马克思的“真正的共同体”中的全体个人。

然而，在现实世界中实然与应然依然是严重背离的。马克思和恩格斯当年就曾针对资本主义制度尖锐批评道，随着一切现有财产被变为工业资本和商业资本，资产阶级逐渐把以前存在过的没有财产的阶级的大部分和原先有财产的阶级的一部分变为新的阶级——无产阶级，于是，无产阶级同生产力并同他们自身的存在还保持着唯一联系的劳动，也已经失去了任何自主活动的假象，“只能用摧残生命的方式来维持他们的生命”[2]580。而在殖民地，马克思也严厉批评道:“英国资产阶级将被迫在印度实行的一切(按：指兴建铁路、发展现代工业等)，既不会使人民群众得到解放，也不会根本改善他们的社会状况，因为这两者不仅仅决定于生产力的发展，而且还决定于生产力是否归人民所有。”[12]显然，生产力增长并不一定自动转化为大众福祉，我们又该如何评价它呢?

4. 生产力的动态性

既然生产力是在个人、社会与自然之间的复杂互动中产生的，生产力必然随着这三者本身或与三者间关系的变动而变动。所谓生产力的动态性，就是指生产力处在不停的运动变化中。前已述明，生产力是在继承已有成果的基础上人类实践能力不断累积发展的结果。而且，动态性本就意味着在同一时间序列上当下状态与已逝状态的比较而言，所以，生产力的动态性实则又反映出生产力与自身的关系。

不过，人类的生产力并非只有直线式的前进，也有曲折、倒退的可能。比如，“一些纯粹偶然的事件，例如蛮族的入侵……都足以使一个具有发达生产力和有高度需求的国家陷入一切都必须从头开始的境地”[2]559-560。尤其是，倒退甚至会成为周期性的常态。在《雇佣劳动与资本》中，马克思就开始自觉地论证这种在资本主义必然出现的不正常现象。马克思将它称为“产业地震”，他指出“在每次地震中，商业界只是由于埋葬一部分财富、产品以至生产力才维持下去。”[2]742在生产力的动态变化中，不仅有倒退，在发展过程中还会有快慢的比较问题。由于大工业加剧了竞争，“竞争很快就迫使每一个不愿丧失自己的历史作用的国家为保护自己的工场手工业而采取新的关税措施（旧的关税已无力抵制大工业了），并随即在保护关税之下兴办大工业”[2]560。也就是动用国家力量推动新生产力的发展。当今世界的竞争更为激烈，邓小平进而指出：“低速度就等于停步，甚至等于后退。”[1]375这也产生了如何从动态性角度评价生产力的问题。

三、关于“社会主义社会的生产力”的评价问题

由此看来，对生产力发展的评价存在四重难题。但这个问题又极其重要，因为小平同志曾明确讲到“发展社会主义社会的生产力”是我们工作是非曲直“判断的标准”。但小平同志晚年并未对“社会主义社会的生产力”的具体内涵做专门界定。于是，理论界留下了两大难题：第一，“社会主义社会的生产力”的具体内涵到底是什么？如何评价？第二，资本主义生产力与社会主义生产力有何区别？弄清了生产力的基本性质，这两大问题也迎刃而解了。预先图示如图 1 所示。

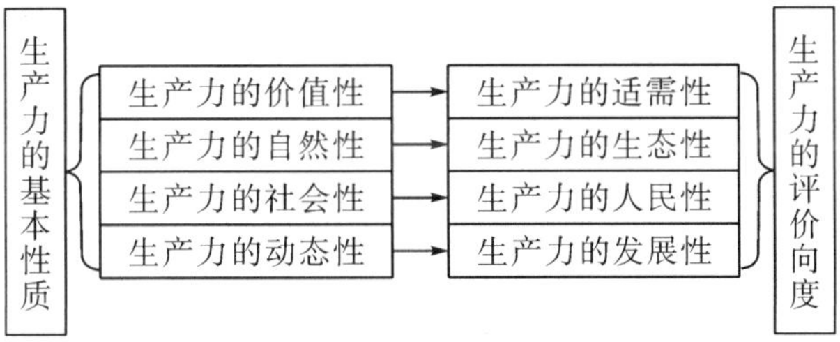

图 1　生产力的基本性质与评价向度

右边的四重性质已非生产力的客观性质，而是结合了价值判断和科学认知的期望性质。我的理解是，“社会主义社会的生产力”应当是这四者有机结合的生产力，相反性质的生产力不能成为“标准”。而资本主义生产力则是存在（并且不能克服）生产力的价值性困境、反生态性、反人民性和“产业地震”的生产力。

1. 生产力的适需性

这是由生产力具有价值性同时又面临价值性困境的矛盾状态决定的。社会主义社会作为共产主义社会的第一阶段，“社会主义社会的生产力”就应当衡量对价值性困境的克服程度，即合乎主体需要的程度，我们称之为适需性。

怎样才算生产力合乎了主体需要？马克思和恩格斯是否仍然给我们提供了相关思路？西方经济学运用静态均衡分析方法，关注的是经济运行的总量平衡和结构平衡。但无论是瓦尔拉斯均衡还是希克斯均衡，均将经济发展水平、财富占有相对程度和最低限度等问题排除在合乎需要的视野之外。显然，马克思和恩格斯站在保持人的主体性的立场，从人的解放的高度来谈满足主体需要，其思想境界是西方经济学所不能比拟的。他们不仅关注供求关系的平衡，而且第一，强调生产力的“高度发展”，马克思恩格斯将它称为实现人的解放“绝对必需的实际前提”。因为“当人们还不能使自己的吃喝住穿在质和量方面得到充分保证的时候，人们就根本不能获得解放”[2]527。第二，马克思还阐述了个体的满足是一种“社会满足”的著名思想，即“我们在衡量需要和享受时是以社会为尺度”[2]729的。马克思还特意举了小房子和宫殿的著名例子来说明。第三，社会主义社会生产力的适需性当然也要包括尽可能满足个体的基本需要。比如恩格斯在《英国工人阶级状况》一书中描绘的：一边是享乐，一边却是极端的贫穷以及那种由贫穷造成的苦难，深刻抨击了资本主义在创造大量财富的同时却造成贫富悬殊和不能满足工人基本生存需要的罪恶。也就是说，根据马克思和恩格斯的相关论述，生产力的适需性至少应当从供需平衡、生产力发展水平、贫富分化程度和个体基本需要的满足等方面来全方位地理解。

2. 生产力的生态性

马克思证明，在私有制下，生产力具有自然性但又具有反生态的本质，社会主义社会作为对资本主义的制度替代，当然要考察人与自然的和谐程度，即生产力的生态性。

对生产力的生态性又该如何具体理解？马克思恩格斯对此也是有过原则性阐述的。恩格斯有句名言：“我们不要过分陶醉于我们对自然界的胜利。对于每一次这样的胜利，自然界都报复了我们。”[13]用今天的话来说，也就是生产力的发展不能突破生态系统的承载力约束。我以为，如果这种话语转换能够成立，从逻辑上说，相对于一定数量的人口，这种自然约束必然会立即体现在两个方面：资源和环境。前者是生产的必要条件，后者考察生产的生态后果。而在马克思看来，其中土地又具有特殊的重要性，因为不仅“空间是一切生产和一切人类活动所需要的要素”[14]，而且“动物对土地也有天然权利，因为动物离开土地就不能生存”[15]。因此，从大的方面来说，生产力的生态性应当将土地、资源和环境承载力三者结合起来考察。在耕地减少、资源匮乏、气候变化的今天，这个思路显得尤其珍贵。

3. 生产力的人民性

这是由生产力具有社会性但同时又可能存在反人民性所决定的。社会主义社会作为人民当家做主的社会，“社会主义社会的生产力”当然要表现出人民性，即它为民所有、为民所享。

为什么生产力在资本主义社会“对大多数人来说成了破坏的力量”？马克思认为根本原因在于“私有制的统治”。所以，社会主义社会生产力的人民性的一个重要方面是应当要看公有制经济的控制力。同时在马克思恩格斯看来，也正是“私有制的统治”产生了资本主义社会有效需求不足的问题。产品能否满足人们需求是一回事，人们是否有应有的购买力是另一回事。正是资本主义制度性的有效需求不足，《德意志意识形态》才指斥那些以消费为出发点的经济学家是反动分子。社会主义结束了“私有制的统治”，能够解决有效需求不足的问题。但社会主义建设实践表明，仍可能产生另一种性质的需求不足，积累过高导致的有效需求不足。就目前我国的实际情况而言，面临内需不足的情形，中央提高“居民收入在国民收入分配中的比重”和“劳动报酬在初次分配中的比重”就显然是生产力人民性的重要表现。

再就我国实际而言，我国已初步建立社会主义市场经济体制，市场除了马克思早就论述过的不可能自动实现宏观经济总量平衡外，对相当一部分公共设施和消费、在某些社会效益重于经济效益的环节、在一些垄断性行业、规模经济显著的行业，也不可能达到理想的效果[16]。这个论述是中国马克思主义者的一大贡献。所以，社会主义国家宏观调控力亦应是生产力人民性的重要表征。

4. 生产力的发展性

运动是物质的根本属性，发展是揭示物质世界运动的整体趋势和方向性的范畴，这决定了必然要把发展性作为生产力的评价向度。

表面看来，衡量生产力的发展性就是衡量生产力的增长率，这实际上是一种极为片面的理解，因为它不能反映生产力增长的潜力和后劲。马克思和恩格斯对此也有过深入分析，留下了宝贵启示。根据笔者可能并不全面的梳理，这至少包括：第一，从历史发展的高度揭示了科技进步对促进生产力发展的重要作用。例如马克思敏锐地意识到，与工场手工业的产生前提不同，以理论力学为代表的自然科学成了大工业的必要前提。反过来，大工业又“使自然科学从属于资本”，这样才造成了“大量的生产力”[2]566。第二，提出了“共同活动方式本身就是‘生产力’”[2]522-533的著名思想。而在《资本论》中，他又说“由协作和分工产生的生产力，不费资本分文。这是社会劳动的自然力。”[17]这也就是强调了通过管理创新、促进生产力各要素优化组合的重要性。第三，马克思还曾用很大的篇幅谈到生产力的地域扩展，强调说，各民族的原始封闭状态由于日益完善的生产方式、交往以及因交往而自然形成的不同民族之间的分工消灭得越是彻底，历史也就越是成为世界历史。这也就提示出提升一个地区在更大地域范围分工中的生产地位和自生发展能力问题。即使在今天看来，马克思和恩格斯的上述分析不仅比较全面，亦愈加显示其重要性。

至此，本文实际上又理出一个马克思关于国民经济发展总体评价的基本思路。显然，相对于“主流”评价思路，马克思的这个思路是一种全面、综合的评价，具有明显的优越性。GDP 的思路可勿置论，绿色 GDP 的思路和可持续发展的视角，均偏重于从人与自然的关系的角度评价生产力发展。阿玛蒂亚·森以可行能力的视角看待发展，在世界上产生了较大影响，但实际上仅着重于人类基本需求的满足程度，具有明显的片面性。顺便一提的是，森正是因为对于穷人生活状况的关注，被广誉为“经济学家的良心”。我们尊重森的经济学成就，但从本文的论证来看，谁才是经济学家真正的良心呢？

（本论文原载于《马克思主义与现实》2012年第2期）

参考文献

［1］中共中央文献编辑委员会. 邓小平文选：第3卷［M］. 北京：人民出版社，1993.

［2］中共中央马克思恩格斯列宁斯大林著作编译局. 马克思恩格斯文集：第1卷［M］. 北京：人民出版社，2009.

［3］中共中央马克思恩格斯列宁斯大林著作编译局. 马克思恩格斯全集：第30卷［M］. 2版. 北京：人民出版社，1995：524.

［4］中共中央马克思恩格斯列宁斯大林著作编译局. 马克思恩格斯全集：第3卷［M］. 北京：人民出版社，1960.

［5］马克思. 政治经济学批判大纲（草稿）［M］. 北京：人民出版社，1963：166.

［6］中共中央马克思恩格斯列宁斯大林著作编译局. 马克思恩格斯文集：第5卷［M］. 北京：人民出版社，2009：208.

［7］中共中央马克思恩格斯列宁斯大林著作编译局. 马克思恩格斯全集：第48卷［M］. 北京：人民出版社，1982：41.

［8］中共中央马克思恩格斯列宁斯大林著作编译局. 马克思恩格斯全集：第26卷［M］. 北京：人民出版社，1974：122.

［9］中共中央马克思恩格斯列宁斯大林著作编译局. 马克思恩格斯全集：第32卷［M］. 北京：人民出版社，1975：53.

［10］中共中央马克思恩格斯列宁斯大林著作编译局. 马克思恩格斯全集：第31卷［M］. 北京：人民出版社，1972：251.

［11］樊纲. 走向低碳发展：中国与世界［M］. 北京：中国经济出版社，2010：178.

［12］中共中央马克思恩格斯列宁斯大林著作编译局. 马克思恩格斯文集：第2卷［M］. 北京：人民出版社，2009：689-690.

［13］中共中央马克思恩格斯列宁斯大林著作编译局. 马克思恩格斯全集：第20卷［M］. 北京：人民出版社，1971：519.

［14］中共中央马克思恩格斯列宁斯大林著作编译局. 马克思恩格斯全集：第25卷［M］. 北京：人民出版社，1974：872.

［15］中共中央马克思恩格斯列宁斯大林著作编译局. 马克思恩格斯全集：第 16 卷［M］. 北京：人民出版社，1964：648.

［16］中共中央文献研究室. 江泽民论有中国特色社会主义［M］. 北京：中央文献出版社，2002：70-71.

［17］中共中央马克思恩格斯列宁斯大林著作编译局. 马克思恩格斯全集：第 23 卷［M］. 北京：人民出版社，1975：423-424.

扩大内需与国民收入分配调整

丁任重　张素芳

刚刚闭幕的中央经济工作会议指出，要扩大居民消费需求，增强消费对经济增长的拉动作用。要加大国民收入分配调整力度，增强居民特别是低收入群众消费能力。落实这一决策，对于推动经济平稳较快增长、保持社会和谐稳定，意义十分重大。增强居民特别是低收入群众消费能力，必须加大对国民收入分配的调整力度，提高劳动收入在国民收入分配中的比重。而要有效地解决这一问题，关键是要继续深化收入分配制度的改革。

一、合理的收入分配制度是扩内需的基本保证

一切社会的生产都是为了满足消费需求。以商品交换为基础的现代社会的经济活动，划分为生产、交换、分配和消费四个环节。生产为消费提供对象，从而决定消费的数量和方式；消费作为生产的目的和动力，又为生产创造出新的需要。在自然经济条件下，生产与消费直接联系，处于简单平衡状态。在市场经济条件下，产品必须经过交换和分配成为有支付能力的需求才能进入消费环节，这就使生产与消费的联系变得错综复杂。

分配在连接生产与消费中发挥着重要的作用。分配方式是否公平、合理，关系到社会成员各自获得物质利益的多少，决定着社会产品能否顺利、有效地进入消费过程，直接影响到整个经济社会的正常运行。应当说，一个社会，只要有生产能力，就应该具有相应的消费能力。如果不是产品结构与消费需求结构失衡，不是产品流通不畅，不是储蓄率过高，不是分配不合理导致有支付能力的需求不足，社会产品就不应该出现过剩。

我国是一个发展中国家。新中国成立后，虽然经济发展突飞猛进，但社会总体消费水平较低，现有的生产能力与人民日益增长的物质文化需求之间，还存在很大差距。在当前，生产能力远不能满足消费需求的阶段出现国内需求不足，除了产品结构不合理与市场建设滞后、社会保障不够以外，与收入分配制度不完善直接相关。

我国是社会主义国家，不断扩大社会再生产，创造更为丰富的物质产品，以满足人民群众日益增长的消费需求，是社会生产的根本目的。因此，社会生产品不能全部用于

生活消费而分光吃净，必须将其中一部分转化为投资和出口，形成扩大再生产能力和换取外汇储备。消费、投资和出口，就是与生产品相适应的消费需求总构成，成为拉动我国经济增长的“三驾马车”。将社会总产品合理地分配为生活消费、投资消费和出口消费份额，将生活消费份额合理地分配给不同的社会成员，是社会再生产正常运行的必要前提。

当前，我国内需不足有多方面原因，但主要因素是居民消费的有效需求不足，特别是一些中低收入家庭缺乏有支付能力的消费需求，也就是通常所说的没钱消费。据《中国统计年鉴（2009）》，2008 年城镇居民家庭平均每人全年消费性支出，全国为 11 242.85 元；占 10%的最低收入户为 4 532.88 元，占 10%的低收入户为 6 195.32 元，占 20%的中等偏下户为 7 993.67 元，占 20%的中等收入户为 10 344.70 元；占 20%的中等偏上户为 13 316.63 元，占 10%的高收入户为 17 888.18 元，占 10%的最高收入户为 26 982.13 元。2008 年农村居民家庭平均每人生活消费支出，全国为 3 660.68 元，低收入户为 2 144.78 元，中低收入户为 2 652.77 元，中等收入户为 3 286.44 元，中高收入户为 4 191.25 元，高收入户为 6 853.69 元。由此可以清楚地看到，中等收入户及其以下的家庭均未达到平均消费水平。可以想见，如果中等收入家庭能达到平均消费水平，中低偏下和最低收入家庭的消费水平能提高一个档次，我国的内需将会有怎样的扩张！

我国中等及其以下收入家庭占家庭总数的绝大份额，这些家庭成员消费水平偏低，必然导致整个社会消费需求不足。因此，加大国民收入分配调整力度，提高中低收入群体的分配比重，是扩大我国有支付能力需求的基本层面。只有建立起合理的收入分配制度，在消费与生产之间建立起客观、公平、合理的内在联系，我国经济才能持续快速健康增长和发展。

二、收入分配制度不完善是内需不足的重要原因

我国处于中等以下收入水平的家庭，除由于就业不足、个人市场竞争能力不强或身体状况不佳外，一个基本的原因就是收入分配制度不完善。改革开放以来，随着市场经济的发育与完善，我国社会生产力快速增长，人民群众普遍得到了实惠。但是，收入分配领域仍存在一些不容忽视的问题，城乡之间、地区之间、行业之间的收入差距不断拉大，一些行业收入过高，国民收入分配格局还不尽合理，经济发展成果还未均等地惠及全体社会成员，收入分配制度不完善所造成的分配差距拉大的趋势尚未根本转变。

收入分配制度不完善，除了表现为国民收入分配中投资、出口和政府、企业的收入增幅及比例过高，以及公共财政再分配用于医疗、教育、文化等有关民生的投入不足外，更突出表现为个人收入分配不合理。比如，不同行业和不同个体的收入差距拉大。据《中国统计年鉴（2009）》，2008 年最高行业平均工资与最低行业平均工资相比高出 4.72 倍。又如，那些以权谋私进行权钱交易的腐败分子，那些坑蒙拐骗、巧取豪夺、

制假售假、偷税漏税的不法经营者，获得大量的灰色收入、黑色收入，侵占了本应由广大人民群众享有的经济利益，引起了社会的广泛关注和义愤。

收入分配中的这些问题，不是经济体制改革的市场化方向所引发的，而是经济体制及其收入分配制度不完善所导致的。比如，由公平交易的市场价格分配各市场主体经济利益的客观机制尚未建立健全，经济垄断和行政垄断以及非经济因素在收入分配中还起着很大作用，致使初次分配方式不完善. 导致分配结果不公平。又如，税收对高收入的调节力度不够，税种不完善，导致一些应收未收现象的发生，客观上拉大了收入差距。再如，公共财政的再分配方式在某些方面还不透明，缺乏程序约束与社会监督，也形成了再分配中的一些问题。有效地解决这些问题，只能靠深化改革，不断地完善社会主义市场经济体制和建立健全相应的收入分配制度。

三、在扩内需中深化收入分配制度的改革

党和政府历来高度重视并着力解决收入分配中的问题。党的十七大报告提出“深化收入分配制度改革，增加城乡居民收入”；这次中央经济工作会议又强调加大国民收入分配调整力度。合理的收入分配制度是社会公平的重要体现，在当前以扩内需来保持经济平稳较快发展的形势下，具有更加重要和紧迫的现实意义。

深化收入分配制度的改革，一个重要的原则就是初次分配和再分配都要处理好效率与公平的关系，再分配更加注重公平。只有坚持效率和公平的有机结合，才能更好地体现社会主义的本质。特别是当前我国正处于改革发展的关键阶段，在经济体制深刻变革、社会结构深刻变动、利益格局深刻调整、思想观念深刻变化的环境下，我们更应当把提高经济效率同更加注重社会公平结合起来，才能最大限度增加和谐因素、减少不稳定因素。

初次分配要处理好公平与效率的关系，必须通过建立健全市场经济运行机制来实现。在市场经济条件下，商品所有者通过市场平等地交换商品，按市场价格进行等价交换获得货币收入，是市场依靠价值规律客观、公平地分配人们经济利益的手段。市场分配使人们利益的实现受交换（为社会提供利益）所制约，从而优化了资源配置，在提高自身经济效率的同时，提高了整个社会经济活动的效率，满足了社会的消费需求。随着我国社会主义市场经济体制的建立和完善，市场在调节资源配置的基础性作用日益增强的同时，对初次分配的调节作用也在扩大，但还很不健全，垄断收入和非法收入成为收入分配不公的突出表现。因此，必须坚持以建立健全社会主义市场经济体制来推进改革。通过改革，切实明晰和强化各类产权，坚持和完善公有制为主体、多种所有制经济共同发展的基本经济制度，赋予各类企业平等的经济地位、法律地位和发展权利，建立健全劳动者与企业的工资谈判和制衡机制，打破垄断，通过充分竞争形成市场价格，建立起适应市场经济的按劳分配为主体、多种分配方式并存的分配制度，使初次分配由市

场机制客观调节，实现公平与效率的统一。

再分配更加注重公平，必须通过加强和改善宏观调控体系主要是公共财政职能来实现。随着公共财政的实施，我国社会保障体系不断扩展，社会事业和公共设施的投入不断增加。特别是中央在为应对国际金融危机做出的“四万亿扩内需计划”中，除投入基础设施建设外，重点投入到廉租房、棚户区改造等民生工程，以及医疗卫生、教育文化等社会事业发展和汶川灾后重建等，这使再分配惠及了更多的人民群众。为使再分配更加注重公平，必须继续推进财税体制和行政管理体制的改革。要通过财税体制改革，强化税收调节，调整国民收入分配格局，调节过高收入，逐步提高居民收入在国民收入分配中的比重；要强化公共财政职能，提高扶贫标准和最低工资标准，建立最低生活保障制度，健全社会救济和救助体系；要扩大转移支付，以缩小地区之间的差距；要提高财政资金的使用效率和运作的透明度，大力增加社会福利，优先发展教育，加快建立覆盖城乡居民的社会保障体系，加快发展医疗卫生事业，增加廉租房、经济适用房等保障性住房的投资和建设，努力使全体人民劳有所得、学有所教、病有所医、老有所养、住有所居；要大力推进行政管理体制改革，建设服务型政府，优化政府组织结构，减少行政层级和开支，遏制和防范行政权力对各类财产权利的侵犯和权钱交易、寻租等腐败现象；要健全行政手段和法律法规，维护公平竞争的市场秩序，确保市场主体的合法权益，保护合法收入，取缔非法收入，打破垄断经营，整顿分配秩序，逐步扭转收入分配差距扩大的趋势。

在扩内需中深化收入分配制度的改革，是国民收入分配格局的大调整，涉及广大人民群众的切身利益。各级党政干部必须坚持立党为公、执政为民，通过收入分配制度的改革与完善，使发展成果切实惠及全体人民。

（本论文原载于《求是》2010年第1期）

马克思主义经济学视阈中的城乡、市场与政府观

李萍　安康

马克思主义经典作家并没有专门或直接、明确地论述过城乡发展中的政府与市场的关系问题，但马克思主义经典作家对城乡关系、政府、市场问题，却有大量的相关论述，形成了深刻而富有科学预见性的城乡发展思想以及与时俱进的政府、市场的作用及其关系的理论。这对于我们今天科学地认识和把握统筹城乡发展中政府与市场的关系，仍具有重要的理论和现实指导意义。

一、马克思恩格斯论城乡关系：演进轨迹及其现实影响

相对政府和市场问题而言，马克思恩格斯对城乡关系的研究比较完整，且有诸多精辟的阐释，这些散见于马克思恩格斯的《神圣家族》《1844 年经济学哲学手稿》《德意志意识形态》《英国工人阶级状况》《共产党宣言》《政治经济学批判》《论住宅问题》《资本论》《论权威》等一系列经典著作之中。

概而言之，马克思恩格斯对城乡关系的认识和研究是从资本主义城乡利益尖锐对立切入，进而以历史的视角分析了城乡分离、城乡差别的形成与资本主义城乡尖锐对立的客观经济条件及其历史根源，深刻揭示了消除城乡对立、实现城乡融合与生产力发展水平和生产关系性质及其变革、包括分工的演化、大工业、城市化的发展和私有制转向公有制的内在关联、历史过程及其发展趋势的规律性。马克思恩格斯研究城乡关系的终极目标是实现城乡融合和人的全面发展。

马克思恩格斯认为，城乡分离与对立及其变化是社会分工发展演变的历史必然产物。“最初，农业劳动和工业劳动不是分开的；后者包含在前者中”[1]713；而后伴随着生产力的发展，“某一民族内部的分工，首先引起工商业劳动和农业劳动分离，从而也引起城乡的分离和城乡利益的对立。”[2]24-25进一步看，“物质劳动和精神劳动最大的一次分工，就是城市和乡村的分离，城乡之间的对立是随着野蛮向文明过渡、部落制度向国家过渡、地方局限性向民族过渡开始的，它贯穿着全部文明的历史并一直延续到现在。”[2]57马克思恩格斯还明确指出，“城乡之间的对立只有在私有制的范围内才能存在。这种对立鲜明地反映出个人屈从于分工、屈从于他被迫从事的某种活动，这种屈从现象

把一部分人变为受局限的城市动物，把另一部分人变为受局限的乡村动物，并且每天都不断地产生出他们利益之间的对立。”[2]57

按照马克思恩格斯的观点，城乡对立，在资本主义社会，一方面呈日益尖锐化发展趋势。他们认为，“资本主义不仅不能消除这种对立，反而不得不使它日益尖锐化”[3]。因为“资产阶级日甚一日地消灭生产资料、财产和人口的分散状态。它使人口密集起来，使生产资料集中起来”[4]255，“城市本身表明了人口、生产工具、资本、享乐和需求的集中，而在乡村所看到的却是完全相反的情况：孤立和分散”[5]。另一方面，马克思恩格斯在分析资本主义城乡对立扩大加深的同时也看到了其内生的消灭城乡对立的条件。马克思在《资本论》第一卷中指出：“资本主义生产方式同时为一种新的更高级的综合，即农业和工业在它们对立发展的形式基础上的联合，创造了物质前提。”[6]552之后，恩格斯在《反杜林论》中进一步指出：“大工业在全国的尽可能平衡的分布，是消灭城市和乡村的分离的条件”[2]336。而“只有按照统一的总计划协调地安排自己的生产力的那种社会，才能允许工业按照最适合自己的发展和其他生产要素的保持或发展的原则分布于全国。”[2]335马克思恩格斯这里所说的按照统一的总计划协调地安排自己的生产力的那种社会正是他们理想的“根据共产主义原则组织起来的社会”[4]223。

马克思恩格斯早在《共产党宣言》中就已提出：“把工业和农业结合起来，促使城乡对立逐步消灭”[4]273，并强调“消灭城乡之间的对立是社会统一的首要条件，这个条件又取决于许多物质前提，而且一看就知道，这个条件单靠意志是不能实现的”[2]57。这个条件首先依赖于生产力水平的高度发展，已经达到“由社会全体成员组成的共同联合体来共同而有计划地尽量利用生产力，把生产发展到能够满足所有人的需要的规模；结束牺牲一些人的利益来满足另一些人的需要的状况；彻底消灭阶级和阶级对立；通过消除旧的分工，通过产业教育、变换工种、所有人共同享受大家创造出来的福利，通过城乡的融合，使社会全体成员的才能得到全面发展——这一切都将是废除私有制的最主要的结果”[4]223-224。在这里，城乡融合则是指“结合城市和乡村生活方式的优点而避免两者的偏颇和缺点”[7]。

马克思恩格斯之后，列宁率先开始了现实社会主义条件下城乡关系的理论与实践相结合的新探索。总体来看，由于时代的局限性以及社会主义制度诞生和发展的特殊性，马克思主义经典作家对实践中的社会主义城乡关系的认识，大致走过了一个从农村、农业抑制、城市、工业偏向发展到寻求城乡互利、工农结合、工业支持农业、城市带动乡村发展的曲折过程。在这一过程中，传统社会主义经济学对城乡关系的认识存在着脱离实际、机械照搬的教条主义，简单地套用马克思恩格斯的某些论述，更多地强调了公有制和计划经济对消除城乡对立的积极作用，而对市场机制，尤其是政府适度干预的现代市场经济体制内在的优化配置社会经济资源，从而缩小城乡差距，促使城乡互补、融合发展的有效机制和功能却长期认识不足，甚至对此加以否定，忽视了对发达资本主义国家现代市场经济体制下，社会经济资源在城乡间自由流动与优化配置，工业反哺农业，特别是现代农业的迅速发展等过程中客观形成的城乡差距缩小、城乡一体化发展的历史趋势的认知和研究。这在很大程度上强化了我国城乡二元化结构的体制性，及其所带来的城乡差距扩大、城乡经济社会发展失衡的严重后果。

二、马克思主义经济学视阈中的市场和政府：解构与比较

如前所言，在马克思恩格斯的著述中我们可能无法直接找到系统而完整的政府与市场关系的理论。但是，当我们运用马克思主义经济学唯物史观的方法论来审视这一问题时，就不难发现，在马克思主义经济学理论体系中，伴随着对资本主义经济，特别是对社会主义本质认识的进步，不仅有着对市场、政府研究的一系列丰富而精辟的思想和论述，而且对市场与政府问题及其关系的认识还经历了一个从理论到实践、从设想到现实、从否定到有限度的承认再到肯定、在对立统一的辩证关系中修正与发展的漫长探索的过程。

概而观之，马克思主义经济学对市场、政府问题及其关系的研究，集中体现在以下三个方面：一是马克思恩格斯的研究及其设想。马克思恩格斯关于资本主义经济运行中市场交换、市场机制、市场优势、市场失败及其政府的作用的研究；以及马克思恩格斯对未来社会，即社会主义社会和共产主义社会商品、货币、市场消亡、政府计划配置资源、调节经济的设想。二是列宁、斯大林以及毛泽东的实践和认识。对社会主义实践中政府与市场问题及其关系的认识，从对立否定到有限度承认市场，以及生产与流通、生产资料和生活资料在政府与市场调节问题上简单的“二分法”。三是邓小平的探索与贡献。改革开放以来，邓小平同志对资本主义与社会主义区分在市场与计划关系上对立的突破，对社会主义本质和计划与市场“两种手段”的认识，对改革方向和目标的选择，对社会主义市场经济体制的最终确立的重大贡献。

首先，马克思的鸿篇巨制《资本论》对商品经济的一般规律进行了系统的说明，而商品经济是商品生产和商品流通的统一，是市场经济的母体，它本身就包含着市场对资源配置的基础性作用及政府必要的保障作用。按照马克思的观点，劳动产品之所以要作为商品进行交换，根本在于社会分工的存在及其社会分工条件下各生产者都是独立的所有者或所有权主体，这意味着当各生产者将他们的劳动产品进行相互交换时，“作为交换的主体，他们的关系是平等的”，“除了平等的规定以外，还要加上自由的规定。尽管个人 A 需要个人 B 的商品，但他并不是用暴力去占有这个商品，反过来也一样，相反地他们互相承认对方是所有者，是把自己的意志渗入到商品中去的人”[8]。只有在交换双方彼此尊重对方所有权与个人意志的前提下，按自由平等的原则和契约形式进行交换，市场交易和商品经济才能正常有序地进行。而所有权或产权的确认和保护则需要国家通过正式的法律制度安排（产权制度、契约制度等）以及必要的政府规制来加以保障。

马克思对市场问题的研究，深刻地分析和阐述了价值、价格、供求、竞争的各自相对独立的作用机理和特点，指出价值规律是实质的、内在的、起决定作用的机制，而价值、价格、供求、竞争的相互作用则构成市场机制，促进资源配置效率的提高，调节资源配置的流向和均衡，从而，形成了比较完整的市场配置资源方式和机制的理论。具体而言，马克思就市场价格和供求关系的相互作用所引起的市场对资源配置情况做了这样的描述："供求可以在极不相同的形式上消除由供求不平衡所产生的影响。例如，如果需求减少，因为市场价格降低，结果，资本就会被抽走，这样供给就会减少。反之，如果需求增加，因而市场价格高于市场价值，结果，流入这个生产部门的资本就会过多，生产就会增加到如此程度，甚至使市场价格降低到市场价值以下，或者另一方面，这也可以引起价格上涨，以致需求本身减少。"[1]121-213

马克思对市场经济资源配置机制的科学分析，最重要的是，他不仅强调了市场对资源配置的客观必然性、重要性及其历史的进步意义，同时更深刻地指出了市场机制的不足。早在 1848 年问世的《共产党宣言》中，马克思恩格斯就曾高度赞扬了资本主义市场经济的历史积极作用。他们指出："资产阶级在它的不到一百年的阶级统治中所创造的生产力，比过去一切时代创造的全部生产力还要多，还要大。自然力的征服，机器的采用，化学在工业和农业中的应用，轮船的行驶，铁路的通行，电报的使用，整个大陆的开垦，河川的通航，仿佛有法术从地下呼唤出来的大量人口——过去哪一个世纪能够料想到有这样的生产力潜伏在社会劳动里呢?"[4]256这里，尽管马克思恩格斯直接用的是"资产阶级"一词，但是，马克思恩格斯从历史发展的角度对资产阶级极大地推动生产力发展积极作用的肯定，实际上内含着其对封建关系和观念的彻底破坏，以及新的生产方式的建立。而马克思恩格斯对资本主义生产方式的论述，在很多地方、在很大程度上又包含着对市场经济共性的论述。正是在这个意义上，我们说马克思恩格斯对资产阶级、资本主义生产方式历史进步性的肯定，也包含着对市场经济的一定程度的肯定。另一方面，马克思又不止一次地尖锐指出：资本主义社会的根本缺陷之一就在于它对社会资源配置及经济活动缺乏有意识的调节。而恩格斯则进一步指出："个别工厂中的生产组织性和整个社会中生产的无政府状态的对立"是资本主义生产方式的基本矛盾[2]624。按照恩格斯的观点，资本主义市场经济事实上不可能内生地形成协调机制，只能导致"整个社会中生产的无政府状态"。那么，如何解决市场机制配置资源不可避免的无政府状态呢? 马克思恩格斯认为，资本主义自身无法真正完成这个任务，只有在未来社会共同占有生产资料的条件下，才有可能按照整个社会需要制订的计划来协调和解决这一问题。马克思恩格斯在批判资本主义私有制的基础上，设想"一旦社会占有了生产资料，商品生产就将被消除"[2]44；同时，"社会生产内部的无政府状态将为有计划的自觉的组织所代替"[2]32。在马克思恩格斯设想的未来的那个"和人类本性相称的社会制度下，社会那时就应当考虑，靠它所掌握的资料能够生产些什么，并根据这种生产力和广大消费者之间的关系来确定，应该把生产提高多少或缩减多少，应该允许生产或限制生产多少奢侈品”。这样，“社会的生产无政府状态就让位于按照社会总体和每个成员的需要对生产进行的社会的有计划的调节”[2]630。马克思在《资本论》中还指出：“劳动时间的社会的有计划的分配，调节着各种劳动职能同各种需要的适当的比例……社会生活过程即物质生产过程的形态，作为自由结合的人的产物，处于人的有意识有计划的控制之下。”[6]96-97

如果说马克思恩格斯关于资源配置中“以计划替代市场”的经济思想还只是对未来社会的一种设想的话，那么，列宁则是将马克思恩格斯计划经济思想付诸实践的先行者。从建立高度集中的计划管理为特征的“战时共产主义”体制，到新经济政策的实施都体现了列宁在社会主义经济建设实践中所做出的现实探索，而这一探索也真实地记录了列宁在20世纪初期对社会主义经济体制、政府作用、商品市场关系认识的变化过程：从高度重视政府行为和单纯依赖计划的作用，到既利用市场机制和市场调节的作用，又重视政府行为和政府作用的转变。

俄国十月革命胜利后，实行了直接向共产主义过渡的“战时共产主义”体制和军事共产主义政策，然而，实行“余粮征集制”的军事共产主义政策不仅破坏了社会经济，而且极大地损害了工农联盟。所幸的是，列宁及时总结了“战时共产主义”体制和军事共产主义政策的教训，指出：“我们犯了错误：决定直接过渡到共产主义的生产和分配。当时我们认定，农民将遵照余粮征集制交出我们所需数量的粮食，我们则把这些粮食分配给各个工厂，这样，我们就是实行共产主义的生产和分配了。”[8]182而实践的结果是，“战时共产主义”体制和军事共产主义政策的失败要比任何自卫军使苏维埃政权“遭到的任何一次失败都严重得多，重大得多，危险得多”[9]184。由此，列宁对社会主义经济体制、政府作用、商品市场关系的认识发生了一系列重大转折性的变化。他指出，“我们不得不承认我们对社会主义的整个看法根本改变了。”[9]182 “在一个小农占人口大多数的国家里，实行社会主义革命必须通过一系列特殊的过渡办法”[10]。“我们不应该指望采用共产主义的直接过渡办法。必须同农民个人利益的结合为基础。”[9]190列宁开始认识到商业和市场机制对发展社会主义经济的必要性和积极作用。为此，列宁果断地改“余粮征集制”为实行由“粮食税”启动的新经济政策，提出：“应当把商品交换提到首要地位，把它作为新经济政策的主要杠杆。”并进一步指出：“新经济政策并不是要改变政府统一的经济计划，而是改变实现这个计划的方法，在当前历史条件下需抓住的环节，就是在国家的正确调节（引导）下活跃国内商业”[9]327。

从上可见，作为马克思主义经济学重要组成部分的列宁学说，其精髓突出体现在一切从实际出发，实事求是，根据实践创新理论，修正错误，与时俱进。列宁在领导俄国社会主义革命和建设的实践过程中，他提出：“现在一切都在于实践，现在已经到了这样一个历史关头：理论在变为实践，理论由实践赋予活力，由实践来修正，由实践来检验。”[11]基于此，列宁从当时俄国小生产占优势、生产力水平极为落后的实际出发，创造性地提出了俄国可以利用商品货币关系、利用私人资本主义和发挥国家资本主义的作用，迂回地实现社会主义的思想。这样，列宁在实践中提出的通过政府计划发展商品经济，实现经济计划与市场调节的某种结合的理论，国家资本主义的理论，通过“中间环节”向社会主义过渡的理论等，无一不体现出列宁基于历史视野、实践经验的认识跃迁，从不同角度和多个方面继承和创造性地发展了马克思主义。

列宁之后，斯大林时代围绕着一国建成社会主义理论出现了对社会主义认识的一系列偏差。尽管斯大林也看到了社会主义制度中商品生产和价值规律继续存在的必要性，但是，他的“特种商品生产论”“商品外壳论”，即认为社会主义商品生产是建立在公有制基础上的，是特种商品生产，商品货币关系只存在于两种公有制经济形式之间，不适用于国营企业之间；商品的概念只适用于消费品，不适用于生产资料；价值规律只调节消费品流通，不适用于生产，调节生产的是有计划发展规律，人为设定了社会主义条件下商品生产和商品交换在时间和空间上的历史限制，反映出斯大林关于社会主义计划产品经济的基本思想以及生产与流通、生产资料和生活资料在政府与市场调节问题上的简单“二分法”。与此同时，斯大林建立起了中央高度集权的计划经济体制，这一方面虽然极大地强化了党和政府的权力和影响，在当时的条件下有效地集中起全国的人力、物力和财力进行经济建设，从而保证了苏联能在短短的十多年的时间里奠定起比较强大的社会主义物质基础，使一个原来小生产占优势、生产力水平极为落后的小农经济国家成为社会主义强国，工业生产一跃而居欧洲第一位，世界第二位，进而为第二次世界大战反法西斯战争的胜利奠定了雄厚的物质基础；但是，另一方面中央高度集权的计划经济体制，脱离了当时社会主义实践的实际，从根本上排斥商品经济和市场机制，从而对苏联、东欧及其他社会主义各国社会主义经济建设，以及社会主义经济理论与实践的发展产生了长期的不良影响。

在新中国的社会主义经济建设初期，毛泽东提出了以苏为鉴，仿效苏联建立起了中央集权的计划经济体制，制订并实施了国民经济发展的“五年计划”，这在当时百废待兴、启动和推进工业化进程的特定历史条件下，有利于迅速、有效地动员和集中全国的经济资源及其一切力量，为大规模经济建设创造各种条件。与此同时，毛泽东也认识到社会主义条件下“只要存在两种所有制，商品生产和商品交换就是极其必要、极其有用的”[12]440。既然有商品生产和商品交换，也就必然存在着市场和价格的调节作用。所以，毛泽东认识到价值规律在社会主义经济中的客观存在，提出要正确利用价值规律。他说：“算账才能实行那个客观存在的价值法则。这个法则是一个伟大的学校，只有利用它，才有可能教会我们几千万干部和几万万人民，才有可能建设我们的社会主义和共产主义。否则一切都不可能。”[13]那么，计划和市场、政府组织经济活动或计划调拨与市场调节的关系如何把握呢？毛泽东在谈到农民养猪问题时回答了这一问题，他明确提出：“我们是计划第一，价格第二……前几年我们曾经提高了生猪的收购价格，对于发展养猪有很大的作用，但是，像现在这样的大量的普遍的养猪，主要还是靠计划”[14]。显然，这一时期，毛泽东坚持的是政府计划的主导性，价值规律仅仅是为计划经济服务的工具；强调社会主义经济本质上是计划经济，客观地说，这一认识有着鲜明的时代印记和历史局限。

虽然毛泽东提出以苏联为师，但却不止于师。与斯大林相比较，毛泽东结合我国实践中的社会主义经济建设的经验教训，对商品生产的命运、价值规律作用的范围、社会主义计划经济体制发展中政府集权与分权、计划与市场的关系等一系列新的问题都有着不同于苏联传统理论和实践的新的认识体会和独到见解。首先，毛泽东从马克思主义唯物史观的生产力与生产关系的基本关系出发，正确地认识到“商品生产的命运，最终和社会生产力的水平有密切关系。因此，即使是过渡到了单一的社会主义全民所有制，如果产品还不很丰富，某些范围内的商品生产和商品交换仍然有可能存在”[15]。其次，毛泽东还修正了斯大林否认生产资料是商品的错误观点，批评了斯大林关于社会主义商品生产的范围只限于个人消费品的观点，表明了价值规律在市场领域和流通领域都发生作用的看法。再次，毛泽东对商品生产的性质也有着深邃的认识。他提出，商品生产不能与资本主义混为一谈。最关键的是，“商品生产，要看它是同什么经济制度相联系，同资本主义制度相联系就是资本主义的商品生产，同社会主义制度相联系就是社会主义的商品生产。”[12]439而发展社会主义的商品生产“不要怕，不会引导到资本主义，因为已经没有了资本主义的经济基础。”[16]最后，毛泽东对高度集权的计划经济体制的弊端也有所思考。他指出：“过分的集中是不利的，不利于调动一切力量来达到建设强大国家的目的。在这个问题上，鉴于苏联的教训，请同志们想一想我们党的历史，以便适当地来解决这个分权、集权的问题。”[12]52基于马克思主义中国化的实践，毛泽东做出的这一系列深刻的思考和认识，在一定意义上推进了马克思主义的发展。

从历史发展的视野看，毛泽东思想的遗产中对商品、货币、价值规律、政府计划与市场调节的探索，为后来邓小平理论在社会主义市场经济方面的求实创新提供了有益的启示。至20世纪70年代末到80年代初传统计划经济体制运行在宏观与微观、集权与分权、政府与市场关系上暴露出愈益突出的弊端，政企职责不分，条块分割，国家对企业管得过多、统得过死，政府权力过于集中，忽视甚至排斥商品生产、价值规律和市场机制的作用等，严重破坏了社会生产力的发展，致使国民经济濒临崩溃的边缘。邓小平深刻总结了世界社会主义实践，特别是我国社会主义经济建设实践与理论探索的经验教训，提出了改革开放的发展理论：从根本上突破把社会主义与商品、市场经济对立起来的传统思想的束缚，抓住社会主义本质这一要害问题，进一步阐明了“社会主义的本质是解放生产力，发展生产力，消灭剥削，消除两极分化，最终达到共同富裕”[17]373。1985年邓小平在接见美国企业家时谈道：“社会主义和市场经济之间不存在根本矛盾。问题是用什么方法才能更有力地发展社会生产力。我们过去一直搞计划经济，但多年的实践证明，在某种意义上说，只搞计划经济会束缚生产力的发展。把计划经济和市场经济结合起来，就更能解放生产力，加速经济发展。”[17]48之后，在1992年南方谈话中邓小平同志再次指出：“计划多一点还是市场多一点，不是社会主义和资本主义的本质区别”[18]。邓小平同志的社会主义市场经济理论，创造性地解析了社会主义条件下计划与市场的作用以及两者结合利用的内在关系，特别是将市场经济与基本制度剥离开来，把计划和市场都作为经济手段，辩证地处理了计划和市场的关系，从而科学地指导和推动了体制的创新，开创了中国改革开放和现代化建设的新局面，在“摸着石头过河”的改革过程中逐渐明确了改革的方向及其目标，确立并构建起了社会主义市场经济体制，在改革开放的实践中丰富和发展了马克思主义经济理论，取得了举世瞩目的成就。

上述邓小平新的思想理论成果是马克思主义经济学中国化的最新成果，是马克思主义经济学与中国改革开放和现代化建设实践相结合的产物，构成了中国特色社会主义经济理论的重要内容，深化了对科学社会主义本质和特征的科学认识，丰富了社会主义经济中宏观与微观、集权与分权、政府与市场关系的科学认识，为推动中国的经济增长和发展、增进人民的福祉、实现社会进步提供了强大的理论支撑。

三、结语

我们客观地、历史地看待马克思主义经典作家从各个时代、各个发展阶段、各个层面对社会主义理论和社会主义道路所进行的思考和探索中，透显出的有关城乡关系以及政府、市场的认识和思想，既要看到其间一脉相承、与时俱进、从而指导社会主义各国经济建设和城乡发展的历史进步性，也要理解其特定历史环境和背景下的历史局限性。其中，对我们尤有深刻启示意义的是，马克思主义唯物史观的根本方法和经济学的基本原理，无论在过去、现在，还是将来，都始终是贯穿于社会主义理论和社会主义的道路探索、追求和发展过程的一条基本主线。回望和检视马克思主义经济学关于城乡、政府和市场问题及其关系的认识、研究的演变，为我们研究城乡统筹发展中政府与市场关系提供了一个清晰而明确的方向。

（本论文原载于《当代经济研究》2010 年第 6 期）

参考文献：

[1] 马克思恩格斯全集：第 25 卷［M］. 北京：人民出版社，1960.
[2] 马克思恩格斯全集：第 3 卷［M］. 北京：人民出版社，1960.
[3] 马克思恩格斯全集：第 18 卷［M］. 北京：人民出版社，1964：57.
[4] 马克思恩格斯全集：第 1 卷［M］. 北京：人民出版社，1972.
[5] 马克思恩格斯全集：第 2 卷［M］. 北京：人民出版社，1957：408.
[6] 马克思恩格斯全集：第 23 卷［M］. 北京：人民出版社，1975.
[7] 马克思恩格斯全集：第 4 卷［M］. 北京：人民出版社，1958：368.

［8］马克思恩格斯全集：第 46 卷［M］. 北京：人民出版社，1979：195.

［9］列宁全集：第 41 卷［M］. 北京：人民出版社，1986.

［10］列宁全集：第 4 卷［M］. 北京：人民出版社，1972：444.

［11］列宁全集：第 33 卷［M］. 北京：人民出版社，1985：208.

［12］毛泽东文集：第 7 卷［M］. 北京：人民出版社，1999.

［13］毛泽东. 关于山西省五级干部会议的情况报告的批示（1959 年 3 月 30 日）［C］//马克思恩格斯列宁斯大林毛泽东关于社会主义经济理论问题的部分论述. 北京：新华出版社，1984：181.

［14］中华人民共和国史学会. 毛泽东读社会主义政治经济学批注和谈话（简本）［C］. 国史研究学习资料，1999：259.

［15］中共中央文献研究室. 毛泽东著作专题摘编（上）［C］. 北京：中央文献出版社，2003：977.

［16］石仲泉. 毛泽东的艰辛开拓［M］. 北京：中共党史出版社，1990：179.

［17］邓小平文选：第 3 卷［M］. 北京：人民出版社，1993.

［18］邓小平文选：第 2 卷［M］. 北京：人民出版社，2001：373.

新中国70年经济制度变迁：理论逻辑与实践探索

李萍　杜乾香

一、引言

回溯新中国经济制度的形成、演变和发展历史，有必要从理论上来探索20世纪中叶中国经济制度发生的历史大变革大转折中，新中国为什么选择建立了社会主义社会经济制度和计划经济体制？70年代末又何以转向市场取向的经济体制改革？90年代初期怎样进一步确立了社会主义公有制为主体、多种经济形式并存的基本经济制度和社会主义市场经济体制？新的21世纪前后又如何推进完善社会主义社会基本经济制度和全面深化经济体制改革与创新等经济制度变迁？面对这一系列历史与现实的大问题，必须深入研究。

新中国以降，历经70年、跨越两个世纪经济制度的变迁、经济体制的转换，中国共产党领导下的社会主义实践所处的特殊历史背景及其阶段性发展战略，政策选择约束下的复杂性、变异性和多维性，制约着社会主义社会经济制度及其经济体制的特殊表征及其变迁的互动和张力。为解构这一具有丰富而深邃内涵的大问题，本文基于马克思主义政治经济学的学理依循，尝试循着经济制度——社会核心经济制度、基本经济制度与具体经济制度的致思路径，并嵌入生产力—生产关系（经济基础）—上层建筑整体系统来诠释经济制度的适应性调整和互动性促进。全文隐含且贯穿始终的是一条“双向度变迁”的理论分析主线和分析框架①，即一定社会的核心经济制度、基本经济制度、具体经济制度三重规定性及其内在关系，以及微观经济制度、中观经济制度、宏观经济制度三个层面的内在关联及其相互关系构成经济制度变迁的内在向度；与此同时，一定社会的生产力与生产关系、经济基础与上层建筑的内在关系及其矛盾运动构成一定社会经济制度变迁的外在向度，双向度之间的关系及其互相作用下形成了一定社会经济制度变迁与发展的历史过程。更进一步，从新中国70年来循环深入的历史史实及其历史进程的多维透视中，探索中国社会主义社会经济制度的形成、社会主义社会核心经济制度的

① 也可以把这理解为一种“双向度变迁观”。

创立、基本经济制度伴随具体经济制度即经济体制的转型，尤其是社会主义市场经济体制确立后中国特色社会主义基本经济制度及其具体经济制度的创新与完善的历史过程，旨在把握中国社会主义经济制度变迁的内生性与阶段转换的自洽性，深刻洞悉新中国经济制度变迁更为深层的结构性变化和纵跃历史的变迁线索及其规律性大势的方向。

二、经济制度：内部分层及其关系

（一）经济制度的含义及其内部分层

根据马克思主义经济学的基本观点，经济制度是生产关系的总和，是一定社会现实生产关系或经济关系的制度化。从社会经济发展的实践来看，生产关系包括社会生产关系和生产关系的具体形式两个层次，因而，经济制度也同样包含有社会经济制度和具体经济制度两个层面。

社会经济制度实质是一定社会特定的生产关系或经济关系的制度化，它是一定社会生产关系的本质规定，包括生产资料所有制性质①和由此决定的生产、流通、分配、消费性质及其相互之间的关系等核心内容，反映着特定的社会经济条件下经济活动者之间的矛盾、利益关系及其格局②。具体来看，实践中，社会经济制度不是一成不变、固化的定式，也有一个从量变到质变的变化发展过程。基于此，社会经济制度又可以分为社会核心经济制度和社会基本经济制度，前者主要反映特定社会经济制度的内在属性，是指任何一个国家或地区与前社会相区别的根本特征或根本标志，是作为与前社会性质根本不同的生产资料所有制和由此决定的生产、流通、分配、消费性质及其相互之间的关系等核心内容的制度性本质规定，其具有一定社会的一般性和稳定性；后者则是指一个国家或地区反映该社会主要的、或居基础地位的经济制度的基本属性，是指一个国家或地区在该社会变化发展的不同阶段居主体地位的生产资料所有制及其结构和由此决定的生产、流通、分配、消费性质及其相互之间关系等基本内容的制度性原则规定，其具有一定社会的特殊性和渐变性。

在现实的社会经济发展中，一定的社会经济制度的确立、成熟及其完全实现是不同的过程：前者可以是一个时点的短暂历史事件；后者却可能因不同国家社会经济制度确立所依赖的起点的不同、历史背景的不同、经济社会发展水平的不同，从而决定其所走

---

① 马克思“特别强调所有制问题，把它作为运动的基本问题”（参见：马克思，恩格斯. 马克思恩格斯选集：第1卷［M］. 中共中央编译局，译. 北京：人民出版社，1972：285.），强调所有制是决定一个社会其他制度的基础。

② 马克思在《资本论》中指出：“任何时候，我们总是要在生产条件的所有者同直接生产者的直接关系——这种关系的任何形式总是自然地同劳动方式和劳动社会生产力的一定的发展阶段相适应——当中，为整个社会结构，从而也为主权和依附关系的政治形式，总之，为任何当时的独特的国家形式，找出最深的秘密，找出隐蔽的基础。”（参见：马克思. 资本论：第3卷［M］. 北京：人民出版社，1975：891-892.）

具体道路的不同等，体现为各国或地区虽在时间上仍有差别，但相较确立而言却都是一个相对长期的历史发展过程。一定社会经济制度的确立，是以所有制根本变革为基础的新社会经济制度与前社会经济制度区别开来最为本质的特征，作为“初生性社会经济制度”具有了社会核心经济制度内核的基本元素；而一定的社会经济制度确立之后其成熟和完全实现的长期过程，作为“次生性社会经济制度”使其本质特征又具有了一定的阶段性历史特征，正是这一阶段性的历史特征可能使不同国家或地区的社会基本经济制度各具特色。

具体经济制度则是一定社会经济活动中特定生产关系的具体实现形式，或者说是社会经济制度运行的具体组织形式和管理体系，进一步说是构成社会经济活动中各种要素的具体结合方式、行为规则，反映着社会经济采取的资源配置方式和调节机制等，即通常所说的经济体制，其具有一定社会的应变性和灵活性。瑞典斯德哥尔摩大学国际经济研究所所长阿沙·林德白克（Assar Lindbeck）教授给经济制度下的定义，主要着眼于经济运行层面，因而类似于这里所说的具体经济制度的含义，他把这理解为“是用来就某一地区的生产、收入和消费做出决定并完成这些决定的一整套的机制和组织机构”，涉及决策结构（集权还是分权）、资源配置机制（市场还是政府计划）、商品分配（均衡价格机制还是配给制）、激励机制（经济刺激还是行政命令）等八个方面的内容①。具体经济制度又可以进一步细分为基于微观层面的经济组织制度，即企业制度；基于中观层面的区域经济制度，主要包括城市与乡村关系的经济制度和产业制度等；以及基于宏观层面的国民经济运行及其调控制度。

在一定的社会经济条件下，最活跃的总是生产力，生产力的发展直接引起具体经济制度及经济体制的应变调整和改革。这种改革从本质上说，是在一定社会特定的生产关系或经济关系的本质关系保持不变的前提下，适应生产力发展要求对经济运行关系所进行的调整，是基于旧体制的交易规则、内部结构已经不适应甚至严重阻碍生产力的发展，同时也基于一定社会利益集团认为新体制潜在的收益大于制度变迁成本的预期而进行的调整。通过制度调整，重建新规则，改革原有体制的内部结构，目的是适应社会生产力的性质，以新的更高效率的制度安排取代旧的低效率的制度安排，提高制度绩效，从而促进经济增长和发展。

（二）经济制度体系、内部不同层次之间关系及其特点

在社会核心经济制度、基本经济制度和具体经济制度构成的经济制度体系中，随着具体经济制度，即经济体制机制因社会生产力的变化而做出灵活应变和调适性改革与创新，其对社会基本经济制度也会产生或快或慢的一定的影响，长期来看，社会基本经济制度也有一个渐进性相应的改革深化和创新发展使其自身趋于完善，并愈益反映和实现

---

① 林德白克. 经济制度与新左派经济学［M］. 北京：中国经济出版社，1992：620-621.

社会核心经济制度本质规定的过程。由此可见，在一定社会经济制度体系中，具体经济制度即经济体制机制居于连接生产力和基本经济制度乃至核心经济制度的中介环节，体现出一定社会生产力发展—具体经济制度即经济体制机制即时反映及调适性改革与创新—社会基本经济制度相应地渐进式改革与完善—愈益走向实现社会核心经济制度的本质规定的演变逻辑。而在该社会整个历史时期内，特定社会经济的本质关系则不会改变。

如此看来，经济制度在社会核心经济制度、基本经济制度与具体经济制度即经济体制机制之间有着内核层、基本层与表面层的不同层次的关系，各个不同层面各具特点。一般说来，具体经济制度具有更大的灵活性和即时应变性，它要适应生产力发展和其他政治、经济因素变化的客观要求而不断调整、改革或创新；社会基本经济制度则具有相对的稳定性和渐进适应性，它也要适应具体经济制度的改革和创新做出必要和适当的调整，进一步改革和创新并嵌入新的经济体制之内；社会核心经济制度具有持久的稳定性和长期连续性，在该社会整个历史时期内特定社会经济的本质关系不变的前提下，它也会随着社会基本经济制度的适当调整、进一步改革、创新和完善而趋于完善。

图1以中国社会主义社会经济制度体系为例，给出了一个新中国经济制度体系理论逻辑图示（内含“双向度变迁观”）。

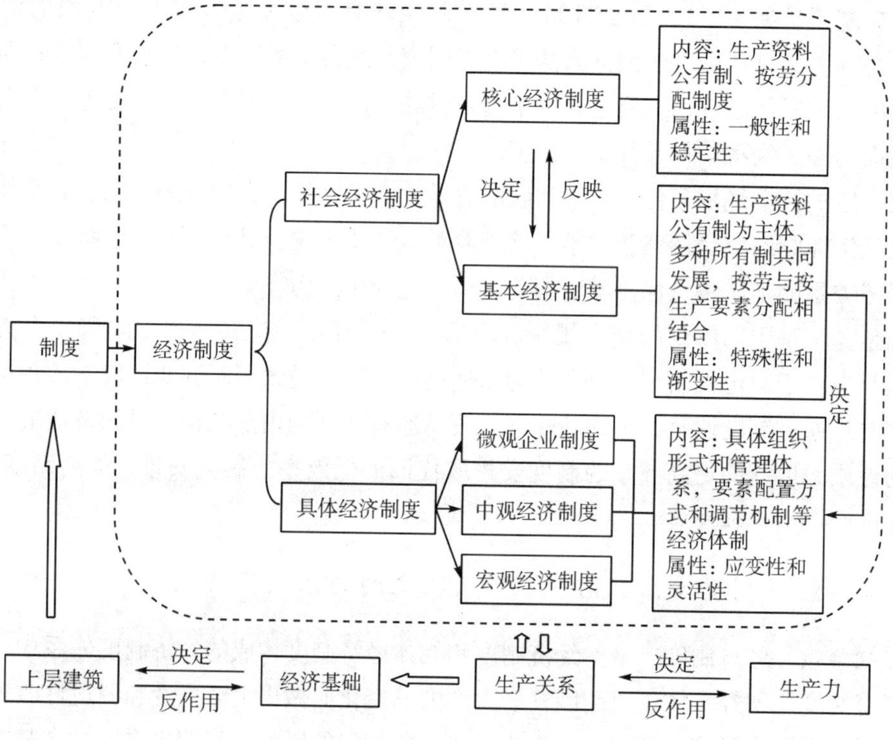

图1　新中国经济制度体系理论逻辑图示（内含“双向度变迁观”）

三、中国特色社会主义经济制度变迁：三重规定性及其特征

按照马克思主义经济学的基本原理，所有制是生产关系的基础。或者说，一定的所有制、所有制形式及所有制结构是该社会生产关系或经济关系总和的制度化的基础，进一步说，经济制度包含了经济关系、经济关系的制度表达、制度运行相应的制度规则、制度规范的总和。一个多世纪以来，社会主义社会经济制度从产生、形成和发展演变，经历了从理论到实践、从一国实践到多国发展的复杂而艰难曲折的过程。中国特色社会主义经济制度的历史选择和探索创新，是从中国社会主义初级阶段的基本国情出发，探索符合人类社会发展规律、符合科学社会主义基本原理与社会主义建设的社会主义经济制度变迁规律，是与中国实践相结合的内在要求及其历史必然。

（一）马克思、恩格斯关于未来社会的两种设想与苏联早期实践的启示

20世纪初至中叶，无产阶级革命不是在发达国家，而是首先在经济文化相对比较落后的俄国、东欧及中国等国取得胜利，随之而来的是社会主义经济制度如何建构？社会主义经济如何建设和发展？社会主义道路如何行进和拓展？面对实践提出的这一系列史无前例的崭新课题，列宁创新性地提出："一切民族都将走向社会主义，这是不可避免的，但是一切民族的走法却不完全一样。"①

事实上，早在19世纪中下叶，马克思、恩格斯在《资本论》《哥达纲领批判》《社会主义从空想到科学的发展》以及《给〈祖国纪事〉杂志编辑部的信》《共产党宣言》俄文版等著作中②，基于对资本主义社会经济制度的本质、内在结构的轴心及其历史发展趋势的深刻洞悉和揭示，先后曾提出过对未来社会两种模式的设想：一种是从逻辑上推论和设想了在资本主义高度发展的基础上建立社会主义的"经典社会主义"模式，即"前资本主义—资本主义—社会主义（或共产主义）"。这种"经典社会主义"模式的特征是：消灭了私有制，实行自由人联合体共同占有使用生产资料和按劳按需分配，因而，商品、货币或市场自然也没有存在和利用的必要。但到了19世纪70年代后期，当马克思、恩格斯接触到完全不同于西方发达资本主义国家的俄国等东方落后国家如何走向社会主义的前瞻性课题时，他们意识到了二者在未来社会主义起始条件上的差异。基于东方农业社会落后生产方式的特殊社会历史背景，他们突破了"经典社会主义"

① 列宁. 列宁选集：第2卷［M］. 中共中央编译局，译. 北京：人民出版社，1995：777.

② 马克思，恩格斯. 马克思恩格斯选集：第3卷［M］. 中共中央编译局，译. 北京：人民出版社，1995：340，767-768，767.

的设想模式，果断地提出了另一种“社会主义的特殊形态”的设想模式[①]，即“前资本主义—跨越资本主义制度的‘卡夫丁峡谷[②]’—社会主义”。后一种“社会主义的特殊形态”设想模式的科学性在于，马克思、恩格斯意识到了像俄国这样经济文化落后的东方国家，由于各种内外条件的组合，主要是农村公社和资本主义生产体系共存，因而，可以凭借革命手段，缩短资本主义过渡到社会主义的漫长而痛苦的发展道路，跨越资本主义发展阶段，但跨越的是资本主义“制度”的“卡夫丁峡谷”，而不是资本主义时代高度社会化的生产力[③]。

因此，俄国在通过革命胜利解放了社会生产力的前提下，还面临着重构社会主义制度[④]以进一步发展生产力、推进社会主义经济建设和发展的新任务。当列宁在短时间内曾试图按马克思、恩格斯第一种设想直接过渡到共产主义，取消商品货币实行战时共产主义政策受挫后[⑤]，他迅速调整和改变了对社会主义的认识[⑥]，首创了着眼于当时生产力发展要求的“新经济政策”：在一定限度内利用商品货币关系，在将国家所有作为生产资料公有或共同所有的组织形式的基础上，容纳多种经济成分存在，允许私有经济和自由贸易在一定范围内存在，允许资本主义国家的企业租赁苏联的国有企业，并改造农村公社及其土地制度；同时，吸收资本主义生产的一切成就与文明成果，利用其市场和现代交换机制，利用世界市场，以更好地适应和大力发展社会主义社会生产力，成了另一种“社会主义的特殊形态”设想模式最早的实践探索者。遗憾的是，列宁这一从实际出发的创举，因其早逝而中断，且因斯大林时代理论和实践的转向，逐渐形成“单一

---

① 马克思认为“在俄国，由于各种情况的独特结合，至今还在全国范围内存在着的农村公社能够逐渐摆脱其原始特征，并直接作为集体生产的因素在全国范围内发展起来”，“可以不通过资本主义制度的卡夫丁峡谷，而把资本主义制度所创造的一切积极的成果用到公社中来”，（参见：马克思，恩格斯. 马克思恩格斯选集：第3卷［M］. 中共中央编译局，译. 北京：人民出版社，1995：762-765.）从而走向社会主义。恩格斯也赞同马克思的观点，认为“这不仅适用于俄国，而且适用于处在资本主义以前的发展阶段的一切国家”。（参见：马克思，恩格斯. 马克思恩格斯选集：第22卷［M］. 中共中央编译局，译. 北京：人民出版社，1965：502-503.）。

② 参见：马克思，恩格斯. 马克思恩格斯选集：第3卷［M］. 中共中央编译局，译. 北京：人民出版社，1995：762.“卡夫丁峡谷”典故出自古罗马史。公元前321年，萨姆尼特人在古罗马卡夫丁城附近的卡夫丁峡谷击败了罗马军队。后来，人们就以“卡夫丁峡谷”来比喻灾难性的历史经历。

③ 李萍. 邓小平理论视阈中的主题与创新观［J］. 社会科学研究，2005（3）：12-16.

④ 这就是马克思在《法兰西内战》中所指出的：“工人阶级不能简单地掌握现成的国家机器，并运用它来达到自己的目的。”（马克思，恩格斯. 马克思恩格斯选集：第3卷［M］. 中共中央编译局，译. 北京：人民出版社，2009：151.）

⑤ 列宁说：“我们……用无产阶级国家直接下命令的办法在一个小农国家里按共产主义原则来调整国家的产品生产和分配。现实生活说明我们错了。”（参见：列宁. 列宁论新经济政策［M］. 中共中央编译局，译. 北京：人民出版社，2015：105.）

⑥ 列宁指出：“我们不得不承认我们对社会主义的整个看法根本改变了。”（参见：列宁. 列宁论新经济政策［M］. 中共中央编译局，译. 北京：人民出版社，2015：266.）

公有制—指令性计划与商品外壳式交换—按劳分配”的传统社会主义经济制度的“苏联模式”。

（二）中国社会主义经济制度形成、构建与发展的历史回顾

新中国成立之初的三年国民经济恢复时期，面对“国家与革命”和“国家与发展”的双重历史任务，以毛泽东为核心的党的第一代中央领导集体独创的基于半殖民地半封建社会的特殊历史背景、实行多种经济成分共存的“新民主主义经济形态”，并走向社会主义的新的探索路径，这无疑和列宁早期领导的实践一样，是马克思主义具体化，即俄国化、中国化的一种成功实践，体现出由特殊国情、特殊社会经济发展水平、特殊历史文化背景下实践导向、实践选择、实践形成的“社会主义的特殊形态”的科学性及其特征。

之后，为维护和巩固新生的社会主义关系，追求快速建成社会主义在制度安排上的内在强烈需求和国际资本主义阵营封锁扼杀的外部环境制约，促成了新中国成立初期具有重大社会变革和深远历史意义的过渡时期“一化三改造”总路线的实施。试图在从生产力方面通过国家工业化发展，使我国由落后的农业国逐步变为先进的工业国，使社会主义工业成为整个国民经济的有决定意义的领导力量；同时从生产关系方面通过对个体农民、手工业者和商贩的个体私有制进行合作化改造为社会主义的集体所有制，对资本主义工商业的资本主义私有制进行公私合营改造为社会主义的全民所有制，1956 年年底所有制的社会主义改造的基本完成，标志着我国具有了社会主义社会核心经济制度内核的基本元素，即公有制基础上的社会主义生产关系和经济制度的正式确立。从历史的角度客观来看，尽管“一化三改造”也存在着改造过急、过粗、范围过宽等不足和局限，但在新中国的历史上却由此翻开了社会主义建设和社会主义制度建构崭新的一页，初步建立起的独立的、比较完整的工业体系和国民经济体系，为社会主义工业化和国民经济的发展奠定了必要的物质技术基础，公有制占据主体地位的社会主义经济关系最初的制度表达也得以完成。

随后的 50 年代末至 70 年代末的 20 多年间，在将社会主义从理想进一步转为现实的进程中，理论上，我们愈益主观和教条地理解马克思主义设想的“经典社会主义”模式；实践中，愈益忽视和脱离中国现实社会经济条件的制约，为实现“国家工业化”的赶超发展战略①，逐渐形成了以单一公有制和按劳分配为基础、排斥市场调节的指令

① 1921 年 5 月，列宁在俄共（布）第十次代表会议上强调指出：“没有高度发达的大工业，那就根本谈不上社会主义，而对于一个农民国家来说就更是如此。”（参见：列宁. 列宁全集：第 41 卷［M］. 中共中央编译局，译. 北京：人民出版社，1986：331-332.）

性计划经济体制的社会主义经济制度①。这一时期，中国社会主义经济制度嬗变，呈现出试图趋近前文所说的社会主义社会核心经济制度②和微观、中观、宏观均贯穿着相应的制度安排、制度规则及其制度规范，即单一公有制和按劳分配的传统教条式社会主义基本经济制度、指令性计划经济体制、城乡有别的二元经济体制等具体经济制度三重规定性特征，并产生了双重的历史影响：一方面其脱离中国现实国情、忽视发展社会生产力而陷入“贫穷社会主义”发展的困境，延缓和抑阻了我国社会主义建设发展的进程③；另一方面在客观上又为之后的改革开放提供了经验鉴戒和动力支持，并且为始终坚持和深化改革开放也积累了可供反思与创新的“思想成果、物质成果、制度成果”④。

（三）中国特色社会主义经济制度探索：改革、重构与创新

以党的十一届三中全会的召开并做出把党和国家的工作重点转移到以经济建设为中心的社会主义现代化建设上来、实行改革开放的历史性决策为起点，在40年来的改革开放历程中，中国特色社会主义经济制度的探索留下了辉煌的历史轨迹，显现出中国特色社会主义经济制度创新与发展的鲜明特征和规律。

改革开放新时期，根据新的实际和历史经验，以邓小平为主要代表的党和国家第二代领导集体坚持实事求是的思想路线，对社会主义进行重新理解、重新认识。邓小平在1982年党的十二大开幕词中提出：“把马克思主义的普遍真理同我国的具体实际结合起来，走自己的路，建设有中国特色的社会主义，这就是我们总结长期历史经验得出的基本结论。”⑤邓小平抓住“什么是社会主义、怎样建设社会主义”这一基础性的理论与实践问题，针对社会主义实践过程中主观教条、盲目照抄苏联模式形成传统计划经济体制的经验教训，提出了“建设有中国特色的社会主义”的历史命题，本质上是要搞清楚什么是遵循马克思主义、遵循人类社会发展一般规律、遵循社会主义建设规律，特别是符合中国社会发展规律，从而促进生产力发展的社会主义，搞清楚搞社会主义要从中国

---

① 忽略了社会主义社会不同发展阶段对所有制形式、所有制结构及其分配形式和分配结构不同的客观要求。

② 前文一般意义地定义了社会核心经济制度，主要是反映特定社会经济制度的内在属性，是指任何一个国家或地区与前社会相区别的根本特征或根本标志，是作为与前社会性质根本不同的生产资料所有制和由此决定的生产、流通、分配、消费性质及其相互之间的关系等核心内容的制度性本质规定，其具有一定社会的一般性和稳定性。而社会主义社会“核心经济制度”，则是以社会主义公有制及其由此决定的社会主义生产、流通、分配、消费性质以及相互之间的关系等核心内容的制度性本质规定，作为区别社会主义和资本主义或前社会的根本特征或根本标志。

③ 按照世界银行《1981年世界发展报告》提供的“1955—1980年人口、国民生产总值和人均国民生产总值：份额、比例关系和增长”的数字，1980年我国国民生产总值在世界国民生产总值中所占的份额，低于1955年的水平；人均国民生产总值按时价对美国国民生产总值的百分比，1955年我国占3.2%，1980年降为2.5%。从人民群众的生活水平看，由于国民经济连续20年处于停滞状态，直到1976年，人民群众的生活基本上没有超过1956年、1957年的水平。（参见：薛暮桥. 九年来的中国经济体制改革（序言）[M]. 北京：人民出版社，1987：2.）

④ 习近平. 在纪念毛泽东同志诞辰120周年座谈会上的讲话 [N]. 人民日报，2013-12-27.

⑤ 邓小平. 邓小平文选：第3卷 [M]. 北京：人民出版社，1993：3.

的实际出发，走自己的路，把马克思主义的普遍真理与我国的具体实际结合起来，寻找实现社会主义共性与个性、一般与个别、普遍性与特殊性相统一的现实路径。

由于我国经济制度的重大变迁始终是在中国共产党的领导下进行的，笔者以历届党代会和中央全会为线索来梳理改革开放以来中国经济制度的变迁①。具体来看，经济政策的调整和突破，在制度供给上为社会主义经济制度的创新提供了重要的推动力。早在改革开放初期的 1981 年，党的十一届六中全会通过的《关于建国以来党的若干历史问题的决议》中就创新性地提出了“我们的社会主义制度还是处于初级的阶段”“社会主义生产关系的变革和完善必须适应于生产力的状况，有利于生产的发展。国营经济和集体经济是我国基本的经济形式，一定范围的劳动者个体经济是公有制经济的必要补充。必须实行适合于各种经济成分的具体管理制度和分配制度”。此后，1984 年党的十二届三中全会、1987 年党的十三大报告都先后强调了坚持以公有制为主体、发展多种经济形式，发挥个体经济、私营经济以及中外合资、合作企业和外资企业对社会主义经济的有益的、必要的补充作用的方针政策。1992 年党的十四大明确提出了改革的目标是建立社会主义市场经济体制，指出“社会主义市场经济体制是同社会主义基本制度结合在一起的。在所有制结构上，以公有制包括全民所有制和集体所有制为主体，个体经济、私营经济、外资经济为补充，多种经济成分长期共同发展，不同经济成分还可自愿实行多种形式的联合经营。国有企业、集体企业和其他企业都进入市场，通过平等竞争发挥国有企业的主导作用”。在此基础上，1997 年党的十五大对所有制结构与社会主义市场经济关系认识上有了明确界说和重大创新，正式明确和第一次提出了“公有制为主体、多种所有制经济共同发展，是我国社会主义初级阶段的一项基本经济制度”“非公有制经济是我国社会主义市场经济的重要组成部分”，深刻阐释了坚持公有制的主体地位、坚持多种所有制经济共同发展两者缺一不可、相互促进，特别是明确了非公经济作为我国社会主义市场经济的重要组成部分并共同构成社会主义初级阶段所有制结构及其基本经济制度的重要特征。党的十六大、十七大，尤其是十八大、十九大不断深化了对我国社会主义初级阶段基本经济制度的认识，先后赋予其更加深刻、更具创新意义的新的内涵，其中，特别强调坚持“两个毫不动摇”、突出中国共产党的领导是中国特色社会主义制度的最大优势和最本质的特征、坚持“以人民为中心”的发展思想等，使中国特色社会主义基本经济制度的内容结构愈益丰富、严谨和完善。

实践中，伴随着所有制、经济体制和运行机制的渐进性持续深化改革的进行，社会主义经济制度变迁转向了制度重构，形成了中国特色社会主义基本经济制度及其坚持完善的重大创新。一方面，20 世纪 70 年代末肇始于农村家庭联产承包责任制的“两权分离”改革，以及乡镇企业的异军突起，“皇粮国税”的终结，到新时期农村土地产权制度“三权分置”改革与乡村振兴战略的实施，极大地解放和促进了农村生产力的发展

① 这也体现了上层建筑对经济基础的反作用这个外在向度的分析框架。

和生产关系的调整与变革。而城市国有企业也相继实行了“扩权让利”“利改税”“承包制”改革，转换企业经营机制、实现股份制改造、建立现代企业制度、发展混合所有制经济，积极探索了适应现实社会生产力水平的公有制特别是国有制的多种有效实现形式。这一过程还伴随着允许和鼓励城乡个体、私营，以及特区对外开放外资、合营经济等非公经济形式的出现和发展。中国的所有制形式从过去公有制“一统天下”逐渐演变为多种所有制经济的并存和共同发展的格局，市场主体得以培植和成长起来。其间，经历了突出国营经济主导地位和个体、私营等非公经济是公有制经济必要补充的“主导——补充”的实践探索，公有制为主体，个体经济、私营经济等非公经济都是补充的“主体——补充”的实践探索，以及公有制为主体、多种所有制共同发展的“主体——并存”的基本经济制度的实践创新探索。另一方面，计划经济体制的改革向有计划的商品经济、社会主义市场经济体制转型和深化发展，商品和要素市场体系逐渐发育，微观企业组织、中观区域或各产业的发展、宏观国民经济活动及其运行，通过市场规则、市场价格、市场供求、市场竞争、市场风险机制对社会资源配置发挥着越来越重要的基础性乃至决定性作用。在中国共产党的领导下，政府则在转变其职能、健全宏观调控体系的改革深化中更好地发挥着促进国民经济持续增长、高质量发展、实现共同富裕的宏观引导与调控作用。

回过头来看，实际上自党的十一届三中全会决定以经济建设为中心，党的十三大决定发展有计划的商品经济，党的十四大决定建立社会主义市场经济体制，就将坚持以公有制为基础还是以私有制为基础这一区别社会主义和资本主义重要标志的核心经济制度，坚持公有制为主体、多种所有制经济并存和共同发展的基本经济制度与坚持社会主义市场经济体制的具体经济制度的三重规定性及其结合真正提上了日程。实践证明，在半殖民地半封建社会的历史废墟上经由新民主主义社会进入社会主义初级阶段的中国，始终坚持公有制的社会主义性质，是坚持了马克思、恩格斯科学社会主义的基本原则和社会主义本质的内核，中国特色社会主义经济制度因此具有了社会主义核心经济制度根本规定性的本质特征；进一步地，坚持实行以公有制为主体、多种所有制经济共同发展的中国特色的社会主义社会基本经济制度，发展和完善社会主义市场经济体制这一具体经济制度，实行市场在资源配置中的决定性作用和更好发挥政府作用，既是社会主义初级阶段社会生产力发展的客观要求和符合我国国情不断调适社会主义社会生产关系和上层建筑的历史选择，更是根据我国实际和时代变化对马克思主义经典作家关于未来社会所有制理论、消除商品货币市场交换关系设想的重大突破与创新性发展，从而赋予了社会主义社会经济制度体系以鲜明的中国特色的时代特征①。中国特色社会主义经济制度

① 恩格斯早就明确地指出：“所谓‘社会主义社会’不是一种一成不变的东西，而应当和任何其他社会制度一样，把它看成是经常变化和改革的社会。”（参见：马克思，恩格斯. 马克思恩格斯全集：第 37 卷［M］. 中共中央编译局，译. 北京：人民出版社，1971：443.）

具有的三重规定性特征，在40年的改革开放实践中形成、丰富和不断完善，产生了极其重要而深远的历史影响：我国生产力在获得了极大解放和发展的基础上，经济总量已上升为世界第二位，经济实力、科技实力、国防实力、综合国力进入世界前列，7亿多人摆脱了贫困，人民生活水平有了大幅度的改善和提高，取得了令世人瞩目的骄人成就，总体市场化程度已经接近80%，中国特色社会主义市场经济体制逐步建成并日益完善①。

中国社会主义经济制度变迁发展70年的理论追问和实践检视，揭示出一部不断探索和创新的历史。特别是党的十一届三中全会以来，我国改革开放和现代化建设不仅取得了历史性成就，而且积累和形成了一整套中国特色社会主义经济制度创新与发展的科学理论和宝贵经验，理解其丰富内涵及其发生逻辑可以通过如下几个方面来切入：坚持中国共产党的领导，坚持社会主义公有制和社会主义道路，坚持公有制为主体、多种所有制经济共同发展与发展完善社会主义市场经济体制内在一致的中国特色社会主义经济制度创新；坚持遵循制度创新规律与秉持中国国情相一致，诱致性与强制性制度变迁互动结合，改革、发展与稳定相协调的中国特色社会主义经济制度创新；坚持先易后难、以增量改革带动存量改革、公有制与市场机制兼容结合基本方向、体制内改革与体制外推进相结合的中国特色社会主义经济制度创新；坚持顶层设计与试点探索相结合、对内改革和对外开放统筹推进、全面推进与重点突破相协调的中国特色社会主义经济制度创新，诸此等等，在社会主义经济制度变迁的历史与现实的探索中做出了中国贡献。

四、理解新中国经济制度70年的变迁路径、特征及其绩效：一个简要总结

今天，我们站在新时代新的历史起点上，回望、检视我国社会主义经济制度的70年变迁，描绘和勾勒出我国社会主义经济制度经历的建立、探索、改革、转型与完善过程中艰难曲折的发展脉络，客观理性地理解新中国经济制度70年的变迁路径、特征及其绩效，对于更加清醒地认识新时代中国特色社会主义的历史方位，更加自觉地增强对中国特色社会主义经济制度的价值认同，更加坚定地坚持对中国特色社会主义经济制度的高度自信，是极具理论与实践创新的重大而深远的历史和现实意义的。

第一，理解新中国经济制度70年的变迁路径，内含着对理论的抽象性和实践的具体性辩证关系的探索，展现出我国社会主义经济制度变迁中“否定之否定”的规律性特征和演变轨迹的历史语境和历史逻辑。

对新中国经济制度70年变迁的回顾和检视，既不是对新中国以降经济制度变迁的

① 陈宗胜，等. 新时代中国特色社会主义市场经济体制逐步建成［J］. 经济社会体制比较，2018（4）：24-41.

单纯转述和旁观写照，也不是简单地对这一嬗变现实的直接模拟与刻画，而是力求还原历史、置身其间，对“特殊历史背景的认识、国家战略的选择、体制机制的建构、政策措施的实施到新的历史环境的变化、国家战略的转变、体制机制的改革、政策措施的调整……”循环深入的历史进程，从马克思主义生产力与生产关系、经济基础与上层建筑辩证关系的基本命题出发，做出70年来我国社会主义经济制度演进变迁特有路径全景图的历史书写，其中既在时间上体现为一个包括改革开放前后两大时段、各时段内又可能包含若干阶段的连续性动态变迁的渐进过程，又在空间上体现为包括中央和地方，城市和农村，东部、中部和西部，农业、工业和服务业，微观、中观和宏观等各个层面、各个领域、各个维度、各个方面的关联性互动变迁的复杂过程。其间，内含着科学社会主义理论的抽象性和社会主义实践的具体性辩证关系的探索，展现出我国经济制度变迁中“否定之否定”的规律性特征及其演变轨迹的历史语境和历史逻辑：服从于新中国成立之初必须尽快完成“变农业国为工业国”“国家工业化”的赶超战略及其历史任务，传统社会主义计划经济体制下单一公有制的社会主义经济制度的形成，是对过渡时期亦公亦私、公私结合的多种经济形式混存经济制度的第一次否定；而改革开放后服从于党和国家工作中心转移到经济建设新的战略决策，公有制经济外允许非公有制经济作为“补充”的存在和发展，及其后的社会主义市场经济体制确立基础上公有制为主体、多种经济形式并存共同发展的中国特色社会主义基本经济制度的形成，则是对改革开放前单一公有制的社会主义经济制度的第二次否定。

今天，从历史的角度辩证客观地审视这一经济制度变迁的“否定之否定”过程①，无疑，传统社会主义计划经济体制下单一公有制的社会主义经济制度对过渡时期亦公亦私、公私结合的多种经济形式混存经济制度的第一次否定，有错误也有警示的历史性价值。在新中国成立初期极其落后的国情基础上试图实现工业化赶超战略强国目标的历史紧迫性面前，我们试图通过构建起新的社会经济制度、发挥生产关系反作用于生产力的作用，在所有制的改造和构建上犯了超越阶段的冒进和片面升级过渡的历史性错误，导致超前的生产关系与落后的生产力之间的结构性矛盾，对社会主义建设产生了“欲速不达”的严重制约和影响，这也为后来改革开放的制度创新提供了有益的历史鉴戒。正如邓小平同志所说，“我们尽管犯过一些错误②，但我们还是在三十年间取得了旧中国几百年、几千年所没有取得过的进步”③，我们初步建立起的独立的、比较完整的工业体系和国民经济体系，为社会主义工业化和国民经济的发展打下了坚实的物质技术基础，公有制的社会主义经济关系最初的制度表达也得以完成。在这个意义上，为后来的改革

---

① 列宁曾经指出：“在分析任何一个社会问题时，马克思主义理论的绝对要求，就是要把问题提到一定的历史范围之内”。（参见：列宁. 列宁选集：第2卷［M］. 中共中央编译局，译. 北京：人民出版社，1995：375.）

② 如“一化三改造”中存在的改造过急、过粗、范围过宽，特别是“大跃进”中的瞎指挥、浮夸风，以及“文化大革命”中的“打倒一切”“全面夺权”等严重错误。

③ 邓小平. 邓小平文选：第2卷［M］. 北京：人民出版社，1994：167.

开放奠定了必要的物质技术基础和政治经济基础[①]。而改革开放进程中，社会主义市场经济体制确立基础上公有制为主体、多种经济形式并存的社会主义基本经济制度，对改革开放前单一公有制的社会主义经济制度的第二次否定，并非是对新中国成立之初过渡期亦公亦私、公私结合的多种经济形式混存的经济制度的简单回归，而是在改革开放凝聚了“发展共识”新的历史背景下，在重新认识唯物史观关于生产力与生产关系辩证关系的基础上，匡正改革开放前“生产力—生产关系—上层建筑”的反向向前推进，即上层建筑反作用逻辑为主的内部封闭静态循环，调整为改革开放后“生产力—生产关系—上层建筑”的正向向后推进，即生产力的决定逻辑为主的开放动态演进，在嵌入生产力—生产关系—上层建筑系统结构的互动机制中经济制度体系适应性调整的创新发展，促进了中国经济的长期快速增长和人们生活的极大改善及其全社会福利的极大增进，是社会主义初级阶段经济制度自我完善的“中国实践”。

第二，理解新中国经济制度70年的变迁特征，其中的一个历史性视角是观察改革开放土壤中生长出的新的“生产关系适应发展观”，从而促成了由先前“生产关系自我中心观”[②] 向“生产关系适应发展观”[③] 的历史性转变。

以1978年党的十一届三中全会的召开为契机，我国进入了经济体制改革开放的新阶段。改革始于改变传统社会主义计划经济体制及其单一公有制格局与我国社会生产力发展总体水平低、多层次、不平衡的现实经济条件的不适应性，改革使得原有“生产关系自我中心观”逐渐转为了“生产关系适应发展观”。即改革开放前脱离我国社会生产力现实、一味追求社会主义生产关系疾风暴雨式的升级过渡，单纯以社会主义生产关系的建立和“一大二公三纯四平”[④] 的主观愿望为中心，导致社会主义生产关系长期超越生产力现实条件，阻碍了社会主义经济制度自身客观求实地探索、创建、发育和成长，其脱离中国现实国情、忽视发展社会生产力而陷入“贫穷社会主义”发展的困境，延缓和抑阻了我国社会主义建设发展的进程；在客观上又为之后的改革开放提供了经验鉴戒和动力支持，并且为始终坚持和深化改革开放积累了可供反思与创新的“思想成果、物质成果、制度成果”[⑤]。

改革正是旨在寻求社会主义生产关系适应现实生产力状况、放开单一所有制的传统

---

① “社会主义制度的建立，是我国历史上最深刻最伟大的社会变革，是我国今后一切进步和发展的基础。”（参见：中共中央文献研究室. 三中全会以来重要文献选编（下）［M］. 北京：人民出版社，1982：794.）

② “生产关系自我中心观”是指偏离社会生产力水平约束，以建立起社会主义生产资料公有制绝对优势的生产关系为逻辑前提。

③ “生产关系适应发展观”则是指基于现实社会生产力发展水平，以建立起既适应生产力发展客观要求的社会主义所有制及其经济形式结构为基础的生产关系体系，又保持与此相适应的经济体制、运行机制及其政策决策和实施机制的上层建筑统一的逻辑关系。

④ 一大是指基层经济组织，如人民公社、国营企业在规模上追求越大越好；二公则是指追求公有化程度越高越好；三纯追求的是社会主义经济成分越纯越好；四平则是在分配上搞平均主义。

⑤ 习近平. 在纪念毛泽东同志诞辰120周年座谈会上的讲话［N］. 人民日报，2013-12-27.

意识的限制，允许与较为落后低下的、多层次的、不平衡的生产力水平相适应的个体、私营、外资等非公有制经济的存在和适当发展，促成了社会主义初级阶段公有制主体经济主导与非公有制经济的补充和互动为基础的中国特色社会主义基本经济制度新芽的萌发，以及适应生产力现实基础和基本国情的公有制为主体、多种经济形式共同发展的基本经济制度的确立和不断发展。这一过程中，相对于发展和完善社会主义市场经济体制的要求而言，尽管仍存在着公有制实现形式创新改革的不足及其活力、创造力和竞争力不强；非公经济发展的制度供给不足与制度规范不够；公有制经济与非公经济间行业垄断体制压缩民营企业发展空间的一定程度上竞争的不平等性等诸多问题，但是，整体上看伴随着党的历次全会包括十一届三中全会、四中全会、十二届三中全会、十二大、十三大和十四大直至十九大报告对改革共识的凝聚、改革领域的不断拓展和全面深入深化，焕发出各经济主体利益激励的“生产性努力”，激活了各要素资源的充分有效利用，从而迎来了改革开放巨变中迸发出的经济持续高速增长，各经济主体包括农民、工人和非公经济组织中劳动者收入增加的良性发展态势。

从“生产关系自我中心观”到“生产关系适应发展观”，是从抽象定性社会主义公有制的先进性，回到“社会主义的优越性归根结底要体现在它的生产力比资本主义发展得更快一些、更高一些，并且在发展生产力的基础上不断改善人民的物质文化生活”①，一句话，“归根到底要看生产力是否发展，人民收入是否增加”②的历史唯物主义客观的“生产力标准”的依循之上，是社会主义制度评价标准走向科学尺度和价值尺度的有机统一。这一改革初衷和历史转变值得追忆，值得铭记。

第三，理解新中国经济制度70年的变迁绩效，以改革开放为界其制度供给和需求、制度成本和效率的关系，走过并正在经历一个典型的政府主导、纵向层级式、制度供需信息非对称非流动的单向封闭型及其政治偏好下较高制度成本和效率漏损的强制性制度变迁，转向基层诉求与政府顶层设计上下协同、制度供需信息流动的双向开放型及其“发展共识”一致性偏好下追求制度变迁长期绩效的“适应性效率”③、诱致性与强制性耦合联动的制度变迁历史过程。

新中国成立后选择走社会主义制度的道路，受制于当时特殊历史环境下国际国内各种复杂因素及其条件的制约，无论是“国家工业化”战略的实施、尽快重构工业及其国民经济体系以巩固和加强新生政权，还是“一化三改造”的实行以促成社会主义经济制度的加快形成，以及之后实行的中央集权计划经济体制以推进国家主导的现代化建

① 邓小平．邓小平文选：第2卷［M］．北京：人民出版社，1994：250.

② 邓小平．邓小平文选：第2卷［M］．北京：人民出版社，1994：314.

③ 诺思在《理解经济变迁过程》一书中提出：“在具有适应性效率的社会中，制度矩阵的灵活性使其能够调整来解决与根本的经济变迁相关的问题。”（参见道格拉斯·C. 诺思．理解经济变迁过程［M］．北京：中国人民大学出版社，2013：96.）

设进程，一方面发挥了资源匮乏条件下社会主义制度能够集中力量办大事的优势①，举全国之力，集中优势资源，聚焦特定的工程、项目、事件，才成就了“一五”期间“156项工程”和“两弹一星”等重大战略、工程跨越性、突破性、高效率地发展，迅速奠定了社会主义工业化的初步基础，铸就了我国国防安全的战略基石，并且对国家科技发展乃至整体经济社会发展都产生了深远影响；另一方面，也体现出国家凭借政权力量破除旧制度障碍，以行政命令方式强力建构起生产资料公有制占绝对优势的社会主义经济新制度的强制性制度变迁，其自上而下、单向封闭的制度供给，以及政治制度和政治权力强势决定资源配置，缺乏基层制度需求信息来源与反馈的制约及其纠偏机制，此间制度僵化导致制度变迁的“适应性效率”长期趋于低下。

而改革开放以来快速增长和发展势头的背后，无不昭示出其对社会主义本质重新认知，突破传统社会主义经济理论圭臬，包括单一公有制、排斥市场等理论定式误区，做出适应生产力发展水平的“所有制结构和产权改革”、市场取向改革及至社会主义市场经济体制确立和全方位的建设、市场决定资源配置与政府兼具“引导型与推动型”“防护型与进取型”② 角色及作用制度效应的初步释放。这中间，从摸着石头过河到与政府顶层设计的结合互动；从民生发展的制度需求与到政府科学发展的制度供给形成的“发展共识”一致性偏好的协调推动；从诱致性制度变迁到与强制性制度变迁的耦合联动，改革带来的“制度释放剩余”和制度变迁愈益灵活性内含的报酬递增及其自我强化机制的累积效应，逐渐形成促进长期增长中制度成本相对降低和制度效率提升的良好绩效，一定意义上其制度变迁“适应性效率”的增强，在国内外转型的横向纵向比较中都得到了多方面经验的验证。

（本论文原载于《学术月刊》2019年第8期）

---

① 《增长的极限》的作者之一乔根·兰德斯教授认为，中国政府能集中力量办大事，不应迷信西方民主体制。这个因素是兰德斯对中国发展保持乐观态度的核心因素。（参见：宋丽丹. 国外看“中国道路”取得成就的主要原因［J］. 红旗文稿，2015（13）.）

② 王今朝：《关于市场配置资源决定性与更好发挥政府作用的学术认知》，http://ex.cssn.cn/jjx/jjx_gzf/201612/t20161208_3305679.shtml。防护型的“更好发挥政府作用”就是要解决中国人民由于各种内外部因素所遭受的痛苦；进取型的“更好发挥政府作用”是为了获得中国本来可以获得的更大的利益。

改革开放四十年中国特色社会主义收入分配理论回顾与展望

王朝明　张海浪　王彦西

一、引言

收入分配是一个社会基本经济制度和所有制结构的重要内容或表现形式，收入分配制度和分配结构直接决定一个社会的基本利益关系及社会成员之间的利益关系，马克思把它们称为生产关系。在我国的社会主义初级阶段实行的是以按劳分配为主、多种收入分配方式并存的收入分配制度，其内涵是按劳分配和按生产要素贡献分配结合，其价值取向是实现公平和效率的统一。这一分配制度是同我国公有制为主体、多种所有制共同发展的所有制结构相适应的，体现了社会主义初级阶段生产关系的特征和要求，也体现了发展社会主义市场经济和构建社会主义和谐社会的客观要求。而这一分配制度的改革实践为收入分配理论的探索创新提供了丰厚的土壤，组成了改革开放四十年来中国特色社会主义经济发展的一条主线。随着实践的推进，中国特色社会主义收入分配理论创新也围绕这个目标模式而展开，在收入分配制度、原则、机制、方式、政策等方面展开了深入的理论探讨，提出了若干分阶段的具有中国特色创新性的理论研究成果。可以说在这期间，中国特色社会主义收入分配理论伴随四十年波澜壮阔的改革开放，筚路蓝缕、演进发展、勇于创新，形成了一大批具有时代气息，反映改革开放实践的理论阐述、学术观点、政策方案。我们依据历史唯物主义的方法论，客观、准确地勾勒出改革开放四十年中国特色社会主义收入分配理论的发展进程。历史从哪里开始，理论的逻辑演绎就从那里开始。

二、有计划商品经济探索时期（1978—1991 年）：收入分配理论的拨乱反正、正本清源

如果将历史再向前回溯约七十年，可以发现新中国成立后从新民主主义经济向社会

主义经济过渡的这一阶段，国内学界对收入分配理论的探索反映了所有制关系改造对分配关系变革的理论认识。在计划经济时期，当时阐述按劳分配的主流思想，强调与社会主义公有制经济相一致的按劳分配是社会主义收入分配中的基本原则，反对平均主义，必须坚持贯彻按劳分配。但其主要论述囿于高度集中的计划经济体制，按劳分配受计划经济规律的制约，实际上论证的是“产品经济型”的按劳分配①，其间虽有将按劳分配与商品生产联系起来的看法，但既未有深入系统的研究，更不可能上升为国家战略和在政策层面加以实施。至于超前认识到几十年后建立社会主义市场经济体制下按劳分配与市场经济关系的思想萌芽②，在当时由于缺乏此思想成长的社会经济土壤，只能是昙花一现，但留给后人对此问题继续研究的深刻启发。

马克思收入分配理论中国化的突破及发展以1978年中国共产党第十一届三中全会的召开为标志，进入了一个前所未有的新阶段。这次会议全面地纠正了十年“文化大革命”及之前的“极左”路线，重新确立解放思想、实事求是的思想路线，将全党的工作重心转移到社会主义现代化建设上来，确立实行改革开放的伟大决策。这一阶段开始的生产资料所有制结构改革、农村经济体制改革、城市经济体制改革以及商品经济的发展都将对中国特色社会主义收入分配理论的创新探索产生重要影响。

从改革启动到党的十四大召开之前，中国特色社会主义经济理论的重大构建主要融汇体现在两个方面：一是“社会主义有计划商品经济”的经济体制改革目标模式理论；二是社会主义初级阶段理论，这是深入进行收入分配体制改革的理论依据；同时，也促使我国按劳分配的学术讨论呈现出新中国成立以来少有的生机勃勃、百花齐放的状态。在1977年到1978年间，国家计委经济研究所、社科院经济研究所等几个单位在经济学界发起了关于按劳分配理论的四次全国性研讨会，冲破了“四人帮”造成的理论学术界万马齐喑的沉闷局面。这一阶段中国特色社会主义收入分配理论的进展主要在两个方面：一方面批判“四人帮”否定按劳分配的种种谬论，拨乱反正，正本清源，回归马克思收入分配理论的本来面目，重新肯定和恢复按劳分配原则和物质利益原则；另一方面继续深入探讨按劳分配的社会主义本质特征，肯定按劳分配的作用，根据改革中所有制结构的调整研究分配形式的变化，并且将收入分配理论研究与经济政策紧密联系，从收入分配的宏观政策调整与改革的角度对“先富与后富”的关系进行了探讨，特别重

---

① “产品经济型”按劳分配这个范式是将马克思按劳分配原理教条化地在计划经济体制下运用的产物，是“产品经济型”直接按劳动时间分配的按劳分配模式，它的实现形式在全民所有制企事业单位和城镇集体企业是工资、津贴制度，在农村集体经济则是工分制。实施的结果是分配上的“大锅饭”和平均主义的流行。而对这套分配制度在理论上的系统概括就是“‘产品经济型’按劳分配理论”，这是我国改革开放前30年，收入分配研究中逐步形成的主流范式。

② 如像顾准在20世纪50年代提出了计划体制根本不可能完全消灭商品货币关系和价值规律的论断，主张社会主义条件下依靠商品经济的力量参与收入分配，并且对收入分配中利用货币、价格、经济核算等进行了全面的分析。（参见：顾准. 顾准文集［M］. 贵阳，贵州人民出版社，1994.）

要的是把社会主义商品经济与按劳分配结合起来研究了劳动报酬与企业经营成果的相互关系，破除了传统计划经济体制下平均主义的分配方式。其间，提出了“以按劳分配为主体，其他分配方式为补充”[1-2]“按劳分配与商品经济的兼容性”[3]“两级按劳分配”[4]“家庭联产承包计酬收益”[5]等论断，为中国特色社会主义收入分配理论的深入研究做出了铺垫。

总的来讲，改革开放初期这一阶段的中国特色社会主义收入分配理论的演进，除了在思想上清除“四人帮”散布的各种谬论之外，就是与经济体制改革的推进相向而行，对高度集中计划经济体制下形成的“产品经济型”按劳分配理论的突破正在蓄势待发，但真正的突破还未出现。因为，在1989年前后，经济学界在改革目标模式应当选择计划取向还是市场取向这个问题上发生了激烈的论争，乃至提出了姓“资”还是姓“社”的重大理论问题，将计划和市场的关系问题与社会主义基本制度联系在一起。一些人认为：社会主义经济只能是计划经济为主体，而把改革的目标定位在市场取向上，把市场经济作为我们社会主义的目标模式，就是把资本主义生产方式的经济范畴同社会主义生产方式的经济范畴混淆[6]。一直到1990年12月24日，邓小平同志同几位中央负责同志谈话时，说道：“我们必须从理论上搞懂，资本主义与社会主义的区分不在于是计划还是市场这样的问题。社会主义也有市场经济，资本主义也有计划控制。”[7]“有计划的商品经济”的争论才得以停息，经济体制改革目标模式才回归“市场经济”之门[8]；中国特色社会主义收入分配理论的研究呼之欲出了。

三、社会主义市场经济体制初步确立时期（1992—2001年）：收入分配理论的突破、探新

按照1992年邓小平南方谈话精神，党的十四大明确提出，我国经济体制改革目标是建立社会主义市场经济体制，以利于进一步解放和发展生产力。这种市场经济体制，就是要使市场在社会主义国家宏观调控下对资源配置起基础性作用[9]。随后，中共十四届三中全会对社会主义市场经济体制做出了全面的战略部署[10]，中国的经济改革至此进入市场经济改革的轨道，也由此将马克思收入分配理论中国化推进到“中国特色社会主义收入分配理论”研究的新阶段。

这一阶段为中国特色社会主义收入分配理论融入市场经济实践经验的初步探索阶段。1997年9月召开的党的十五大首次提出，公有制为主体、多种所有制经济共同发展是我国社会主义初级阶段的一项基本经济制度[11]。所有制改革的这一新论断，将推动中国特色社会主义收入分配理论围绕深化改革开放，建立社会主义市场经济体制取得突破性进展。其研究的重点主要集中在三个方面：

一是深入探讨社会主义市场经济与按劳分配的关系[12-13]、按劳分配和按要素分配相结合[14-15]、劳动价值论与按劳分配的关系等问题[16-17]。这些探讨，不仅赋予了按劳

分配以主体地位和新的内涵，而且打破了按劳分配在分配领域中的唯一性，承认了资本等生产要素参与收益分配的合法性[18]，是对“产品经济型”按劳分配实现模式的突破。要素参与分配的方式，开始进入我国经济学界理论研究的视野，不仅对马克思劳动价值论在当代的发展提出了新要求，而且推动了市场经济条件下分配方式的研究向纵深发展。尤其是对于按劳分配和按要素分配的讨论还没有停歇，为下一阶段转向按劳分配与按要素贡献分配关系的讨论埋下了伏笔。

二是为了规范收入分配秩序，加强收入分配的宏观政策调控，深入探讨效率与公平的关系，确立效率优先，兼顾公平原则。效率与公平的关系，涉及的是收入分配伦理价值的一个基本判断，也是制定收入分配政策的一个基本面。这一阶段，我国经济学界基于效率与公平关系研究的已有成果，结合中国改革开放初期的实践经验，提出了处理效率与公平关系的新理念。这集中体现在 1993 年中共第十四届三中全会通过的《中共中央关于建立社会主义市场经济体制若干问题的决定》中首次提出的“效率优先、兼顾公平的原则”上[10]。当然，效率与公平孰先孰后的决策，并没有到此为止，在一次分配和二次分配过程中的效率与公平的权衡问题，还留下了继续研究的空间，会随着改革的深化不断调整。

三是由于以市场取向的体制转型深化和腐败的滋生，居民收入差距的不断扩大成为一个研究热点，开始进入经济学界关注的视域，西方经济学中实证研究方法的分析工具也引入研究之中。这一时期，随着市场经济体制改革的推进，居民收入形式由过去单一转变为多元、经济高速增长与收入分配的内生作用、城乡二元结构固化，以及体制转型中存在制度漏洞滋生寻租腐败等多种因素的影响，中国居民收入差距开始逐渐拉大，经济学界围绕城乡收入差距、地区收入差距、行业收入差距、阶层收入差距的状况、特征、形成机制和治理对策等方面展开研究。并且西方经济学中实证研究方法的分析工具也引入研究之中，这个方面的研究还要持续升温。对于收入差距的测度方法和各种收入差距的逐渐拉大的内在机制及调整的办法，对于政策与制度对收入差距产生的作用等，还需要继续进行探索；并且西方研究范式开始逐渐引进，实证分析工具在各种收入差距研究中将得到广泛运用，中西经济理论和分析范式在研究分配问题上怎样正确结合，都是在下一阶段亟待解决的问题。经济学界关于个人收入分配理论的研究也逐渐由过去就“分配论分配，只局限于特征性质和分配形式工资、奖金”的讨论开始转向规模性个人收入分配的实证分析，即对个人收入分配与经济增长、要素配置、生产效率、技术进步、人力资源开发、物价水平、权力寻租、社会分层、社会稳定等之间的关系进行探究，形成了一大批研究成果[19-23]。

可见，这一阶段，中国改革目标模式确定为社会主义市场经济体制，中国特色社会主义收入分配理论创新也将围绕这个目标模式而进行，在分配方式的深入探究上，在“效率与公平”的决策上，在居民收入差距的测度上，都展开了理论创新。可以说，从这一阶段开始，中国特色社会主义收入分配理论得到了不断的充实和丰富。

四、社会主义市场经济体制完善时期（2002 年至今）：收入分配理论的不断创新和纵深发展

进入 21 世纪以后，我国发展战略推进到全面建成小康社会的决定性阶段，面临着全面深化改革、完善社会主义市场经济体制、转变经济发展方式、经济从高速增长转向高质量发展等一系列战略性任务。相应地，中国特色社会主义收入分配理论研究也进入到纵深发展和不断完善的阶段。

随着社会主义市场经济体制的建立和发展，关于市场经济和所有制的论断不断突破，从市场对资源配置起基础性作用到起决定作用；非公经济从“允许存在”“有益补充”“重要组织部分”定位到公私“混合所有制经济”为基本经济制度的重要实现形式，等等，这些都为中国特色社会主义收入分配理论的不断创新发展提供了极大的研究空间。从 2002 年至今中国特色社会主义收入分配理论呈现出诸多新进展，概括起来主要集中在以下四个方面：

一是以马克思劳动价值论的分析范式为基础，深入探讨社会主义市场经济条件下按要素贡献分配与按劳分配的关系。2002 年 11 月党的十六大报告指出：要“确立劳动、资本、技术和管理等生产要素按贡献参与分配的原则，完善按劳分配为主体、多种分配方式并存的分配制度。”[24]这是一个很大胆很有突破性的提法。围绕这个论断经济学术界的争论未停，主要在“生产要素‘贡献’是创造价值的贡献还是生产财富（使用价值）的贡献”“生产要素按贡献参与分配的理论依据应如何理解”“按要素贡献分配与按劳分配关系”等方面展开了讨论[25-29]。

二是继续深入探讨效率与公平的关系。提出初次分配与再分配的关系由前者注重“效率”后者强调“公平”，演变至二者都要兼顾效率与公平，再分配更加注重公平。在收入分配领域中，如何处理好效率与公平的关系持续受到关注。“效率优先、兼顾公平”的提法有所改变。2002 年党的十六大报告提出了“初次分配注重效率，再分配注重公平”的新提法[24]，这个提法到 2007 年的党的十七大报告中又发展为“初次分配和再次分配都要处理好效率和公平的关系，再分配更加注重公平”[30]。党的十八大继续坚持了这一提法。经济学术界围绕初次分配与再次分配的效率与公平关系进行了持续探讨[29, 31-33]。

三是持续关注收入差距扩大问题。这一阶段居民财产性收入及其差距，扩大中等收入者比重、形成“橄榄形”分配结构，经济增长，人力资本投资，社会保障、公共产品投入、实施精准扶贫、精准脱贫等民生建设如何影响收入差距成为研究新亮点。中国特色社会主义收入分配理论研究越来越结合现实社会经济问题、越来越落地，体现出伴随改革深化，不断锐意创新、纵深发展的特色。有学者认为：“主流经济学家更多地从发展的角度考察发展中国家的收入分配，假定了制度或经济体制是不变的或不重要的。

这样一种研究方式显然无法全部说明中国收入分配的‘来龙去脉’。”[34]对于收入差距持续扩大问题，学者们逐渐将中国特色社会主义收入分配理论的研究范式与西方经济学的计量实证的分析工具相结合，开始了对收入分配与诸多社会经济问题相关性影响的定量分析，涌现了一批理论研究新成果[35-42]。

四是加强收入差距的治理，规范收入分配秩序，收入分配政策的研究受到重视。随着改革开放的深入发展，计划经济体制下收入分配的平均主义格局被打破，在人们收入水平不断提高的同时，居民收入差距的扩大逐渐成为影响经济持续增长、社会和谐稳定的一个重大因素，如何有效防止“两级分化”引起党和政府的高度关注。党的十五大以来，调节过高收入、扩大中等收入、提高低收入水平、保护合法收入、取缔非法收入，规范收入分配成为收入分配政策调整的一个主导方向。党的十七大报告进一步提出“发展成果由人民共享”[30]，中共中央第十八届五中全会提出“共享发展的理念”[43]，党的十九大报告明确了中国特色社会主义进入新时代，提出以人民为中心的“新发展理念”[44]。这些都标志着“先富论”向“共富论”再到“共享论”的转变，治理收入差距的制度安排、政策措施以及路径选择等方面的研讨也越来越受到研究者的重视。经济学界对于如何进一步缩小收入差距，形成良好的收入分配格局进行广泛的讨论，在缩小收入差距对策方面许多学者也给出了不同的解决路径，学术界还对收入分配相关政策的影响评估展开了研究，在收入分配政策研究方面取得了一定的成果[45-50]。

总之，这一时期关于收入分配理论研究的焦点从什么是社会主义市场经济、如何与按劳分配相容、什么是按生产要素分配以及与按劳分配的关系、“效率”与“公平”关系如何权衡处理等问题，随着改革的深化和收入差距的扩大逐渐转移到，如何更好地将按劳分配同按生产要素贡献分配结合起来，如何更好地兼顾“效率”与“公平”，以此建设“以人为本”的和谐社会，更好地让全民共享发展成果。不仅如此，随着对西方经济学分析范式的不断借鉴融合，对收入差距扩大的探究从其产生的原因、造成的影响及分析工具相比以往的研究在广度、深度和实用性上有了一些突破和创新，尤其在探究收入差距扩大原因时关注了非经济因素，包括权利、制度、心理、伦理道德等因素的影响，并借助大量的计量模型加以实证分析，都是这一时期的研究与以往的不同之处。

五、中国特色社会主义收入分配理论探索创新之展望

（一）社会生产力的发展、经济的高速增长为中国特色社会主义收入分配理论探索提供了基本前提

当中国经济改革的目标模式指向市场经济，这一切都基于生产力的解放，表现为中国经济的持续高速增长。而解放生产力又为社会积累了财富，为人民生活水平的提高奠定了物质基础，物质生产和生活条件的变化，为中国特色社会主义收入分配理论研究提

供了基本前提。随着我国生产力发展水平不断提高，人均 GDP 从改革开放前的 500 多元，2002 年突破 1 000 美元，到现在的 9 000 多美元，说明社会经济生活中可供分配的财富越来越多，可供分配的对象也越来越丰富，中国逐渐告别了“温饱”时代，走向“小康”社会，而中国特色社会主义收入分配理论也正是中国生产力大发展时代下的产物。同时，也必须看到随着生产力发展，“蛋糕”的做大，分配不公出现，收入差距扩大成为引人关注的问题，研究者们开始探讨收入差距扩大的原因、效应及治理路径，深入具体关注城乡、区域、行业、阶层的收入差距，人力资本投资与收入差距，经济增长与收入差距，财产性收入差距，权力寻租与收入差距，民生建设与收入差距，以及制度与政策对收入差距的影响等课题，这些研究在相当程度上将为中国特色社会主义收入分配理论的持续探索和创新开辟更新的学术空间。

（二）以人为本、公平正义，建设社会主义和谐社会，实现全面建成小康社会为中国特色社会主义收入分配理论探索创新提供了方向和目标

改革开放后，随着收入分配体制改革的推进，学界逐渐开始讨论效率与公平的内涵以及二者权衡问题。特别是中央文献从“效率优先、兼顾公平”到“初次分配和再分配都要兼顾效率和公平，再分配更加注重公平”，并且提出构建和谐社会的任务，明确“以人为本、公平正义”，实现全面建成小康社会的宏伟目标等纲领性的提法为中国特色社会主义收入分配理论的进一步探索突破提供了新的方向和目标。为此，党的十九大之后中国特色社会主义收入分配理论在我国进入新时代的引领下，还将有不断的突破创新，围绕新时代中国特色社会主义发展实践不断贴近马克思主义倡导追求的“人的全面自由发展”目标，在解决我国新时代社会主要矛盾、构建现代化经济体系、保障和改善民生等方面，还待探索创新出更具新时代特征的理论成果。

（三）社会主义初级阶段所有制结构的不断改革为中国特色社会主义收入分配理论探索创新提供了深厚基础

由于分配方式取决于所有制关系，改革开放以来，根据生产力发展水平和经济发展实际情况，不断进行阶段性的所有制结构调整，这也使得中国特色社会主义收入分配理论随着改革发展逐步探索突破，走向成熟。从理论上讲，马克思收入分配理论中国化是一个动态的过程，当其所依存的经济条件发生变化时，理论也要随之变化[51]。可以说，改革开放以来，所有制结构多元化的变迁，使理论界也逐渐突破了“产品型按劳分配”的实现模式，突破了按劳分配方式唯一性的传统观念。目前所有制结构上的深化国有企业改革，发展混合所有制；推进农村集体产权制度改革，探索农村集体经济新的实现形式和运行机制等，这些产权层面的深化改革，都将为中国特色社会主义收入分配理论发展提供不竭的创新动力和源泉。所有制结构的不断改革为中国特色社会主义收入分配理论探索突破提供了深厚基础。

（四）社会主义市场经济体制改革目标模式的确定为中国特色社会主义收入分配理论探索创新提供了理论框架

改革开放之初，理论界围绕计划与市场的关系对改革目标模式展开了激烈的争论。直到1992年邓小平南方谈话的发表，对社会主义也存在市场的论断不仅结束了理论界在计划与市场关系上的长期争论，而且奠定了党的十四大和中共中央十四届三中全会对确立我国建立社会主义市场经济体制且做出全面战略部署和制度安排的基调，这标志着社会主义市场经济体制建设的正式起步，也标志着中国特色社会主义收入分配理论深入探索创新的开始。由此经济理论界关于社会主义市场经济探讨的诸多方面，如市场机制、市场运行、市场主体、市场体系、市场开放与国际金融贸易、市场失灵与政府干预等研究，都将马克思收入分配理论中国化推进到“中国特色社会主义收入分配理论”研究的新阶段，为中国特色社会主义收入分配理论探索突破提供了理论框架。在此之中，结合中国市场经济改革实践收入分配的定量研究借鉴应用了计量模型、实证方法等西方经济学的分析工具，形成了一批新的研究成果。应该看到，虽然大部分的研究越来越注重实证，但缺乏对其背后理论依据的深入透析，即缺乏马克思主义收入分配理论的深刻分析，使其理论品质站位还不高。因此，中国特色社会主义收入分配理论的研究远未穷期，全面深化改革开放的丰润土壤将使理论研究结出更加丰硕的果实，既反映又引领我国收入分配体制改革的实践成果和纵深推进。也就是说，当前随着全面深化改革的推进和决胜全面建成小康社会的实践，中国特色社会主义收入分配理论在实现中华民族伟大复兴的中国梦中继续砥砺前行、奋力创新，将为收入分配体制改革沿着坚持按劳分配原则、完善按要素分配的体制机制、收入差距扩大得到根本扭转、形成更加合理的分配格局和更加良好的分配秩序的发展方向提供积极而有效的理论支撑；并且指导收入分配体制改革在完善劳动、资本、技术、管理等要素按贡献参与分配的初次分配机制，加快健全以税收、社会保障、转移支付为主要手段的再分配机制，建立健全促进农民持续增收的长效机制等方面出台的具体政策措施扎实落地、深入推进、取得实效。

（五）解放思想、实事求是、与时俱进、求真务实为中国特色社会主义收入分配理论探索创新提供了思想保障

改革开放以后的中国特色社会主义收入分配理论研究摆脱了“就分配论分配”的思维窠臼，在解读和运用经典作品时倾向全面、准确和灵活，更加注重实践对理论的检验和理论在实践中的作用，并通过实践促进理论的创新。改革开放以来确立的“解放思想，实事求是”的思想路线，不仅是马克思主义的精髓，也是中国特色社会主义收入分配理论探索创新的核心精神。这就是要求一切从实际出发，杜绝本本主义和教条主义，从“实事”固有的相互联系和不断的变化发展中，去探求和把握事物发展的内在规律。本着这种思想方法出发，需要研究新时代中国特色社会主义经济发展的实际问题，不断

丰富中国特色社会主义收入分配理论。正是这种提倡解放思想、实事求是、与时俱进、求真务实的思想作风和研究方法，不仅为中国特色社会主义收入分配理论的探索突破提供了思想保障，而且是其今后创新发展的思想法宝。

（本论文原载于《江西财经大学学报》2019 年第 3 期）

参考文献：

[1] 王启荣，王广礼，方涛．中国社会主义经济学理论［M］．武汉：华中师范大学出版社，1987.

[2] 王珏．社会主义政治经济学四十年：第 4 卷［M］．北京：中国经济出版社，1991.

[3] 陆立军，王祖强．新社会主义政治经济学论纲［M］．北京：中国经济出版社，2000.

[4] 汪海波，吴敬琏，周叔连．必须把劳动者的一部分收入和企业的经营状况紧密地联系起来［J］．经济研究，1978（12）：37-43.

[5] 经济研究编辑部．中国社会主义经济理论的回顾与展望［M］．北京：经济日报出版社，1986.

[6] 郭熙保，张平．对我国经济体制改革论争的回顾与思考［J］江海学刊，2009，(4)：87-93.

[7] 邓小平文选：第 3 卷［M］．北京：人民出版社，1993.

[8] 中国网．有计划的商品经济［EB/OL］．[2008-12-09]．http://www.china.com.cn/news/txt/2008/12/09/content_16919417.htm.

[9] 江泽民．加快改革开放和现代化建设步伐夺取有中国特色社会主义事业的更大胜利：在中国共产党第十四次全国代表大会上的报告（1992 年 10 月 12 日）［J］．求实，1992（11）：2-21.

[10] 关于建立社会主义市场经济体制若干问题的决定（中国共产党第十四届三中全会通过）［N］．人民出日报，1993-11-17.

[11] 江泽民．高举邓小平理论伟大旗帜，把建设中国特色社会主义事业全面推向二十一世纪：在中国共产党第十五次全国代表大会上的报告（十五大报告辅导读本）［M］．北京：人民出版社，1997.

[12] 张作云，等．社会主义市场经济中收入分配体制研究［M］．北京：商务印书馆，2004.

[13] 王克忠．论社会主义市场经济与按劳分配［J］．学术月刊，1997（4）：50-57.

[14] 黄泰岩．论按生产要素分配［J］．中国经济问题，1998（6）：1-9.

[15] 高培勇．收入分配：经济学界如是说［M］．北京：经济科学出版社，2002.

[16] 江宗超. 按劳分配与劳动价值论的关系综述 [J]. 法制与社会，2008 (11)：198.

[17] 朱炳元，等. 马克思劳动价值论及其现代形态 [M]. 北京：中央编译出版社：2007.

[18] 李楠. 马克思按劳分配理论及其在当代中国的发展 [M]. 北京：高等教育出版社，2003.

[19] 陈宗胜. 倒U曲线的"阶梯形"变异 [J]. 经济研究，1994 (5)：57-61.

[20] 林幼平，张澍. 20世纪90年代以来中国收入分配问题研究综述 [J]. 经济评论，2001 (4)：56-60.

[21] 李实. 中国个人收入分配研究回顾与展望 [J]. 经济学家，2003 (2)：379-404.

[22] 钟祥财. 中国收入分配思想史 [M]. 上海：上海社会科学院出版社，2005.

[23] 周振华，等. 收入分配与权利、权力 [M]. 上海：上海社会科学院出版社，2005.

[24] 江泽民. 全面建设小康社会，开创中国特色社会主义事业新局面：在中国共产党第十六次全国代表大会上的报告（十六大报告辅导读本）[M]. 北京：人民出版社，2002.

[25] 卫兴华. 按贡献参与分配的贡献是指什么 [N]. 人民日报，2003-02-18.

[26] 逄锦聚. 论劳动价值论与生产要素按贡献参与分配 [J]. 南开学报哲学社会科学版，2004 (5)：1-4.

[27] 劳动和社会保障部劳动工资研究所课题组. 深化劳动价值论和分配理论的认识 [N]. 经济日报，2002-3-18.

[28] 黄燕芬，等. 分配的革命：部分劳权向股权的转换 [M]. 北京：中国水利水电出版社，2004.

[29] 赵晓雷. 中华人民共和国经济思想史纲 [M]. 北京：首都经济贸易大学出版社，2009.

[30] 胡锦涛. 高举中国特色社会主义伟大旗帜，为夺取全面建设小康社会新胜利而奋斗：在中国共产党第十七次全国代表大会上的报告（十七大报告辅导读本）[M]. 北京：人民出版社，2007.

[31] 青连斌. 分配制度改革与共同富裕 [M]. 南京：江苏人民出版社，2004.

[32] 袁恩桢. 收入差距与社会和谐 [J]. 上海交通大学学报（哲学社会科学版），2005 (13)：5-8.

[33] 孙敬水，程芳芳. 初次分配公平与再分配公平满意度研究：基于浙江省11个地区958份居民家庭问卷调查分析 [J]. 江西财经大学学报，2017 (2)：11-23.

[34] 李实. 中国农村劳动力流动与收入增长和分配 [J]. 中国社会科学，1999 (2)：16-33.

[35] 王林辉，赵景. 技术进步偏向性及其收入分配效应：来自地区面板数据的分

位数回归［J］. 求是学刊，2015（4）：51-60.

［36］迟巍，蔡许许. 城市居民财产性收入与贫富差距的实证分析［J］. 数量经济技术经济研究，2012（2）：100-112.

［37］李实，魏众，丁赛. 中国居民财产分布不均等及其原因的经验分析［J］. 经济研究，2005（6）：4-15.

［38］李实，等. 中国居民收入分配研究Ⅲ［M］. 北京：北京师范大学出版社，2008.

［39］纪宏，陈云. 我国中等收入者比重及其变动的测度研究［J］. 经济学动态，2009（6）：11-16.

［40］陈钊，陆铭. 教育、人力资本和兼顾公平的增长：理论、台湾经验及启示［J］. 上海经济研究，2002（1）：10-15.

［41］王小鲁，樊纲. 中国收入差距的走势和影响因素分析［J］. 经济研究，2005（10）：24-36.

［42］中国经济体制改革研究研究基金会，中国经济体制改革研究研究会联合专家组. 中国改革发展报告 2005：收入分配与公共政策［M］. 上海：上海远东出版社，2005.

［43］关于制定国民经济和社会发展第十三个五年规划的建议（中国共产党第十八届五中全会通过）［M］. 北京：人民出版社，2015.

［44］习近平. 决胜全面建成小康社会，夺取新时代中国特色社会主义伟大胜利：在中国共产党第十九次全国代表大会上的报告（十九大报告辅导读本）［M］. 北京：人民出版社，2017.

［45］陈宗胜，高玉伟. 论我国居民收入分配格局变动及橄榄形格局的实现条件［J］. 经济学家，2015（1）：30-41.

［46］杨华星. 中国传统收入分配思想及其当代价值［J］. 江西财经大学学报，2016（2）：100-106.

［47］李实. 中国收入分配格局的变化与改革［J］. 北京工商大学学报社会科学版，2015（4）：1-6.

［48］蔡昉，王美艳. 中国面对的收入差距现实与中等收入陷阱风险［J］. 中国人民大学学报，2014（3）：1-7.

［49］杨灿明，赵兴罗. "收入分配理论与政策"国际学术研讨会综述［J］. 中南财经政法大学学报，2012（190）：51-54.

［50］中国发展研究基金会课题组. 转折期的中国收入分配：中国收入分配相关政策的影响评估［M］. 北京：中国发展出版社，2012.

［51］杨辉. 马克思主义个人收入分配理论中国化研究［M］. 北京：世界图书出版公司，2011.

专题二

企业改革

继续深化改革，进一步增强企业生命力

刘诗白

1979 年中共中央十一届三中全会，启动了中国的改革、开放。改革开放是新中国的一次伟大的制度创新。中国共产党在邓小平的睿智领导下，走上了建设中国特色社会主义的道路。经过 40 年的改革、开放，构建起立足中国实际的中国特色社会主义市场经济体制。崭新的中国经济体制，解放了生产力，带来 40 年经济持续高增长，人民生活水平不断提高。党的十八大以来，在以习近平同志为核心的党中央领导下，改革全面推进，开放不断扩大，政治清明，经济稳定增长，文化繁荣，社会进步，人民的获得感不断增强。40 年改革开放，使中国发生了惊天动地的变化，人民富起来，国家强起来，中国在世界崛起。党的十九大制定了新时代进一步发展中国改革、开放的大政方针。当前我们要高举新时代改革开放旗帜，按照习近平中国特色社会主义思想的要求，把全面改革开放推向深入。中国经济将进一步稳定增长，一定能创造出“让世界刮目相看的新的更大奇迹”。

我国经济已经进入“高质量发展时期”，低技术大扩张的路子走不通了。国外情况正在发生变化，世界经济减速，外部势力对我国实行贸易打压。因内外环境变化，我国的产业和企业已经开始了一场大调整。经济调整要迎难而上。一段时期以来，一些人发生了过度心理反应，产生了对发展的焦虑，股市不振。对我国当前经济情况到底怎样，今后走势如何，也有了各种议论，出现了“国进民退”的错误说法。2018 年 10 月 19 日刘鹤副总理发表的讲话，对当前中国民营经济、股市状况以及政府对策做了阐述。他指出，在当前我国产业结构调整、升级、发展中，一些民企要兼并国有企业，经营好后国有资本可以退出；另一方面，国有企业经营有困难，民营企业也可以进入，提高效率。经历长期改革发展，我国的民营企业和国有企业实际上已经是一条产业链上的紧密相关联的经营单位，它们互相依存、互相促进，搞好这样的体制，才能做到产品质优而成本低，提升中国产业市场特别是国际市场的竞争力，符合我国新情况下经济高质量发展的需要。党立足于我国经济发展的客观规律，制定了“两个绝不动摇”的方针。习近平总书记 2018 年 11 月 1 日在民营企业座谈会上的讲话，再度重申支持民营经济发展方针不动摇，充分肯定了我国民营经济的重要地位和作用，并指出“我国公有制经济、非公有制经济应该相辅相成，相得益彰，而不是相互排斥，相互抵消”“民营经济是我国经济制度的内在要素”，是“推动高质量发展、建设现代化经济体系的重要主体”。他强调指出，“在新征程中，我国民营经济只能壮大，不能弱化，不仅不能离场，而且要走向更加广阔的舞台”。习近平总书记的讲话对各种模糊的认识做出了澄清，给民营企业人员以极大鼓舞。

实事求是、有针对性地解决问题。当前民营企业存在成本高、融资难、人才缺，在企业兼并、重组中质押资产估值低，企业重组上市时间长等问题，政府要下决心快速解决。国务院宣布了一批解决民营企业债务以及融资方面问题的新措施，我们应该努力落实好这些政策、措施，要进一步搞好和发展社会主义的普惠金融体系，推进我国金融改革不断深化。

进一步深化国有企业改革，增强企业的生命力。在新时代，为了贯彻习近平总书记的新发展理念，走高质量发展之路，需要大力深化经济改革。我国经济结构调整的任务还没有完成，当前我国一方面要继续进行供给侧改革，搞好去杠杆、压过剩产能、清除经济中积累的问题；另一方面，要大力深化全面的经济改革，特别要切实增强微观主体的活力。活力、韧性、创新力，是自主经营、自负盈亏的企业的生命力的表现。生命力强劲的企业能适应市场环境、需求变化，及时调节产品，调节产量，调整产业结构，搞好升级转向，保持企业良好运行势态。外部情况好，增长快一些；外部情况差，也能对应，多下本钱在技术改造上，东方不亮西方亮。2018 年前三季度我国 GDP 增长 6.7%，各重要指标保持稳定，我国经济经受了考验，表明微观体制的改革取得了重大成果。这也给我们以下启示：继续深化国营企业改革，使企业成为体制更完善的市场主体和法人实体，使经济的微观活力、韧性、创新力进一步提升，我国的经济将更具对环境的适应性和抗风险的能力，即使来自外部的压制增大，我国经济仍然能维持稳定增长的势态。对此，我们应有充分的信心。

（本论文原载于《财经科学》2018 年第 11 期）

中国国有企业改革演进：另一种视角的解读

——关于“国退民进”与“国进民退”争议的思考

丁任重　王继翔

一、引言

近几十年来国有企业在社会经济改革中一直争议不断。20世纪80年代以后，中国的国有企业改革采取了出售、兼并、破产、拍卖、股份制等多种方式和形式，国企改革的大体趋势是“国退民进”。目前，通过产权置换我国大多数国有企业已转化为股份制或民营企业，现有的国有企业为数不多，多集中在军工、电网电力、石油石化、电信、煤炭、民航、航运七大行业里。而这些面临改革的大型国有企业关系到国防安全、国家经济命脉，与社会关联度很强，其成功与否，关系到我国整体经济改革和国民经济的命运。

关于国有企业的改革走向问题，国资委主任李荣融曾提出，随着政府对宏观经济调控能力的提高，国有经济在企业中的比例是应该下降的。然而，金融危机以来，“国进民退”这样的词语屡屡见诸报端，“国进民退”现象引发了大众的强烈关注，比如，当仁不让的国企“地王”，山东钢铁合并日照钢铁，山西煤炭产业整顿小煤矿等新闻充斥媒体头条。舆论对于央企财大气粗的“圈地”“蛇吞象”式地并购效益更好的民营企业、以行政手段对民营小煤矿进行兼并重组等多有质疑和批评，担心国进民退“与改革开放背道而驰”，“中国经济将可能出现倒退”。经济学界也重新掀起了对国有企业改革走向的大讨论。为此，本文就中国国有企业改革的路径及今后改革的取向等谈一下看法。

二、我国国有企业改革的历程

我国经济体制改革发端于国有企业改革，从1978年至今，国有企业改革可以分为以下几个阶段[1]。

1. 第一阶段（1978—1980 年）

扩大企业的经营自主权，增强企业的活力，不仅是城市经济体制改革的出发点，也是城市经济体制改革的目的。企业改革的第一阶段，以扩权试点为突破口，着重调整国家与企业的经济关系，主要内容是扩权、减税、让利，使企业拥有一定的自主权财产和经营权。扩大企业自主权的试点工作，最先出现在四川。1978 年 10 月，四川省委在重庆钢铁厂、成才无缝钢管厂、宁江机械厂、四川化工厂、新都氮肥厂和南充绸厂六家企业开始扩大企业自主权的试验。企业自主权的扩大，初步改变了企业不了解市场需要、不关心产品销路、不关心盈亏的状况，开始建立和增强了经营观念、市场观念、竞争观念和服务观念，促进了技术进步和产品质量的提高，取得了较好的经济效益。但是，由于当时各方面的改革未能配套进行，企业与主管部门的行政隶属关系没有根本改变，国家赋予企业的各项权利由于各级部门的截留而没有完全落实，这就影响了扩权改革的效果。

2. 第二阶段（1981—1982 年）

这一阶段国企改革的主要内容是试行经济责任制。在扩权试点的基础上，对工业企业试行以利润包干为主的经济责任制。这种办法实施方便、任务明确、考核简单，企业在完成包干任务后可获得超收利润的大部分。这种经济责任制以提高经济效益为目的，同时也调动了企业的积极性，因而比企业扩权改革又前进了一步。但当时由于各种经济关系尚未理顺，出现了国家集中的财力过少，资金过于分散的情况。为了确保国家的重点建设，进一步调整国民经济的比例关系，1983 年开始在全国范围内实行利改税。

3. 第三阶段（1983—1986 年）

这一时期国企改革的主要内容是实行利改税。以前的扩权、利润留成改革对调动企业积极性起了一定作用，但是，由于企业盈利水平受多种因素的影响，国家与企业之间的利益关系并不固定，因而在实践中出现了一些新的矛盾：这主要表现为企业之间留利水平不平衡，出现了苦乐不均的现象，起不到鼓励先进，鞭策后进的作用。为了改变这种状况，国家决定进行利改税试点。1983 年 6 月，在各地试点的基础上，国务院在全国范围内实行了以税利并存为特点的第一步利改税。1984 年 9 月，国务院开始实行把税利并存过渡到完全的以税代利的第二步利改税。实践证明，实行利改税，对于完善经营责任制，调动企业的积极性，促进经济发展等，都有重要的意义。

4. 第四阶段（1987—1991 年）

该阶段国企改革的主要内容是完善企业的经营机制。这一时期，企业改革进入了以全面推行承包制为特征的转移企业经营方式阶段。各地区根据不同行业和不同企业的特点，进行了多种经营方式的探索，如租赁制、股份制、资产经营责任制等。实践证明，在当时的情况下，承包制是增强企业活力、提高经济效益和推动国民经济发展的一个有效形式。它使一些濒于破产、经常吃国家补贴的企业，一举摆脱了连年亏损的状况；同时，又向那些安于度日的企业注入了活力，提高了企业的生产积极性，也打破了“大锅饭”，使职工群众的积极性和创造性充分地释放出来。但是承包制的实践中，也出现了一些值得注意的问题，如行为短期化、行政干预强化、改革方式不规范等。

5. 第五阶段（1992 年至今）

1992 年至今，国企改革的主要内容是转换企业经营机制，建立现代企业制度。在邓小平南方谈话精神的鼓舞下，企业改革的力度逐步加大，外部环境逐步得到改善。党的十四大明确了我国经济体制改革的目标是建立社会主义市场经济。中共十四届三中全会进一步明确了建立现代企业制度是国有企业改革的方向，从而把企业改革推向一个新阶段。这一时期企业改革的突出特点是，按照建立社会主义市场经济体制的目标要求，建立适应市场经济要求的产权明确、责权明确、政企分开、管理科学的现代企业制度，把国有企业塑造成为独立的法人实体和市场竞争主体。

从上述阶段可以看出，国有企业改革是经济体制改革的中心环节，而国有企业改革的目标就是使企业成为商品生产者，成为市场主体，这是我国经济体制改革的主旋律，也是理论界和实际部门的共识。如 20 世纪 80 年代初，蒋一苇提出“企业本位论”就认为[2]，社会主义经济的基本单位是具有独立性的企业，企业必须是一个能动的有机体，应当给予企业适当自我扩充、自我发展的条件，使企业有选择权和自主权，以及其他作为一个商品生产者的独立利益。国家与企业的关系是国家应当从外部领导和监督经济组织，而不是作为经济组织（企业）内部的上层机构直接指挥其日常活动。国家与企业之间不应当是行政隶属关系，而只能是一种经济关系，对企业领导和管理应采取经济手段。但在改革过程中也存在着另外一类观点。如金碚等提出了“国有企业是特殊企业”的观点，他认为，按照建立现代企业制度的方式改革国有企业，绝不是要建立一种可以普遍适用于我国现有的所有国有企业的企业制度，用规范一般企业的规则来规范我国所有的国有企业。我国国有企业现实可行的改革道路只能是：凡是不宜实行国有制的企业应实行非国有化（改制为其他公有制实现形式、混合所有制形式或者非公有制形式），这些企业将按一般的现代企业制度的规则运行；凡是必须保持国有制的企业不要幻想实行一般适用的企业制度，模仿国外私有企业的运作方式，而是要按现代国有企业制度的内在要求，借鉴各国国有企业管理和改革的经验，建立起适用于我国国有企业的有效的管理体制，实现严格保卫资产安全前提下的较高经济效率，并以配备优秀管理人才来弥补国有制难以完全避免的弱点[3]。

三、国有制的管理与经营：马克思和恩格斯的论述

从我国国有企业改革的历程来看，理论界对国有企业的定位和作用是有不同看法的，而这一点对未来国有企业改革又至关重要，我们认为要理清这一问题，重温一下马克思和恩格斯的有关论述是十分必要的。

1. 国有制的建立

马克思和恩格斯认为，资本主义私有制与生产社会化的矛盾的发展，迫使资产阶级

在私有制的范围内对生产关系做局部调整，把个别财产联合为集团财产，又把集团财产转变为国家财产，实现生产的国有化，但这并没有从根本上解决总矛盾。因为无论是转化为股份公司，还是转化为国家财产，都没有消除生产力的资本属性，经济危机暴露出资产阶级无法继续驾驭现代生产力，解决的办法只能是在事实上承认现代生产力的社会属性，由社会公开地和直接地占有生产资料。所以，社会主义社会建立之后，就存在着国家所有制。这是因为，无产阶级革命打碎了旧的国家机器之后，必须建立新的国家机器，靠国家政权的力量剥夺剥夺者，使国家代表社会占有生产资料。“无产阶级将取得国家政权，并且首先把生产资料变成国家财产”[4]320。这时，国家是“以社会的名义占有生产资料”[4]320。

马克思和恩格斯设想，在未来的公有制社会中，生产组织将构成一个大联盟的形式，“工人阶级知道……以自由的联合的劳动条件去代替劳动受奴役的经济条件，需要相当一段时间才能逐步完成（这是经济改造）；这里不仅需要改变分配方法，而且需要一种新的生产组织，或者毋宁说是使目前（现代工业所造成的）有组织的劳动中存在着各种生产社会形式摆脱掉（解除掉）奴役的锁链和它们的目前的阶级性质，还需要在全国范围内和国际范围内进行协调的合作”[5]416。“这种组织不但应该在每一个工厂内以工人的联合为基础，而且应该把这一切联合体结成一个大的联盟”[5]333。在向共产主义过渡的过程中，大联盟的基础则是国家所有制。这是因为，在共产主义的低级阶段，劳动联合体还有着自己的局部利益，劳动联合体与“社会大联盟”之间还存在着根本利益一致基础上的利益差别。这时就需要国家作为社会正式代表的中心，组织、调节各个劳动联合体在经济利益上的矛盾，保证社会全体人民根本利益的实现。

2. 国有制的经营方式

传统的观点认为，国有制的管理体制应当是“国家所有、国家经营”的模式，但事实上这种观点并不符合马克思和恩格斯的原意。在共产主义的低级阶段上，或者在向完全的共产主义社会过渡的这一长久的历史阶段上，在还存在着国家所有制的条件下，将采用什么样的经营方式的问题。马克思和恩格斯认为，在社会主义的国家所有制建立之后，基层经济单位采取合作社的形式，并以此作为向完全的共产主义过渡的中间环节。恩格斯指出：“在向完全的共产主义经济过渡时，我们必须大规模地采用合作生产作为中间环节。这一点马克思和我从来没有怀疑过。”[6]在这种条件下，其经营方式是国家拥有生产资料的所有权，但同时国家并不直接占有生产资料，而把这些国有的生产资料交给合作社使用，采用“国家所有、合作经营”的形式。

3. 国有制要适应生产力的发展状况

马克思和恩格斯虽然认为在社会主义社会应当建立国有制，但他们并不认为国有制适用于整个国民经济，而是认为国有制有一个发展的过程，国有制的发展必须适应生产力的水平，恩格斯在《共产主义原理》中就说过，关于生产资料国有化的“所有这一切措施不能一下子都实行起来，但是它们将一个跟着一个实行。只要向私有制一发起猛烈的进攻，无产阶级就要被迫继续向前迈进。把全部资本、全部农业、全部工业、全部运输业和整个交换都愈来愈多地集中到国家手里[7]221。《共产党宣言》中也说过，无产阶级在夺取政权后，只能“一步一步地夺取资产阶级的全部资本，把一切生产工具集中在国家即组织成为统治阶级的无产阶级手里”[7]272。经典作家在这里说得十分清楚，对资本只能“一步一步地夺取”，国有化措施只能“一个跟着一个实行”，不可能在一个短时期内一下子全部完成。这是因为，一方面对生产资料实行国有化依靠的是新的政权的力量，而在无产阶级革命胜利后，新政权的建立和巩固需要有一段时期；另一方面是生产资料的国有化必须适应生产力的水平，随着生产力的发展而逐步扩展国有化的范围，提高生产资料的集中程度。

国家所有制要适应于生产力的发展，恩格斯的这个思想意味深远。在生产的社会化达到了很高程度时，它要求实行更大社会范围内的管理，而其他的管理都成为它的桎梏，这时国家出面占有生产力才具有必然性，才会进一步推动生产力的发展。恩格斯深刻地指出：“只有在生产资料或交通手段真正发展到不适于由股份公司来管理，因而国有化在经济上已成为不可避免的情况下，国有化……才意味着经济上进步，才意味着在由社会本身占有一切生产力方面达到了一个新的准备阶段”[4]317。反之，如果生产资料的集中程度超越了生产力的发展程度，国有化的措施超越了生产力的水平，那么国有化就不具有经济上的合理性，这种过度的国有化就会阻碍生产力的发展。

四、国有企业改革演进——国外国有企业情况

以史为镜可以知兴衰，没有比较就没有鉴别。国有企业的改革，离不开对其历史阶段的审视。

国有企业 20 世纪初在欧洲国家兴起，第二次世界大战后迅速发展，80 年代后逐步走向衰落。其间值得一提的是 1929 年的世界经济大危机对国有企业的推动作用，由于市场失灵凯恩斯主义兴起，政府积极干预经济成为各国普遍接受的政策。人们意识到政府对经济的强有力干预并且控制经济中的某些关键领域能够解决市场失效和巨型私人企业滥用市场权利问题。因此，西方许多国家，如意大利、德国、西班牙、法国等都开始了大规模的国有化运动。40 年代到 70 年代，国有企业进入鼎盛发展时期，欧洲国家的计划经济和国有化程度达到前所未有的程度，政府接管了大部分交通基础设施和能源领域的企业。在发展中国家，印度、埃及、韩国等普遍实行了国有化政策，而且比重大都比发达国家高。世界上第一个社会主义国家苏联更是把国有企业作为社会主义的经济基础广泛建立起来。这段时期，国有企业作为资源的组织方式促进了经济的快速增长，也对缓解经济周期波动起到了较大作用。

随着市场经济的不断成熟、完善，私有制经济活力得到提高。20 世纪 80 年代后，国有企业经营机制僵化、经济效益低下的弊端逐渐暴露出来，显现出的低效率使私有化

在各国此起彼伏地进行着。到 1997 年，在英国经济中几乎不存在国有企业。西方国家国有企业的大力民营化使经济效率有了不同程度的提高，然而，都不约而同地出现了不少共性问题：公众利益和社会福利受损；国有资产流失严重；收入、分配悬殊使贫富差距加大；失业率长期居高不下，社会矛盾日益尖锐。有的企业不过变换了形式，由政府垄断变成了私人垄断，原先为公民提供“公共服务”（如供水、供电、邮政等）的企业为追求利润置大众利益于不顾。改革遗留的诸多问题招致民众极大不满。因此，进入 21 世纪后，原实行私有化的国家对部分产业又重新实行了国有化。典型的有俄罗斯、南美三国对石油产业的再国有化，英国政府对铁路工业的再接管，甚至日本在 2003 年也提出了对不良银行进行国有化的方案[8]。

当今国有企业仍广泛存在于世界各国，只不过比重不同而已。在西方发达国家中，由于美国有比较成熟的市场经济、高度发达的生产力，实行市场调节、保护竞争的经济体制，所以美国的国有化企业比重相对很低，国有企业主要集中在邮政、航天、煤炭等领域。英国目前只保留了英国邮政等少数大型国有企业，并且以法律形式规定政府不得干预企业运营，但政府的决策和管理仍然具有较大的影响力，政府对国有公司提供一些优惠。

法国国有经济的比重相对较高，几乎涉及所有重要产业部门和重要行业。法国对国有企业进行分类管理，同时与国有企业签订计划合同。政府对垄断行业的国有企业高度控制，严格管理，企业自主权相对较小。而对竞争性的国有企业，政府并不给予特殊的照顾，也很少干预，国有企业处于同私人企业相同的竞争地位。

意大利的国有经济比重也比较高，国有企业大致有两类：一类是国家完全独资公司，主要分布在交通、邮政、电力等部门，由政府的主管部门进行管理；另一类是处在竞争领域的占国企多数的国有控股公司，它们通过“国家参与制”的形式进行管理[9]121。意大利的国家参与制——国家对国有企业的直接管理是意大利经济在战后获得快速发展的最主要原因之一。意大利对国有企业实行分类对待，主要保障社会福利、满足社会目标的国有企业，其业绩单独考核，不以市场绩效为标准。而经营性的企业则强化其赢利目标。此外，意大利的国有企业改革方式很值得借鉴，其政府并不主张在所有领域进行大规模的私有化，而是从实际出发，谨慎缓慢地推行国有企业改革；而且改革也没有一刀切地摈弃国有企业，而是在政府宏观调控和市场机制调节中寻求新的平衡关系。

国外国有企业中新加坡淡马锡模式因其作为国有企业经营管理的典范而不得不提。新加坡淡马锡控股有限公司（以下简称“淡马锡”）是新加坡财政部直属的国有全资控股公司。1974 年成立之初，资产总计仅 3.5 亿新元。而到了 2004 年，淡马锡的营业额占新加坡 GDP 的 13.5%，持有的股票市价占整个新加坡股票市场的 47%，国家股东的年均分红率超过 6.7%。作为国有全资大型控股公司，淡马锡的经营业绩相比同期私营企业毫不逊色甚至大大超出，连标准普尔与穆迪投资等著名资信机构都给予它最高信用评级[10]。从新加坡国有企业的成功经验看，国有企业并非效率天然低下，如果有好的经营管理机制和激励机制，国有企业同样也可以提高效率。

纵观世界各国，就是发达国家也没有把追求利润最大化作为国有企业的唯一目标，更多的是把国有企业作为提供公共服务、弥补市场失灵、干预经济生活的一种特殊的宏观经济政策工具，发挥着一般私营企业难以发挥的作用。国有企业的优势体现在：可以在私人无力或不愿投资的基础设施等领域稳定产业基础；在外国资本大举入侵时能增强国际竞争力，防止外来控制；限制私人垄断；经济危机或产业衰退时救助私人企业；保证国家安全[9]115-119。此外，国有企业仍然是解决就业，承担社会性、政策性负担的主要载体，发挥着社会稳定器的作用，承载着实现社会目标、缩小贫富差距、进行宏观调控等多种职能。因此，对国有企业的要求不能用单一标准来衡量。

五、中国国有企业改革演进：从单一改制走向分类改革

根据马克思和恩格斯的论述，并借鉴国外国有企业改革与发展的实践，我们认为，在任何社会中都会存在着一定数量的国有企业；国有企业的存在，既是社会生产力发展的需要，也是政府履行自身职责的需要；一个国家中国有企业的发展，要立足国情，并与生产力的发展水平相适应。同样，从我国社会主义初级阶段的现实来看，我国的国有企业不一定要成为完全的商品生产者，不一定要完全履行经济功能。我们认为，在现阶段国有企业是特殊种类的企业，它不仅要承担经济责任还要承担社会责任，所以要把国有企业改造成完全的、真正的市场主体是不现实的。从国有企业的这一定位出发，国有企业的行业分布就要着眼于非竞争领域、公共事业服务领域和事关国民经济命脉的领域。

在此基础上，我们认为，我国的国有企业改革不能脱离国有企业的性质和社会责任，应根据国情、经济发展阶段和体制背景等情况，以及企业承担的任务、目标，在不同的领域根据企业的不同功能进行分类改造。

第一，提供公众服务和利益的国有企业，包括城市供水、供电、供气等公益性企业，以及民间不宜经营的特殊行业（如制币、特殊药品的生产和供应等）。这类国有企业应“国进民退”，因为它们需要实现特定的社会目标而不是利润最大化目标，负有普遍供应的义务，所提供的产品服务客观上不能营利，否则就会引发社会问题。此时，要求国企盈利或自负盈亏是不公平的，是一刀切的不切实际的制度安排。对这类国企应不以经济指标为考核业绩，不必面向市场，不必追求经济利益最大化，必要时还应给予补贴。国家独有产权，企业任务统筹规划。事实上，并没有证据表明，私有制一定比公有制好，成功的企业很大程度上是要有好的管理机制。虽为独有产权，但通过健全机制，同时引入竞争、创造一个竞争的环境恐怕比形式上的董事会制度效果更好。比如，有学者提出国有企业可互相持股、国家机构持股、职工持股等都是很好的建议。只要引入竞

争机制，改进完善制度环境，加强企业结构治理，国有企业一样会焕发出活力。

第二，主要提供整个社会体系的基础保障或保证国民经济的正常运行的企业，包括能源、铁路、通信、邮政等，它们依然不应以营利为目标，效益与成本大体相当能维持运转即可，这种情况需要国企为主、民企为辅。因为这类国企依然需要"负重"，不能完全追求经济利益，产权不应过度多元化，否则将与现代企业制度追求利润最大化的目标相矛盾。比如，煤炭行业，煤矿卖给私人就造成很多无法挽回的后果：矿主为赚取最多的利润而行为短期化，掠夺式野蛮开采使资源枯竭以及生态环境严重受损；漠视生命和生产安全，矿难频发，造成无数家庭悲剧。煤炭行业已成为中国最不安全的行业之一，每百吨煤的死亡率高于美国上万倍。在世界产煤大国里，中国是唯一把煤矿卖给个体进行经营的国度。现大部分收归国有，应该更多是从安全角度出发而不再唯经济利益是图。

第三，涉及国防安全的国家战略性高技术产业——航天航空工业、核工业等国防军工企业。这类企业实际已形成一个巨大的产业链，是推动国民经济发展的战略性核心行业。比如航空航天工业的发展可以带动先进材料、冶金、化工、机械制造、特种加工、电子、信息等多个产业的发展，可以为相关产业提供十几倍于本行业就业人数的就业机会，它与社会关联度很强，对地方经济的发展和促进地方就业增长有着积极的作用。鉴于国防军工企业的重要性以及它所要求的庞大资金，这类企业应适当国进民退。如果把这类企业比作一个"金字塔"，"塔顶"的核心机密部分应由国家绝对控制，不能进行改制，不考核经济效益，甚至应予以高额补贴。从"塔身"到"塔底"，重要性依次降低。在"塔身"和"塔底"部分，可根据情况逐步加大引入民间资本的力度，进行股份制改造，适当产权多元化，按现代企业制度运行，通过资本运作筹集这个庞大产业需要的资金。

第四，对钢铁、汽车、电子、银行、造船等战略性竞争产业，以及轻工、纺织、机械、家电等一般竞争性产业，它们可以按市场机制运作，用经济指标来衡量业绩。这类产业中除涉及国家经济安全的外，政府最好选择退出。这样有的放矢，一来可以将有限的国有资本投入到更多急需之处，二来可以保持国民经济的最大活力。否则，"既当裁判又当运动员"就难免破坏市场公平、扰乱市场秩序。

其实，不管是"国退民进"还是"国进民退"，我国的国企改革都应客观地以社会文明进步、人民安居乐业和生产力提高为标准，而不是一概而论地赶时髦去改制。没有必要担心民营经济多了，社会主义公有制会变质；也没有必要担心国有经济多了会使经济倒退。只要把握好改革方向，坚持以公有制为主体，多种所有制经济共同发展，树立科学发展观，取发达国家之精华，走一条改革成本最低的路径就是我们改革的最终目标。

（本论文原载于《当代经济研究》2010 年第 4 期）

参考文献：

［1］赵国良，郭元晞，丁任重．现代企业制度论［M］．成都：西南财经大学出版社，1996：79-89.

［2］蒋一苇．企业本位论［G］//蒋一苇．中国社会科学院学者文选，北京：中国社会科学出版社，2006：205-214.

［3］金碚，等．国有企业根本改革论［M］．北京：北京出版社，2002：3-4.

［4］马克思恩格斯选集：第 3 卷［M］．北京：人民出版社，1972.

［5］马克思恩格斯选集：第 2 卷［M］．北京：人民出版社，1972.

［6］马克思恩格斯全集：第 36 卷［M］．北京：人民出版社，1972：416.

［7］马克思恩格斯选集：第 1 卷［M］．北京：人民出版社，1972.

［8］陆军荣．国有企业的产业特质：国际经验及治理启示［M］．北京：经济科学出版社，2008：9.

［9］马建堂，刘海泉．中国国有企业改革的回顾与展望［M］．北京：首都经济贸易出版社，2000.

［10］高山．新加坡淡马锡模式的经验及对我国国有企业改革的启示［J］．现代经济探讨，2007（5）：85.

新时期我国民营经济的转型与发展

丁任重　孙根紧

改革开放以来，我国民营经济蓬勃发展，在推动国民经济发展、增加财政收入、解决新增就业、促进对外贸易和发展慈善事业等方面做出了巨大贡献，已成为我国社会主义市场经济的基本组成部分和推动经济社会发展的重要力量。“十二五”时期是我国全面推进小康社会建设的重要时期，也是国民经济结构调整与发展方式转变的关键时期。因此，深化改革开放，充分激发我国国民经济持续增长的内生动力，加快构建和谐社会进程，实现包容性发展，需要进一步鼓励和支持民营经济可持续发展。

一、民营经济发展的现实困境

目前，我国民营经济发展已进入关键时期。从国际层面看，欧美等发达国家为摆脱经济发展疲软态势采取的量化宽松货币政策，增大了国际汇率和国际大宗商品价格的波动幅度；一些发达国家为拉动内需、增加就业，寻求“再工业化”过程，并以各种名义采取贸易禁令、出口补贴提高关税及非关税贸易壁垒等措施，贸易保护主义逐渐抬头，贸易摩擦日益增多，这些都给我国民营企业尤其是出口加工型民营企业的生存和发展带来了严重威胁。同时，发达国家出于国家安全因素考虑，加大对来自新兴经济体的跨国企业并购和技术购买的限制力度，这些措施阻碍了我国民营企业经营活动的国际化进程。从国内层面看，物价水平高位运行，结构性通货膨胀显现；资源性产品供求矛盾日益突出，原材料价格持续上涨；劳动用工出现结构性短缺，劳动力要素成本不断攀升；受紧缩性宏观调控措施影响，企业融资成本急剧增加，这些都增大了我国民营企业的生产经营成本压力。国内资源与环境压力不断增大，我国民营企业原有粗放型发展模式难以为继，而且在节能减排、生态环境保护等方面的社会责任空前加重。从企业层面看，目前我国大部分民营企业已经完成原始积累，开始进入转型升级阶段。虽然有一部分民营企业开始主动转型，但大部分民营企业，尤其是中小民营企业已经陷入转型发展的困境之中。

内外因素形成叠加效应，使处于转型时期的民营企业面临诸多难题，大致说来有以下几个方面：一是“两高一难”导致民营企业融资艰难，资金紧缺；二是“三荒两高”

致使企业生产经营成本激增，利润率快速下滑；三是全球经济疲软导致市场萎缩，有效需求不足；四是部分民营企业开始面临企业代际传承困局；五是民营企业的社会责任不断加重。其中有些问题是在新形势下产生的，有些是原来就存在而在当前市场环境下日益加剧，它们相互交织对我国民营企业的持续发展提出了严峻挑战，民营经济的转型升级势在必行。外在挑战的“倒逼机制”将促使民营企业加快转型升级步伐，加之政府部门发展观念的逐步转变和相关支持性政策的不断落实，我国民营经济将会经历一个重要的转型时期，进入新的发展阶段。

二、民营经济发展的战略转型

根据我国民营经济的发展现状及其面临的现实困境，民营经济发展亟须从以下五个方面进行转型升级。

1. 企业组织模式转型

新时期我国民营企业亟须加快现代企业制度建设，实现家族化企业管理模式向现代公司治理结构转变，封闭、单一的产权结构向开放性、多元化转变。目前，我国非公有制经济中家族企业比例高达 90%，其中大部分企业仍沿用家族化管理模式；在 800 多万家私营企业中，真正实现股份制的企业仅 2 万多家，所占比例不足 0.3%[1]。在企业发展初期，家族化管理适应了民营企业的发展需要，因而与其他企业组织模式相比具有较高的管理效率。但家族化管理模式下的企业治理结构和产权结构具有封闭性和单一性特征，使社会金融资本和社会人力资本很难融入企业的发展之中，加剧了民营企业融资艰难、人才匮乏、代际传承困局等问题的严重程度。因此，新形势下我国民营企业应实行企业所有权与经营权分离，通过建立职业经理人制度实现治理结构专业化，逐步培育专业化管理模式下的集体决策机制、人才培养机制和竞争机制。通过组建股份制公司，拓展企业产权的包容性，促进投资主体多元化，以吸纳社会金融资本促进企业发展。

2. 企业经营战略转型

新时期我国民营企业亟须收缩产业战线，做强主业，实现经营战略由多元化向归核化转变；加快“走出去”步伐，实现经营活动国际化。目前，我国许多民营企业采取多元化经营战略，但大部分是在其主营业务尚未形成核心竞争力情况下的盲目多元化和水平多元化。在经济高速增长时期，多元化确实可以给企业带来可观利润，但也会使企业因规模过大而管理逐渐失控，资金周转困难，一旦经济下行，企业资金链条极易断裂，导致企业破产倒闭。金融危机爆发后，我国沿海地区一批优秀的民营企业纷纷倒闭，究其原因不在于这些企业的产品没有市场竞争力，而在于企业投资的“多元化”。华联三鑫、杭州南望集团、宁波中强工具有限公司等企业的破产都是“多元化”导致企业覆灭的典型例证[2]。因此，新形势下我国民营企业应降低多元化经营程度，集中力量将主营业务做大、做强、做优，重塑企业核心竞争力。

同时，在经济全球化背景下，对于有竞争实力的企业来说，通过海外直接投资、跨国并购等途径参与国际竞争，不仅可以突破国外以“两反一保”等形式出现的贸易保护主义，还可以直接占领消费市场，洞悉市场需求动态和行业技术前沿态势，及时进行产品研发和技术革新，增强企业国际竞争力。随着经济全球化进程的不断深入，我国民营企业“走出去”的条件日益成熟。因此，新形势下有实力的民营企业应实施国际化战略，积极开拓国际市场，利用国外资源寻求跨越式发展。

3. 企业发展模式转型

新时期我国民营企业亟须加快产品研发和科技创新，实现发展模式由投资驱动向创新驱动转变。我国大部分民营企业分布在技术门槛和管理门槛相对较低的领域，长期以来遵循比较优势理论，采用“高物质消耗、低技术含量、低经济效益”的粗放型增长方式，形成了大量附加值低、污染重、资源消耗量大的生产能力和产业体系。国家节能减排目标的进一步落实、资源税的逐步调整以及生态环境保护力度的不断加大，迫使民营企业发展模式由外延式向内涵式转变。同时，民营企业长期以来过度依赖资本投资而忽视自主创新能力培育，导致企业发展内生动力不足，持续健康发展面临严峻挑战。因此，新形势下我国民营企业应启动创新驱动，遵循“绿色、循环、低碳”原则，加快技术创新，淘汰落后产能，尽快走上“低物质消耗、高技术含量、高经济效益”的集约型增长之路。通过技术创新、产品创新、管理创新与经营模式创新，打造具有国际水准的自主品牌，提升民营企业核心竞争力。

4. 产业结构转型

新时期我国民营企业亟须推进产业升级，实现产业结构由传统产业向新型业态转变。我国民营企业大都从家庭手工作坊或乡镇集体企业发展起来，多分布于服装、鞋类、玩具、五金等劳动密集型产业，以及钢铁、水泥、煤化工等资源密集型产业。在这些产业中，高级生产要素配置比例偏低，产品科技含量少、附加值低，缺少享誉国际的自主品牌，企业被迫处于“产业微笑曲线”的低端。因此，新形势下我国民营经济应抓住国家经济结构调整和产业振兴规划的历史机遇，积极融入国家战略性新兴产业体系中，大力发展新能源、新材料、现代服务业等新兴产业，推进产业升级，优化产业结构，增强民营经济产业竞争力。

5. 产业组织模式转型

新时期我国民营企业亟须加快自主创新能力培育和自主品牌塑造，实现产业集群由低成本集群向创新型集群转变。目前我国民营企业在空间布局上呈现聚集特征，但这种企业集聚大多数是建立在低成本的比较优势之上，而非创新的竞争优势之上，企业间分工协作不够，产业关联性不高，知识和技术溢出效应不明显，属于低端产业集群。比如浙江民营企业构成的“块状经济”，就是建立在低廉的劳动力成本之上，由于缺少国际化的技术、管理、营销等专业要素，很难分享全球产业价值链利益。[3]同时，在低端产业集群内，企业间生产技术相近，产品附加值低且同质性严重，区位上的靠近难免使企业间出现恶性竞争，而且知识产权难以获得有效保护，极大挫伤了企业的创新积极性。因此，新形势下我国民营企业应强化分工协作，通过培育龙头企业的创新能力，抢占国际高端市场，实现产业集群高端化。

三、民营经济发展战略转型的制约因素

在后金融危机时代和国内经济结构调整与发展方式转变背景下，我国民营经济的转型升级受多重因素制约，大致可以分为外部因素和内部因素。

（一）外部因素

1. 行业领域准入羁绊重重

虽然新旧“36 条”的颁布为我国民营经济进入原有垄断行业（除关系国家经济安全的行业外）扫清了理论和制度上的障碍，但仍处于指导性文件层面上，相关政策措施难以落到实处，部分隐性壁垒和潜在规则很难突破，一些领域依然存在“铁门”，“玻璃门”和“弹簧门”现象。例如，近年来民营加油站“油荒”愈演愈烈，众多民营加油站难以维持经营而倒闭。截至 2008 年 10 月，全国民营加油站多数陷入亏损境地，其中三分之一倒闭，到 2011 年 4 月，这一数据达到了约 50%[4-5]。另外，在金融、铁路、电信、能源开发等领域也都存在不同程度的民营企业进入壁垒。诱发此类现象的原因莫过于既得利益集团的阻碍和思想观念的束缚。既得利益集团害怕现有利益分配格局被打破而触及其高额利益，必然会抵触非公有制经济发展相关支持性政策的实施。另外，有些人对民营经济进入更多领域是否会影响国家经济安全，是否会削弱公有制的主体地位，以及民营经济是否真的存在所谓的“原罪”等诸多问题还心存疑虑，因而对民营经济的快速发展心存芥蒂。然而民间资本不能平等地进入各个行业、参与市场竞争，不仅制约了民营经济发展，还影响了由市场竞争本身带来的经济效益。同时，大量闲散民间资本无法进入垄断性实体经济，形成了过强的流动性，给国内当前的通货膨胀推波助澜，影响了国民经济的平稳运行。

2. 在资源配置上受到不公正待遇

一方面，融资难已经成为制约我国中小民营企业发展的主要瓶颈[6]。由于观念和体制上的缺陷，我国现行金融机构主要服务于国有企业和大工程、大项目，常以向民营企业，尤其是中小企业借贷成本高、风险大为由而“惜贷”。在紧缩性货币政策实施背景下，银行系统对中小企业限制贷款实行“一刀切”政策，阻断了民营企业通过银行贷款的融资渠道。同时，资本市场门槛过高、手续繁杂、耗时过长又加剧了民营企业的直接融资难度。为弥补资金缺口，民营企业只能转向民间借贷，高额的民间借贷成本增加了企业负担，甚至导致企业破产[7]。另一方面，民营企业很难获得政府的专项财政资金支持。金融危机爆发后，为重塑市场信心，刺激经济发展，国家陆续出台了 4 万亿投资

方案和9万多亿信贷计划，这其中理应有部分资金用于支持民营经济发展，然而从实际情况看，大规模投资和信贷资金基本上都是流向国有经济和大中型企业，“救市”成了国有资本的“独角戏”。同时，在某些竞争性领域存在一定程度的“国进民退”，不断挤占民营经济的正常发展空间。

3. 社会管理服务体系尚未健全

某些地方政府职能部门尚未充分认识到民营经济在国民经济发展中的地位和作用，在实际工作中服务意识不强、透明度低、效率不高，导致民营企业不能正常获取商业信息，阻碍了民营经济发展。就民营企业“走出去”进行海外投资来说，国内复杂的审批程序，严格的外汇管制和国家支持系统的缺乏都阻碍了我国民营企业的海外拓展步伐。在一些政策的制定和实施过程中，“重国企、厚外商、薄民企”，各种优惠政策和待遇向国有企业和外资企业倾斜，而对民营企业不能一视同仁，有意或无意地阻碍民营经济的发展。不完善的行政监督体制为一些地方政府的工作人员创造了“权力寻租”空间，直接或间接的“吃、拿、卡、要”增加了企业负担。一些社会中介组织仍具有较强行政色彩，对政府意向的了解要多于对企业发展需求的掌握，加之组织规模较小、缺乏活力，尚不能满足民营经济发展的中介服务需求。另外，很多商会和协会改革发展滞后，服务职能不健全，在民营经济发展中未能发挥应有的助手和纽带作用。

4. 知识产权保护环境亟待改善

我国大部分民营企业长期以来普遍采取产业追随策略，技术模仿能力较强，而知识产权的开发、保护和利用意识薄弱。虽然我国知识产权法律制度在逐步完善，知识产权司法保护范围在不断扩大，但是各执法部门在实际工作中执法动作不协调、执法力度弱都使维权效果大打折扣。同时，过高的专利申请费用和复杂的专利申请程序抑制了企业专利申请的积极性。即使申请成功，由于众多企业产品同质，生产技术基础相近，导致创新企业由技术创新和产品研发所获取的市场优势因其他企业模仿而迅速丧失，高额的维权费用和烦琐的维权程序使得维权企业得不偿失[8]。因而知识产权保护环境的不完善，极大制约了企业的自主创新热情，削弱了企业转型升级的内生动力。

（二）内部因素

1. 企业经营理念落后是制约我国民营企业转型升级的核心因素

我国大部分民营企业采取家族化管理模式，其实质是企业所有权和经营权的统一。纵使企业主自身素质和经营能力已无法应对市场环境变化和满足企业内部管理需要，一些企业仍不愿意采取职业经理人制度，通过引入家族外专业管理人才为企业发展助力，其原因在于企业主担心职业经理人发生道德风险。在“宁为鸡头不为凤尾”的思维定式下，企业主看重的是自己在企业内部的话语权和控制权，而非所占股份资本存量的多寡，因而不愿意通过产权多元化引入战略性金融资本。在企业管理中，“家长一言堂”的经营决策机制使企业决策缺乏科学性、合理性和可靠性，极易导致企业投资和经营失误，增大了企业运行风险；企业“人治”色彩浓厚，企业管理规章制度或缺乏，或流于形式而难以正常发挥作用，管理效率缺失，管理成本随企业规模不断扩大而日益攀高。另外，一部分民营企业投机心态强，不愿安心于发展实体产业，当原有发展模式受阻时，不是将更多优质资源配置到转型升级中，而是将产业资本转变为金融资本，导致了制造业“空心化”[9]。民营企业在生产经营上的浮躁心理和短视行为也是我国缺少百年企业的重要原因之一。据统计，世界500强企业平均寿命是40~42年，而在我国，集团公司的平均寿命是7~8年，中小企业平均寿命只有2.9年[10]。

2. 现代企业文化缺失是制约我国民营企业转型升级的根本因素

在很多家族企业中，企业文化就是企业主家族文化的扩大，企业文化的优劣完全取决于企业主的精神气质、文化素质和道德修养水平的高低，这是所谓的“老板文化”，而不是真正的现代企业文化。我国第一代民营企业家总体素质普遍不高，在创业时利用政策机遇和市场机会成功攫取“第一桶金”，但在日益成熟的市场经济条件下，企业家素质短板日益成为民营企业长远发展的制约瓶颈。在一些民营企业中，企业文化因缺少诚信、创新、社会责任感等内核而显得空洞无物，导致企业发展缺乏活力。另外，一些民营企业的企业文化是由所谓企业文化专家策划而来，这种企业文化脱离了企业实际情况，得不到企业员工认同，与其说是企业文化，倒不如说是为包装企业打出的宣传口号，不能使企业真正形成凝聚力。

3. 自主创新能力低下是制约我国民营企业转型升级的关键因素

我国民营企业的自主创新能力低下不外乎两种情况，想创新而又无能为力或不愿意创新。那些希望通过技术创新寻求跨越式发展但又未果的民营企业都有一个共同特征，企业规模小，不具备创新实力。2008年，我国规模以上民营企业数量为3 217家，仅占全国民营企业总数的0.001%[11]；2011年，我国有184家民营企业入围中国企业500强，占36.8%[12]，而我国跻身世界500强的61家企业中仅有2家是民营企业（不包括台湾地区），仅占0.4%。企业规模过小不仅使企业难以获得规模经济效益，还会使企业因综合实力弱而无力顾及创新，进而导致企业自主创新能力低下，产品科技含量少、附加值低，品牌建设滞后，企业综合竞争力和风险抵御能力弱，这又导致企业综合实力更弱，从而使企业陷入“规模小—实力弱—创新少—竞争力和风险抵御能力低下—实力更弱”的发展怪圈之中。自主创新投入大、风险高，而且创新成果极易被窃取，加之有模仿生产的路径依赖，所以一部分民营企业没有动力去创新。另外，那些长期从事国外品牌代工生产的民营企业，虽然规模在不断扩大，但生产上难以摆脱国外上游企业的控制，久而久之这些企业就主动放弃了自主创新能力提升和自主品牌建设，甘心做上游企业的俘虏型供应商。

4. 人力资源短缺是制约我国民营企业转型升级的主要因素

《2010年度千户民营企业问卷跟踪调查》表明，43.8%的民营企业认为缺少人才是当前企业经营发展中遇到的最主要困难之一[13]。其原因在于，企业家族化管理难免

"任人唯亲"，排斥非家族专业人才。即使能够引进高素质专业人才参与生产经营管理，但大部分民营企业家缺乏必要的现代企业生产经营知识，处处限制职业管理层的经营决策，加之民营企业简单地将激励措施定义在物质范畴，忽视了对专业人才的精神激励和人文关怀，使专业人才缺乏归属感，在企业发展中不能实现自身价值，因而要么消极怠工，要么纷纷离去，这加剧了企业对人才的渴求与人才难以在企业得到进一步发展而流失之间的矛盾。

四、促进民营经济发展战略转型的对策思考

新时期我国民营经济转型升级，不仅需要民营企业"苦练内功"，提高自身素质，还需要政府和各类社会组织进一步解放思想，转变观念，落实相关支持性政策，优化社会管理服务体系，营造利于民营企业发展的宏观环境。

（一）社会层面

1. 解放思想，转变观念，进一步改善民营企业发展的社会舆论氛围和法律环境

一是在深层理论上，加强非公有制经济本质属性研究，深化对非公有制经济性质、地位和作用的认识，明晰非公有制经济的内涵和外延，不断丰富社会主义市场经济体系中的非公有制经济理论，打破事实上依然存在的"所有制歧视"和"规模歧视"，为民营经济发展提供理论保障。二是新闻媒体不仅要发挥对民营经济的舆论监督作用，也要加强对民营经济的正面宣传，促进社会公众进一步认识民营经济和民营企业家在经济社会发展中的作用，引导社会舆论客观公正地评价民营经济。另外，全面清理阻碍民营企业发展的法律法规，并不断完善支持性法律法规体系，加强对民间投资合法权益的保护，为民营经济发展提供法律保障。尤其是要创造良好的知识产权保护法制环境，鼓励民营企业大胆进行技术创新和产品研发。

2. 落实政策，细化措施，进一步优化民营企业发展的政策环境

在制定经济发展规划和相关政策时，要倾听来自民营企业界和相关商会协会的声音，尽可能满足民间投资和民营经济发展的政策需求。鼓励和支持民营企业参与到国有企业改革、经济结构调整、经济发展方式转变、城乡统筹和新农村建设的伟大进程之中，提高民营经济的市场竞争力和发展活力。尽快出台"民间投资36条"的实施细则，制定相关配套政策，健全政策落实监督评估机制，加大监督评估力度，督促相关政府部门贯彻落实，着实消除"铁门""玻璃门"和"弹簧门"，拓展民营经济发展空间。及时清理和修改那些不利于民营企业发展的政策，落实民营经济的"国民待遇"，为民营经济发展营造平等竞争的市场环境。通过制定和实施财税政策、信贷政策、产业政策、政府采购政策、人才政策以及设置专项资金项目等手段，支持民营企业进行技术创新、结构调整、产业升级、节能减排和自主品牌建设。改革现行金融体制，鼓励和支持中小

金融机构发展，不断开发适合中小企业的金融产品，形成满足中小企业需求的现代金融体系、信用担保体系和资本市场体系，拓展融资渠道，缓解中小企业的融资难题。将符合条件的民营企业纳入国家“走出去”战略，通过构建国家支持系统，改革审批制度，培养和引进高端海外经营人才，鼓励和支持民营企业在国内外两个市场上优化资源配置。

3. 改革行政管理体制，完善服务体系，进一步为民营企业发展营造良好的服务环境

针对新时期民营企业发展的社会管理服务需求，建立一个多层次、多渠道、多形式、全方位的社会化服务体系。一方面，加快行政管理体制改革，厘清政府与行业商会协会等社会组织的功能，强化政府基础公共服务职能，弱化行业协会商会的行政色彩。加快政府职能转变，推动政府由“管理型”向“服务型”转变，强化服务意识，规范服务方式，提高办事效率。规范和发展各类商会协会等自律性组织，发挥其在民营企业发展服务方面的作用。比如，温州中小企业促进会自成立以来，在帮助中小企业开展金融贷款及担保服务方面发挥了积极作用，在一定程度上弥补了传统信贷体系的不足[14]。另一方面，遵循社会化、专业化、市场化原则，大力发展社会中介服务机构，通过整顿中介服务市场和规范中介服务行为，为民营经济发展提供信用担保、成果转化及智力引进等全方位服务。

（二）企业层面

1. 加快转变经营理念，增强社会责任感

从理论层面来说，民营企业具有私人和社会双重属性，并且企业的社会属性随企业规模的不断扩大而逐步增强。企业发展不仅承担着家族利益，还承担着更多的社会责任和多元利益。如果企业家仍只看到企业的私人属性，完全将自我价值观和个人利益得失作为企业经营管理的决策依据，势必会导致企业因自身价值与社会价值相冲突而被社会摒弃。因此，企业家应该以更为高尚的姿态，在更为广阔的视野内审视和思考民营企业发展。

2. 建设现代企业制度，激发企业发展活力

民营企业的持续健康发展需要实现企业治理结构专业化和产权结构多元化。然而引入职业经理人制度，实现企业人力资本和非人力资本所有者的“双边治理”需要成熟的职业经理人市场和良好的产权保护环境。鉴于目前我国尚未形成成熟的职业经理人市场，产权保护环境也亟待进一步改善，民营企业可以通过家族管理人员的专业化培养来代替外聘职业经理人，将现代企业制度与家族制相融合。在引入战略性金融资本的同时，通过提高家族智力价值强化家族成员在企业的影响力，确保家族利益在股权稀释过程中不受外来资本进入的冲击。

3. 逐步塑造现代企业文化，提升企业软实力

首先，民营企业主要在提高自身素质的过程中逐步培养企业家精神。企业主要不断增强自身的政治素质、道德素质和文化素质，强化在“第二次创业”过程中的示范与引领作用。在推动企业发展过程中，企业主要发扬勇于拼搏、敢于创新的企业家精神，不断地追求产品、技术、制度和管理等方面的创新，增强企业成长发展原动力。其次，建设蕴含诚实、守信、尊重社会公众和员工利益、敢于履行社会责任等价值取向的企业文化，提高企业文化的社会公众认同度，赋予企业不朽的生命力。最后，在企业文化建设过程中，要吸引企业员工共同参与，从企业自身实际情况出发培育特色鲜明、内涵丰富的企业文化，提高企业文化活力，增强企业内部凝聚力。

4. 大力促进技术创新，增强企业竞争力

企业在加大内部科技创新投入的同时，应强化与科研机构以及高等院校的合作，依靠外部智力提升企业自主创新能力。转变企业员工考核与激励机制，营造创新氛围，强化员工创新意识，使创新逐步成为企业文化的重要组成部分，充分挖掘企业持续创新潜力。最后，要用新眼光看待创新，不仅要在人力、物力、财力和技术基础等条件具备的情况下，赶超世界前沿技术水平，占领全球科技创新高地，也要关注多元化市场需求，挖掘已有产品新的类型和功能，延长产品生命周期。比如，四川新惠阳保鲜有限公司从普通水果保鲜袋做起，经过不断试验、创新，研制出了具有透气、转光功能的水果套袋，为此新惠阳公司获得了多项国家专利，产品畅销国内各水果主产区，实现年产值近亿元[15]。

5. 不断完善人才机制，突破企业人才瓶颈

民营企业家族首先要增强与外来专业人才之间的信任，在实际工作中以诚待人，敢于放权、授权，尊重专业人才在生产经营中的决策。同时，设计合理的人才培养与职位晋升机制，实现“任人唯才”，识人善用。其次，推行股权激励机制。通过建立开放式股权结构，吸纳专业人才参与利润分配，增强家族外专业人才的主人翁责任感，激发他们工作热情。另外，实行物质激励与精神关怀并重。在满足合理的物质报酬基础上，给予专业人才更多的人格尊重和人文关怀，支持他们在企业发展中实现自身价值。

6. 积极参与国际竞争，实现经营战略国际化

我国民营企业要抓住后金融危机时代国际市场重新分配的大好机遇，加快海外拓展步伐，实现经营活动空间国际化。首先，民营企业要通过培养和引进研发、生产、管理、营销等领域的专业人才，尤其是高端的海外经营人才，组建一支具备国际化经营素质的人才队伍。在不断提高产品科技含量的同时，着重打造国际化企业品牌。其次，通过对国际惯例和成功案例进行深入研究，不断积累海外投资经验，强化商务信息与市场形势的分析能力，加强对东道国的政策准确理解和有效运用。最后，民营企业，尤其是中小企业可以通过企业集群式“走出去”来弥补单个企业规模小而无法实现规模经济的缺憾。比如，湖南邵东县民营企业“抱团”在东盟国家进行投资，取得了巨大成

功[16]。中小民营企业以“抱团”方式开拓国际市场领域、规范品质标准、建设自主品牌，有利于发挥集聚优势，增强国际市场开拓能力和竞争力。

（本论文原载于《经济理论与经济管理》2011 年第 12 期）

参考文献：

[1] 保育钧. 民营企业亟需五大创新 [N]. 人民日报，2011-05-30.

[2] 中国民营企业盲目扩张背后的思考 [N]. 民营经济报，2011-07-28.

[3] 朱李鸣. 推进块状经济转型升级的若干思考和建议 [J]. 今日浙江，2010 (17).

[4] 民营油站有点烦 [N]. 21 世纪经济报道，2011-05-06.

[5] 王晓慧. 民营油企加速萎缩 [N]. 华夏时报，2011-04-25.

[6] 黄深钢，刘敏，张和平，等. 融资难，高息贷款就像“吃鸦片” [N]. 经济参考报，2011-06-03.

[7] 温州爆发多起高利贷失踪案 [EB/OL]. 新浪财经. http://finance.sina.com.cn/focus/gldwenzhou2011/index.shtml.

[8] 完颜华. 三大瓶颈制约知识产权保护 [N]. 甘肃经济日报，2010-04-26.

[9] 魏宗凯，周琳. 产业“空心化”初步显现，长三角现减员停工 [EB/OL]. [2011-10-31]. 中国网. http://news.hexun.com/2011-10-31/134721688.html.

[10] 王宗礼. 如何提高民营企业寿命 [N]. 中华工商时报，2011-5-11.

[11] 黄孟复. 中国民营经济发展报告 No. 7 (2009—2010) [M]. 北京：社会科学文献出版社，2011.

[12] 中国企业 500 强发布，中国石化连续七年位居榜首 [N]. 中国工商时报，2011-09-05.

[13] 中国企业经调查系统. 经济转型中的民营企业发展：2010 年度千户民营企业问卷跟踪调查报告 [J]. 经济界，2010 (6)：89-94.

[14] 佳凝. 民间组织的力量 [J]. 中国商界，2011 (6)：54-59.

[15] 何健. 小袋子里的大作为 [J]. 光彩，2011 (5)：18.

[16] 唐爱平. 从单枪匹马到抱团出海，湘企阔步“走出去” [EB/OL]. [2010-11-10]. 人民网. http://hn.people.com.cn/GB/195211/13174064.html.

关于当前国有企业改革的几个关键性问题

王朝明　李中秋

一、引言

2014 年 7 月，国资委宣布在 113 家央企中选择了国家开发投资公司、中粮集团、中国医药集团、新兴际华集团、中国节能环保集团、中国建筑材料集团 6 家非垄断企业开展“四项改革”试点，其中国家开发投资公司和中粮集团被确定为国有资本投资公司试点单位，属于体制改革；中国建筑材料集团和中国医药集团被确定为混合所有制试点单位，属于所有制改革；新兴际华集团和中国节能环保集团被确定为董事会行使高级管理人员选聘、业绩考核和薪酬管理职权制度试点单位，属于企业主体的改革；另有两到三家央企开展派驻纪检组试点，属于保障制度改革。改革实施“一企一策”，不搞一刀切，成熟一家、改革一家，终于拉开了这轮深化国企改革的大幕。

这轮国企改革是有其深刻的国内外背景的。1978 年 8 月 15 日，当时的美国总统尼克松宣布，黄金与美元脱钩，这标志着世界进入国际金融垄断资本主义历史阶段；到 2008 年 9 月 15 日，美国次贷危机中以雷曼兄弟投资公司倒台为导火线，资本主义金融危机向全球蔓延，标志着历史又到了新的转折点，意味着西方金融垄断资本主义已经走到历史的尽头，于是西方金融垄断寡头急于转嫁危机；同时，在 2010 年中国的 GDP 总量超越日本成为仅次于美国的世界第二大经济体，这实际上潜伏着中美两国在经济上（当然不只是经济）决一雌雄的时代到来；前一阶段“中国威胁论”“做空中国论”甚嚣尘上；美国政府宣布重返亚洲；以安倍为代表的日本右翼政治势力在二战以后将“军国主义和法西斯主义”的幽灵演绎到了最危险的历史阶段；1989 年东欧剧变，而后所谓“颜色革命”屡屡上演，直到今天出现像乌克兰这样的地缘政治危机火药桶；1978 年至今中国渐变，已经走到了改革深水区的致命关键点。世界向何处去？中国向何处去？在此背景下，我们研讨和展开新一轮国企改革。中国能否走和平崛起之路，中国能否抗衡西方反华势力的颠覆，中国能否实现一百多年以来中华民族的复兴之梦，关键靠国企，这已经不是空洞的口号、不是简单的说教；具体讲，高铁建设、载人航天、探月工程、蛟龙潜海、超级计算机、大飞机制造等，都是国企挑大梁；走创新型国家道路国企是基石；推进国家治理体系和治理能力现代化国企是支撑；这些都是不容置疑的。但要完成这样的历史使命，国企还必须“凤凰涅槃”，继续去弊存良、深化改革，时间已经不多，国企能否在这轮改革中做大、做强，将决定中华民族未来的前途和命运。

这轮国有企业改革是一个系统工程，涉及诸多理论与实践问题，已引起学术界的充分关注和激烈纷争。本文仅就其中争论交锋比较激烈的几个问题，谈谈我们的认识和观点。

二、如何防止国有资产再次大量流失

20 世纪 90 年代，在国企的改制和资产重组过程中，将国企改制、抓大放小简单等同于卖掉国企，市县一级中小国企几乎全被卖掉。在产权交易不规范，权力缺乏监控和约束的情况下，出卖国企这块“唐僧肉”，真的成了权钱交易的免费之餐了，岂能不掀起低估、低卖国有资产狂潮，岂能不出现“穷庙富方丈”现象，大量国有资产落入私人腰包，国有资产发生惊人的流失。20 世纪 80 年代我国国有资产每年流失 500 多亿元，每天平均流失 1.3 亿元[1]，90 年代国有资产每年流失高达 800 亿~1 000 亿元。国有大、中、小企业权益损失占净资产的比重分别高达 15.2%、59.4%和 52.8%[2]。这一庞大的国有资产流失不能不说是国民经济的重大损失。

当前深化国企改革，如何防止国有资产再次大量流失？2014 年 3 月 29 日，习近平总书记在谈国企改革时明确指出：“发展混合所有制经济，基本政策已经明确，关键是细则，成败也在细则。要吸取过去国企改革的经验教训，不能在一片改革声浪中把国有资产变成牟取暴利的机会。改革关键是公开透明。”这为国企改革指明了基本方向，给我们防止改革中国有资产再次大量流失，提供了原则指导。

截至 2013 年年底，全国国有企业（非金融）资产总额 104.1 万亿元，所有者权益 37 万亿元[3]，分别是 2003 年的 5.5 倍和 4.7 倍①，这是全国人民辛勤劳动积累的物质财富，是我国经济发展的火车头，是全体人民共同富裕的物质基础，来之不易，一个铜板都不能丢。因此，为了防止国有资产再次出现大量流失，一是，必须规范国有产权交易，使之公开透明，最大限度控制自由裁量空间，最大限度消除寻租空间。二是，坚持在增量资产上发展混合所有制，也就是对优质国有资产只做加法不做减法，具体操作可以搞“新项目合资合股”或“老项目吸收参股、增资扩股”，绝不能搞国有资产存量特别是优质存量的大拍卖，绝不能搞国有经济大规模撤退、国有股权大规模减持，坚决制止抛售优质国有资产的行为。三是，允许混合所有制经济实体实行员工持股，这是探索公有制经济实现的新形式，也是促成劳资共赢、调动企业积极性的有力手段。但推行国有资本控股企业员工持股试点，要持股者自己掏钱买股增资，不能打存量国有资产的主

① 依据 2012 年 10 月王勇在十一届全国人大第二十九次会议上的《国务院关于国有企业改革与发展工作情况的报告》与财政部《2013 年全国国有企业财务决算情况》公报提供的数据计算而来。

意，不能借员工持股改革之名搞瓜分国有资产之实，不能把国有资产打折分股量化到员工身上，坚决防止新一轮企业福利侵蚀利润的现象发生；并且员工持股也要覆盖绝大多数员工，以促进企业科学决策、民主决策。

三、竞争性领域国有企业的进退之争

近年来学术界围绕国有企业与其他经济主体在竞争性领域的进与退发生了激烈的争论，出现了“国退民进”“国进民退”“中退外进”等各种说法。学术的争论本无可厚非，但近来有一些提法和观点值得警惕。

（1）近日世界银行发表的《2030 年的中国》报告中提出，国有资本要逐步退出非公共产品提供领域和除国防等少数特殊重要产业外的公共产品提供领域，到 2030 年，国有经济比重要降低到 10%，据说这是由中外高级智囊给国企改革设计的路线图。这份路线图不能不使人联想到 20 世纪 80 年代世界银行与美国某些经济学家为社会主义国家改革设计的“华盛顿共识”①，加上现在给中国国企深化改革提供的“佐利克方案”②，意欲何为呢？说白了，无非就是要国企无条件全部退出竞争性领域，为私企、外企进入腾出空间，为下一步彻底私有化铺平道路，再上演一次苏联解体、东欧剧变的历史闹剧。可以说，西方国家某些政治势力从未放弃通过各种方式和渠道对中国改革发展方向的战略性控制及诱导，对此必须高度警惕并加以应对。

事实上让国企最终全部退出竞争性领域，既违背中国共产党第十八届三中全会精神，也是违反市场经济基本法则的。中国共产党十八届三中全会审议通过的《中共中央关于全面深化改革若干重大问题的决定》（以下简称《决定》）明确提出，要确定不同国有企业功能，国有资本要加大对公益性企业投入，服务于国家战略目标，更多投向关系国家安全、国民经济命脉的重要行业和关键领域，重点提供公共服务、发展重要前瞻性战略产业、保护生态环境、支持科技进步、保障国家安全[4]。国有资本要投入的这些领域就不乏竞争性领域。同时，按市场经济法则要求，竞争性领域遵循的基本规则是公

---

① “华盛顿共识”（Washington Consensus）指 1989 年世界银行和美国的一些经济学家在华盛顿研究解决拉美国家的债务危机时，秉承新自由主义经济思想而提出的建立自由市场经济体制的转轨路径以及与其相适应的政治体制和社会制度。主要内容有“十项改革政策”，其核心是“私有化”“自由化”和“市场化”。

② “佐利克方案”（Zoellick Scheme）是目前西方国家为中国经济私有化制定的方案，是在世界银行编制的《2030 年的中国》报告中提出的。该方案建议中国进一步缩小国有经济规模、减少国企数量、改制国企扩大民间资本参与、除国防以外的多数公共品领域对民营资本开放、国企更加商业化、金融系统实行全面商业化、推广农村土地登记制、建立城乡一体化土地市场等。有学者将其总结为国有银行私有化、国有企业私有化、要将中国公有制经济的根基彻底挖掉（红歌会网：http://www.szhgh.com/html/41/n-22641.html），对中国是一剂毒药（上述报告的发布会上扰乱会场的“独立学者”杜建华称）。负责报告编订的世界银行行长为佐利克，故而得名。

平竞争、优胜劣汰，不是人为规定什么经济主体该退出、什么经济主体该进入，有意人为安排国企最终全部退出竞争性领域，岂不践踏市场经济的基本法则。其实无论国企还是私企在竞争性领域退与不退，完全应该由市场竞争说了算。但 2003—2012 年近 10 年期间，全国规模以上的工业企业在结构调整中私企数量增长 2.84 倍，资产总量增长 17.4 倍；同期，国有及国有控股工业企业的户数占比由 17.47%下降到 5.19%，资产总额由 55.99%下降到 40.62%；即使这样还远远不够，要求国有经济比重要降低到 10%乃至以下，若果真如此，我国公有制经济的主体地位岂不子虚乌有了。

近年来，仍有人认为，国企的存在导致不公平竞争，不能留在竞争性领域。这种看法，完全无视国企 30 多年改革的成效，矢口否认大中型国企通过公司制改造和建立现代企业制度已经成为独立的市场主体和法人实体的客观事实，仍然将其看成像改革前一样的政府的附属物；这样于事实而不顾、誓将国企从竞争性领域清除干净而后快的论调，目的不说也罢，司马昭之心路人皆知。

（2）有人提出国企全部退出竞争性领域，是由于国企效率低下，不赚钱，浪费过大。这已经是一种陈词滥调了，如果说到 20 世纪 90 年代为止的国企给人印象是经营效果差、靠银行输血打气、整体面临亏损（当时对国企经营状况有三个 1/3 之说①）的话，还算符合实际；但通过 20 世纪 90 年代中期以来的一系列改革发展，国企的管理体制、运行机制、布局、效率以及企业形态都发生了深刻变化，对当今的国企绩效是应刮目相看的，2003—2013 年全国国有企业（非金融类）实现营业收入从 10 万亿元增长到 47.1 万亿元，年均增长 16.8%，实现净利润从 3 202.3 亿元增长到 1.9 万亿元，年均增长 19.49%，上缴税金从 8 361 亿元增长到 3.8 万亿元，年均增长 16.3%[5]。其中有两项指标还要特别提出，一是，以 2013 年为例，全国国有企业上交税费 3.8 万亿元，而当年全国税收收入为 11 万亿元，国有企业上交税费占比为 3 成，由此可见国企对经济发展的贡献。二是，国企是带着历史包袱在市场中竞争，私企没有这种包袱，截至 2012 年年底，仅央企办离退休人员管理机构、医疗卫生机构、消防、市政等社会职能机构 8 000 多个，每年补贴 400 多亿元；这虽然是我国社会保障体制改革没有最终到位的拖累所至，但客观上也使得国企与私企并不是在同一起跑线上开始竞争。

当然，这并不是说目前国有企业经济指标完全没有问题。财政部《2013 年全国国有企业财务决算情况》数据显示，2013 年国企利润总额 2.6 万亿元，同比增长 5.3%，营业总收入为 47.1 万亿元，同比增长 10.8%；同年，国有企业负债总额 67.1 万亿元，同比增长 16.7%，国有企业资产总额 104.1 万亿元，同比增长 16.3%[3]；出现了利润增幅小于营业总收入增幅、负债增幅大于资产增幅的问题。对决算数据分析发现，这些问题产生的主要原因在于，一是，财务费用占利润比重居高不下。即使到今年上半年国企

① 20 世纪 90 年代国企经营状况被形象概括为，1/3 赢利、1/3 微利、1/3 亏损，其中 1/3 微利也是在账面上做成稍有赢利，实际是“虚赢实亏”，因此，国企整体上是亏损，经营状况极其不佳。

财务费用仍大幅上涨，连续4个月出现成本增幅高于收入增幅的“倒挂”现象，造成此种状况的原因除了企业融资难、融资贵，以及财务管理不规范之外，其中企业高管层过度偏高的薪酬水平和不合理的职务消费或业务消费无疑是其重要推手。二是，强化核心竞争力以及创新不够。有的国企的规模扩张还是停留在简单的兼并重组、扩大产能等方式，没有注重提高资源配置能力和自主知识与技术的创新能力，不仅在技术、设计、品牌方面，而且在经营管理方面强化核心竞争力及创新不够。三是，受行业价格波动和全球经济持续衰退的影响。2013年下半年能源、钢铁等行业的市场价格走低，致使一些国企的利润增长放缓；同时一些涉外经营的大型国企（如中国远洋运输集团总公司）受全球经济复苏放缓引起的远洋干散货运输市场需求疲软、集装箱和干散货运价低迷、新增运力过剩等因素影响①，以至出现亏损。所有这些问题及原因，不外乎表明国有企业尤其是有些央企的这种“大而不强”的矛盾越来越突出，改革势在必行。值得提出的是，国企必须深化改革，这似乎已是共识，但该如何改革，学术界纷争不少，我们看其中最根本的分歧还是在于通过改革是让国企真正大而强呢，还是让其萎缩消退，这实在是触及能否确保我国公有制主体地位的致命底线！这也是我们坚持前一种观点的本质所在。

（3）还有人提出，国有经济要退出石油、电信、铁道、金融等重要行业，否则国企的存在是与民争利。这就匪夷所思了，国有经济资产本身就属于全国人民，代表全体人民利益，实施民主管理，造福人民福祉，本身就是最大的民利，怎么是与民争利?!逻辑上讲不通。

事实是，一旦国有经济完全退出，我国必然坠入彻底私有化、西方附庸化的深渊！更何况目前中国私有资本与西方金融垄断资本相比较，实力根本不是一个量级上的对手，国有经济完全退出的空间（尤其是有大赢利或能掌控经济命脉的领域）则会被西方金融垄断资本迅速占据并牢牢地控制，中国经济的殖民化就不可避免，中国政治、文化、社会随之发生方向性蜕变，不说大家都懂的。所以，搞好国企的进与退仍然要按照十八届三中全会《决定》的精神，优化国有经济布局，准确界定国有企业的不同功能，明确投资方向，确定持股比例。

四、混合所有制经济究竟怎样“混”

党的十八届三中全会《决定》将改革以来的混合所有制试点提高到基本经济制度实现的高度，做出了更加详细的阐述和具体部署，提出积极发展国有资本、集体资本、非公有资本等交叉持股、相互融合的混合所有制经济，是我国基本经济制度的重要实现

① 参考了网上新闻和文章，如 http://bond.hexun.com/2011-12-23/136619363.html 和 http://www.suqian.gov.cn/sqdcd/zjck/201409/8799d9834c814f6a8152ee4a7658d075.shtml.

形式[4]。其实党的十五大报告就首次提出“公有制经济不仅包括国有经济和集体经济，还包括混合所有制经济中的国有成分和集体成分”[6]；接着党的十六大又再次指出要“积极推行股份制，发展混合所有制经济”[7]；党的十六届三中全会通过的《中共中央关于完善社会主义市场经济体制若干问题决定》进一步指出，建立现代产权制度“有利于各类资本流动和组合，推动混合所有制经济发展”[8]；到党的十七大更是明确指出，“以现代产权制度为基础，发展混合所有制经济”[9]。利用这样的资产组织形式，改革的初衷是要达到对内规范产权约束、完善治理结构、增强竞争活力，对外吸引社会融资、壮大资本实力、扩大影响力，增强自主创新力的目的；绝非简单地让国企出卖产权、退出阵地、收缩规模、只是搞什么“国退民进”或“中退外进”。

所谓混合所有制经济，是指不同所有制性质归属的资本在同一企业内部通过交叉持股、相互渗透、相互融合而形成的一种新的产权配置结构和所有制实现形式。实践中股份制经济组织通常是混合所有制经济最具体的表现形态。可见，混合所有制经济、股份制经济组织都是所有制实现途径中的各种手段而已，本身无性质可言。但不同所有制性质归属的资本进入到同一企业内部“混合”之后，如果又以股份制经济形式为载体，那么在这个“混合”经济实体之中，哪种所有制性质的资本控股，这个经济实体的性质就由这种控股资本的所有制性质确定了。显然，在当今市场经济环境中，一种性质的所有制经济在混合所有制经济形态中能否掌握控股权就决定了其在整个社会经济发展中的主体地位和主导作用。因此，国有经济能否在这轮改革中真正发挥主导作用，真正增强活力、控制力和影响力，关键也就在这里。如果各地方政府在制定混合所有制改革实施细则的方案中只是考虑非公有制经济怎样到国有经济中混合，怎样掌握控股权，而不让国有经济到非公有制经济中混合，掌握控股权，那么上述国有经济的“一主三力”也就只能是停留在中央文件上的空洞词句而已。当前混合所有制改革实践中，有些言论和做法，是要把发展混合所有制当成目的而不是手段；发展混合所有制要求国企只混不控（你要去控股就是搞“一股独大”，就是“与民争利”），不设底线，并且是国混私不混；名义混合共进，实则“一混了之”，甚至以“卖代混”等，都是值得注意的倾向，都有可能把混合所有制改革引向邪路，最终葬送掉国有企业。

五、如何科学把握反垄断问题

有人说，目前国企绩效是靠垄断取得的，国企的利润只是会计利润不是经济利润；一说国有大企业就会被人为笼统贴上“垄断”标签。事实是到 2013 年年底，全国共有国有企业法人（非金融）15.6 万户，其中央企 5.2 万户，地方国有企业 10.4 万户。经过重组，截至 2014 年 1 月，国资委直接管理的央企数量只有 113 家，多数企业已经不具有传统意义上的垄断性质，比如石油行业就有中石油、中石化、中海油三家企业竞争，电信行业也有中国移动、中国联通和中国电信三家企业，可见央企既有垄断，也有竞争，而绝大多数国企是非垄断行业。综合各项指标，国企整体运行比较稳健，绩效总体是比较好的。截至2013年年末，国有企业实现利润总额为2.6万亿元，其中央企为1.7万亿元，地方国企为0.89万亿元[3]。在2014年全球财富榜上有国资委直属的企业有43家，其中集中在军工、电信、电力、石油石化、铁路公路、煤炭、远洋运输7个垄断行业的15家央企实现利润总额0.4万亿元，占央企利润的21%，占国企利润的15%[10]①，可见国企利润中只有不足七分之一的部分来自垄断央企，绝大多数利润是非垄断企业创造的。

有人认为，国企合并上规模、转型升级调结构就是走向垄断。其实经济学上企业规模与垄断是有所区别的，不能说企业规模大必然是垄断。就拿现代经济学来说，最理想的市场状态是完全竞争，当竞争受到限制，就会产生垄断、寡头垄断、垄断竞争。垄断主要有自然垄断、行政垄断和资源垄断三种形式。由于垄断厂商面临向下倾斜的市场需求曲线，产量小于竞争产量，所以不管哪种垄断都可能带来福利损失。

一个企业要发展和壮大就要不断扩大资产规模和生产能力。具体而言，规模是指生产要素和生产能力的集中程度。现行的企业规模划分指标是从业人数、销售额和资产总额。从理论上来讲，只要还在规模经济范围内，企业的产能越大越好。所谓的规模经济是指平均成本随生产规模的增加而下降。当一家厂商的平均成本在市场上可能出现的产量范围内是递减的，就会出现自然垄断。可见，垄断和规模也有关联。

当然，不能简单地把规模和垄断等同起来，两者是有重大区别的。首先，两者手段不同，垄断以价格竞争和进入壁垒为手段，规模以扩大再生产或者资本联合为手段；其次，两者目的不同，垄断以获得高额垄断利润为目的，而规模的扩大只是企业生存和发展的必然要求，以获得一般利润为目的；最后，两者结果不同，垄断带来产量受限制、研发减少、寻租等低效率后果，在规模经济范围内规模的扩大会带来成本降低和利润增加。

不可否认，规模扩大是垄断的前提，之所以很多人把规模扩大等同于垄断，可能就是这个原因。但是规模扩大并不必然带来垄断，合理地扩大规模是企业发展的必然要求，其发展的方向是受很多因素影响的[11]。

总之，对于垄断究竟该怎么看，这是理论上还值得深入研究的问题。垄断是市场经济中的经常现象，是自由竞争发展到一定阶段的必然结果；同时，垄断也要受到特定经济制度的影响。具体来讲，对于垄断的认识，有两点基本的把握：一是，性质的把握。对于垄断不能仅仅抽象地讨论，在现实经济活动中垄断存在于不同类型的市场经济中且受基本经济制度的影响，于是就有资本主义市场经济的垄断和社会主义市场经济的垄断。前者通过自由竞争、资本积累、生产集中到一定程度必然形成，其中剩余价值规律发挥了根本性作用，垄断在生产和流通中表现出的独占或排他性占有就是受这个规律的

① 根据《2014年财富世界500强排行榜》和《国务院关于国有企业改革与发展工作情况的报告》整理而得。

支配。并且资本主义市场经济的垄断的出现是以资本主义私有制为基础的，它代表了现代资本主义金融资本和国家垄断资本统治最深厚的经济根源与社会基础，将不断影响资本主义基本矛盾的深化。而后者出现在社会主义市场经济之中，就我国而言垄断并不代表公有制为主体的基本经济制度的性质，它是与渐进性改革中对行政性干预的软约束以及某些资源稀缺产业的成长有关，这种行政性垄断和资源垄断，也会抑制竞争、阻碍创新，甚至侵蚀消费者利益。当然，垄断也不是一无是处，它能发挥规模效应优势、降低交易成本和管理成本、使企业有足够财力进行技术研发。二是，法律的把握。由于垄断终究会破坏市场活力，干扰公平竞争，降低市场配置资源效率，对于这种在市场中无论是通过横向结构（企业合并），还是横向协议或纵向限制的垄断行为都以法律形式加以惩处和控制，这是世界上市场经济国家的通行做法（如美国国会1890年就通过并实施了“谢尔曼反托拉斯法案”）。我国在2008年8月正式执行《中华人民共和国反垄断法》，对垄断行为有明文界定：“（一）经营者达成垄断协议；（二）经营者滥用市场支配地位；（三）具有或者可能具有排除、限制竞争效果的经营者集中。”同时也规定“经营者可以通过公平竞争，自愿联合，依法实施集中，扩大经营规模，提高市场竞争力”[12]。可见，反垄断不是制止企业上规模、集中化，而是依法打击有意结成垄断同盟，利用市场支配地位操纵价格、牟取暴利、损害消费者权益的各种非正当竞争行为，西方国家也是如此。近来国家发改委、国家工商总局对奥迪、克莱斯勒、奔驰、微软、高通等外资跨国企业在中国市场的垄断行为进行调查取证，就是依法反垄断的典型案例。当然，法律面前企企平等，政府依法反垄断的行为不会仅针对外资企业，对国内企业的垄断行为，尤其是与老百姓日常生活紧密相关的水、电、气、油、电信、金融等行业中的行政性垄断也要亮剑出击，中国反垄断巨轮才能破冰踏浪，走上法治远行的航道。

六、如何正确认识加强反腐败与深化国有企业改革的关系

近期石油、能源、铁路、金融等行业的央企连续爆出腐败大案要案，影响极坏，说明国企确有腐败问题；但反腐败不是要反掉国企，我国的腐败在本质上是公权私用、化公为私、中饱私囊，绝不是全民所有制本身，倒掉洗澡脏水，不能将孩子也倒掉，这是一个常识问题。这些年国企的腐败，实际上是一些掌握权力的腐败分子利用国企改制中出现的资产管控漏洞，使有些全民财产变成了他们自己的私产，甚至转移到海外变成了外国资产。所以，加强反腐败与深化国有企业改革是并行不悖的、是衔接配套的，决不允许一边推改革、一边搞腐败的假改革再度泛滥。深化国有企业改革，加强制度建设，打虎拍苍，使大小腐败分子在国企无处藏身、无空可钻，国企才能正本清源，回归真正代表人民利益的轨道上来。可以说，国企里腐败分子不除，国难未已！

国企有腐败，并不意味私企无腐败。有人认为，国有企业制度必然导致严重腐败，

这是一个极其错误的言论。在当今中国转型过程中无论国企还是私企都面临着腐败的挑战，北京师范大学等单位发布的《2013 中国企业家犯罪报告》对企业家犯罪案件的调查显示，2013 年 463 例企业家犯罪案件中，国企企业家犯罪案件 110 例，占 23.8%；民企企业家犯罪案件 352 例，占 76.3%[13]。其实在日益市场化的环境里，这些数据都不能完全证明哪种企业制度能够撇清腐败，哪种企业制度必然催生腐败，企业腐败从表现来看，绝大多数是职务经济犯罪，国企、私企企业家犯罪涉案有一个共性，就是过半数案件发生在企业内部财务管理环节。管理不善，任何企业都有可能出现腐败问题。对国企存在的腐败问题，必须通过深化改革、加强监管、严肃法纪加以解决，必须将权力关进笼子里，这需要制度的细化配置与坚决有效的执行来保证。

另外，央企负责人薪酬制度存在结构不合理、监管体制不健全问题，国企内部高管人员与普通员工的收入差距过大问题（如目前央企负责人平均年度薪酬与企业职工平均工资的差距较大[14]①），国有资本收益全民分享问题等，都要通过深化国企内部劳动、人事、分配三项制度改革，建立健全国有资本收益分享机制来解决。要建立反映劳动力市场供求关系和企业经济效益的工资决定及正常增长机制；要合理确定、严格规范国企管理人员薪酬水平，实行薪酬水平适当、结构合理、管理规范、监督有效的原则，调整央企负责人过高收入，对行政任命的国企内部高管人员薪酬水平实行最高限制，推广薪酬延期支付和追索回扣制度，避免出现亏损企业高管依然获得高薪的现象，坚决查处国企高管人员在下属分支公司以任何变相方式领取薪酬或劳务费；要坚持政府监管和企业自律相结合，完善中央企业薪酬监管体制机制，规范央企负责人履职待遇和业务支出，除规定的履职待遇和业务支出外国企负责人没有其他“职务消费”，坚决根除按职务设消费定额并量化到个人的做法②；要全面建立覆盖全部国企、分级管理的国有资本经营预算和收益分享制度，合理分配和使用国有资本收益（如着重投入社保、救灾、教育、卫生等民生建设），扩大国有资本收益上缴范围，按照十八届三中全会《决定》的精神，到 2020 年国有资本收益上缴公共财政的比例要提高到 30%，更多用于保障和改善民生。

上述分析，只是针对深化国有企业改革的某些观点谈了我们的看法，并不是说国企几近完美无缺，无须改革，恰恰相反国企要承担好社会责任，完成自己的历史使命，必须要继续深化改革。但问题是在根本原则上怎样对待国企深化改革，是让国企在这轮改

① 数据显示，2010 年和 2011 年，国资委下属的央企负责人平均年薪在 65 万元至 72 万元，央企职工的年薪平均为 11 万，前者是后者的 6~7 倍；而 2013 年国有银行或国有资本控股银行主要负责人的年薪大都在 100 万元之上。（参见：央视新闻微信，习近平敲定未来 7 年改革路线，2014 年 8 月 19 日，http://mp.weixin.qq.com/s? __biz=MTI0MDU3NDYwMQ==&mid=208352565&idx=1&sn=593e20bafb490bbd0ab22e5d7af922a5#rd）

② 近期中央政治局会议审议通过了《关于合理确定并严格规范中央企业负责人履职待遇、业务支出的意见》和《中央管理企业主要负责人薪酬制度改革方案》两个文件，这是落实十八届三中全会关于“合理确定并严格规范国有企业管理人员薪酬水平、职务待遇、职务消费、业务消费”规定的重要举措。

革中做大、做强，还是清除掉国企、全盘私有化，这实在是当前国有企业改革中根本对立的两条道路；同时，大力发展非公有制经济是中央历来确定的“两个毫不动摇”的大政方针之一，上述分析仅涉及国有企业深化改革，没有论及怎样大力发展非公有制经济，并不意味发展非公有制经济可有可无，恰恰相反非公有制经济的健康发展是壮大社会主义初级阶段经济基础的重要力量，这也是不容置疑的。但如果以发展非公有制经济为名，实则搞全盘私有化，企图改变社会主义初级阶段基本经济制度的性质，就会使发展非公有制经济偏离正确的方向。

可以说，当前中国改革已经进入深水区，改革每进一步都是啃硬骨头、每出一策都会触及敏感的利益关系，于是改革的方向和性质的把握就显得尤为关键和重要；在改革继续前进的道路上怎样既排除掉否定改革、退回老路的思想干扰，又防止改变方向、颠覆性质的理论攻击，党的十八大报告明确提出：“既不走封闭僵化的老路、也不走改旗易帜的邪路。”[15]这是目前理论研究和改革实践中需要深刻领悟、时时坚持的重大标准。

（本论文原载于《当代经济研究》2015 年第 3 期）

参考文献：

[1] 杨瑞龙. 现代企业产权制度［M］. 北京：中国人民大学出版社，1996：4.

[2] 吴忠良，等. 国有资产管理体制改革新探［M］. 北京：经济管理出版社，2002：115.

[3] 中国财政部企业司. 2013 年全国国有企业财务决算情况［DB/OL］.［2014-07-28］. http://qys.mof.gov.cn/zhengwuxinxi/gongzuodongtai/201407/t20140728_1118640.html.

[4] 中共中央关于全面深化改革若干重大问题决定［M］. 北京：人民出版社，2013：8-10.

[5] 王勇. 国务院关于国有企业改革与发展工作情况的报告［EB/OL］.［2012-10-26］. http://www.npc.gov.cn/npc/xinwen/2012-10/26/content_1740994.htm.

[6] 江泽民. 高举邓小平理论伟大旗帜，把建设有中国特色社会主义事业全面推向二十一世纪：在中国共产党第十五次全国代表大会上的报告［M］. 北京：人民出版社，1997：21.

[7] 江泽民. 全面建设小康社会，开创中国特色社会主义事业新局面：在中国共产党第十六次全国代表大会上的报告［M］. 北京：人民出版社，2002：26.

[8] 中共中央关于完善社会主义市场经济体制若干问题决定［M］. 北京：人民出版社，2003：4.

[9] 胡锦涛. 高举中国特色社会主义伟大旗帜，为夺取全面建设小康社会新胜利而奋斗：在中国共产党第十七次全国代表大会上的报告［M］. 北京：人民出版社，

2007：26.

［10］财富中文网. 2014 年财富世界 500 强排行榜［DB/OL］.［2014-07-17］. http://www.fortunechina.com/fortune500/c/2014-07/07/content_212535.htm.

［11］斯蒂格利茨. 经济学（上册）［M］. 黄险峰，张帆，译. 北京：中国人民大学出版社，2010：243、244、260、262、267、269、289-293.

［12］中华人民共和国反垄断法［M］. 北京：中国法制出版社，2007：3.

［13］北京师范大学中国企业家犯罪预防研究中心. 2013 年中国企业家犯罪报告［EB/OL］.［2015-01-05］. http://news.jcrb.com/jxsw/201401/t20140105_1298885.html.

［14］网易财经. 2012 年国企（非央企）在职职工工资报告［EB/OL］. http://money.163.com/special/soes_wage2012/.

［15］胡锦涛. 坚定不移沿着中国特色社会主义道路前进，为全面建设小康社会而奋斗：在中国共产党第十八次全国代表大会上的报告［M］. 北京：人民出版社，2012：10.

关于公益性国有企业的理论探讨

程民选　王罡

在全面深化改革的新的历史时期，如何深化国有企业改革，无疑是我国经济学界和企业都必须认真思考的重大理论与实践问题。党的十八届三中全会审议通过的《中共中央关于全面深化改革若干重大问题的决定》（以下简称《决定》），对于深化国有企业改革提出了极其重要的思路，不仅明确指出要“准确界定不同国有企业功能”，而且基于完善国有资产管理体制，以管资本为主加强国有资产监管这一改革思路，进一步明确提出“国有资本加大对公益性企业的投入，在提供公共服务方面做出更大贡献”。《决定》中这一重要思想，为我们完善国有资产管理体制和进一步深化国有企业改革指明了方向并提供了重要指南。

“准确界定不同国有企业功能”，这是对国有企业进行分类改革的前提。关于国有企业实行分类改革，多年前就已经有过讨论。时任国务院国有资产监督管理委员会副主任邵宁也曾在“2011（第十届）中国企业领袖年会”上，首次代表官方表述了具有公益性质的国有企业这一提法。他认为，国有经济结构调整将使国有企业向两个方向集中，这两个方向分别为公益性质的国有企业和竞争领域的国有大企业[1]。基于这样一个思路，有必要对国有企业的公益性进行理论分析，因为这是区分公益性国有企业和竞争性国有企业的理论前提和依据。本文拟就公益性国有企业的基本特征、存在的理论依据等进行论述，阐明我们的一己之见，以就教于学界同仁。

一、相关研究回顾

改革开放以来，中国的国有经济规模和比重都发生了很大的变化，对促进经济体制改革和经济发展都起到了重要的作用。然而总的来看，我国国有企业的经济效益仍然不够理想，单一市场化的改革目标也并不完全符合国有企业在社会主义市场经济中的特殊功能定位。一方面，本应专注于经济效益的许多竞争领域的国有大企业，以承担过多的社会效益为幌子为其应尽经济效益卸责，并希望基于此来维持垄断地位；另一方面，本应专注于社会效益的公益性质的国有企业，却往往去追逐经济效益而忽视了其所应该承担的社会效益[2]。有鉴于此，在20世纪90年代，已有学者提出了应对国有企业实行分类改革的思路，并进行了相关的研究。如杨瑞龙等指出，根据国有企业提供产品性质以及所处行业的差别，可以把国有企业分为竞争性与不完全竞争性两类，不完全竞争性的国有企业又可以分为提供公共产品的非竞争性企业与处于基础产业和支柱产业地位的垄断性企业。而在选择具体的企业改革思路时，他认为提供公共产品的国有企业宜选择国有国营模式；垄断性国有企业宜选择国有国控模式；竞争性国有大中型企业宜进行公司制改造；竞争性国有小型企业宜完全放开[3]。金碚也认为，对国有企业进行分类改革是实现改革目标的必由之路，应以是否承担特殊的社会功能来对国有企业进行分类改革。对少数承担特殊社会功能的国有企业的制度进行改革，国家制定专门规范此类国有企业行为的法律，将其纳入特殊企业的运行轨道；而大多数并不承担特殊社会功能的国有企业则按一般企业（公司制企业）的制度进行改革，其行为完全纳入《中华人民共和国民法通则》和《中华人民共和国公司法》所规范的一般企业运行规则之中[4]。

在近期针对国有企业垄断问题的思考中，赵昌文认为对于国有企业的垄断要具体问题具体分析，指出根据国有企业提供的产品和服务属性、所处行业的重要性以及所处行业市场机制的有效性，可以将国有企业分为商业性国有企业和兼有政策性功能的国有企业。其中，具有自然垄断特征的行业、提供重要公共产品和服务的行业、涉及国家安全的行业以及包括部分支柱产业和高新技术产业在内的国有企业，大体上属于兼有政策性功能的国有企业，除此之外的国有企业都应该属于商业性或者竞争性国有企业[5]。赵昌文的研究从国企垄断问题切入，同样提出必须要对国有企业的不同性质加以区分。

此外，一些学者还就西方发达市场经济国家对国有企业的分类管理做了详尽的研究。如以法国和新加坡为代表的按企业市场地位或竞争程度分类，将国有企业分为垄断性和竞争性两类；以芬兰等北欧国家和新西兰为代表的按利益属性和赋予目标分类，将国有企业分为承担特定任务的国有企业、有战略利益的商业性国有企业和以投资者利益为主的纯粹商业性国有企业三类。并且，各国都对不同类型的国有企业实施分类管理。如在国有企业的功能和目标方面，对完全市场化或纯粹竞争性的国有企业，一般要求企业以财务回报为主要目标，要求企业市场化经营，追求利润，而对于垄断性、承担特定任务或公共服务责任的国有企业，一般要求以社会、产业或文化目标为主，追求社会利益；在国有企业的所有权监管方式方面，对垄断企业或有特定任务的企业，各国政府倾向于严格管理，对于商业化或市场化企业，各国政府倾向于赋予其很强的自主经营权、少干预；在国有企业适用的法律形式方面，垄断企业或有特定任务的企业，各国政府一般通过特定法律或归属政府部门来监管，对商业化或竞争性企业，各国均按照普通法来规定[6]。这类研究对于我国“准确界定不同国有企业功能”，实行分类改革，具有一定的参考价值。

二、公益性国有企业的基本特征

“准确界定不同国有企业功能。国有资本加大对公益性企业的投入，在提供公共服务方面做出更大贡献。”“国有资本投资运营要服务于国家战略目标，更多投向关系国家安全、国民经济命脉的重要行业和关键领域，重点提供公共服务、发展重要前瞻性战略性产业、保护生态环境、支持科技进步、保障国家安全。”这是《决定》关于我国国有企业深化改革高屋建瓴的论述，不仅明确提出了公益性国有企业的概念，而且强调国有资本应加大对公益性企业的投入，服务于国家战略目标。这样的理论高度，可以说是前所未有的。那么，公益性国有企业究竟具有哪些特征，划分公益性国有企业的理论依据是什么，显然都是理论上需要探讨的问题。

邵宁在提及划分两类国有企业的改革思路时谈道：竞争性领域的国有大企业在体制上政企分开更为彻底，企业在机制上更加市场化。作为独立的市场竞争主体，和其他所有制企业一样，这种类型的国有企业要独立承担经济法律责任和市场竞争的优胜劣汰，乃至破产退出的风险。而具有公益性质的国有企业具有这样一些共同特征：其产品或服务关系到国民经济发展和人民生活的保障；在经营中存在不同程度的垄断因素；产品或服务的价格由政府控制，企业并没有定价权；企业的社会效益高于经济效益，经常会承受政策性亏损，等等[7]。从中可以看到，他更多强调的是公益性国有企业所承担的公益职能。

公益，指有关社会公众的福祉和利益。顾名思义，公益性国有企业就是那些承担有关社会公众的福祉和利益的职责的国有企业。具体来说，公益性国有企业，应该指那些以社会公众的福祉和利益为出发点的国家所有以及国家控股的企业，其在社会经济运行中具有双重目标，即社会效益和经济效益，但以社会效益为主要目标，以此区别于竞争性国有企业。而竞争性国有企业是指那些在市场中独立经营，以获得盈利为目标，从而在市场中优胜劣汰，甚至破产退出的国有企业。政府对这类国有企业仅履行出资人的权利而对其进行监管，不得用行政手段干预其日常经营，不得给予其垄断地位，使其在市场中与其他企业独立进行公平的竞争。

这样的划分，显然不是从国有企业应不应当考虑公众利益、承担社会责任的角度去思考问题。因为社会责任的思考角度，无疑对所有企业都适用，而非仅仅针对国有企业。按照阿奇·B. 卡罗尔的定义：企业社会责任是某一特定时期社会对社会组织所寄托的经济、法律、伦理和自由决定（慈善）的期望[8]。只要有企业的存在就应该有企业的社会责任存在。而划分两类国有企业，是要明确国有企业中存在一类承担有关社会公众的福祉和利益的职责、代表政府向社会公众提供公共产品的国有企业，它们以社会效益为主要目标，而区别于另一类即竞争性国有企业。这样的划分，无疑有利于政府对两类不同的国有企业进行科学管理。基于这一理解我们认为，公益性国有企业应当具备以下几个基本特征：首先，提供关系到社会公众的福祉和利益的公共产品；第二，其提供产品的定价机制由政府控制，企业自身没有定价权；第三，企业的社会效益高于经济效益，政府制定科学的考核指标体系，对企业的成本控制水平、提供公共产品的数量与质量等进行考核。

既然公益性国有企业具有以上基本特征，公益性国有企业的改革也就涉及以下方面，包括建立有别于竞争性国有企业的、有针对性的出资人管理制度，考核评价应切合企业的功能定位；实施有效的行业监管，包括价格、服务标准、成本控制、收入分配、资源配置和行业限制，提高透明度，防止企业利用垄断地位损害社会和公众利益；形成规范合理的与政府间的政策安排，以兼顾为社会服务和持续发展的双重目标等。

三、公益性国有企业存在的理论依据

邵宁对公益性国有企业的表述，针对这类企业的特征而言，虽然从中可以得出公益性国有企业因其承担公益性职责而区别于竞争性国有企业的结论，但并不是从理论上论述公益性国有企业存在的依据。那么，公益性国有企业存在的理论依据究竟是什么呢?我们在前文中已经指出，公益性国有企业存在的理论依据，不应当从企业社会责任的视角去寻找，因为所有的企业都必须承担起应有的社会责任，而国有企业更应当在主动承担社会责任方面发挥表率作用。对国有企业进行此类划分旨在突出其公益性，而体现公益性的核心或者说根本出发点，应该是体现社会公众的福祉和利益。那么，如何才能体现出社会公众的福祉和利益呢？显然这是我们探讨公益性国有企业成立的理论依据的切入点。我们认为，具有公益性质的国有企业，代表国家和政府向社会公众提供公共产品（或者准公共产品），是此类国有企业为社会公众提供福祉和利益的一个实现途径。

关于公共产品，萨缪尔森的定义“公共产品是具有消费的非排他性和非竞争性等特征的产品”[9]，得到了最广泛的认同。从理论上来说，界定一种产品或服务是否为公共产品，要看其是否具备两个特征，即消费的非排他性（non-excludability）和消费的非竞争性（non-rivalness）。所谓消费的非排他性，是指只要有人提供了公共产品，不论其意愿如何，都不能排除其他人对该产品的消费。若想排除其他人从公共产品的提供中受益，要么在技术上是不可行或极其困难的，要么排除的成本过于昂贵而缺乏可行性。所谓消费的非竞争性，是指某物品在增加一个消费者时，边际成本为零，即在公共产品数量一定的情况下，将其多分配给一个消费者的边际成本为零。当然这并不意味着多提供一单位公共产品的边际成本也为零，在这种情况下，多提供一单位的公共产品的边际成本同其他产品一样是正的[10]。

在随后对公共产品理论的研究中，多数学者认为，萨氏只定义了极端情况，脱离了现实。满足萨氏定义的肯定是公共产品，但不满足其定义的也并非不是公共产品。现实社会中，大量存在的是介于公共物品和私人物品之间的准公共产品。准公共产品是指具有不完全的非竞争性和非排他性的社会产品。一般来讲，准公共产品应当具备三种特征：一定程度的非竞争性、非排他性以及公益性[11]。

基于此，公益性国有企业代表政府向社会公众提供公共产品或准公共产品，无疑是其公益性的良好体现。诸如供水、供电、污水处理、公共交通等企业，以及有关国防和国家安全的军工企业等，此类企业提供的产品或服务大都具有公共产品的性质，具有非竞争性或者非排他性。并且此类企业在发展过程中，由于需要巨大的基础设施的投资，在投资形成后其生产的边际成本又相对较小，因此容易形成自然垄断。更为关键的是，由于公共产品的特殊性质，消费者普遍具有“搭便车”的行为，提供此类产品的企业很难从中获取利润，于是容易导致供给不足，影响公众福祉和利益。有鉴于此，作为全民所有的公益性国有企业，在经济活动中代表国家和政府提供公共产品或准公共产品的行为，正是其公益性的体现。

在当今世界，公共产品并非仅仅由政府或是国有企业提供，私人部门已经开始涉及公共产品的提供。一方面，对于非排他性和非竞争性的产品，通过与私人产品捆绑出售，将公共产品和私人产品组合在一起，可以克服公共产品收费困难的问题。在这类公共产品的消费上往往存在排他性技术。此外，对产权予以界定以及给予某些激励措施，也可以为私人部门提供公共产品创造良好的制度环境。另一方面，把公共产品的生产和供给区分开来，基于政府与市场的委托代理关系——私人部门生产公共产品而政府部门采购或者租赁公共产品，也完全可以实现。例如，公司伙伴关系（public-private-partnerships，PPP）① 已经被广泛应用到各类公共产品和公共服务的供给当中。

从我国的实际来看，随着政府放宽准入条件，也使得有条件的市场力量成为潜在的公共产品提供者。十六届三中全会通过的《关于完善社会主义市场经济体制若干问题的决定》已经明确指出：清理和修订限制非公有制经济发展的法律法规和政策，消除体制性障碍，放宽市场准入，允许非公有资本进入法律法规未禁入的基础设施、公用事业及其他行业和领域。这标志着民营资本可以全面进入基础设施和公用事业领域[12]。而《决定》进一步明确指出：要消除各种隐形壁垒，制定非公有制企业进入特许经营领域具体办法。因此，公共产品由私人部门通过市场机制来提供，或者通过公私合作的方式联合提供，在我国业已提上日程。

公共产品私人供给不仅缓解了公共投资的不足，扩大了投资渠道，解决了基础性项目资金短缺的问题，提高了投资的运行效率，而且可以增强竞争意识，提高经济和社会效率，对改善公共产品的供给状况具有十分重要的意义。但不可否认的是，私人部门提供公共产品也存在如下局限性：

首先，私人部门提供公共产品可能出现由于垄断而造成的福利损失。公共产品尤其是准公共产品使用量在一定限度内社会成本为零，超过临界点后，就会导致拥挤，使公共产品的消费者收益下降，而私人部门在取得公共产品供给权后，可能会形成某种垄断优势，尤其是在一些容易形成自然垄断的行业，这必然会带来一定的社会福利损失。此

① 根据联合国发展计划署 1998 年的 PPP 概念：PPP 是指政府、营利性企业和非营利性组织基于某个项目而形成的相互合作关系的形式。通过这种合作形式，合作各方可以达到比预期单独行动更有利的结果。合作各方参与某个项目时，政府并不是把项目的责任全部转移给私营部门，而是由参与合作的各方共同承担责任和融资风险。

外，在私人提供公共产品的过程中，因为公共产品的消费者一般是分散的，而且消费者容易陷入集体行动的困境，不太可能形成强有力的集体行动同公共产品的私人供给者讨价还价。而在市场经济体制下，政府只能对私人部门进行法律上的监管以及宏观政策的指导，无法直接对私人企业提供的公共产品的定价进行管制。一旦私人部门在市场上形成了垄断优势，那么作为追求利润最大化的私人部门凭借这种优势来提高公共产品消费的准入价格就几乎是必然的，而消费者的利益就会受到损害。

其次，具有"理性经济人"特征的私人企业在生产经营过程中，基于其个体利益往往会出现"短视"的行为——更多地注重眼前的利益而忽视长期利益，尤其是后代人的利益。比如，在提供公共产品的同时对环境造成污染等。这些负外部性问题会使社会福利遭受损失。而相对于国有企业来说，政府治理私人部门负外部性的成本会更高[13]。

无须讳言，具有公益性质的国有企业，在公共产品的供给上与私人部门一样可能存在负外部性，但是较之私人企业，政府治理国有企业负外部性的成本相对要低。在公共产品的定价方面，政府可以直接以国有资产出资人的身份来管制公共产品的价格，即使管制价格可能会造成部分社会福利的损失，但是这种损失往往比私人部门垄断定价所造成的福利损失要小。另外，政府可以直接通过行政手段披露公益性国有企业的相关信息，使公众尽可能了解与其利益相关的消息，减少由于信息不对称而造成的福利损失。政府也能比较容易收集消费者的诉求，并及时直接反馈给提供公共产品的公益性国有企业。而对于私人企业，政府很难做到这几点。所以，即使公共产品可以通过市场手段来提供，公益性国有企业在这方面的重要性依然不能被忽视。

需要指出的是，公益性国有企业也必须遵循市场规律。有人认为，既然这类国有企业"具有公益性质"，那么只要体现其公益性就可以了，不需要考虑营利性。笔者认为，这种观点其实是对公益性国有企业的一种误读。《决定》明确指出要推动国有企业完善现代企业制度。国有企业属于全民所有，是推进国家现代化、保障人民共同利益的重要力量。国有企业总体上已经同市场经济相融合，必须适应市场化、国际化新形势，以规范经营决策、资产保值增值、公平参与竞争、提高企业效率、增强企业活力、承担社会责任为重点，进一步深化国有企业改革。对于具有公益性质的国有企业来说，突出体现它的社会效益固然是它存在的基础，但是任何企业都是市场经济中的微观主体，都必须遵循市场经济的基本规律。即使我们能够接受公益性国有企业承受一定的政策性亏损，但并不意味着它们就可以不讲成本核算和控制。公益性国有企业在突出体现其社会效益，履行提供公共产品职能的基础上，还应该尽可能地完成其经济目标，要以现代企业制度来规范和要求自己，做到科学经营决策，尽可能提高企业运作的效率，在更多承担社会效益的基础上实现国有资产的保值增值。即便是正常的政策性亏损，也应努力做到亏损最小化。同时，政府应处理好与公益性国有企业的关系。《决定》指出"实行以政企分开、政资分开、特许经营、政府监管为主要内容的改革，根据不同行业特点实行网运分开、放开竞争性业务，推进公共资源配置市场化。进一步破除各种形式的行政垄断”。这一精神同样适用于公益性国有企业，防止这些企业利用垄断地位损害社会和公众的利益，使公益性国有企业在履行其社会效益职能的基础上，真正作为市场经济的微观主体——企业来参与到市场经济的运行当中。

虽然对于公益性国有企业来说，其社会目标是第一位，利润目标是第二位的，但这并不意味着具有公益性质的国有企业就一定要产生亏损。对于部分公益性国有企业，其产品链上有一些产品是可以划为竞争性的，通过进行多元化经营，可以用其竞争性业务产生的利润来反补公益性带来的损失。例如军工企业在完成国防品生产的基础上，还可以生产部分民用产品，这样就可以为军工生产提供资金支持和能力保障，减少部分亏损甚至赢利。这方面已有成功的例子：中国兵器装备集团下属的长安汽车，掌握了独立的整套汽车生产的核心技术体系，使我国在军队机动车方面摆脱了对外资的依赖性。不仅如此，长安汽车经过多年的发展，已经位列中国制造企业100强，“长安”商标荣获“中国驰名商标”称号，品牌价值高达百亿元，年销售收入突破300亿元。这充分说明，公益性国有企业对社会效益的强调，未必一定是以牺牲经济效益为基础的。公益性国有企业采取多元经营模式、混合发展，这也许是公益性国有企业改革的一个可行思路。

四、瑞典划分两类国有企业的实践及其启示

把国有企业分为公益性和竞争性，国外已有成功的实践，尤其是瑞典的经验值得我们注意。我国商务部2007年对瑞典国有企业的一个调研报告①中，就已经介绍了瑞典将国有企业划分为在市场条件下运营的国有企业和具有公益性质的企业，同时对这两种企业规定不同的经营目标。例如：1997年成立的IRECO公司，目的是提升瑞典在工业研发方面的水平，因此对其没有盈利目标规定。而对国家电力公司这样的企业，不但有明确的经营目标，而且有明确的红利分配政策。在运营管理方面，瑞典议会赋予瑞典政府国有企业管理者的角色。为达到国有资产长期保值增值的目的，由政府制定和实施所有权政策，监督管理国有资产经营，并在可能情况下顾全社会公益。

瑞典政府对国有企业，尤其是具有公益性质的国有企业，一般有以下几种管理原则：

1. 所有权政策统一的原则

瑞典对国有企业的管理遵循所有权政策统一的原则，虽然国有企业的管理分散在工商部、外交部、财政部等多个部门，但是国有资产的所有权政策是统一的。根据宪法，议会决定管理和处置国有资产的基本原则，瑞典政府据此处置国有资产。但政府在实质性变更公司的经营方向、稀释所有权、增资以及购买和出售股份时，都必须获得议会批

① 本节参考了《瑞典国有企业调研报告》，原文见 http://www.mofcom.gov.cn.

准。根据宪法，首相授权工商大臣处理有关国有企业所有权的有关问题，执行统一的国有资产所有权政策和董事会提名。

2. 公开透明原则

瑞典对国有企业的管理遵循公开透明原则，对公司的董事会任命、高管任命、审计监督、财务报表等都做出了具体规定。瑞典公民均可参加国有企业股东大会，并有权提出质询，充分体现了全民所有。即使没有上市的国有企业，其信息公开的程度也不得低于上市公司。国有企业必须按照法律条例提交年度报告、季度报告和经营报告，包含完整环境分析、财务目标、社会责任目标、机会均等政策、董事会工作总结、红利政策、董事会及高管薪金等内容，并在网上公布。

3. 分类管理原则

瑞典对国有企业实行分类管理，将国有企业划分为在市场条件下运营的竞争性企业和公益性企业，并对这两类企业采用不同的评价和管理方法。规定在市场运营条件下的国有企业应符合以下两个条件：一是在充分竞争的市场中运营；二是国家作为所有者根据企业风险状况制定有关盈利和财务收支的要求。同时规定公益性的国有企业须符合以下两个条件：一是国家作为所有者对企业活动进行直接指导和管理；二是这些企业应在具有特殊规定的市场中运营。政府对在市场条件下运营的企业，按照市场的要求设定具体的经营目标，并按这些目标进行评价。对于公益性企业，由于其目标是为社会创造有益的价值，因此对其的评价要相对复杂一些，很大程度上是通过一些定性的参数来进行评价和监测。这些参数，主要是从社会经济和行业政策目标以及效率推演而来。由于区分两类不同企业且按不同要求提交年度报告，因而对两类公司的运营和目标完成情况更清楚，评价也更加科学。

瑞典对国有企业分类管理的改革实践，对我国深化国有企业改革提供了可资借鉴的思路。其一，可以借鉴瑞典对国有企业行业的布局，根据我国国情和发展阶段对国有经济结构进行战略性调整，保留那些基础好、竞争性强的企业，同时减少垄断性企业，并加强对垄断企业的监管。其二，可以借鉴瑞典对国有企业进行分类管理的办法，将国有企业划分为市场条件下运营的竞争性企业和公益性企业，实行不同的管理模式。对在市场条件下运营的竞争性国有企业，把竞争能力放在第一位，考核其经营绩效，而不要求其承担其他社会目标。国家在这些企业中的角色类似于一个普通的股东，主要采取控股方式进行间接控制。而对于公益性国有企业，政府可较多采取直接管理的办法，不设定具体的盈利目标，采用一些经济社会、环境、效率等方面的定性指标对其进行考核。其三，可以借鉴瑞典的做法完善国有资产产权管理制度，尤其对具有公益性质的国有企业实行统一的制度。为保证公益性国有企业更好地体现其社会效益，可以考虑对公益性国有企业实行垂直管理。其四，可以借鉴瑞典国有企业治理结构中，建立董事会专家化的集体决策制度，弱化政府行政行为对企业经营活动的影响。其五，可以借鉴瑞典对国有企业信息披露的规定，有针对性、有效地保证舆论、股东、公众对国有企业的监督。完善对国有企业的审计程序和办法，保证对国有企业的有效监管。采取措施增加国有企业透明度，提高公民所有者的意识，强化公众和舆论的监督。最后，可以借鉴瑞典经验，完善国有企业向国家上缴红利制度。国家作为国有企业股东，有权制定国有企业的分红政策，决定红利的用途，利用红利再投资进一步完善国有资本的产业布局。通过对国有企业红利的再投资，以达到宏观经济调控的目的。

五、警惕对公益性国有企业的误判

区分公益性国有企业与竞争性国有企业，强调公益性国有企业的社会效益，这在深化国有企业改革的过程中是一个很好的思路和方向。但是，对于邵宁提到的“公益性国有企业在中央层面包括如石油石化、电网、通信服务等领域的企业”的观点，我们又不敢苟同，并由此看到划分公益性国有企业存在误判的可能。

划分公益性国有企业，无外乎强调此类国有企业的公益性，即以社会公众的福祉和利益为出发点，尽力为公众提供公共产品或者准公共产品。虽然石油、石化、通信等行业在国民经济发展中通常被认为是战略性产业，这些产业的竞争力决定着一个国家的竞争力，也是国民经济是否有活力的具体表现，在经济发展中的确起着举足轻重的作用。但是，无论怎样突出其重要性，这些战略性产业与提供公共产品和服务的公益性行业之间依然泾渭分明[14]。根据公共产品的定义：公共产品是具有消费的非排他性和非竞争性等特征的产品。显然，无论是石油石化产品还是通信网络的服务，都不具有或者说基本不具有非排他性和非竞争性的特征，因此也都不应该归为公共产品或者准公共产品。既然石油石化、电信等企业都属于竞争性产品或者服务的提供者，那么把他们算在公益性国有企业之列，值得商榷。

石油、电信等产业，过去由于民营企业在财力或技术上的原因，无法进入该领域与国有企业竞争，所以为了满足国家的经济发展和人民的日常生活需要，政府政策扶持一些该领域的国有企业并且给予其一定的垄断地位也是可以理解的。但是，随着民营经济的蓬勃发展，资本、技术壁垒对于部分民营企业来说已经不复存在，民营经济完全有能力进入这些领域与国有企业竞争。例如通信领域，现在随着技术的进步、通信基础设施的不断完善以及民营企业的发展壮大，民营企业进入通信行业参与经营竞争是完全可行的，政府只需要对其进行必要监管和宏观政策上的指导即可。再比如石油石化行业，即使民营企业无法在原油勘探、开发等上游产业生产经营，那么至少在冶炼、销售等下游产业——尤其是销售环节——民营企业有足够的能力与实力在市场上与国有企业竞争。但现状是，民营资本在几大油企的围攻之下已经日渐萎缩，逐渐从石油石化的下游产业中退出。而面对这种趋势，政府依然保持沉默，没有对完全处于弱势的民营资本予以政策支持，这本身就表明了一种态度。

再者，我国的石油、电信企业，大部分已经在股票市场上挂牌上市。所谓公益性国有企业，首先必须要强调其社会效益，之后再是经济效益。然而，作为上市公司，在生产经营过程中盈利并为股东分红、保证投资者的利益是其基本的义务之一，那么这显然与公益性国有企业的先“社会效益”后“经济效益”的目标相冲突。如果确认其为公益性国有企业，那么企业股东的权益又如何得到保障？显而易见，将这些国有企业划分为公益性国有企业是不合适的。

六、结论

国有企业的“公益性与竞争性”分类，为深化国有企业改革提供了一个新的方向。对这两类国有企业的划分，尤其是公益性国有企业的提出，是深化国有企业改革的一个有益探索。

公益性国有企业代表政府向社会公众提供公共产品或准公共产品，无疑是其公益性的良好体现。虽然在公共产品的供给上，公益性国有企业与私人部门一样可能存在负外部性，但是较之私人企业，政府治理国有企业负外部性的成本相对要低。在公共产品的定价方面，政府可以直接以国有资产出资人的身份来管制公共产品的价格；政府也可以直接规定公益性国有企业披露相关信息，减少由于信息不对称而造成的福利损失；政府也能比较容易地收集消费者的诉求，并及时直接反馈给提供公共产品的公益性国有企业。即使公共产品可以通过市场手段来提供，公益性国有企业在这方面的重要性依然不能被忽视。

（本论文原载于《当代经济研究》2014 年第 3 期）

参考文献：

［1］白天亮. 国企将分公益性竞争性［N］. 人民日报，2011-12-14（10）.

［2］黄速建，余菁. 国有企业的性质目标与社会责任［J］. 中国工业经济，2006（2）：68-76.

［3］杨瑞龙，张宇，韩小明，等. 国有企业的分类改革战略（续）［J］. 教学与研究，1998（3）：21-24.

［4］金碚. 三论国有企业是特殊企业［J］. 中国工业经济，1999（7）：5-9.

［5］赵昌文. 对国企垄断要具体问题具体分析 国企改革几个理论问题辨析［J］. 人民论坛，2013（4）：19-21.

［6］张政军. 国有企业分类管理如何推进［N］. 经济日报，2013-05-03（13）.

［7］李彬. “公益性”概念引发国企改革方向之争［N］. 人民政协报，2011-12-27（B03）.

［8］CARROLL，ARCHIE B. A Three-Dimensional Conceptual Model of Corporate Social

Performance [J]. Academy of Management Review, 1979, 4 (4): 497-505.

[9] SAMUELSON P A. The Pure Theory of Public Expenditure [J]. Review of Economics and Statistics, 1954, 36 (4): 387-389.

[10] 吕恒立. 试论公共产品的私人供给 [J]. 天津师范大学学报(社会科学版), 2002 (3): 1-6.

[11] 秦颖. 论公共产品的本质 [J]. 经济学家, 2006 (3): 77-82.

[12] 贾康, 孙洁. 公司伙伴关系 (PPP) 的概念、起源、特征与功能 [J]. 财政研究, 2009 (10): 2-10.

[13] 李洪波. 公共物品供给机制研究 [D]. 天津: 天津大学公共管理学院, 2005.

[14] 张世贤. 战略性产业何来公益型国企 [J]. 中国经济周刊, 2011 (12): 18.

“国进民进”：中国所有制结构演进的历时性特征

盖凯程　周永昇　刘璐

近年来，在国内经济转型升级和国际贸易保护主义加剧的多重压力下，市场环境发生急遽变化，我国一些行业和领域出现了非公有制企业被兼并结业、国有资本收购民营上市公司等现象，有人据此抛出“民营经济离场论”①，引发广泛关注。今年伊始，又陆续有人依据“竞争中性”概念炮制出“所有制中性论”②，要求“取消国企、民企、外企的所有制分类”③“摘下企业头上的‘所有制帽子’”④。近期更有人直接提出“国有企业后退一步，中国经济海阔天空”⑤，引发了激烈的学术争议。无论是“民营经济离场论”，抑或是“所有制中性论”或“国企后退论”，共同的话语隐指皆是“国进民退”，实质上是对改革开放以来公有经济与非公经济、国有企业与民营企业地位与关系历次争论的延续与表达。由于这一命题关乎中国特色社会主义基本经济制度的理论符码锚定和实践政策导向问题，所以有必要对我国所有制结构变动事实加以判断并从理论上予以辨析与澄清。

一、马克思所有制理论的三重逻辑

马克思总是使用特定历史形态下的所有制来表现一个社会生产关系的总体特征，以之规定生产资料归谁所有、生产资料与劳动者通过什么样的社会方式相结合，并映射出人们在社会生产过程中通过占有生产资料所反映出的地位和相互关系，进而构成一个社会经济制度的核心特质。从其理论蕴含和实践指向来看，马克思所有制思想包含着历史

---

① 吴小平. 中国私营经济已完成协助公有经济发展的任务，应逐渐离场［EB/OL］. http://wemedia.ifeng.com/77918883/wemedia.shtml.

② 高尚全. 坚持基本经济制度必须把握两个中性原则［J］. 旗帜，2019（1）.

③ 中财办原副主任杨伟民在中国经济50人论坛主办的“纪念中国经济改革开放四十年暨50人论坛成立二十周年学术研讨会”发言，http://finance.sina.com.cn/meeting/2018-09-16/doc-ifxeuwwr4909192.shtml。

④ 国务院发展研究中心原副主任刘世锦在中国发展高层论坛2019经济峰会“竞争中立与深化企业改革”分会场发言，http://finance.sina.com.cn/hy/hyjz/2019-03-23/doc-ihsxncvh4971400.shtml。

⑤ 张思平. 混合所有制与国有经济布局调整［EB/OL］. http://www.sohu.com/a/209070870_653311.

形态的主体性、现实结构的多元性和实现形式的多样性等层次内容，依此演绎出一个围绕所有制的历史向度与现实维度、本质规定与表现形式而展开的辩证逻辑体系，为我们提供了分析所有制形态演化规律及其结构变迁趋势的理论基础和分析框架。

1. 所有制历史形态的主体性

马克思用以划设人类社会形态的所有制依据，其实质是一个反映某一社会发展阶段经济社会制度整体特征的历史范畴。作为生产力发展函数的因变量，“所有制关系中的每一次变革，都是产生了同旧的所有制关系不再相适应的新的生产力的必然结果”[1]238。生产力的发展会使得“一切所有制关系都遭到了经常发生的历史的更替，都遭到了经常发生的历史的变更”[2]。正是基于所有制的这一动态演进机制，马克思科学地推演出以共产主义取代资本主义的内在逻辑机理：资本主义私有制“只是在劳动资料和劳动的外部条件属于私人的地方才存在”。而一旦“生产资料的集中和劳动的社会化，达到了同它们的资本主义外壳不能相容的地步”[3]，则这一所有制形态即告完成其历史使命。

马克思认为，“一切社会形式中都有一种一定的生产决定其他一切生产的地位和影响，因而它的关系也决定其他一切关系的地位和影响”[4]。具体到某一社会形态或特定社会发展阶段中，客观上存在着某种通行的、占据主导地位的生产资料所有权形式的基本制度安排。“这是一种普照的光，它掩盖了一切其他色彩，改变着它们的特点。这是一种特殊的以太，它决定着它里面暴露出来的一切存在的比重。”[4]31这种排他性所有制关系的基础性制度安排，就是一个社会占主导地位的生产资料所有制，即主体所有制。其功能是：以生产资料排他性规定界定了归属清晰的生产资料最高支配权，并借以规范各类经济主体的经济行为，阻隔一部分人利用这一权利支配和占有另一部分人的劳动过程和成果，协调各种利益主体的矛盾和冲突，进而确立经济主体在生产、分配、交换、消费中的行为秩序，以“普照之光”和“特殊以太”形塑着社会的整体利益格局。

一个社会中占主体地位的所有制及其制度安排一经形成，则以其相对固定的历史形态框定着这一社会的基本性质、行动边界和演绎方向。资本私有制占主体是资本主义社会区别于其他社会形态的根本特征，公有制占主体则是社会主义社会的根本特征。因此，所有制历史形态的主体性描刻和反映了全社会范围内一个社会基本经济制度在其历史向度上的系统性、稳定性和持续性等整体特质。这一特征并不因其现实结构多元化和实现形式多样性——例如阶段性、局部性的“国进民退”“国退民进”或者公、私有财产权比重的“此消彼长”“此长彼消”——而发生根本性改变。

2. 所有制现实结构的多元化

马克思所有制思想演绎行程中一以贯之的理论方法是“主体，即社会，也必须始终作为前提浮现在表象面前”[5]19。历史向度上的所有制主体性并不排斥和否定现实维度上的所有制结构多元化。具体到某一社会形态和特定发展阶段中，不同所有制形式同时并存的结构性状态是一种客观现象。

所有制现实结构的多元化是一切新社会形态初期阶段的鲜明特征[6]。马克思指出，不仅仅美洲原始公社解体时期的“所有制形式极其多样”[7]，资产阶级社会发展过程中同样存在先前社会形态的某些所有制残片，是“借这些社会形式的残片和因素建立起来，其中一部分是还未克服的遗物，继续在这里存留着，一部分原来只是征兆的东西，发展到具有充分意义”[4]29。追根究由，这是由于对于一个新社会形态而言，首先，既有的生产力水平构成形塑所有制形态的最基本约束条件，“人们不能自由选择自己的生产力……因为任何生产力都是一种既得的力量，是以往的活动的产物”[8]。其次，现实社会的物质生产力并非整齐划一，社会经济部门之间、地区之间以及城乡间的生产力发展水平往往存在着显著差异，成为多种所有制形态并存的现实基础。因而一个社会的所有制结构并非单一的，在主体所有制这种“普照的光”之下，通常还存在着其他非主导的所有制光谱。

对于社会主义初级阶段而言，“它不是在它自身基础上已经发展了的，恰好相反，是刚刚从资本主义社会中产生出来的，因此它在各方面，在经济、道德和精神方面都还带着它脱胎出来的那个旧社会的痕迹”[9]。社会物质生产力发展的渐进性与累积性决定了生产资料所有制更替的交错性、逐步性与长期性。公有制对私有制的替代不是简单的线性替代关系，而是一个复杂的、迂回的螺旋上升过程，“不能一下子就把现有的生产力扩大到为实行财产公有所必要的程度一样……只有创造了所必需的大量生产资料之后才能废除私有制”[1]239。所有制多元并存的结构性状态将是社会主义初级阶段所有制结构的长期特征。

3. 所有制实现形式的多样性

所有制是一个关于社会经济制度的整体性概念[10]，在特定的社会历史环境和生产条件下还需要通过具体的实现形式来使之具象化。从抽象上升到具体，考虑到特定历史形态的发展阶段、经济发展水平、社会文化传统等的异质性，以及微观经济领域大量的具体产权安排及其结构变化等，则所有制的表现形式又是丰富而具体多样的，“这并不妨碍相同的经济基础——按主要条件来说相同——可以由于无数不同的经验的情况，自然条件，种族关系，各种从外部发生作用的历史影响等等，而在现象上显示出无穷无尽的变异和色彩差异”[11]894。因而同一本质规定的所有制可以采用多种不同的具体实现形式，不同性质的所有制也可以采用同一实现形式。

马克思在分析资本私有制实现形式时，不仅指出了股份公司、垄断托拉斯和国有制等多种资本组织形式，“大规模的生产机构和交通机构起初由股份公司占有，后来由托拉斯占有，然后又由国家占有”[12]，还指出了股份公司资本作为“那种本身建立在社会的生产方式的基础上并以生产资料和劳动力的社会集中为前提的资本”[5]516，是“发展现代社会生产力的强大杠杆”[13]，体现了“联合生产”和“社会资本”的性质，它“在这里直接取得了社会资本（即那些直接联合起来的个人的资本）的形式，而与私人资本相对立，并且它的企业也表现为社会企业，而与私人企业相对立。这是作为私人财产的资本在资本主义生产方式本身范围内的扬弃”[11]495。作为现代企业的一种组织形式和经营方式，股份制既可以作为资本主义私有制的实现形式，也可以作为社会主义公有制的实现形式。以产权主体多元化为特征的现代股份公司，也为多样性所有制结构提供了具体实现载体。

“由于生产力的发展，人们在生产过程中的实际的关系必然改变，而这些新的实际关系表现于新的法权概念中”[14]。从法权和社会意识层面进一步解构所有制表现形态的微观机制，所有制实现形式其实是一个与财产权处于同一层面的具体范畴，财产权作为所有制的具体实现形式是法律对主体财富控制行为正当与否做出的价值判断，它涉及特定财产权利关系的排列组合，是特定历史形态的所有制关系的规定性在特定的实践与空间范围内得以实现的具体产权安排的结构及其关系，包括产权主体的范围与构成、产权客体的边界与规模、产权权能在不同主体间的排列组合和分配等的具体规定，以及广义上的所有权与物权、债权和役权等的产权安排以及其相互作用，等等。作为一个“生产关系的法律用语”，尽管由经济基础而决定的法律所创设的财产权与所有制密不可分，但财产权一旦产生就具有相对独立性，其变化的特点与规律因与具体经济体制关系密切而带有明显工具性，从而又在一定程度上实现了与所有制性质评判的“脱敏”。

二、马克思所有制理论的中国逻辑

改革开放以来，中国以马克思所有制理论为基础，在实践中打破了传统的社会主义所有制单一结构，构建起与社会主义初级阶段生产力发展水平相调适的基本经济制度[15]。基本经济制度形成、发展与完善的过程是一个对公有制经济与非公有制经济二者关系的认识不断深化的过程：

一是“有益补充”与“边际增量调整”阶段。党的十一届三中全会确认“社员自留地、家庭副业和集市贸易是社会主义经济的必要补充”，以体制外边际增量微调方式开始认可非公经济存在的正当性。党的十二大提出“由于我国生产力发展水平总的说来还比较低，又很不平衡，在很长时期还需要各种经济形式同时并存”，从而确认个体经济是公有制经济的补充。党的十三大则进一步确认私营经济、中外合资合作企业和外商独资企业等非公有制经济都“是公有制经济必要的和有益的补充”。这期间，非公有制经济更多的是作为体制外补充性要素，以边际增量调整方式逐渐被纳入经济体制改革的轨道上来。

二是“共同发展”与“存量结构优化”阶段。党的十四大提出“以公有制包括全民所有制和集体所有制为主体，多种经济成分长期共同发展”方针。党的十五大正式把“公有制为主体、多种所有制经济共同发展”确立为基本经济制度。1999 年《宪法》修正案明确了“国家在社会主义初级阶段，坚持公有制为主体、多种所有制经济共同发展的基本经济制度”。20 世纪 90 年代中后期着眼于国民经济整体布局优化的“抓大放小”是对这一理论逻辑的实践延伸，意味着基本经济制度演化的逻辑从非公经济边际增量调整转向对公有经济的存量结构优化。其后二十年国有和民营经济双双高歌猛进成为“共同发展”的最好注脚。

三是“两个毫不动摇”与“平等发展”阶段。党的十六大首次提出“两个毫不动摇”，即“毫不动摇地巩固和发展公有制经济，毫不动摇地鼓励、支持和引导非公有制经济发展”。党的十七大强调“坚持平等保护物权，形成各种所有制经济平等竞争、相互促进新格局”。党的十八大在此基础上进一步明确“推动国有资本更多投向关系国家安全和国民经济命脉的重要行业和关键领域，不断增强国有经济活力、控制力、影响力”，同时要“保证各种所有制经济依法平等使用生产要素、公平参与市场竞争、同等受到法律保护”，这就意味着在前期边际增量调整和存量结构优化的基础上，将重心转向从政策和法律层面着力锻造公有制经济与非公有制经济在要素上的平等使用、经济上的平等竞争和法律上的平等保护的平等发展格局上。

四是“内在要素”与“融合发展”阶段。党的十八届三中全会将基本经济制度定位为社会主义市场经济体制的“根基”，提出了“两个都是”和“两个不可”，即“公有制经济和非公有制经济都是社会主义市场经济的重要组成部分，都是我国经济社会发展的重要基础”，以及“公有制经济财产权不可侵犯，非公有制经济财产权同样不可侵犯”，为此，要积极发展“国有资本、集体资本、非公有资本等交叉持股、相互融合的混合所有制经济”。党的十八届四中全会强调了“健全以公平为核心原则的产权保护制度，加强对各种所有制经济组织和自然人财产权的保护”。这表明在全面深化改革时期，巩固和完善基本经济制度的触角已进一步延伸至各种所有制资本融合发展和产权保护等关键环节和微观领域，着力弥合具体竞争领域中的所有制差别歧视。2018 年习近平总书记在民营企业座谈会上提出“民营经济是我国经济制度的内在要素，民营企业和民营企业家是我们自己人”，“民营经济是社会主义市场经济发展的重要成果，是推动社会主义市场经济发展的重要力量”。这意味着民营经济既是社会主义市场经济发展的“果”（之一），又是社会主义市场经济发展的“因”（之一），从而民营经济由一个经济体制改革进程中的“外生变量”真正成为“内生变量”。

改革开放以来，马克思所有制思想与中国所有制改革的具体实践相结合，产生了：①以公有制经济为主体、多种所有制经济共同发展的基本经济制度框架；②坚持“两个毫不动摇”和“两个都是”原则；③以股份制为公有制的主要实现形式和以混合所有制经济为基本经济制度的重要实现形式；④公有制经济财产权不可侵犯、非公有制经济财产权同样不可侵犯的平等产权保护等四个层次组成的结构完整、运行有效、辩证统一的中国特色社会主义所有制的理论体系、政策体系、实践体系和法律体系，构成了中国各种所有制经济各自发展、并行发展和融合发展的理论基础和实践指向。对于公私关系：在认识上，经历了一个“为什么选择公有制经济为主体、多种所有制经济共同发展”到“怎么样实现公有制经济为主体、多种所有制经济共同发展”的升华；在实践上，经历了一个从宏观体制架构搭建到微观机制构筑等的跃迁，公有制经济和非公经济之间从二元对立到边际增量调整、从存量结构优化再到内在融合发展，二者之间在机理上相互调适、在功能上相互匹配、在形式上相互融合，从而形塑了中国所有制经济结构变迁的开放性特征和动态式规律的整体图景。

三、“国进民退”：方法论之辩

“国进民退”实质上是“国退民进”的对偶命题，但却有着比原初问题更复杂的理论指向和争论。不同的理论范式和解题工具给出了截然不同的解释。有学者用它来描述企业在某一行业或领域的进出现象，有学者用它来代指政府与市场边界的进退博弈[16]。还有学者用它来表示所有制结构的变动趋势[17]。有学者认为“国进民退”是市场化改革的倒退[18]；有学者认为“国进民退”是社会主义制度优势的表征[19]；还有学者认为“国进民退”只是特定领域与行业的暂时表现等[20]。由于涉及公与私、政府与市场、效率与公平的问题，这一话语论争不仅未达到“真理越辩越明”的效果，反而造成了“国、民对立”的假象，客观上存在消解改革共识的负面效应。因此有必要深入至方法论层面对“国进民退”命题进行厘定。

1.“国进民退”：实然命题还是应然命题?

关于“国进民退”的争论首先体现在两种不同范式的研究进向上：一是“国进民退”的实然研究，二是“国进民退”的应然研究。有学者把“国进民退”作为一个实然命题，通过具体案例与经验数据研究其存在与否，存在的条件与边界、规模与范围，以及其产生的原因和可能带来的影响等[21-22]；有学者则把“国进民退”作为一个应然命题，主要通过理论推演表达对特定现象的定性评价与价值判断，继而将其逻辑结论延伸至我国市场化改革和所有制结构调整的价值取向上来[23-24]。

纵观历次围绕“国进民退”纷繁复杂的话语争论，根本性分歧正是源自将“国进民退”作为应然命题范畴下的规范分析与理论思辨。如有学者对“国进民退”持批评态度，认为“好的市场经济体制”有赖于国有企业和政府调控的全面退出，“国进民退”背离了市场化改革的既定方向；有学者则对“国进民退”持支持态度，认为公有制经济占主体地位和国有经济起主导作用是社会主义的本质规定，进而认为“国进民退”具有体现社会主义的正义性和“不证自明”的天然合理性。这种基于特定价值偏好、遮蔽现实蕴涵的理论推演与判定，既有悖于我国宪法确立的基本经济制度安排这一约束条件，也偏离了确证被观察实践对象内部结构和因果联系的科学轨道，甚至也未跳出20世纪30年代社会主义经济大论战的理论窠臼。价值偏好越位、逻辑思维缺位的结果往往是理论推演与经验事实的错位。

“光是思想力求成为现实是不够的，现实本身应当力求趋向思想。”[1]11 无论“国进”还是“民退”都只是对经济运行状况的现实描述，仅凭进退现象就做出褒此贬彼的规范分析和定性评价显然过于轻率。因此不宜把“国进民退”作为一个应然命题，导航于固有的价值定位和取向去伸张自己的理论诉求，而应把它作为一个实然命题，在“公有制经济为主体、多种所有制经济共同发展”的基本制度与价值前提下，展开更深入的实证分析和客观判断。

2. “国进民退”：切片式观察还是全景式透视？

将“国进民退”研究作为一个实然命题而论，不同学者之间仍存在较大争议。如有学者通过考察不同所有制企业的兼并重组案例及其在特定行业份额变动状况，认为我国不仅存在局部性“国进民退”现象，还存在整体性“国进民退”趋势[18]；有学者则从所有制结构变动的情况出发，认为“国进民退”只是特定行业与领域的个别现象，并不存在普遍性与全局性“国进民退”的问题[25-27]。这种认识上的分歧主要源于不同的观察视角。

从微观局部领域来看，近年来一些行业和领域确实发生了民营企业利润增速下降、国有资本收购民营上市公司等现象，如“山西省煤矿企业兼并重组、山东钢铁收购日照钢铁、中粮集团入股蒙牛乳业”等一系列被解读为“国进民退”的典型事件。但同时也存在国有企业控制权转移给民营企业的案例。如近三年国有上市公司实际控制人转移完成的案例共有 9 个，其中变更后实际控制人为自然人的有 3 例，无实际控制人 1 例，占全部变更案例的 44. 44%，只有 5 家实际控制人仍为国有资本①。2018 年发生上市公司控制权变更交易 95 例，其中国有资本受让控制权只有 29 例，仅占全部交易的 30. 52%，其他上市公司控制权都由民营资本获得②。资本市场上的企业控股权转让变更或行业兼并重组更宜解读为混合所有制改革背景下的正常市场竞争行为。

仅以个别企业股权结构变动为佐证，以特定案例和个别现象去推演出一般性结论显然缺乏足够说服力。“如果事实是零碎的和随意挑出来的，那么它们就只能是一种儿戏，或者连儿戏也不如。”[28]这一孤立、片面的观察法，使人们容易被某一领域的特定案例或现象遮蔽，进而得出片面结论乃至错误判断。“如果从事实的整体上、从它们的联系中去掌握事实，那么，事实不仅是‘顽强的东西’，而且是绝对确凿的证据。”[28]“国进民退”判断应是一个整体性范畴，通常是指国民经济总体中国有经济的质与量持续、不可逆地扩大和民营经济的质与量持续、不可逆地下降的整体发展趋势，因而对这一问题的科学考察有赖于更全面的整体性观察。

3. “国进民退”：共时性关系还是历时性关系？

即使把“国进民退”作为一个实然命题予以全景式考察，不同学者间仍然存在分歧：有学者认为“国进民退”是传统计划经济思维方式下政府行为生成逻辑的必然结果，有学者认为这只是经济发展波动造成所有制结构调整的暂时现象[29]。这种分歧源

① 资料来源于《国企混改背景下国有上市公司实际控制人变更的案例分析》，https://www.sohu.com/a/259360293482481。

② 资料来源于《借壳上市：2018 年上市公司控股权转让全梳理》，http://www.agugou.com/1/1839.html。

于共时性与历时性两种不同的分析方法。

在共时性静态结构分析框架下，人们习惯于把特定时点下的经济现象作为经济事实，寻求因时因地的一致性表达，而忽略了其理论总结对特定历史条件的依赖性。如诸多研究"国进民退"问题的学者往往囿于特定时点或时段的局部静态分析，而忽视了我国所有制结构在更广阔历史背景下的动态演变轨迹。还有学者不是把所有制结构变动看作一个由特定机制驱动的动态演化过程，而是在"国进"与"民退"之间形而上地架构起因果关系，认为是"国""民"之间的挤出效应造成了此消彼长。也有学者运用各种所有制经济长时段宏观运行数据考证公私关系的演进，但由于使用的是比例数据[30]，对于这种相对比例而言不是"国进"就是"民进"，很容易又将人们引入"国退民进"的争论，难以有效揭示所有制内外部因素的交互作用的核心机制和结构变迁的动态特征。

在更宽广的时空背景下对"国进民退"予以全景式动态考察可以发现，争论往往发生于我国内部发展战略调整或外部环境受创，亦即民营企业经营发展面临困境之际，现实中通常是"民退"在前，"国进"在后，国企的"进"更多的是危机中对民企"退"的补位。可见"国进民退"话题之争，更多地表达了民营经济希望在平等的市场环境里得到和国有经济同等的竞争条件与国民待遇，且"国进民退"也只是发生在特定阶段、特定领域、特定发展战略以及特定观察视角与评判标准下的特殊现象。对于近年发生在资本市场上的国企收购事件，与其当作"国进民退"的佐证，不如称之为"资本出清"更为恰当。如果跳出二元对立的零和博弈思维，用长历史逻辑链条和历史数据分析验证我国所有制结构变动的历时性和趋势性特征，或将得出截然不同的结论。

四、"国进民进"：40 年改革的典型化事实

1. 数据选择

判断所有制结构变动状态的数据口径和计量标准不同会导致结果的差异性。理想的统计口径既应涵盖生产部门，也应包括非生产部门乃至整个国民经济所有部门，从衡量指标上，计算不同性质所有制经济的资本投入和产出将使结果更为准确。但一方面，受限于官方并未公开国民经济所有制结构变动具体数据，企业股权结构日益复杂也使得相关测算异常困难；另一方面，鉴于"国进民退"的话语争论场域多发生于工业经济领域，工业作为所有制结构变动最为典型的经济领域，有着较为完整连续的统计数据。故本文基于数据的可得性和权威性，在全口径数据选取上选取了企业数量、注册资本、税收作为衡量指标，在分部门口径上选取了工业部门企业数量、资产、利润、税收、研发投入作为衡量指标，以之描述改革开放以来我国所有制结构的总体变化历程，从中揭示其长期趋势性变动特征。

2. 实证分析

（1）企业数量的所有制结构变动趋势

在企业数量变动上，我国经济微观主体四十年来的总体趋势表现为“国减民增”，但国有经济的活力、控制力、影响力和抗风险能力在这一过程中不断得以提升。从按注册类型企业数量来看（见图1），国有企业数量从改革之初的近130万户降至2017年的18.7万户。民营企业则经历了从无到有、从少到多的迅速发展过程：从1980年第一个工商个体户诞生，到1985年第一个私营企业执照以国务院特批形式颁发，再到1988年《中华人民共和国宪法修正案》确认其合法地位，特别是南方谈话之后，私营企业数量持续高速增长。私营企业从20世纪90年代之初不足10万户发展到如今的2 700多万户，已占全部企业数量的90%，截至2017年年底私营企业和个体工商户在中国全部市场主体中占比高达95%①。

在工业领域（见图2），规模以上国有工业企业数量从1978年的83 700户减少到2017年的19 022户，减少了77.27%。1998年规模以上私营工业企业10 667家，是同期规模以上国有工业企业数量的1/6；到2017年，国有工业企业只剩1.9万户，而规模以上私营工业企业达到21.5万户，是国有工业企业数量的11.31倍。

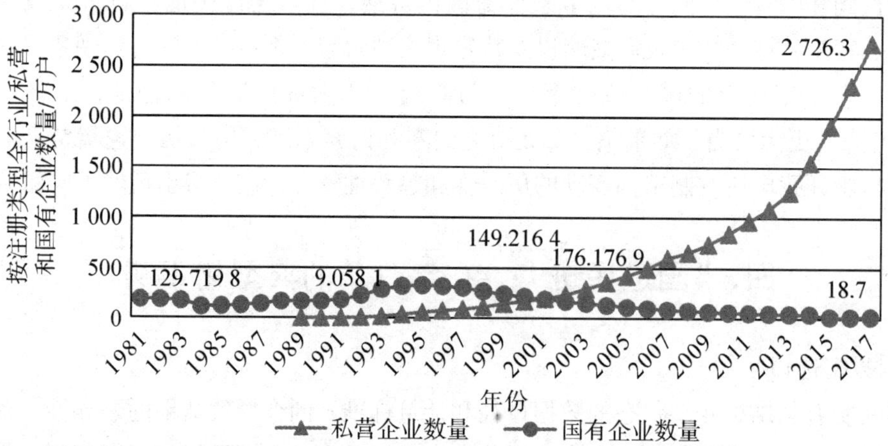

图1　全行业国有和私营企业数量变动趋势（1981—2017年）

资料来源：1989—2014年私营企业和国有企业数量来自《中国工商行政管理统计四十年》和《工商行政管理统计汇编》，2015—2016年私营企业数量摘自《中国工商行政管理年鉴》，2015—2017年国有企业数量来源于《中国财政年鉴》。

---

① 根据中国工商行政管理总局公布的全国市场主体发展基本情况，2017年年末全国注册登记市场主体累计9 814.8万户，其中企业3 033.7万户，个体工商户6 579.4万户。

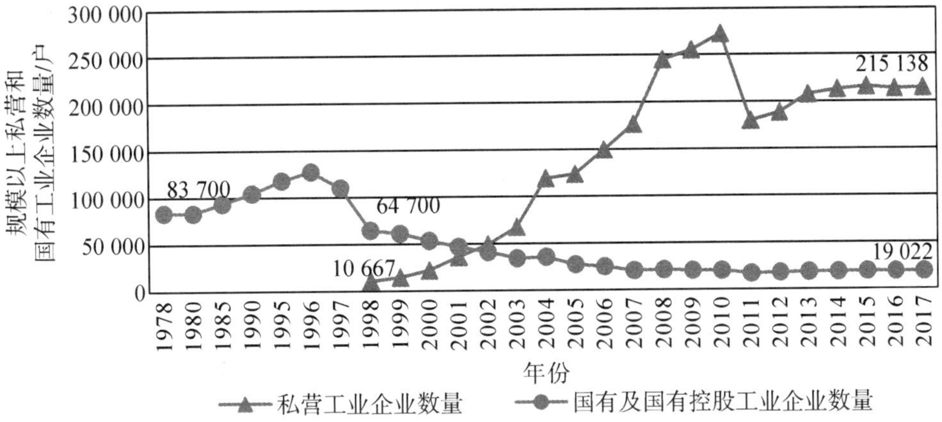

图 2　规模以上私营和国有工业企业数量变动趋势（1978—2017 年）

资料来源：历年《中国统计年鉴》。国有工业企业数量在 1995—2017 年统计口径为国有及国有控股工业企业个数，1995 年以前统计口径为国有工业企业个数。

（2）资本（资产）的所有制结构变动趋势

以经营性部门期末实有“注册资本（金）”① 来观察（见图 3）：1981—2016 年公有制资本总额从 6 095.2 亿元增长到 14.4 万亿元，增加了 22.6 倍；混合所有制资本总额从 13.6 亿元增长到 58.2 万亿元；非公有制资本总额更是从 5.76 亿元增加到 150.8 万亿元。2014 年“大众创业、万众创新”之后，经营性非公有制资本迎来爆发式增长。截至 2017 年年底，私营企业和个体工商户注册资本总额超过了 165 万亿元[31]。

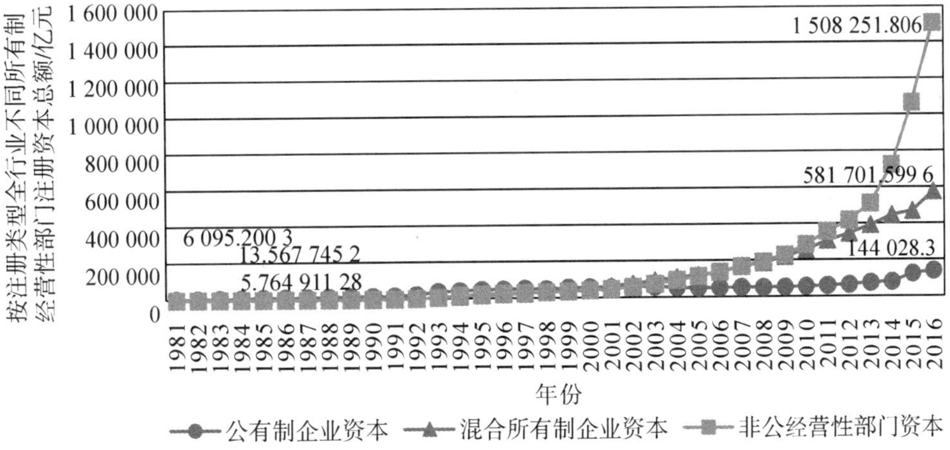

图 3　全行业经营性部门注册资本的所有制结构变动趋势（1981—2016 年）

资料来源：1981—1990 年数据摘自《中国工商行政管理统计四十年》，1991—2014 年数据摘自《工商行政管理统计汇编》，2015—2016 年“私营企业、个体工商户和外商投资”数据摘自《中国工商行政管理年鉴》，2015—2016 年“国有企业”注册资本摘自《中国财政年鉴》国有企业实收资本。

① 鉴于法律规定注册资本与实收资本相差 20%时须重新登记，故二者大致相当。

从按注册类型划分的不同所有制工业企业资产总额来看（见图 4）：公有制工业企业资产增长迅速，从 1978 年的 3 477.6 亿元增加到 2017 年的 17.2 万亿元，40 年间增长了超过 48 倍①，同期，非公有制工业企业资产总额从 1998 年的 2 万亿元增加到 2017 年的近 46 万亿，增长了 20 多倍。

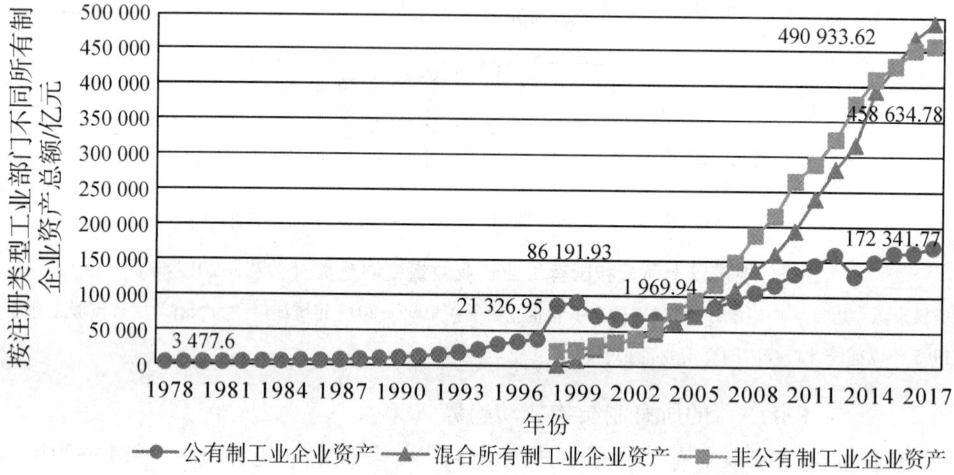

图 4　工业部门资产总额的所有制结构变动趋势（1978—2017 年）

数据来源与说明：《中国统计年鉴》。

从规模以上工业企业总资产来看（见图 5），这一增长趋势更加显著：规模以上国有

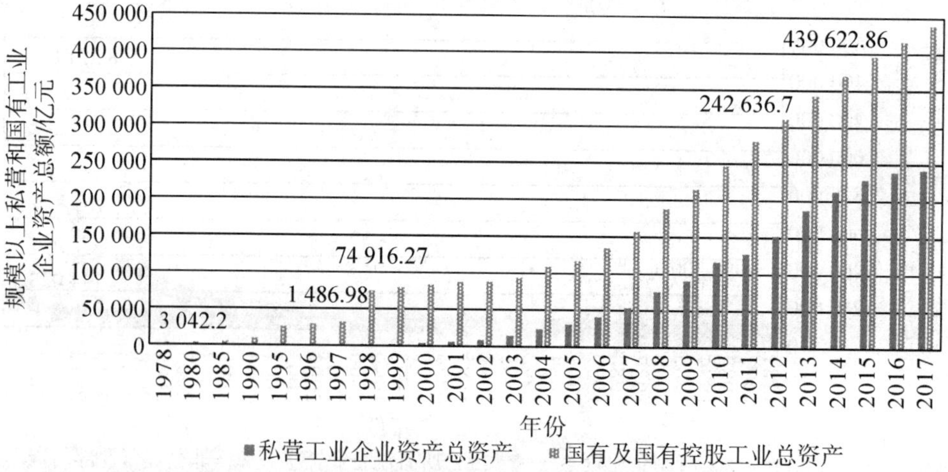

图 5　规模以上私营和国有工业企业总资产变动趋势（1978—2017 年）

资料来源：1998—2017 年数据来源于《中国统计年鉴》国有控股和规模以上私营工业企业总资产；1978—1997 年国有工业企业资产数据采用《中国财政年鉴》国有工业企业固定资产替代。

① 从 2012 年到 2017 年，公有制工业企业资产总额呈持续下降态势，但同期混合所有制工业企业资产持续上升，二者呈明显的“剪刀差”，这可能是由于公有制企业数量不断绝对减少和混合所有制企业国有资本的“替代效应”。

工业企业资产规模在 40 年间增长了 143. 51 倍，从 1978 年的 3 042. 2 亿元增加到 2017 年的近 44 万亿；规模以上私营工业企业资产规模在 2017 年超过了 24 万亿，相较于 1998 年的 1 486. 98 亿更是增长了 162 倍。

（3）利润的所有制结构变动趋势

从按注册类型划分的不同所有制工业企业来看（见图 6）：1998—2017 年非公有制企业利润总额从 418. 61 亿元增加到 41 455. 38 亿元，增长了 98 倍，公有制企业利润总额从 919. 94 亿元增加到 5 279. 55 亿元，增长了近 5 倍。

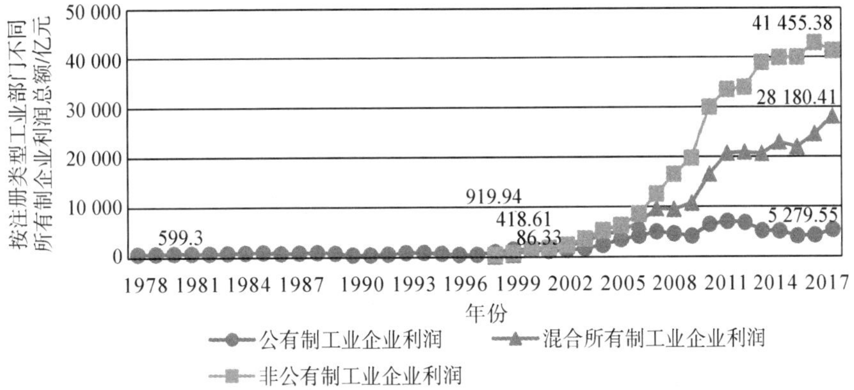

图 6　工业部门利润总额的所有制结构变动趋势（1978—2017 年）

资料来源：1978—1997 年国有工业企业利润数据摘自《中国工业统计年鉴》，其他数据均摘自《中国统计年鉴》。

通过对规模以上私营和国有工业企业的考察（见图 7）：国有工业企业从 1978 年的 8. 37 万家减少到 2017 年的 1. 9 万家，减少了 77%，利润总额却由 1978 年的 460. 4 亿元增加到 2017 年的 17 215. 49 亿元，增长了 36 倍；与此同时，伴随民营企业数量与体量增大的是其盈利水平的不断提升，规模以上私营工业企业利润从 1998 年的 67. 25 亿元增长到 2017 年的 23 043 亿元，增长了 342 倍。

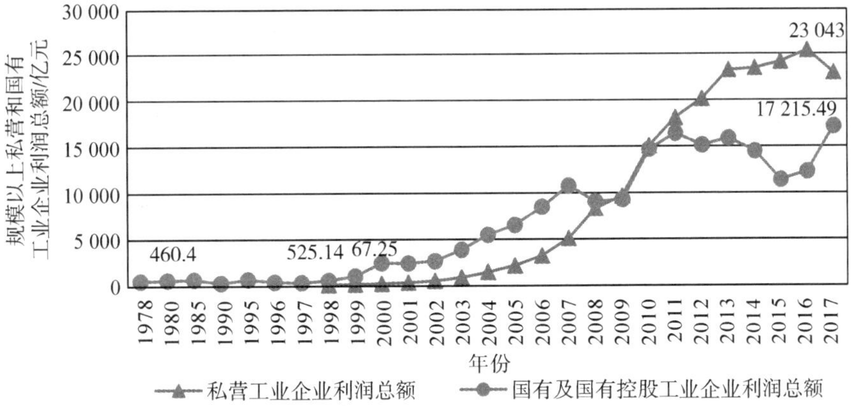

图 7　规模以上私营和国有工业企业利润总额变动趋势（1978—2017 年）

资料来源：1998—2017 年数据来源于《中国统计年鉴》国有控股和规模以上私营工业企业利润（13-5，13-7）；1978—1997 年数据来源于《中国财政年鉴》国有工业生产企业利润。

（4）税收贡献的所有制结构变动趋势

从企业缴纳税金角度来看，国有经济和民营经济对国家的财政贡献同步增长。从按注册类型划分的不同所有制企业来看（见图8）：1978年到2017年，非公有制企业税收总额从3.29亿元增加到5.7万亿元，增长了17 000多倍；公有制企业税收总额从458.84亿元增加到1.6万亿元，增长了33.7倍；而混合所有制企业税收总额更是从0增长到8.2万亿元。

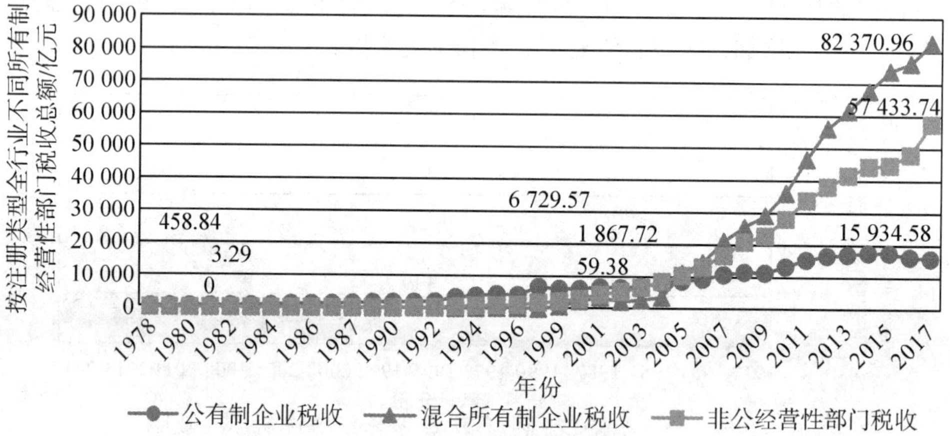

图8　全行业税收总额的所有制结构变动趋势（1978—2017年）

资料来源：历年《中国税务年鉴》。

通过对规模以上私营和国有工业企业缴纳的税金考察（见图9）：2017年规模以上国有工业企业缴纳的税金总额为25 754.7亿元，较1978年的265.8亿元增长了96倍，较1998年的2 845.89亿元增长了8倍；私营企业税收总额从1998年的74.17亿元增加到1.4万亿元，增长了190多倍。

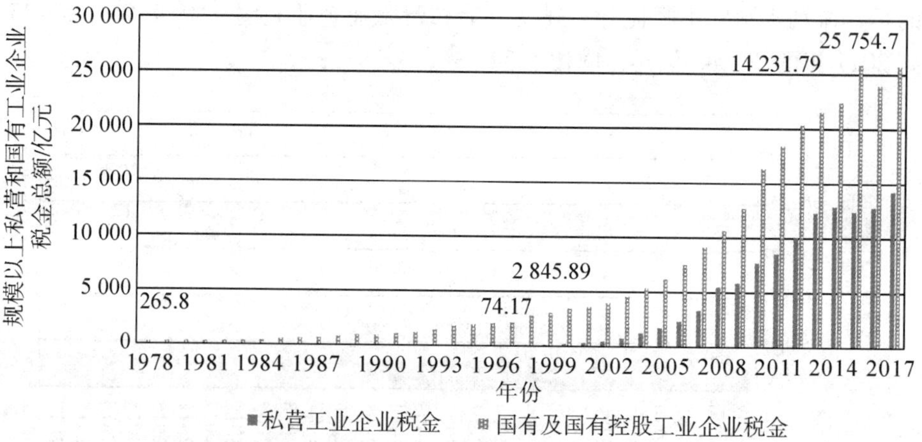

图9　工业部门规模以上私营和国有企业税金总额的变动趋势（1978—2017年）

资料来源：1999—2014年数据均摘自《中国统计年鉴》；1978—1997年、2015—2017年国有及国有控股工业企业税金摘自《中国财政年鉴》。由于《中国统计年鉴》在2015年后便不再公布工业企业应缴税金，2015—2017年私营工业企业税金数据通过《中国税务年鉴》中“重点税源私营企业税收较上年增减情况”估算得来（2015年增长-3.7%，2016年增长3.1%，2017年增长11.4%）。

（5）研发投入的所有制结构变动趋势

从企业科技研发投入（R&D 经费支出）角度来看，我国各种所有制经济的创新能力都在不断增强。从按注册类型划分的工业部门不同所有制企业来看（见图 10）：1993—2017 年公有制工业企业科技研发投入从 231.05 亿元增加到 915.81 亿元，增长了将近 3 倍；非公有制企业（不包括港澳台和外资）科技研发投入从 0 增加到 3 188.06 亿元，混合所有制企业科技研发投入从 11.40 亿元增加到 5 319.14 亿元，增长了将近 460 倍。

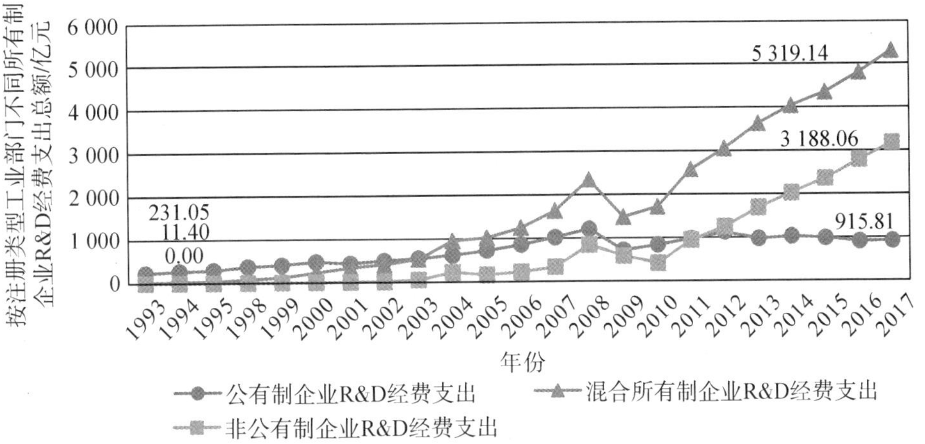

图 10　工业部门 R&D 经费支出的所有制结构变动趋势（1993—2017 年）

资料来源：历年《中国科技统计年鉴》。

通过对私营和国有控股工业企业考察（见图 11）：国有控股工业企业科技研发投入由 1993 年的 193.37 亿元增加到 2015 年的 2 922.81 亿元，增长了 14 倍；与此同时，私营工业企业科技研发投入则从 1993 年的近乎为零增长到 2015 年的 2 363.58 亿元。

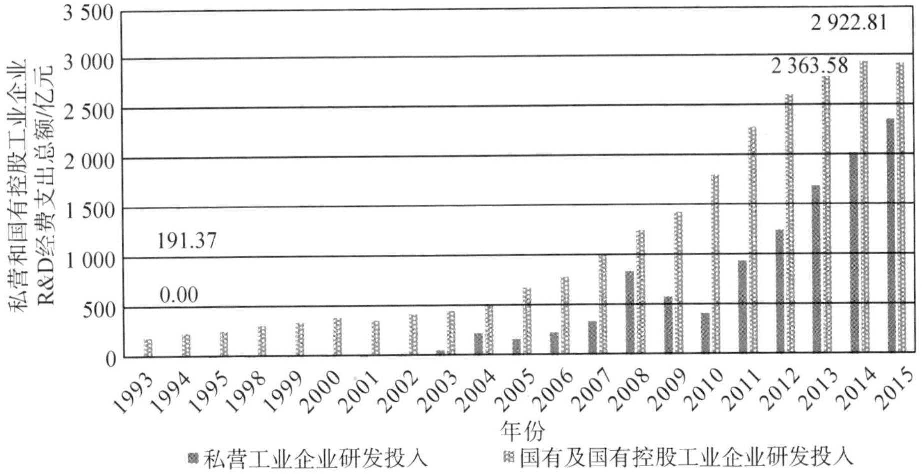

图 11　工业部门私营和国有控股企业 R&D 经费支出变动趋势（1993—2015 年）

资料来源：2005—2015 年国有及国有控股工业企业科技研发投入数据来自《工业企业科技活动统计年鉴》；1993—2004 年国有及国有控股工业企业科技研发投入数据来自《中国科技统计年鉴》。私营工业企业研发投入数据均来自《中国科技统计年鉴》。

五、结论

改革开放以来，马克思所有制思想与中国经济体制改革的具体实践相结合，形成了既坚持科学社会主义原则，又具有丰富实践内涵的中国特色社会主义所有制理论体系以及与之相一致的政策体系、实践体系和法律体系，规定与描刻着中国所有制结构演进的主要脉络、外延边界和演绎方向，形塑了中国所有制结构在规模和质量上“国进民进”的历时性时空演绎总体特征。

这一辩证体系不仅具有极强的逻辑自洽性，且与中国所有制结构变迁的历史轨迹具有高度的逻辑外恰性。40 年改革实践确证，公有经济和非公经济不仅是宏观经济结构与中观产业格局层面的共同发展、有效竞争关系，更是微观运行层面的融合发展、共生共荣关系。国有企业与民营企业也不再囿于简单的国内市场零和博弈，而是在更广阔的国际市场中携手并进。当前与未来中国经济的健康发展皆取决于二者的相辅相成与相得益彰[31]。这一理论与实践、历史与逻辑一致性的中国表达，构成了“制度自信”的重要来源。这一自信不应因一时一势、一地一域、一行一业所出现的进退得失而动摇。

“国进民退”话语表达了民营企业对自身发展困境的发声，其隐含的深层逻辑是：“国进”是“民退”的原因，而“民退”是“国进”的结果。这一形而上的思维方式，“虽然在相当广泛的、各依对象的性质而大小不同的领域中是正当的，甚至必要的，可是它每一次都迟早要达到一个界限，一超过这个界限，它就变成了片面的、狭隘的、抽象的，并且陷入不可解决的矛盾”[32]。特定时期的“民退”现象往往是多重因素交互叠加的结果：既有外部贸易环境变化造成的冲击，也有内部经济结构调整带来的转型升级压力；既有民营经济发展政策偏差的问题，也有民营企业自身管理制度不规范、治理结构不健全等问题。“国进民退”伪命题的背后隐藏着民营企业面临“市场的冰山、融资的高山、转型的火山”等真问题，因而今后的理论焦点应集中在国有企业与民营企业公平竞争环境塑造和平等产权保护上，而非将由市场环境变化引致的局部性、阶段性“国进民退”命题泛化。

（本论文原载于《当代经济研究》2019 年第 10 期）

参考文献：

[1] 马克思恩格斯选集：第 1 卷 [M]. 北京：人民出版社，1995.
[2] 马克思恩格斯全集：第 4 卷 [M]. 北京：人民出版社，1958：480.
[3] 马克思恩格斯全集：第 23 卷 [M]. 北京：人民出版社，1972：829-831.
[4] 马克思恩格斯文集：第 8 卷 [M]. 北京：人民出版社，2009.

[5] 马克思恩格斯选集：第2卷［M］. 北京：人民出版社，1995.

[6] 刘诗白文集：第4卷［M］. 成都：西南财经大学出版社，1999：231.

[7] 马克思恩格斯全集：第45卷［M］. 北京：人民出版社，1985：212.

[8] 马克思恩格斯文集：第10卷［M］. 北京：人民出版社，2009：43.

[9] 马克思恩格斯文集：第3卷［M］. 北京：人民出版社，2009：434.

[10] 荣兆梓. 公有制实现形式多样化通论［M］. 北京：经济科学出版社，2001：23.

[11] 马克思恩格斯文集：第7卷［M］. 北京：人民出版社，2009.

[12] 马克思恩格斯文集：第9卷［M］. 北京：人民出版社，2009：397.

[13] 马克思恩格斯全集：第12卷［M］. 北京：人民出版社，1962：610.

[14] 普列汉诺夫. 论一元论历史观之发展［M］. 博古，译. 北京：三联书店，1961：139.

[15] 葛扬. 马克思所有制理论中国化的发展与创新［J］. 当代经济研究，2016（10）：78-86.

[16] 刘瑞，王岳. 从“国进民退”之争看国企在宏观调控中的作用［J］. 政治经济学评论，2010，1（3）：37-50.

[17] 杨春学，杨新铭. 关于“国进民退”的思考［J］. 经济纵横，2015（10）：35-45.

[18] 邓伟. “国进民退”的学术论争及其下一步［J］. 改革，2010（4）：39-46.

[19] 周新成. 毫不动摇地坚持公有制为主体、多种所有制经济共同发展［J］. 当代经济研究，2010（4）：29-34.

[20] 卫兴华. 坚持和完善我国现阶段基本经济制度的理论和实践问题［J］. 马克思主义研究，2010（10）：5-12.

[21] 杨新铭，杨春学. 对中国经济所有制结构现状的一种定量估算［J］. 经济学动态，2012（10）：10-16.

[22] 罗进辉. “国进民退”：好消息还是坏消息［J］. 金融研究，2013（5）：99-113.

[23] 丁冰. 坚持公有制经济的主体地位是我国当前不容忽视的一项重要任务［J］. 思想理论教育导刊，2010（7）：56-61.

[24] 张宇. 当前关于国有经济的若干争议问题［J］. 经济学动态，2010（6）：34-38.

[25] 项启源. 对“国进民退”争论的深入思考［J］. 当代经济研究，2011（1）：61-66.

[26] 胡鞍钢. “国进民退”现象的证伪［J］. 国家行政学院学报，2012（1）：9-14.

［27］荣兆梓．“国退民进”与公有制为主体［J］．财贸研究，2014，25（1）：17-21．

［28］列宁全集：第28卷［M］．北京：人民出版社，2017：364．

［29］常修泽．所有制改革与创新中国所有制结构改革40年［M］．广州：广东经济出版社，2018：35．

［30］郭克莎，胡家勇．中国所有制结构变化趋势和政策问题研究［M］．广州：广东经济出版社，2015：13．

［31］习近平．在民营企业座谈会上的讲话［N］．人民日报，2018-11-02［001］．

［32］马克思恩格斯选集：第3卷［M］．人民出版社，1972：61．

做强做优做大国有企业和国有资本的实践探索及重大问题阐释

韩文龙　葛泽坤

党的十九大报告指出要“推动国有资本做强做优做大”。当前，国企改革正在深入推进，改革的主要方向之一是由“管企业”向“管资本”转变，具体的实现方式是成立国有资产投资公司和国有资产运营公司，推进混合所有制改革和公司制改革等。要做强做优做大国有企业和国有资本，其价值取向和政策内容是什么，具体的实践探索有哪些，需要防止哪些错误倾向等，必须以实践为基础，牢牢把握“三个有利于”的指导方向，即有利于国有资产保值增值、有利于提高国有经济竞争力、有利于放大国有资本功能的根本性原则，同时在理论层面上做进一步的探索。

一、做强做优做大国有企业和国有资本的实践探索

党的十八届三中全会之时，党中央便正式确定了新时期全面深化改革的战略部署，明确了新时期全面深化国有企业改革的重大任务。近年来，一系列关于国有企业功能定位和国有经济战略性重组、推进混合所有制改革、建立以管资本为主的国有资本管理体制以及进一步完善现代企业制度等方面内容的具体改革措施逐步推进，取得了丰硕成果，中国特色国有企业理论也得到了进一步充实和完善。

（一）国有企业的公司制改革

公司制改革是深化国有企业改革的迫切需要，是全球范围内企业内部治理的一般趋势。我国自 1992 年宣布建设社会主义市场经济以来，无论是历次国有企业改革还是民营经济企业内部的不断自发尝试都已充分证明以有限责任公司制度、股份制公司制度为代表的“现代企业制度”相较于以所谓业主制、合伙制、行会制为代表的“古典企业制度”，具有无可辩驳的制度优越性。

实践中，我国已于 2018 年 4 月 24 日基本完成了中央企业集团公司框架下的公司制改制；与此同时列入 2017 年 11 月 30 日全民所有制央企集团改制方案计划的近 2 500 户

全民所有制央企子企业，98%已完成或正在完成工商变更登记；按照“瘦身健体增质增效”要求列入清理计划的 1 100 余户全民所有制央企子企业，也已有 40%完成了清理注销[1]。最具代表性的是 2018 年 12 月 5 日中国国家铁路集团有限公司的企业名称核准登记注册正式完成，标志着中国铁路总公司这个最大的中央国有企业公司制改制和股份制改革的完结[2]。从《中央企业公司制改制工作实施方案》的颁布到全民所有制央企集团改制方案计划的制定，无不显示出这一改革既有共识的突出重要性，作用表现在公司制改革于后续深改的基础性地位和“公司制改革是建立中国特色现代国有企业制度的必要条件”的基本论断上[3]。

如此，明确国有资本边界，加速国有产权界定，建立现代意义上的资产监督机制和资本管理机制才不会成为一句空话，混合所有制改革和推动优质国有资产整体上市方有可能。按照《中华人民共和国公司法》的相关章程规定，任何所有制下企业全体股东以各自认缴的出资额为限共同对股份有限公司承担对应有限责任，依据相应的出资额享有同等的投票权和财产处置权（法人财产权），责任和权利更加明确，有助于真正培育国有企业自主经营、自负盈亏、自担风险、自我约束、自我完善的独立市场主体；相关工商登记变更，正式将以党委会、职工大会、工会为代表的全民所有制法人治理机制转变为以董事会、监事会、股东会为代表的公司制法人治理结构，有助于在形成相互制衡的内部治理结构的同时，将“党的绝对领导”嵌入其中，于新机制下抓好中国特色国有企业的制度建设。

（二）国有企业的兼并重组

党的十八大以来，秉持“有效市场 + 有为政府”理念下的“市场依托 + 政府引导”方针，“成熟一户，推进一户”，央企纵向整合与战略性重组战略成效显著。党的十八大以来，国资委先后完成了 20 组总计 38 家企业重组计划，目前央企数量减少到 100 家以下（96 家），真正实现了数量“减法”和质量“加法”的辩证统一[4]。例如，早在 2014 年 12 月 30 日，中国南车集团和中国北车集团宣布合并成为中国中车集团，强强联合切实发挥了“1 + 1 > 2”的规模效应。2017 年中国国电集团和神华集团合并重组为国家能源投资集团，成为能源领域的“执牛耳者”，成立之初便拥有“四个全球之最”（全球最大的煤炭生产公司、最大的火力发电公司、最大的风力发电公司和最大的煤制油煤化工公司），切实做到了“立足本业更大更强”，将规模优势有效转化为规模效应。此外，中核与中核建的重组在 2020 年年初正式开始，拉起了装备制造和军事工业央企集团公司层级“横向整合”的序幕，反响良好，成效显著，也反映了“推进装备制造、煤炭、电力、通信、化工等领域中央企业战略性重组”的布局方向与扎实推进。无疑，实践的丰硕成果用实际行动有力破除了“国有企业无效率论”，用事实表明传统意义上国有企业的低效率很大程度上可以由“企业的规模效应缺失”和“垄断竞争的效率损失”来解释；也与《中国制造 2025 计划》中“制造业是国民经济的主体，是立国之本、兴国之器、强国之基”的提法、“没有强大的制造业，就没有国家和民族的强盛”的论断、“打造具有国际竞争力的制造业，是我国提升综合国力、保障国家安全、建设世界强国的必由之路”的政策一以贯之，一脉相承[5]。

（三）国有企业的分类改革

在《中共中央关于深化国有企业改革的决定》的顶层设计中，中央对于国有企业的分类布局问题做出了明确的方向性阐释，创造性地提出了国有企业“跨界经营”的“三分法”原则，即对于准公益性国有企业，应“加大对公益性企业的投入，在提供公共服务方面做出更大贡献”；对事关国计民生的关键领域和国民经济命脉的关键行业中的自然垄断性国企，必须坚持国有资本战略性控股的根本性要求；对竞争类行业中的竞争性国企，应在“放开竞争性业务”的同时，“进一步破除各种形式的行业垄断”，“推进公共资源配置市场化”[6]。国有企业因此贯通了社会主义市场经济的各个部门和各个产业，对宏观经济全局存在前瞻性、方向性的引导作用。这样，国有企业得以真正成为保障国民经济平稳健康发展的根本力量，得以真正搭建起符合社会主义市场经济体制的宏观经济框架，得以真正实现公有制经济的主体地位和对国民经济的强有力控制，得以充分放大国有资本的“存量优势”。

这一轮国企改革要系统性配置好各类市场资源，更要系统性利用好各种改革措施助推国有资本做强做优做大，切忌出现“一刀切”的决策，一呼而上推动国有企业和国有资本“横向整合”，一哄而下推动国有企业国有资本“纵向整合”，运动式推动下辖国有企业盲目上市。具体来看，必须坚持“分类而治”的基本指导思想，“宜独则独，宜混则混”，创新性地结合各类具体政策，更好发力助推本轮国有资本改革。

两个现实的例子已经充分证明了这一方向的可行性。具体来看，京沪高速铁路自完成独立核算的公司制改革，“公司化、股份化”成立京沪高速铁路股份有限公司以来，2014 年至 2017 年累计实现利润多达 311.7 亿元，近日相关信息平台显示其所有的包括法人代表、注册资本、股东分布、高管构成在内的注册信息发生了多项变更，特别是其注册资本大幅减资至 400 亿元，极可能仿照中铁特货股份有限公司首次 IPO 的操作方式，通过注册资本的结构性变动，提升自身注册资本的质量和进一步盈利能力，向上市迈出更为实质的关键一步。此外，我国中石油、中石化、中海油三家油气公司按照国资委“官网分离”的重点计划和《2019 中国能源化工产业发展报告》的具体要求，在“运销分离”的基础上将三家公司下设管道长距离运输部门进行横向与纵向整合，剥离转移成立新公司，以各自所属管网资产定价为依托划分相关董事会席位，厘定相关股权配置比例，在适当条件下积极寻求上市，并以此为基础向社会公开发行股票借以引入50%的社会资本参与，切实提升长距离运输行业的运行效率和效益规模，降低投资运营成本，“管住中间，放开两头”，破除垄断的行业无效率，提升相关上游产业基础设施建设和相关官网建设范围密度，也在竞争中进一步扩大相关市场范围。

（四）国有企业层面的混合所有制改革

习近平总书记明确指出“抓好混合所有制改革”的重要性。他强调“要积极发展混合所有制经济，强调国有资本、集体资本、非公有资本交叉持股、相互融合的混合所有制经济，是基本经济制度的重要实现形式，有利于国有资本放大功能、保值增值、提高竞争力。这是在新形势下坚持公有制主体地位，增强国有经济活力、控制力、影响力的一个有效途径和必然选择”[7]。无疑，这就在理论高度上将混合所有制改革看作本轮国有企业改革的突破口，以点带面，以局部带动全局，将国有资本和其他所有制资本取长补短、相互促进的良好局面不断深化。

2016 年以来，国家在电力、石油、天然气、铁路、民航、电信、军工等事关国有经济命脉国民经济平稳健康发展的重要行业先后选择三批 50 家国有企业展开试点，其中央企 28 家，成果丰富，创造了一大批“可复制、可推广”的典型经验，取得了积极的进展和显著的成效。一方面以 2014 年第一批“混改”试点的中国建材集团和国药集团两家代表性企业来说，截至 2017 年年底，混合所有制企业至少为两家集团分别带来了 70%和 90%的营业收入；而在贴近市场一线的竞争性商业一类中央企业中，混改比例已经超过七成，举例来说，建筑、房地产、制造、通信、批发零售五个行业中混合所有制改革比例分别为 87%、80%、75%、74%和 72%[8]。另一方面，从产权的角度来看，同样截至 2017 年年底，国资委直辖的中央企业及各级子公司，混合所有制户数占比已达 69%，一些省份省级国企混合所有制户数占比达到了 56%，可以说混合所有制已经成为“做强做优做大国有资本和国有企业”重要的决定因素。统计数据表明，2013 年到 2017 年，民营资本以各种方式参与央企“混改”，投资金额超过 1.1 万亿元，省级国企引入非公有制资本超过 5 000 亿元[9]。

必须明确，实现混合所有制经济的最重要方式是国有企业的改制上市。国有企业公司制改制已经基本完成，国有资产的产权边界已经厘清，权责统一的现代法人治理结构已经构成，可以在采用改制上市的方式“做强做优做大国有企业”的同时，通过选择上市发行比例和上市成功后定向增发等方式引入战略投资者，定向引入与企业发展息息相关的业务、技术、管理先进经验，以期各所有制资本“两个平等”局面早日实现。目前，国有企业的主要优质资产都已实现混合，截至 2017 年年底，据《国资报告》统计，国务院国资委监管的中央企业 54.5 万亿元总资产中，大约 65%已经进入上市公司[10]。

国有企业参股、入股乃至绝对控股非国有经济（以民营经济为例）是国有经济控制国民经济命脉、引导国民经济走向的具体表现，是“做强做优做大国有企业和国有资本”的必由之路，是“守住不发生系统性金融风险底线”的重要手段，又是放大国有资本功能的客观前提。其实施结果也必须要以国资、民资“平等协商，自愿组合，共同发展”为共识基础，绝不可搞突击政绩工程，更不能拉郎配。事实上，我国的国有企业和民营企业之间早就呈现出“一荣俱荣，一损俱损”的协同关系，你中有我，我中有你，不可分割。从核心技术与关键资源的掌握情况上看，国有企业可通过资本定向投资、股本兼并收购和基金指导等方式，扶持一大批具有原创性技术特征但抗市场风险能力较弱的初创高新技术企业。可通过国有资本的存量优势，在国内外兼并收购一批具有战略意义的基础资源设施，并将其使用权转租给相关优质民营经济，优质资源所有权和经营权分离，在提升企业经营效率和潜在收益的同时，借以完善国有资本海内外布局和风险分担，推动国有资产负债率的下降。中央企业收购国内数家技术先进的力学环境试验设备厂的成功共营案例和中国核工业集团有限公司海外布局，取得纳米比亚罗辛铀矿控制权的现实案例都证明了其合理性和可实践性。这种“共营共赢”将民营经济的活力和国有企业的定力相结合，加之以正确的顶层引导和支持性帮扶，“1 + 1 > 2”的局面可期。具体来看，面对有色金属民营企业因贷款融资困难和多变国际局势冲击影响而造成的暂时性经营困境，工信部鼓励其与国有企业融合发展[11]。针对短缺药品供应不足的现状，国家卫生纪委相关负责人承诺将在未来重点推动公益性国有企业在短缺药品供应方面积极履行社会责任。中国国有企业结构调整基金通过市场化、专业化的投资方式，投资京东金融等非国有经济成分，服务国有资本布局优化、结构调整与高质量发展。

我们也必须看到，股权并购是鼓励国有资本入股非国有企业的最重要手段。通过市场化重组的方式，本着国资、民资“平等协商、相向而行、自愿互利”的原则，国有企业可以围绕国有资本的战略布局和结构优化目标，入股非国有企业，以支持民营经济“跨越式发展”。事实上，在企业流动性资金显著不足、上市公司债务风险居高不下的大背景下，国有资本凭借其良好的信用凭证和充足的流动性资金，主动帮扶具有战略意义的非国有企业，既是承担防范“不发生系统性风险”社会责任的真实写照，又是国有资本“去伪存真”在市场的大熔炉中不断历练、不断做强做优做大的必然选择，还是实现国有和非国有经济融合发展的最有效途径。

（五）国有企业的资产负债约束和降杠杆

近年来，美联储持续加息，外部环境持续恶化动荡，全球资本回流美国趋势明显，我国企业也面临流动性资金不足而发生大规模债务违约的系统性风险。外部环境不确定性增加，国有企业和国有资本既是受害者，也同样是防止系统性风险发生的决定性力量。国有经济控制国民经济命脉，拥有雄厚的经济实力和先进的创新能力，只要切实降低国有企业的杠杆率，就能牵一发而动全身，成功切割国有经济中内部风险因素同外部风险的联系传导纽带，进而可以消除“明斯基时刻”发生的可能性，促进国民经济平稳较快发展。

中央政府相继出台了诸如《国务院关于积极稳妥降低企业杠杆率的意见》《关于国有企业资产负债约束的指导意见》《2018 降低企业杠杆率工作要点》等一批政策性引导

文件，通过兼并重组乃至破产保护，以清理僵尸企业为方式淘汰低效和无效产能，有效遏制部分低效国有企业负债冲动和规模冲动；通过市场化与法治化的方式，以改制上市和建立现代企业制度为基础，以定向增发或股权转让的形式积极推行各所有制资本合作“债转股”，将推进市场化债转股同国有企业混合所有制改革联系起来，发挥非国有经济的活力与胆力；通过加强国有企业资产负债约束，分行业划定资产负债率警戒线和重点监管线，不断降低国企的资产负债比率。

宏观层面的杠杆率主要包括四大部门，即企业部门、个人居民部门、政府部门、金融部门。目前，虽然从部门结构上看，企业部门特别是国有企业部门杠杆率较高已经成为一种共识，但少有学者去探究国有企业杠杆率虚高的根本原因。我们认为，事实上我国非金融企业杠杆率的快速上升始于2008年的国际金融危机，为完成经济增速“保8”的稳增长战略指标和削减外部经济冲击，中央出台了4万亿投资扩张计划，其后又因欧债危机的持续恶化，不得不继续出台相关配套扩张型财政政策和货币政策，以稳定信心，刺激经济保持快速增长态势。这其中，各级国有企业因其自身的特点和作为财政刺激的重要载体，无形中成为政府加杠杆的不二选择。加之诸多国有企业控制国民经济命脉的战略使命、其庞大的净资产规模与优良的政府信誉担保，使得以银行业为代表的金融机构接收授信指标后，更倾向于将贷款授信赋予国有企业，从而造成了国有企业杠杆率的持续攀升，实体经济的杠杆率也随之提高，其利润率被明显压缩，流动性资金“脱实向虚”的苗头显现。

在房地产行业逐渐进入理性发展时期，金融市场因自身不稳定性及外部扰动冲击而持续波动的大背景下，具有所谓“预算软约束”的国有企业凭借其充裕资本的“存量效应”和“增量效应”成为最有担保的授信对象。这样，国有企业杠杆率的激增和以银行业为代表的金融机构疯狂扩张“表外业务”的激进式经营呈现出不可分割的紧密联系。经济去杠杆和金融去杠杆互为表里，想要真正降低国有企业的杠杆率，就必须对金融机构的日常经营做出进一步的限制。现实亦是如此，财政部《关于规范金融企业对地方政府和国有企业投融资行为有关问题的通知》和央行《关于加强存款准备金管理有关事项的通知》相继颁布，明文规定积极稳妥做好防范化解重点领域风险工作和在稳定基础上全力以赴做好结构性去杠杆工作。

总之，央企层面相关改革顺利推行必须坚持的一个主基调是国有企业改革必须坚持以解放和发展生产力为标准；必须牢牢把住“三个有利于”，即有利于国有资产保值增值、有利于提高国有经济竞争力、有利于放大国有资本功能的原则；也必须契合宪法的根本性约束，保障“国有经济在国民经济中的主导力量”和“坚持公有制为主体、多种所有制经济共同发展的基本经济制度”的巩固和完善。

二、做强做优做大国有企业和国有资本的几个争议性问题的阐释

（一）公司制改革是国有企业组织层面上的一次创新与飞跃

公司制改革和全民所有制基础根本不是一个维度、一个量级、一个性质上的问题：究其根本，公司制改革反映的是企业组织架构层面上的变革创新，是变革生产力的发展方向，具体形式应是建立以“新三会”为代表的现代企业制度，替代以“老三会”为代表性特征的计划性工厂制度；而“全民所有制基础”反映的则是所有制形式，是社会主义全民所有制国有经济的基础，是关乎国体的根本性制度安排。与之相对的则是私人资本所有制、外国资本所有制、个体资本所有制等所有制形式。我们的混合所有制经济改革，一以贯之，必须坚持党的绝对领导，必须坚持基本经济制度不动摇，必须坚持宪法的刚性核心约束，即使存在诸如“中央企业三级子公司破产清算”这样针对僵尸企业的处理措施，即使存在部分国有企业让出国有资本绝对控股乃至相对控股的改革试点，也必须明确以上行为是仅仅局限于“竞争性国有企业”的，是在“国资民资交叉持股，互惠共利，相向而行，有进有退”的背景下指导展开的，是局部性以股权转让、兼并收购、破产重组为举措的典型经济行为。

国有资本经过这轮改革，大幅度降低自身杠杆率，化解系统性风险，轻装上阵，通过成立国有企业投资公司和国有企业运营公司的方式，投资以大数据、人工智能、核心制造为代表的新兴产业，突破和掌握一批关键性的核心技术，培育一批高附加值的尖端产品，锻造一批国内国际知名的口碑品牌与领军企业。这不是所谓的“国有资产大规模流失”，而是“做强做优做大国有企业和国有资本”的再开始。有学者就曾一针见血地指出：“如果以公司制为名，就此宣布取消了社会主义全民所有制企业，那岂不意味着把中国根本不同于西方国家的社会主义国有企业搞没了，进而也就从根基上把我国具有社会主义全民所有制性质的国有经济搞没了？”[11]无须讳言，公司制改革就其结果而言就是国有企业组织层面上的一次创新与飞跃，其目的就是通过公司制改革激发企业活力，进一步做强做优做大国有企业和国有资本，进一步巩固社会主义基本经济制度。

（二）国企“混改”要从制度上系统性防范国有资本流失

习近平总书记反复强调：“坚持党的领导、加强党的建设，是我国国有企业的光荣传统，是国有企业的‘根’和‘魂’，是我国国有企业的独特优势。”[12]坚持党对国有企业的领导是不可辩驳的重大政治原则，这是我国宪法和共产党执政地位所天然决定的。在我国国有企业市场主体建构和现代企业制度建设的过程中，应将各级党组织嵌构入公司各级治理结构中，使党委（党组）的领导作用得以凸显，使党的政策与人民的呼声得以贯彻落实。但必须再次重申，我国国有企业中党委会和董事会的职能并不重叠，地位并不冲突：《关于深化国有企业改革的指导意见》顶层设计中早已明文规定，

将总经理、董事会和党委分别设立，成功地规避了“一把手”双肩挑等流弊。只有在事关国家利益、社会稳定和经济全局的重要问题上，才需先经党委讨论后再由董事会决定，除此之外，党委不得插手企业的直接生产经营，坚持“党政分工”“政企分开”“所有权与经营权分离”的原则不动摇，以期最终实现“党管控国家利益，董事会管控经济利益”的和谐共荣局面。

新时代欲要从根本上杜绝国有资产流失的悲剧发生，就必须从根本上建立健全制度性法律法规框架保障，要建立健全完善的法律法规监督管理流程，就必须建立健全国有资本系统性的循环监督体系。这就要求，首先必须牢牢树立“党的领导”这一旗帜性、纲领性的原则，将“党的绝对领导”独特优势、“党政同责”原则和“弘扬企业家精神，建立一支作风优良的国有企业家”目标进行整合，确保在“党管一切”核心领导地位的基础上，行使“审慎的投票权”，选贤任能，发挥专才专用的领导力优势，以期实现“做强做优做大国有企业”的同时，形成国企党政层面之间的系统性政治平衡。其次，务必逐步健全国企国资内部控制制度的流程构建和人员组成，要切实加强国有企业内部控制体系的完善程度，“强化流程监管刚性约束”，将风险解决于细微之处。再次，须将企业股权结构治理建设摆在风险监督的突出位置，在混合所有制企业中切实保证民营资本在董事会中的话语权，民营资本按自身出资额享有对企业关键业务与资本运营重要环节的监督权，“强化出资人监督”。最后，仍需不断完善国有企业内部治理体系的升级改造，大力推动建立完善的监事会审查机制，配合各级党委、纪检部门严密布控，“加大国有企业违规经营投资责任追究力度”，并以此为基础在各级国有企业中建立以总审计师负责制为代表的系统性内部审计制度。

一个需要突出的事实是，我国在法律层面已经对国有资本、国有企业的根本性治理任务提出了硬性约束。《关于建立国务院向全国人大常委会报告国有资产管理情况的制度的意见》就明文要求国务院及国务院国资委切实落实国有企业监管主体责任，定期向全国人大常委会报告国有资产管理情况，成功锻造国有资本监管的最后一道防线。人民群众是历史的见证者，他们的眼睛是雪亮的，可以发动人民群众加强社会监督，切实使国有资本“来自人民、为了人民、服务人民、与人民共享”的本质特征得到更加充分的体现。

（三）“做强做优做大国有企业和国有资本”并不是“国进民退”

党的十五大提出“抓大放小”的阶段性国有企业改革总目标，随后中国共产党第十五届四中全会又明确了“有进有退”“有所为有所不为”的实施原则，拉响了20世纪末国有企业现代企业制度变革的序幕。党的十五大报告中明确指出：“公有制的主体地位主要体现在公有资产在社会总资产中占优势，国有经济控制国民经济命脉，对经济发展起主导作用。”但随着近二十年来社会主义市场经济体制的逐步完善和“政企分开，政社分开”的原则日益深入人心，各级财政对国有经济的支持力度逐步下降，各级国资委对于一线国有企业生产经营的行政式干预逐步下降。在一些竞争性领域，资不抵债、被民营经济收购、走破产保护程序而被兼并重组的国有企业比比皆是。这也反映在诸多经济指标上，即在这一时期内，国有企业在国民经济中所占份额呈现不断下降的趋势：从《中国统计年鉴 2018》的相关数据来看，1998 年国有及国有控股企业的单位数量、资产总额、主营业务收入总额、利润总额和平均用工人数占全部规模以上企业的比重分别为 39. 22%、68. 84%、52. 33%、36. 02%和 60. 50%；到 2017 年，上述主要经济指标的比重分别为 5. 10%、39. 19%、23. 42%、22. 98%和 12. 82%，分别下降了 34. 12、29. 65、28. 91、13. 06 和 47. 68 个百分点[13]。而非国有经济的比重则相应提高，其中，民营经济的单位数量、资产总额、主营业务收入总额、利润总额和平均用工人数占全部规模以上企业的比重，由 1998 年的 6. 46%、1. 37%、2. 88%、4. 61%和 2. 60%，分别提高到 2017 年的 57. 72%、21. 63%、33. 63%、30. 76%和 36. 06%。单以国有控股规模以上工业企业为例，各项数据绝对额的统计结果也印证了相同结论（见表 1、表 2）。

表 1　1998 年国有控股工业企业、民营控股工业企业和规模以上工业企业主要经济指标统计

项目	单位数量/家	资产总计/亿元	主营业务收入/亿元	利润总额/亿元	平均用工人数/万人
规模以上工业企业	162 080	108 821. 87	64 148. 86	1 458. 11	6 195. 01
国有控股工业企业	64 737	74 916. 27	33 566. 11	525. 14	3 747. 78
民营控股工业企业	10 667	1 486. 98	1 846. 25	67. 25	160. 80
国有控股工业企业各项指标占比	39. 22%	68. 84%	23. 42%	36. 02%	60. 50%
民营控股工业企业各项指标占比	6. 46%	1. 37%	2. 88%	4. 61%	2. 60%

数据来源：根据《中国统计年鉴 2018》整理。

表 2　2017 年国有控股工业企业，民营控股工业企业和规模以上工业企业主要经济指标统计

项目	单位数量/家	资产总计/亿元	主营业务收入/亿元	利润总额/亿元	平均用工人数/万人
规模以上工业企业	372 729	1 121 909. 57	1 133 160. 76	74 916. 25	8 957. 89
国有控股工业企业	19 022	439 622. 86	265 393. 01	17 215. 49	1 595. 82
民营控股工业企业	215 138	242 636. 74	381 034. 44	23 043. 00	3 230. 03
国有控股工业企业各项指标占比	5. 10%	39. 19%	52. 33%	22. 98%	12. 82%
民营控股工业企业各项指标占比	57. 72%	21. 63%	33. 63%	30. 76%	36. 06%

数据来源：根据《中国统计年鉴 2018》整理。

有学者的研究指出，在属于国家经济命脉的16个行业的资产总额中，国有资产所占比重为46.7%；在事关国家安全和具有自然垄断性质的5个行业的资产总额中，国有资产所占比重为52.1%；而在具有重要基础性意义的11个行业的资产总额中，国有资产所占比重甚至仅为37.3%[14]。无疑，以上的种种数据都清楚地表明，倘若任其继续发展下去，“国有经济控制国民经济命脉，对经济发展起主导作用”的基本规定就会失去实际意义。在此背景下，重提“做强做优做大国有企业”、创新性提出“做强做优做大国有资本”正当其时。

（四）破除“国有资本”和“民营资本”间、“国有企业”和“民营企业”间静态二元对立的固有意识

进入21世纪以来，孤立静止条件下的经济谬误与经济伪命题总是对改革共识的形成产生各种纷扰。所谓“民营经济退场论”的歪理邪说也正基于此而日益壮大、屡生事端。这种说法在高度理论化地假定既有政治经济格局、技术创新能力、外生冲击不变的静态前提下，鼓吹“国有经济在国民经济中占比的提升，无疑就直接对应着民营经济占比的下降”。马克思主义哲学基本原理告诉我们，事物是不断发展变化的，要用发展的眼光看问题，局部的经济结构变动并不一定能代表全局的经济结构变动。当期的经济最优格局也未必是未来的经济最优格局，国有企业和民营企业、国有资本和民营资本完全可以本着相向而行的初衷，实现“有进有退，互利共赢”的多种所有制经济和谐共赢的新局面。具体来看，应从以下几点展开分析。

在建立现代企业制度上，中央企业已经在2017年年底率先完成了全民公司制改制，大部分中央企业在此基础上实现了改制上市，中央企业经济运行“稳中有进，稳中向好”的态势得到持续巩固。近年来央企的财务绩效说明了现代企业制度的优越性和创造性以及利用好公司上市这一融资平台的重要性。在这一点上，国有企业和国有资本为民营经济摆脱落后内部企业治理架构和缓解企业融资困难指明了前进方向，为民营经济跨越式发展注入了新的动力。

在提供基础性公共服务上，控制国民经济命脉的自然垄断性国有企业在第二产业中数量占据大半，其提供的诸如石油、电力、桥梁、道路等战略性生产原料和基础设施亦为国企与民企、国资与民资所必须，倘若国有经济丧失了对于国民经济的掌控力与引导力，大量不具规模的民营企业因不能凭借低价获取生产所必须消耗的原材料与生产所必须使用的基础设施，必然会陷入经营性困境。在这一事关企业生产顺利进行的根本性经营问题上，国企与民企“一荣俱荣，一损俱损”。

在自主创新与核心科技研发上，国有企业与国有资本凭借其规模性的资金存量效应、扩张性的资金增量效应、强有力的生产资源调配能力、战略性的政策指标引导、全方位的齐全配套设施，相较于民营企业而言更容易做出开创性的技术发明。国有企业在技术创新方面取得突破后，也往往通过技术转让、技术扩散等方式惠及非国有经济：第

一，强有力的新兴技术往往能使企业创新利用规模经济优势，从而极大地降低产品的生产成本，如国有企业京东方在平板显示领域的崛起，使液晶面板供求关系发生了显著改变，产品价格大幅下降，无形中拓展了处于下游配套产业中民营企业的利润空间。第二，新技术往往意味着新领域与新市场，而这一新兴市场既可以为民营经济所占有，也可以为国有企业所利用。第三，新兴技术超过专利保护期限后即可为全民共享，国有企业所锻造的新兴技术也会随时间的推移而扩散外溢，相关创新人才也会因对美好生活向往的自利性，通过转业、跳槽等方式向外流动，客观上带来对非公有制企业的利他效应，带动了新思想、新理念和新技术的传播，促进了非公有制企业的技术和管理水平提升。

在产业链上下游分工上，有学者认为“从全产业链的角度分析，国有企业规模无论有多大，都不可能囊括全部生产制造环节，只能承担产业链中的一环或几环生产，离不开其他中小民营企业的配套跟进”[15]。事实也正是如此，“今年以来一汽与百度战略合作密切，并作为战略合作伙伴加入百度的 Apollo 生态；一汽为拓宽业务经营范围与深化既有市场，还同时与华为、腾讯以及中国联通等签署了合作协议；在出行方面，一汽则与滴滴、首汽约车先后建立了战略合作伙伴关系，未来将在车型定制、车辆管理、车辆监控、驾驶员管理、车联网技术、智能交通等领域展开深入合作，联合开发新市场”[16]。

在知识产权保护上，企业的核心科技实力和持续创新能力是其生存还是毁灭的根本性决定条件，国有企业和民营企业均不能幸免，无关姓资姓社。国有企业（特别是中央企业）凭借其出色的创新能力锻造了一批先进技术，也凭借其“共和国长子”的地位和企业性质与政治联系而有诉求保护好这一批先进技术，这加速了知识产权法的建立与完善，其正外部性同样也为非国有经济所共享。

在面对国际垄断资本主义势力的威胁时，国有企业与民营企业同作为中国企业的属性不会改变，“国有资本”与“民营资本”也都是维护我国经济安全的重要力量。举例来看，自 2018 年下半年以来，外部经济环境持续动荡，美联储几次加息吸引国际资本回流美国，经济下行压力陡增，国内经济形势“稳中有变，变中有忧”，资本外流存在可能，A 股市场股指复杂难测，众多上市公司流动性资金仍有不足，股票质押存在断供风险。于此情况，为支持优质民营企业发展壮大，打造良好的新型政商联系，各级国资委借助国有企业充足的资金流量优势，牵头组织设立发展基金，开展定向“纾困解难”行动，切实缓解了民营上市公司股权质押融资风险，母子基金战略投资也使民营上市公司转危为安。

（五）警惕混合所有制改革中潜在的“国有资产流失”和“非国有经济合法权益受到侵占”两大顽疾

当前深化国有企业改革的一个重点方向便是“做强做优做大混合所有制经济”、抓好国企的混合所有制改革。然而在具体政策实践中，以下四个问题必须引起我们的重点关注，甚至是高度警惕。

第一，要特别注意民营企业对于开放性竞争行业中一线国有企业战略性股权并购投资的扩大化倾向，即民营资本收购一方超出单一企业或单一股权结构收购范围，在非国有银行或其他金融财团的支持下，通过资本运作杠杆撬动地方性国有资本集团的绝对控股权，以链式法则定向增发恶意收购该集团下全部子公司和所辖资本，造成国有资本的迅速大范围恶性流失。

第二，要特别注意在事关国民经济命脉和具有自然垄断性质的行业中民营企业与民营资本进行合理合法投资却无法获得确定性收益的财产潜在流失问题，即“重剩余求偿权而轻投票权”的战略投资意向使得民营资本在进入该行业的央企子公司和地方性国有企业的过程中，很可能存在部分国企与国资负责人因固有僵化思维的束缚或凭借自身监管权力进行寻租活动而造成在董事会中占据绝对控股地位与话语权的国有资本恶性定向增发，稀释民营资本股权机制和董事会席位，进而直接剥夺其合理合法的剩余求偿权，造成民营资本的大规模利益流失和国资民资之间不必要的冲突加剧。

第三，同样要特别注意在事关国民经济命脉和具有自然垄断性质的行业中民营资本利用内部人交易的暗箱操作而攫取超投资边界的非法利润，即同样因为“重剩余求偿权而轻投票权”的投资意向，民营资本分享了可观的高额利润。在国有企业和国有资本薪酬绩效治理的“限薪令”大背景下，可能会存在私方代表利用幕后交易的方式凭借少量资金对国企、国资首要负责人进行“二次权力寻租”，以金钱购买权力，打开权力缺口，扶植所谓国有资本的民营化势力，以实现“既重剩余求偿权也重投票权”的名利双收，造成无可挽回的国有资产流失局面。

第四，要特别注意国有资本定向投资新兴战略行业中小规模技术密集型企业的过程中可能存在的民营企业家财产直接流失问题。即国有资本在“重投票权而轻剩余求偿权”的方针指引下，以流动性资金换取等额股份，掌握了企业的发展方向、生产结构和决策权，可能会凭借其地位逐步稀释被投资民营经济的股份占比，减小董事会话语权，逐步将其完全排挤出企业决策层，使民营资本彻底丧失其对企业应得的控制权。这是需要防止其发生的。

总之，上述四项问题究其根本便是“国有资产流失”和“非国有经济合理合法收益不受侵犯”两大方向，《中华人民共和国宪法》十二条与十三条早已规定“社会主义的公共财产神圣不可侵犯”“公民的合法的私有财产不受侵犯”的根本性原则[17]。我国基本经济制度的框架早已明确了“两个毫不动摇”的纲领性地位，但如果不能从学理可行性探究层面和政策实践操作层面对这一问题加以妥善解决，混合所有制改革的深入推进就会遇到很大障碍。

四、结论

改革开放四十年以来国有企业改革历程的演进表明，以国有企业为中心所进行的一系列改革，即从“以‘放权让利’为口号扩大企业经营自主权，开展承包经营责任制”到“建立现代企业制度以更好适应社会主义市场经济体制”；从“国有企业开展‘抓大放小’改革实现‘三年脱困’”到“剥离政策性负担解决国有企业‘办社会’顽疾”；从发展“混合所有制经济”到“新时期分类改革”，其根本性宗旨都是围绕转变国有企业经营机制，增强国有企业活力、竞争力、影响力和控制力，都是在坚持社会主义方向中进行的市场化改革，都是在维护社会主义经济的主体性和落实基本经济制度的根本性。这些宗旨过去没有变，现在不会变，未来也绝对不能变。当前，经济运行形势稳中有变、变中有忧，外部环境复杂严峻，面临诸多不稳定性和经济下行压力。为此，更应该做强做优做大国有企业和国有资本，积极履行制度性的社会责任和使命担当，使其真正成为党执政兴国和实现中华民族伟大复兴的战略支柱。

（本论文原载于《改革与战略》2020 年第 3 期）

参考文献：

［1］央企公司制改革已基本完成［EB/OL］.（2018-01-15）［2020-01-16］. https://www.sohu.com/a/229353633_115865.

［2］中央企业公司制改制工作实施方案［EB/OL］.（2017-07-26）［2020-01-16］. http://www.gov.cn/zhengce/content/2017-07/26/content_5213271.htm.

［3］李晓南. 国企全面深化改革的大思路和新实践［N］. 经济日报，2017-10-13（001）.

［4］继续推进国有企业优化重组是今年国企改革的重点任务之一［EB/OL］.（2018-03-08）［2020-01-16］. http://finance.17ok.com/news/325/2018/0308/2628571.html.

［5］国务院关于印发《中国制造 2025》的通知［EB/OL］.（2015-05-09）［2020-01-16］. http://www.ndrc.gov.cn/zcfb/zcfbqt/201505/t20150520_692490.html.

［6］平新乔. 对于做强做优做大国有资本的若干认识［J］. 经济科学，2018（1）：15-20.

［7］坚持党对国有企业的领导不动摇开创国有企业党的建设新局面［J］. 紫光阁，2016（11）：7-8.

［8］国有企业混合所有制改革相关税收文件汇编［EB/OL］.（2018-08-14）［2020-01-16］. http://www.ndrc.gov.cn/zcfb/zcfbtz/201808/t20180814_895612.html.

［9］国有企业混合所有制改革步伐加快［EB/OL］.（2018-11-15）［2020-01-16］. http://finance.people.com.cn/n1/2018/1115/c1004-30402020.html.

［10］国企改革取得重要阶段性成果［J］. 中国石油企业，2017（8）：22.

［11］原材料工业司组织召开有色金属行业民营企业座谈会［EB/OL］.（2018-11-23）［2020-01-16］. http://www.miit.gov.cn/n1146290/n1146402/n1146440/c6507522/content.html.

［12］宋方敏. 论"国有企业做强做优做大"和"国有资本做强做优做大"的一致性［J］. 政治经济学评论，2018，9（2）：3-15.

［13］国家统计年鉴2018［EB/OL］.（2018-09-01）［2020-01-16］. http://www.stats.gov.cn/tjsj/ndsj/2018/indexch.htm.

［14］宗寒. 深化改革，必须进一步发展壮大国有企业［J］. 中华魂，2014（23）：20-23.

［15］洪功翔. 国有企业改革40年：成就、经验与展望［J］. 理论探索，2018（6）：16-24.

［16］"混改"中的国有企业路在何方？［EB/OL］.（2018-08-24）［2020-01-16］. http://www.sohu.com/a/249725305_765855.

［17］中华人民共和国宪法［EB/OL］.（2018-03-22）［2020-01-16］. http://www.gov.cn/xinwen/2018-03/22/content_5276319.htm.

专题三

农村改革

构建以用益物权为内涵属性的农村土地使用权制度

刘灿

在新的历史时期，全面深化经济体制改革和激发各类经济主体发展创新的活力是新一轮农村改革的主题。中国共产党第十八届三中全会做出的《中共中央关于全面深化改革若干重大问题的决定》明确提出了要赋予农民更多财产权利，要赋予农民对集体资产股份占有、收益、有偿退出及抵押、担保、继承权；保障农户宅基地用益物权，改革完善农村宅基地制度，稳妥推进农民住房财产权抵押、担保、转让，探索农民增加财产性收入渠道；建立农村产权流转交易市场，推动农村产权流转交易公开、公正、规范运行。本文认为，新一轮农村土地产权制度改革的基本方向已经清晰，就是：坚持农村土地农民集体所有，明确界定集体所有权的行使主体及其权能，保证集体所有制基础上土地承包关系长久不变，依法保障农民对承包地占有、使用、收益、流转及承包经营权抵押、担保权利；明确土地承包经营权、宅基地使用权和集体建设用地使用权是法律赋予农民的合法财产权利。农民的土地财产权利包括排他的使用权、独享的收益权及自由的转让权，并以此获得财产性收入，并分享土地长久的增值收益。

一、用益物权的理论分析

1. 物权和用益物权：法学的视角

用益物权的法学解释是“指所有人对他人之物品所享有的占有、使用、收益的排他性权利”①。用益物权作为以物的使用收益为内容的物权，随着以物的利用为核心的物权观念的确立，已成为现代物权制度的核心。

在社会经济活动及人们相互交往的关系中，财产的客体即财产物具有使用价值和交换价值的双重属性，用益物权和担保物权就是以这两种不同的价值而设立的权利。用益物权以物的使用和收益为目的，担保物权侧重于物的交换价值。从各国物权法的规定看，由于各国的国情不同，物权法规定的用益物权的种类也不相同。在罗马法中，用益物权包括地役权、永佃权、地上权，其中地上权分为地役权和人权，人权又包括用益

---

① 王利民对此做了详细的论述。详见王利民. 物权法论［M］. 北京：中国政法大学出版社，2003.

权、使用权、居住权和奴畜权。我国古代法中，用益物权包括地上权、地役权、地基权、永佃权、典权。北洋政府和国民党政府规定了地上权、地役权、永佃权和典权四种物权。新中国成立至2007年近50年里，我国立法中一直没有设立物权及用益物权体系。2007年颁布实施的《中华人民共和国物权法》(以下简称《中华人民共和国物权法》)，明确规定了“本法所称物权，是指权利人依法对特定的物享有直接支配和排他的权利，包括所有权、用益物权和担保物权”“所有权人有权在自己的不动产或者动产上设立用益物权和担保物权”“用益物权人对他人所有的不动产或者动产，依法享有占有、使用和收益的权利”①。至此，我国民法体系中物权和用益物权的概念得以确立。

物权法在财产权法律制度中具有基石地位。关于物权法的意义，法学界学者认为，按照大陆法系民法理论，规范财产关系的法律为财产法。财产法分为物权法和债权法两大部分，物权法是规范财产归属关系的法律，债权法是规范财产流转关系的法律。在我国现行民法立法体系中，已有民法通则、民事特别法、财产管理法等法律法规，但还没有形成一个完善的体系，主要是缺乏物权的最基本的规则和基本制度。因此，物权法的制定具有重要意义（梁慧星，2000）。周林彬等（2001）认为，作为我国民事立法核心内容之一的物权立法，虽然因我国既存的公有制经济体制的障碍而导致物权立法成本较高，但是以私法为基本特征的物权法，因该法与市场主体较强的亲和力，使物权法的实施成本低于一系列国有资产管理法规的实施成本；加之物权法采取人大立法的基本法形式，所以物权法稳定性强，能创造更大的效益。可见制定统一物权法是一种有效率的法律资源配置。他认为，我国物权立法应当坚持以所有权为核心的大陆法系物权法为基本构架，以个人与社会相结合的所有权观念为核心，注重用益物权和担保物权的种类和内容，使归属与利用并重，从而适应现代物权法发展趋势。梁慧星（2006）认为，物权法中规定的所有权制度、用益物权制度和担保物权制度，是实行社会主义市场经济体制的基本制度。因此可以说，物权法的制定和实施，对于激发全社会的创造活力，全面建设小康社会，构建社会主义和谐社会，具有重大的现实意义和深远的历史意义。

用益物权制度的设立对于我国农村土地产权制度改革的意义十分重大。在农村土地集体所有权与使用权分离情况下土地使用权的法律性质，在立法解释和实践中是一个一直没有得到清晰界定的问题。近年来，学界对于土地用益物权问题进行了诸多讨论。关于土地使用权是不是物权，陈甦（1996）认为，我国农村土地承包经营权是一种合同关系，具有债权的性质，并主张在市场经济条件下应该将土地承包经营权变为物权性质的“土地使用权”。张少鹏（1998）从法学的视角认为土地使用权具有不动产物权的属性。目前，《中华人民共和国物权法》已经明确界定了土地承包经营权的物权性质，不过《中华人民共和国物权法》中的“土地使用权”主要是指城市的居民、法人和团体拥有的国有土地的使用权，而农村居民拥有的宅基地的使用权却没有赋予完整的物权权利内

① 详见《中华人民共和国物权法》第二条、第四十条和第十一条的规定。

涵。王小映（2000）主张在现有农村土地集体所有制的制度背景下，通过将土地承包经营权市场化、长期化、法定化和具有可继承性实现土地承包经营权的物权化。黎元生（2007）认为在土地集体所有制的治理结构不完善和土地交易的市场化程度不高的现实约束下可以实现土地产权物权化，不过重点是实现土地承包经营权的物权化，让农村居民拥有更多的土地收益的自主决策权。夏锋（2014）认为，农民土地使用权是物权而不是债权，是农民最重要、最大的财产权。夏宁等（2008）提出从一个渐进式改革的角度考虑，目前农村土地可以试点推行“国家终极所有，农民永久使用”的永佃产权制度，由“三级所有”的各级集体经济组织拥有土地所有权，农户拥有土地使用的永佃权。两者都属于物权性质。张艳等（2009）认为，土地承包经营权是一种用益物权，但这种权利和传统物权法中的用益物权是有区别的；在一定意义上说，承包土地的农民是在使用自己所有或者说是在使用自己与其他集体经济组织内的农民共同所有的土地，而不是一般意义上所称的使用他人之物。因此，土地承包经营权并不是一般意义上的用益物权，而是一种特殊的用益物权。

2. 用益物权的法律属性

用益物权作为他物权，具有以下法律特征：

（1）用益性是用益物权的基本属性。所谓用益性，即用益物权的设立以客体物的使用和收益为目的，它鼓励和保护权利人在不取得所有权的情况下对标的物的使用、收益，从而取得物的使用价值。

（2）用益物权具有独立性。用益物权一旦设立，用益物权人便独立地享有对标的物的使用和收益权，即这种权利是独立存在的，相对于其他物权（如所有权）不是从属的，也不像担保物权那样必须依附于债权。不以使用权人对所有人享有其他财产权利为其存在的前提。

（3）用益物权的内容不包括最终处置权。处置权是所有权最重要的权利，在不违反其他法律规定的情况下所有权人可以任意将自己的财产转让、遗赠或消灭。用益物权设定后，物的所有权人并没有将处置权转移给用益物权人，用益物权人可以在权利设定范围内行使使用权、抵押权、典权，但不能对标的物本身进行最终处置。

（4）用益物权具有排他性和对抗性。用益物权虽然是在所有权权能分离的情况下设立的，但它与所有权一样具有排他性和对抗性，即有权对抗和排斥包括所有权人在内的任何人对其权利的干涉。“这就使得在非所有人对他人之物的利用方面，用益物权制度具有债权制度不可比拟的优越性。”①

3. 财产、占有和财产权：马克思的财产权思想

对物权的理解，要回到它的客体即物和财产。财产是经济学的一个重要范畴。什么是财产？最直接的定义就是：它是一种使用价值，即它的客体是物。

---

① 王利民. 物权法论［M］. 北京：中国政法大学出版社，2003：409-410.

“财产”一词在不同的历史阶段具有不同的法律内涵和形式：在古罗马社会，财产主要表现为物质实体形态的有形物，物依自然属性的不同分为动产和不动产①。在古罗马社会，财产主要表现为物质实体形态的有形物，物依自然属性的不同分为动产和不动产，其中奴隶作为客体被纳入动产的范畴。与此同时，罗马法也提出了“有体物”和“无体物”的划分，有体物是以实体存在，并且人们可以凭感官触及的物，如动产和不动产；无体物则仅指没有实体存在，为人们拟制的物，如债权、用益权、地役权等权利。在当时社会条件下，财产绝大多数都表现为有体物，无体物只是财产的特殊形式，因此罗马法在定义所有权概念时，所使用的“物”的概念就是指“有体物”。

随着资本主义商品经济的发展，人们生产交易活动增加和形式的多样化，西方各国社会经济生活中财产的范围迅速扩大，股票、债券等有价证券大量出现，成为新的财产形式，知识产品也成为民事权利的保护对象。这时财产客体的无体物受到大陆法系各国有关财产的立法的保护。由于法律传统的差异，英美法系普遍采用“财产”的概念，而较少使用“物”的概念。在英美法系的财产法中，也有具体物和抽象物的划分，如地产权、债权、股份、信托基金以及权利证书均被视为抽象物。

马克思说：“不论财富的社会形式如何，使用价值总是构成财富的物质内容。”② 物要成为财产，关键在于占有，在于人和物之间客观存在的一种占有关系或占有权利。马克思认为，所有制反映的就是经济生活中现实的占有关系；作为经济关系的所有制，其法律形式就是所有权，即对某物的最高的、排他的任意支配权；同时，只有具有了法律上的所有权，事实上的占有才具有合法占有的性质。现实的经济占有关系和法律上的所有权是有区别的。现实的经济占有关系是一种物质利益关系，它体现于所有者享有的经济利益上，作为法律上的财产所有者，他对某物拥有所有权，但也有可能并未享有现实的经济利益，即所有权不能在经济上实现③。

就人类社会某一特定发展阶段来说，客观上存在着某种占主导地位的财产所有权形式，它决定与制约着其他非主导的财产权形式和派生的财产形式，是社会一定发展阶段的经济、政治和意识形态、上层建筑的基础。这种占主导地位的财产所有权形式，就是

① 罗马法中，对物的理解是广义的。物是指除去自由人以外存在于自然界的一切东西。罗马法有时也称物为Bona，意指那些对人们有用而能满足人们需要的东西，包括用金钱价值来衡量的东西。而《德国民法典》是从狭义上理解物的，规定“法律上所称物，仅指有体物而言”。

② 马克思. 资本论：第1卷［M］. 北京：人民出版社，1975：48.

③ 马克思在《资本论》第三卷的地租篇中讲到：“地租的占有是土地所有权借以实现的经济形式”，“土地所有权的前提是，一些人垄断一定量的土地，把它作为排斥其他一切人的、只服从自己个人意志的领域。在这个前提下，问题就在于说明这种垄断在资本主义生产基础上的经济价值，即这种垄断在资本主义生产基础上的实现。用这些人利用或滥用一定量土地的法律权力来说明，是什么问题也解决不了的。”（详见马克思. 资本论：第3卷［M］. 北京：人民出版社，1975：695.）

财产权的基本制度，马克思把它称为一种“普照之光”。在一个社会确立的基本财产制度框架内，财产权制度作为规范和协调主体在财产占有行为及利益关系方面的规则、准则，它是形成人们经济行为合理性和经济生活有序化的重要的法权基础。

马克思认为，所有权是全部财产关系的核心和基础，主要决定其他派生财产权利的性质和状况。但是，马克思并没有把所有权等同于全部财产权利，除了所有权，马克思还研究了占有权、使用权、支配权等一系列权利，从而构成他对所有制结构的动态分析。马克思注意到，财产的各种权利在某些情况下是统一的，小生产者就提供了所有权和占有权、使用权相统一的典型例证。马克思还考察了所有者和占有者不是同一主体，所有权与占有权、使用权（经营权）相分离的几种情况。例如，在亚细亚的所有制形式中，所有者和占有者不是同一主体，在公社内，公社是唯一的所有者，个人只是占有者；在资本主义农业生产方式中，土地所有权与经营权的分离；以及在存在借贷资本的场合，资本的所有权与资本使用权的分离。马克思认为，所有权与占有权、使用权、支配权的统一或分离，并不改变所有权的基本性质，但它要影响所有权的实现方式和所得利益的分配。马克思的这些思想，已经构成现代财产权体系中用益物权立法理念的思想来源。

4. 财产权的界定与财产利用：产权经济学的分析

各国在财产权立法实践中，均对财产权做了明确的规定。如在大陆法系国家中，“财产权”概念有着特定的内涵，即财产权是相对于人身权而言的民事权利，它不仅包括所有权（自物权），还包括他物权、债权、知识产权，以及其他具有财产内容的权利；并且，“绝对所有权”是传统大陆法系财产权立法的核心理念。英美法理论中没有严格的所有权概念，也没有比较抽象的他物权体系，其财产权表现为基于不动产（土地）、动产和无形财产而形成的一套排他性的权利体系，它与强调“物的归属”和“绝对所有权”的大陆法系形成重要区别。正如罗伯特·考特说的，“从法律理念看，财产就是一组权利。这些权利规定了一个人对其拥有的所有资源可以做些什么，不可以做些什么。”①

在经济学上，传统的所有权概念与大陆法系的财产权比较容易沟通，而现代产权经济学中的“产权”概念与英美法系的财产权概念有较多的相似之处。

产权经济学文献中所定义的“产权”及产权制度，是从人与人之间的行为关系出发的。“产权是一种通过社会强制而实现的对某种经济物品的多种用途进行选择的权利。”② 配杰威齐说，“产权是因为存在着稀缺物品和其他特定用途而引起的人们之间的

---

① 罗伯特·考特. 法和经济学［M］. 上海：上海三联出版社，1996：125.

② 阿尔奇安对此做出的词条解释。参见：约翰·伊特韦尔，等. 新帕尔格雷夫经济学大词典：第三卷［M］. 北京：经济科学出版社，2003：1101-1103.

关系”；“产权详细表明了人与人之间的相互关系中，所有的人都必须遵守的与物相对应的行为准则，或承担不遵守这种准则的处罚成本”①。产权设定的意义在于，为人们利用财产的行为设定了一定的边界，它允许权利在法律准许的范围内支配财产，并承担相应支配结果的权利。

在新制度经济学的产权分析范式中，所有权仍然被理解是产权的核心，包括使用权、收益权、处置权、转让权，也就是说，产权是一组财产权利。“在一个社会中，产权的主要结构可以被理解为一组经济和社会关系，这种关系为每个人界定了与资源利用有关的位置。”② “产权给予个人自由处置资源的权利，从而为竞争性市场提供了一个基础。”③ 埃里克·弗鲁博顿认为，私人产权拥有的产权价值，一是所有权内容所赋予的自由处置权，二是产权的可转让性。私人产权的自由转让在市场经济中起着基础性的作用，它会促进资源的优化配置，提高经济效率。可转让性可以保证，当农夫的技术水平很差，生产力更高的某个人将会给出一个稍微高于农夫自己所能赚到的价格来购买土地。如此，就会诱使技术水平差的农夫出售土地给一个技术水平较高的农夫④。

科斯并没有给什么是产权下过定义，但科斯对“财产”却有独到见解。科斯认为，交易双方通过博弈达成的合作会给双方均带来收益，建立强有力的财产法律制度可使交易失效造成的损害达到最小，财产法的中心任务即是清除交易的障碍。只有清晰地界定了产权，交易双方合作的可能性才能提高，交易的成本才能降低。科斯的产权思想是：产权界定清晰是交易的前提，产权界定清楚了，就让市场去运作；而巴泽尔认为，产权常常不可能完整地被界定，因为完全界定产权的成本太高。“不管谁拥有权利，只要权利被清楚界定，收入就会实现最大化是毫无疑义的，因为……只有与收入最大化相一致的权利转让，才能完全清楚地界定产权。”⑤ 巴泽尔认为产权界定具有渐进性，是说产权界定过程是一个演进的过程。财产的交换价值是它能产生的总收入和测度、控制它的交易的成本的函数。如果交易的成本太高，人们就不会愿意花费成本去界定这些资源的权利，这些资源的权利就会滞留在公共领域，有待日后再做处理。随着资源新价值被发现，花费代价去界定产权变得有利可图，人们就会对权力做进一步的调整。因此，权利的边界，即均衡权力取决于获得权利的成本—收益分析。

① 配杰威齐. 产权与经济理论：近期文献的一个综述［M］//财产权利与制度变迁. 上海：上海三联书店，1994：204.

② 埃里克·弗鲁博顿. 新制度经济学：一个交易费用分析范式［M］. 上海：上海三联出版社，2006：97-98.

③ 配杰威齐. 产权与经济理论：近期文献的一个综述［M］//财产权利与制度变迁. 上海：上海三联书店，1994：97.

④ 同②100.

⑤ 详见巴泽尔的论述。巴泽尔. 产权的经济分析［M］. 上海：上海三联书店，1997.

二、使用权“物权化”：农村土地产权制度演变的路径与方向

1. 从所有权、经营权到物权：农村土地产权制度的变迁

从新中国成立以来到推行家庭联产承包责任制长达60多年的历史中，我国农村土地产权制度经历了一个从土地私有（农民拥有土地所有权）——土地集体公有（所有权与使用权合一）——土地集体公有（所有权与使用权分离）的过程，在这一过程中，农民拥有的土地使用权逐渐得到强化，但土地使用权作为财产权的含义并没有充分体现，其财产权权能也不完整。

新中国成立后，为了实现“耕者有其田、居者有其屋”的目标，国家将没收、征收来的土地，无偿地、平均地分配给无地、少地的农民，并通过正式的制度安排赋予其所有权，并允许土地所有者自由经营、出租、买卖土地。在当时的《中华人民共和国宪法》《中华人民共和国土地改革法》等正式制度中，土地所有权的私权性得到明确的体现①。土改后，以农民拥有土地所有权形成了以家庭为基本经济单位的分散的小农经济和农业生产。这一时期农村土地的私有化，是在国家为了兑现对参加革命的农民的政治承诺和亟待恢复农村生产力的背景下进行的，是靠国家力量推动的。由于这一时期农民的土地所有权不是通过市场交换取得，而是国家权力介入分配的结果，因而它并不具有私权财产的意义，并为后来国家权利重新介入土地财产的分配提供了潜在的可能②。

1956年，全国农村掀起了合作化运动。1958年，合作化从初级社进入高级社阶段，农民私有的土地、耕畜、大型农具等主要生产资料以及土地上附属的私有塘、井等水利设施，被一起转为合作社集体所有；取消土地入股，实行按劳分配。至此，农村土地从个体农民所有转变为集体所有。就在当年，全国快速推行“政社合一”的人民公社制，自留地、零星果树等都变为公有，一个月内即结束了农民土地私有制，所有权与经营权统一归于人民公社。从1959年开始，中国农村在人民公社制度下开始实行“三级所有，队为基础”的政策，确定了农村土地以生产队为基本所有单位的制度，并且恢复了社员的自留地制度。1963年中央又规定社员宅基地都归生产队集体所有，一律不准出租和买卖，归各户长期使用；宅基地上的附着物永远归社员所有，但宅基地的所有权仍归生产队所有。至此，农村土地集体所有制的财产结构基本形成，即“三类农地（农业用

---

① 1947年的《中国土地法大纲》第一条规定：“废除封建性及半封建性剥削的土地制度，实行耕者有其田的土地制度。”1950年的《土地改革法》第十条规定：“所有没收和征收得来的土地和其他生产资料，除本法规定收归国家所有者外，均由乡农民协会接受，统一地、公平合理地分配给无地、少地及缺乏其他生产资料的贫困农民所有。”

② 周其仁对中国农村改革中，国家权利介入土地财产的分配并干预农民的土地财产权利进行了详细的分析。详见：周其仁：《中国农村改革：国家和所有权关系的变化——一个经济制度变迁史的回顾》，《管理世界》1995年第3期和第4期。

地，非农建设用地包括宅基地、自留地）、一个财产归属（集体所有制）、一个权利主体（集体组织享有对其财产的占有、使用、收益和处分的全部权利）”，农民在不动产土地上没有任何属于私人的财产权利。

“三级所有”“政社合一”是一个国家的强制性制度安排，它决定了拥有土地所有权的农村集体经济组织在本质上只能是国家意志的贯彻者和执行者，是国家控制农村经济，以支持国家工业化战略的一种社会经济组织形式。“三级所有”的土地制度格局模糊了集体土地财产权的主体，便于国家实际上控制农村土地配置、农业生产和农业利润分配。农村土地的集体所有者虽然拥有名义上的土地所有权，但是在权利构成上缺乏完整意义上的使用权，并且缺乏土地收益权和处分权；在权利属性上，不具有排他性、可让渡性。因此，农村土地上无论是所有权还是使用权都不具有真正的财产权意义。在这种集体所有制下，土地的控制权实际上掌握在国家手中，所有权内含的占有、使用、收益、处分等权能极大地受到了国家意志的限制。所有权主体虚置（名义主体是三级所有的农村集体经济组织，实际主体是国家）和所有权权能的弱化是“政社合一”的人民公社集体所有制的实际状态，这种产权制度安排难以在农村生产力主体（劳动者）中建立有效的激励机制，它也是我国农村经济绩效从1959年至1978年长时期低效徘徊的重要原因。

1978年，由试点带动，全国开始推行家庭联产承包责任制。1982年1月，中央以一号文件的形式第一次明确了“包产到户”的社会主义性质。此后，以集体所有制为基础的家庭承包经营制度是我国的农村土地产权制度的基本模式。这种产权制度安排保留了土地所有权属于集体（村集体经济组织）所有，而土地使用权（承包经营权）由农民个体或家庭拥有，国家对土地承包经营权进行严格的规定和控制。1986年制定的《民法通则》首次提出了农户的承包经营权的概念，并把承包经营权作为一种与财产所有权有关的一项财产权予以保护。1993年《中华人民共和国宪法修正案》将《中华人民共和国宪法》中“农村人民公社、农业生产合作社”的条款改为“农村中的家庭联产承包为主的责任制”，正式以根本大法形式确立了家庭联产承包责任制的法律地位。

从20世纪80年代中期开始，随着农村经济改革的深化、农业产业结构的调整和规模经营以及剩余劳动力向非农产业的转移，家庭联产承包责任制的缺陷开始显现出来。例如，由于农户对土地承包经营权缺乏长期稳定的预期和产权激励问题使得农民对土地的长期投资不足；分散经营和对使用权的限制无法在更大范围内实现土地资源的流转和合理配置。从20世纪80年代中期到2000年前后，家庭联产承包责任制在国家法律层面上有过几次重要的调整，政策调整的重心主要放在解决土地承包经营权的长期性和流转上，对它的法律属性并没有明确的解释。直到2007年颁布实施的《中华人民共和国物权法》，才第一次在财产权制度上确认了农村土地集体所有权基础上产生的土地承包经营权、建设用地使用权和宅基地使用权是同样受法律保护的物权。

2007年3月16日第十届全国人民代表大会第五次会议通过的《中华人民共和国物

权法》，规定物权体系主要由所有权、土地承包经营权、建设用地使用权、宅基地使用权、地役权、抵押权、质权、留置权等基本物权组成，涉及农村集体土地方面的主要物权，包括农民集体土地所有权、土地承包经营权、农村集体建设用地使用权、宅基地使用权四种基本物权，即“一权”（农民集体土地所有权）带“三权”（土地承包经营权、农村集体建设用地使用权、宅基地使用权），特别是《中华人民共和国物权法》将土地承包经营权确定为用益物权，这对我国农村土地产权制度和农村经济社会的发展将产生深远影响。但是，2007 年颁布的《中华人民共和国物权法》又规定土地所有权和耕地、宅基地、自留地、自留山等集体所有的土地使用权作为财产不得抵押，这样农户以耕地、宅基地、自留地、自留山等集体所有的土地使用权抵押而获得金融机构贷款的渠道和机会就深受限制。即使这样，《中华人民共和国物权法》的相关条款还有一个“但法律规定可以抵押的除外”的规定，这就给新一轮改革中各地试点土地承包经营权作为财产抵押贷款留下了空间。

2. 土地使用权用益物权法律性质的确定具有重大意义

物权性质的土地承包经营权，是指土地承包经营权人为农业目的，直接支配承包的国家或者农民集体所有农村土地，并排除他人干涉的权利。该土地承包经营权为支配权，土地承包经营权人无须依赖他人之行为即可直接支配其物，并从中获得收益。所谓“直接支配”，一方面，是指物权的权利人可以依据自己的意志直接依法占有、使用其物，或采用其他的支配方式，任何人非经权利人的同意，不得侵害或加以干涉；另一方面，是物权的权利人对物可以以自己的意思独立进行支配，一般无须得到他人的同意。目前，土地承包经营权虽然为用益物权，是一项重要的财产权利，但土地承包经营权权能还不完整，支配权性质不充分，使用权的法定性和独立性还难以体现。

美国学者盖尔·约翰逊在研究中国农村经济改革时曾说：“如果要充分发挥家庭联产承包责任制的所有潜力，那么必须保证土地使用权神圣不可侵犯，必须允许转让土地使用权并且确保这种权力不受地方政府官员干涉。”① 农村土地使用权用益物权法律性质的确定，使农村土地产权由“弱化”“残缺”的使用权逐步走向私法物权意义上的财产权，这一个重大的历史进步。

进入 21 世纪，农村经济发展面临新的环境、新的形势和新的问题，农村土地产权制度面临许多新的挑战，例如：土地细碎化制约了农业的规模效益；土地产权界定不清影响了农地利用效率和农业长期发展②；工业化、城镇化给“三农”带来新挑战，谁来种地问题突出；“长久不变”面临两难选择，农民进行土地流转的需求日益突出。在这

① 盖尔·约翰逊. 经济发展中的农业、农村和农民问题［M］. 北京：商务印书馆，2005：38.

② 谁是农村土地集体所有权的行使主体，目前有三种情况：村民小组（原生产队）、村委会（原大队）、乡镇（基层行政组织）。据农业部 20 世纪 80 年代的调查，土地归村民小组的约占三分之一，归行政村的占三分之一。据国务院发展中心 2011 年调查，32.9%的家庭没有土地承包经营权证，37%的家庭没有与集体签过承包合同；认为土地归集体的农民占 40.6%，认为归国家的占 44.7，有 14.7%的人说不清楚农村土地归谁所有。

一背景下，现行土地使用权制度的“用益物权”还显得名不符实，其主要问题，一是土地所有权主体虚位，土地所有权与使用权的权属边界模糊，造成土地用益物权人的权能受到限制；二是土地使用权缺乏稳定性，产权激励并提供长期预期的作用难以发挥；三是土地使用权缺乏可分解性和可交易性，难以发挥市场配置资源的作用；四是土地权利的资本属性受到限制，农民实现土地财产收益缺乏制度保障。

三、农村土地用益物权体系的构建

1. 农民土地财产权利体系与权利类型

财产权是社会公民的基本权利之一，是公民参与社会经济活动和社会公共事务的基础。农村居民拥有财产权是社会主义市场经济的基本要求。农民拥有的土地财产权是一组权利，其基础或者说起决定作用的基本生产关系是所有制，即农村土地的集体所有制。这一组财产权利，从产权类型看，包括集体土地（资产）所有权、土地承包经营权、宅基地使用权；从产权权能看，包括使用权、收益权、处分权（在物权范围内）、继承权（解释为“土地承包关系长久不变”）。

在现行制度下，农民土地财产权的各种权利形式之间存在着比较复杂的关系。首先，农民的土地财产权来源于他是集体经济组织的成员资格，即来源于法定的成员权，成员权是农民获得土地财产权的资格，但它本身并不是财产权，而是一种身份性权利。农民的宅基地使用权和承包经营权虽然是因特定身份而获取的，但一旦成为农民的财产权对象后就获取了独立的财产权形式，是农民依法拥有的民事上的土地用益物权。其次，农民对土地使用权的处分权来源于土地使用权（特别是承包经营权）中的流转权能，即“处分权”的权利客体是土地使用权本身，它是在所有权与使用权分离的情况下产生的一种财产权形式，它与所有权的法律地位应该是平等的。最后，农民在农村土地上的未来权益是当前权利的延伸，如土地征收中的受补偿权是对农民拥有的土地所有权和土地使用权的补偿，继承权则主要是土地使用和收益利益的承继。同时，未来权益同样需要获得独立的权利形式。不论是何种权利形式，农民的土地财产权利都需要在一个理论逻辑与实践一致和内洽的农地制度框架内实现。

2. 需要寻找农民土地财产权利实现的有效途径

现行农地制度的产权特征可以描述为一个两权分离的双层构架：土地的归属权（集体所有权）和土地的实际利用权（集体共用和农民个体私用）。从理论和实践两个层面都值得关注的是，在这种制度框架内作为生产力主体的农民能否获得真正的土地财产权利。

从所有权制度看，集体所有权是指劳动群众集体组织享有的对其财产的占有、使用、收益和处分的权利。许多学者都认为，集体所有权的权利是高度抽象的，法律规定行使所有权的主体是集体组织，每个集体成员无论在法律上还是现实中都不可能是集体所有权的主体，如果没有市场契约型的委托—代理关系，单个的成员不可能享有任何属于个人的土地财产权利。

从使用权制度看，现行的土地制度下国家对农民拥有的承包经营权有种种限制，包括对土地使用权流转的限制和农村土地转为城市建设用地时国家在一级土地市场上的行政垄断，产权主体（农民或农民集体组织）被排斥在交易之外，也不可能分享农地转用的级差地租。这些都造成农村土地产权的排他性弱化、产权主体的处置权缺失、农民的土地收益权无法得到保证。

进入21世纪，为寻找农民土地财产权利实现的有效途径，以赋予农村居民土地财产权和实现农民土地财产权益为核心的新一轮农村土地制度改革开启。新一轮的农村土地产权改革可以概括为：以"还权赋能"为基本纲领，以土地使用权的物权化为基本取向①。土地确权颁证②、土地使用权流转③、培育农村新型经济组织和农业经营主体、基层民主和乡村治理的重建，是这次改革所涉及的几个主要方面。新一轮改革的意义在于，通过确权赋能，把集体经济组织所有、农户使用的土地权利变为永久性物权，使它们能流转交易；保护农民分享土地增值收益，以此建立农民的长期保障，防止政府和其他强权的侵害。

但是，这一轮的改革毕竟只是在国家或各省市认可的实验区范围内，在国家或地方政府层面允许先行先试的情况下进行的，而目前遇到的现实困难是：农地使用权的私人物权化还未得到法律和政策层面上的确认；宅基地使用权的转让、抵押已超出《中华人

① 2007—2008年，成都市和重庆市作为国家批准的"全国统筹城乡综合配套改革试验区"，在现行征地制度的框架下启动变革，在维系现有城市化筹资功能的同时，积极寻找增加农村和农民分享城市化土地收益的实际途径，启动了一次新的土地产权制度改革。"还权赋能"是周其仁教授在总结成都市土地产权制度改革经验中提出的概念。参见：北京大学国家发展综合研究院课题组．还权赋能：奠定长期发展的可靠基础——成都市统筹城乡综合改革的调查研究［M］．北京：北京大学出版社，2010.

② 2008年3月，成都市在都江堰柳街镇推开了集体土地所有权、农户承包地和宅基地使用权、农民房屋所有权的确权颁证工作。截至2010年年底，成都市在全省率先完成了全部255个乡镇（街办）、2 622个村（社区）、3万多个村民小组、170余万农户的确权登记发证。重庆市自2010年开始在第二轮土地承包基础上展开新一轮农村土地确权颁证工作。这一工作覆盖该市39个涉农区县、711万农户。确权工作由区县政府推行，政府承担确权所费成本，约3 000万~4 000万元，其中九龙坡、南川、梁平、垫江作为试点区县。到2013年年底，农村承包地、宅基地和林地确权颁证基本完成，发证率达到99%。

③ 土地使用权流转主要涉及土地承包经营权流转、集体建设用地使用权流转和宅基地流转。土地承包经营权流转的主要形式是转包、出租、互换、转让、股份合作，在此基础上发展起农村新型经营组织和经营主体；在集体建设用地使用权流转上，在符合土地利用总体规划、城乡规划和产业发展布局规划的前提下，集体建设用地可以通过使用权出让、出租、作价入股（出资）、联营等形式进行流转，按照规定用于工业、商业、旅游业、服务业、农村集体经济组织租赁性经营房屋等经营性用途及建设农民住房；宅基地流转，执行一户一宅的法律规定，建立宅基地自愿退出及其补偿机制。重庆市的办法是："农村居民整户自愿转为城镇居民、退出宅基地及建（构）筑物的，按照区县（自治县）人民政府制定的标准对农村住房及其构筑物、附着物给予一次性补偿，并参照地票价款分配政策一次性给予宅基地使用权补偿及购房补助。今后征地时不再享有补偿权利。"详见《重庆市户籍制度改革农村土地退出与利用办法（试行）》（渝办发〔2010〕203号）。

民共和国物权法》的规定；农户拥有的土地承包经营权和集体建设用地所有权还没有被认为是一种“资产”，还不能以“土地股份”进行工商企业登记注册，不能以“土地股份”融资；农村经营性集体建设用地统一入市还存在诸多困难。

如果说前一阶段农村土地产权制度改革的关注点是实现土地要素权利的市场配置功能，改变分散的小规模经营，提高土地规模经营效率，而新一轮的改革方向应该是解决农民的土地财产权利问题，即从法律上确权、建立所有权和使用权（用益物权）制度，在经济上实现权利的获益问题。要使农村居民拥有真正的土地财产权利，改革的取向是集体所有制框架内真正解决农民的土地财产权利问题，这需要一个基础性的制度结构，即构建以用益物权为内涵属性的农村土地使用权制度。这一制度的产权功能是：它将成为农民生存及长期发展的基础；它将发挥产权的激励功能，形成合理预期，有利于土地的长期投资和保护农民的土地收益；它将发挥市场配置土地资源的作用，推动土地适度规模经营和现代农业；它将让土地使用权人分享土地增值价值，获得财产性收入。让土地用益物权成为农民最重要的财产权利，不仅是确认农民的财产权利，更要赋予农民完整的具有作为市场经济主体的能力，要实现生产要素在城乡之间自由流动，在农村建立长久稳定的土地产权关系。

4. 土地用益物权的实现机制

（1）构建国家与农民集体、集体与私人之间平等的产权关系

土地用益物权的充分实现，需要改变在土地所有权上面的国家强制，即把土地从国家意志和国家的政治职能中剥离出来，建立国家与农民集体、集体与私人之间的平等的产权交易。农村土地产权制度改革，是政府、农村集体经济组织、农民的权利和利益的确认与调整过程；农民在产权制度安排中的地位，决定了在土地财产使用和收益的实际程度、效率与水平。新一轮的改革，就是要使农民拥有平等的权利和地位，能够分享经济改革和发展的成果，重新构建农民与集体、政府的权利和权利关系。农地产权关系（所有权、承包权、经营权）的不断明晰化，有助于合理界定个人与集体、政府之间的权利边界，从而构筑土地生产要素市场化配置的制度基础。

（2）建立土地用益物权的保护制度

第一，重新界定农村集体土地的所有权主体，农村集体组织主体理应确定为行政村农民集体，由具有法人资格并行使集体土地处置权的村委会行使集体土地所有权权能。第二，完善农村土地登记发证制度，向农民统一颁发土地使用权证号，农民宅基地与地上建筑物应发放房地产所有权证；完善和制定《中华人民共和国物权法》和《中华人民共和国民法典》，建立健全保护城乡居民不动产权益的法律体系。第三，明确界定公共利益用地范围，并将政府征地权的行使范围真正限定在“公共利益”的范畴，以遏制假借公共利益之名侵犯集体土地所有权的企图；在立法方法上，制定“公共利益征地否定式目录”，明确规定营利性目的用地不得征收。第四，需要修改现行土地管理法律、法规，明确集体土地在符合国家土地利用规划的前提下可以转为非农建设用地，也可以

自由流转以保障集体土地资源配置效率和土地收益最大化。第五，完善土地征收补偿办法，把“尊重农民的土地物权”作为征地制度改革政策设计的首要价值取向；开展留地安置、集体建设用地土地使用权入股、土地股份合作等多种征地安置模式，在此基础上，建立基于市场价格的征地补偿标准体系。

（3）完善土地流转交易的市场体系

第一，要建立完善的土地交易制度，使之交易顺畅，提高土地资源配置效益与效率。充分发挥农村资源优势，努力搭建政府主导、农民为主体、市场化运作的农村发展平台，进一步激活城乡各类发展要素，加快农村资源资本化进程，真正实现土地可持续利用、产业可持续发展、农民可持续增收。第二，建立农村产权价值评估机制。县级以上人民政府负责制定并公布区域农村土地承包经营权基准价格、集体建设用地使用权基准价格和最低保护价，为农村产权的价值评估提供依据和基础；大力发展农村产权价值评估、法律咨询等中介服务组织，为农村产权流转担保提供服务。第三，完善农村产权流转体系。依托各级农村产权交易平台设立覆盖辖区内各地的农村产权流转交易服务中心并实现联网，及时收集和发布各类产权流转交易信息，组织产权流转、招拍挂等交易活动，为贷款抵押物处置、抵押权利的实现提供平台。国土资源管理部门、房产管理部门和农业行政主管部门为农村产权的流转办理变更登记手续。第四，完善农村产权抵押融资风险分担机制。为推动农村产权抵押融资，由各级人民政府按一定比例出资设立农村产权抵押融资风险基金，用于收购抵债资产。

（4）加强土地用途管制

土地用途管制制度是国家为保证土地资源的合理利用和优化配置，促进经济、社会和环境的协调发展的一项重要制度。土地用途管制的内容包括：土地按用途进行合理分类、土地利用总体规划规定土地用途、土地登记注明土地用途、土地用途变更实行审批、对不按照规定的土地用途使用土地的行为进行处罚等。在保证土地用益物权和强化使用者权利的同时，政府需加强土地用途管制以调节个人利益、局部利益与社会公共利益的矛盾，保证土地资源的合理有效利用。

土地用途管制除采取相关法律法规等行政手段外，还可设置土地发展权。土地发展权是土地变更为不同使用性质的权利，是一种可以与土地所有权分割而单独处分的财产权。它既可以与土地所有权合为一体，由拥有土地所有权的土地拥有者支配，也可以单独支配，它是土地处分权中最重要的权利。土地发展权的提法在我国目前还仅限于理论界，在实践中并未作为一个明确的概念使用。在国外，土地发展权一般有归私人所有（如美国）和归政府所有（如英国）两种制度。土地发展权归政府所有主要基于社会公平的考虑。土地所有权可以买卖、土地使用权可以转移，但是土地所有者和使用者都不能随意变更土地发展权。如果土地所有者要改变土地用途或增加土地使用集约度，必须先向政府购买发展权。我国农村土地使用权的物权性质，以及土地资源配置的市场化，我国在设置土地发展权时可在使用权用益物权中赋予部分土地发展权，政府在土地征用时向农民购买这项财产权利，用市场交易方式寻找土地使用权（含土地发展权）的对价，以保证农民长期发展的利益。

四、土地使用权物权化与土地私有化

我国农村土地产权向农民私人回归，是在国家允许或政策引导下的一场制度变革，这种改革方向绝不等于私有化。因为，农村土地使用权的物权化，我们坚持的所有制基础是集体所有制。这里，有两个关键点：其一，在中国农村经济的发展中，农民的“土地私有情结”在制度选择中将起到重要作用，而土地使用权的“硬化”是对土地私有的一种可行的制度替代，而且是改革成本及未来风险较小的制度选择。其二，最有效率的农地使用制度的所有制基础并不只是私有制。事实证明，土地私有私营并不是最有效的一种方式。土地集体所有制实际上是一个有较大包容性的制度安排，在土地集体所有制框架内所有权与使用权的分离可以寻找多种农地经营模式。盖尔·约翰逊说：“私有化并不是经济转轨的灵丹妙药，它只是促进计划经济向市场经济转轨的一系列紧密关联的政策当中的一项。”“只有在自由化被纳入整体政策框架之下，并且在市场经济有效运作所要求的法律制度业已建立的情况下，私有化才能够取得预期的积极效果。波兰农业在社会主义时期的经历提醒我们，土地私有化本身对资源的有效利用以及农业的繁荣并没有太大的帮助。”①（波兰当时大约有四分之三的土地留在私人手中，1950—1990 年期间，农业增长幅度并不比其他中欧国家高。）

在实践中，土地使用权物权化必然涉及土地承包经营权的流转。土地承包经营权流转是否意味着土地私有化，已成为社会各界近期关注的焦点问题。本文已经说明，土地承包经营权流转中的土地承包经营权的法律性质是用益物权，而不是土地所有权；土地承包经营权流转或转移给他人的是物权性质的土地使用权而不是土地所有权。我国多年来土地承包经营权流转实践历程的内容演变趋势也表明，我们一直在坚持完善农村基本经营制度而不是向土地私有化方向走；完善土地承包经营权权能和允许多种形式土地承包经营权流转使土地承包经营权财产权性质得益彰显，使农民得到充分而有保证的土地财产权利，但不体现土地私有化性质。未来农地流转制度改革的方向应该是进一步深化改革，强化土地集体所有，厘清土地财产主体和财产关系，界定土地财产权利内容并赋予其完整的权能，即“落实集体所有权、稳定农户承包权、放活土地经营权”，更好地发挥产权制度对农村经济发展的推动作用。

（本论文原载于《经济学动态》2014 年第 11 期）

① D. 盖尔·约翰逊. 经济发展中的农业、农村和农民问题［M］. 北京：商务印书馆，2005：329.

参考文献：

埃里克·弗鲁博顿，2006. 新制度经济学：一个交易费用分析范式［M］. 姜建强，罗长远，译. 上海：上海三联出版社.

巴泽尔，1997. 产权的经济分析［M］. 上海：上海三联书店.

北京大学国家发展研究院课题组，2010. 还权赋能：奠定长期发展的可靠基础：成都土地制度改革实践调查报告［M］. 北京：北京大学出版社.

陈甦，1996. 土地承包经营权物权化与农地使用权制度的确立［J］. 中国法学（3）：86-93.

D. 盖尔·约翰逊，2005. 经济发展中的农业、农村和农民问题［M］. 林毅夫，赵耀辉，编译. 北京：商务印书馆.

黎元生，2007. 农村土地产权配置市场化与制度改革［J］. 当代经济研究（3）：44-47.

梁慧星，2000. 制定中国物权法的若干问题［J］. 法学研究（4）：3-18.

梁慧星，2006. 梁慧星教授今日成都说物权［EB/OL］. ［2006-04-23］. 新华网：http://www.sc.xinhuanet.com/content/2006-04/23/content_6840831.htm.

刘广栋，程久苗，2007. 1949 年以来中国农村土地制度变迁的理论和实践［J］. 中国农村观察（2）：70.

罗伯特·考特，1996. 法和经济学［M］. 上海：上海三联出版社.

马俊驹，梅夏英，1999. 财产权制度的历史评析和现实思考［J］. 中国社会科学（1）：90-105.

马克思，1975. 资本论：第 1 卷［M］. 北京：人民出版社.

马克思，1975. 资本论：第 3 卷［M］. 北京：人民出版社.

配杰威齐，1994. 产权与经济理论：近期文献的一个综述［M］//财产权利与制度变迁. 上海：上海三联书店.

王利民，2003. 物权法论［M］. 北京：中国政法大学出版社.

王小映，2000. 土地制度变迁与土地承包物权化［J］. 中国农村经济，2000（1）：43-49.

夏锋，2014. 农民土地财产权的长期保障走向：物权化改革与对应收入［J］. 改革（3）：84-85.

夏宁，夏锋，2008. 农民土地财产性收入的制度保障与改革路径［J］. 农业经济问题（11）.

袁铖，2006. 中国农村土地制度变迁：一个产权的视角［J］. 中南财经政法大学学报（5）：18.

张少鹏，1998. 土地使用权是独立的不动产物权［J］. 中国法学（6）：49-56.

张艳，马智民，朱良元，2009. 农村土地承包经营权的物权化建构［J］. 中国土地科学（4）：60-64.

周林彬，刘俊臣，2001. 我国物权法立法若干问题新探［J］. 四川大学学报（哲社版）（4）：126-133.

周其仁，2004. 产权与制度变迁［M］. 北京：北京大学出版社.

农民的土地财产权利的实现问题

——基于经济学和法学的分析视角

刘灿　韩文龙

一、引言

洛克在关于财产权的论述中提到了自然权利（包括生命、自由和财产的权利），并认为财产权是最基本的自然权利，也是生命和自由等权利的基础[1]。布坎南在论述财产与自由的关系时曾提出："私有或几个人共同占有的财产的效力，值得在生产率和自由这两个维度上进行广泛的分析和讨论"[2]。其实，财产权利的配置状况不仅会影响资源的利用效率，而且会影响居民的福利水平。让农民享有土地财产权是其自由权利实现的基础。在社会主义市场经济条件下，土地作为一种稀缺的生产要素能不能作为农民的"财产"，通过流转、出租、抵押、入股等形式实现财产性收益呢？这是一个值得思考的问题。但是，在我国农民获得土地财产性收入的途径受到了正式制度的抑制。如果要增加农民的土地财产性收入，就需要通过正式制度创新使得农民获得完备的土地财产权利，保障他们获得相应的土地财产性收入。当然，改变现有的土地财产制度是诱致性制度变迁和强制性制度变迁相结合的制度变迁过程。要实现这一制度变迁，不仅需要寻找制度变迁的主体、动力来源和依赖路径，而且需要赋予农民完备的土地财产权利内涵。

二、文献综述

在我国，由于受到正式制度的约束，农民的土地财产权是被部分"剥夺"了的。在学术界，学者们一般认为农民可以通过土地获得财产性收入，但是研究农民土地财产性收入的理论视角是不同的。本文将学者们的研究归纳为四个理论视角：土地承包权（使用权）"物权化"视角、土地的资本化视角、土地的产权变革路径依赖视角和土地的所有权结构视角。

（一）土地承包经营权（使用权）“物权化”视角

1978年我国实行家庭联产承包责任制后，这一制度创新释放出了较高的生产力。随着新制度的潜力不断释放，土地单位产出和人均产出的增长开始趋缓。这一现象突出的表现就是农村居民的分项收入中，经营性收入的比重开始逐年下降①。在农业边际收益下降的趋势下如何进一步增加农民的收入？除了改进农业生产技术、提高农产品价值回报和通过转移农村剩余劳动力实现非农就业外，陈甦[3]、张少鹏[4]、王小映[5]、黎元生[6]等学者提出了将土地承包经营权“物权化”以增加农民收入的观点。目前，《中华人民共和国物权法》已经明确界定了土地承包经营权的物权性质，不过《中华人民共和国物权法》中的“土地使用权”主要是指城市的居民、法人和团体拥有的国有土地的使用权，而农村居民拥有的宅基地的使用权却没有被赋予完整的“物权”权利内涵。

（二）土地的资本化视角

什么是土地的资本化？简单来说，土地的资本化是指将土地的收益转化为资本的过程。金松青和Deininger[7]、蒋省三和刘守英[8]、刘守英[9]等对土地的资本化进行了众多的论述，主张将农村土地使用权商品化或资本化。众所周知，农村集体土地使用权的商品化和资本化受到了正式制度的约束。如果要实现农村建设用地的资本化，必须进行一系列的土地制度创新。土地的资本化可以提高土地要素配置的效率，不过土地资本化只是实现农地财产权收益的重要途径之一。其实，土地收益资本化的核心是权利资本化，其实现还是要依赖于土地产权的归属，即土地产权的“私人所有”还是“公有私用”？

（三）土地的产权变革路径依赖视角

从1947年的《中国土地法大纲》开始，我国农村土地产权经历了私有化、准国有化（人民公社时期）和集体所有制等制度变迁。对农村土地制度产权的研究方面，叶向阳等[10]、Carter和姚洋[11]、许经勇[12]、邓宏图和崔宝敏[13]等学者重点关注了农村土地产权主体、产权结构和产权的经济效率等方面的问题。土地的产权改革一直是农村改革的重点。目前在土地产权改革的方向上，对国有化、私有化和完善集体所有制的道路选择分歧很大。但是，从改革的路径依赖角度来看，考虑到意识形态刚性、改革的风险和阻力等因素的影响，完全的私有化和国有化实现难度很大。

---

① 《中国统计年鉴》（历年）中农村居民人均年经营性收入占农村居民人均年总收入的比重从1988年87.57%（最高点）下降到了2009年的61.89%（最低点）。

（四）土地的所有权结构视角

财产的配置状况不仅会影响资源的利用效率，而且会影响居民的福利水平。土地能不能作为农村居民的财产，农村居民能不能以土地财产权利获得收益？韩俊[14]、于建嵘[15]、夏锋[16]、张晓山[17]等主张尊重和逐步实现农民的土地财产权，通过制度设计使得农民的土地财产权收益得到保障。虽然他们对把土地作为农民财产的观点是基本一致的，但是在实现农民的土地财产权利的制度方向选择和具体的制度细节方面却存在分歧。他们争论的焦点主要集中在农村土地的所有权结构问题上，即农村土地是实现国有化的“永佃权”制度，或是完全私有化，或是坚持集体所有制下的“公有私用”，或是实行所有权的多元化。

三、农村土地制度变迁的历史回顾

我国农村土地制度的变迁是诱致性制度变迁和强制性制度变迁相结合的制度变迁的典范，也是农村社区精英和政治决策者们对现实约束和机会做出反应的结果。

自 1947 年中共中央颁布《中国土地法大纲》以来，我国农村的土地制度经历了多次变迁。诺斯认为制度变迁需要动力支持和解决路径依赖问题，且不同的制度环境下制度的经济绩效的差别是很大的。我国农村土地制度变迁是对诺斯提出的制度变迁理论的一次实践检验。考虑到 1947 年、1953 年和 1978 年是我国不同性质的农地制度变迁的转折点①，本文对农地制度变迁的回顾划分为三个阶段，并依据诺斯提出的制度变迁的动力、路径和经济绩效展开论述。

（一）农地产权的国有化和私有化并存时期（1947—1952 年）

1947 年中共中央颁布实施了《中国土地法大纲》，1950 年中共中央又颁布了《中华人民共和国土地改革法》，这两项法律（或制度）确立了农村土地国有和私有的混合制度，实现了农民（尤其是贫民）“耕者有其田”的革命目的。在新中国成立前后为什么会实施国有和私有并存的农村土地制度呢？一般认为新中国成立前革命党（共产党）为了夺取政权的胜利，政治上需要取得广大农民的支持，那么农民支持革命的条件必然是要求革命党做出和实现让其获得土地的承诺；经济上为了解放和发展农村生产力，允许土地的农民私有和部分国有是必然的选择。新中国成立后，国家为了兑现对参加革命的农民的政治承诺，也为了恢复农村生产力和发展农村经济继续允许土地的农民私有和

---

① 1947 年在解放区开始实行国有化和私有化并存的土地制度，1953 年在全国范围内开始实行农村集体所有制，1978 年在全国范围内开始实现农村土地集体所有制下的家庭联产承包责任制。值得注意的是，本文认为农村集体所有制和农村土地集体所有制是有重大区别的，前者既包括土地的集体所有制，还包括其他生产资料的集体所有制。

部分国有。不过，这一时期的农地制度变革主要是国家推动的，土地的平均分配也是国家支持完成的。由于这一时期农民的土地不是通过市场交换取得，而是国家权力介入分配的结果，这就为后来国家权利重新介入土地财产的分配提供了潜在的可能①。另外，这一时期的农地制度变迁后，其经济绩效如何？依据相关的统计资料，1949—1953 年农林牧渔业总产值分别到达了 326 亿元、384 亿元、420 亿元、461 亿元、510 亿元②，出现了连续增产的好局面。

（二）农村集体所有制时期（1953—1978 年）

农村土地部分国有和部分私有后，农业生产率有所上升，但是由于单个农民拥有的农业生产资料和农业技能较少，不能满足农业生产的需要。在此情况下，局部地区出现了农业生产互助组，这可以看作是一种诱致性制度变迁。此时，中央和地方政府在观察到了互助组的成功实践后以正式制度的形式肯定了这一制度变迁③。随后，在“自愿互利、典型示范、国家帮助”政策引导下，农民发展了农业合作初级社、高级社。在初级社时期，农民私有的土地产权已经向集体的公有制过渡了。而国家又通过正式制度的安排，推波助澜地实现了农民土地的集体所有制和农具等生产资料的集体公有制④。此后出现的政社合一的人民公社，进一步巩固了农村集体所有制⑤。

这一时期，在国家强制力推动下，农民的土地私有制转化为了集体所有制，甚至是人民公社时期的准国家所有制。其实，开始时出现了诱致性制度变迁，如互助组。这种诱致性制度变迁的动力是什么？本文认为是农民考虑自身的资源禀赋和利益后，认为互助组可能有利于解决农业生产中单个农户生产资料不足和农业产生技术低下的困难而采取了集体行动。这是一种在特定的制度环境中，制度创新主体对获利机会做出的自然反应。后来，国家权力介入互助组这一制度和组织创新后，初级社、高级社以及人民公社都是国家主导下的强制性制度变迁和组织创新的结果。一项制度如果没有考虑制度使用者的利益，没有考虑到激励机制和监督费用，没有考虑“搭便车”等行为，这种强制性的制度变迁可能会是失败的。那么为什么国家有动力去推动初级社、高级社和人民公社这样的组织和制度变迁呢？我们的解释是：第一是国家的战略选择问题。新中国成立

---

① 周其仁（1995）对中国农村改革中，国家权利介入土地财产的分配并干预农民的土地财产权利提供了一个较好的解释。

② 数据来源：《新中国五十年统计资料汇编》，中国统计出版社，1999 年，第 30 页。

③ 中共中央于 1951 年 12 月 15 日颁布了《关于农业生产互助组合作的决议（草案）》，肯定了农民群众的这种制度和组织创新。

④ 全国人民代表大会于 1955 年 11 月 9 日通过了《农业生产合作社示范章程（草案）》。1956 年 6 月 30 日，全国人大一届三次会议又通过了《高级农业生产合作社示范章程》，该章程第十四条规定：“社员的土地转为合作社集体所有，取消土地报酬。”

⑤ 这些正式的制度安排包括：1961 年中共中央颁布的《农村人民公社工作条例（草案）》；1962 年中共中央公布的《关于改变农村人民公社基本核算单位问题的指示》。

后，国家实施了重工业优先发展的工业化战略。在“一穷二白”的现实国情下，国家只有通过农村土地的集体所有制安排“获取”农业的生产剩余，才能实现工业所需资金的积累。第二是学习的样板效应。早期苏联实行的农村集体化运动初期表现出来较好的经济绩效（当然，其后期表现出来较差的经济绩效），这种模式的成功给具有相同意识形态的新中国提供了一个较好的制度学习范本。那么这一时期的制度变迁的经济绩效如何？按照林毅夫的估算，1952—1978 年，我国农业年均增长率仅为 2.9%，处于较低的水平[18]。

（三）农村土地集体所有制下的家庭联产承包责任制（1978 年至今）

人民公社制度由于没有解决激励问题，出现了“搭便车”问题。在人民公社后期，由于“搭便车”问题越来越严重，低下的农业生产率已经不能满足人们对生存的需要。在“天灾人祸”的双重因素作用下，有些地方出现了饿死人的现象。Demsetz（1967）在论述产权形成的原因时认为产权的形成是组织中的人对新制度产生的预期收益和成本而调整自身行为的结果[19]。其实新制度的形成亦如此。20 世纪 60 年代初期，部分地区的农户就开始了新制度的探索，如广西龙胜县、甘肃临夏、河南和安徽的一些县市已经出现了借地和包干到户的现象①。

随后，由于农业政策失误和“天灾人祸”的影响，国家逐渐放松了对农村经济和社会的管制，允许农民、地方政府进行各种提高农业生产率的试验。最后在农村社区精英、地方政府和中央政府的长时期的讨价还价中，国家最终肯定了类似于安徽凤阳小岗村的包产到户的制度模式，并以正式制度的形式（主要是家庭联产承包责任制）在全国推广②。

此阶段，农村社区精英创造了“包产到户”等制度形式，其主要是为了维持自身的生存和利益；国家先是默许后又以正式制度肯定了这样的制度创新，主要是为了应对财政危机等。在农村土地集体所有制下的“包产到户”这一制度创新或变迁的路径是自下而上的，即农村社区精英首创类似于“包产到户”的制度，地方政府局部的试验，试验成功后国家以正式制度（家庭联产承包责任制）对这些制度创新给予肯定。那么此阶段，制度变迁的经济绩效如何呢？按照林毅夫的估算，1978—1984 年农业年均增长率为 7.7%。他用生产函数法和供给函数法估计的家庭农作制度的改革在 1978—1984 年间对农业增长的贡献度分别为 19.80%和 17.82%。

---

① 周其仁. 信息成本与制度变迁：读《杜润生自述：中国农村体制改革重大决策纪实》[J]. 经济研究，2005（12）：120.

② 1980 年中央的 75 号文件《中共中央关于进一步加强和完善农业生产责任制的几个问题的通知》肯定了农业生产责任制；1982 年中央的一号文件《全国农村工作会议纪要》肯定了包产到户、包干到户或大包干等集体经济形式。1982 年、1983 年、1984 年、1985 年和 1986 年的中央 1 号文件以及 1987 年的中央 5 号文件都是关于农村改革的。

四、农地制度变迁的方向选择、权利内涵及变迁路径

诺斯和托马斯认为产权制度是人们对资源的相对价格变化做出反应的结果[20]。农地制度的变迁也是人们对土地资源的相对价格或稀缺性做出反应的结果。现阶段我国的农地制度面临以下三个困境：①在转移了农村剩余劳动力后，实现土地的集约化和规模化经营以及城市化、工业项目用地都需要土地要素的自由流转。而目前的土地政策只有利于耕地在农村集体内部流转而严格控制了耕地的非农流转。②在正式制度的约束下，集体土地（尤其是建设用地）如何实现流转以实现土地要素的配置和利用效率，同时实现农民的土地财产性收益？③在现行征地制度下，地方政府为了所谓的“公益事业”大量征收农民的土地，而土地收益却不能被农民分享，农村中出现了“失地、失业和无社会保障”的流民。总之，在土地资源的相对价格发生变化的情况下，现有的农地制度已经不能满足资源配置的效率和公平的要求。本文认为解决这些问题的途径之一就是通过制度创新使农民成为土地要素的权利主体，保障其获得土地增值收益。

（一）农地制度变迁的方向选择

如果说产权是财产建立的制度基础，那么土地产权就是土地财产权建立的制度基础。在农村土地财产权制度演进的方向问题上，学者们提出了不同的思路。这些思路可以分为三个大的方面，分别是国有化下的“永佃权”制度，完全私有化，坚持农村土地集体所有制下的“共有私用”。接下来我们将逐一介绍。①在农村土地产权私有化的制度基础上构建土地财产权制度。如陈志武认为通过土地的私有化可以提高土地资源的配置效率，同时可以保障农民的土地财产权收益[21]。蔡继明则主张在实现农村居民宅基地私有化等农地产权多元化的基础上实现农民土地的财产权利[22]。②在农地国有化的制度基础上构建土地财产权制度。如法学家刘俊认为应该实行农地的国有化，以实现土地资源配置的效率和公平性[23]；冯燮刚也主张农村土地的国有化[24]。③在完善农村土地集体所有的基础上构建农民的土地财产权制度。如韩俊、张晓山等主张在完善现有农村土地集体所有的基础上，通过土地的流转、抵押、出租等形式实现农民的土地财产权。如何评价这三种制度的现实可能性？我们需要构建一些指标来进行综合评价。

诺斯认为制度变迁要解决动力、路径和经济绩效等方面的问题[25]。制度变迁也会受到诸多因素的制约。本文认为农地财产权制度的变迁过程中，制度会受到意识形态、国家利益、风险分担、制度变迁的成本等因素的影响。为此，我们将设计一些指标对此进行比较分析（如表 1 所示）。

表1　农民的土地财产权制度演进方向选择的比较分析

变迁方向	意识形态约束	变迁的主体	变迁的动力	变迁的路径		变迁成本分担			变迁的收益分配			风险分担			资源的配置效率
				理论路径	实际路径	国家	集体	农户	国家	集体	农户	国家	集体	农户	
私有化	受约束	国家 农民	私人净收益增加	私人尝试，国家立法确定	受意识形态约束，变迁受阻	大	—	小	小	—	大	大	—	小	完善的产权制度下效率最高
国有化	无约束	国家 农民	国家的净收益增加	国家推行，农民参与	国家强制推行，农民的土地权利被剥夺	小	—	大	大	—	小	小	—	大	委托代理、激励和治理问题难解决
完善集体土地所有制	无约束	集体 农民 国家	农村集体社区和私人净收益增加	农村社区精英倡导，国家立法界定权利	农村社区精英倡导，地方尝试，中央政府立法肯定成功经验	小	小	小	小	大	大	小	小	小	所有权主体“人格化”后效率会提高

（1）意识形态约束。诺斯提到了意识形态对制度变迁的影响[26]。不同的国家或政党具有不同的意识形态偏好。意识形态具有某种刚性，由国家干预的强制性制度变迁一般会受到意识的影响。在意识形态方面，社会主义国家更偏好公有制。农地财产权制度的演进方向的选择上，私有化会受到较大的意识形态的约束，而国有化和完善集体土地所有制是在公有制内部的调整，不会与现有的意识形态发生冲突。

（2）制度变迁的主体、动力和路径。诺斯认为制度变迁需要合适的变迁主体、变迁动力和选择合适的路径。农地财产权制度变迁的方向不同，其制度变迁的主体、动力和路径也不一样。如果选择私有化方向，那么制度变迁的主体主要是农民和国家；变迁的动力则是私人净收益增加；变迁的理论路径是私人尝试，国家立法进行肯定；而实际路径则是由于受到意识形态约束，制度变迁会“流产”。如果选择国有化方向，那么制度变迁的主体主要是国家；变动的动力是国家的净收益增加；变迁的理论路径是国家强制推行，农民参与；而实际路径可能是国家强制推行，农民的土地财产权利被剥夺。如果选择完善集体土地所有制，那么制度变迁的主体主要是国家、农村社区和农民；变迁的动力是农村社区和农民私人净收益的增加；变迁的理论路径是农村社区精英倡导，国家立法界定权利；而变迁的实际路径则是农村社区精英倡导，地方政府尝试，中央政府立法肯定成功经验。

（3）制度变迁的成本、收益和风险问题。每一项制度变迁都会有一定的成本发生，也会有一定的制度收益，且变迁主体还会面临一定的风险。在农地财产权制度演进的私有化方向上，国家将会承担较大的制度变迁成本，而私人承担的成本较小；制度变迁的收益主要被农民私人拥有；制度变迁的风险也要由国家来承担。在农地财产权制度演进的国有化方向上，农民将会承担较大的制度变迁成本；而制度变迁的结果主要是国家收益的提高；制度变迁的风险也主要由农户来承担。在农地财产权制度演进的集体土地所有制方向上，国家、农村集体社区和农民承担的变迁成本都会很小；制度变迁的收益主要由农民享有；制度变迁的风险相对较小。

（4）资源的配置效率问题。制度会影响资源的配置效率，不同的制度结构会形成不一样的经济绩效。不同的产权变革方向会对农地财产权制度的资源配置效率产生不同的影响。本文认为在赋予集体所有权主体法律“人格”（“硬化”所有权主体）和完善权利结构后，农村土地集体所有的产权制度对土地资源的配置效率会提高。

在分析了私有化、国有化和完善集体所有制的方向选择下，制度变迁的主体、动力和路径等后，我们需要依据以上的标准对农地财产权制度演进的方向做一个参考性的选择。①如果考虑到意识形态刚性，土地产权的私有化是最先被排除的。在国有化和集体所有制的对比中，依据两大制度系统对资源的配置效率来考虑，完善集体土地所有制将会是一个次优选择（与私有化相比），也是一个科尔多-希克斯改进。②如果仅从制度变迁的成本、收益的风险分担方面来考虑，排除制度变迁成本最大和收益最小的，保留制度变迁风险最小的。

农地制度变革应该选择哪个方向？考虑到意识形态约束，农地制度变迁的动力、成本、风险和难度等因素，本文认为在坚持农村土地集体所有制的前提下，建立以“用益物权”为基础的农民土地财产权利制度是个较好的选择。

（二）农地财产权利制度的内涵

如前所述，学者们虽然提出了建立土地财产权制度，但是并没有对土地财产权的内涵以及现实中非完备的土地财产权与理论上完备财产权利束的权利级差进行系统的论述。为此，我们需要重新认识并界定土地财产权的权利内涵。

在论及财产权内涵的时候，产权、物权和财产权的定义及关系问题是需要区分的。波斯纳[27]、王利明[28]和梅夏英[29]等学者都对此做了区分。经济学家 Coase 对产权做了论述[30]。我们在此只做一个简单的介绍。本文将产权定义为所有权基础上的一系列权利束的组合，它包括所有权、使用权、占有权、收益权等。物权是大陆法学的法律用语，物权是指权利人依法对特定的物享有的直接支配和排他的权利，包括所有权、用益物权和担保物权。财产权在大陆法学和英美法律的运用是不一样的，大陆法系注重财产权的“物的属性”，英美法系注重财产权的“人的权利属性”。由于我国的法律体系主要是参照大陆法学国家的立法原理建立的，故本文也采用了大陆法系中关于财产权的定义。在大陆法学中财产权分为广义的财产权和狭义的财产权。广义的财产权包括物权、债权、知识产权等。狭义的财产权只包括物权。财产权是指权利标的具有财产上的价值的权利。财产权的实质是一种法律关系，它用来规范权力主体对财产客体的权利内涵。一般说来，财产权必须具备普遍性、排他性和转让性等特征。产权、物权与财产权有什么联系呢？财产权是以产权为基础的一系列权利的延伸，广义的财产权是包含物权的。

在厘清了产权、物权和财产权等的基本概念后，我们将会考察我国农地财产权问题。首先一个问题是什么是财产？考特和尤伦认为“财产是一束权力。这些权利是描述一个人对其所有的资源可以做什么，不可以做些什么的规定：在多大程度上他可以占用、使用、改变、馈赠、转让或阻止他人侵犯其财产的范围”[31]。康芒斯把财产和自由联系起来，并认为从经济意义上看财产就是资产，从法律意义上看资产就是财产[32]。财产是获得自由的基础。具有完备产权的土地一般是可以作为其所有者或使用者的财产的，但是在我国农村土地集体所有制下，农民仅仅拥有土地的承包经营权，这样的产权制度下，土地能不能作为农民的财产呢？或者说如果要把土地作为农民的财产，在现有的产权结构下如何构建相关的财产权利束呢？我们需要进一步讨论。

《中华人民共和国物权法》颁布以前，关于农民的土地承包经营权有过债权和“物权之争”。《中华人民共和国物权法》颁布后，界定土地承包经营权为物权。从广义的财产权的定义来看，物权是财产权的一类，从两者的包含关系角度来推理农民的土地承包经营权可以作为其财产权（不过农村集体建设用地却被排除在了《中华人民共和国物权法》的物权界定之外）。虽然正式制度已经界定农民的土地承包经营权为物权，这已经迈出了农民获得土地财产权的第一步，但是农民拥有的土地财产权是不完备的。接下来我们将对理论上完备的财产权和现实中非完备的农地产权进行比较分析。

德姆塞茨在论述所有制时提到了所有制的残缺问题。他认为在现实中完全的私有权、国有权和共有权是不会完全（或纯粹）存在的，它们对于所包含的实质的权利束都有一定的弹性①。所有制可能是残缺的或者模糊的，以产权为基础的财产权权利也可能是不完善的。如果权利所有者不能排他和自由地行使对权利客体的转让、处分和收益的权利，那么权利所有者拥有的权利就是残缺的。与完善的财产权相比，我国农地财产权的权利是不完善的，而这些不完善的部分我们也找到了相关的法律依据予以证明。

通过表2的对比分析我们可以发现，我国不完备的农地财产权主要表现在以下方面：①所有权主体，即农民集体是非法律人格的权利主体。虽然正式制度承认农村的土地归农民集体所有，但是农民集体不是一个具有完善的法律人格的权利主体。在现实中，乡村干部往往成了农民集体的代理人，但是却不能真正代表农民行使土地所有者的权利。在完善农地的财产权过程中，第一步应该是明确界定所有权主体，赋予其相应的权利，建立完善的治理结构。如成都市在城乡一体化过程中对农地产权实施的“确权颁证”措施就是做实所有权主体的较好的做法。②土地财产的处分权问题。一般情况下财产的所有者拥有对财产的处分权，这是所有权价值的重要体现。在我国，虽然农民集体是农村土地的所有者，但是其并不拥有完备的土地处分权。农业用地转为非农业用地必须获得国家的批准；农村耕地或建设用地要转变为城市建设用地，只能被国家“征收”和“征用”转换为国有土地后才能进入土地市场流通。农民集体所有的土地所有权存在被稀释的现象，处分权也是被“剥夺”的。完善农民的土地财产权制度就需要考虑给予农民集体一定的土地处分权。③一些特殊权利规定。财产的出租、流转和抵押等权利的实现可以提高资源的配置和利用效率。在我国现有的农地财产权制度下，农地只有

① 德姆塞茨. 一个研究所有制的框架［M］//财产权利与制度变迁：产权学派与新制度经济学派文集. 上海：上海三联书店出版社，1991：180-200.

一些特殊规定的抵押权，主要是非家庭承包方式取得的农地可以抵押。虽然农民的土地承包经营权可以流转或出租，但是农民的建设用地使用权未经审批是不可以通过土地市场流转的。这些正式制度约束不仅弱化了农民的土地财产权利，而且也影响了土地财产的配置和利用效率。前文提到的一些省、市、县，如安徽、江苏等已经允许农村的集体建设用地实行抵押和流转，而全国性的制度变迁却没有实现，这需要地方政府和中央政府的决策者对土地制度实践经验进行总结和进一步探索。④农地的用途管制问题。在我国人多地少的自然禀赋下，农业用地应该受到一定的用途管制以便保障国家的粮食安全。但是集体建设用地使用权的流转是不是应该放松管制呢？我们认为在符合总体规划的基础上，应该允许经过审批的集体建设用地进入土地市场进行交易。这样既有利于提高土地资源的配置效率，也有利于农民实现其土地收益。

表2　完备财产权与非完备的农地财产权权利内涵的比较

类型		完备的财产权	非完备的农地财产权	
			权利内涵	法律依据
权利主体范围		国家及其代理人、法人和居民	国家及其代理人、农民集体、农民	《宪法》第八、十条；《土地承包法》第二、五条；《土地管理法》第二、八条
所有权主体是否具有法律人格		一般情况下有	农民集体是非法律人格的权利主体	
权利客体		特定的物（有形或无形）以及权利	农地（耕地、林地、草地以及其他农地，集体建设用地）	《土地承包法》第二条；《土地管理法》第四十三条；《中华人民共和国物权法》第五十八、五十九条
权利归属	所有权归属	物或权利所有人	农民集体或少量国有	《土地承包法》第二条；《中华人民共和国物权法》第一百二十四条
	使用权归属	相关权利人	耕地等的承包经营权归承包人，农村建设用地的使用权归使用者所有	《土地承包法》第五条；《土地管理法》第九条；《民法通则》第二十七条；《中华人民共和国物权法》第一百二十五条
	收益权归属	相关权利人	承包人和使用人	《土地承包法》第十六条；《中华人民共和国物权法》第一百二十五、一百五十二条
	处分权归属	所有权人	国家实际控制了农地的最终处分权	《土地承包法》第十七条；《土地管理法》第四条
一些特殊权利	所有权人是否有处分权	符合相关法律规定的，有处分权	农民集体无完备的处分权，国家具有最终处分权	《土地管理法》第六十三条；《中华人民共和国物权法》第一百二十五、一百五十二条
	是否可抵押	符合相关法律规定的，可以抵押	其他方式承包（非家庭承包）的农地可以抵押	《土地承包法》第四十九条；《中华人民共和国物权法》第一百三十三、一百八十和一百八十四条
	是否可出租或流转	符合相关法律规定的，可以出租或流转	土地承包经营权可以流转或出租，宅基地的建设用地使用权不可以出租	《土地承包法》第十、十六和三十二条；《土地管理法》第六十三条；《中华人民共和国物权法》第一百二十八条
用途是否受管制		一般无限制，除特殊规定外	农地转为非农用地受限制，集体建设用地转变用途受限制	《土地承包法》第十七条；《土地管理法》第四条

农村土地制度的调整实质是对以土地为基础的利益或土地收益在权利主体间的再分配。参与土地（增值）收益分配的权利主体主要有农民、农民集体、国家和土地开发企业等其他权利主体。农民的土地财产权利的再确认就是土地的生产性收益和增值收益在各个权利主体之间进行分配。新中国成立以来，历次农地制度的变迁中农民的土地财产权利的内涵都处于变动中。在 1978 年实施家庭联产责任制后，农民土地的生产性收益获得了部分保证。目前，随着城市化和农业规模经营的推进，在现行的土地制度下农民无法获得土地增值收益，主要是指农民无法完全获得改变土地所有权性质和土地用途后的级差地租或土地增值收益。现阶段，要充分实现农民的土地财产权利应该“还权赋能”，把处于“公共领域”的权利具体化，明确各个权利主体，保证农民或农民集体拥有土地的转让权、收益权和处分权等权利。

要实现农民的土地财产权利制度，需要建立物权为核心的土地财产权利体系，即可以用“用益物权”解决权利人（所有权人和使用人）对标的物权利的分割问题。按照物权法的规定，所有权人拥有对标的物占有、使用、收益和处分的权利，而用益物权人拥有对标的物占有、使用和收益的权利。在一定的限制内，用益物权人对所有权人具有一定的排他性。从理论上来说，用“用益物权”制度解决我国农村土地的集体所有和承包经营权相分离的问题是较好的制度安排，因为这样可以做到两权分离，权利界定清楚，同时这从法律上排除了所有权人对使用权人的侵害。当然，建立使用权人对所有权人和公共权力的反侵害制度是用益物权制度发挥作用的关键。

（三）实现农地财产权制度的路径

1. 土地财产权制度的诱致性制度变迁

随着经济的快速发展，土地要素的稀缺性越来越突显出来。在完善的市场经济中，土地要素的稀缺性应该表现为土地要素的价格或者是土地租金的上涨。在现有土地制度约束下，我国土地要素的配置主要依靠行政手段来配置，土地要素的价格或租金不能很好地反映土地要素的稀缺性。一个典型的事实就是农地转化为城镇建设用地必须经过政府的“征收”和“征用”转变为国有土地才能进入土地市场进行交易。在此过程中政府将征收的土地在土地市场上交易获得较高的土地收益，而原来拥有土地所有权的农民集体和拥有土地使用权的农民只能获得较少的补偿。这样的土地制度严重扭曲了土地要素配置的效率，也损害了农民依靠土地财产获得收益的权益。

随着土地要素的稀缺性越来越明显，人们对依靠土地获益的机会做出了反应，即创造出多种制度来获得土地增值收益或土地级差地租。最典型的一些案例，如南海模式，即广东南海区将农村集体土地入股形成土地股份合作组织，合作组织通过土地出租或建立厂房再出租等形式最大化土地增值收益，农民依据土地股份获得相应的“红利”。昆山模式，即江苏省昆山市通过“复垦”等方式获得新的土地使用指标，农户（通过招标等方式获得土地使用权）或集体经济组织建立厂房、商铺和住房，然后通过出租等形式获得土地增值收益。成都经验，即通过“还权赋能”“确实权”和搭建土地要素交易平台等方式实现“清晰的使用权和经营权”“有保障的转让权”和初步建立起城乡统一的建设用地市场。重庆的“地票”模式则是通过将农村闲置的基地建设用地复垦后在重庆农村土地交易市场向全国的土地使用者公开拍卖。这样的制度安排既可以提高土地资源的配置效率，又可以保障农民或农民集体获得土地增值收益。随着征地和用地矛盾的加深，人们创造了越来越多的制度来对新的制度需求做出反应。

2. 土地财产权的强制性制度变迁

强制性制度是对诱致性制度的补充或者是对诱致性制度变迁的肯定。南海模式、昆山模式、成都经验和重庆“地票”等局部的制度创新只有得到国家正式制度的肯定后才具有在全国普遍推行的价值。在实践中，已经有一些地方政府以正式制度的方式肯定了局部的农地财产权制度的创新尝试。典型的例子是安徽省于 2002 年公布了《安徽省集体建设用地有偿使用和使用权流转试行办法》，该文件允许对符合条件的集体建设用地使用权进行流转；广东省 2005 年 6 月公布了《广东省集体建设用地使用权流转管理办法（草案）》允许符合总体规划和经过批准的农村建设用地使用权与国有建设用地使用权一样，按“同地、同价、同权”的原则，通过招、拍、挂等方式进入市场交易。成都市于 2010 年 8 月出台了《成都市集体建设用地使用权流转管理办法》，也允许通过土地整理取得集体建设用地使用权指标的集体建设用地以出租、转租、抵押等方式流转。值得关注的是，除了提到的安徽、广东、成都市出台了集体土地（主要是集体建设用地）使用权流转的相关规定外，湖北省（2006 年 11 月）、江苏省（2007 年 7 月）、宿迁市（2006 年 8 月）、重庆市垫江县（2010 年 5 月）、南京市（2011 年 4 月）等多个省市县试点地区也陆续出台了相关的管理办法或草案。以上的制度创新均是地方政府为了响应人们对农地新制度的需求而做出的制度调整。如果要在全国范围内实现集体建设用地使用权的流转和抵押等，需要国家立法肯定。另外，一项强制性的制度变迁部分肯定了农民的土地财产权，即《中华人民共和国物权法》承认了农地承包经营权为物权，但是却仍然限制了集体建设用地的使用权。

综合以上的分析，本文认为农地财产权制度的变迁应该是诱致性制度变迁和强制性制度变迁相结合的过程。这一过程或者是发生了局部的诱致性制度变迁，或者是发生了局部的强制性制度变迁，或者是发生了全国性的强制性制度变迁。农地财产制度变迁的路径或者是自下而上的，如各地的农地变革的试验，或者是自上而下的，如《中华人民共和国物权法》的推行。

五、结论

自 1947 年以来，我国农地制度经历了农地产权的国有化和私有化并存时期（1947—1952 年）、集体所有制时期（1953—1978 年）和集体土地所有制下的家庭联产承包责任制时期（1978 年至今）三个阶段的变迁。目前，我国农地制度又处在了制度变迁的十字路口。随着工业化和城镇化的推进，土地要素的稀缺性越来越明显，其要素相对价格也发生了变化。人们对此做出了反应，要求创新农地制度，增加土地增值收益。现有制度约束下，农民的土地财产权的权利内涵是不完备的。如何建设完备的农地财产权？我们认为应该建立“用益物权”为基础的农村土地财产权制度，在完善集体土地所有制的基础上赋予所有者主体“法律化的人格”，同时允许农民享有对土地使用权进行抵押、出租和处分等权利。要实现农民的土地财产权制度就需要将诱致性制度变迁和强制性制度变迁结合起来，寻找制度变迁的动力和路径。

（本论文原载于《当代经济研究》2012 年第 6 期）

参考文献：

［1］约翰·洛克. 政府论两篇［M］. 赵伯英，译. 西安：陕西人民出版社，2004：4–5.

［2］詹姆斯·M. 布坎南. 财产是自由的保证［M］//查尔斯·K. 罗利. 财产权与民主的限度. 刘晓峰，译. 北京：商务印书馆，2007：28–77.

［3］陈甦. 土地承包经营权物权化与农地使用权制度的确立［J］. 中国法学，1996（3）：86–93.

［4］张少鹏. 土地使用权是独立的不动产物权［J］. 中国法学，1998（6）：49–56.

［5］王小映. 土地制度变迁与土地承包物权化［J］. 中国农村经济，2000（1）：43–49.

［6］黎元生. 农村土地产权配置市场化与制度改革［J］. 当代经济研究，2007（3）：44–47.

［7］金松青，KLAUS DEININGER. 中国农村土地租赁市场的发展及其在土地使用权公平性和效率性上的含义［J］. 经济学季刊，2004（4）：1004–1027.

［8］蒋省三，刘守英. 土地资本化与农村工业化：广东省佛山市南海经济发展调查［J］. 经济学季刊，2004（4）：211–227.

［9］刘守英. 集体土地资本化与农村城市化：北京市郑各庄村调查［J］. 北京大学学报（哲学社会科学版），2008（6）：123–132.

［10］叶向阳，吕志强，任国权，等. 农村集体土地产权制度研究［J］. 中国法学，1993（6）：78–83.

［11］MICHAEL CARTER，姚洋. 工业化、土地市场和农业投资［J］. 经济学季刊，2004（4）：984–1002.

［12］许经勇. 我国农村土地产权制度改革的回归与前瞻：形成有利于保证农民合法权益的土地产权制度［J］. 经济学动态，2008（7）：68–72.

［13］邓宏图，崔宝敏．制度变迁中土地产权的性质与合约选择：一个有关合作经济的案例分析［J］．管理世界，2008（6）：61-71，94.

［14］韩俊．尊重农民的土地财产权利［J］．理论视野，2004（3）：9-10.

［15］于建嵘．土地应该真正成为农民的财产［J］．华中师范大学学报（人文社会科学版），2008（3）：5-8.

［16］夏锋．让土地成为农民财产性收入来源［N］．上海证券报，2008-03-05.

［17］张晓山．农民土地财产权利如何实现？［J］．今日中国论坛，2009（1）：11-13.

［18］林毅夫．中国的农村改革与农业增长［M］//制度、技术与中国农业发展［M］．上海：上海三联书店，2005：63-92.

［19］DEMSETZ，H. Toward a theory of property rights［J］. America economic review，1967，57（2）：347-359.

［20］道格拉斯·诺斯，罗伯斯·托马斯．西方世界的兴起［M］．厉以平，蔡磊，译．北京：华夏出版社，2009.

［21］陈志武．土地集体所有制变相限制农民的自由［EB/OL］．［2011-7-05］．http://finance.ifeng.com/news/caizhidao/4/.

［22］蔡继明．土地私有化有利于农民的利益，房屋应有永久产权［EB/OL］．［2011-7-04］．http://finance.ifeng.com/news/20110704/4222185.shtml.

［23］刘俊．土地的所有权国家独占研究［M］．北京：法律出版社，2008：276-285.

［24］冯燮刚．中国房地产市场发展的理论分析［J］．经济学动态，2008（3）：55-61.

［25］道格拉斯·C．诺斯．制度、制度变迁与经济绩效［M］．杭行，译．上海：上海人民出版社，2008.

［26］道格拉斯·C．诺斯．经济史上的结构和变革［M］．厉以平，译．北京：商务印书馆，2010：53-68.

［27］理查德·A．波斯纳．法律的经济分析（上）［M］．蒋北康，译．北京：中国大百科全书出版社，1997：40-102.

［28］王利明．物权法研究（上）［M］．北京：中国人民大学出版社，2007：3-36.

［29］梅夏英．财产权构造的基础分析［M］．北京：人民法学出版社，2002：153-176.

［30］COASE R H. The problem of social cost［J］. Journal of law and economics，1960（3）：1-44.

［31］罗伯特·考特，托马斯·尤伦．法和经济学［M］．张军，等译．上海：上海三联出版社，1991：125.

［32］康芒斯．制度经济学（上）［M］．于树生，译．北京：商务印书馆，2006：93.

如何看待现阶段我国农民合作社的“规范性”？

——一个政治经济学的探讨

李萍　田世野

一、引言

近年来，我国农民合作社蓬勃发展，但与此同时，其“规范性”问题也引起各界的广泛关注和讨论。一些学者指出，我国农民合作社中普遍存在“精英俘获”“狼羊同穴”的问题，少数精英社员主导合作社，普通农民社员被边缘化；一些合作社仅仅是挂着合作社牌子，实际上是私营企业，只是为了获得政府的优惠政策，才套用合作社之名（所谓“伪合作社”），严重违背社员民主管理、按惠顾额分配盈余、限制资本报酬等合作社基本原则①。

对于这些“不规范”现象，我国学界的主要倾向是：一方面，忧虑资本控制可能造成合作社益贫性功能削弱、普通社员的正当权利被侵犯；另一方面，不得不承认资本或精英主导和普通社员的边缘化是我国农民异质性、市场竞争激烈化、普通农民人数众多而容易陷入“集体行动困境”等问题作用下的必然结果②。同时，也有一些学者认为应该对现实中出现的各种合作社治理结构持包容、开放的态度，鼓励农民在互利基础上的自主选择与合作③；也有学者提出我国农民合作社发展的“国际标准”与“本土特色”的问题，认为不能固守“刻板”的“国际标准”，而要根据中国自身的特殊情况，

---

① 潘劲. 中国农民专业合作社：数据背后的解读［J］. 中国农村观察，2011（6）：2-11.

② 仝志辉，温铁军. 资本和部门下乡与小农经济的组织化道路：兼对专业合作社道路提出质疑［J］. 开放时代，2009（4）：5-26；邓衡山，王文烂. 合作社的本质规定与现实检视：中国到底有没有真正的农民合作社？［J］. 中国农村经济，2014（7）：15-26；郭富青. 西方国家合作社公司化趋向与我国农民专业合作社法的回应［J］. 农业经济问题，2007（6）：36-40；任大鹏，郭海霞. 合作社制度的理想主义与现实主义：基于集体行动理论视角的思考［J］. 农业经济问题，2008（3）：90-94.

③ 黄祖辉，邵科. 合作社的本质规定性及其漂移［J］. 浙江大学学报（人文社会科学版），2009（1）：10-15.

进行“变通”[①]。

笔者认为，上述研究虽然对我国农民合作社具有一定的解释力和现实价值，但仍然存在以下三个方面的不足或有待拓展之处：

第一，制度背景的局限性。现有研究基本以西方国家的合作社制度为标尺来衡量和评判中国农民合作社实践的“规范性”，对中国农民合作社面临的现实需要和制度背景等缺乏足够的关注和针对性的研究。西方国家的主要矛盾、制度背景与当下之中国有重大差异，农民合作社的地位、作用、运行方式自然也应当是不同的。因此，用西方的合作社标准来衡量评判中国的合作社实践，就可能对我国农民合作社实践的现实意义和未来的发展道路做出误判和误导。

第二，适用范围的局限性。西方合作社制度强调按惠顾额分配盈余，社员与合作社之间的主要关系是产品交易关系。然而，由于特定的制度背景和现实需要，我国存在大量以要素合作为主、产品交易为辅（甚至没有产品交易关系）的土地股份合作社和其他股份合作社。以我国的土地股份合作社这一内生于中国特色社会主义土地制度和农业产业化、现代化需要的中国特色的合作社实践为例，普通社员一般只是在合作社劳动，合作社对社员的分红是基于农民的承包地，而非农民向合作社交售的农产品，从而也就不存在所谓“按惠顾额分配盈余”的问题。

第三，理论范式的局限性。现有的相关研究主要采用新制度经济学分析范式，运用马克思主义政治经济学的分析范式的研究成果相对较少。新制度经济学基于自利人、有限理性、机会主义行为等抽象的人性假定，根据个人的成本—收益计算，来进行制度分析，其实质是运用新古典经济学的个体主义分析范式来研究制度问题。这一理论存在严重的局限性[②]。而马克思主义政治经济学以历史唯物主义和辩证唯物主义为哲学基础，遵循制度整体主义、历史与逻辑相统一的分析范式，可以弥补和拓展新制度经济学的分析[③]。

如何看待我国当前阶段农民合作社的规范性，是一个关系到如何评判我国农民合作社实践的成就、不足，以及中国农民合作社未来发展之路的带有根本性的重大问题。笔者认为，研究当代中国的一切重大社会问题，都不能忽视一个基本前提，那就是中国特色社会主义制度、道路和中国当前的发展阶段。中国特色社会主义理论是在继承与发展马克思主义基本原理的基础上，对中国特色社会主义制度、道路的经验总结和理论概括。因此，至少应该以中国特色社会主义政治经济学为理论指导，应该是一个理论起

---

① 曹阳. 当代中国农业生产组织现代化研究［M］. 北京：中国社会科学出版社，2015：310-313.

② 参见林岗，刘元春. 制度整体主义与制度个体主义：马克思与新制度经济学的制度分析方法比较［J］. 中国人民大学学报，2001（2）：51-60.

③ 事实上，新制度经济学从马克思的经济思想中获得诸多启发，马克思关于生产力与生产关系、经济基础与上层建筑相互作用的原理，以及历史与逻辑相统一的分析方法等对新制度经济学的形成都有重要影响。参见卢现祥. 新制度经济学［M］. 2 版. 武汉：武汉大学出版社，2011：9-10.

点。笔者试图基于中国特色社会主义政治经济学的理论视角，紧密结合我国特色的制度背景、发展阶段、发展要求以及合作社的本土实践，尤其是紧密联系党的十九大精神和习近平新时代中国特色社会主义经济思想，从我国当前经济社会发展的宏观需求和农民自身的微观需求两方面着手，对我国现阶段农民合作社的“规范性”问题进行研判。

二、西方合作社原则内在矛盾的政治经济学分析及其当代表现形式

在过去的一百多年里，国际合作社界所公认的基本原则大致经历了罗虚代尔原则、1966 年原则和 1995 年原则。苑鹏认为，合作社“是处于市场竞争不利地位的弱小生产者按照平等原则在自愿互助的基础上组织起来、通过共同经营实现改善自身经济利益或经济地位的组织”，具有较强的“反市场性”①。黄祖辉、邵科认为，合作社具有自我服务和民主控制两大本质规定性，但同时指出，这两种本质规定性都不可避免地发生“漂移”②。在西方发达国家，合作社实践与原则间的距离日益拉大。明显的事实是，20 世纪 70 年代以来，西方传统的合作社大都难以为继，大量破产，一些具有明显“公司化倾向”的新一代合作社却蓬勃发展，表现出旺盛的生命力③。新一代合作社具有较强的营利性，越来越多地采取现代公司的经营管理理念和方法，与一般企业的界限日益模糊。“目前，西方发达国家政府的主流做法是将合作社视为一种普通企业类型，对于合作社的支持也像对待其他企业一样”④。

那么，为什么实践中的合作社会发生这些变化，逐渐褪去其相对于一般企业组织的原初本色呢⑤？为什么平等、民主的合作社原则难以在当代市场经济条件下继续坚持呢？在笔者看来，西方合作社本质规定性“漂移”的实质是其内在矛盾在当代条件下的表现。从合作社的起源来看，在十九世纪中期的欧洲，新兴的资本主义发展过程中，资本家对工人阶级的残酷剥削和尖锐的阶级矛盾，引起了社会的广泛关注。当时的合作运动希望以弱者间的联合互助，达到自立自强、减弱资本的剥削性、改良资本主义社会

---

① 苑鹏. 中国农村市场化进程中的农民合作组织研究［J］. 中国社会科学，2001（6）：63.

② 黄祖辉，邵科. 合作社的本质规定性及其漂移［J］. 浙江大学学报（人文社会科学版），2009（4）：11-16.

③ 郭富青. 西方国家合作社公司化趋向与我国农民专业合作社法的回应［J］. 农业经济问题，2007（6）：6.

④ 苑鹏. 部分西方发达国家政府与合作社关系的历史演变及其对中国的启示［J］. 中国农村经济，2009（8）：94.

⑤ 西方合作社的“原初本色”，主要体现在罗虚代尔公平先锋社的七条原则中：“1. 社员缴纳会费；2. 实行有限责任制；3. 所有选举事务每人一票；4. 由选举出的自治委员会管理交易；5. 社员有权监督账目；6. 每位社员分红的多少由其在合作社的购买量决定；7. 每季度分红，以使社员的红利在每一季度中能在合作社滞留一段时间，作为社员的存款和合作社发展的资本。”参见：陈意新. 二十世纪早期西方合作主义在中国的传播和影响［J］. 历史研究，2001（6）：91.

的目的[①]。也就是说，西方合作社一方面是资本主义社会市场经济的产物，另一方面又承载着一种与这种资本主义社会环境相悖的人人平等、互助合作的社会理想。显然，这里存在着理想与现实的矛盾、局部和整体的矛盾。进一步看，这种矛盾的实质是合作社在客观上的市场性与主观上的反市场性间的矛盾：合作社处在市场经济的大环境之下，是自愿成立、自主经营的经济组织，在市场竞争中求得生存和发展，是当然的市场主体[②]；但是，合作社所追求的价值、理想（平等、民主、互助）与市场的竞争法则和利润目标又是格格不入的，具有所谓的“反市场性”[③]。这一矛盾的最集中体现是平等的社员权利与社员异质性间的矛盾。一个基本事实是，合作社作为市场主体，平等的成员权利（一人一票、民主管理）是相关主体间谈判博弈和自愿签约的结果，权利基础是利益交换和互惠互利。因此，包括合作社在内的各种经济组织的权利分配取决于各个成员的谈判力，只有在成员的谈判力基本相当（或者说社员同质性较高）的情况下，才可能形成平等的成员权利结构。例如，西方早期合作社就具有较高的社员同质性、相对均衡的社员谈判力，这使得其内在矛盾表现得比较缓和[④]。

那么，决定市场权利的谈判力基础又是由什么构成的呢？按照马克思的观点，在商品经济中，人与人的关系是通过人与物的关系来表现的，“每个个人以物的形式占有社会权力”[⑤]。“在任何情形下，在商品市场上，只是商品所有者与商品所有者相对立，他们彼此行使的权力只是他们商品的权力”[⑥]。按照现代契约理论，市场组织是一组要素契约的集合。因此，在市场经济中，占有要素（商品）的数量、质量和种类决定了经济主体在市场和组织中的地位和权利——这为马克思说的人与物的关系背后的人与人的关系提供了现实注脚。而要素的占有有两种基本形式：一种是直接占有要素本身，如物质资本、劳动力、专业技术、企业家才能等；另一种是占有要素的索取权，如货币、所有权、社会关系等。

---

① 陈意新. 二十世纪早期西方合作主义在中国的传播和影响 [J]. 历史研究，2001（6）：91.

② 日本农协是个例外。日本农协与政府有着非常紧密的联系，“兼具群众团体和工商企业的双重特性”，并非单纯的市场主体。参见刘松涛，王林萍. 新《农协法》颁布后日本农协全面改革探析 [J]. 现代日本经济，2018（1）：26.

③ 苑鹏. 中国农村市场化进程中的农民合作组织研究 [J]. 中国社会科学，2001（6）：63.

④ 以最早的罗虚代尔公平先锋社为例。1844 年英国罗虚代尔镇 28 名纺织工人，每人出资 1 英镑，创立了“罗虚代尔公平先锋社”（Rochdale Equitable Pioneer Society）。他们的想法是组织一个合作购买的代理机构，以批发价买进商品，再以零售价卖出，主要是卖给社员，然后将利润定期分给社员，以使工人而不是商人取得利润。这种合作模式曾取得过巨大的成功。至 19 世纪末，罗虚代尔公平先锋社已有 12 000 多社员和 100 多万英镑的年交易额，全英国已有 1 500 多个消费合作社，1 200 万社员，这种合作社还传播到西欧其他国家及北美、日本、印度。参见陈意新. 二十世纪早期西方合作主义在中国的传播和影响 [J]. 历史研究，2001（6）：90-91.

⑤ 中共中央马克思恩格斯列宁斯大林著作编译局. 马克思恩格斯全集：第 30 卷 [M]. 北京：人民出版社，1995：107.

⑥ 中共中央马克思恩格斯列宁斯大林著作编译局. 马克思恩格斯全集：第 30 卷 [M]. 北京：人民出版社，1995：182.

杨瑞龙、杨其静提出了一个基于个体视角的资源“专有性”（exclusive）解释框架：企业组织的剩余控制权和剩余索取权要根据各个要素所有者的“专有性”来确定①。邵科、徐旭初据此提出，应该让那些关键性生产要素的所有者掌握合作社的控制权，并且弱势的合作社社员一般也认同和接受这一原则②。基于个体视角的资源专有性理论虽然揭示了社员权利由其实力决定的基本逻辑，为分析合作社治理结构提供了一个有益的分析框架，但是不能进一步说明社员实力（专有性）本身的结构及其变化趋势，从而也就不能进一步解释和预测合作社治理结构（社员权利结构）的长期变化趋势。这是使用资源专有性理论来解释合作社治理结构演变的最大局限性所在。产生这一局限性的方法论根源是，各种资源、要素的相对重要性和谈判力是社会整体关系决定的，是在社会发展过程中不断变化的，只能在整体性的分析框架中得到说明。使用整体分析范式的马克思主义政治经济学可以在很大程度上弥补这一缺陷。

马克思指出，在商品经济条件下，货币是一种普遍的社会权力，“他在衣袋里装着自己的社会权力和自己同社会的联系”③。货币通过转化为一定的生产要素，特别是劳动力，投入生产中，就转化为资本，货币的权力也就转化为资本的权力。《资本论》第1~3卷（中文版）至少有19页直接提到商品、货币与资本的“权力”④。货币之所以是社会权力，是因为它作为价值符号，能用来交换一切商品。所以，不管是产品还是要素，只要它被商品化了，就能被货币支配，就要服从货币这个市场权力。近代以来，随着资本主义生产方式的兴起、扩张，自然经济日益瓦解，商品经济则在不断扩张着自己的范围，大量过去很少商品化的生产要素开始了大规模的商品化，特别是劳动力、土地、自然资源的商品化，市场机制和市场权力（货币）日益在社会资源的配置中发挥主导作用。科技的发展和在生产中日益广泛的运用，以及作为科技载体的机器设备、专业技术人才的商品化，进一步扩大了货币的权力，从而扩大了资本的权力。在科技快速发展的情况下，为了提高劳动生产率、产品质量和产品附加值，必须更多地利用先进科技，才能在激烈的市场竞争中求得生存和发展。对科技的依赖转化为对货币和资本的依赖，科技统治范围的扩大转化为货币和资本统治范围的扩大⑤。

---

① 杨瑞龙，杨其静．专用性、专有性与企业制度［J］．经济研究，2001（3）：3-11.

② 邵科，徐旭初．成员异质性对农民专业合作社治理结构的影响：基于浙江省88家合作社的分析［J］．西北农林科技大学学报（社会科学版），2008（2）：6、8.

③ 中共中央马克思恩格斯列宁斯大林著作编译局．马克思恩格斯全集：第30卷［M］．北京：人民出版社，1995：106-108.

④ 鲁品越．《资本论》是关于市场权力结构的巨型理论：兼论社会主义市场经济的理论基础［J］．吉林大学社会科学学报，2013（5）：70.

⑤ 事实上，西方马克思主义就对科技持一种批判态度，认为科学技术的发展加深了资本对人和社会的统治，对科学技术的批判是对资本批判的矛头之一。霍克海默、马尔库塞等人提出了一个震撼的口号：科学技术也是意识形态——资本家更加深层地统治社会的意识形态。转引自鲁品越．资本逻辑与人的发展悖论［J］．学习与探索，2013（2）：2.

在经济社会的发展过程中，除了货币和资本权力日益扩大，人力资本也越发重要，逐渐参与到企业剩余索取权和剩余控制权的分享中①。相应地，人力资本所代表的市场权力也在日益扩大，资本与劳动间的矛盾部分转化为物质资本与人力资本间的矛盾②。与此同时，劳动力所代表的市场权力却呈下降趋势。按照马克思的相对过剩人口理论，随着资本积累和资本有机构成的提高，机器日益替代劳动，相对过剩人口逐渐增多，形成越来越大的产业后备军，使得劳动力在与资本博弈时更加弱势③。科技的力量越强大，（简单）劳动的力量就相对越小；离开科技和机器，劳动越来越发现自己什么也做不了了。现代市场经济发展的总趋势是使得货币、资本、人力资本的市场权力日益扩大，劳动的市场权力相对地趋于缩小。

上述市场权力结构的变化趋势不利于实现合作社社员的平等权利。总的来说，随着市场经济的日益扩张，市场机制成为配置资源的决定性机制，具有“反市场性”的西方合作社原则必然面临越来越大的变革压力。具体而言，首先，随着农业资本有机构成的提高和资金需要量的增加，资金实力有限的农民，甚至农场主也越来越难以筹集到足够的资金，为了在激烈的市场竞争中生存和发展，不得不引进外部投资者④，这显然会扩大合作社社员的异质性，同时削弱原来社员的权利；其次，普通农民人力资本的拥有量也较为有限，人力资本市场权力的提升，以及具有更多人力资本的精英社员加入合作社，同样会扩大社员异质性，不利于那些人力资本薄弱的普通农民在合作社中的权利；最后，在货币、物质资本、人力资本和劳动力中，在占有上最容易做到平等的就是劳动力，而这恰恰是随着现代市场经济的发展，市场权力结构中日益弱化的要素，难以成为承载合作社社员权利（rights）平等的权力（power）基础。时代的发展要求不断扩大合作社的范围，从而使得合作社的社员异质性有扩大的趋势，平等的核心原则日益面临缺乏相应的权力基础的深刻危机，其内在矛盾在当代条件下也就愈益发展和尖锐起来。客观现实与主观认知间的矛盾和冲突必然要以主观认知的妥协来得到解决，合作社主观上的反市场性必须向客观上的市场性让步，这不以人的主观意志为转移。于是，合作社的各种“异化”“漂移”就不可避免地发生了，依外在条件的不同，而在程度和形式上有所差异。

---

① 参见方竹兰. 人力资本所有者拥有企业所有权是一个趋势：兼与张维迎博士商榷［J］. 经济研究，1997（6）：36-40；方世建. 基于知识专有性的治理结构重构［J］. 经济学家，2006（3）：120-121；黄载曦. 剩余索取权配置：高新技术企业专有性人力资本的有效约束［J］. 财经科学，2007（9）：90-96.

② 鲁品越. 资本逻辑与当代中国社会结构趋向：从阶级阶层结构到和谐社会建构［J］. 哲学研究，2006（12）：26-27.

③ 如此看，在权力决定上，马克思的市场权力结构理论与杨瑞龙、杨其静（2001）提出的专有性理论也有相通之处。

④ 黄祖辉. 农民合作：必然性、变革态势与启示［J］. 中国农村经济，2000（8）：4-8；郭富青. 西方国家合作社公司化趋向与我国农民专业合作社法的回应［J］. 农业经济问题，2007（6）：4-11.

上述发展趋势无论对中国，还是对西方发达国家的农民合作社都是存在的，但是，相比而言，在中国的农民合作社中取得了更加充分的表现形式。因为西方发达国家的农民（农场主）在资金实力、人力资本、经营规模上都远远超过中国的小农户，即使合作社对资金、技术、人力资本等需求量增加，入社门槛提高，欧美发达国家的大部分农场主还是能达到入社的门槛。也就是说，合作仍然可以在相对同质性的农场主之间展开，不必要大量引进和依赖外部投资者。这使得北美的新一代合作社的社员异质性虽然有所提高（吸收部分外部投资者），但是仍能控制在一定范围内（最重要的表现是不允许少数人控股），这就使得平等、民主原则与合作社的效率要求间的矛盾没有达到尖锐的程度，从而能在一定程度上坚持西方合作社的平等原则。相比之下，中国的小农户的弱质性要更加明显，大部分小农户缺资金、缺技术、缺经营管理能力，拥有要素的数量和质量都严重不足，市场行动能力很弱。这就决定了，这样一群弱质小农很难开展有效的产品或要素合作，基于其生存和发展的诉求遂转向吸纳那些拥有资金、技术、经营管理才能的专业大户、公司或者其他社会主体的参与。而这些强势主体的参与必然要求在合作社中享有与其投入要素相应的权利，从而西方合作社的平等、民主原则就不能在我国的农民合作社实践中得到实现。归根结底，农民合作社作为市场主体，必须要承认货币、资本、人力资本的市场权力，挑战这些市场权力，它就不能得到它所必需的生产要素，就不能生存和发展，甚至不能产生。总之，社员权力结构（power structure）和权利结构（rights structure）的大致匹配是合作发生的基础，这是交换、互惠的市场逻辑决定的。现实中合作社的成立和运行并不能改变社员的权力结构（在资金、物质资本、人力资本上的相对拥有量），而是建立在既定权力结构基础上的，这就决定了它不能对社员权利结构做出任何不同于普通企业的安排。面对既定的、不平等的社员权力结构，弱势社员要么接受不平等的权利结构，在此基础上进行合作，要么不予接受而无缘合作。

三、我国农民合作社益贫功能与共享性的制度环境及其实现机制

追本溯源，合作社的创立初衷是改善弱者的福利，益贫功能是其不可分离的本质规定性之一。按照阿马蒂亚·森（Amartya Sen）的贫困理论，减贫的手段和目的都是提高贫困者的可行能力，增进其享有的实质性自由①。换句话说，改善贫困的关键是促进人的发展；而人的发展离不开经济发展，以及人们在参与经济发展过程中的可行能力的提升。从这一视角来看，所谓“益贫功能”与我国当前非常强调的“共享发展”理念颇有相通之处：将减贫与经济社会发展、人民的参与和能力发展紧密联系在一起。

在党的十九大报告中，习近平总书记指出“中国特色社会主义进入新时代，我国社会主要矛盾已经转化为人民日益增长的美好生活需要和不平衡不充分的发展之间的矛

---

① 阿马蒂亚·森. 以自由看待发展［M］. 任赜，等译. 北京：中国人民大学出版社，2012.

盾”，并明确指出发展仍然是解决我国一切问题的基础和关键，我国仍要以经济建设为中心，并着力解决发展不平衡不充分的问题①。从党的十八大以来，习近平总书记提出“共享发展”理念，反复强调要增强发展的共享性，提升人民群众的获得感和幸福感。关于“共享发展”的内在含义，田学斌提出一个极富启发性且极具理论张力的观点，即共享发展不仅是发展结果的共享，更是发展过程的共享：“共享发展不只是分配上的公正，更不是原始意义上的绝对平等，而是在发展中创造共享，共享不仅是成果的共享，也是过程的共享。不是等到发展完成了才考虑成果的分配问题，而是一开始就在发展中植入共享的基因，使发展的过程本身成为共享的过程。共享发展的独到之处就在于，它把社会公正的基点不是只放在分配上，更重要的是放在提高生产力发展水平上……这正是共享发展理论价值和现实魅力之所在，是共享发展不同于一切传统意义上的公平正义理论的创新和提升。”②

共享发展的“过程观”或“生产力视野”这一新的阐发，不仅与马克思关于分配公平相对于生产公平具有次生性关系的唯物史观有着高度的契合性，而且对于我们理解“共享发展”的真义，对于理解当前我国农民合作社的现实使命、功能定位具有非常重要的意义。当前，我国发展不平衡、不充分的一个重要方面就是城乡发展不平衡，农村发展相对滞后，农业现代化任重道远，广大农村和贫困地区仍然存在不少集中连片贫困地区，2020 年全面建成小康社会的难点也主要在广大农村地区。在党的十九大报告中，习近平总书记提出要实行“乡村振兴战略”。能支撑乡村振兴战略的经济基础，决非传统农业，而必须是科技含量和产品附加值较高的现代农业和新型业态。舒尔茨指出，改造传统农业的关键是向农业中引进新生产要素③。2018 年中央一号文件也提出，要“推动城乡要素自由流动、平等交换”④。

笔者认为，对我国农民合作社的分析，应该放在城乡要素交流和“四化”（新型工业化、信息化、城镇化、农业现代化）同步这一更大的视角下展开。无论是农业、农村的发展，还是农民的增收和可行能力的提升，都不能离开一个前提，那就是吸引农业、农村外部的先进生产要素（也就是舒尔茨所说的新要素）。从我国国情来看，我国实行了几十年的城乡二元体制，有着明显的城乡二元结构，即使是现在，农村和农业相对于城市和非农产业都是发展相对滞后的，农民的经济实力和人力资本水平都非常有限。虽然近年来随着土地流转，农村培育出了一批专业大户和家庭农场等新型农业经营主体，

① 决胜全面建成小康社会 夺取新时代中国特色社会主义伟大胜利：在中国共产党第十九次全国代表大会上的报告［EB/OL］.［2017-10-27］. http://www.xinhuanet.com/politics/19cpcnc/2017-10/27/c_1121867529.htm.

② 田学斌. 共享发展的逻辑机理和实现路径［J］. 中国党政干部论坛，2017（9）：39.

③ 西奥多·W. 舒尔茨. 改造传统农业［M］. 梁小民，译. 北京：商务印书馆，2013.

④ 中共中央国务院关于实施乡村振兴战略的意见［EB/OL］.［2018-02-04］. www.xinhuanet.com/politics/2018-02/04/c_1122366449.htm.

它们开始拥有了一定的新生产要素，但是这部分农户的数量并不多，占中国农民绝大多数的还是普通的小农户，拥有的生产要素主要还是传统要素，如土地、劳动力。这些传统生产要素只有与舒尔茨所说的新农业要素（如科学技术、专业人才、企业家才能等）相结合，才能被激活，其生产率和收益才能提高。因此，立足于我国农业现代化的需要和我国的具体国情，当前我国的农民合作社不应局限在普通小农户内部，而应该积极开展城乡之间、农业和非农产业之间更广泛的要素和产品合作，积极促进广大小农与那些拥有现代生产要素的外部主体的各类合作①。

从我国合作社的实践来看，那种国际合作社联盟推崇的弱质小农自我组织的合作社极为少见②。从合作社的发起者和主导者来看，我国的合作社可分为两类：第一类，由若干经济实力较强的专业化农户共同发起的、以专业化农户为主体的股份制农民合作社，主要见于江浙等农村经济相对发达地区；第二类，由实力较强的各种外部主体（政府部门、工商资本和乡村能人）发起和组织的合作社。前一类合作社通常设置一定的进入门槛，贫困户、小农户要么被排斥，要么只能作为所谓的“联系社员”；后一类合作社的社员异质性更高，参与其中的贫困户、普通农户也不能享有与精英社员同等的权利。正因为此，我国现实中的农民合作社常被贴上“异化”合作社、“伪合作社”的标签。但笔者认为，这种简单化、绝对化的评判并没有确切的理由。从我国农业现代化和农民致富需要新生产要素，而我国农民自身又缺少这些新生产要素的现实情况看，引进外部主体参与合作社是必要的，部门、资本和能人领办合作社，未必不是一条可行的实现途径。基于上述共享发展的理念，即使是因此要扩大合作社的社员异质性，要在一定程度上减弱社员的平等、民主权利，也是值得的，因为这样可以促进农民对农业、农村发展的共建共享。

具体而言，这种共享机制主要体现在两个方面：一方面，部门、资本、能人领办合作社，能促进农村新型产业发展，为农村的土地、房屋、劳动力等现有要素创造新的用途，从而激活农村沉睡生产要素，使农民现有要素得到更充分、高效的利用，农民同时也从中获得收益，工资性收入、经营性收入和财产性收入都可能增加，这就促进了农村的“共建共享”；另一方面，农村传统生产要素通过与新生产要素的结合，其生产率将大大提高，例如通过农产品加工业的引进，农产品产业链延长，附加值大大提高，农民的收入也将增加，这同样符合“共建共享”的理念。总之，新生产要素的加入，有利于发展农村产业、激活农村经济、繁荣农村市场，其结果是为农村、农业和农民创造诸多“新经济机会”，这些新经济机会，既可以是更多的就业机会，也可以是更多的经营

① 实际上，前面已经指出，即使是对欧美发达国家中经济实力远远超出一般中国农民的农场主来说，将合作范围限定在同质的农场主群体内，也是愈益困难了。

② 曹阳. 当代中国农业生产组织现代化研究［M］. 北京：中国社会科学出版社，2015：321.

机会、获利机会，还可以是更多的学习机会①。反之，如果为了保证社员的同质性（进而保证社员权利的平等），将农民合作的范围局限在小农户的范围内，这种合作（即使能存在）对农业现代化和农民福利的改进并没有太大的意义。

当然，正如一些研究者所指出的，精英领办的合作社也存在一些隐患。例如，政府部门（如供销社、农机局、烟草局或烟草公司等）借合作之名，行垄断之实，通过种种方式，胁迫农民加入合作社，严重违反了自愿原则②；工商资本领办的合作社，可能仅仅是为了套取国家的优惠政策，“合作社”只是一个名义、一块牌子，其实质仍然是私营企业③；乡村能人（村干部、乡村私营企业主等）领办合作社的动机也可能与工商资本领办合作社的动机相似，即更好地谋取个人利益。笔者认为，精英主导的农民合作社究竟是带动和服务性更强，还是掠夺性更强，不是绝对的，主要取决于外部条件有利于哪一方面的发挥。马克思曾经指出，“不论合作劳动在原则上多么优越，在实际上多么有利，只要它没有越出个别工人偶然努力的狭隘范围，它就始终既不能阻止垄断势力按几何级数增长，也不能解放群众，甚至不能显著地减轻他们贫困的重担”④。这里，马克思实际上指出了合作社益贫功能的实现需要“越出个别工人偶然努力的狭隘范围”，即借助整体的社会制度来实现⑤。正如前面所指出的，西方合作社原则内在地具有理想的社会追求和与之相悖的社会现实的矛盾、合作社这一微观组织与整个社会环境的矛盾。从逻辑上看，要化解或缓和这些内在矛盾，就必须缩小矛盾双方的差距：一方面，合作社要进行与时俱进的变革，另一方面，需要整体的社会制度环境向合作社所追求的社会理想演变。因此，中国农民合作社的益贫功能和共享性的发挥需要进一步完善中国特色社会主义市场经济体制。总的来说，增强政府部门、工商资本和乡村能人领办的合作社的益贫功能和共享性，就是要实现精英社员和普通农民社员的利益相连、激励

---

① 舒尔茨在《改造传统农业》一书中将农业科技等新农业要素称为农民的“新经济机会”（参见西奥多·W.舒尔茨. 改造传统农业［M］. 梁小民，译. 北京：商务印书馆，2013：90），笔者认为，这是对新要素对农民的作用机制和重大意义的深刻揭示。对当下的中国而言，这种新要素给农民、农业、农村带来的“新经济机会”则有更加丰富的内涵。

② 曹阳. 当代中国农业生产组织现代化研究［M］. 北京：中国社会科学出版社，2015：320.

③ 张晓山，苑鹏. 合作经济理论与中国农民合作社的实践［M］. 北京：首都经济贸易大学出版社，2009：4-5.

④ 中共中央马克思恩格斯列宁斯大林著作编译局. 马克思恩格斯选集：第2卷［M］. 北京：人民出版社，1995：606.

⑤ 事实上，新中国第一代社会主义经济学家薛暮桥在20世纪40年代就已经提出社会制度对合作社的功能与作用具有重要影响的思想。他指出，“合作社是一种群众性的经济组织，它在不同的社会中产生着不同的作用。在资本主义先进国家，合作社是资本主义的装饰品和补充物，金融集团往往通过它来控制小生产者。在社会主义国家苏联，合作社组织千万小农经济使它成为社会主义农业（集体农场），它是社会主义经济之一的重要构成部分。在中国，过去合作社曾成为帝国主义和地主高利贷者的俘虏，被他们利用了来控制中国农业和手工业生产，剥削中国农民和手工业者。而在新民主主义的各解放区，它就在民主政府的扶助和广大群众的拥护下，成为一种新的经济形式”。参见薛暮桥. 怎样办合作社（1946年）［M］//薛暮桥文集：第三卷. 北京：中国金融出版社，2011：171.

相容。而实现这一点的关键又是使得精英社员通过带动普通农民获益，比侵占普通农民收益，对自己更有利。从博弈论的视角看，就是要通过机制设计，使得互利共赢的合作解成为纳什均衡，跳出“囚徒困境”[①]。其实现机制和依赖的制度环境，主要包括以下四个方面：

第一，普通社员的自由选择权和“用脚投票”机制。在农民有充分的自由选择权的情况下，如果合作社不能增进其利益，“用脚投票”就行了。充分的自主权使得普通社员对精英社员具有较强的博弈能力，因为精英社员也需要普通社员所拥有的要素，特别是土地。这一机制的实现需要进一步完善中国特色社会主义市场经济体制，即政府必须充分保障农民在是否加入合作社中的自主权，不能进行行政强制，特别是要保护农民的土地权利。

第二，普通社员与精英社员的利益博弈机制。“用脚投票”机制对农民利益的保护只能到一个限度，那就是保证农民加入合作社的利益满足其保留利益（用信息经济学的术语就是“参与约束”）；在保留利益之上，农民能得到多大的利益，主要取决于农民与合作社组织者的利益博弈能力。而农民的博弈能力包括农民的个体行动能力和集体行动能力两个方面。一般来说，农民的个体行动能力和集体行动能力越强，普通农民社员对精英社员的利益影响能力就越强，精英社员就不得不兼顾普通社员的利益。比如，农民人力资本水平越高，劳动越复杂、越熟练，劳动监督就越困难[②]，从而农民是勤奋劳动，还是偷懒，对精英社员的利益就具有越大的影响[③]；如果农民的集体行动能力较强，能联合起来向精英社员施压，精英社员也很难随意挤占农民的利益。从制度环境上讲，这就要求政府更多地向农民提供人力资本和组织资本投资，在中国特色社会主义市场经济体制下，主要制度安排包括：建立健全农民技能培训体系；通过下乡“第一书记”、加大农村基层反腐力度、建立健全农村基层纪律监督体制等制度创新[④]，加强农村基层党组织和村民自治组织建设，使其成为广大农民的坚强后盾和采取集体行动的有

① 肯·宾默尔. 博弈论教程［M］. 谢识予，等译. 上海：格致出版社·上海三联书店·上海人民出版社，2010：22-25.

② 约拉姆·巴泽尔. 产权的经济分析［M］. 费方域，等译. 上海：格致出版社·上海三联书店·上海人民出版社，2017：116.

③ 田世野. 我国农民专业合作社的规范化研究：一个资源专有性理论的分析框架［D］. 成都：西南财经大学，2016.

④ 长期以来，由于村委会、居委会属于基层群众性自治组织，所以没有纳入监察范围，导致部分村委、居委干部行为失范，却得不到有效的监督和惩治。党的十九大后，设立国家监察委员会的主要目的，是实现监察范围的全覆盖。村委会、居委会因此被历史性地首次纳入国家监察。中央纪委国家监委明示，《监察法》规定的“基层群众性自治组织中从事管理的人员”，具体包括村委会、居委会的主任、副主任和委员，以及其他受委托从事管理的人员。2018 年 6 月 20 日，中央纪委国家监委进一步明示，村委会、居委会进行土地征用补偿费用、扶贫款等七项事务的管理，开始纳入国家监察。参见：注意！中央纪委明示：村委会、居委会开始纳入国家监察！［EB/OL］.［2018-06-25］. http://www.sohu.com/a/237705242_747199.

效组织平台，克服农民的“集体行动困境”。

第三，政府对合作社益贫行为的激励机制。在中国特色社会主义市场经济条件下，政府可以通过对那些具有较高益贫功能和共享性的合作社提供优惠政策，来激励精英社员采取合作行为。政府在为合作社（包括大量精英领办的合作社）提供优惠政策的同时，必须加强对合作社的监督和考核，以规避那些仅仅为了套取优惠政策，对普通农民没有相应的帮扶和带动作用的行为。政府对精英领办的合作社进行扶持，可以看作是政府与精英社员的一种交易或者合作关系：政府用优惠政策和补贴，交换精英社员承担一定的扶贫责任。为此，必须建立健全相关监督、考核和惩罚机制，只有这样才能抑制一些精英主导的合作社在享受政府优惠政策后，却不承担相应的扶贫义务的机会主义行为。

第四，政府减贫行为的激励机制。在中国特色社会主义市场经济条件下，构建政府减贫行为的激励机制是合作社益贫功能和共享性的制度和组织保障。前述三大机制的实现取决于政府的行为取向，而政府行为取向又主要取决于政府的激励机制。一般而言，只有当政府在扶贫行为上有足够的激励时，才会积极采取措施，包括对合作社的益贫、共享行为进行激励。如前所述，精英领办和主导的合作社存在诸多隐患，这些行为偏差正需要政府来加以纠正，但是如果政府行为本身出现了偏差，那就不仅不能纠正这些可能的弊端，而且会将其进一步放大。长期以来，我国对官员的考核、激励机制都是基于GDP的晋升锦标赛，这使得地方官员与工商资本的利益关联非常紧密①，地方官员常常更加重视企业的利益，而非农民的利益②；只重数字、忽视质量的政绩考核，容易诱发地方官员的形式主义行为，例如对合作社的发展下达行政指标、对合作社数量造假等③，但是却对合作社究竟能在多大程度上服务农民漠不关心。矫正这些政府自身的行为偏差，迫切需要转变政府职能和发展理念，牢固树立共享发展理念；而要切实完成发展理念的转变，关键是官员晋升锦标赛激励机制的改革，从以GDP为核心，转向以共享发展和减贫为核心。党的十八大以来，以习近平同志为核心的党中央高度重视减贫工作，提出精准扶贫脱贫的重要思想，并全面落实，减贫成为官员考核和晋升中的一项非常重要的指标④。这种激励机制的转变有望扭转我国地方政府长期以来的行为偏差，并为我国各类农民合作社的益贫功能和共享性提供制度和组织保障。

最后，值得指出的是，共享而非平等不仅是当前我国经济社会发展的迫切需要，也

---

① 周黎安. 转型中的地方政府：官员激励与治理［M］. 上海：格致出版社·上海三联书店·上海人民出版社，2017：298-311.

② 郑风田. 雀巢双城为什么对奶农那么横？［EB/OL］.［2011-10-28］. http://blog.sina.com.cn/s/blog_5dcb597f0102dtf3.html.

③ 曹阳. 当代中国农业生产组织现代化研究［M］. 北京：中国社会科学出版社，2015：309.

④ 中共中央国务院关于打赢脱贫攻坚战的决定［EB/OL］.［2015-12-07］. http://news.xinhuanet.com/politics/2015-12/07/c_1117383987.htm.

是符合广大中国农民意志和利益的现实选择。按照舒尔茨的观点，农民也是理性的，能够在自身面临的约束条件下，进行最优化选择①。对于中国农民的理性，徐勇进一步提出一个重要命题——中国农民具有一种“互惠理性”，即本地农民与外来资本合作，本地农民出地，外来资本出钱，本地和外地农民均可打工，虽然资本所得远远超过农民所得，但农民也没有产生强烈的反感，从而形成一个三方共赢、皆大欢喜的结局②。这种“互惠理性”使得劳资合作共享有了可能。我国农民的这种“互惠理性”表明在我国农民的需求选项中，相对于民主、平等的社员权利，农民更看重经济利益。由于具有这种“互惠理性”，一般而言，我国农民对合作社是否民主、平等没有合作社是否能切实地增加其收入，或者为其农业生产提供有效服务那样关心和重视。“处于弱势的社员认同通过牺牲一些民主权利来换取现实的经济利益”③。

四、结语

综上所述，本文的研究结论主要是：第一，农民合作社的权利平等虽是一种理想情况、最优选择，但由于这种平等的权利结构与农民合作社社员不平等的市场权力结构间的不匹配性，而不具有可行性，这实际上正是当前我国农民合作社的社会文化条件对民主的现实制约，是对马克思所说的“权利决不能超出社会的经济结构以及由经济结构制约的社会的文化发展”④ 科学论断的实践印证。在这种情况下，照搬西方合作社原则，片面强调社员的权利平等，只会阻碍我国农民合作社的成长，违背共享发展的现实要求。第二，共享发展虽是一种次优情况，但却具有现实性、可行性，因为平等权利有一定的反市场性，而共享却是与市场兼容的——以自由交易为基础的市场机制讲求交易双方的互惠互利，本身就建立在共享的基础上——并且共享发展也是当前我国农村经济社会发展和农民利益的最重要、最紧迫的要求。第三，建立在权利不平等基础上的农民合作社益贫性、共享性的发挥，需要进一步完善中国特色社会主义市场经济体制，建立健全社员的“用脚投票”机制、普通社员与精英社员的利益博弈机制、合作社益贫行为的激励机制、政府减贫行为的激励机制四大机制。

毋庸讳言，中国当前确实有很多“伪合作社”，纯粹是为了套取国家对合作社的优惠政策，实际上不仅不保障普通社员的民主、平等权利，而且对农民利益的改善也微乎

---

① 西奥多·W. 舒尔茨. 改造传统农业［M］. 梁小民，译. 北京：商务印书馆，2013.

② 徐勇. 农民理性的扩张：“中国奇迹”的创造主体分析：对既有理论的挑战及新的分析进路的提出［J］. 中国社会科学，2010（1）：110-111.

③ 邵科，徐旭初. 成员异质性对农民专业合作社治理结构的影响：基于浙江省 88 家合作社的分析［J］. 西北农林科技大学学报（社会科学版），2008（2）：8.

④ 中共中央马克思恩格斯列宁斯大林著作编译局. 马克思恩格斯选集：第 3 卷［M］. 北京：人民出版社，2012：364.

其微，甚至损害农民利益。这种异化的“合作社”绝不应为其“正名”，即使在“中国特色”的现实主义话语下，也应属于批判和制裁之列，这是我们在探索合作社发展的“中国特色”和本土道路、对传统合作社原则进行“变通”的同时，必须守住的底线。同时，也有一些不符合西方传统合作社标准的合作社创新（如政府部门、工商资本和乡村能人领办的合作社①），但确实在一定程度上带动了农民增收，促进了农业发展，这种合作社也不应简单、绝对地贴上“伪合作社”的标签。从更广阔的视角来看，由于我国长期存在的城乡二元结构，农民力量薄弱、农村资本稀缺、农业基础较差，所以中国“三农”问题的解决，不能只靠农村和农民自己的力量，而必须广泛动员外部力量。

我们可以自然地得出一个观点：实践需要用更具本土性、原创性和张力结构的话语来表达对中国农民合作社规范性的全新的观察、分析和判断。我国农民合作社的“规范性”的判断标准，一定要有历史的、辩证的观点，不能提出超越发展阶段和现实可能性的过高要求；必须切合我国当前的发展阶段、主要目标和任务，要符合农业现代化和农民脱贫致富的客观需要。据此，笔者认为，评价我国现阶段的农民合作社，应该超越西方合作社的平等话语，采取更加符合中国发展阶段、现实需要和农民利益的共享话语：凡能增进共享发展的各类农民合作社，即使在权利分享上没有完全做到平等，亦应鼓励发展。采取共享话语，其实质是将评判合作社“规范性”的关注点从合作社形式上的制度安排转向其实际收到的效果。这也可以理解为是从合作社的理想主义转变为现实主义。归根结底，农民合作社作为一种微观经济组织，在促进减贫和共享发展上的作用是有限的，并且是依条件而变的；中国农民合作社有没有益贫功能、有多大程度的益贫功能，关键不取决于合作社本身的制度规定，而是取决于作为整体制度环境的中国特色社会主义制度体制具有多大程度的益贫性和共享性。笔者认为，这才是中国农民合作社是否“规范”之争的关键所在，应该得到学界更多的关注和研究。

（本论文原载于《四川大学学报（哲学社会科学版）》2019 年第 1 期）

① 国际合作社联盟推崇的合作社是那种农民自发、自愿组建的，不依赖于政府或企业等外部主体的独立的合作社。

对坚持和完善农村基本经营制度的新探索

程民选　徐灿琳

一、问题的提出

党的十九大报告明确强调要巩固和完善农村基本经营制度。坚持党的农村政策，首要的就是坚持农村基本经营制度，因此《深化农村改革综合性实施方案》中，明确将坚持和完善农村基本经营制度作为深化农村综合改革的基本原则之一，指出要把握好土地集体所有制和家庭承包经营的关系，落实集体所有权，稳定农户承包权，放活土地经营权，实行"三权分置"。同时明确提出要探索社会主义市场经济条件下农村集体所有制经济的有效组织形式与经营方式，确保集体经济发展成果惠及本集体所有成员，发挥集体经济的优越性，调动集体经济组织成员的积极性。在党中央这一系列重要精神指引下，当前我国农村深化改革的实践中也涌现出了坚持和完善农村基本经营制度的一些新探索，需要我们理论联系实际进行新的思考，以有利于提高我们的认知并推动实践的进一步发展。

我国农村基本经营制度一直强调"统分结合"，理论界对于"统分结合"的双层经营体制也给予了持续关注。有学者认为，虽然双层经营中的"统一经营"比 20 世纪的致力于解决单个家庭办不了、办不好的事拥有了更丰富的内涵，提出了更多的要求，而普遍的状况却是地区性经济组织并未承担起有效职责（张晓山，2007）。有学者指出，由于改革开放以来对家庭经营的高度肯定，农村基本经营制度已由双层经营异化为单层经营，过度强调"分"而忽略了"统"（张德元，2012）。而家庭经营层经济的提升与村集体经济的普遍贫穷，使得我国一些地方的倾向性政策在逐渐削弱和动摇农村基本经营制度（王景新，2013）。也有研究者指出集体经济发挥"统"的作用在现有生产条件下有其存在的必要性，但总体说来集体经济力量却比较薄弱（孙中华，2009；国鲁来，2013）。而对农户服务的种类较少、产供销各环节没有衔接等现状，直接反映出了当前集体经济统的职能发挥还远远不够（孔祥智、刘同山，2013）。概言之，主张集体经济应发挥"统"的功能的学者，要么是从农村经济的现实出发，要么是从历史的经验总结中，得出"统分结合"的重要性和"统"的功能并不完善的结论。而从实现"统分结合”的理性回归（毛铖，2015）看，显然还需要从生产力和生产关系这一马克思主义的视角，对农村基本经营制度中“统”的层面存在的必要性进行充分的论述。同时，对于农村集体经济组织采取何种形式有效实现“统”的功能，各地从实际出发也在进行新探索。对于已有的探索，显然需要从理论与实践的结合上进行必要的总结。本文试图重新思考历史经验教训，基于生产力、生产关系的双重视角论述落实“统分结合”的必要性，并结合实践中的一些新探索进行比较分析和思考，以利于贯彻落实党的十九大报告提出的“巩固和完善农村基本经营制度”这一重要精神。

二、“统分结合”是对历史经验的认真总结

农村基本经营制度作为中央在推行家庭承包制过程中及时提出的命题，明确了以家庭承包经营为基础，实行“统分结合”的双层经营体制是我国现阶段农村的基本经营制度。坚持和完善农村基本经营制度，既是在认真总结历史经验教训基础上，对政社不分的人民公社体制下“只统不分”传统集体经营制度的否定，又是在农村实行家庭承包制度改革后，对于家庭承包实施以来“分”的基础上仍然需要“统”的肯定。

1952 年土地改革完成后，亿万农民“耕者有其田”的夙愿得以实现，但农民所有的小土地所有制从本质上未能突破私有制关系。而汪洋大海般的小生产难以避免两极分化的产生，因而，如何将农民群众组织起来成为当时毛泽东思考的一个重大问题。毛泽东思考的结论是小农经济与社会主义工业化不相适应，必须把分散的小农组织起来走合作化道路。于是，农业合作化运动也就在农村互助合作基础上迅速展开。1954 年起初级农业生产合作社迅速在全国普及，农民将土地和大农具入社、统一组织生产、按劳动分配结合要素分红。初级农业生产合作社促进了当时农业生产的发展，只不过由于很快过渡到高级社，接着迅速实现人民公社化，而人民公社体制将农村一切生产要素捆绑在一起，运用行政命令组织农业生产，形成了政社合一的体制和在生产经营层级只统不分的格局，导致生产关系超越了生产力发展的要求，从而严重束缚了我国农业生产力的发展。生产关系与生产力错配，其结果是农业生产停滞不前，使得 1978 年全国人均占有粮食甚至低于 1957 年，由 203.06 千克降到 195.46 千克（赵德馨，2000），就连温饱问题都无法解决。

在这样的背景下，农民内生出强烈的变革要求，这也是 1978 年启动的改革开放率先在农村展开的根本原因。农村改革的成果是家庭承包责任制的全面推行，以及人民公社体制的终结。推行家庭承包经营，实质是调整生产关系去适应生产力发展的要求，在坚持农村土地的集体所有制前提下，农民获得了土地的家庭承包经营权，实现了土地的所有权与承包经营权的两权分离，这是符合我国社会主义初级阶段国情的，因而极大提高了亿万农民的积极性。改革红利的释放使广大农民群众直接受益，也大大促进了农业生产力的发展，使我国农村发生了根本性的变革。在家庭承包经营改革取得巨大成就面

前，中央及时提出了农村基本经营制度的命题，明确以家庭承包经营为基础，实行“统分结合”的双层经营体制是我国现阶段农村的基本经营制度。

“统分结合”是在“分”的前提下的“统”，以此区别于传统体制下的“统”。但由于多种原因，我国农村家庭承包制实行以来，总的趋势是“分”落实了而“统”却难以落实。推行家庭承包经营，事实上使农民获得了承包土地的用益物权。如果说在2006年前，承包经营农地的农民还需承担上缴农业税的义务的话，随着农业税的废除，农民在承包土地上自主经营并自主支配土地的全部收获。在这样的状况下，在一些集体经济原本薄弱的地方，“谁来统，谁能统，如何统”事实上已经成为问题。于是，小农分散经营必然产生的问题，诸如小生产与大市场的矛盾，农户抗风险能力弱，无规模效益，农业机械化和现代农业技术的推广等存在问题，导致农业产业化进程受阻，遑论农业现代化的实现。

如果说传统农业经营制度的弊端证明了实行家庭承包制即“分”的必要性，那么实行家庭承包制即“分”以来农户分散经营存在的上述问题，显然又说明了在“分”的基础上也有“统”的必要性。因此，中央及时提出以家庭承包经营为基础，实行“统分结合”的双层经营体制是我国现阶段农村的基本经营制度，无疑是高瞻远瞩的，是对历史经验进行认真总结后得出的正确结论。

三、从生产力与生产关系的双重视角看“统分结合”

从理论上看，在“分”的基础上要有“统”，真正落实“统分结合”，既是进一步发展我国农业生产力的客观要求，又是社会主义生产关系的内在要求。

首先，从生产力角度，实行“统分结合”是生产力发展的要求。生产力包含三个基本要素：劳动者、劳动资料和劳动对象，生产力三要素之间的任何一要素发生改变，都会引起生产力的变动。推行农地家庭承包制的成功，主要在于劳动者从原有体制束缚中解放出来，焕发了劳动热情和积极性。但一家一户的分散经营，土地零碎、规模狭小，不可能获得规模效益，且在劳动对象受限的情况下，劳动资料的使用也具有局限性，导致劳动生产率难以提高。加之一家一户的分散经营既谈不上资源的优化配置，也无法产生合作剩余。于是，当劳动者从原有体制束缚中解放出来的改革红利释放完毕后，农业生产力的进一步发展客观上需要“统分结合”基础上更好发挥“统”的功能。

发挥“统”的功能反映了生产力发展的客观要求，这是因为“统分结合”基础上更好发挥“统”的功能的经营体制，可以弥补生产者独自经营、土地分散零碎、难以使用农机设备等缺陷，也可以一定程度上减轻单个生产者农业科技知识的匮乏以及难以抗衡自然风险和市场风险等问题，还可以解决土地撂荒问题。“统分结合”通过资源的重新组合，能够产生新的生产力，推动生产力的进一步发展。由此，坚持“统分结合”的农村基本经营制度，是我国农业生产力进一步发展的内在要求，只有不断完善农村基本经营制度，才能激活生产要素的潜在生产力，创造出新的生产力。

其次，从生产关系角度，实行“统分结合”也是生产关系发展的需要。土地是农业最基本的生产要素，我国实行农村土地的劳动群众集体所有制，土地所有权归集体所有。在家庭承包制实行后，集体所有的农地由作为本集体成员的农户分别承包经营，实现了集体土地所有权与承包经营权的两权分离。前已指出，这一改革激发了劳动者的生产积极性，从而释放了改革红利。但一家一户的分散独自经营，不仅存在前述有碍农业生产力进一步发展的问题，而且从社会主义生产关系的性质和内在要求看，客观上也需要实行“统分结合”。

从生产关系视角看必须实行“统分结合”，一则因为我国实行农村土地的劳动群众集体所有制，农村土地是集体的，所有制不能变，同时又是家庭承包的，现阶段承包制也不能变。两个不能变决定了只能实行“统分结合”，因而“统分结合”是我国现阶段农村的基本经营制度。二则由于社会主义性质决定了我国必须走共同富裕的道路。就前者论，坚持农村土地的劳动群众集体所有制，在这一前提下赋予农户作为集体成员对于集体土地的承包经营权，既否定了回到土改时的小土地私有制，也根治了人民公社制度下政社不分，农民散失自主经营权，大呼隆劳动方式下生产效率低下的诸多弊端。农村土地的劳动群众集体所有制，客观上为“统分结合”的双重经营制度奠定了产权基础：农村土地的劳动群众集体所有制既为“统”提供了产权依据，也是集体成员承包农地的家庭承包经营制的产权制度基石。就后者论，我国的社会主义性质决定了必须走共同富裕的道路，实现全体人民共同富裕是社会主义的本质要求，也是社会主义制度优越性的根本体现。而家庭承包制虽然激发了亿万农户的生产积极性，但一家一户在狭小和分散的承包土地上的耕作，既损失了规模效益，又有碍农业现代化的实现，且对于那些因缺少劳动力或因病致贫的家庭，不仅致富无望，甚至陷入生活困顿的窘境，需要政府精准扶贫。显然，分户承包所无法解决的问题，从根本上看只有寄希望于“统”来克服。在“分”的基础上实现“统”的功能，即实行“统分结合”，才能够加速我国农业现代化的进程，让全体农民群众共同奔小康，最终实现共同富裕的中国梦。

以上从生产力和生产关系的双重视角，论述了坚持和完善“统分结合”的农村基本经营制度的必要性与必然性。而历史的经验教训告诉我们，通过合作化方式把分散的农户组织起来进行农业生产经营，是解决农户各自分散经营存在的问题、提高农业生产组织化程度和实现规模效益的必由之路；但一定要从实际出发探索农业合作化的方式和途径，使之因地制宜，真正得到广大农民群众的拥护，自愿参与，真心支持，全力投入。这是农业合作化能否真正成功的关键。而现实条件下发展农民合作社的实质，也正是要实现“分”基础上的“统”，做到统分结合。由此看来，坚持“以家庭承包经营为基础、统分结合的双层经营体制”，合作化应是题中之义。这样一个认识，是我们近年来深入成渝统筹城乡改革综合试验区，以及安徽、江苏等多地农村调研后逐渐形成的。

尤其是2017年西南财经大学同贵州大学组成联合课题组到贵州农村调研“三变”改革①，当我们深入安顺市的塘约村和黔东南州雷山县的南猛村，了解了两个村在“三变”改革中的新探索后，对此有了进一步的认知。我们认为，《中共中央关于全面深化改革若干重大问题的决定》中，明确强调“鼓励农村发展合作经济”，富有战略远见。

四、坚持和完善农村基本经营制度：贵州的新探索

贵州省兴起的“三权”促“三变”改革，通过对农村各类产权进行确权、赋权、易权，促进“资源变资产、资金变股金、村民变股东”。“三变”改革中，塘约村和南猛村的做法虽有不同，但都是在坚持土地的集体所有和家庭承包制度的前提下，探索农村集体经济的有效实现形式，以实现集体“统”的功能的发挥，因而具有一定典型意义。

塘约村位于贵州省安顺市平坝区乐平镇，2014年以前贫困人口多，几乎无村集体经济可言，是一个省级二类贫困村。为改变“村穷、民弱、地撂荒”等现状，塘约村以“党建引领、改革推动、合股联营、村民自治”为主线，探索出“村社一体、合股联营”的发展模式，形成村集体与村民“联产联业”“联股联心”的发展格局，构建经营服务平台、创业就业平台、“七统一”发展机制，极大程度地释放了改革红利。2016年，全村农民人均可支配收入较2014年增加1.5倍，村集体资产增加接近200万元，成为贵州省贫困村变为小康村的典范。

塘约村改革的核心措施，一是进行产权制度改革，实行“七权”② 同确，建立相应机构确保“确权、赋权、易权”有序进行。通过精准测量，摸清家底，建立大数据产权档案，确权颁证，明确权利归属，构建稳定的土地承包经营权，确保“三权分置”得以落实，盘活了沉睡资产。二是进行农村经营制度改革，实现“统分结合”双层经营。塘约村成立村集体所有的“金土地合作社”，实行“村社合一”，引导农民以土地入股加入合作社，实现股份合作，带股入社，合股联营。入社土地由村集体统一经营，并建立全体成员大会制度、财务管理制度、利润分红制度等。对于经营收益按照“三三四”③ 进行分配。塘约村以村两委为核心，由村干部带头，以专业合作社为载体，以“村集体+合作社+公司+农户”打造特色产业园区，调优结构，做精品农业，促进产业间融合发展。在合作社下组建建筑队、运输队、市场营销中心、妇女创业中心、劳务输出中心，将全村的劳动力组织起来进行优化配置。社员在合作社务工月收入不少于2 400元，农民收入得到极大的改观。三是实现了乡村治理制度的优化，实行“党总支

① “三变”改革是贵州全省农村正在推行的“资源变资产、资金变股金、农民变股东”改革的简称。

② “七权”包括土地承包经营权、林权、集体土地所有权、集体建设用地使用权、房屋所有权、小型水利工程产权和农民集体财产权。

③ 即合作社30%、村集体30%、村民40%。

管全村，村民管党员”。通过组织建设、监督机制、管理办法等形成党员和村民的互相监督体系。

南猛村隶属贵州省黔东南州雷山县郎德镇，地处山区，自然环境恶劣，水土流失严重，农业生产力落后，人均耕地仅有0.59亩（1亩≈667平方米，下同）。虽然南猛村历史悠久、民族文化底蕴深厚，被誉为“芦笙舞艺术之乡”，但多年来民族文化并未带动南猛村民脱贫致富。全村人均纯收入不足4 800元，贫困发生率超过30%，无集体经济收入。2014年，按照国家精准扶贫工作要求，南猛村被列为建档立卡贫困村，由于贫困发生率高，资金、技术、生产力等各种生产要素缺乏，扶贫难度大。虽然南猛村申请到300万旅游扶贫资金，但因缺乏产业支撑、缺乏集体资产、基础设施落后，对社会资金难以形成吸引力，政府资金也难以持续性投入。加之缺乏青壮年劳动力，缺乏改变山区面貌所需的人才和先进发展理念，要想形成改变贫困山区面貌的“造血”机能，提高其自身发展能力，从根本上降低贫困发生率和返贫率，极其困难。这也恰好说明单靠一家一户的力量显然无法改变贫困山区落后面貌，必须发挥集体“统”的功能。为此，南猛村在“三变”改革中，积极探索村级合作社流转农户土地发展特色产业，成立村集体领办，党员带头示范，全体贫困户参与，一、二、三产业融合发展的共济乡村旅游合作社，农户以自有资源，如土地、山林、房屋等入股合作社，由合作社“统一管理，统一营销”。转贫困户帮扶资金为贫困户持股，鼓励农民将资金和土地承包经营权入股，按股分红。通过系统性的改革，在不到两年的时间内，合作社稳定年收入达到30万元，贫困户户均增收超过3 000元，南猛村贫困发生率由32%下降到10%，村集体经济也实现了由零到100万的突破。

南猛村改革的核心措施，一是改变原有的生产资料归属、生产方式和分配方式，不再将生产资料、资金分到户，而是集中使用、统一经营。通过整合产业扶贫资金，以“村集体+贫困户”成立共济乡村旅游合作社，既创新使用了扶贫资金，推进资金融合，又建立了村集体主导的合作经济组织。南猛村的共济乡村旅游合作社注册资金100万元，其中村集体以芦笙博物馆作价和部分村集体经济发展资金共40万入股，全体贫困户以60万产业扶贫资金作为股金加入合作社，形成“44+1”（44户建档立卡贫困户和1个村集体）的股权结构，贫困户入社率达100%，同时鼓励非贫困户以资金、土地继续入股，使大部分村民都能参与和发挥作用。二是通过共济乡村旅游合作社的经营，发挥“统”的功能。合作社内设芦笙表演组、民族手工艺组、农业经营组和电子商务组，建档立卡贫困户根据个人特长和爱好，分别加入4个小组。合作社充分利用优质农产品、旅游文化资源与多家公司建立合作关系，成立以来各项业务快速发展。截至去年芦笙表演组已连续两年承办了苗族芦笙大赛，多次组织芦笙队参加各类表演；农业经营组积极调整产业结构，将分散的山坡玉米地、半荒地集中连片种植茶叶、杨梅、中草药材等，通过土地流转新增茶叶种植250亩；民族手工艺组获得2 000件手工刺绣订单，将为30名南猛绣娘增收数万元，并与国家级非物质文化遗产传承人签订了芦笙制作培训合作协议；电子商务组入驻雷山县电子商务产业园区办公，南猛村微信公众号“新插队”、微店“为杨梅送行”上线运行顺畅。三是大力推进基础设施建设，除道路、卫生室等改造外，由共济乡村旅游合作社重点投资建成雷山县第一个乡镇仓储物流中心，同时引进包装加工技术，推动发展本地水果蔬菜产业。为解决“最初一公里”的农产品保鲜，通过建设冷库和购置冷藏车，率先建设全程冷链，与贵阳、凯里甚至省外部分城市实现了“农超”“农社”① 等的对接。

针对塘约村“村社合一”的探索和南猛村的集体入股合作社的探索，我们从制度结构特征、主体之间关系、利益机制设计等方面进行比较②（见表 1）。

表 1　塘约模式与南猛模式的比较

		塘约村	南猛村
制度结构	主导类型 组织特点	村两委主建合作社 村社合一，合股联营	村集体领办合作社 村集体资产入股合作社
主体关系	合作社与农户关系 村集体和合作社关系	村民全体入社，村民即社员 村集体分取合作社收益	贫困户全体入社，其他农户自愿入社 村集体参与合作社运作
利益机制	利益联结机制 利益分配机制	村集体+合作社+公司+农户 村集体 30%、合作社 30%、村民 40%	合作社+农户+基地 按股分红

塘约村的探索和南猛村的探索都具有典型意义，为我们坚持和完善“统分结合”的农村基本经营制度提供了两种不同模式的比较。以上从制度结构、主体关系和利益机制三个方面所反映的塘约模式和南猛模式的基本不同，在于塘约模式的根本特征是基于行政权力的“统”，因而起步就实现了“村社一体”，是由村两委主建村集体名下的金土地合作社；而南猛模式则是村集体以一个市场主体的身份主导的“统”，其共济乡村旅游合作社由“44+1”起步，即 44 户贫困户加 1 个村集体，村集体有资产入股，然后在发展中吸引非贫困户加入。显然，是建立村集体的合作社，还是村集体入股领办合作社，这是二者实现“统”的功能的根本不同之处，也是我们以下将要思考分析的着重点。

五、基于两种新探索模式的思考

我国农村基本经营制度强调“统分结合”，显然并不是要走政社合一的回头路。基于必须坚持农村土地的集体所有制和必须坚持农户的家庭承包制，新型的“统”一定要符合这两个坚持的要求，一定要是符合自愿互利原则、农民内心认同并自主要求的“统”。由此看来，合作社这种经济组织形式无疑是符合新型“统”的要求的组织形式，

① 即实现了新鲜瓜果蔬菜直接对接城镇超市和社区等。

② 本文所重点关注的是两村所办合作社模式的区别，而不是对他们迄今的全部改革进行比较。

这也正是为什么塘约模式和南猛模式都采取了建立合作社这种经济组织形式所内含的道理。但合作社应当如何建？塘约模式和南猛模式却给出了两种不同的思路。南猛村是将村集体资产加入合作社，在合作社中占有一定股份，而塘约村则是建村集体的合作社，村集体据此分享收益。两种模式都旨在发挥集体“统”的功能，然而在坚持和完善农村基本经营制度中，村集体究竟应当如何发挥“统”的功能，是依托行政权力来“统”，还是以平等的经济主体的身份来“统”，需要我们认真思考。

塘约村的探索离不开上级政府在政策、资金上的大力支持，同时其带头人也是既具有公心同时又具有较强能力的能人。这是塘约村迄今改革取得成果的关键性条件。然而，塘约村“村社合一”的做法却又存在争议。塘约村“村社合一”的实质是以村集体名义成立合作社，于是村两委与村集体名义下的金土地合作社是同一套人马，存在组织功能重叠等问题。按照法律规定，村委会和村集体经济组织是两个独立的组织，一个是村民自治组织，一个是农村集体经济组织，二者具有不同功能，且不存在上下级关系。由于一直以来对村集体经济组织“统”的功能不够重视，许多地方村集体逐渐成为空壳，于是村委会代替村集体的现状普遍。但村委会是法律上的群众自治组织，其主要承担协助乡镇政府进行社区治理的职能，完成政府安排的各项工作等，从这种意义上来说是一个准公共权力机构，主要体现的是民主自治。而村集体经济组织的根本性质是经济组织，在农村基本经营制度中体现经济上“统”的功能，其经营活动需要经受市场经济的检验，目的是实现集体经济利益最大化。概言之，前者主要担负乡村治理的职责，而后者负责组织发展集体经济。由于二者承担着不同的职能，合二为一容易产生矛盾。所以，村集体和村委会在形式上的融合，并不符合经济组织发展的规律和要求。塘约村成立的金土地合作社是发挥集体经济“统”功能的经济组织，在“村社合一”的发展模式下，其经营究竟是统到村集体还是合作社？如果实际上是合作社在经营，那么在其上重叠一个没有具体经济职能却又参与分红的村集体有无必要？还应看到，“村社合一”是一把双刃剑，一方面扩大了村委会的经济职能，减少了人员需求、降低了制度成本；另一方面也使得权利过度集中，政经不分为以后的长远发展埋下隐患。一旦缺乏良好的管理机制、运行机制和有效的监督机制，难免产生“内部人控制”风险，影响村集体经济组织的行为抉择，甚至可能滋生违法犯罪、腐败行为，严重损害合作社成员权益，产生社员对合作社的离心倾向，从而妨碍集体经济组织发挥“统”的功能①。有鉴于此，关于《深化农村改革综合性实施方案》中指出要“研究明确村党组织、村民委员会、村务监督机构、农村集体经济组织的职能定位及相互关系。在进行农村集体产权制度改革、组建农村股份合作经济组织的地区，探索剥离村‘两委’对集体资产经

① 这一点绝非危言耸听，事实上已有前车之鉴。2015 年 11 月 3 日《上海证券报》“深化农村改革顶层设计出炉，首提政经分开”报道：长三角、珠三角等地城乡接合部的村集体资产，随着城镇化的推进而市值增大。在缺少监督的情况下，一些村干部在参与集体资产经营管理过程中出现了侵吞集体资产、“小官大贪”现象，既侵吞了农民利益，也影响了农村的稳定和发展。

营管理的职能，开展实行‘政经分开’试验，完善农村基层党组织领导的村民自治组织和集体经济组织运行机制。”可见，中央已经明确政经分离是农村综合改革深化的方向。

在探索“统分结合”的经济组织形式中，如何实现各方的利益诉求，设计合理的利益分配机制至关重要，这是关系到改革能否持续的关键。在塘约村的探索中，实行了“村社一体”，在利益分配上规定了村集体与合作社各占30%，村民占40%这样一个“三三四”的分配比例，但无法解释村集体参与分配的经济依据是什么。在这一点上，南猛村村集体按资产入股合作社，按股分红，显然明确了村集体参与合作社分配的经济依据。这也启发我们思考：村集体参与合作社分配究竟需不需要经济依据？仅仅凭村集体名义建合作社就参与分配，其参与分配的比例究竟由什么确定？既然是合作经济组织，其组织、运作和分配等就应当遵循合作经济的性质和经济规律，否则，曾经发生过的行政权力支配经济组织活动的旧疾可能复发。基于此，我们更看好南猛村的改革探索。南猛村在“三变”改革中，通过村集体领办合作经济组织以实现“统分结合”的探索，在将近两年的实践中取得了初步的成果，不仅将全体贫困户纳入了合作社，而且吸收了大部分非贫困户加入。虽然较之塘约村“村社合一”，全村农户加入合作社，尚未能实现“统”的全覆盖；但我们相信随着村集体领办合作社的进一步发展，剩下不到10%的农户自愿加入合作社是可以预见的。而且，南猛村由村集体领办合作社的做法，较之塘约村一统到底的做法，对于避免党政社难分的问题，确有其独到的价值，也符合中央关于《深化农村改革综合性实施方案》中提出的实行“政经分离”的方向。

此外，南猛村的探索还启发我们思考：如何将丰富的文化资源变为农民的资产？这一问题迄今还缺乏整体思路。2017年1月中央出台的《关于稳步推进农村集体产权改革意见》，对集体资产的定义不仅包括有形资产，也包括无形资产。而“三变”改革要求资源变资产、资金变股金，其实质就是要盘活存量要素，让资源资金能够成为经营发展、不断增值的资本。毫无疑问，只有实现资源变资产和资金变股金，才有农民变股东的第三变。就需要盘活的存量要素论，贵州不仅资金短缺，而且物质资源也有限。从我们调研的多个点的情况看，谈及资源变资产所说的资源，除南猛村触及一点民族文化资源，将村里的芦笙博物馆折价入股合作社外，其余所打包入股的资源，无一例外都是有形的物质资源，如农地、山林等，连同水利设施一并打包作为股金，要么加入合作社，要么入股农业园区。现有的资源变资产改革显然存在很大的局限性。贵州地处云贵高原，很多地方山高坡陡，人均耕地少且分散，甚至人均仅有几分地，虽然山林茂密，但由于是生态林，承担着保护乌江、长江流域的生态功能，不允许砍伐，如果“三变”改革中仅仅看到有形的物质资源，无异于民间所说的“螺蛳壳里做道场”，难有大的作为。我们认为，在“三变”改革的资源变资产中，需要突破有形资源的观念束缚，认识到民族文化资源（含有形和无形的文化资源）的价值，通过开发民族文化资源并将其转变为经济资产，才能让数千年历史沉淀的民族文化资源变为发展现代旅游经济的可贵资产。毋庸置疑，承认并将文化资源转化为发展所需的经济资产，对于促进文化资源丰富而其他经济资源匮乏地区的经济社会发展，显然具有积极而重要的意义。

（本文原载于《江西财经大学学报》2018 年第 5 期）

参考文献：

习近平，2017. 决胜全面建成小康社会 夺取新时代中国特色社会主义伟大胜利：在中国共产党第十九次全国代表大会上的报告［M］. 北京：人民出版社.

深化农村改革综合性实施方案［N］. 安徽日报，2015-11-03.

张晓山，2007. 创新农业基本经营制度，发展现代农业［J］. 经济纵横（1）：3-8.

张德元，2012. 农村基本经营制度的异化及其根源［J］. 华南农业大学学报（社会科学版）（1）：9-13.

王景新，2013. 影响农村基本经营制度稳定的倾向性问题及建议［J］. 西北农林科技大学学报（5）：1-9.

孙中华，2009. 关于稳定和完善农村基本经营制度的几个问题［J］. 农村经营管理（5）：6-9.

孙中华，2009. 关于稳定和完善农村基本经营制度的几个问题［J］. 农村经营管理（6）：6-11.

国鲁来，2013. 农村基本经营制度的演进轨迹与发展评价［J］. 改革（2）：98-107.

孔祥智，刘同山，2013. 论我国农村基本经营制度：历史、挑战与选择［J］. 政治经济学评论（4）：78-133.

毛铖，2015. 利益缔结与统分结合：立体式复合型现代农业经营体系构建［J］. 湖北社会科学（6）：81-86.

赵德馨，2000. 中国经济 50 年发展的路径、阶段与基本经验［J］. 中国经济史研究（1）：39-53.

2013. 中共中央关于全面深化改革若干重大问题的决定［M］. 北京：人民出版社.

贵州省委政研室联合调研组，2017. “塘约经验”调研报告［N］. 贵州日报，05-18.

农地非农化制度变迁的逻辑：从征地出让到集体经营性建设用地入市

盖凯程　于平

城市化进程中，特别是在土地征用出让中，农地非农化增值收益分配不公和利益关系失衡引致了严重的经济社会问题。与此同时，城市建设用地日趋紧张和农村集体建设用地低效闲置悖论催生了集体土地隐形流转市场，供需双方自发匹配和灰色交易在重构土地权益关系的同时滋生了新的利益冲突和社会矛盾。以农村集体经营性建设用地入市为突破，推动集体建设用地循序合法入市，无疑将改变既有农地非农化模式下土地增值分配关系的生成逻辑。

从微观层面观察，中国经济体制改革始终贯穿着一条围绕微观主体（企业、家庭、个人）进行主体财产权构建的脉络①。新时期农村全面深化改革的核心要义在于赋予农民土地财产权利，使其平等参与现代化进程、共享现代化成果②的新阶段。当下推进的农村集体建设土地制度改革呈现出愈益清晰的演绎方向：在不断地试错、总结和摸索过程中将农地最终控制权逐渐地赋予农民（集体）。

一、文献综述

土地利益关系受土地制度的支配。相关研究（钱忠好 等，2007；罗必良，2005；黄小虎，2010；周其仁，2013）证实正式制度约束如土地征用制度、出让储备制度等是造成土地增值收益归属不均和利益失衡的直接原因。深层原因则是集体土地产权的边界模糊和权能残缺使土地产权排他性弱化、主体处置权缺失，进而导致土地权益的错配。

现行土地利益格局正是相关主体在现有土地制度约束下围绕土地增值收益博弈的产物。这一过程中，地方政府借助一系列制度安排实现了对土地市场的操控，土地增值收益分配制度的演进具有显著的政府主导和财政依赖特征（刘永湘 等，2003；匡家在，2009；罗必良，2010）。大量研究（钱忠好，2004；周其仁，2004；党国英，2005；胡

---

① 刘诗白. 刘诗白经济文选［C］. 中国时代经济出版社，2010：2.

② 中共中央，国务院. 关于全面深化农村改革加快推进农业现代化的若干意见［N］. 人民日报，2014-01-20.

家勇，2012；刘守英，2014）认为通过征用和出让进行土地融资成为地方财政和城市化资金的重要来源，使得其他利益主体特别是农民无法分享城市化、市场化带来的土地增值收益和级差地租，农民权益受到剥夺。但亦有学者（贺雪峰，2013）认为土地财政背后蕴藏着“涨价归公”的深层逻辑，是分享经济发展剩余的最优制度安排。

城市化进程中，农村集体土地资产价值逐渐显化，集体建设用地入市增值收益分配问题备受关注。农民土地利益意识唤醒、制度创新外部利润和制度安排低成本等使集体建设用地入市成为土地制度诱致性变迁的需要（蒋省三 等，2003；钱忠好 等，2006；温铁军，2009；张曙光，2010）。但基于集体土地产权归属模糊，公开流转和隐形流转并存，导致了流转收益分配不公、集体资产流失、侵害农民权益等问题（罗丹 等，2004；李志辉，2006）。集体建设用地入市的核心是利益问题，关键是建立合理的收益分配和利益分享机制，在市场化流转中合理确定流转收益分配在土地所有者、政府和土地使用者之间的比例权重（黄小虎，2008；蔡继明，2010；陈健，2014）。争论焦点在于政府是否有权参与集体建设用地流转收益分配（李延荣，2006；彭文英 等，2008；王文 等，2013）。

综上所述，既有研究对不同性质土地增值收益分配和利益关系问题做了很好的理论推进，提出了富有价值的政策建议。但整体上观察，现有研究或偏重集体建设用地流转，或偏重土地征用出让，二者之间的内在关联机制研究有待强化。基于此，我们将集体经营性建设用地入市纳入整体土地制度变迁全局视域中去考察，找寻农地非农化模式转变——从征地出让到集体建设用地入市——背后所遵从的核心逻辑。

二、理论基础：公共领域、剩余权利与模糊产权

在巴泽尔（1997）的产权模型里，人们对资产的权利是“他们自己直接努力加以保护、他人企图夺取和政府予以保护程度的函数。”① 交易成本——权利获得、保护和转让的成本——的昂贵使得“产权作为经济问题还从来没有被完全界定过”，无法充分界定的权利导致一部分有价值的产权总是处于“公共领域”②。随着市场环境或技术条件变化，资源的新价值被发掘，“在一项合同并未明确界定某些权利，而这些权利的价值又有上升时，就可能出现冲突。”③ 此时，花费代价界定产权重新变得有利可图，留在公共领域里的权利边界随之发生调整。因此，产权界定具有渐进动态演进的特征。

① Y・巴泽尔. 产权的经济分析［M］. 费方域，段毅才，译. 上海：上海人民出版社，1997：2.

② 巴泽尔认为公共领域中的财产既可以扩大，也可以缩小，人们往往会根据自己的需要和产权界定的成本收益比较“相应地改变原来的决定，放弃某些财产，使其化为公共领域的财产；或者对现有的公共领域的财产进行重新界定，使之归于自己名下”。Y・巴泽尔. 产权的经济分析［M］. 费方域，段毅才，译. 上海：上海人民出版社，1997：159.

③ Y・巴泽尔. 产权的经济分析［M］. 费方域，段毅才，译. 上海：上海人民出版社，1997：94.

“GHM”模型基于不完备契约提出了与巴泽尔“公共领域”概念暗合的“剩余权利”。交易费用的存在导致了契约的非完备性。在不完备契约里，所有权是契约对决策权未明确的地方实施剩余控制的权利及在契约履行后取得剩余收益的权利。剩余控制权是不完全契约框架内除明确权利外的所有其他权利，剩余索取权是指不完全契约框架中未能规定分配方式的那部分盈余的归属，在收益分配优先序列上表现为“最后的索取权”①。Hart（1986）认为拥有剩余控制权则必定拥有剩余索取权，反之则不一定。控制权作为产权实现形式的集中体现，是产权之根本。任何产权和所有权的实现都必须通过控制权而完成（Grossman and Hart，1986；Hart and Moore，1990）。

在“公共领域”和“剩余权利”基础上，李稻葵（1995）把产权（所有权）定义于最终控制权层次上，明确了模糊产权是一种所有者控制权缺乏保证以至于受损亦即存在效率损失的产权安排。模糊产权实际上是灰市场条件下不得已的产权组织安排。在灰市场里，某些交易行为高昂的交易费用和潜在的非法性使得模糊产权成为相对具有效率的“最不坏”的制度安排，但是这一制度安排会随着市场的成熟而变得效率低下。所以，问题的关键不在于强迫模糊的产权清晰化，而在于改造和培育市场机制。经济转型的最终目标是消灭模糊产权。

相较于巴泽尔“公共领域”基于“成本—收益”的纯技术性界定和GHM“剩余权利”强调所有者行为（能力）之于产权界定的作用，“模糊产权”考虑到了转型经济的制度条件约束，从而给出了转型经济非国有部门（乡镇企业）高效运行的逻辑化解释。然而，这一模型回避了市场环境与产权安排的内生性问题。以之为基础，我们对模糊产权做如下界定：某物有价值属性的归属因其实际最终控制权未能得以准确、及时、清晰地界定而造成利益主体竞相攫取的“公共领域”的产权现象即为模糊产权。模糊产权关系下利益相关者对最终控制权利的取得是通过协商、讨价还价甚至斗争而敲定的。市场环境变化衍生出新的营利性财产权利束或在既定产权结构下经济当事人无法获取的外部利润（潜在利润）时，会引起模糊产权重新界定的要求和实施制度创新以期外部利润内在化的努力，进而导致产权结构的变迁。

三、征地出让：地方政府对农地剩余控制权和剩余索取权的获取

用产权理论释解中国农地问题，主流的研究路径是基于产权细分和权能重组的角度来界定其所有权，以期达成利益相关主体——政府、农村集体（个体）、用地者等——间责权利的“契约化”。然而，基于缔约或信息成本、所有者能力、政府行为等因素，问题的关键并不在于如何通过契约化厘定各利益主体的权利边界，而在于不完备契约无法明确的“剩余权利”（剩余控制权和剩余索取权）的归属问题。若在最终控制权层面

---

① 张维迎. 所有制、治理结构及委托代理关系［J］. 经济研究，1996（9）：3-15，53.

上定义农地产权（所有权），那么，农地治理结构表面上关乎利益相关主体间责权利的配置关系，实则关乎产权制度环境下农地“剩余权利”谁来拥有、怎样拥有以及如何行使等一系列契约化安排①。

在模糊产权制度环境下，农地产权权利束各个具体的权利（权能）必然“以分散的、或以各种排列组合的形态，落入不同利益主体的手中”②。作为从财政分权中分化出来的一个利益主体，转型期的地方政府逐渐具备了借助土地要素资源去推动现行制度框架可允纳的地方增长以获取最大化垄断租金的能力③。地方政府由此作为一个楔入变量在围绕着农地“剩余权利”的争夺中嵌入进来。中国特殊的二元土地产权制度④和城乡间非对称的土地权利架构使地方政府在农地非农化过程中掌握了土地的实际剩余索取权和控制权。

这一事实是通过如下两个不完全“隐性契约”完成的：

（1）中央—地方不完全契约。财政包干体制下中央对地方“剩余分享”激励的制度规则设计使得双方搭建起一种政治治理结构中的“委托—代理”关系。1994 年“分税制”改革削弱了这一合约结构的稳定性，中央事权下放和财权上收所造成的地方财权和事权的错配严重削弱了代理人（地方政府）的积极性。为了稳定“委托—代理”关系、纾解地方财政压力，双方选择通过重新分割国有土地产权权利束以重订一份“隐性”激励合约：调整双方对城市土地占有权、使用权、收益权、处分权的分配关系。中央保留法律意义上的所有权，仅保留少部分收益权和最终处置权⑤；地方则实际上拥有剩余的使用权、收益权和转让权。中央通过默许地方对城市土地产权剩余权利的攫取，使得政治治理结构中各治理主体的权利边界得以重新划定，从而稳固了双方的“委托—代理”关系。如是，分税体制下的地方政府借口财权和事权的错配，通过与中央讨价还价取得了城市土地价值的剩余索取权：通过征用变农村集体土地为增量城市土地，通过出让变土地出让金为预算外收入，地方财政取向由此具备了浓厚的土地财政色彩。

（2）地方—微观经济主体的不完全契约。根据 GHM 模型，当出现多个产权主体时，产权（所有权）的实现是通过协商或谈判来确定的，结果剩余控制权必然落在谈判力较强的产权主体手里。在现行农地产权形态下，农民缺乏对土地财产权利的实际控

---

① 黄砺，谭荣．中国农地产权是有意的制度模糊吗？［J］．中国农村观察，2014（6）：2-13，36.

② 杨继瑞．我国城市土地使用制度创新的目标模式及基本框架［J］．财贸经济，1994（6）：22-26.

③ 盖凯程，李俊丽．中国城市土地市场化进程中的地方政府行为研究［J］．财贸经济，2009（6）：121-126.

④《中华人民共和国宪法》规定：农村和城市郊区的土地，除由法律规定属于国家所有的以外，属于集体所有；宅基地和自留地、自留山，也属于集体所有。由此确立起城市土地国有制和农村土地集体所有制双层制度架构。

⑤ 体现为国家对土地的总体利用规划编制和农地转用审批手续，《土地管理法》第四十四条规定：“涉及农用地转为建设用地的，应当办理农用地转用审批手续。”国家对土地转用实施总量控制并进行指标管理。没有农用地转用指标，严禁农地转化。

制能力，所有权主体虚置、使用权的用途管制限制、转让权非经征用不得入市的约束等使农地产权的有价值属性被流入“公共领域”。在模糊产权制度环境下，地方政府与辖区微观经济主体（农民或农民集体）围绕着土地实际最终控制权展开争夺。作为谈判力较弱的产权主体，农民（集体）往往无法形成对话的力量或有效的集体行动，而地方政府则凭借其在土地市场上的多重身份（产权主体、监管主体、公共利益主体）可随时转换自己的角色，这种身份的复杂性“既使微观主体无从判断其行为的合理（法）性而在谈判中处于劣势地位，又使地方政府可以在合法外衣庇护下对土地资源进行符合自身效用函数的配置”①，地方政府由此成为农地非农化过程中的实际最终剩余控制者。

在“特定的时空条件下，模糊农地产权能够促进农地资源配置效率的持续提高。”②在市场不完善条件下，农村集体土地模糊产权是一种相对富有效率的制度安排，有力地推动了中国城市化进程。作为农地非农化中土地产权的剩余控制者和土地价值的剩余索取者，地方政府对土地资源进行符合自身效用目标函数的配置行为促成了地方扩张型增长路径，推动了地方经济快速发展和城市化快速推进，但也导致了土地资源浪费、社会公平破坏、市场分割加剧等诸多负面效应。农地非农化过程中土地最终控制权的错配严重排挤了农民平等参与分享工业化、城市化带来的土地增值红利，阻塞了农村集体建设用地财产权利的实现渠道，遮蔽了农民财产性收入的财产权利之源。随着城乡土地市场结构从分割、垄断走向整合，这一相对富于效率的“较优”制度安排逐渐沦为潜伏了效率与公平双重损失的“最劣”制度安排，市场环境的变化对模糊产权清晰化和重新界定提出了客观要求，现行农地非农化（征地出让）模式已然难以为继。

四、农村集体经营性建设用地入市：剩余控制权和剩余索取权的转移

中国现行土地制度的产权特征可描述为一个“公有私用”“双轨并行”③ 的二元架构，在这一非对称的土地权利制度框架内作为生产力主体的农民（集体）能否真正获得土地（承包地、宅基地和建设用地）财产权利，并在农民这一层面上真正实现土地产权剩余控制和土地价值剩余索取权的统一，是未来农村土地制度改革的聚力点。

（一）从征地出让到集体经营性建设用地入市：制度变迁

农村集体经营性建设用地入市——通俗地说，“就是不征收了”（陈锡文，2014）——

① 盖凯程，李俊丽. 中国城市土地市场化进程中的地方政府行为研究［J］. 财贸经济，2009（6）：121-126.

② 黄砺，谭荣. 中国农地产权是有意的制度模糊吗？［J］. 中国农村观察，2014（6）：2-13，36.

③ “公有私用”即土地公有和土地利用私人化。“双规并行”即国有土地所有权、使用权与集体土地所有权、使用权并存。

的实质性意义在于在政治决策层面上突破了凡变为城市建设用地须转为国有制的制度设计，为打破传统农地非农化利益分配格局、形成市场化农地转用机制准备了条件，是一种典型的制度创新。

农地制度变迁始终都围绕着对外部利润的激烈争夺而展开①。根据制度变迁理论，制度创新的诱因是外部利润的存在。市场环境的变化（市场规模、技术条件、要素相对价格等）引致了传统制度环境下当事人无法获取的外部利润（潜在利润），进而诱致经济当事人实施制度创新以使外部利润内部化②。制度变迁本质上是一个利益重构的过程，相关利益主体间力量对比及其利益耦合度决定了制度创新的基本维度。

城市化加速凸显了集体建设用地的巨大增值空间，土地权利意识被迅速唤醒的农民（集体）追求将这一潜在利润显性化的动机成为推动集体建设用地直接入市的原动力。农民（集体）基于追求潜在的制度创新净收益而成为第一行动集团，当预期收益大于预期成本时，就会在正式制度之上进行规避征地侵害、获取潜在利润的边际创新（Davis and North，1979）。绕开正式制度安排推动集体建设用地直接入市交易成为其最优选择，具有典型的诱致性特征。自下而上的需求诱致性制度变迁得到了自上而下的供给主导的强制性制度变迁的回应。中央政府（第二行动集团）③ 力图将其自发入市行为纳入正规制度创新范畴：一是通过允许合法的地方试点或成立试验区④试错以测算新制度的运行成本和收益；二是通过立法提供正式制度供给，以降低交易成本。这一过程中，初始制度安排中获取既得利益的压力集团（地方政府）面临着二难选择：集体建设用地入市有利于降低因征地导致的交易成本，获取建设用地流转部分增值收益⑤。但是，传统征地出让模式下地方政府土地融资规模巨大，大量集体建设用地集中入市必然导致其抵押土地估值急降，进而演化成为地方债务和金融风险。

在集体建设用地增值收益的争夺中，不同利益主体根据制度创新的预期成本收益选择符合自身利益的行动方案，推动着农地非农化模式的渐进变迁。农村集体经营性建设用地入市作为一个新的有效制度形成的缔约过程，本质上是各个利益主体（中央、地

① 钱忠好，牟燕. 中国土地市场化改革：制度变迁及其特征分析［J］. 农业经济问题，2013（5）：20-26，110.

② R. 科斯，A. 阿尔钦，D. 诺斯. 财产权利与制度变迁：产权学派与新制度学派译文集［C］. 刘守英，等译. 上海人民出版社，2002：282.

③ 中央政府作为制度供给方推动集体建设用地入市，预期成本包括：非法改变农地用途风险，土地市场失序风险，地方债务及金融风险等；预期收益包括：非农建设用地资源高效配置、农村经济长期发展、宏观经济增长、促进社会公平等经济社会效益。

④ 如2000年前后，国土资源部先后在芜湖、苏州、湖州、南海、顺德等地推动集体建设用地流转试点；2007年国家批准设立成渝“统筹城乡综合配套改革试验”，2015年国务院推动北京市大兴区等33个县（市、区）行政区域对于农村土地征收、集体经营性建设用地入市、宅基地流转的改革试点。

⑤ 理论上，推动辖区集体建设用地市场化有利于其收益长期化，灵活的用地方式和较低的用地价格有利于地方吸引各类投资者，降低企业成本，有利于发展地方经济、扩大税源等。

方、农民集体与个体）围绕着潜在利润进行反复利益博弈进而达成的新的利益均衡和行动选择集。将农村集体建设用地入市范围仅仅界定为集体经营性用地而非全部（包括宅基地）则是对土地发展权市场交换域和政治权力域混合域博弈参数调整的结果，是一个嵌入了政治过程变量（稳定与发展、效率与公平、利益与风险）① 的强制性和诱致性制度变迁妥协兼容的结果。

（二）从征地出让到集体经营性建设用地入市的核心逻辑：剩余控制权的转移

农地非农化模式变迁中，农地产权主人能在多大程度上分享农地非农化引致的契约未能明确的增值盈余（剩余索取），是由农地实际最终控制权的制度安排决定的。在模糊农地产权的“剩余权利”中，剩余控制权——特别是农地使用权的可转让或授予他人行使的权利——起着更为关键的作用。在传统征地出让利益分配机制中，地方政府作为农地市场的垄断需求者和城市土地市场的垄断供地者，对剩余控制权的掌握使其可以轻易攫取农地增值后的剩余索取，即出让收益（征地补偿成本+其他“地方—农民”不完备契约明确的收益权利）。反观农民，由于土地转让权（实质是土地财产权利）的缺失，无法获取土地流转后的大部分增值收益，进而严重滞阻了农民以土地为发展资本获取土地资本化收益的权利。

纵观农村集体建设用地入市——从《土地管理法》（1998 年）严禁农村集体建设用地“出让、转让或者出租用于非农业建设”，到《关于深化改革严格土地管理的决定》（2004）“在符合规划的前提下，村庄、集镇和建制镇重大农民集体所有建设用地的使用权可以依法流转”；从党的十七届三中全会“集体（建设）土地和国有土地同地、同价、同权”，再到党的十八届三中全会“在符合规划和用途管制前提下，允许农村集体经营性建设用地出让、租赁、入股，实行与国有土地同等入市、同权同价”的政策演进脉络，不难发现在集体建设用地的产权结构变迁中，其权能逐渐从占有、使用、收益权利逐步拓展到了占有、使用、收益、处置权利②。这一过程中，农村集体建设用地的产权残缺性不断得以弥补，产权结构的模糊性不断得以厘清，产权权利束的完整性不断得以增强，其内含的各项权利界定和实施的完全性不断得以完善③。

---

① 对集体建设用地入市，学界主流研究路径是基于诱致性制度变迁范式，研究结论是主张集体建设用地整体入市。但是，诱致性制度变迁理论的局限性在于它忽略了决定制度变迁的政治过程。纯粹考察资源配置效率，允许集体建设用地特别是规模庞大的宅基地整体入市而非规模较小的集体经营性建设用地入市显然更宜于社会整体效率的提高，但由于决定制度变迁的行为主体之间存在明显的利益冲突，须将社会风险考虑在内，因此，帕累托式的社会结果未必能自然地产生。参见：姚洋. 中国农地制度：一个分析框架［J］. 中国社会科学，2000（2）：54-65.

② 伍振军. 农村集体经营性建设用地的政策演进与学术论争［J］. 改革，2014（2）：113-119.

③ 冀县卿，钱忠好. 农地产权结构变迁与中国农业增长：一个经济解释［J］. 管理世界，2009（1）：172-173.

产权界定是一个明确产权主体及其拥有的财产权利范围的过程和结果状态，实质是以社会契约形式对微观经济主体财产权利的确认和保护。集体经营性建设用地入市，与国有建设用地同地、同价、同权，其突破性意义在于剥离了国家意志之于农地所有权的强制性依附，解除了农民（集体）土地财产权益损害的制度屏蔽，赋予了农民（集体）土地“剩余控制权”，从而真正构建起国家、集体和个人间平等的产权关系。“同等入市”意味着农村集体经营性建设用地享有与国有建设用地进入市场的平等地位，可在更广的范围、用途以及更多市场主体间进行市场交易。“同权同价”意味着集体经营性建设用地享有与国有建设用地相同的权能，具体表现为在土地一级市场上可租赁、出让、入股；在土地二级市场上可租赁、转让和抵押等①。基于农村集体建设用地的用益物权特性，在既有权属基础上扩大权能，明确赋予农民（集体）集体经营性建设用地的处置权、抵押权和转让权。赋予了转让权，意味着集体土地资源具备了通过市场交换转化为资本的变现渠道；赋予了抵押权，集体土地才能有效地融入金融市场获得金融资源②。集体经营性建设用地自发入市进行市场对价，多个农民（集体经济组织）作为供地主体，改变了现行城市土地一级市场政府垄断供应格局，必然增强农民在围绕土地增值收益争夺中的讨价还价能力和议价权，继而改变和重塑土地利益格局。

（三）一个延伸性命题

前述分析建立在农民集体与个体的同质性假定上，若我们将这一假设性条件进行现实性还原，则会将上述分析进一步推向纵深。

《中华人民共和国土地管理法》规定：“农民集体所有的土地依法属于村农民集体所有的，由村集体经济组织或者村民委员会经营、管理；已经分别属于村内两个以上农村集体经济组织的农民集体所有的，由村内各该农村集体经济组织或者村民小组经营、管理；已经属于乡（镇）农民集体所有的，由乡（镇）农村集体经济组织经营、管理。”③“三级所有、队为基础”的制度设计设定了农民个体与农民集体之间复杂的多层级“委托—代理”关系，信息不对称诱发的“代理人风险”以及“内部人控制”引发的集体资产流失风险成为集体建设用地入市必须面临的新课题。

“农民集体”——包括乡镇、村以及村内部（两个以上）集体经济组织三个层次——作为一个法律人格意义缺失的抽象集合，并不具备真正独立的法律主体地位。从已有试点和实践看，农村集体经济组织主体和代表的“虚化”模糊了农民集体与个体

---

① 姜大明：建立城乡统一的建设用地市场［N］. 中国国土资源报，2013-11-22.

② 无论是1982年修订的宪法、1998年修订的土地管理法，还是2007年的物权法，都有明确规定：乡、村企业建设用地使用权以及耕地、宅基地、自留地、自留山的集体土地使用权不得用以抵押。

③ 中华人民共和国土地管理法［EB/OL］.［2005-05-26］. http://www.gov.cn/banshi/2005-05/26/content_989.htm.

间的利益边界，使得建设用地入市增值收益分配上集体占有比例过大、农民分红缺乏有效保障①现象普遍存在。在围绕最终控制权争夺的传统农地治理结构层次里，通常由具备法人资格的村委会（村干部）来充当政府与农民（集体）模糊契约安排下内在紧张关系的缓冲器，代以行使集体土地所有权权能（处置权）。现实中，村委会身兼农村社区公共管理者、集体资产运营管理者和政府基层代理人等多种角色，“政经合一、议行合一”的行为特征使其具备成为新的剩余控制者和索取者的独特便利。农民自组织能力涣散和基层自治机制的缺失，使得集体经营性土地增值收益往往易被少数内部人所攫取。

对此，应通过优化乡村治理结构来有效规避“内部人控制”，健全农村“选举、决策、管理、监督”四位一体的基层民主制度，提升农民自组织能力；硬化村民议事会“一事一议”机制，使集体建设用地入市全过程公开透明；建立村委会监督约束机制，对村干部权力进行界定，剥离其政府基层代言者身份；增设可代表集体经营性建设用地股权利益的独立董事；以法律形式明确界定集体经济组织和农民在土地增值收益上的分配比例；规范财务制度以制约集体经济组织对集体资金的使用；引入第三方监督监管机制，对集体土地经营收益及其用途进行评估监督，等等。

五、结论

我国城乡建设用地市场二元结构和模糊的产权制度环境塑造了非均衡的土地利益分配机制。在征地出让过程中地方政府作为实际剩余控制者和索取者攫取了绝大部分农地非农化的增值收益和级差地租。土地权益的错配导致土地交易中权力（租金）代替了权利（租金），增加了市场交易成本，耗散了土地资源利用的潜在租金，潜伏了效率与公平的双重损失。

各利益相关主体围绕争夺土地增值收益的互动博弈推动着农村土地制度的变迁，集体经营性建设用地合法入市的实质是各利益主体土地利益关系的重构。制度的重新设计

① 集体建设用地流转增值收益分配分歧在于：一是，地方政府（市县乡）是否有权参与分配；二是，集体与个人的分配比例。从各地实践看：①对于政府是否参与以及哪一级政府参与增值收益分配一般都有明确规定，如南京规定地方政府不参与分配；宿迁规定仅乡镇一级参与；苏州、无锡则是市县乡三级均参与。从政府参与增值收益分配比例看，一般在10%~30%不等；②对于集体和个人间增值收益分配比例则一般不做硬性规定，收益划分缺乏依据，各地分配比例和方式差异巨大。如广东规定“农村集体建设用地使用权流转的收益，其中50%左右直接分配给农民；剩余的50%左右，一部分留于集体发展村集体经济，其余部分用作农民的社会保障”，而在中山市就变为“50%用于农民社会保障，30%分配给农民，10%用于发展集体经济，10%用于集体经济组织公益设施和基础设施建设”，还有少数村集体在乡镇企业用地入市后不对农民进行土地收益分配，仅给予一定的粮油补贴和公共福利。根据笔者在成都郫都区、重庆海龙等地调研的情况看，村干部倾向于将更多流转增值收益留于发展集体经济和公共基础设施建设。

安排以其配给交易功能和分配性质相应地拓宽或压缩相关主体的利益空间，改变其行为逻辑，引发新的利益调整，最终促成“各依其权，各获其利”的新型利益分配模式和格局。

增值收益分配是农村集体经营性建设用地制度运作的核心利益机制。集体经营性建设用地的异质性、土地增值来源的多样性和土地产权转移过程的复杂性，决定了土地增值收益分配模式的多元化，但其遵从的核心逻辑是土地产权剩余控制权和土地价值剩余索取权从（地方）政府向农民（集体）的转移。这一过程中，需审慎观察农民与农村集体委托代理关系下的代理人风险，通过优化乡村治理结构和提升农民自组织能力来予以化解。

（本论文原载于《农业经济问题》2017 年第 3 期）

参考文献：

R. 科斯，A. 阿尔钦，D，2002. 诺斯. 财产权利与制度变迁：产权学派与新制度学派译文集［C］. 刘守英，等译. 上海：上海人民出版社.

蔡继明，2010. 农村集体建设用地流转的主体和利益分配［J］. 学习论坛（7）：59-62.

陈健，2008. 集体建设用地流转及其收益分配机制［J］. 改革（2）：147-150.

陈锡文，2014. 关于农村土地制度改革的两点思考［J］. 经济研究（1）：4-6.

党国英，2005. 土地制度对农民的剥夺［J］. 中国改革（7）：31-35.

方志权，2014. 农村集体经济组织产权制度改革若干问题［J］. 中国农村经济（7）：4-14.

盖凯程，等，2009. 中国城市土地市场化进程中的地方政府行为研究［J］. 财贸经济（6）：121-126.

贺雪峰，2010. 地权的逻辑：中国农村土地制度向何处去［M］. 北京：中国政法大学出版社.

胡家勇，2012. 地方政府“土地财政”依赖与利益分配格局［J］. 财贸经济（5）：27-36.

黄砺，等，2014. 中国农地产权是有意的制度模糊吗？［J］. 中国农村观察（6）：2-13，36.

黄小虎，2008. 征地制度改革和集体建设用地流转［J］. 经济研究参考（6）：13-15.

冀县卿，钱忠好，2009. 农地产权结构变迁与中国农业增长：一个经济解释［J］. 管理世界（1）：172-173.

蒋省三，刘守英，2003. 土地资本化与农村工业化：广东省佛山市南海经济发展调查［J］. 管理世界（11）：211-228.

匡家在，2009. 地方政府行为的制度分析：基于土地出让收益分配制度变迁的研究［J］. 中央财经大学学报（4）：8-13.

李稻葵，1995. 转型经济中的模糊产权理论［J］. 经济研究（4）：67.

刘灿，2014. 构建以用益物权为内涵属性的农村土地使用权制度［J］. 经济学动态（11）：31-40.

刘守英，2014. 中国城乡二元土地制度的特征、问题与改革［J］. 国际经济评论（3）：128-134.

刘永湘，杨明洪，2003. 中国农民集体所有土地发展权的压抑与抗争［J］. 中国农村经济（3）：16-40.

刘元胜，2012. 农村集体建设用地产权流转价格形成机理［J］. 农村经济（7）：77-79.

罗必良，2005. 公共领域、模糊产权与政府的产权模糊化倾向［J］. 改革（7）：105-113.

罗丹，等，2004. 不同农村土地非农化模式的利益分配机制比较研究［J］. 管理世界（9）：87-96.

吕萍，等，2008. 集体建设用地流转影响效应及障碍因素分析［J］. 农业经济问题（2）：12-18.

彭文英，等，2008. 集体建设用地流转收益及分配探析［J］. 经济与管理研究（5）：30-31.

钱忠好，等，2007. 我国城乡非农建设用地市场：垄断、分割与整合［J］. 管理世界（6）：137-144.

曲福田，等，2011. 统筹城乡与农村集体土地产权制度改革［J］. 管理世界（6）：34-46.

王文，等，2013. 中国农村集体建设用地流转收益关系及分配政策研究［M］. 北京：经济科学出版社.

姚洋，2000. 中国农地制度：一个分析框架［J］. 中国社会科学（2）：54-65.

周其仁，1995. 中国农村改革国家与所有权关系的变化：一个经济制度变迁史的回顾（上）［J］. 管理世界（3）：178-189.

周其仁，2004. 农地产权与征地制度［J］. 经济学季刊（4）：193-210.

GROSSMAN S，HAR O，1986. The Costs and Benefits of Ownership［J］. Political Ecnonmy，Vol：94

HART O，MOORE，1990. Property Rights and the Nature of the Firm［J］. Political Ecnonmy，Vol：98.

中国农村土地产权制度的改革方向探索

吴垠

中国共产党第十八届三中全会提出：要加快构建新型农业经营体系，赋予农民更多财产权利，推进城乡要素平等交换和公共资源均衡配置，完善城镇化健康发展体制。其中，“赋予农民更多财产权利”的提法既是众望所归的“亮点”和“新意”，亦是破解当前农村改革、土地流转、城镇化发展动力等问题的重要突破口。但是，应该赋予农民怎样的土地财产权利，以便“推进城乡要素平等交换和公共资源均衡配置，并完善城镇化健康发展体制”呢？这当中，既有对土地产权权利分层次赋予的“产权分配与集中”问题，也有赋予形式和机制的创新问题，许多未竟的改革亟待探索。

我国幅员辽阔、各区域情况差异较大的国情决定了“赋予农民更多财产权利”不可能是一个一劳永逸的过程，没有多种出路的相互比较、借鉴，而希望通过某一种“赋权”模式来达到农村土地产权制度改革的总体目标，改革可能面临一窝蜂、高成本、低收益的结局。我们在思索农村土地产权制度变革方向之前，不妨简单回顾一下我国对土地财产权权利的基本规定。

新中国成立后，1962 年的《人民公社条例》和 1982 年的《中华人民共和国宪法》，消灭了城乡之间一切的私有土地。前者把农村宅基地和自留地收归集体所有，后者把城市私宅之下的土地收归国有。两种土地，权利不同，价格不同。国家垄断城市建设用地一级市场，放开土地使用权的二级市场。城镇的国有土地可经招拍挂程序自由流转，也可抵押；集体土地若想流转为非农用地，只有国有化一种途径（近年来有一些地方进行了各种集体土地流转试点，但一来规模总体来说较小，二来还是受到种种限制，比如宅基地严禁转让给城镇户口居民）。农民只有耕地承包权，农民占有的宅基地为一户一宅，宅基地免费获得，无偿使用，农村集体所有的土地使用权不得出让、转让或出租用于非农建设，农民只有有限的土地权利。土地如何使用，国家要进行用途管制。

这个基本的制度国情说明，赋予农民更多的财产权利和农民需要什么样的财产权利之间，仍有相当的制度距离和制度创新空间。现行农地制度的产权特征可以描述为一个两权分离的双层构架：土地的归属权（集体所有权）和土地的实际利用权（集体共用和农民个体私用）并存。那么，下一步改革我们究竟能够提供怎样“更多的财产权利”给农民呢？这和农民所需要的财产权利之间究竟能否“供求平衡”？仔细阅读十八届三中全会的表述，我认为以下几点必须给予重视：

1. 耕地、宅基地和村集体建设用地的财产权是不是都要赋予农民个人？

从现阶段的情况来看，赋予财产权的“承包使用权”流转是制度范围内可操作的重要途径，而所有权必须仍旧坚持集体所有，但可以凭借土地集体经营的收益按确权比例让农民分享红利。也就是说，耕地的承包经营权、宅基地的使用权和村集体建设用地的使用权可以在一定期限（如30年）或延长期限（如60年）的基础上赋予农民或农户，并允许农民或农户在这个期限内流转，但在到期日前应让最初赋权的这个农民或农户有权利收回，这可以避免土地流转带来土地兼并的后果，也可借此防止城市工商资本下乡搞与农业发展和农民富裕无关的“圈地运动”。现在的困难是，土地流转时，是让农民个体分散出让流转还是以“组团”或“集体”形式让土地在更大规模上和更大范围内流转？这就要根据“地利”（是否有规模化的土地可以流转）、投资者资金规模和“人和”（农村居民之间的利益关系）灵活安排。可以肯定的是，集体出让谈判能力更强而农民个体分散出让则谈判能力相对较弱，从长远的土地红利获取来看，有条件的地区应坚持土地集体出让、规模化经营、收益按确权比例让农民分享。所以，党的十八届三中全会关于“赋予农民更多的财产权利”的表述不是让土地财产权利一放了之，而是在农村土地集体所有制框架内有收有放。这个决策是和土地是农民最重要、最基础的保障财产相联系的，不能只强调流转而不体现归属关系的持久性。如果没有集体所有，这一点就不可能保障。

2. 赋予农民更多的财产权利应注重土地财产之上的产业化配套

党的十八届三中全会的表述中，在赋予农民更多的财产权利之前，特别提及“要加快构建新型农业经营体系”，也就是说土地、宅基地是保底财产，发展相关产业、夯实农业经营体系才是根本。毕竟中国各省市区都存在相当一部分土地肥沃程度和土地生态环境并不富裕的农村地区，坐等地利绝对不可行。土地之上若没有产业，这些地区要谋求经济发展、农民富裕仍旧难以实现。所以，地利条件并不优越的农村地区下一步土地财产权利的确权需要注意：不应只划定农民拥有的财产权利范围，而应考虑土地和相关产业的综合效应。通俗地说，就是确了权，就要“办事儿”（让农民搞产业化），不能等、靠、要；或者反过来说，“办事儿”应该成为确权的前提：土地财产虽然是农民的保障性权利，但豢养懒汉、靠天吃饭则只能带来贫穷。因此，确权和农民的产业化承诺应该一体化，不能为确权而确权。

3. 探索与农村集体所有制的土地财产占有模式相适应的“多点多级”农地产业经营模式

实践经验表明，不同区域的土地资源禀赋、产业特征和发展阶段存在一定的差异性，要按照多点多级梯次发展的思路，突出赋予农民财产权利和农业产业化经营方式的多样化举措。总体而言，要尽力发挥集体所有制和农业合作社的最大生产潜力，找到适合各个地区农村集体所有制统筹、农户（民）分散经营、企业化带动合作等新模式，注重发挥基层社区对农户联合经营的带动作用，扭转小农经济长期的生产力低下状态。各地区利用土地谋发展的过程不求统一步伐，但求各具特色：功能、产业、资源上形成互补互动格局，有时未尝不是一种“梯度”发展的选择。

4. 农地承包经营权流转与土地增值收益分配应坚持市场的“决定性”资源配置功能，规避土地收益分配的不公

国内一些地方出现的土地“涨价归私”论和“涨价归公”论，均不是完全按照市场规律办事，搞得上上下下均不满意。可以考虑的增值收益分配模式包括：①“土地股份合作制”，出发点是建立一种长期收益分配机制，以解决农民土地使用权转让以后的长期收益问题；②“农民—公司—业主”合作经营模式，可大大提升土地产出的价值，使土地的收益增加，农民获得的租金普遍高于过去自己经营土地时的收入；③“土地资本化的市场指数模式”，农地流转的价差收益不是一次兑现就完了，可以考虑从每次流转的价差收益中提取一定比例给流转出土地的农民，直至其收回土地使用权为止。这些模式均不是完美无瑕的，要考虑各地农民、市场和政府的实际情况，因地制宜。但根本原则是，农户流转土地不是永久流转，要有时间限制和收益反哺，规避土地私有化和土地兼并的社会风险，坚持市场在定价与分配红利过程中的“决定性”功能。

5. 通过农地产权改革推动农民成为社会中产阶层

农村土地产权制度改革在形成新型的农村合作组织的同时也改变了中国传统的农村社会结构、权力结构以及阶级与身份地位的认知评价，重新厘定了乡村社会的生产关系。土地流转的加速，将引起农村职业结构的分化、社会流动的加速和阶层结构的变迁。土地流转集中到一定程度，就会让部分人定型为比较稳定的社会中产阶层。显然，地权变革是一个农村各阶层利益的再分配与重组过程，并不断重组着既有的社会阶层结构，当前的要务在于，应尽快通过赋予农民土地财产权利和准予流转获益来形成一批农村的中产阶层（或至少应该形成农村居民向中产阶层社会结构过渡的一致性社会预期），并让这一趋势在农村社会阶层结构中日渐定型，稳固农村的社会生产关系，形成长治久安的农村经济和社会复兴态势。

6.“确权、颁证、流转”仅是改革手段，后续配套政策必须跟上

以“确权、颁证、流转”为基本纲领，以土地使用权的物权化为基本取向，将农村非农用地产权和农用承包地产权作为对象，实现农村土地产权的市场流转和交易的改革具有积极意义。下一步改革应坚持农村土地（包括集体建设用地、承包地、宅基地）的集体所有，通过确权赋能，把集体经济组织的所有权和农民手中的使用权变为永久性物权，使它们能流转交易；保护集体和农民分享土地增值收益，以此建立农民获得生存、发展来源的长期保障制度，防止农民的财产权利受到侵害。但是，这种方向的改革也面临着一些风险后置的问题，例如：土地流转后，农业生产经营怎么保持？那些以生态和农业产业为特色的省、市、区的地位会不会受到影响？农村剩余劳动力在离开土地后，出路是否多元化、有着落？这些问题不是流转本身可以解决的，还需要大量的配套改革探索，由此引出本文的结论——中国农村土地产权改革的方向与路径：注重民生、着眼长远。

如果说前一阶段中国农村土地产权制度改革的关注点是实现土地要素权利的市场配置功能，改变分散的小规模经营，提高土地规模经营效率，即通常所说的“确权、颁证、流转”，那么，下一阶段的改革方向则应该是解决农民的土地财产权利问题，即从法律上确权，建立所有权和使用权（用益物权）制度，在经济上实现权利的获益问题，切实改善农村居民的民生难题。

要使农民拥有真正的土地财产权利并获得民生改善的持久动力，改革的取向是在集体所有制框架内解决农民的土地财产权利问题，要坚决反对各种形式的“私有化”主张，把农村集体产权制度的效益充分激发出来。这需要一个长远、基础性的制度设计。当前，各地关于土地确权、流转的实践一直在进行中，产生了许多新的问题和矛盾。构建更加完善的农村土地产权制度显得尤为必要，要能够找到落脚到实地，真正解决现实问题的政策方案，尤其需要从制度体系设计、法律层面突破、农民权益核算与补偿方式等重要的实践领域提出对策建议和系统制度设计。

近期的思路是，坚持和完善农村基本经营制度，依法维护农民土地承包经营权、宅基地使用权、集体收益分配权，发展农民专业合作和股份合作组织，培育新型经营主体，通过改革征地制度，提高农民在土地增值收益中的分配比例，等等。而中长期的改革思路则要着眼于多元化的改革路径，侧重在农村土地产权制度改革经验教训总结提炼、土地流转增值收益分配、农村新型合作组织以及乡村治理等方面进行更具有针对性的理论研究与政策实践，努力克服土地产权制度改革中出现的利益冲突，引导土地产权制度改革带动各地的两化互动，增加农村产权制度改革对发展相对滞后地区的要素引领作用。我们相信，农地产权制度改革，只要守住耕地底线，坚持制度创新，有效反哺农业、农村、农民，前景必殷殷可期。

（本论文原载于《国土资源》2014 年第 8 期）

农业职业经理人市场的形成机制与工资合约研究

——基于崇州市农业“共营制”的现实观察

韩文龙　谢璐

一、引言

近年来，随着农村青壮年劳动力大规模转移就业，农业劳动力素质明显下降，“谁来种地、谁来养猪”的问题日益凸显[1]。为此，2015 年和 2016 年的中央一号文件相继强调要“大力培育新型职业农民”。新型职业农民是与传统农民相区别的，按照美国人类学家 Wolf 的解释，传统农民是和市民相对应的群体，具有身份意义，其追求的是维持自身的生存；而职业农民则是以农业为产业，按照市场化的原则组织生产和获得经济报酬，其追求的是职业倾向[2]。基于中国的现实国情，在家庭农场、合作社和农业企业等新型农业生产组织中，种田能手、农业技术人员、农业产业工人和农业职业经理人已经成了新型职业农民的典型代表。

目前，美国、日本、德国和法国等发达国家正在形成以职业农民为主体的新型农业经营体系[3-8]。在中国，随着城市化和工业化发展，大量的农业劳动力转入城市和工业领域就业，农业劳动力出现了老龄化和女性化的趋势，这导致中国一些农村出现了土地撂荒、复种指数降低和农业粗放经营等问题[9]。要解决和突破“三农”问题，尤其是农民问题，需进一步推进农地产权改革，构建新型农业经营体系和培育新型职业农民等[10]。其中培育新型职业农民是解决“谁种地”和“如何种好地”的关键环节之一。新型职业农民的典型特征是以农业为主业，具有一定的资金实力、技术或组织能力，能够通过规模经营提高农业产量[11]。但是，实践中职业农民的供给是不足的，主要源于培育主体单一、农业经营收益低、返乡农民工务农比例低和农村留守劳动力的技能与现代农业的技能需求不匹配[12]。有研究表明，新型职业农民的来源主要是专业大户、返乡农民工、农村留守妇女、农村初高中毕业生等[13]。要培育新型职业农民就需要建立职业农民注册登记制度，加强对职业农民的教育和培育力度，完善回归农民职业属性的社会生态环境[14]。构建职业农民从业的良好的社会环境，需要稳定的地权和顺畅的土地流转机制、全社会对职业农民的尊重、良好的学习氛围以及城乡一体化的要素流动机制等[15]。通过发展新型经营组织，如家庭农场等可以使得传统农民逐渐独立为职业农民[16]。

近些年来，四川省崇州市农业“共营制”下出现的农业职业经理人，在解决“谁来种地”和“科学种地”方面发挥了重要作用[17]。经过多次实地调研，我们发现崇州市农业“共营制”下的农业职业经理人市场是一个培育新型职业农民的典型案例。本文旨在从市场构建、工资合约选择和治理角度剖析这一典型案例，挖掘其经验价值，揭示农业职业经理人微观要素市场构建和运行的内在机理，为培育新型职业农民和构建新型农业生产要素市场提供经验支持。

二、农业职业经理人市场的结构及形成机制分析

（一）崇州市农业“共营制”

崇州市“农业共营制”的核心内容是以家庭承包为基础，以农户为核心主体，通过土地股份合作社推进农业的规模化，通过培育农业职业经理人推进农业的专业化，通过发育社会化服务推进农业的组织化，最终形成“土地股份合作社+农业职业经理人+现代农业服务”三位一体和多元主体共同经营的农业经营方式，实现了经营主体“共建共营”、经营收益“共营共享”、经营目标“共营多赢”[18]。

（二）农业职业经理人市场的结构

农业职业经理人是崇州市“农业共营制”中非常关键的一环。这一要素市场，即农业职业经理人市场的结构是独特的。

如图1所示，崇州市“农业共营制”中农业职业经理人市场的结构可以分为进入机制、半市场化的合约结构和退出机制。

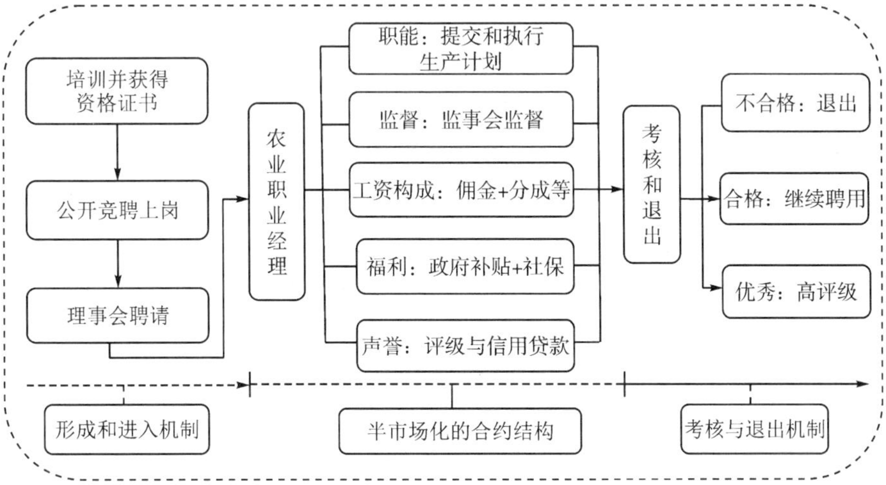

图1　农业职业经理人市场的形成与结构

1. 形成与进入机制

崇州市的农业职业经理人要经过严格培训，获得统一颁发的资格证书后才能进入选聘市场。培训采取自愿报名和乡镇推荐相结合的方式。人员来源主要是有经验的种田能手、大学生和乡镇干部等。依托科研院所和实训中心等，通过现场授课、理论学习、实践操作和导师制等环节，提高他们的农业种植技术和经营管理水平。对于达到标准的农业职业经理人颁发统一的“农业职业经理人证书”。另外，每年还会根据其经营规模、生产水平和经营管理水平评定等级。目前，崇州市的初级、中级和高级农业职业经理人分别有 224 人、62 人和 16 人。这样，就形成了一个服务于现代农业生产的职业经理人要素市场。

有了农业职业经理人这种特殊生产要素的供给市场后，作为需求者的土地股份合作社会通过农村产权交易中心网站或张贴公告等形式发布农业职业经理人招聘公告。在竞聘过程中，坚持公平、公正和公开原则，由股份合作社代表组成小组对竞争性的应聘者进行面试，采取投票方式决定要聘用的农业职业经理人人选，最后由土地股份合作社理事会正式与农业职业经理人签订聘用合约。

2. 半市场化的合约结构

崇州市农业职业经理人市场采用的是半市场化的合约。因为农业职业经理人与土地股份合作社的签约、合约的内容和解聘既通过市场化的方式配置资源和解决问题，又受到当地地方政府“有形之手”的组织、扶持和补贴。

合约的形成和内容都是通过市场化方式运作的。在农业职业经理人要素市场中，农业职业经理人要通过竞聘方式获得土地股份合作社理事会的聘用合约。合约界定了农业职业经理人的主要职能是向理事会提交农业生产计划和负责执行，并接受监事会的监督，最终形成了以农业职业经理人为生产管理核心的“理事会+职业经理人+监事会”的运营机制。除了界定职能和监督职责外，合约最重要的内容是提供了工资激励机制。

除了市场化运作以外，当地地方政府在合约签订中起了引导和组织作用。当地地方政府通过培训、发放资格证书和提供制度支持等，构建了一个农业职业经理人要素市场。职业经理人的薪酬合约除了市场化的激励方案外，当地地方政府对农业职业经理人给予了一定的政策扶持和补贴。如中级以上农业职业经理人可以获得 10%额外的粮食种植补贴；农业职业经理人可以以城镇居民身份获得职工养老保险，个人缴费 8%，当地地方政府补贴 12%；初级、中级和高级农业职业经理人可以分别获得 10 万、20 万和 30 万元的银行信用贷款，并可以获得 50%的基准利率补贴等。地方政府的扶持和补贴政策实际上构成了农业职业经理人薪酬合约的“兜底部分”和以声誉为基础的“溢价”，保证了农业职业经理人参与市场时的无风险收益和人力资本溢价的未来收益。

3. 考核和退出机制

农业职业经理人要接受受聘理事会和政府的双重考核。土地股份合作社理事会依据事先签订的合约内容，考核农业职业经理人的经营绩效，并据此兑现薪酬激励和惩罚承诺。当地地方政府建立了农业职业经理人考核机制，每两年对其考核一次，评断农业职业经理人是维持、提升还是降低等级等。对于考核优秀的农业职业经理人，地方政府还给予相应的表彰和奖励。对于考核不合格的，实施退出机制。尤其是在农产品质量安全、违法违规和诚信上出问题的，实行一票否决制，取消农业职业经理人资格，并退出政府的人才信息管理资源库。

（三）市场的形成：自发的抑或构建的市场？

作为一个新兴微观要素市场，农业职业经理人市场是自发形成的还是构建的？如果是自发形成的市场，就需要满足奥地利学派代表人物哈耶克提出的语言、传统、工具、法律和市场等“自发秩序”条件：基于分散的个人知识和社会自发进化的结果[19]。自发的市场形成或秩序的形成需要很长的时间来逐渐演化。从自发秩序的规则和演化时间来判断，崇州市农业“共营制”下农业职业经理人市场不是演化而成的。

农业职业经理人市场是最近两三年内出现并形成规模的，其背后的推动力量是地方政府。当地的地方政府通过组织培训、资格认证、建立人才库、搭建供需平台、建立考核和评级机制和补贴机制等设计和构建了一个内嵌于现代农业生产系统中的微型要素市场。在成熟经验和知识的基础上，可以基于理性选择来构建新的微观市场。对于给定的社会或经济目标，在存在自由选择、资源交换和信息不完全的分散决策情况下，通过设计相应的规制或机制使得不同的行为主体在策略的相互作用下做出的理性选择能够与设计者预期的目标相一致，这就是机制设计或微观市场构建，其重点在于解决信息效率和激励相容问题[20]。从这个角度去思考，农业职业经理人市场是一个构建的市场。

按照诺斯等的制度变迁理论，制度的构成要素包括正式制约（如法律）、非正式制约（如宗教和习俗等）以及它们的实施，这三种要素共同构成了一个经济性的激励结构[21]。一般情况下，只有制度变迁或制度供给的预期利益大于预期成本时，行动集团才有动力去推动制度变迁和供给新制度[22-23]。市场，作为交易场所和制度的集合，它也可以被认为是一种公共品。这种公共品的供给需要俱乐部、团体或政府等行动主体给予供给。崇州市的农业职业经理人市场，作为构建交易场所和制度集合，是由地方政府供给或构建的。作为行动主体的地方政府为什么会积极推动它的供给呢？比较预期成本与收益，当地地方政府作为一个微观市场的构建者，它的预期总成本 $\sum_{i=1}^{n} C_i$ 与总收益 $\sum_{i=1}^{n} R_i$ 是什么？预期总成本 $\sum_{i=1}^{n} C_i$ 可能是为构建农业职业经理人市场所耗费的人力、物力和财力等，而预期总收益 $\sum_{i=1}^{n} R_i$ 则是农民增收、农业发展、政府的好名声以及主要官员升迁。从长期来看，只要 $\sum_{i=1}^{n} R_i > \sum_{i=1}^{n} C_i$，即构建一个农业职业经理人市场的预期总收益 $\sum_{i=1}^{n} R_i$ 大于预期总成本 $\sum_{i=1}^{n} C_i$，地方政府就会有动力去构建一个微观的农业职业经理人市场。

尽管农业职业经理人市场是构建的，但是它又是内嵌于现代农业生产循环系统中的。它解决了谁来种地的问题，防止了土地撂荒；解放了农村的剩余劳动力，使得当地农民既可以外出务工，又可以通过土地经营权流转获得租金和分红收入；保障农业职业经理人可以获得至少不低于外出打工的收益，提高了现代化和规模化经营的效率。正是因为这个构建的农业职业经理人市场实现了地方政府、农户和农业职业经理人等主体的激励相容，所以崇州市农业“共营制”下的农业职业经理人市场的构建和运行都是有效的。

三、农业职业经理人市场的工资合约分析

第二部分主要分析了崇州市的农业“共营制”下农业经理人市场的形成机制。本部分将从理论上对农业职业经理人市场的工资合约选择和治理进行分析。

（一）合约选择

崇州市农业“共营制”中，工资合约采用“除本按比例分红”“保底二次分红”和“佣金+超奖短赔”三种形式，且每种工资合约中都会有分成的因素。张五常在佃农理论中对分成租佃制度给出了新的解释，指出考虑到风险等因素的变化，不论是分租、定租或地主自耕等，对土地资料的利用效率是一样的[24]。与张五常的研究思路不同，本文主要考虑固定收入 α 和分成收入 β 组成的动态合约，并探究为什么不同合作社和农业职业经理人之间会选择不同的工资合约。

土地股份合作社与农户签订的土地经营权流转合约一般是按年来签订的，在合约期内，合作社拥有的土地数量是不变的。如图 2 所示，S_0 为垂直的土地供给曲线，用来表示合作社在合约期内能拥有的土地总面积。q 表示土地的净产出水平，即收入扣除成本（不包括农业职业经理人的工资）后的净产出水平；m 表示受聘的农业职业经理人实际需要管理的土地面积；农业生产容易受到不确定因素影响，用 θ 表示不确定程度，那么不确定状态下土地的边际净产出水平可以用 $\frac{\partial q}{\partial m}\times\theta$ 表示，并假定其遵循边际净产出递减规律。在合作社与农业职业经理人签订的合约中，如果合作社对于净产出水平的分红比例为 r，那么农业职业经理人的边际分成工资曲线为 $\frac{\partial q}{\partial m}\times\theta\times r$。由垂直的土地供给曲线 S_0、曲线 $\frac{\partial q}{\partial m}\times\theta$ 和 $\frac{\partial q}{\partial m}\times\theta\times r$，以及纵轴组成的面积就是农业职业经理人可以获得净产出的分成收入 β。农业职业经理人的另一部收入可以是高度为 h_i 的固定收入 α。曲线 $\frac{\partial q}{\partial m}\times\theta\times r$ 以下的面积减去固定收入 α 就是合作社成员可以分红的总量（以净产出表示）。

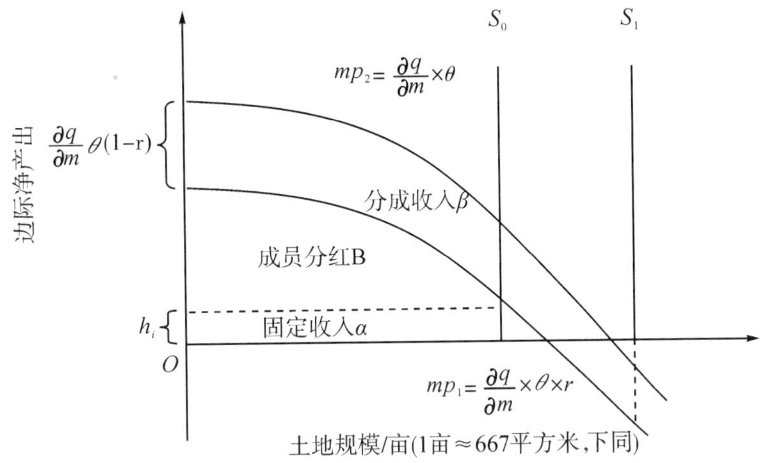

图 2　不确定状态下农业职业经理人的工资合约选择

合约选择主要是 $\{\alpha, \beta\}$ 中进行组合，可以形成以下四种有效的组合，$\{\beta, 0\}$ 表示完全分成制合约，$\{0, \alpha\}$ 表示完全固定收入合约，$\{\underline{\alpha}, \bar{\beta}\}$ 表示低固定收入和高分成收入合约，$\{\bar{\alpha}, \underline{\beta}\}$ 表示高固定收入和低分成收入合约（如表 1 所示）。

表 1　固定收入 α 与分成收入 β 的组合

$\{0, \alpha\}$	$\{\beta, 0\}$
$\{\underline{\alpha}, \bar{\beta}\}$	$\{\bar{\alpha}, \underline{\beta}\}$

以上四种合约形式，农业职业经理人和合作社之间会选择怎样的合约，主要依赖于土地的边际净产出、土地规模、农业生产的不确定性程度、农业职业经理人的风险偏好和双方的谈判能力等。

1. 土地的边际净产出可能为正，也可能为负，主要取决于收入和成本的变化。如果种植经济价值较大的农作物，同时种植成本相对较低时，土地边际净产出会增加。这种情况下，农业职业经理人可能会倾向于高的分成收入。如果种植经济价值较小的农作物，比如传统的稻米种植，同时种植成本又上涨时，土地边际净产出会降低，甚至为负，农业职业经理人可能会倾向于高的固定收入。

2. 一般情况下，对于常规性种植业来说，土地规模越大，农业职业经理人越倾向于增加分成收入；土地规模越小，农业职业经理人越倾向于通过固定收入来最小化自己的机会成本。

3. 不确定程度对农业产出的影响是很大的。农业生产要受制于天气、光照和水利等自然条件，以及种植结构和市场行情等变化。不同的种植业对自然条件和市场情况的反应程度是不一样的。如果种植了受自然条件影响较大，或受市场行情影响较大的农作物，农业职业经理人可能倾向于通过固定收入和分成收入组合来降低自己的工资损失。

4. 农业职业经理人的风险偏好对其工资合约的选择也有一定的影响。风险偏好取决于职业经理人的认识、经验和能力。对于那些眼界开阔、农业生产经验丰富，具有抗风险能力的职业经理人，他们可能愿意采取高分成制合约来获得较高的收益。相反，风险厌恶型的农业职业经理人则可能采取高固定工资或组合型合约来保障自己的收益。

5. 在工资合约的形成过程中，合作社和农业职业经理人双方的谈判能力对合约选择也会有影响。如果双方都知道农业生产的风险所在，强势的一方可能会将潜在的风险转嫁给弱势一方，体现在合约中就是存在较大不确定状态下，仍然会迫使对方选择高分成比例的合约。谈判过程中，强势一方可能是合作社，也可能是农业职业经理人。在竞争性的农业职业经理人市场中，农业职业经理人在初次竞聘时可能会处于相对弱势地位，被迫选择一个高风险的合约。但是农业职业经理人一旦获得高的评级或“十佳”荣誉后，就成了“金牌”职业经理人，其在工资合约的谈判中就处于相对强势地位，会选择有利于自己的工资合约。

（二）最优激励强度

崇州市农业“共营制”中，土地股份合作社和农业职业经理人之间通常采用“除本按比例分红”“保底二次分红”和“佣金+超奖短赔”三种形式的工资合约。这三种工资合约中，分成比例β都是至关重要的。因为它关系到入股土地合作社农户的剩余分红收入。如何确定一个最优激励强度，即分成比例β，使得农业职业经理人能够付出最大的努力，实现合作社成员的收入最大化目标，在此将做进一步考查。

在土地股份合作社理事会和农业职业经理人之间存在着委托代理问题。按照契约经济学的理论，委托—代理问题上，合适的工资合约可以起到分散风险和提高工作效率的激励作用[25]。因此，需要考虑对农业职业经理人的最有激励强度问题。按照现代的报酬激励合约理论[26]，可以假定农业职业经理人是单纯追求货币效用最大化的理性人，且是风险厌恶的，其行为成本可以用货币成本来衡量；同时农业职业经理人的努力水平φ决定合作社的平均利润水平，利润波动受到不确定因素θ的影响，比如水利和气象等自然条件影响。θ是一个均值为0，方差为σ^2的正态分布的随机变量。l是一个参数，可以表示农业职业经理人的边际劳动生产率，用来衡量职业经理人对利润形成的作用大小。由此，可以得到与利润π相关的表达式

$$\pi = l\varphi + \theta \tag{1}$$

进一步可以得到平均利润$E(\pi) = l\varphi$，衡量利润波动的方差$\mathrm{var}(\pi) = \sigma^2$。

人的风险偏好是复杂的。由于农业生产是幼稚型产业，容易受到不确定因素的影响，且受到市场和合约的制约，农业职业经理人可能是风险厌恶的。崇州市农业职业经理人的平均工资在8万~10万元左右，变化幅度不大，可以假定农业职业经理人的风险态度不会随着收入的变化而变化。由此，农业职业经理人的效用函数可以表示为

$$u = -e^{-\gamma\omega} \tag{2}$$

式（2）中，γ 表示农业职业经理人的风险规避系数，值越大表示职业经理人越厌恶风险；ω 表示农业职业经理人的净风险收益，它等于货币收入和努力程度之差。崇州市农业“共营制”下农业职业经理人的工资报酬一部分来源于其为合作社提供农业劳务、农业机械和工具，以及育秧等专业性收入和合作社固定报酬，另一部分则是奖励性收入，第三部分则是当地政府给予农业职业经理人的补贴，主要是按照城镇职工的标准给他们购买社会保险（医疗、失业和养老保险等）。这样就可以给出土地合作社为农业职业经理人设计的固定收入+奖励性收入+政府补贴的工资报酬合约：

$$s(\pi) = \alpha + \beta\pi + \bar{f} \tag{3}$$

式（3）中，形成了一个半市场化的工资合约［(α, β)，$\bar{f}$］。α 表示农业职业经理人的固定收入，β 表示激励性分成收入比例，(α, β) 表示市场化的工资合约，$\bar{f}$ 表示地方政府的补贴。

将农业职业经理人的努力程度用货币多少来量化。努力程度越高，货币收入越多，但是努力达到一定程度后，由于边际递减规律的作用，货币收入可能会降低。所以用二次型函数来表示努力程度与货币收入之间的关系：

$$c(\varphi) = b\frac{\varphi^2}{2} \tag{4}$$

式（4）中，b 是一个表示工作成本系数的参数。

农业职业经理人的净风险收益可以表示为

$$\omega = s(\pi) - c(\varphi) = \alpha + \beta(l\varphi + \theta) + \bar{f} - \frac{b}{2}\varphi^2 \tag{5}$$

依据确定性等价理论，农业职业经理人风险收益的确定性等价为

$$E\omega - \frac{1}{2}\gamma\beta^2\sigma^2 = \alpha + \beta l\varphi + \bar{f} - \frac{b}{2}\varphi^2 - \frac{1}{2}\gamma\beta^2\sigma^2 \tag{6}$$

对于土地合作社的理事会来说，他们会选择一个农业职业经理人激励合约来最大化合作社的净利润，用公式表示为

$$\max_{\alpha,\ \beta} E[\pi - s_1(\pi)] = -\alpha + (1-\beta)l\varphi \tag{7}$$

式（7）中的 $s_1(\pi) = s(\pi) - \bar{f}$，因为政府补贴 $\bar{f}$ 并不是土地合作社发生的实际成本。

要想实现土地股份合作社的利益最大化，就需要满足农业职业经理人的参与约束：

$$\alpha + \beta l\varphi + \bar{f} - \frac{b}{2}a^2 - \frac{1}{2}\gamma\beta^2\sigma^2 \geqslant \bar{u} \tag{8}$$

式（8）中 $\bar{u}$ 为农业职业经理人的保留效用，参与约束表示农业职业经理人从合作社中获得收入至少应该不低于他的保留效用。

激励相容约束需要使得农业职业经理人的努力程度越高其收入越高。在半市场化工资激励合约［(α, β)，$\bar{f}$］给定时，农业职业经理人多付出一份努力所带来的收入至少

要等于多付出一份努力时的成本，即$\beta\pi = b\frac{\varphi^2}{2}$，化简并对$\varphi$求最大化可以得到精炼的激励相容约束：

$$\varphi = \frac{l}{b}\beta \tag{9}$$

结合式（7）（8）和（9），求约束条件下的极值，可以得到β的最优值：

$$\beta = \frac{l^2}{b\gamma\sigma^2} \tag{10}$$

讨论最优激励强度（分成比例）β：

对农业职业经理人的最优激励强度β与他的风险厌恶系数γ、农业生产受到不确定性因素的影响，以及其工作的成本系数b成反比。其他条件不变的情况下，农业职业经理人越厌恶风险，或农业生产受到不确定因素的影响越大，或工作成本系数越高，农业职业经理人就越愿意选择较低的激励强度（分成比例）和较高的固定工资。

崇州市农业“共营制”下，农业职业经理人的主要来源是当地的种田能手和基层的农业技术员，他们对农业生产的风险是比较了解的。对于风险厌恶型的农业职业经理人，在选择工资合约中的固定收入和分成比例时会形成不同的结构安排，对于常规种植业，他们希望提成比例更高；对于非常规的种植业，他们希望固定工资部分更高。

最优激励强度β与农业职业经理人的边际生产率l正相关。如果农业职业经理人的边际生产率较高，就应该提高激励强度。崇州市农业“共营制”下的农业职业经理人市场中，当地政府通过考核和评级等筛选出了优秀的农业职业经理人，甚至一些农业职业经理人获得了成都市“十佳”农业职业经理人的称号，这些评级比较高的农业职业经理人可以看作是边际生产率比较高的群体，他们的工资合约中，激励强度，即分成比例往往也是较高的。因为，他们可以通过声誉机制使得土地合作社的成员相信，给予他们高工资可以帮助合作社成员获得较好的收益。

（三）监督问题

土地股份合作社理事会与农业职业经理人之间签订了半市场化的工资激励合约$[(\alpha, \beta), \bar{f}]$后就面临监督难题[27]。工资合约中，第三方，即当地地方政府主要通过年终考核来确定政府补贴$\bar{f}$。本部分主要按照激励与监督的选择原则。进一步讨论土地股份合作社和农业职业经理人之间的监督问题。在市场化的工资激励合约(α, β)中，如果给予农业职业经理人较高的固定收入α，就会存在偷懒问题。农业职业经理人的努力是有成本的，即$c(a) > 0$，而偷懒的成本为0。如果没有监督，农业职业经理人选择偷懒的可能性会增大。如果农业职业经理人偷懒，被发现的概率是p，不被发现的概率是$(1-p)$。如果农业职业经理人偷懒，不被发现则可以得到固定收入工资α；发现则只能得到市场保留工资$\bar{w}$（通常为0）。如果偷懒，农业职业经理人的预期收益为$(1-p)\alpha +$

$p\bar{w}$；如果不偷懒，其预期收益为 $\alpha - c$。只有农业职业经理人不偷懒的收益大于偷懒的预期收益时，即 $\alpha - c \geqslant (1-p)\alpha + p\bar{w}$，也就是 $\alpha \geqslant \bar{w} + c/p$ 时，他才会选择不偷懒。如果合作社的理事会采用不监督的策略，那么需要给农业职业经理人一个较高的激励工资，促使他能够自我履约并做得出色。

如果合作社的理事会采用监督策略，就需要考虑监督成本和收益问题，即最优的监督水平。但是，农业生产具有季节性，所以对农业职业经理人监督的难度和机会成本都很高，这就迫使合作社的理事会主要是通过市场化的工资合约（α，β），地方政府通过最后的产量考核（或收益考核）等结果导向性的监督策略来考核农业职业经理人的努力水平。

（四）合约治理

半市场化的工资激励合约 $[(\alpha, \beta), \bar{f}]$ 的治理是多层次的。上面讲到的监督问题，由于成本过高，农业合作社的理事会主要通过结果考核的方式给农业职业经理人发放激励工资，以保障农业职业经理人的努力水平。这种治理方式也被称为“共同治理、共享剩余”的分成合约[28]，即土地股份合作社和农业职业经理人共同参与合约治理，共同分享经济剩余。

崇州市农业“共营制”下农业职业经理人的工资合约的治理还依赖于嵌入型的“关系型合约”的治理。尽管农业职业经理人的选聘和工资支付是市场化的，但是合作社一般会聘用熟悉的本村或本乡的人。由于熟悉和认识，可以降低与选择、监督和治理相关的交易成本，也能形成对农业职业经理人的约束。正如 Greif 提出的，在一定范围内，声誉机制会对个体成员的行为形成激励和约束作用[29]。如果在本村或本地干不好，农业职业经理人的“坏”名声就会通过社会关系网络传播到各处，使得他在一定范围内没有被聘请的可能性。一般情况下，这种内嵌型的声誉机制可以促使农业职业经理人成为忠实的履约者。

合作社和农业职业经理人之间以工资为核心的合约治理，除了内部治理机制外，外部经理人要素市场的竞争机制和声誉机制也是一种重要的约束机制[30-31]。前文提到，崇州市农业“共营制”下农业职业经理人市场是构建的，但是经理人的选聘又是通过公开选聘等市场化方式运作的。公平竞聘就形成了一个竞争性的职业经理人要素市场。在这个竞争性要素市场上，那些表现优异的农业职业经理人会形成好的口碑。好口碑是一项无形资产，可以帮助农业职业经理人提高竞聘的成功概率，同时也有助于其在与合作社谈判工资时获得一个好的工资合约。

崇州市的农业职业经理人不仅仅要接受合作社以市场化方式的考核，还要接受第三方，即当地政府的评级。当地政府建立了农业职业经理人考核机制，每两年对其考核一次，评断农业职业经理人是维持、提升还是降低等级等。对于考核优秀的农业职业经理人，地方政府还给予相应的表彰和奖励。对于考核不合格的，实施退出机制，考核优秀的给予高等级评级。这种类似于“中介性质”的考核，对农业职业经理人的从业资质和声誉都形成了重要的影响。当地政府对农业职业经理人的资质和评级考核成了合作社选聘农业职业经理人和形成工资合约的重要依据，合作社会选择资质和等级较高的农业职业经理人，以保障收益或增加收益。现实中，获得农业职业经理人高级证书或成都市“十佳农业职业经理人”的经理人是被合作社追捧的对象。当然，这些高资质的农业职业经理人获得的收入也是非常可观的。

（五）案例的验证

崇州市农业“共营制”中，工资合约采用“除本按比例分红”“保底二次分红”和“佣金+超奖短赔”三种形式。“除本按比例分红”形式中，土地股份合作社20%的纯收入作为职业经理人的佣金。“保底二次分红”形式中，扣除土地合作社保底收入后，二次分红中50%作为职业经理人的佣金。“佣金+超奖短赔”形式中，采用固定佣金制，如50元/亩，超过合约规定的稻田产量的多余部分，农业职业经理人可以参与分红；未达到规定产量，农业职业经理人需要按照一比一的比例“赔偿”短缺部分。根据实际情况和农业职业经理人的能力及风险偏好等，这三种不同的工资合约形式在崇州市的不同村镇得到了应用，如隆兴镇杨柳土地股份合作社主要采用“除本按比例分红”的合约形式，桤泉千丰土地股份合作社采取500元/亩/年的保底和二次分红的合约形式，江源邓辕土地股份合作社采取50元/亩/年的基本工资，规定定额为水稻田和小麦田目标产量分别为1 100斤/亩和650斤/亩，实行“超奖短赔”的合约形式。目前，这三种工资合约都可以有效地激励农业职业经理人做出努力。另外，在工资合约的治理过程中，崇州市的土地股份合作社都实施了外部的政府评级和规制，内部的“社会大会+理事会+监事会”的监督和治理体系，以及基于“熟人熟事”的关系型合约治理等多层次的监督和治理体系，整体的监督和治理水平正在不断提高。

四、主要启示

实现农业现代化的基础是农业经营和组织制度的现代化，而农业现代化的目标是培养新型职业农民[32]。崇州市农业“共营制”下的农业职业经理人是新型农业职业经理人的典型。从这一典型案例中，可以得到以下主要启示：

（1）政府这只“看得见的手”和市场这只“看不见的手”的有效结合才能解决中国在现代农业发展过程中的问题。通过政府“看得见的手”构建的农业职业经理人市场搭建了一个要素市场平台，解决了谁来种地和如何种好地的问题；通过市场“看不见的手”发挥了价格机制和竞争机制的作用，解决了农业生产要素资源优化配置的问题，提高了农业规模化经营的效率。

（2）在现代农业发展过程中，地方政府在进行微观机制设计或微观市场构建时，应该解决好信息效率和激励相容问题，使得制度或微观市场能够被自动执行或实施，进而降低实施成本和监督成本，提高制度或市场运行的效率。当然，在农业职业经理人市场等微观市场正常运行时，地方政府的“看得见的手”应该适时退出。

（3）解决中国农业发展面临的瓶颈问题，如谁来种地和怎样种好地的问题，需要跳出传统农业发展的思路，运用现代的知识和技术，构建新型的农业劳动力要素市场、农业生产要素供给市场和农产品加工和销售的新渠道等，通过深度的专业化分工和协作形成“供、产、销”融合的新型农业“共营体”。

（本论文原载于《农业经济研究》2017 年第 12 期）

参考文献：

［1］韩长赋. 正确认识和解决当今中国农民问题［J］. 求是，2014（2）：20-23.

［2］WOLF E P［M］. Englewood Cliffs：Prentice-Hall，1966.

［3］李国祥，杨正周. 美国培养新型职业农民政策及启示［J］. 农业经济问题，2013（5）：93-97.

［4］高强，赵海. 日本农业经营体系构建及对我国的启示［J］. 现代日本经济，2015（3）：61-70.

［5］张照新，赵海. 新型农业经营主体的困境及其体制机制创新［J］. 改革，2013（2）：78-87.

［6］苗晓丹，刘立新，刘杰. 德国农业职业教育体系及其主要特点［J］. 中国农村经济，2015（6）：85-95.

［7］汪发元. 中外新型农业经营主体发展现状比较及政策建议［J］. 农业经济问题，2014（10）：26-32.

［8］洪仁彪，张忠明. 农民职业化的国际经验与启示［J］. 农业经济问题，2013（5）：83-92.

［9］朱启臻，杨汇泉. 谁在种地：对农业劳动力的调查与思考［J］. 中国农业大学学报（社会科学版），2011（3）：162-169.

［10］许恒周，郭忠兴. 农村土地流转影响因素的理论与实证研究：基于农民阶层分化与产权偏好的视角［J］. 中国人口·资源与环境，2011（3）：94-98.

［11］米松华，黄祖辉，朱奇彪. 新型职业农民现状特征、成长路径与政策需求：基于浙江、湖南、四川和安徽的调查［J］. 农村经济，2014（8）：115-120.

［12］康静萍，汪阳. 中国新型职业农民短缺及其原因分析：基于安徽省寿县的调查［J］. 当代经济研究，2015（4）：73-81.

［13］胡小平，李伟. 农村人口老龄化背景下新型职业农民培养问题研究［J］. 四川师范大学学报（社会科学版），2014（3）：57-62.

［14］杨继瑞，杨博维，马永坤. 回归农民职业属性的探析与思考［J］. 中国农村经济，2013（1）：40-45.

［15］朱启臻. 新型职业农民的成长需要特定环境［J］. 农村工作通讯，2012（7）：35.

［16］杨成林. 中国式家庭农场形成机制研究：基于皖中地区“小大户”的案例分析［J］. 中国人口·资源与环境，2014（6）：45-50.

［17］郭晓鸣，董欢. 西南地区粮食经营的现代化之路：基于崇州经验的现实观察［J］. 中国农村经济，2014（7）：39-47.

［18］罗必良. 农业共营制：新型农业经营体系的探索与启示［J］. 社会科学家，2015（5）：7-12.

［19］哈耶克. 致命的自负［M］. 冯克利，等译. 北京：中国社会科学出版社，2000.

［20］赫维茨，瑞特. 经济机制设计［M］. 王国强，等译. 上海：格致出版社，2009.

［21］NORTH D. Institutions，Institutional Change and Economic Performance［M］. Cambrige：Cambrige University Press，1990.

［22］DEMSETZ H. Toward a Theory of Property Rights［J］. America Economic Review，1967（57）：347-359.

［23］Pejovich，Svetozar. Towards an Economic Theory of the Creation and Specification of Property Rights［J］. Review of Social Economy，1972（30）：309-325.

［24］张五常. 佃农理论［M］. 北京：商务印书馆，2000.

［25］HOLMSTROM B，MILGROM P. Multi-tast Principal-agent Analysis：Incentive Contracts，Asset Ownership and Job Design［J］. Journal of Law，Economics and Organization，1991（7）：24-52.

［26］张维迎. 产权、激励与公司治理［M］. 北京：经济科学出版社，2005.

［27］Harris M，Raviv A. Optimal Incentive Contracts with Imperfect Information［J］. Journal of Economic Theory，1979，2（3）：231-259.

［28］罗必良，等. 中国农业经营制度：理论框架、变迁逻辑及案例解读［M］. 北京：中国农业出版社，2014.

［29］GREIF A. Cultural Beliefs and the Grangerization of Society：A Historical and Theoretical Flection on Collectivist and Individualist Societies［J］. Journal of Political Economy，1994（102）：912-950.

［30］FAMA E. Agency problems and the Theory of the Firm［J］. Journal of Political Economy，1980（88）：288-307.

［31］BECKER G，GIBBONS R，MURPHY K. Relational Contracts and the Theory of the Firm［J］. Quarterly Journal of Economics，2002（117）：39-83.

［32］洪银兴. 以三农现代化补“四化”同步的短板［J］. 经济学动态，2015（2）：4-11.

专题四

城市改革

城市现代化的特征与路径

丁任重　吴波

经过三十年的快速发展，中国在取得举世瞩目的经济成就的同时，城市的数量日渐增加，规模日益扩大，城镇体系逐步形成。作为经济增长的动力，城市的现代化在整个现代化进程中必然扮演着举足轻重的角色，城市现代化的路径研究对于我国经济的长期发展具有现实意义。

一、文献综述

国内关于城市现代化的研究有以下几种模式。顾朝林等从经济发展、社会发展、国民素质、生活质量和环境质量五个方面建立了城市现代化的评价标准，并用这个标准对江苏省的城市体系进行了评价[1]。姚士谋等则从偏向城市规划和建设的角度探讨了城市现代化的基本概念和标志，并进而从居民生活质量、社会安全、环境质量、城市经济、城市对外开放程度、城市人力资本、城市文化品位等八个方面建立了城市现代化的指标体系[2]。吴永保认为，城市现代化包括经济实力、经济结构、城市化与国际化、科技化与信息化、居民素质与生活质量、资源与环境六个方面，并依此建立了评价体系[3]。阎小培等应用现代化理论，探讨了城市现代化与现代化的关系，认为城市现代化的动力是科技和创新，政治经济体制、企业运营机制和个人的现代化是基本影响因素，区位条件、城市发展背景等则是不可忽视的辅助要素[4-5]。

通过文献回顾可以发现，对城市现代化的研究延续了现代化理论从社会学、经济历史学角度探讨问题的传统，鲜有从现代城市经济学的角度对城市现代化进行的分析。经济活动是城市存在和发展的原因，也是现代化的主要内涵，因此研究现代城市经济发展规律、借鉴国外的发展经验，对于理解城市现代化、找出中国城市现代化路径具有重要的意义。以往学者们对于城市现代化的研究多是针对单个城市而言的，在这种框架下，城市的现代化形态是同质且静态的。然而城市现代化是一个历史的范畴[6]，是一个动态的过程，城市间存在着千丝万缕的联系，并且各个城市的发展历史、区位和资源禀赋都不相同。

本文试图利用城市经济学理论分析城市现代化的特征，从城镇体系、城市异质性的角度分析中国城市化进程中存在的问题，提出城市现代化的路径。

二、城市现代化的特征

1. 规模适度

生产要素在空间的聚集产生了生产的外部性和知识外溢，促使生产效率提高，并且城市拥有的公共服务设施、便利的交通设施和资源、资本和劳动力方面的优势，使得厂商为追逐利润最大化而在城市或城市周边布局，使得集聚过程得以持续[7-8]。聚集的同时也带来拥塞，包括通勤时间增加、地租上升、公共产品投入成本提高等[7]。研究表明，城市的收益（以城市产出或人均收入测度）与城市规模呈现倒 U 形关系[9]。当城市规模小于最佳规模时，扩大规模将提高城市效率；当城市规模大于最佳规模时，扩大规模将会为规模不经济支付成本，从而导致城市效率下降。因此，现代化的城镇体系中的城市应该有适度的规模，以期达到城市经济效益的最大化。

城市的最优规模是由城市的专业分工所在的行业的生产函数决定的，而城市的专业分工是与其在整个城镇体系中的地位密切相关的。此外，城市所在的区位决定了其获得资源的运输成本和市场规模，也决定了其扩大规模的成本和最优规模[7,10-11]。

现代化城市应该在聚集的规模经济和因此带来的负外部性的张力间取得平衡，既充分发挥聚集带来的规模效应、知识溢出带来的高效率和持续创新，又避免过度聚集带来的拥塞。

2. 空间结构合理

城市空间结构的合理，首先应以最大程度地发挥城市的聚集功能并同时降低聚集带来的拥塞为目标，这就要求城市居民的总出行时间最短。一方面，出行起点如居住用地、出行终点如商业和行政用地应尽量靠近大型公共交通设施；另一方面，为了使土地得到最有效率的利用，城市应采取高密发展策略，容积率从城市中心向城市边缘递减，降低城市用地消耗的同时也减少居民的总出行时间[20]。

从用地空间布局上讲，合理的空间结构应该是适当的混合和隔离。商业、居住、办公和城市绿地等用地类型恰当地混合，能够提高居民生活的舒适度并减少出行开支。具有负外部性的用地，如带来噪音或者环境污染的用地类型应与居住、商业、教育等用地类型严格隔离，尽可能减少或消除不利影响[21]。

从用地空间尺度上说，应该以人为本，避免“为汽车修建城市 ”。这就要求在居住、商业用地内以小街坊、窄街道为主，提高居民生活的舒适度。

3. 城市产业高级化

发达国家的经验表明，大城市中占主导地位的产业不再是制造业，而是服务业。以纽约曼哈顿各行业雇员占总劳动人口的百分比为例，仅 1.8%的雇员在制造业，金融服务业雇员占 12%，保险业雇员占 25%，商业服务业雇员占 7.5%，广告业雇员占 15%，其他雇员分布在公司总部和金融总部。日本东京、英国伦敦、法国巴黎的情况也是如此。实践表明，大城市由于拥有多样化的经济基础，它们在现代化的城镇体系中扮演的是高层次定制服务的提供者、创新的孵化器和商品的分销者的角色[19-22]。

产品周期理论表明，当生产技术标准化之后，这种商品的生产将被分散到规模较小的城市[12,22]。在实践中，制造业往往郊区化或者被离心力推向地租更便宜、劳动力成本更低廉的中小城市。在过去的十年中，日本、韩国、哥伦比亚、印度尼西亚等国家的制造业都出现了郊区化的趋势。

因此，从理论和实践来看，现代化城市的产业安排要从城镇体系的角度进行组织安排，城市间应该加强分工与合作。大城市向服务业和研发方向发展，而中小城市利用自身在地租和工资上的优势承接来自大城市的成熟技术。

4. 城市扩张形成城市群

城市群产生的驱动力来自聚集导致的外部性和规模效应[8]。在技术上，汽车的普及使得长距离的通勤得以实现。格兰泽（Glaeser）和卡恩（Kahn）指出，汽车的使用从根本上改变了美国人的生活和工作方式，更低廉的交通成本使得企业和家庭能够在更分散的环境中组织其活动[13]。由于人口集中导致城市拥塞，城市出现郊区化使得城市的边界不断扩大，最终使城市连绵相接而形成城市群。

由于城市群的产生是一个以中心城市为核心的生产要素先集聚后离心化的过程，在此过程中产业不断向远离中心城市的方向转移。因此，城市群除了在空间上毗邻，还在产业结构、经济发展方面具有内在的联系，在一定的空间内形成了产品周期循环。可以说，城市群的出现和成熟，是城市现代化的一个重要特征。

5. 国际化

随着运输成本下降、通信技术日益发达，经济全球化成为不可阻挡的发展趋势。城市的国际化或全球化是城市现代化的高级形式，有代表性的如纽约、伦敦、东京等大都市，吸引了来自世界各地的金融资本、公司总部和研究中心，其产业结构向服务业高度倾斜，以金融、贸易、研发、广告、物流等为主，对世界经济运行发挥着枢纽作用。

6. 城市居民生活舒适

城市吸引生产要素的原因是外部性和规模效应，而吸引劳动力的因素则是城市能够提供的公共产品、设施和服务[7]。在现代化城市中，城市居民的生活舒适首先体现在高度社会化的生活服务。现代化城市的第三产业高度发达，居民的生活由传统的在封闭家庭中完成转而由购买服务完成，进而节省时间提高效率。其次，现代化的城市可提供完善的公共产品，包括社会保障体系、公共交通设施、娱乐设施、教育和卫生设施等。

三、我国城市发展中存在的问题

1. 城市规模两极分化

资源过度集中于一线城市，导致我国城市规模分布出现了两极分化。一方面，北京、上海、广州等城市由于集中了最优质的资源、获得了最多资本与厂商接触的途径以及有偏向性的财政支付转移，成为企业和劳动者聚集的首选，过度的聚集已经导致了这些城市的拥塞。另一方面，则是中国大量的城市面临着规模过小而难以获得规模效应和聚集带来的外部性的问题。奥（Au）和亨德森（Hender-son）的研究表明，中国一半以上的城市由于规模小于最佳规模而处于规模不经济状态，并且城市规模过小导致的效率损失大于城市过度积聚[9]。

出现这种两极分化的根源在于，规模越大的城市越可能获得财政支持、越可能获得投资、有更加完善的公共产品。这导致了一种马太效应：越发达的城市获得的资源越多，发展越迅速，进而聚集更多的资源；而中小城市则一直处于规模不经济的状态，也无法获得发展所需要的财政支持和投资。在这种情况下，两极分化只会更趋严重。

2. 伪城市化

新中国成立以来，我国的城市化率从 18%提高到 51%，城市化率以平均每年 1%的速率递增。然而在城市建成区面积扩张 50%的情况下，城镇人口只增加了 26%，城市化进程中土地的城市化速率超过了人口的城市化速率。如图 1 所示，从我国 1985—2009 年的城市化率和建成区面积平均增长率的投影，可以清晰地看到尽管建成区面积的增长率随时间出现波动，但在大多数年份都大于城市化率的增长率，这被称为“伪城市化 ”。

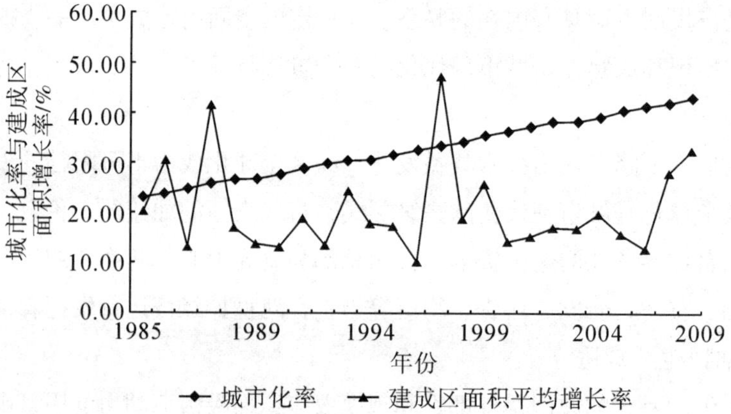

图 1　城市化率与建成区面积增长率

伪城市化出现的原因在于两个方面：一是城市的迅速扩张把城市边缘的农村划为了城市，使我国的城市化首先体现为空间范围的扩大；二是由于户籍制度限制，进入城市的农民从身份上没有转变为市民，从生活水准上没有享受到与城市居民相同的福利。昌

（Chan）等认为，伪城市化现象为中国城市化进程设置了障碍，提高了农民进入城市的门槛，进而影响了整个城镇体系的生产效率[14]。

3. 产业结构雷同

布莱克（Black）和亨德森（Henderson）指出，1950—1970 年，美国的大都市产业专业化为钢铁、纺织、汽车、造船、飞行器、造纸和石油化工等行业，大多数城市在多数制造业中就业人数为零[22]。而我国的城市由于过分追求 GDP 的增长，粗放招商模式导致了城市间产业结构的雷同等问题，一方面使得产能过剩，另一方面使城市对抗外生冲击的能力降低，城市面临经济波动时将更为脆弱。

地方政府间为争夺投资出现竞争，追求经济增长数量而非质量，城市间多竞争轻合作，地方政府在发展理念上存在求大求全的思想，多个行业同时发展导致了城市专业化不强的问题。城市经济学区分了马歇尔—阿罗—罗默外部性和雅克布斯外部性对不同行业的作用。昆科罗（Kuncoro）和特纳（Turner）认为，马歇尔—阿罗—罗默外部性出现在一个行业内，在传统的工业领域专业化程度越高，规模效应越显著；雅克布斯外部性出现在行业多样化的城市中，在新兴工业领域行业越多样化，知识溢出效应越明显[15]。格兰泽等也证明了同样的结论[16]。

我国城市的工业大多属于“传统工业”，因此更需要在专业化的城市中进行生产，以享受马歇尔-阿罗-罗默外部性带来的生产效率的提高。

4. 城市盲目蔓延

我国城市化进程中伴随着农村土地转化为城市用地和对汽车的过度依赖[21]。一方面，地方政府的扩张动机来自对政绩的追求和对土地财政的依赖；另一方面则是财政上激励将农村土地转化为城镇用地。城市发展有两种方式，一是占用城市边缘的农村土地，二是将城市内低密度的用地翻新进行二次开发。由于直接征用农村土地的建设成本远低于城市翻新，地方政府更愿意采用直接征用农村土地的方式。这种发展模式必然导致城市蔓延。

应该看到，城市蔓延的后果是不经济的。城市经济学认为，合理的建设密度坡度是由城市中心向外围逐步递减。当前这种扩张方式的必然结果是中心城衰退和城市的郊区化。城市的盲目蔓延使土地利用效率降低，且没有发挥出具有高地租、占有方便交通设施和商业服务的中心城土地的价值；同时，城市快速扩张，还带来了居民出行成本上升、基础设施建设与城市扩展速度不匹配等一系列问题。

5. 城乡差异扩大

城乡差异的缩小是现代化必经的阶段。库兹涅茨假说认为，随着经济的不断发展，城乡收入差异将在比例上升到顶峰之后出现反转，城乡收入差异将逐渐消失。韩国城乡收入差异在 1994 年消失；我国台湾地区城乡收入比例在 1995 年低于 1.4 时差异消除[17]。而我国的情况则与库兹涅茨假说的推断不符。世界银行报道了中国、美国、印度三国的城乡收入比。对比发现，我国 1999—2006 年城乡收入比进一步扩大，而印度

1983—1994 年城乡收入比则在缩小[18]。

我国城乡差异随经济发展没有缩小反而扩大，这是因为农村的现代化进程远落后于城市，对农业的投入不够。农村在现代化进程中所扮演的角色不仅是释放劳动力进入城市，农业自身也要完成现代化，这是社会公平和粮食安全的重要保证。

四、城市现代化的路径

针对中国在城市化中存在的问题，本文认为，城市的现代化进程是一个系统工程，因此在现代化进程中要协调好城市间的关系。首先，应从城镇体系的角度安排城市间的分工与合作，在区域内形成产业链和层次分明的城镇结构，各城市根据自身在城镇结构中的功能和自身的资源和区位优势，在体系内发挥各自的作用。其次，要在城市内部充分利用聚集带来的规模效应和外部性，特别是要处理好聚集带来的规模经济和拥塞之间的关系。最后，城市的现代化不可能离开农村的现代化而孤立存在。长期的城乡二元结构导致的城乡巨大差异，使得我国农村的现代化任务相比其他国家更为艰巨，也更具有全局意义。

1. 调整产业结构

根据城市经济学的理论、实证研究及发达国家的经验，不同规模、不同禀赋的城市在城镇体系中发挥的作用不同，这就要求在产业结构上做出不同的安排。

首先，特大城市和大城市应专注于服务业、研究开发和知识创新，形成成熟和标准化的生产技术后扩散到中小城市进行生产。因此，特大城市和大城市在城镇体系中扮演的角色是服务导向和知识导向，这就决定了在产业结构上应该以服务业和多种门类的行业为主，将制造业按产品周期所处的阶段疏散到城市边缘或中小城市。

其次，中小城市则主要从事制造业。布莱克和亨德森认为，美国的制造业选址地点经历了特大城市生产、郊区化、中小城市和落后国家的过程[22]。就我国当前所处的阶段而言，中小城市在城镇体系中主要扮演制造者的角色。在产业结构上，除城市基本的行业，如通信、物流、信息技术服务和公共产品等外，中小城市应在特定的某一个或几个行业内实现专业化。一方面要形成自身在区域内的独特地位，另一方面，充分的专业化能够为城市带来马歇尔-阿罗-罗默外部性，进而提高城市的生产效率。

2. 市场调节与政府调控相结合

一方面，政府调控能够纠正市场在社会公平性上的失灵。市场的作用在于使生产要素获得最有效率的配置，然而在保证生产要素效率的同时，城市的健康发展也要结合适当的调控措施来保证公平。城市经济学认为，市民在城市中居住所获得的收益是其支付的房租与土地实际价值间的差，这最终导致了亨利·乔治定理——达到城市最优的福利需要向居民征收庇古税以抵消居民获得的那部分土地价值，并用所得税费补贴城市的公共产品，以补偿劳动收入差异。

另一方面，聚集带来规模经济的同时，也会带来拥塞。城市政府应利用调控政策选择城市的发展路径，恰当安排产业以尽可能消除聚集带来的拥塞，利用好规模效应和知识溢出。

3. 扩大开放

（1）对外开放

国际化是现代化城市的特征之一。在现代化进程中，国际化是发展中国家发挥比较优势和后发优势的重要途径。一方面，通过国际化，发展中国家可以引进经济发展急需的技术、资本和管理经验，加速工业化和现代化进程。另一方面，一些特大城市，如北京、上海、广州等，要在国际金融、国际贸易中发挥自身的作用，提升国际影响力，向纽约、东京等全球化城市靠拢。

（2）对内开放

首先，要建立健全生产要素市场。在建立了全国统一的商品市场之后，中国尚需在国内建立起统一的土地市场、劳动力市场和资本市场，使生产要素能够得到最有效率的配置。劳动力在城市间自由流动是提高生产效率的重要因素，并且随着城市现代化进程的不断深化，农村劳动力向城市流动将是一个持续的、且具有长期效应的过程，因此，解决劳动力流动的问题非常必要。

其次，城市间既要有竞争也要有合作。城市间的竞争依然体现在对劳动力和投资的竞争上，并且要改变目前以低地价、税收政策优惠等损害当地利益的零和博弈竞争。要把创造良好的投资环境、生活环境作为吸引投资和劳动力的手段，使城市间的竞争走上良性循环的道路。城市间的合作则体现为区域产业链的构建和区域负外部性的消除（如环境污染的治理、碳交易市场的建立）。

4. 加强城市管理

（1）严格按照城市规划指导城市建设

城市规划是保证现代化城市空间秩序的重要手段。首先需要科学制定城市规划，在制定规划时要协调好城市规划与土地的经济价值间的矛盾，在近期目标和长远目标间取得平衡。其次，城市规划必须在相当长的时间内不被更改，在发达国家，空间组织一般采用严格的分区规划来实现，严格分离具有负外部性的用地，这既可保证城市居民公平地获得资源，也可保证城市规划的严肃性及其对空间的组织。

（2）建立激励机制促使地方政府改善民生

经济发展的最终目标是提高人的福利。如卢卡斯所言，一旦开始思考人类的福利，很难再考虑别的。现代化的城市要为居民提供丰富的公共产品，维护社会公平，使居民共享社会进步的成果。然而目前地方政府并没有明显的改善民生的动力，这一方面是官员考核片面追求 GDP 的结果，另一方面则是因为地方政府没有改善民生的激励机制。

要改变这种状况，首先要改变地方官员的考核体系，强化民生的重要性。其次，要让地方政府有动力去改善民生。可以考虑通过对城市居民征收庇古税，补贴地方政府在改善民生上的花费来给予激励。这种制度有三方面的好处：城市提供的公共产品越丰富，越能吸引更多人定居和更多商业，进而带来更多的税收；迁入的居民能享受同等市民待遇，每个居民都对城市做出了贡献，避免“坐享其成”的指责，地方政府也乐于如此以吸引更多的移民；有助于向服务型政府转变，减少政府对市场的干预。

（3）提高城市的信息化管理水平

信息化推进城市管理现代化是城市管理在新时期的新课题。城市是一个复杂的巨系统，现代城市中的公共事务日益复杂，通过信息化技术能够迅速定位问题，缩短紧急响应时间。城市管理的信息化首先要建立城市信息数据库，包括城市的地理信息数据和社会经济数据；其次要整合多种技术手段，多管齐下，将 GPS、GIS、遥感和信息管理系统整合起来，形成多层次、应对不同管理需求的城市综合管理体系。

5. 城乡统筹发展

城市的现代化离不开农村的现代化[6]，城乡统筹发展是指以工业带动农业发展，城市反哺农村，充分发挥城市的辐射和带动效应，逐步消除城乡差异，实现共同富裕。城乡统筹发展要求改变城乡分治的观念，改变重城市、轻农村的做法，在经济发展计划、收入分配、公共产品投放、投资等方面对城乡一视同仁。

（1）户籍制度改革

首先，户籍与职业脱钩。使农民纯粹成为一种职业选择，消除其代际传递、职业、社会身份的三重属性。其次，户籍与社会福利脱钩。这要求农村居民享有与城市居民相同的社会保障和服务，包括失业、医疗、教育和养老保障等。

（2）城乡统一规划

城乡统一规划有三个层面的含义：一是将乡村规划纳入传统的规划编制序列，形成与城市规划有机衔接的覆盖城乡的规划体系；二是通过城乡统一规划，破除城乡二元结构，集中土地进行生产，实现规模效益，为机械化作业提供可能性；三是通过城乡统一规划，为在城乡投放均等的公共产品提供空间依托，消除城乡公共服务的差异。

（3）加大农村公共产品投入

农村公共产品投入不足是城乡分治遗留的问题，在城乡统筹发展过程中应予以重视。这就需要在交通、给排水、供电、垃圾处理、水利设施、教育设施、通信设施、医疗设施等方面同时加大支持力度，以与城市相同的标准提供公共服务，促进农村经济发展，提高农民的生活水平。

（4）推进农村工业化

农村工业化是工业反哺农村思想的具体体现。一方面是指工业技术在传统农业中的使用，通过加大在农村的投资和专业人才引进力度，采用机械化作业、公司化运作、生物化和化学化耕作等方式，全面提高农业的生产率，使农业成为国民经济中有活力、有竞争力的部门。另一方面，在农村建立起农产品加工工业，提升农产品的附加值，从而增强农业部门在资本市场和劳动力市场的竞争力，提高农业部门的盈利能力。

五、结语

本文的分析和政策建议遵循了两个原则：一是根据现代经济学对聚集带来的外部性和城市经济学对外部性在城市中的具体作用的研究，认为城市现代化的根本问题是充分利用聚集的外部性，提高城市的生产效率，加速城市化进程；二是坚持系统论的观念，从城镇体系的角度看待城市发展中的问题，充分尊重城市的个性和所处的历史阶段，进而在城镇体系中定位自身发展，促进系统效益最大化。就目前理论和发达国家的实践来看，这两个原则是实现城市现代化的保障。

（本论文原载于《城市问题》2012 年第 6 期）

参考文献：

［1］顾朝林，黄春晓，吴骏莲．江苏省城市现代化水平评价及预测［J］．城市规划汇刊，2000（6）：34-39.

［2］姚士谋，汤茂林．中国城市现代化概念及指标体系［J］．城市规划，1999（1）：60-61.

［3］吴永保．城市现代化及其指标体系的构建与应用［J］．城市发展研究，2001（1）：9-14.

［4］阎小培，翁计传．现代化与城市现代化理论问题探讨［J］．现代城市研究，2002（1）：40-46.

［5］阎小培，翁计传．城市现代化的主要影响因素分析［J］．现代城市研究，2002（5）：9-15.

［6］王贝．中国工业化、城镇化和农业现代化关系实证研究［J］．城市问题，2011（9）：21-25.

［7］HENDERSON J V. The Sizes and Types of Cities［J］. American Economic Review, 1974（64）：640-656.

［8］ROSENTHAL S，STRANGE W. Evidence on the Nature and Sources of Agglomeration Economies［A］. Handbook of Urban and Regional Economics. Elsevier，2004：2119-2171.

［9］AU C C，HENDERSON J V. Are Chinese Cities Too Small［J］. Review of Economic Studies. 2006（73）：549-576.

［10］HENDERSON J V. Urbanization and growth［A］. Handbook of Economic Growth. Elsevier，2005：1543-1591.

[11] FUJITA M, KRUGMAN P, VENABLES A J. On the evolution of hierarchical urban systems [J]. European Economic Review, 1999 (43): 201-259.

[12] DURANTON G, PUGA D. Nersery cities: Urban diversity, process inovation, and the life cycle of products [J]. American Economic Review, 2001 (91): 1454-1477.

[13] GLAESER E L, KAHN M E. Sprawl and Urban Growth [A]. Handbook of Regional and Urban Economics. Elsevier, 2004: 2481-2527.

[14] CHAN K W, HENDERSON J V, TSUI K Y. Spatial Dimensions of Chinese Economic Development [A]. China's Great Economic Transformation. Cambridge University Press, 2008: 776-828.

[15] HENDERSON J V, KUNCORO A, TURNER M. Industrial development in cities [J]. Journal of Political Economy, 1995 (5): 1067-1090.

[16] GLAESER E, KALLAL H D, SCHEINKMAN J A, et al. Growth in Cities [J]. Journal of Political Economy, 1992 (100): 1126-1152.

[17] KNIGHT J, SHI L, SONG L. The Urban-Rural Divide and the Evolution of Political Economy in China [Z]. Egalitarian Development in the Era of Globalization: Essays in Honor of Keith Griffin, Edward Elgar. Northampton, MA 2006: 44-63.

[18] WORLD BANK. World Development Report 2009: Reshaping Economic Geography [R]. World Bank, 2009.

[19] FUJITA M, HENDERSON J V, KANEMOTO Y, et al. Spatial Distribution of Economic Activities In China and Japan [A]. Handbook of Regional and Urban Economics. Elsevier, 2004: 2911-2977.

[20] BERTAUD ALAIN. China: Urbanization in China: Land Use Efficiency Issues [Z]. 2007, http://alain-bertaud.com/AB_Files/AB_China_land_use_report_6.pdf.

[21] HENDERSON. Reports for the China Economic Research and Advisory Programme [R]. 2009.

[22] BLACK D, HENDERSON J V. Urban Evolution in the USA [J]. Journal of Economic Geography, 2003 (3): 343-372.

改革开放以来我国城镇化进程中的“缺口”与弥补

丁任重　李标

一、引　言

城镇化是一个人类社会经济转型、社会变迁和文化重构的过程，是工业化发展和经济增长的客观要求，是促进工业化发展和经济增长的主要力量（顾朝林，2004），对我国乃至世界的经济社会发展均具有重大的战略意义。正如诺贝尔经济学奖得主斯蒂格利茨所说的那样，未来对世界经济起重大影响的两大因素是美国的高技术产业和中国的城镇化。

2011 年年底，我国的人口城市化率已达到 51.27%，处于诺瑟姆城市化“S”形生长曲线（Ray M. Northam，1975）的中期阶段，是由成长期向成熟期（城市化率 70%以上）过渡的重要时期。2012 年 12 月，在北京召开的中央经济工作会议部署了“积极稳妥推进城镇化，着力提高城镇化质量”的经济任务，表明我国已将城镇化的重心由“加快推进”向“质量提升”转移。

因此，本文旨在探讨改革开放以来我国城镇化的发展阶段和城镇化进程中存在的“四缺口”及其弥补方法。后续章节安排如下：本文的第二部分从城镇化的含义特征、动力机制、道路选择等方面回顾城镇化的相关研究成果；本文的第三部分以诺瑟姆城市化“S”形生长曲线为基础分析改革开放以来我国城镇化的发展阶段及其推动力量；本文的第四部分从工业化、土地城镇化、公共事业和公共服务四个角度分析我国城镇化进程中的“四缺口”；本文的第五部分主要针对我国城镇化进程中的“四缺口”提出针对性的弥补路径。

二、文献回顾

英文词汇“urbanization”在国外一般表示“城市化”，意指“城市和乡村之间的人口分布发生变化（西蒙·库兹涅兹，1989）”或“人口和经济活动在地理上的大规模集中（K. J. 巴顿，1984）”。然而，国内学者对“urbanization”的译文和内涵并没有达成一致。如辜胜阻（1991）将其译为“城镇化”，并从人口流动的角度将城镇化定义为在经济发展过程中人口不断由农村向城镇地区集中的过程；赵新平、周一星（2002）将其译为“城市化”，并认为城市化是落后的农业国在工业化、现代化过程中全面制度创新的结果，是一个国家内部人口、资源与产业在市场机制作用下以城市为主导重新进行空间配置的过程，其间伴随着全社会生产、生活方式的根本性变化。事实上，在一个连续的国民经济体中，“市和镇在经济结构和生活方式方面十分接近，在很多情况下，二者统称为城市，与农村或乡村相对，因而对城市化的研究中包含了市和镇（刘传江，1999）”。我们认为“城镇化”或“城市化”的译法并没有本质区别，是可以通用的，只不过城镇化的表述更具有针对性，更符合我国的实际。城镇化或城市化是生产要素大规模集聚，人口结构、生产结构以及生活方式渐次变迁，城市与农村人口共享现代文明的过程。在这个过程中，“第二、三产业在城市聚集，农村人口不断向非农产业和城市转移，城市生产方式和生活方式向农村扩散，城市物质文明和精神文明向农村普及（简新华、黄锟，2010）”。城镇化的内涵说明城镇化是一个系统复杂的转变过程，其动力也应是多元的。如刘传江（1999）认为产业结构转换是城市化的动力机制，经济要素流动与集聚是城市化的实现机制，制度安排和变迁是城市化的推阻机制；孙中和（2001）进一步分析说明我国城镇化进程的加快得益于：农村工业化对经济要素的吸引，比较利益对劳动力转移的双重作用，农业剩余对农业资源转移的驱动以及制度变迁对要素流动效率的提升。

城镇化的多元动力机制已得到了多数学者的认可，但是我国城镇化发展水平的高低仍是学者们辩论的焦点之一。在城镇化水平高低之争的过程中，逐渐形成了三种代表性的观点：一是，我国城镇化水平严重滞后于工业化和经济发展水平。如辜胜阻（1991）、简新华等（2010）使用工业化率与城镇化率的偏差系数研究了工业化与城镇化的关系，并通过与国际比较得出我国城镇化水平明显滞后于工业化水平的结论；白南生（2003）的研究结果也支撑了此观点，认为我国的城市化与工业化发展存在结构偏差，违背了城市化水平高于工业化水平的普遍规律。二是，我国城镇化水平与工业化经济社会发展水平基本一致，并不存在明显的滞后。周淑莲、郭克莎（2002）运用钱纳里和塞尔昆的世界发展模型，并通过不同收入组国家的比较研究发现，我国的问题在于工业化的偏差而不在于城镇化偏差，应当以非农产业的就业比重来衡量工业化与城镇化的关系；安虎森、陈明（2005）则认为人均 GNP 是衡量国家工业化水平的最佳标准，且以该指标衡量我国工业化水平发现，我国的城镇化水平并不滞后于工业化水平，但存在城镇化进程中就业结构滞后和质量不高的问题。三是，我国的城镇化不是滞后的，也不是同步的，而是隐性的超城镇化或过度的城镇化。邓宇鹏（1999）认为我国城市化统计忽视了由“流动人口”和“乡镇企业就业人员”构成的大量隐性城镇人口，加上此部分人口的城镇化率高于平均发展水平国家的城镇化率，因而形成超城市化的现象；陆大道等（2007）的研究表明我国城镇化进程速度过快，超越了工业化速度，缺乏产业支撑，经济基础薄弱，具有“跃进式”特征，由此导致了城镇化的过度和膨胀。

选择何种道路推进城镇化是我国学界的另一热议话题，而城镇的规模结构和空间布局又是争论的核心。在理论之争和客观实践过程中，逐渐形成了四种具有代表性的观点：一是，区别于西方城市化经典模式的，主张以小城镇为重点的“小城镇论”。持该论点的学者认为，小城镇是城市与乡村的节点，是农村的经济中心、服务中心、文化中心和教育中心（费孝通，1984），积极发展小城镇是繁荣乡镇经济、就地转移人口、避免“城市病”蔓延、实现农村现代化的捷径（徐更生，1987）。二是，与“小城镇论”针锋相对的，主张以大城市为重点的“大城市论”。该论点的支持者认为，我国的小城镇道路是不得已而为之，小城镇难当城市化主角（张正河、谭向勇，1998），城市特别是规模较大的城市，会产生明显的聚集效应，从而带来较高的规模收益、较多的就业机会、较强的科技进步动力和较大的外部扩散效应（王小鲁、夏小林，1999）。因此，要推进我国的城市化，需要彻底放弃小城镇有限发展战略、大力发展我国的大都市区、推动城市间的分工与合作以及整合城市间的关系（安虎森、陈明，2005）。三是，具有综合平衡特点的，主张以中等城市为城镇化重点的“中等城市论”。该论点的倡导者认为，小城镇具有浪费土地、浪费能源等弊端，大城市由于人口众多等因素导致的“城市病”降低了经济效益，而中等城市则明显优于小城镇，某些经济指标与大城市比也毫不逊色（刘纯彬，1988）。因而，以中等城市为发展重心的城市化道路有利于节约资金，有利于培养新经济增长点，有利于普及现代文明，有利于治理经济发展中的环境（吕颖慧，1997）。四是，否定城市规模单一取向的，以大中小城市和小城镇并举为城镇化重心的“多元论”。该论点的探索者和追随者认为，国家城镇体系是由大量的不同规模的城镇组成的，城镇发展具有不对称特征，不存在实际的最佳城市规模和国家统一的适宜规模或规模级（周一星，1992）。因此，在科层城镇体系下（小集市—小城镇—小城市—中等城市—大城市—特大城市—都市圈），不能片面强调重点发展小城镇，或者主要发展大中城市（周天勇，2003），而应采用多元化的城镇化道路，即实现大中小城镇并重，使大中小城镇结构合理、搭配适当（简新华，1997）。

需要说明的是，我们视“城镇化”与“城市化”等同，行文过程中多使用“城镇化”，当谈及国外或原作者的观点时使用“城市化”。同时需要指出的是，本文主要使用历年《中华人民共和国统计年鉴》和《新中国六十年统计资料汇编》的相关数据，对我国改革开放以来的城镇化路径以及城镇化进程中存在的问题展开系统分析。

三、改革开放以来我国城镇化的发展阶段

鉴于改革开放之前，计划经济体制下我国的城镇化进程具有显著的“政治命令”

色彩和反复特征，如1958—1960年，在我国领导人“赶超英美”的政治命令刺激下，工业化的“爆发性”推进引起了城镇化的高速发展；1966—1976年，受“文化大革命”的影响，大量的知识青年和干部“上山下乡”，导致大量城镇人口外迁，“逆城镇化”现象严重。因而，此部分主要阐述改革开放以来（1979—2011年）我国城镇化进程的发展路径。

（一）改革开放以来我国城镇化概况

1. 我国城镇数量逐渐增加

1979年，我国拥有城市203个，建制镇2 361个。此后，我国市镇数量不断增加，2011年我国城市数量大约是1979年的3.2倍，达到653个，建制镇的数量约是1979年的813倍，达到19 683个。

2. 我国城镇人口规模不断扩大

1979年，我国城镇人口为18 495万人。此后，我国城镇人口的规模不断扩大，至2011年，我国城镇人口达到69 079万人，较1979年增加了50 584万人，年均增长4.2个百分点。

3. 我国城镇化进程不断加快

1979年，我国总人口为97 542万人，城镇人口占总人口的比重（城市化率）仅为18.96%。至2011年，我国总人口高达134 735万人，城镇人口占总人口的比重达到了51.27%，已迈入城市化进程的中后期。

（二）改革开放以来我国城镇化的发展路径

1978年12月中国共产党第十一届三中全会拉开了我国改革开放的序幕，伴随着社会经济的变革，我国的城镇化也呈现出明显的阶段性特征。有学者将改革开放以来我国的城镇化看作一个稳定的发展阶段（国家统计局课题组，2002），也有学者将改革开放以来我国的城镇化分为恢复发展、稳步发展和加快发展三个阶段（简新华 等，2010）。前者的划分过于笼统，后者的划分主要以体制变迁路径为依据，而城镇化是多种因素共同推动的，这一划分方法也有待商榷。

1975年，诺瑟姆通过对世界各国城市化进程的研究，发现城市化有其自身的发展规律，其轨迹并非呈直线上升，而是呈近似“S”形的曲线，此即生长理论曲线，也称为诺瑟姆曲线或逻辑斯谛曲线。按照该曲线城市化分为三个阶段：初期（城市化率小于30%）、中期（城市化率在30%~70%）、后期或成熟期（城市化率大于70%）。因此，我们借鉴具有一般意义的诺瑟姆“S”形城镇化三阶段生长曲线，以城市化率的大小为依据，将改革开放以来我国城镇化的发展划分为两个阶段，即城镇化初期的平稳发展阶段和中期的加速发展阶段。

1. 城镇化初期的平稳发展阶段（1979—1995年）

1979—1995年，我国人口总量由97 542万人上升至121 121万人，年均增长1 474

万人；与此同时，城市数量由 213 个增加到 637 个，建制镇的数量也由 2 361 个增加到 17 532 个，城镇人口也由改革开放之初的 18 495 万人上升至 35 174 万人，年均增加 1 042 万人；在此期间，城镇人口占总人口的比重（城市化率）以年均提高 0. 59 个百分点的速度，由 1979 年的 18. 96%缓慢爬升至 1995 年的 29. 04%，处于城镇化发展的初期平稳发展阶段（如图 1 所示）。

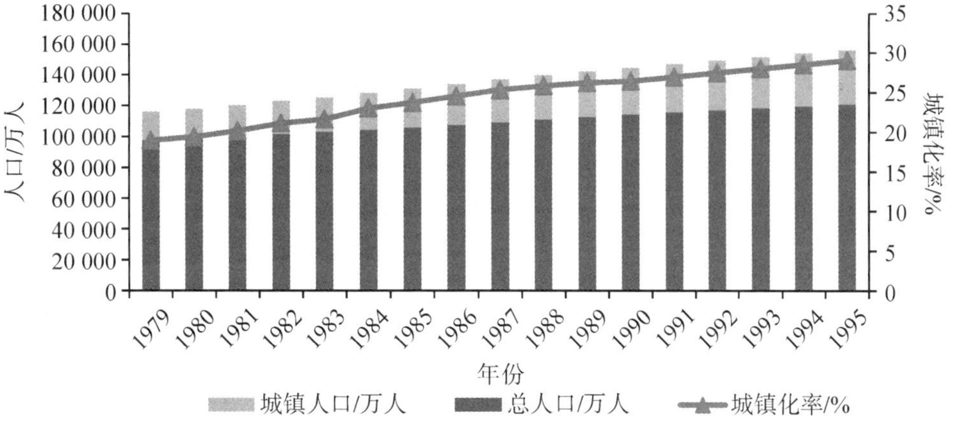

图 1　改革开放以来我国城镇化的初期阶段

这一阶段城镇化的平稳发展主要得益于经济体制变革、农村工业化以及城市制造业的刺激。改革开放之初，家庭联产承包责任制的实施大大刺激了农民的生产积极性，农业劳动生产率快速提高，农村由此产生了大量的剩余劳动力。然而，为避免农村人口大量涌入城市，抑制城市过度膨胀，加大城市经济体制改革难度，国务院于 1980 年批转了《全国城市规划工作会议纪要》，确立了城镇化的指导方针——控制大城市规模，合理发展中等城市，积极发展小城市。1990 年《城市规划法》的实施则进一步强化了该方针。与此同时，流通领域改革、要素市场改革、户籍管理放宽等政策恢复了联系城市与农村的经济和社会纽带，刺激了农村非农产业（主要是乡镇企业）的崛起和城市制造业的发展，劳动密集型的乡镇企业和城市制造业成为吸纳农村富余劳动力的主角，由此创造了“离土不离乡，进厂不进城”的农村工业化模式，推动了我国城镇化的稳步发展。

2. 城镇化中期的快速发展阶段（1996—2011 年）

1996—2011 年，我国的人口规模由 122 389 万人增加到 134 735 万人，年均增长 823 万人；与此同时，城市数量不增反降，由 1996 年的 663 个下降至 2011 年的 653 个，城镇数量则由 1996 年的 18 171 个增加至 2011 年的 19 683 个，城镇人口由 37 304 万人攀升至 69 079 万人，年均增长 4. 5 个百分点，快于总人口 0. 64%的年均增速；在此期间，城镇化率由 30. 48%上升至 51. 27%，年均提高 1. 4 个百分点，高于上一阶段 0. 8 个百分点，达到了城镇化加速发展的中期水平（如图 2 所示）。

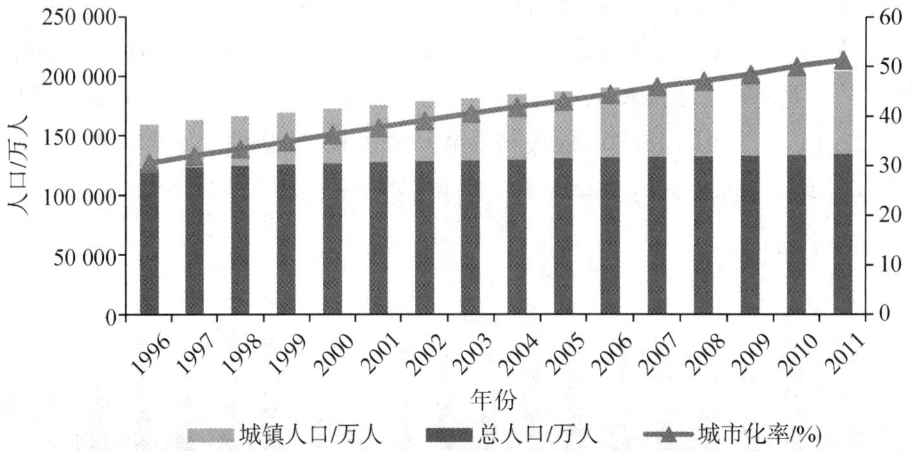

图 2　改革开放以来我国城镇化的中期阶段

这一阶段城镇化的快速发展主要源于社会主义市场经济体制的建立、民营经济的快速发展和劳动力流动体制的变革。20 世纪 90 年代中后期，我国进入全面建立社会主义市场经济体制的时期，农民已成为不可或缺的市场主体，农民进城成为推动我国城镇化发展的重要力量。此时，以乡镇企业为代表的民营经济迅速发展，形成了“三分天下有其一”的经济格局，不仅促进了国民经济的快速发展，而且缓解了农村劳动力转移的压力。然而，尽管乡镇企业吸引了大量的农村剩余劳动力，但其吸纳能力却有所下降，而且城市相对较高的收入、完善的基础设施和公共服务都形成了“农民进城”的势能。同时，政府则通过逐渐改革户籍制度和种种歧视性政策，提供各项服务，破除劳动力流动的阻碍，引导农民向非农产业转移，开启了“离土又离乡，进厂又进城”的城镇化模式，促进了我国城镇化的快速发展。

四、改革开放以来我国城镇化进程中的“四缺口”

改革开放以来，在体制改革、工业化加速等多因素的刺激下，我国城镇化水平迅速提高。1979 年，我国的城镇化率仅为 18.97%，至 2011 年，我国的城镇化率已达到 51.27%，年均提高约 1 个百分点。然而，在城镇化高速发展的同时，城镇化的质量却没有随之快速提升，城镇化速度与城镇化质量的不协调主要体现为城镇化进程中的“四缺口”。

（一）缺口一：城镇化滞后于工业化

钱纳里和赛尔昆通过对一百多个国家和地区经济发展过程的研究，发现人均国民收入水平、生产结构、就业结构和城市化率之间存在着规律性的变化（如表 1 所示）。钱纳里-赛尔昆模式说明，当工业化进入中后期，城市化的演进更多地表现为整个非农产业比重上升的拉动，而且此过程中就业结构的工业化和非农化直接带动了人口向城市的迁移和集中（周淑莲、郭克莎，2002），非农产业的产值结构和就业结构能更好地反映我国的工业化进程。

2011 年，我国人均国民收入达到 35 040.3 元（按平均汇率折算为 5 424.2 美元，处于钱纳里-赛尔昆发展模式的 8~9 级），工业增加值占 GDP 比重为 39.9%，非农产业增加值占 GDP 比重高达 90%，工业就业比重为 29.5%，非农产业就业比重为 65.2%，而城镇化率却仅为 51.3%（接近钱纳里-赛尔昆发展模式的第 6 级）①。因此，不论从经济发展水平，还是从非农产业的产值和就业结构所处的级次看，我国的城镇化水平仍滞后于经济发展水平和工业化水平。

表 1　城市化与工业化的钱纳里-赛尔昆发展模式

级次	人均 GNP/美元		GNP 结构/%		就业结构/%		城市化率/%
	1964 年	1997 年	工业	非农产业	工业	非农产业	
1	70	350	12.5	47.8	7.8	28.8	12.8
2	100	500	14.9	54.8	9.1	34.2	22.0
3	200	1 000	21.5	67.3	16.4	44.3	36.2
4	300	1 500	25.5	73.4	20.6	51.1	43.9
5	400	2 000	27.6	77.2	23.5	56.2	49.0
6	500	2 500	29.4	79.8	25.8	60.5	52.7
7	800	4 000	33.1	84.4	30.3	70.0	60.1
8	1 000	5 000	34.7	86.2	32.5	74.8	63.4
9	1 500	7 500	37.9	87.3	36.8	84.1	65.8

资料来源：钱纳里，赛尔昆. 发展的格局 [M]. 李小青，等译. 北京：中国财政经济出版社，1989：22-23.

注：使用 1964—1997 年美国 GDP 的平减指数换算不同年份的人均 GNP，换算因子设定为 5；非农产业对应的数据为原书中工业、公共产业、服务业对应数据之和。

另外，从工业化与城镇化的偏差系数来看②，我国城镇化与工业化的缺口正逐渐缩小。1979 年，我国城镇化与工业化的产值结构和就业结构偏差系数分别为 3.6 和 1.6，偏差程度较大。此后，随着城镇化的加速推进，二者的偏差程度有所减小，至 2011 年，我国城镇化与工业化的产值结构和就业结构偏差系数分别下降至 1.8 和 1.3（如图 3 所示）。

① 由 2012 年《中国统计年鉴》相关数据计算得来，其中人均国民收入由国民总收入除以总人口，并采用当年人民币兑美元的平均汇率（6.46）折算而来。

② 工业化与城镇化的偏差系数使用工业化水平与城镇化水平的比值加以测算。此处，使用非农产业的产值和就业比重两个指标测算工业化水平，使用城镇化率测算城镇化水平。

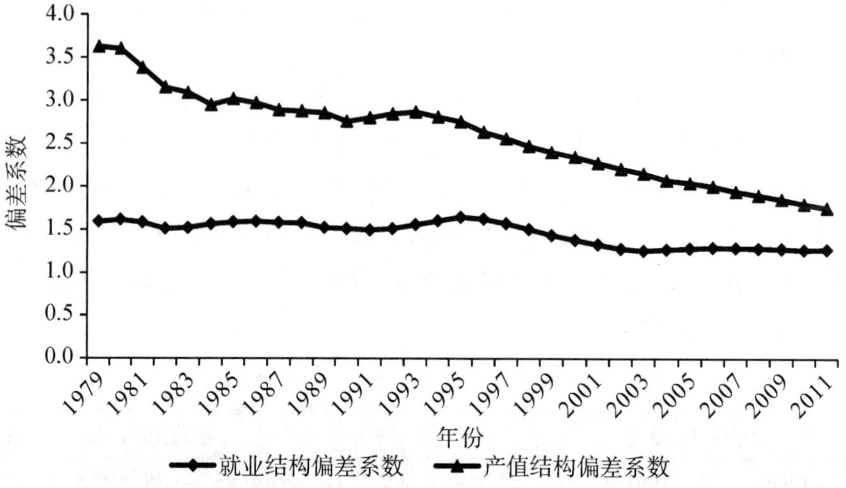

图 3　改革开放以来我国工业化与城镇化的产值、就业结构偏差系数

（二）缺口二：土地城镇化快于人口城镇化

所谓人口城镇化是指城镇化进程中，农村人口不断向城镇集中，农业劳动力不断向非农产业转移，城镇人口和非农产业就业人员比重不断增加。土地城镇化是指城镇化进程中，农业和农村用地逐渐减少，城镇建设用地逐渐增加，城镇规模和建成区面积不断扩大。改革开放以来，我国城镇化取得了长足的进展，但不容忽视的是人口城镇化与土地城镇化间的不协调现象。

1985—2011 年，我国土地城镇化略微快于人口城镇化，城镇用地集约程度需进一步提高。1985 年，我国城镇建成区面积为 9 386 平方千米，至 2011 年达到 43 603 平方千米，年均增长约 6. 09 个百分点，高于此期间人口城镇化和城镇人口增速 3. 01 和 3. 97 个百分点。

另外，非农产业吸纳人口的能力依然不高。非农产业就业人员规模由 1985 年的 18 743 万人上升至 2011 年的 49 826 万人，其占就业人员总量的比重也由 1985 年的 37. 6%，攀升至 2011 年的 65. 2%，年均增长 3. 83 个百分点，低于土地城镇化和人口城镇化的速度（如表 2 所示）。

表 2　土地城镇化与人口城镇化水平比较

年份	建成区面积/平方千米	人口城镇化/%	城镇人口/万人	非农产业就业比重/%
1985	9 386	23. 7	25 094	37. 6
2011	43 603	51. 3	69 079	65. 2
年均增速	6. 09	3. 01	3. 97	3. 83

资料来源：《中华人民共和国统计年鉴》。

（三）缺口三：城镇公共事业水平滞后于人口城镇化

城镇化的目标不仅包含以城镇人口比重衡量的城镇化水平的上升，还应涵盖城镇公共事业水平的提高。从本质上说，城镇化的质量应与公共事业同步提高。然而，我国快速推进的城镇化却出现了与城镇化初衷相悖的现象，即我国城镇公共事业的发展与人口城镇化水平不协调。

1980—2011 年，我国城镇人口由 19 140 万人上升至 69 079 万人，年均增长 1. 04 个百分点。在城镇人口规模强力扩张的带动下，我国的城镇化率也由 19. 39%攀升至 51. 27%，年均增长 3. 19%。然而，城镇居民生活（人均生活用水、用水普及率和燃气普及率）、公共交通（人均拥有道路面积、每万人拥有的道路长度和公交车辆）、环境（人均公共绿地面积）和卫生（生活垃圾清运量和每万人拥有公厕）四个一级指标和九个二级指标衡量的城镇公共事业水平表明，1980—2011 年我国城镇公共事业的整体水平略微滞后于人口城镇化水平（如表 3 所示）。

表 3　我国城镇公共事业水平

主要公共事业类别	1980 年	2011 年	年均增速/%
人均生活用水/吨	46. 8	62. 4	0. 93
用水普及率/%	81. 4	97	0. 57
燃气普及率/%	16. 8	92. 4	5. 65
每万人拥有道路长度/千米	3. 3	7. 6	2. 71
人均拥有道路面积/平方米	2. 8	13. 8	5. 27
每万人拥有公交车辆/标台	1. 7	11. 8	6. 45
人均公共绿地面积/平方米	9. 6	11. 8	0. 67
生活垃圾清运量/万吨	3 132	16 395	5. 49
每万人拥有公厕/座	6. 6	2. 9	-2. 57

资料来源：《中华人民共和国统计年鉴》和《中华人民共和国六十年统计资料汇编》。城镇的公共事业主要包括水、燃气、道路、交通、环境和卫生公共产品的供应。

（四）缺口四：基本公共服务水平滞后于城镇化水平

公共服务涉及的领域较广泛，而与居民生活息息相关的教育、医疗卫生、社会保障和就业服务是人们最为关心的基本公共服务。在大量资源向城镇集中的同时，基本公共服务水平也应随之提升。然而，过于重视城镇面积和城镇人口扩张、忽视基本公共服务供给的城镇化，已使得基本公共服务供给水平不能满足城镇化的要求，降低了城镇化质量。尽管近年来中央在公共领域的财政支出比重逐渐加大，着力提升我国基本公共服务的供给能力，努力扩大基本公共服务的覆盖面，但是与快速推进的城镇化相比，我国基本公共服务水平仍稍显滞后。

公共教育服务水平滞后于城镇化水平。1980—2011 年，学均初等院校、学均初等院校教师、学均中等院校、学均中等院校教师、学均高等院校、学均高等院校教师的年均增速分别为 2.64%、1.34%、7.48%、0.79%、-1.23%、3.91%。只有学均中等院校数量和学均高等院校教师数量的年均增速高于城镇化的推进速度（3.19%），因此，公共教育服务的整体水平滞后于城镇化水平①。

公共文化服务水平滞后于城镇化水平。1980—2011 年，公共图书馆、博物馆、艺术表演团体、艺术表演场馆、图书和期刊、报纸数量的年均增速分别为 1.73%、6.6%、2.26%、0.98%、2.13%、3.96%。整体看，公共文化服务水平与城镇化水平存在缺口②。

公共医疗卫生服务水平提升速度慢于城镇化推进速度。1980—2011 年，医院总数、每万人口医院床位数、每万人口执业（助理）医师、卫生总费用占 GDP 比重、个人卫生支出占卫生总费用比重、财政卫生支出占卫生总费用比重的年均增速分别为 1.12%、1.69%、1.44%、1.6%、1.62%、-0.57%，均低于城镇化的推进速度。因此，公共医疗卫生服务水平与城镇化水平存在较大的缺口③。

社会保障服务水平滞后于城镇化水平。1985 年，我国社会保障支出（社会福利救济和保险福利费用之和）占 GDP 比重为 3.76%，2011 年国家财政社会保障和就业支出占 GDP 比重却下降至 2.35%，远低于欧美发达国家的社会保障水平。与此同时，我国的城镇化率由 1985 年的 23.71%上升至 2011 年的 51.27%，每年上升 1.1 个百分点④。因此，社会保障服务水平与城镇化水平存在缺口。

五、我国城镇化“四缺口”的弥补路径

当前，我国城镇化率已经超过 50%，这表明我国的社会形态已由“乡村主导型”社会向“城镇主导型”社会迈进。积极稳妥地推进城镇化，全面提升城镇化的质量，促进城镇化的健康发展，将是今后一段时期的重要任务。针对我国城镇化进程中存在的“四缺口”，应从以下几个方面予以弥补，走出一条特色的、速度与质量并重的新型城镇化发展道路。

（一）进一步强化体制创新，破除城镇化质量提升的制度障碍

制度障碍是提升我国城镇化质量的最大瓶颈，因而应把深化体制改革创新放在重要位置。为此，一要统筹推进户籍制度改革，适时适度地降低农民进城落户的门槛，引导有条件的农民向城镇转移、向市民转化；二要深化土地制度改革，促进土地要素在城乡

①~④ 数据由《中华人民共和国统计年鉴》的相关数据计算而来。

间的自由流动，引导农民持“证”或持“股”进城；三要加快市镇体制改革，适度发展中小城市和特大乡镇，承接产业和农村人口转移，促进新经济增长点（区）的形成，促进工农、城乡的统筹发展。

（二）走多元化、集约型城镇化道路，提升城镇化的空间效益

在“土地财政”的巨大利益驱动下，我国土地城镇化速度长期高于人口城镇化速度，土地资源被大量浪费，城镇空间开发成本不断提高，而空间开发的强度却不高，粗放式城镇化发展模式引致的问题日益突出。因此，一要积极构建合理的城市布局，引导大中小城市、小城镇和城市群多元协调发展，不断优化科层城镇体系；二要坚持集约型发展模式，控制土体出让规模，提高土地的开发强度和投资密度，以提升城镇化的空间效益。

（三）推进政府与市场相互融合，推进包容性城镇化发展

长期以来，我国城镇化的推进过于重视乡村人口的转移，忽视了城镇公共事业建设、公共服务发展以及外来人口的融入难题，缺乏公平性和包容性，大大降低了城镇化质量。为此，借助多方力量着力提升公共事业和公共服务水平，建设包容性城镇化，为城镇各种群体提供平等的发展机会将是我国城镇化的努力方向。具体来说，一方面要加大公共事业和公共服务的投入力度，尤其是提高中央财政在公共领域的支出比例，缓解中央和地方政府“财权”和“事权”不匹配的矛盾；另一方面要借助市场的力量，创新公共领域投资方式，广泛吸收社会资本用于发展公共事业和公共服务。

（四）把握“四化”联动的契机，稳妥推进城镇化向成熟期迈进

我国正处于城镇化的成长阶段，同时也是新型工业化、新型城镇化、信息化和农业现代化联动建设的重要阶段。因而，应以“四化”联动为契机，努力实现新型城镇化与新型工业化、信息化、农业现代化的同步协调发展，积极稳妥地推进城镇化向成熟期迈进。在加快城镇化发展的同时，一要加快新型工业化发展，不断优化产业结构，为新型城镇化提供良好的产业支撑；二要加快城镇信息化建设，努力提高信息服务的水平，逐渐提升新型城镇化的综合竞争力；三要加快农业现代化建设，提高农业规模经营效益，为新型城镇化提供坚实的农业基础。

（本论文原载于《经济学动态》2013 年第 4 期）

参考文献：

安虎森，陈明，2005. 工业化、城市化进程与我国城市化推进的路径选择 [J]. 南开经济研究 (1)：48-54.

巴顿，1984. 城市经济学 [M]. 北京：商务印书馆.

白南生，2003. 中国的城市化 [J]. 管理世界 (11)：78-86，97.

邓宇鹏，1999. 中国的隐性超城市化 [J]. 当代财经 (6)：3-5.

费孝通，1984. 小城镇大问题 [J]. 江海学刊 (1).

顾朝林，2004. 改革开放以来中国城市化与经济社会发展关系研究 [J]. 人文地理 (2)：1-5.

辜胜阻，1991. 非农化与城镇化研究 [M]. 杭州：浙江人民出版社.

国家统计局课题组，2002. 我国城镇化战略研究 [J]. 经济研究参考 (35)：14-25.

简新华，1997. 论农村工业化与城市化的适度同步发展 [J]. 经济学动态 (7)：32-36.

简新华，黄锟，2010. 中国城镇化水平和速度的实证分析与前景预测 [J]. 经济研究 (3)：28-39.

简新华，何志扬，黄锟，2010. 中国城镇化与特色城镇化道路 [M]. 济南：山东人民出版社.

刘纯彬，1988. 中国城市化要以建设中等城市为重点 [J]. 财经科学 (7)：49-52.

刘传江，1999. 中国城市化的制度安排与创新 [M]. 武汉：武汉大学出版社.

陆大道，宋林飞，任平，2007. 中国城镇化发展模式：如何走向科学发展之路 [J]. 苏州大学学报 (哲学社会科学版) (2)：1-7.

吕颖慧，1997. 中国城市化应以中等城市为发展重心 [J]. 山东大学学报 (社会科学版) (6)：27-29.

钱纳里，赛尔昆，1989. 发展的格局 [M]. 北京：中国财政经济出版社.

孙中和，2001. 中国城市化基本内涵与动力机制研究 [J]. 财经问题研究 (11)：38-43.

王小鲁，夏小林，1999. 优化城市规模推动经济增长 [J]. 经济研究 (9)：3-5.

徐更生，1987. 发展小城镇是我国农村实现现代化的捷径 [J]. 中国农村经济 (11)：57-59.

西蒙·库兹涅兹，1989. 现代经济增长 [M]. 戴睿，易诚，译. 北京：北京经济学院出版社.

周淑莲，郭克莎，2002. 工业化与城市化关系的经济学分析 [J]. 中国社会科学

(2)：44-55，206.

周天勇，2003. 中国未来农村剩余劳动力转移问题及其出路［J］. 学习与探索(2)：64-68.

赵新平，周一星，2002. 改革以来中国城市化道路及城市化理论研究述评［J］. 中国社会科学（2）：132-138.

周一星，1992. 论中国城市发展的规模政策［J］. 管理世界（6）：166-171.

张正河，谭向勇，1998. 小城镇难当城市化主角［J］. 中国软科学（8）：3-5.

RAY M NORTHAM，1975. Urban Geography［M］. New York：John Wiley & Sons.

新型城镇化：文化资本理论视域下的一种诠释

李萍　田坤明

诺贝尔经济学奖获得者斯蒂格利茨（Joseph Stiglitz）曾说过，“中国的城市化与美国的高科技产业将是深刻影响21世纪人类发展的两大关键因素……中国的城市化将是区域经济增长的驱动力，并产生最重要的经济收益”①。一方面，伴随着快速工业化和经济高速增长，中国经历了人类历史上速度最快、规模最大的城镇化进程，截至2012年年底，中国城镇人口已达到7.12亿，城镇化率达到了52.57%，较2002年上升了13.48个百分点。另一方面，中国城镇化②却长时间地呈现出典型的粗放外延式的发展特征和惯性，即贪大求多、速度至上、以GDP为中心、脱离资源环境承载力和相应产业支撑的“形式主义城市化”或“伪城市化”模式，造成了“人口城市化”与“土地城市化”不同步、城镇化速度与产业结构演进不协调、外延扩张与内涵发展失衡，以及资源损耗严重、生态环境恶化、城乡关系不协调等一系列问题。

这些问题的解决，需要在顶层设计和行为路径上做出重大调整。党的十六大报告早已明确指出，“要消除不利于城镇化发展的体制和政策障碍，走出一条既不同于西方发达国家和地区，也不同于传统发展老路的城镇协调发展、城乡共同繁荣的与新型工业化道路相呼应的‘新型城镇化道路’来”。新型城镇化③的“新”最重要的有两点：一是人口的城镇化；二是有一个科学合理的城镇体系的新布局。为此，就要由过去片面注重追求城市规模扩大、空间扩张，改变为以提升城镇的文化、公共服务等内涵为中心，真正使城镇成为具有较高品质的适宜人居之所。新型城镇化是一个复杂的、多层面的社会

---

① 段学慧，侯为波．不能照搬“诺瑟姆曲线”来研究中国的城镇化问题［J］．河北经贸大学学报，2012（4）：22-25，51．

② 目前，学术界对“城镇化”与“城市化”概念的认识仍存在争议：一种观点认为，城镇化就是城市化，两者没有本质区别；另一种观点认为，城镇化就是发展小城镇，城市化则是发展大城市。在汉语语境里，根据《现代汉语词典》的解释，城镇包括城市和集镇。据此，本文认同城镇化比城市化外延更广，包括城市化和农村城镇化。

③ 所谓新型城镇化，是指坚持以人为本，以新型工业化为动力，以统筹兼顾为原则，推动城市现代化、城市集群化、城市生态化、农村城镇化，全面提升城镇化质量和水平，走科学发展、集约高效、功能完善、环境友好、社会和谐、个性鲜明、城乡一体、大中小城市和小城镇协调发展的城镇化建设道路。

经济空间变迁的动态过程，是多因素综合作用的结果。这里，笔者拟基于“文化资本”（cultural capital）理论的相关释义，从“人口、经济、社会、环境”四个维度对新型城镇化进行一种诠释。

一、文化资本的界定与启示：从布迪厄到思罗斯比

文化资本是20世纪80年代末在全球兴起的一个研究热点。它是由社会学家率先提出，而后又被经济学家、政治学家及法学家广泛采纳，并用来解释和说明各自研究领域问题的综合性概念和研究方法①。目前，对于文化资本范畴的界定和积累过程的研究还没有系统化，在学界被广泛接受的主要是布迪厄（Bourdieu P.）和思罗斯比（Throsby D.）的观点，他们主要从社会学和经济学角度对文化资本进行了客观的描述，兼顾了具体的、物质的层面和抽象的、精神的层面。

（一）社会学概念的文化资本

皮埃尔·布迪厄（Pierre Bourdieu）在《资本的形式》（1989）这篇著名论文中，首次提出了完整的文化资本理论。他对马克思的资本概念进行了非经济学解读，把资本看作行动者的社会实践工具，从原有的物质化形态广泛延伸至文化符号领域。“资本是一种镶嵌在客体或主体的结构当中的力量，也是一种强调社会界内在规律的原则，正是这一点使得社会博弈区别于简单的碰运气。”“只有引进资本的一切形式，而不只是考虑经济理论所认可的那一种形式，否则是不可能对社会界的结构和作用加以解释。”“资本是积累性的劳动，这种劳动具有排他性（私人性），被行动者或行动者小团体以具体化的形式占有社会资源。”② 他把资本划分为三种基本类型：经济资本、文化资本与社会资本，且三者之间存在转化关系③。在这三大资本形态中，布迪厄尤为关注文化资本对现实社会的影响，运用“场域—惯习—资本”三位一体的分析模式，剖析了文化资本的三种存在形式：“文化能力的具体化形式，即以精神或肉体的持久的‘性情’的形式存在，即通过家庭环境及学校教育获得身体化、实体化的知识、教养、技能、品位及感性等文化产物；文化产品的客体化形式，即以文化产品（书籍、绘画、古董、道具、工具及机械等物质性文化财富）的形式体现出文化遗迹或理论色彩；文化资本的制

---

① 1999年，在圣地亚哥州立大学行为经济学促进协会（SABE）的赞助下，经济学与其他学科学者相互交流的学术研讨会召开。就是在这次会议上，人们第一次提出了文化资本与发展的特殊议题。

② 田方萌. 城市化：市民化还是特权化［J］. 文化纵横，2013（4）：90-92.

③ 布迪厄认为，经济资本以金钱为符号，以私人产权为制度化形式；文化资本以作品、文凭、学衔为符号，以学位为制度化形式；社会资本是由社会义务（关系）所构成，以社会名誉、头衔为符号，以社会规约为制度化形式。

度化形式，即将行动者掌握的知识与技能以考试等方式予以承认并通过授予合格者文凭和资格认定证书等方式将其制度化。”[1] 在布迪厄看来，文化资本是与经济资本、社会资本相对的一种重要资本，它是指一种标志行动者的社会身份的，被视为正统的文化趣味、消费方式、文化能力和教育资历等的价值形式。特纳将布迪厄的文化资本进一步拓展至那些非正式的人际交往技巧、习惯、态度、语言风格、教育素质、品位与生活方式[2]。

布迪厄将经济学的资本概念应用于社会学领域，目的在于剖析以资本形式存在的权利在社会结构和社会阶级分化资源配置中的功能。他通过透视文化隐秘的利益逻辑，探查文化所包含的复杂的权力运作，逐步延伸到文化资本获得、权力支配与社会等级延续等深层次，完成了对文化符号权利的“解魅”。布迪厄始终将文化资本看作一种生产和再生产社会等级结构的重要且隐秘的力量。这种力量，以所谓“正当性”“合法性”方式隐蔽地向行动者“集体无反思”“潜意识”地灌输各种符号体系，并促成行动者的社会化，通过生产和再生产相应的界限感和位置感，实现且进一步巩固社会不同阶层的“区隔”。

（二）经济学概念的文化资本

澳大利亚麦考瑞大学经济学教授戴维·思罗斯比（David Throsby）将“文化资本”引入到经济学范畴[3]，并把它称为除物质资本（有形资本）、人力资本和自然资本之外的第四种资本。他在总结先辈们研究的基础上，指出文化资本是以财富的形式具体表现出来的文化价值的积累。这种积累紧接着可能会引起物品和服务的不断流动，与此同时形成了本身具有文化价值和经济价值的商品。他把文化资本分为两类：一种是有形的（tangible）文化资本，包括被赋予文化意义的建筑、遗址、艺术品和诸如油画、雕塑及其他以私人物品形式而存在的人工品；另一种是无形的（intangible）文化资本，是一种心智资本，包括一系列与既定人群相符的想法、实践、信念、传统和价值，常常以公共物品的形式存在于公共领域[4]。思罗斯比对文化资本内涵的理解是基于对其文化价值和经济价值的综合考量，他认为，若按因果顺序，应该是从文化价值到经济价值，即文化上具有较高价值的东西也相应地具有较高的经济上的评价。同时，他推测文化资本对经济产出和增长及其可持续性都有影响，“忽视文化资本的行为很可能会导致文化体系的崩溃，其结果必然导致福利和经济产出的丧失”[5]。

---

① PIERRE BOURDIEU. The Form of Capital, New York: Handbook of Theory and Research For the Sociology of Education, in J. G. Richardson (Ed), 1986: 241-258.

② 薛晓源，曹荣湘. 全球化与文化资本［M］. 北京：社会科学文献出版社，2005.

③ 1998 年，思罗斯比在西班牙巴塞罗那举行的第十次文化经济会议上的发言稿《什么是文化资本》中，明确地将“文化资本”引入经济学领域。

④ 乔纳森·特纳. 社会学理论的结构［M］. 邱泽奇，译. 北京：华夏出版社，2001.

⑤ 戴维·思罗斯比. 什么是文化资本［J］. 潘飞编，译. 马克思主义与现实，2004（1）：50-55.

为更全面深入地考察文化资本的内涵和功能，思罗斯比从文化资本的动态积累过程入手，设定了一个初步的文化资本存量模型：

$$K_{t+1}^{c}=K_{t}^{c}+\left(I_{m}^{c}-d_{t}K_{t}^{c}\right)+I_{m}^{c}$$

该式表明：若在时间 t 内，某个经济过程中所拥有的内在文化资本积累为 K_{t}^{c}，由于贬值折旧 d_{t} 的存在，在保证投资规模不至于萎缩的前提下，需要文化资本净投入（$I_{m}^{c}+I_{m}^{c}$），即有更多的资源用于文化产品的生产、文化服务的发展以及文化氛围的营造，最终促使文化资本存量得到累积。该式透视出，文化资本累积与经济增长间存在一种潜在关系，文化资本与生产过程中其他形式的资本以竞争且互补的方式共同发挥作用。

综上所述，文化资本概念发生于社会学，而社会学则基于对经济学的资本概念的借鉴和引申；进一步地，又从社会学引入到经济学中，对经济学产生了巨大的影响。我们看到，在学科间相互渗透、互动演进的发展方向中，构建出对资本认识的又一次泛化和深化的生动图景。布迪厄和思罗斯比跨越了社会学、经济学的学科边界，在学科交叉地带找到了文化资本这一重新审视与探究社会的和谐进步和经济的可持续发展的重要范畴和分析工具，为人文社会科学研究者建立新的理论范式提供了独特视角和普遍的方法论价值，他们对文化资本的质和量所做的奠基性、开拓性阐释，如文化资本的三种存在形式，文化资本与个人发展、文化资本存量累积、文化资本与经济产出（增长）及其可持续性的关联性，文化体制、文化制度对一个企业、区域、国家乃至全球经济的影响等，都为人们在社会学、经济学、政治学和法学等多学科的基础理论研究与应用分析之间架设起新的通道，为人们寻找新的理论支点提供了学术启迪和逻辑基础。

二、文化资本的国内研究成果：回顾与思索

目前，国内许多学者逐步放弃了过去将文化因素处理为 ceteris paribus（假定为不变条件）的传统，开始进行文化反思，出现了文化自觉，已尝试把“文化资本”作为经济研究对象或工具，它不但为研究文化产品的经济价值和文化产业内在发展逻辑提供了一个分析框架，而且成为重新审视经济增长的一个新要素，用来解释由传统物质资本所不能释疑的“索洛剩余”，同时还为经济可持续发展研究提供了新线索。

（一）文化资本的内涵、运营与测度研究

关于文化资本，高波、张志鹏（2004）把它看作人生开始积累的第一笔资本，是人们习得的能够为未来带来持续收益的特定价值观体系；陈赞晓（2007）视其为文化因素的资本化，包括智力因素、制度文化、创新精神、人际和谐和生态伦理；金相郁、武鹏（2009）把文化资本看作以财富形式表现出来的、作为人类劳动成果的文化价值的积累，包括文化能力、文化精神、文化产品、文化制度在内的文化资源的总和；梁君（2012）则将其看作“文化”和“资本”两个概念范畴的交叉点，对文化来说，它是文

化中的资本，对资本来说，它是资本中的文化形态；王云、龙志和（2012）从文化经济学视角把文化价值积累而形成的财富看作文化资本，包括版权、技术、商誉或品牌等无形资产构成的创意资本、版权资本和品牌资本。

关于文化资本的功能与运营，张怡（2004）认为，在经历文化社会学的解构后，“作为资本的文化”提供了人们相互理解、交往、参与社会实践的空间，也是生成权利与利益支配的生生不息的源头；陈赞晓（2007）则强调文化资本重在营造，需要构建多元化的文化资本主体和主导者，同时指出，中国文化资本的生成要以传统文化为良好土壤、用先进文化指明方向、以吸收世界文化为精华、以文化体制改革为动力；姚检建、岑文忠（2004）从市场、权利和教育三个层面分析了文化资本的积累机制，在廓清文化资本积累自身的内在逻辑和探求积累有效路径方面做了有益尝试；李沛新（2007）从文化资本的性质入手，较为系统地探索了文化资本生产与积累、循环与周转、生产与再生产、流通与重组及其国际化运作等问题。此外，周云波（2009）、金相郁（2009）、徐明生（2011）、马素伟（2012）、王云（2012）等人都在文化资本的量化研究方面做了大量探索，设计出不同的文化资本存量估计指标体系，为进一步的数理计量分析奠定了基础。

（二）文化资本对人口迁移的影响

这里的人口迁移主要是指农村人口向城镇人口的迁移。刘辉武（2007）区分了文化能力型文化资本（行为方式、语言风格、品位与生活方式、价值观念等）和制度化文化资本（文凭、职业证书等），分析了农民工由于文化资本的缺乏，直接影响其人力资本、社会资本的积累，并导致市民对农民工的文化排斥，阻滞了农民工的城市融入。毕新伟（2010）将乡土社会所形成的伦理文化视为一种文化资本，这种习得的“信念伦理”可以向经济资本与社会资本转化，它对农民工的日常生活和城市创业有重要影响，但由于时代的冲击它对人口迁移的作用也不能盲目夸大。仇立平、肖日葵（2011）基于2008年上海市社会结构调查数据，通过实证研究证实文化资本是影响个人教育和社会地位获得的重要因素，也是社会下层实现向上流动的有效手段；教育、家庭文化氛围和文化投资对农民地位转变、融入城市具有持续且稳定的作用。陈旭峰（2012）通过对农民文化素质、自我认同、态度偏好、发展意愿和文化参与等文化资本层面市民化水平的问卷调查，客观验证了文化资本的欠缺是农民市民化进程困难重重的重要原因。

（三）文化资本对城市发展的影响

段钢、冯佑明（2009）通过对人力资本和文化资本的比较研究，提出人力资本把文化资本带入了“城市”这个更广大的文化消费空间，在传统和现代之间，文化资本如何发挥更大作用是每一个城市面临的重大挑战。张鸿雁（2010）分析了中外城市文化资本理论与城市形象美学理论的发生和发展过程，论证了城市文化资本与现代城市可持续发展力建构的密切关系，探析了城市文化资本促进城市品牌营销的文化模式，提出了“为人民重新设计城市”的理念和价值观。俞万源（2012）将文化资本作为文化经济阶段城市化的新动力，考察文化资本的经济功能对城市发展的影响：借整合功能协调社会成员关系，凝聚城市发展合力；借教化功能提升城市文化素养，提高人才素质；借激励功能彰显人文精神，塑造城市形象；借增效功能形成文化产业的集聚规模效应，增强城市综合竞争力。

（四）文化资本对区域经济增长的影响

高波、张志鹏（2004）将文化资本视为决定经济增长的一种关键性生产要素和最终解释变量①，它一方面体现了人们的行为体征及其选择依据，另一方面又潜在制约和影响着制度安排、技术进步和物质利用。金相郁、武鹏（2009）采用层次分析法和均值化方法，计算出省级区域的文化资本存量水平的横截面数据，并进一步实证检验了文化资本作为内生变量从规模报酬方面影响物质资本和人力资本作用的发挥，以及其区域分布的不平衡性与经济增长存在潜在关系。徐明生（2011）也通过文化资本的量化，验证了文化资本与区域经济发展存在长期的均衡协调关系。王云、龙志和（2012）对中国省级文化资本与经济增长关系进行空间相关性分析和经济计量检验，结果表明文化资本存量存在显著的正向空间相关性，文化资本、物质资本和人力资本等均为经济增长的重要投入要素。皇甫晓涛（2009）、牛宏宝（2010）、赵小波（2011）、梁君（2012）等人都研究了文化资源向文化资本转换的途径，论述了文化资本对文化产业发展具有正向的促进作用，从而利于推动经济增长。

通过对国内文献的梳理，可以发现，文化资本已作为一种新研究工具用于分析人口迁移、城市发展及区域经济增长等诸多经济问题，但分析基本上都暗含了文化资本“中性论”的假设，突出它的正向效应，而未细分文化资本的“质”与“量”及其可能产生的逆向效应。其实正如很多学者认为社会资本有“双重属性”（正面价值与负面作用共存）一样，文化资本也有我们认识不足的一面，需要进一步深入研究。我们认为，文化资本无论是作为文化价值积累，或者是能带来持续收益的特定价值观体系，抑或是文化因素的资本化，都脱离不了物化形式和现实载体，其投资或积累也都体现为一种价值体系的不断扩张。可见，文化资本不是固定不变的，在某种约束下它时刻进行着动态的包容与扬弃。当我们研究文化资本对其他经济实体的影响及其作用时，需要考虑和关注文化资本质和量两个方面的内在规约。若不考虑文化资本“质”的限定，则会忽略文化价值倾向的强度与方向，从而产生错误的价值判断，比如，市场经济中追求利润最大化的思维意识，在理论上“完全市场”假设下表现为正面价值的文化资本，在真实世

① 笔者认为，将文化资本表述为决定经济增长的“最终解释变量”有些绝对化，文化相对处于“最先决定”（first stance）而非“最终决定”（last stance）的地位，将其表述为“重要解释变量”更为妥切。

界环境下其性质必然会受一定“度”的约束，否则就会演变为功利主义、拜金主义等错误倾向；若只注重文化资本总量的积累，放任自流而不顾分配的均衡，就会产生“马太效应”，文化资本可能会被所谓社会上层精英所控制，陷入一个“精英再生产机制”①，步入“寒门难出贵子”、社会阶层分化加剧、社会利益格局逐渐固化的危急之境。笔者认为，对文化资本的分析应基于中国特色社会主义市场经济的根本要求，对文化资本“质”的理解，需要在马克思主义基本原理的指导下体现现代科学精神和时代特征；对文化资本“量”的拿捏，不应只重视资本总量的增长，而要更关注文化资本获得机会的均等和社会阶层间占有的均衡。将文化资本引入到城镇化研究之中，我们基于对文化资本理论的启示与思索，从多维视角考察文化资本对新型城镇化所可能产生的影响，探寻提高城镇化质量与效率的“帕累托改进”路径。

三、文化资本对新型城镇化的诠释：基于四个维度

文化资本与新型城镇化存在着双向互动关系，既反映了某一时空截面文化资本有推进新型城镇化的一面，又体现了文化资本有被动要求“进化”并加速积累的一面。这里，笔者基于前述布迪厄和思罗斯比对文化资本质和量的基础研究，在宏观层次上对文化资本的“质”做了新的提升，即蕴含着“以人为本、集约发展、社会和谐、生态文明”等重要理念，暂且称之为“高质”的文化资本。在这些理念的指导下，新型城镇化对“人口、经济、社会、环境”复杂系统运行提出了“人本性”“集约型”“包容式”“可持续”的根本要求。下面，笔者就从“人口、经济、社会、环境”四个维度来阐释“高质”文化资本对新型城镇化的影响作用。

（一）以人为本的城镇化

新型城镇化需要体现“以人为本”，关注人的“主体性”，而“人”又是文化资本的核心，人的精神反映文化资本的精髓。文化资本的投资与生产能够满足人们的精神消费需求，也可以全面提升民众的文化素养和道德水平，体现精神文明建设取得的累累硕果，很多学者对此都有研究，这里不再赘述。笔者更为关注的是，在二元经济结构背景下，农民如何在经济、社会、心理层面融入城市社会，完成市民化过程。根据前文的引述，笔者认为，正是由于文化资本在“量”上分配的不均衡，或者说对于农民而言，在文化资本获得与积累方面处在弱势的被动从属地位，导致农民占有的文化资本匮乏，限制了农民的身份转换。

① 所谓“再生产机制”，是指那些被置于社会不平等体系中的社会集团，特别是那些具有垄断位置和某种社会优势的社会集团，基于维护、扩大、延续自己地位和利益的需要，使用各种方式使得自身社会位置能够持续保存，并在代际间不断传递下去的机制。

文化资本的再生产方式主要有两种：家庭熏陶和正规教育，即在家庭通过言传身教加以代际传承，在学校通过对价值观念、文化知识、意识形态等灌输而获得。现实中，由于城乡二元体制改革受多方牵制、进展迟缓，农民仍处于极其弱势的地位，他们接受教育的条件差异、渠道阻塞和机会不均等极大地制约着其文化资本的正常获得。从“身体化形态”的文化资本来看，它主要是通过家庭环境获得，一经形成便融合了精神、身体、知识、技能、教养趣味等诸多因素，成为一种综合的文化产物内化于身。目前，农民长期特有的内倾型的人际交往方式、语言习惯（方言、俚语、俗语等）、价值理念（如市场意识、竞争意识、独立意识、政治参与意识、权利意识不强等）等都是“身体化形态”文化资本的具体内容，它们使农民在城市的异质性社会中陷于孤立，处于边缘状态，这些“文化标签”“文化屏障”逐渐成为城乡分割的外显或隐蔽的分界标志。对于“制度化形态”的文化资本，它主要通过学校教育获得，体现为教育文凭、各类职业技术证书等。由于农村教育条件远不如城市，要获得学历所支付的经济成本颇高，加之各种专业技能缺少制度化认证的凭据，使得农民大多没有较高学历，有时甚至空有“一身本事”而得不到社会制度化“认定”；更让人忧虑的是农民子女就读名校的比例愈来愈低、门槛愈来愈高，就算进入其中也多被视为“异类”而受到排斥。文化资本作为“社会炼金术”的根本作用就在于在表面上的文化再生产背后实现权力的再生产。农民的社会分化尤其是向群体外分化的一个首要途径就是积聚文化资本，这也是他们“身份”转变的主要标志①。农民在文化资本获取方面拥有较弱的“话语权”，使得他们的境遇与实践也都长时间处于社会弱势底层地位，很难实现向上的社会流动，由农民真正转变为市民。

一言以蔽之，外在环境差异和制度安排（户籍制度等）等原因导致城乡之间的文化资本获取与积累产生较大差距，使得农民文化资本相对缺乏，影响了农民对人力资本、社会资本和经济资本的积累与转化，使城乡结构陷入“差序格局”，呈现“不完全的城镇化”状态。因此，迫切需要在改革城乡二元结构体制和缩小城乡差别方面有突破性进展，保障农民权益；同时动员社会力量倾斜性地加强农村的教育投资、完善农民职业培训、改善农民子女受教育条件、增加针对农村的公共文化产品（服务）供给，大力提高农民的文化资本增量，使其拥有的融入城镇、且向上流动的文化能力边际递增。也基于此，才能体现出新型城镇化的本义，即“以人为本的城镇化”。

（二）“低成本、集约型”的城镇化

在新型城镇化中贯彻落实科学发展观，从根本上讲就是要推进“低成本、集约型”的城镇化，要求在人口转移、土地转化、经济转型、城乡统筹四个方面实现低成本和集约化。低成本，体现了一个总量的概念，旨在尽可能降低城镇化的当期成本和远期成

① 孙奎立，刘庚常. 文化资本：农民社会分化障碍研究的新视角［J］. 生产力研究，2010（9）：38-40.

本；集约化，体现了一个比率的概念，即重视资源的配置和使用效率，期待更高的社会收益①。这里可以构造一个简单的模型：

$$\text{Max } NSR = TSR - TSC$$

$$\text{s.t. } TSC \leqslant F$$

城镇化的社会总收益为TSR，社会总成本为TSC，净收益为NSR，城镇化所面临的自然资源、生态环境和相关制度等“约束集”为F。假定城镇化发展的总体目标是既定的，即TSR恒定，那么达到TSR的城镇化模式可能会是多样的，但通过对模型的分析，不难发现“低成本、集约型”城镇化模式完全符合在TSR一定的条件下TSC最小的要求。这时，在满足约束条件TSC≤F的情况下，NSR有最大值。若将文化资本作为一种重要的生产要素引入到该模型中，提出增加文化资本的投入会在既定的约束条件下增进社会净收益的假设，那么就需要通过降低社会总成本、提高社会总收益两个方面同步论证假设成立。

首先，在降低社会总成本方面，由于文化资本具有自我增值属性，在为社会提供优质文化产品和服务时，能不耗或少耗能源和资源，减少污染和碳排放，无须支付高额的环境治理成本，这是其他生产经营活动所不具备的。更为重要的是，内嵌于文化资本的一系列思想情感、行为习惯、价值信念等还能降低生产经营中的组织管理成本和市场交易成本等。这些文化价值观不自觉中规范着人们的思维与行为模式，逐渐形成具有较强稳定性的文化心理结构（非正式制度），消解人与人之间的文化差异而产生的“心理距离”、文化偏见而导致的不信任，又或是语言、规则的不同而给契约履行带来的障碍等，有效规避因信息不对称、不确定性、机会主义动机等产生的道德风险与逆向选择。

其次，在提高社会总收益方面，文化资本具有报酬递增的属性，能提高资源、技术、劳动力、资本等要素的全要素生产率，增进社会经济绩效。无形的文化资本具有很强的“外溢性”，也就是说当一个群体中更多的人拥有相同的价值体系，群体的规则就更容易遵循，体现出较强的自组织能力，表现为非凸性，会不断地自我强化，进一步同各种相近的思想观念相耦合，自我融入、相互传递，形成较难以改变的网络结构。这种结构影响着物质资本的选择、人力资本的发挥以及制度变迁的成本。此外，文化资本与实体经济的结合不但大幅提升文化产品的内在价值，而且构成文化产业的核心价值与发展动力，形成了城镇经济发展中新的增长极。从宏观总体上看，文化资本可以通过人力资本和产业渗透来提升经济发展的质量，为产业经济注入新增价值，成为改造传统产业、优化产业结构、转变发展方式的新引擎，促进城镇经济繁荣的新动力。

（三）社会和谐的城镇化

新型城镇化作为多层面的社会经济空间变迁的动态过程，需要我们特别关注社会结

---

① 王家庭．多重约束下低成本集约型城镇化模式研究［M］．天津：南开大学出版社，2010.

构、空间结构变化引致的一些不和谐因素。目前，中国仍处于从传统社会向现代社会、从传统计划经济向社会主义市场经济根本转变的转型期，社会结构、组织方式、行为规范和价值理念均发生了巨大变革。一方面，原有的伦理准则、价值观受到扬弃；另一方面，适应社会主义市场经济的伦理准则和价值体系又远未真正建立起来，造成思想观念混乱，不和谐因素日益增多。同时，城镇化又是城乡聚落的变动过程，长期以来，传统的重城轻乡、封闭式聚落方式的固化及其延续，人为制造了城乡有别、非均衡发展、不和谐的格局。因此，“和谐”就体现了城镇发展的更高要求，构成了新型城镇化进程中加强社会管理、整合城乡聚落体系的核心环节。

“和谐文化”是“高质”文化资本的题中应有之义，深刻映射出儒学中和谐思想的文化内涵，彰显出“民主法治、公平正义、诚信友爱、充满活力、安定有序”的文化体征。它融思想观念、理想信仰、社会风尚、行为规范、价值取向为一体，在社会群体间起着重要的黏合与协调作用，形成凝聚力、感召力和一体感，有助于调整利益关系，化解社会矛盾，使民众把自己的切身利益与组织的生存发展紧密相连，把个人理想和集体目标相统一，将个人价值追求建立在社会归属感、社会政策的认同度、社会包容度、信任以及社会的公平公正等多维基础之上。随着城镇化步伐的加快，在利益格局调整、价值主体多元化、价值选择多样化的背景下，“和谐文化”所激发的社会凝聚力产生的作用日益凸显，它有助于实现城乡聚落体系的统一和谐、城镇化与新农村建设的相互协调，提升城镇各群体的公共生活水平和社会认同感，平等共享城镇发展成果，实现社会各阶层、各群体和谐共处基础上的包容性增长，降低复合型风险所导致“社会分化”的可能。总之，营造以群体为本位的“和谐文化”，是建设“和谐城镇”思想的重要组成部分，也是文化资本进行社会运营的根本指向。

（四）生态文明的城镇化

城镇化进程中面临的人口、资源、环境压力和城乡关系不协调等日益凸显的问题，促使人们深刻反思和不断觉醒，开始尤为关注生态文明建设。而生态文明则坚持可持续发展的理念和要求，以文明的高度来统筹环境保护和经济发展之间的关系，旨在更高层次上实现人与自然、环境与经济、人与社会的共生、协调、循环、高效和演进。生态文明的价值观已从传统的“向自然宣战”“征服自然”，向“人与自然协调发展”转变；从传统经济发展动力——利润最大化，向生态经济全新要求——福利最大化转变①。

推进生态文明的城镇化，至关重要的是植入反映生态文明的文化资本——生态伦理观，通过舆论引导、观念更新、道德感召去唤醒人们的生态环保意识，借助政府规范、法律约束、文化导向去建设生态文明，逐步使生态文化、环保意识成为大众意识，生态道德与核心价值成为社会公德，并形成广泛的社会感召力。富有生态文明的城镇化，就

---

① 周生贤. 积极建设生态文明［J］. 求是，2009（22）：30-32.

是针对城镇化进程中环境污染严重、社会生态系统恶化问题，让城镇发展体现自然绿色、经济绿色、社会绿色和心灵绿色四种境界。实现自然绿色，让城镇环境更加优美，空气质量大幅提升，河流污染得到全面治理，污染排放得到有效控制；实现经济绿色，鼓励发展循环经济，努力形成有利于节约资源、减少污染的生产模式、产业结构和消费方式；实现社会绿色，让社会更加公平正义，生态文明的成果由城镇群体平等共享，形成社会结构更加合理、社会更加和谐的良好局面；实现心灵绿色，全面树立生态伦理观，增强全民的生态忧患意识、参与意识和责任意识，培育全民的生态文明观、道德观、价值观[①]。

五、结语

中国当前的城镇化浪潮，也是一种文化重建的过程，为契合时代精神和科学发展观，需要对中国传统的基本价值与核心观念进行调整与转化，推动生产关系同生产力、上层建筑同经济基础相适应。城镇发展离不开文化支持，文化建设将成为城镇化建设的重中之重，需要通过完善文化管理体制，健全现代文化市场体系，构建现代公共文化服务体系，提高文化开放水平，以快速推进城镇文化资本的累积。

推进新型城镇化是一个多种资本综合动员的过程，既注重经济资本重新组合，也需要城乡社会资本重构，同时又依赖于文化资本的积累与投入。文化资本作为一种经济与社会因素的复合体，是推动城镇协调、可持续发展的重要动力，它的经济价值和社会价值应受到高度重视。这里，既需要强调文化资本的“质”，其内涵特征必须符合马克思主义基本原理和现代科学精神，价值导向要坚持社会主义核心价值体系，并能满足市场经济发展的内在要求；又需要关注文化资本的“量”，不断健全文化资本快速积累和转化的制度机制，保证文化资本获得机会的均等和社会阶层间占有的均衡，以充盈且高质的文化资本去消除城乡人口的阶层差异，打破“农民市民化”的瓶颈。总之，城镇化进程中需要着重关注文化资本的积累与运营，只有将过去的智慧经历转变为活生生的力量影响现在，推动经济更有效率、更加公平、更可持续发展，才能彰显“以人为本、低耗高效、社会和谐、生态文明”为特征的发展理念，才能不断提高城镇化的质量和效率，实现“城镇化”与“美丽中国”“幸福中国”同步。

（本论文原载于《经济科学》2015 年第 4 期）

① 牛文元. 中国新型城市化报告（2011）[M]. 北京：科学出版社，2011.

参考文献：

高波，张志鹏，2004. 文化资本：经济增长源泉的一种解释［J］. 南京大学学报（5）：52-70.

陈赞晓，2007. 论文化资本及其营造［J］. 学术研究（5）：57-63.

金相郁，武鹏，2009. 文化资本与区域经济发展的关系研究［J］. 统计研究（2）：28-34.

梁君，2012. 文化资本与区域文化产业发展关系研究［J］. 广西社会科学（3）：170-174.

王云，龙志和，2012. 中国省级文化资本与经济增长关系的空间计量分析［J］. 南方经济（7）：69-77.

张怡，2004. 文化资本［J］. 外国文学（4）：61-68.

姚检建，岑文忠，2004. 文化资本的积累机制探微［J］. 上海师范大学学报（2）：35-40.

李沛新，2007. 文化资本运营理论与实务［M］. 北京：中国经济出版社.

刘辉武，2007. 文化资本与农民工的城市融入［J］. 农村经济（1）：122-126.

毕新伟，2010. 文化资本的作用有多大［J］. 学术界（9）：87-94.

仇立平，肖日葵，2011. 文化资本与社会地位获得：基于上海市的实证研究［J］. 中国社会科学（6）：121-135.

陈旭峰，2012. 文化资本与农民市民化水平研究［J］. 福建行政学院学报（4）：22-27.

段刚，冯佑明，2009. 城市文化资本与当代城市发展［J］. 学海（3）：132-136.

张鸿雁，2010. 城市文化资本论［M］. 2 版. 南京：东南大学出版社.

俞万源，2012. 城市化动力机制：一个基于文化动力的研究［J］. 地理科学（11）：1335-1339.

徐明生，2011. 我国文化资本与经济发展的协调性研究［J］. 厦门大学学报（1）：30-37.

中国城市化道路的检视与思考

——后工业化经济试验区的前瞻性探索

吴垠

中国经济的高速增长已经使我国经济社会发展迈入了工业化中后期这样一个特殊的历史阶段。其特殊性主要表现在“四个并存”上面，即高增长与高能耗、高污染并存；高增长与刚性的就业压力和就业竞争并存；高增长与民生性产品和服务供给存在的总体和结构上的短缺并存；高增长与收入分配差距持续拉大现象并存。这些并存性现象比较集中地在中国工业化程度较高的一些大城市或特大城市中反映了出来，工业化、城市化的加速运行似乎成了上述矛盾性现象的主要诱因。

一些学者进一步将上述现象解释为中国的工业化和城市化不相匹配①。其中，认为中国“工业化有余而城市化不足”的观点颇为流行，比如郑新立（2004）指出，当前城市化水平滞后工业化约10个百分点，工业建筑业占GDP的比重为51.1%，但城市化水平只有36.2%，其中5个百分点由外来务工者提供。这一水平比发达国家低很多，比许多工业化程度相近的发展中国家也要低10个百分点以上。孔祥智（2003）认为，到2000年，中国的城市化滞后于工业化8.1个百分点，滞后于非农化47.9%；而刘卫东（2009）引用世界银行的研究认为，中国城市化滞后工业化10个百分点左右。蔡昉（2010）进一步指出，改革开放以来，中国城市化发展每年大概增长1个百分点，但与高速发展的工业化相比，城市化的增长显得微不足道，并且中国目前大概46%的城市化率是依靠定义②堆积出来的，很大程度上是一种统计意义上的城市化，他将其称之为

① 理论上讲，城市化与工业化的发展具有同步性（罗伯逊，1988）。但这种同步只是一种趋势描述，而绝不是“齐步走”。城市化与工业化相互匹配与否关键取决于城市化过程中的劳动力供需是否平衡（丁成日，2009），进而出现城市化的三种模式：当农村转移出来的劳动力完全被工业发展所吸收，城市劳动力供需平衡时，城市化与工业化是相匹配的模式；当农村转移出来的劳动力不能完全被工业发展所吸纳，就出现“城市化有余、工业化不足”的模式；当农村转移出来的劳动力不能满足工业扩展所需时，则是“城市化不足、工业化有余”的模式。

② 这46%的城市化率指在城市居住6个月以上的常住人口占总人口的46%，但我们很多“在城市居住6个月以上的常住人口”依然是农业户口。中国城市化水平虽然提高了，但具有城市非农户口的人的比重上升却微不足道，城市化水平的提高主要是由居住在城市但依然是农业户口的人数的增加造成的（蔡昉，2010）。

“非典型化的城市化”。由此观之，低城市化率愈发成为中国经济发展中的各种深层次矛盾的引致因素。

但值得注意的是，以上学者的研究更多的是从整体上刻画中国城市化与工业化的大体关系，这种“总体上的低城市化率”并不能较好地解释具体城市或城市群发展过程中所出现的诸多矛盾问题。因为，类似中国上海或深圳这样的城市中还存在着比较明显的“城市化有余而工业化不足”的问题（陈阿江，1997；董黎明，1999；邓宇鹏，1999），一刀切地认为中国城市化滞后于工业化并不符合各地区的实际情况。因此，简单地希望通过提高城市化率来化解各种矛盾，不仅无助于问题或矛盾的最终解决，有时甚至可能带来背道而驰的结果。

虽然我们难以从“中国的城市化与工业化是否相互匹配”的角度得出明确而一致的结论，但以上学者的研究无疑使我们的注意力聚焦到了中国的各类城市（群）之上：作为上述矛盾问题的载体，城市或城市群的发展规划显然成为化解上述矛盾的一把钥匙①。正如张鸿雁（2007）指出的那样：“工业社会急剧的变迁过程，集中了当时人类社会发展中的种种矛盾和问题，如土地问题、流民问题、环境污染问题、住宅问题、就业问题、城市犯罪问题等，这一切都将无一例外地在工业化的载体——城市之中展现出来。”这一观点也和H·钱纳里（1988）提出的“在一个相对均衡发展着的国民经济体中，城市化可能表现为整个社会链条上的各类事件的最后结果”的观点相耦合。

显而易见，中国的城市（群）的发展是衡量中国工业化和现代化发展的结构与水平的重要尺度。那么，中国城市发展的阶段性情况到底如何呢？2009年发布的《中国城市竞争力报告No.7》关于中国294个样本城市综合竞争力的数据分析给出了答案：目前，中国城市分布在各个发展阶段的都有，但发展较不平衡（见表1）。其中，中国处在工业化初期阶段的城市有88个，处在工业化中后期阶段的城市共66个，一共占到该报告所观测城市总数的52.4%，即超过半数城市处于工业化初期、中期和后期的阶段。另外，从竞争力的角度看，前工业化阶段的城市竞争力指数最低，只有0.347；后工业化阶段城市竞争力指数最高，达到0.689，这说明，超过半数处于工业化的初期、中期和后期的中国城市，其未来的发展潜力和成长性都很强，向后工业化城市的发展标准趋近对于提高各类城市的竞争力水平的作用是不言而喻的。因此，瞄准后工业化的城市标准，做好中国城市未来发展的战略规划对于缓解工业社会日益凸显的各种矛盾显得尤为重要、尤为紧迫。

① 正在中国上海召开的2010年世博会，也以“城市时代转折”“新型城市化”“城市发展的新思维”“城市经济规划新策略”和“城市精神重获新生”作为主题，实质上是为各国探讨、解决发展空间、就业、交通、环境、灾害、犯罪以及公共服务的设施保障等困扰全球城市发展的不可回避的“城市病”问题，以及寻求良好的城市可持续发展模式提供一个交流的大平台。

表 1　中国城市发展阶段综合竞争力分布比较

发展阶段	城市总数/个	综合竞争力指数	排名
前工业化	80	0. 347	6
工业化初期	88	0. 432	5
工业化中期	51	0. 541	3
工业化后期	15	0. 680	2
后工业化	8	0. 689	1
资源型城市	52	0. 445	4
全国	294	0. 450	—

资料来源：关于 294 个城市竞争力的详细排名数据参见：倪鹏飞，等. 中国城市竞争力报告 No. 7 [M]. 北京：社会科学文献出版，2009：1-13. 本表数据引自该书第 23 页。

另外，表 1 中处于工业化时期的城市占“半壁江山”的情况，实际上也反衬出当前各种矛盾的出现，总体上是与当今中国所处的这个工业化中后期的特定历史发展阶段高度相关的，有些矛盾的出现也的确带有一定的客观性质。但这是否意味着，中国经济必定要在发达国家已走过的这条长达百年之久的、充满了各种曲折的“工业化中后期”的发展道路上亦步亦趋，并长时期地停留于工业化中后期的“发展陷阱”中呢？不尽然也。我们在工业化中后期这个特定的历史阶段一心一意埋首于发展经济、扩展城市、追求较高经济增长率的时候，何妨稍微“停”下来，观察一下“前方”已处于（或刚迈进）“后工业化社会”的发达国家（尤其是其典型的城市、社区等）所采取的新兴发展模式有哪些因素可资借鉴，并及时修正我们的城市发展战略，通过对中国的工业化和城市化发展路径做出某种“跳跃性”或“前瞻性”的处理，争取充分压缩工业化中后期的发展时间并规避其诸多弊病，及时在发展的增量中引入更多的“后工业化”元素，以实现中国经济超常规发展的目标。

毋庸置疑，实现这种超常规发展的方式和途径应该是多种多样的，其中一条较为可行的路径就是在中国的一批二线城市群中建立起有影响力和带动力的“后工业化经济试验区”，以“包围大城市和特大城市”的模式来压缩中国经济在“工业化中后期”的“病态”发展空间和停留时间，并推动中国经济尽快迈入后工业化的门槛，使其尽早摆脱工业化中后期已现端倪的“发展陷阱”。本文着力于对“后工业化经济试验区”这一理论设想做一前瞻性分析，文章的结构安排如下：第一节讨论中国的大型、特大型城市为什么不宜作为“后工业化试验区”的首选地区；第二节讨论中国二线的城市群建立“后工业化经济试验区”的理论可行性；第三节分析建立“后工业化经济试验区”的具体政策方案；第四节是全文小结。

一、中国的大型、特大型城市为什么不宜作为“后工业化试验区”的首选地区

大型、特大型城市是工业化、城市化发展的伴生物。现阶段严重凸显的“城市病”，诸如住房拥挤、交通堵塞、环境污染、疾病丛生、贫困聚集、公共服务供应短缺等，无一不是工业化中后期各种要素向城市加速聚集之后所引发的无序配置造成的，这也与新中国成立之后较长时间内片面强调工业化尤其是以大城市为基础的重工业优先发展战略高度相关。以住房问题为例，随着工业化增加了对大城市财富与经济增长指标的强调，资本要素迅速向大城市核心地带聚集，由于大城市土地的高度稀缺性，资本要素对土地要素的替代意味着大城市土地的利用强度（容积率、建筑密度、建筑高度）将迅猛增加，同时也逼迫着地方政府加速对城区内相对低资本密度的土地进行“再开发”——于是“改良”城市的政府行为便遍地开花了。而这种地方政府部门对城市的“改良”是通过以下途径完成的：在市区，通过大规模地拆除建筑“低劣”地区的房屋①，建造供银行金融机构、大型购物中心、休闲娱乐场所、高档住宅宾馆等用的高楼大厦；在郊区，则是大幅度地征用农业用地进行商业化开发。这种“改良”一方面将城市贫民挤出大城市的核心区域，另一方面也形成了大批农民失去土地保障的现象。这种“改良”的结果使得大城市发展呈现两个极端，一是地价、房价随着城市土地的资本密度上升而成倍上升，二是买不起房的城市贫民和城郊接合部的失地农民成了大城市一轮又一轮开发的“产业后备军”。可以说，不论是大城市的已就业人群还是“蛰伏”在大城市中以期获得就业机会的产业后备军，大都面临着高密度的建筑格局、“蜗居”式的生活空间、快节奏高压力的工作生活秩序以及无处不在的空气污染、水污染、光污染、电磁污染等“病态”城市环境，其或多或少都处于一种身体疲惫、精神压力得不到充分舒缓的境况之中。从这个意义上说，在大型或超大型城市中工作生活的人群的幸福感必然要大打折扣。

中国大型或特大型城市的“城市病”显然已经在“工业化中后期”这样一个特殊的发展阶段暴露无遗，社会成员对于尽快摆脱这类“城市病”亦有很高期望。但是，要立即在这些大城市推动建立“后工业化经济试验区”来缓解其诸种“工业化和城市化弊病”却并不现实，原因在于：①大型或超大型城市高密度的“钢筋混凝土”基础设施不可能在短期得到“后工业化改良”。一是改良的经济成本太高，二是这些城市中可资利用的城市闲置空间在资本要素对土地要素的替代推进至临界点时已经几乎没有或异常狭小，无法通过“见缝插针”地铺设一两块绿地或栽种几排树木来根本缓解或抵

① 有的仅仅是主观上被地方政府认为是低劣的房屋，这部分房屋既未到建筑使用年限届满之时，亦未被充分发掘其使用功能，匆匆拆除它们，仅仅是为大规模的资本注入“腾地让路”。

消“钢筋混凝土”基础设施所带来的诸种弊病。②工业化的加速效应和大城市的集聚效应相互之间有一种“互增强”的引力作用。工业化中后期的经济增长模式往往是“投资”带动的“外生”增长模式，其“加速”效应表现在对资本或追加资本的积累有极高的需求，而大城市或超大城市对资本、人才、技术等要素的聚集能力则很好地因应了上述需求：一方面，大城市对资本、技术、人才等要素的集聚能力越强，它就越能提供工业化“加速”所需的追加资本，并以各种“建设项目”的形式在大城市的各个角落里面铺陈开来；另一方面，工业化中后期发展所“注入”的资本越充分，工业化加速发展对经济社会发展的各种影响（不论是正面的还是负面的）都无一例外地会在大城市中表现出来。③就业压力的刚性约束。众所周知，中国工业化中后期的大城市除了具有聚集各种要素推动经济高速增长与发展的平台功能之外，它还具有提供大量就业岗位的“就业吸纳器”功能。人们之所以愿意待在污染无处不在、精神及经济压力负担较重的大城市里工作生活，从根本上说，还是源自这里能够提供给他们一份有收入的工作（或机会），毕竟生存的压力才是第一位的。在大城市或超大城市推动后工业化发展战略将可能引致的结构性失业成本，是当下中国经济发展所不能容忍的。④目前中国的大城市蔓延扩展所带来的收益①还大于城市规模扩展之后所带来的各种成本（“城市病”），因而大城市规模的自行扩展还会延续一段时间，直到其带来的边际收益等于边际成本时为止。这种趋势意味着在大城市或特大城市推动“后工业化战略”，并不符合其本身所具有的比较优势。

从以上分析可以看出，强行在大城市或特大城市推动建立“后工业化经济试验区”，不仅经济成本代价极其高昂，而且一时也无法找到其他更好地维持经济增长、提供大规模就业以及提高集聚效应和降低交易成本的替代平台。所以，中国大城市或特大城市并不是建立“后工业化经济试验区”的首选区域。

二、中国二线城市群建立“后工业化经济试验区”的理论可行性分析

中国大城市周边的许多二线城市群相对于大城市而言，具有建立“后工业化经济试验区”的比较优势，主要体现在：它们并不是实现工业化战略（尤其是重工业化战略）的主要载体，其可用于规划“后工业化经济试验区”的城市空间还相对比较富余，可塑性较强，具备了在处于“工业化中后期”的大城市和尚未进入工业化社会的农村之间建立“后工业化经济试验区”的缓冲地带的可能。而且，这种“缓冲地带”的缓冲功能主要表现在抑制工业化中后期大城市以辐射模式、正面地向外蔓延②的增长模式，

① 这种收益主要指大城市的集聚效应增加，以及使交易成本内部化并不断降低的趋势。

② 这种蔓延模式一般表现为大城市与邻近地区存在的中心相互融合并将其“吞并”的过程。

防止处于工业化中后期的城市及其带来的弊病以滚雪球似的速度增长并无节制地向外蔓延。

需要进一步探讨的是，中国的某些二线城市群如果被定位于“后工业化经济试验区”的试点区域，那么，它们在经济、行政和技术制度上是否并且在多大程度上能够支撑起这种定位，其重要的比较优势具体表现在哪些方面。要回答这些问题，我们首先需要明白“后工业化经济试验区”究竟有哪些比较明显的指标；中国的这些二线城市群的特点对于实现这些指标有何关联，其内在的契合性又是什么。

（一）“后工业化经济试验区”的基本指标

我们对发达国家一些已经进入或正在进入后工业化的城市进行观察之后发现，关于“后工业化经济试验区”的基本指标，主要应体现在以下几个方面：

第一，工业化中后期传统城市功能逐步丧失，取而代之的是信息的创造、交换和使用的新功能。“城市的分散化和向外扩散形成了由人流和信息流联系起来的、复杂的城市系统；在这个城市系统中不同的组成部分都同样地卷入了一个摈弃旧活动、获取新活动的过程。”（M. Meijir，1993）

第二，后工业化过程中，传统就业岗位的大量流失以及这些传统制造业的大规模衰退。比如：在20世纪七八十年代，许多发达国家的传统制造业城市经历了大规模的逆工业化①以及在新兴工业化国家和地区——如韩国和新加坡（现在还有马来西亚、泰国、菲律宾和中国）——新制造业中心的发展。此外也很有可能发生的是，所有这些都与交通物流中心（如铁路货物站场、港口设施）的重组和重新布局相关联，导致了发达国家城市进一步的就业岗位流失和大规模衰退。（Peter Hall，1997）

第三，后工业化城市基本实现了从工业化生产模式向信息化生产模式的根本性转变。考林·克拉克在1940年就已注意到：“根据就业和GDP的构成比例，发达国家经济稳步地由制造业转向服务业的比例不断上升。最典型的是，在20世纪80年代后期，美国、英国、德国和日本等发达国家有65%~75%的劳动力从事服务业，30%~40%集中在信息服务业。”（Colin Clark，1940）

第四，后工业化城市的服务业更加追求高端、竞争力和经济性，以使其更好地适应新的国际、国内劳动分布。“许多后工业化城市吸引、发展诸如银行金融、商务服务、公司总部、政府机构、旅游业、创造性产业和文化产业等高端服务产业。其结果是，许多城市在20年内将其自身由制造业城市转型为服务业城市。然而，20世纪90年代已产

---

① 逆工业化过程被认为是本地制造业工业企业的国际竞争力连续下降，而导致工厂企业纷纷破产、倒闭、外迁或转行的一系列工业衰退的浪潮（Blackaby，1979；Bluestone，1982）。但是逆工业化过程的区域影响，却远远超出工业和地方经济的范畴。大批劳动力的突然失业，导致了众多的社会问题，包括严重的失业问题、年轻劳动力的外迁、区域内人口下降、城市税收减少、内城衰落、工业污染得不到治理、城市的中心地位消失、区域形象恶化和吸引力下降等。

生了另一种形式的不稳定——发达的服务业自己也在进行重组，寻求经济性和竞争力，但其经营带来的负面效应主要表现在服务业正重新布局到成本最低的区位：有时是在本国的一些较小的城市，有时是在较不发达国家里工资水平较低的城市，同时造成发达的服务业遭受到大规模的就业流失。”（Castells. M.，1989，1996）

第五，后工业化城市具有较典型的“多中心性”，而不是具有超强集聚能力的单中心城市结构或“向心力”模式。众所周知，传统工业化城市倾向于单中心特别是CBD结构的主要原因就在于其具有的强大经济聚集能力，但近年来许多证据表明：“在工业化向后工业化转折的关键时期，一些较大的全球城市的中心区其就业实际上是下降的（见表2）。制造业和物流活动外移，先进的通信使常规性服务业在各省/州内的城市、甚至是其他国家的‘低工资城市’能有效地运作。很典型地，最近在伦敦和纽约都可以看到尽管非常丰富多样的活动可能表明财富在增加，而只有很少一部分的先进服务业领域有就业增长。存在着无就业增长的过程，这对减少交通拥挤，甚至减少为住房提供用地都是有好处的。但对那些不愿意或没有能力去其他地方寻找就业机会的劳动者来说是最不利的。所以工业化中后期的城市经济表现出一种极化过程，少数人非常富有，而其他人面临着长期的结构性失业问题。”（P. Gordon and H. W. Rchardson，1996）

表2　纽约、伦敦、东京工业化向后工业化转变时期各产业就业变化表

单位:%

产业	纽约	伦敦	东京
	1977—1985年	1981—1991年	1975—1985年
农业	—	36	3
制造业	-22	-48	-12
建筑业	-30	-10	1
交通和通信业	—	-14	5
银行、保险、房地产业	29	36	-3

资料来源：根据斯奇雅·沙森著，周振华，等译，2005：《全球城市：纽约、伦敦、东京》，第122—123页表6.1B，表6.2以及表6.3整理计算而成。

第六，后工业化城市是在工业化城市的制造业持续衰落、服务业比重快速上升，以及城市的服务、管理功能日臻完善的过程中逐步演化而来的，其历史转变轨迹具有渐进式演化的特征。以旧金山为例，其从工业化城市转变为后工业化城市的历程超过了一百年，并且大致经历了如下三个阶段：第一阶段是19世纪后期旧金山城市化快速进行并基本实现工业化的时期。“旧金山建市之际适逢美国西部淘金热，随即便进入工业化阶段，并在西部城市化浪潮中跳跃式发展，短短几十年功夫，便成为美国西海岸最大、综合性最强的主要工业城市之一”（Barth Gunther，1975）。第二阶段，是20世纪初期直至二战之前，旧金山开始从工业化城市向后工业化城市转变。“这个时期，旧金山市的城市面积保持稳定，但人口增长很快，产业结构改变十分明显。制造业比重总体上呈降低之势，很多传统制造业企业在市内重新选址或外迁。与此同时，服务业比重快速上升，城市服务、管理功能日益突出。1940年，旧金山城市人口达到63万多人，已经面临着城市发展如何定位的问题”（韩忠，2008）。第三阶段，从20世纪中叶起至今，是旧金山市进入后工业化时期并逐步完善的阶段。“到1980年左右，旧金山已经从‘1950年的一个工人阶级占多数的城市’转变为一个典型的后工业化城市。此后，旧金山市的制造业比重逐渐维持在一个相对稳定的水平。旧金山市与周边地区经济社会一体化不断加强，继续发挥着湾区中心城市的功能”（Mark. Ciabattari，1983）。

第七，后工业化城市中的企业具有PDR产业率低①、经过了明显的技术革新、规模较小以及采取柔性制造的特征，社会的职业结构也随着产业结构的演变而发生动态变化。正如丹尼尔·贝尔（1984）指出的那样，在工业社会后期，工业科学技术积累到一定程度时，工业社会就会发生变化，这个变化的本质，就是传统的工业生产形式被新兴的生产形式取代，进而形成一种全新的生产与生活方式。人类的城市化在工业社会进入高级化发展阶段时，传统工业社会出现某种终结，如在美国的城市产业中，1954年白领阶层的人数已经超过工人阶级的数量，社会的职业结构、产业结构在发生变化。在一些发达的大城市中，推动城市发展的力量已经不是工业化，而是服务产业的发展，如纽约、巴黎、伦敦等，城市中服务产业及其就业结构已经超过80%。实际上，丹尼尔·贝尔的研究也与托夫勒（1997）在《第三次浪潮》中关于人类从1955年开始进入后工业化社会阶段的预测相吻合。

以上后工业化城市的特征，其实都是在某种程度上对工业化带来的城市弊端的“摒弃”基础之上所采取的“纠正”措施。换个角度说，既然我们已经观察到了国外工业化城市向后工业化城市演变较为漫长而曲折的道路，我们是否可以在规划本国区域和城市发展时，有意识地避开那条“因循”西方工业化向后工业化过渡的老路，并转而直接从城市或区域的基础设施、功能布局安排、产业结构以及社会成员的工作、生活模式上做出一种基于后工业化的创新安排，在试点的基础上逐步形成辐射带动效应呢？我认为这种可能性是存在的。对中国而言，工业化与后工业化并不是非得按部就班、拾级而

① “PDR产业”就是生产（production）、配送（distribution）和维修（repair）三个部门的简称。具体说来，又可以进一步分成九类：食品和饮料的批发与配送，时装设计与制作，递送服务，竞赛组织与安排，建筑承包与建材供应，家具、设备、器材批发零售及家具制造，打印、设计、摄像、制片、绘图设计、录音，汽车、卡车、设备、器材与家具维修，特殊装置、显示器、家具、民族传统木料、金属机件的制造。它被广泛认为是留在该城市的无烟工业。通过以上界定，可以看出，现在的PDR产业，涵盖面除了制造业部分领域，同时还包括一些支持性服务业，如批发、配送、销售、机械设计、技术维修等，与传统的制造业、建筑业及维修等产业有紧密的承继关系并以其现代变体为主干，成为旧金山现代城市多元经济的有机构成。资料来源参见：San Francisco Planning Department Profiles of Community Planning Areas：San Francisco’s Eastern Neighborhoods. http：//sfgov. org/site/uploadedfiles/planning/communityplanning/pdf/chapter_2.pdf，2006-05-25.

上的先后过程，而是可以采取并行不悖运行以实现超常规融合式发展的可行路径。

（二）中国二线城市群的比较优势及其与“后工业化”的指标关联和契合性

具体地讲，本文意义上的二线城市群应该有哪些呢？对此问题，我们参照高汝熹等（2008）的方法，以城市经济势能的大小作为基本度量标准①，将中国大体分为19个城市群，并划分了其级别，同时也标注了在这些城市群中国家业已安排的各类试验区的试点范围（见表3）。

表3　中国基本形成的19个城市群

序号	Ⅰ级城市群	Ⅱ级城市群	已有的改革试验区
1	北京 天津 承德 唐山 保定 廊坊 张家口	遵化 迁安 定州 涿州 安国 高碑店 霸州 三河	全国综合改革配套试验区（天津滨海新区）
2	长春 吉林 四平 辽源	九台 榆树 德惠 桦甸 蛟河 舒兰 磐石 双辽 公主岭	
3	成都 绵阳 德阳 眉山 乐山 资阳	都江堰 彭州 邛崃 崇州 江油 什邡 绵竹 广汉 峨眉山 简阳	全国统筹城乡综合配套改革试验区（成都、重庆）
4	重庆	南川 永川 合川 江津 涪陵区 万州区	
5	大连	庄河 普兰店 瓦房店	
6	广州 韶关 河源 清远 肇庆 佛山 东莞 惠州 深圳 江门 中山 珠海 阳江	增城 从化 乐昌 南雄 连州 英德 罗定 高要 四会 台山 鹤山 开平 恩平 阳春	全国综合配套改革试验区（深圳）
7	杭州 嘉兴 湖州 宁波 绍兴 舟山	上虞 嵊州 诸暨 义务 临安 建德 富阳 余姚 慈溪 奉化 海宁 平湖 桐乡	
8	哈尔滨 绥化	安达 海伦 肇东 双城 五常 尚志 阿城	
9	济南 德州 淄博 莱芜 泰安 聊城	乐陵 禹城 章丘 新泰 肥城 临清	
10	南京 常州 扬州 镇江 滁州 芜湖 马鞍山	高邮 江都 仪征 溧阳 金坛 丹阳 扬中 句容 天长 明光	
11	青岛 日照	胶州 即墨 莱西 平度 胶南	
12	沈阳 铁岭 抚顺 辽阳 鞍山 营口 盘锦 本溪	调兵山 灯塔 开原 新民 海城 大石桥 盖州	国家新型工业化综合配套改革试验区（沈阳）

① 这里的经济势能大小，高汝熹等（2008）采用的是中心城市市区非农业人口规模和中心城市的GDP比重来度量。中心城市的条件有两个：第一，非农业人口规模必须在200万人以上；第二，非农就业人口比重必须达到70%。依据这些条件，全国的中心城市共计21个，分别是：上海、北京、天津、广州、南京、沈阳、武汉、长沙、济南、石家庄、成都、杭州、太原、西安、佛山、长春、哈尔滨、青岛、汕头、重庆、大连。并按市区国内生产总值为1 500亿元为准线，划分了Ⅰ级城市群（大于1 500亿元）和Ⅱ级城市群（低于1 500亿元）。

表3(续)

序号	Ⅰ级城市群	Ⅱ级城市群	已有的改革试验区
13	石家庄 保定 衡水 邢台 阳泉	辛集 藁城 鹿泉 晋州 新乐 定州 涿州 高碑店 安国 冀州 深州 南宫 沙河	
14	汕头 揭阳 潮州 汕尾	陆丰 普宁	
15	上海 泰州 镇江 常州 无锡 南通 苏州 南京 扬州 嘉兴 杭州 宁波 绍兴 湖州 台州 舟山	兴化 泰兴 靖江 姜堰 丹阳 扬中 句容 溧阳 金坛 江阴 宜兴 启东 如皋 通州 海门 常熟 张家港 昆山 吴江 太仓 仪征 高邮 江都 海宁 平湖 桐乡 建德 临安 富阳 余姚 慈溪 奉化 诸暨 上虞 嵊州 临海 温岭	全国综合改革配套试验区（上海浦东新区）
16	太原 阳泉 晋中 忻州	古交 原平 介休	
17	武汉 孝感 黄冈 鄂州 咸宁 黄石	仙桃 应城 汉川 安陆 大冶 麻城 武穴 赤壁	全国资源节约型和环境友好型社会建设综合配套改革试验区
18	长沙、株洲、湘潭	衡阳 岳阳 常德 张家界益阳 郴州 永州 怀化 娄底	
19	西安 咸阳 渭南 铜川 商洛	华阴 韩城 兴平	

资料来源：由高汝熹等，2008：《2007 中国都市圈评价报告》，上海人民出版社，8—10 页数据整理而成。

注：本表的城市群划分，并不是人口规模以及市区国内生产总值达到设定的指标我们就将这个城市列入其中，关键要看相应的城市是否存在经济、地理、文化等方面的内在联系，而非在一省范围内“拉郎配”。比如，莆田市、合肥市等单列指标均达到设定标准，但其周边并未形成明显的城市群，所以也未将其列入；而长株潭城市群虽然就个别城市而言，其指标略低，但因其“两型”社会试验区建设和改革的联系紧密，故特别列入表中。

如果将表 3 中的中国二线城市群（Ⅱ级城市群）定位于“后工业化经济试验区”的备选区域，我们认为这完全是取决于其本身的比较优势与后工业化城市的特征具有某种关联性和契合性：第一，这些二线城市群所受到的工业化加速阶段的负面影响相对较小，特别是资源能源高消耗、污染排放严重、高密度的城市布局，以及快节奏、高压力的生活工作方式①并未完全在这些二线城市群兴起，选择适合的二线城市群试点“后工业化经济试验区”不必付出高昂的治理成本；第二，中国的大型或特大型城市（Ⅰ级城市群）的制造业尚未向二线城市群形成大规模的产业转移，这就有利于从核心产业的角度、按照“后工业化城市”的标准来设定并布局这些二线城市群的主导产业，从而避免工业化中后期制造业存量大规模地向二线城市群转移之后的“消解难题”的产生；第三，中国的这些二线城市群多数靠近农村，农村大量的青壮年农业富余劳动力，能够为二线城市群的“后工业化经济试验区”建设输送所需要的劳动力资源，可以有效缓解大城市或特大城市容纳不下而农村又容纳不了的这些青壮年农业富余人口的就业问题②，这本身也可能成为一种多赢的就业疏导选择；第四，与工业化中后期的大型或特

① 贫困问题在中国各类城市、县乡都存在，只是程度和主要人群有所差异而已，这里并不列入贫困这一指标。

② 相当于在大城市和农村之间建立起一个就业缓冲带。

大型城市相比，中国二线城市群现有的工作节奏、生活压力以及劳动强度相对较低，因而，在某种程度上与“后工业化经济试验区”对人的自由全面发展方面的要求具有契合性，后工业化社会所强调的还是人工作时间之外的闲暇、娱乐、精神艺术发展方面的效用，而不是片面地追求财富占有或物质层面的消费所带来的效用。因此，在有条件的二线城市群布局休闲产业和服务产业以推动“后工业化经济试验区”建设就具有明显的比较优势。第五，以二线城市群作为基础布局“后工业化试验区”符合向“多中心”试验区演化的特征，因为二线城市群中的各城市都具有相对的独立性，便于按照优势互补、合理分工的原则使其融入试验区建设，而不必再刻意去建立新的中心。

以上分析表明，将中国的部分有条件的二线城市群作为“后工业化经济试验区”，在中国现有的工业化增长格局中增添一些“后工业化元素”并不是一个遥不可及的目标。只要找到适合的二线城市群载体，工业化与后工业化并行不悖的融合式发展新路径在中国现有发展格局下是完全可能实现的。

三、建立“后工业化经济试验区”的政策方案

“后工业化经济试验区”所展示的是一个完全不同于工业社会的前景，它在重新结构化的时候，将以全新的面貌出现（张康之，2009）。后工业社会必然会继承工业社会物质上和精神上的一切积极成就，但这种继承并不意味着工业社会的发展路径会被一成不变地延续下来。也就是说，我们试图建立的“后工业化经济试验区”，在政策方案的设计上必须要带有超前性和创新性，同时也要考虑所选择的二线城市群的实际发展水平以及社会承载能力，从突破关键环节和难点入手，推动后工业化试验区试点成功。

（一）政府公共治理模式的变革

“后工业化经济试验区”必然要求与之相适应的政府公共治理模式。希望用传统的工业化条件下的政府公共治理模式去管理“后工业化经济试验区”，既有悖于建立“后工业化经济试验区”的初衷，实际的管理过程也将南辕北辙。根据我们对西方已处于后工业化发展阶段的城市和社区的历史演变分析和现实观察，后工业化社会已经呈现出多元化的发展趋势，社会成员的诸种需要在无法得到满足时，都必然会向政府提出终极性诉求，而此时的政府则成了这种多元社会诉求的终极平衡者。一方面，政府的公共治理权威会在后工业化社会建立之初得到强化；但是另一方面，向后工业化社会发展的进程越是加速，其社会成员对政府的多样化要求就越是与日俱增，以至于我们不可想象这个社会离开了政府将会变成什么样子，也正因为如此，政府将变得越来越不堪重负，“政府失灵”现象也会集中成批地凸显出来，最终的结果很可能是“政府与社会关系的既有结构让政府自我完善的道路走到了尽头”（张康之，2009）。

如此悲观的前景，既是我们在推动建立“后工业化经济试验区”的过程中所不愿

意看到的，也从另一个角度说明，创建“后工业化经济试验区”所要求的政府公共治理模式的变革，是不能仅仅寄希望于从政府内部结构去寻求变革的行动方向和方案的。必须要借助于社会成员、社会非政府组织（NGO）、社会资本等外部力量参与“后工业化经济试验区”的共同治理，方可提高公共治理的效率和社会整体满意度，并降低政府公共治理的压力①和成本②。仔细观察西方国家及其城市的后工业化社会，其本质特征并非在于“物”化层面的资本、技术、基础设施等条件，而是在于人的“个性化追求”在合法的限度内被社会最大限度地承认，也就是追求“人的自由全面发展”。从这个角度来理解后工业化城市的社会成员具有广泛而复杂的需求，以及其所要求全新的社会公共治理模式与之相适应，就并不是一个“空中楼阁”式的设想了。据此思考，农业社会和工业社会赖以立足的“自上而下分而治之”的政府公共治理模式如果沿用于“后工业化经济试验区”的公共治理，则不可避免地会出现治理误区、治理盲点和治理过度的缺憾，从而阻碍“后工业化经济试验区”的建立和发展。“后工业化经济试验区”公共治理的目标当然是为了打破沿袭于农业社会和工业社会的“等级差别”，并有效地化解不同阶层人群之间的利益冲突，实现试验区公平正义基础上的“人的自由全面发展”。对此目标，我们应当把“后工业化经济试验区”政府公共治理的模式定位于“政府+社会资本+社会组织+社会成员互助”的有机结合形式，把政府公共治理模式变革的动力与方向置于“后工业化经济试验区”社会的整体层面之上，以求深入变革其治理结构与目标，实现“后工业化经济试验区”是一个“合作型社会”，且其公正的秩序是内生于这个社会的，而不是通过“少数人擘画或强力安排而加于这个社会之上的目标”（张康之，2009）。

（二）后工业化试验区选址

我们初步将“后工业化经济试验区”定位于中国的部分二线城市群，但具体的选址仍旧是一个绕不开的难题。尽管根据前文所划分出来的 19 个主要城市群，我们已经

① 托夫勒（1997）认为，工业社会的政府“建立在错误的规模上，不能适当地处理跨国问题，不能处理相互联系的问题，不能跟上加速的推动力，不能适应高水平的差异性，这使负担过重而陈旧的工业时代政治技术正在崩溃”。托夫勒的预言不正是工业化时代政府公共治理压力的生动表述吗？

② 这种发生在工业社会后期的复杂性和不确定性是与技术进步并行的，反过来，它又大大促进了技术在社会控制方面的应用。从事社会治理活动的人，极力运用任何一项新的技术去改善管理和加强控制。事实上，官僚制度的技术化水平和合理化程度也一直在得到不断的强化，并被用来回应那些具有破坏性的危机倾向。可是，在这样做的时候，社会治理成本的增长也达到了空前的地步，而且在这一成本增长的背后，或者说在不断提高技术化水平所获得的复杂治理体系之中，包含着一种更大的危机。而且，官僚制以及控制技巧的技术化空间也变得越来越小了，达到了一种“增长的极限”的地步，可是，社会的复杂性和不确定性却刚刚展现出迅速增长的势头。在这种情况下，既有的结构被冲破就在所难免了。然而，到了 20 世纪 70 年代后期（即西方工业化中后期），官僚制就开始不断地受到复杂性的困扰，面对新的复杂性和不确定性，官僚制左支右绌，它的技术优势已经很难应对复杂性和不确定性了（约翰·基恩，1999）。

将“后工业化经济试验区”的选址范围缩小了许多，但试验区具体选址的门槛及标准的确定仍旧不是一件简单的工作。这里我们只能做一个探索性的分析：第一，这19个城市群中，Ⅰ级城市群由于几乎是大城市或特大城市，根据本文第一部分的分析，可以将其排除在试验区试点范围之外；第二，国家已经于该地区展开试点的其他类型试验区所在的城市群可以排除在“后工业化试验区”试点之外，亦即是“北京—天津”Ⅱ级城市群、“成都—重庆”Ⅱ级城市群、“广东—深圳—珠海”Ⅱ级城市群、“沈阳—本溪”Ⅱ级城市群、“上海—杭州”Ⅱ级城市群、“武汉—长株潭”Ⅱ级城市群因国家已批准其设立不同类型的试验区，从各地区均衡发展和不打乱既有试验区政策部署的角度看，这些既有试验区所在的城市群是可以被排除在外的。剩下的，就是在尚未设立试验区的这13个Ⅱ级城市群中选择合适的地区加以试点。客观地讲，要选择一个或多个城市群作为试点地区必须综合考虑多种因素，并进行实地调研后，才能做出审慎的决策，但那已经远远超出本文的论述范畴。本文要做的工作，就是从前后理论逻辑相一致的角度提出“后工业化经济试验区”选址试点的一些评判标准供相关部门参考，而不是草率地提出哪些Ⅱ级城市群应该入选“后工业化经济试验区”的试点范围。

根据前文分析可知，后工业化社会是一个多元性社会，各种社会群体或阶层之间的差异性和利益冲突是能够通过“合作”来尽可能地化解的。因而，备选的这些中国的二线城市群必须要有较强的消解这种多元性诉求的社会氛围与技术条件。因此，“后工业化经济试验区”的选址标准至少应该包括以下几条：①拥有大学城、高科技示范园区或工业创新园区。一方面，这些大学城或高科技示范园区汇聚了大量掌握知识前沿，且对多元性利益诉求及其表达机制具有较强理解能力和包容能力的知识型劳动力，在这些城市推动后工业化的社会治理安排和相应的制度创新，不会遇到较大阻力，甚至这些认同自由表达利益诉求的知识型劳动力也会参与到这个“后工业化经济试验区”社会制度建构的过程中去。②良好的技术支撑。“后工业化经济试验区”未必需要鳞次栉比的高楼大厦、经纬密布的高速公路铁路等基础设施，但一定少不了发达的信息化服务平台以及新兴产业及科学技术的普遍应用。能够为这种信息技术与产业技术的应用提供人力资本、技术孵化平台和产学研充分结合的技术创新与应用推广链条的城市群就应当成为试验区选址的重点考虑对象，因为其会省去新建“后工业化经济试验区”在高新技术及人力资本引进、配置方面将要付出的巨大成本①。③拥有良好的社区“合作”功能。日本经济学家速水佑次郎（1998）在对东亚、东南亚发展中国家经济社会发展研究的过程中提出：发展中国家为发展所设计的经济体制，不能只是市场与国家的结合，而必须是包括社区在内的三个组织的结合。对本文所述的“后工业化经济试验区”而言，

---

① 追求经济性、实用性应当是我们建立“后工业化经济试验区”的重要准则，工业化城市对能源资源的高消耗，以及对各种要素投入成本的巨大开支已成前车之鉴，这不正是我们建立“后工业化经济试验区”所应该规避的吗？

其对社区及其“合作”功能的需求同样不可或缺，因为我们所希望试点的“后工业化经济试验区”并不是存留在空气中的“乌托邦”，而是扎根于中国是一个发展中大国的具体国情。因此，“后工业化经济试验区”就可以利用所选试点城市群社区的协商功能、建立在信任基础上的社会资本功能以及社区合作功能来弥补市场和政府可能存在的双重失灵。通过社区在加强地方性公共物品供给等方面的作用来消解后工业社会的多元性利益诉求，并形成一种良好的社会信任及合作氛围。有此三个选址标准，则“后工业化经济试验区”选址的工作就不会背离我们试点的初衷，并且在具体试点的探索过程中还可能建立起一套科学的试验区试点筛选机制，从而为因地制宜创建“后工业化试验区”提供体制和机制上的保障。

（三）后工业化经济试验区的布局方案

1.“试验区”多中心布局的基本方案

处于工业化中后期的城市结构大多采取的是单中心模式，比较有代表性的是城市的各种要素都指向 CBD 的这样一种布局结构［见图 1（a）］。

正如 Murphy 和 Vance（1954）经典论文所指出的那样：“CBD 是美国城市的中心，从城市最高的地价和最高的建筑反映出办公和零售建筑的高度集聚。这里也是行人和机动车交通最集中的地方。作为交通网络，城市其他地区和城市共同界线以外开发强度不断减弱的地区都被引导向 CBD。土地价值最高的交叉点很可能就是行人最集中的地方，也常常是汽车交通最拥挤的地方。这就是最完美描述的单中心模式。”但近年来诸多后工业化城市及区域布局理论，譬如霍伊特（Homer Hoyt，1958）的扇形理论、哈里斯和乌尔曼（Harris & Ullman，1945）的多核心理论、贝瑞和加里森（Berry & Garrison，1958）的带状发展地带和次级中心理论以及由汉密尔顿（Hamilton，1967）提出的“机械化运输和电力布局”产生的“离心—分散”模型都对工业化中后期的这种单中心经典城市模型提出了质疑。

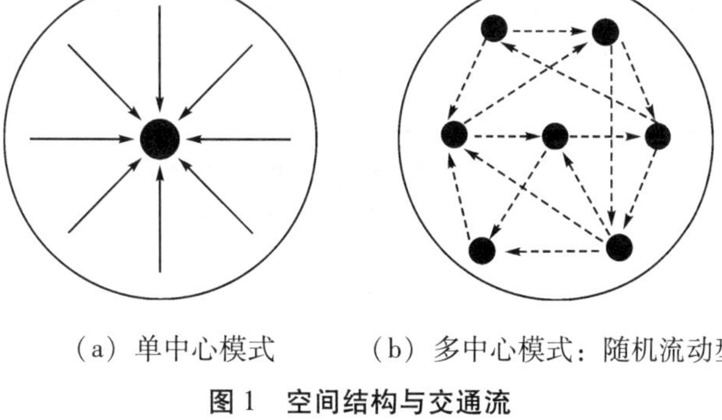

（a）单中心模式　　（b）多中心模式：随机流动型

图 1　空间结构与交通流

按照这种单中心经典理论的说法：“在宽泛的、城市之间或区域的尺度上，是一个相对自给自足的农业经济区域，其中，城市中心与它们的农村腹地进行着物资和服务的交换；在狭隘的、城市内部的尺度上是一个集聚式的世界，其中作为主导性节点的CBD由传统的辐射状公共交通线路与郊区联系。郊区依赖于它们的服务，也为它们提供了劳力。”（Peter Hall，1997）但这种工业化的经典城市布局不可能关注到向后工业社会迈进时社会成员对城市及区域布局的诸多要求，比如：①城市的分散化和向外扩散形成的大量人流、物流、信息流需要适当得到疏导与分散，这些流量没有必要都经过CBD这样的单中心来调配，事实上，CBD这样的单中心功能在工业化中后期的诸多城市中已经不堪重负。②“逆工业化”的制造业外迁与高端服务业重组升级的产业格局需求。一方面，观察后工业化城市的演变发展历程，其产业格局的演变是最具有典型意义的，随着制造业中心的外迁和新兴高端服务业的崛起，不可避免地会出现一轮较大规模的结构性失业浪潮——传统产业的就业人口要继续留在城市中就业，少不了参与社会为之提供的“再就业培训”以提升人力资本（这一过程需要假以时日，因而不可能一蹴而就），大量的具有高人力资本水准的人才也会向后工业化城市涌动（但未必会及时找到适合的就业岗位）；另一方面，如果城市依然采取单中心集聚结构，那么新兴的信息、服务、金融等高端产业将必然高企城市的土地价格，并进而带动整个城市就业与居住成本大幅度上升，这显然不利于上述两类待就业人口的就业搜寻过程。从这个意义上讲，如果“后工业化经济试验区”能够采取多中心分散结构［见图1（b）］，则不仅有利于降低待就业人口的工作搜寻成本与居住成本①，而且也使整个试验区处于一种分散的均衡模式，实际上这也是大多数后工业化城市的发展模式。③综合性、互补性的试验区功能需要使然。现代信息技术特别是下一代互联网和物联网技术日益普及，使得不同行业、部门的工作人群之间的沟通更加快捷、方便，没有必要再拘泥于传统单中心CBD结构对行业、产业的高聚集能力②。进一步讲，这种便捷的信息技术为城市功能布局更注重多中心的综合性和互补性提供了平台，其强大的信息处理能力将非常合理地调度城市内部各中心（功能区）之间的物流、商贸、资源和要素配置，而各中心只需要专注地扮演好各自的“主体功能区”角色即可。④“后工业化试验区”很可能跨传统行政区域设置的因素所致。由前文所述可知，中国的“后工业化经济试验区”应该从表3所描述的那些尚未设立其他类型试验区的二线城市群中筛选，因而要在这种跨传统行政区划设置试验区的条件下以其中某座城市作为试验区的“单中心”，这显然会遭到试验区所在城市群的其他城市的抵制，因为这种单中心结构在促成各种要素向其中心集聚的时候，很可能造成其他城市的衰退，而这恰恰是各级地方政府所不能容忍的。因而，“多中心布局”方案至少在照顾跨行政区设立“后工业化经济试验区”中各城市利益方面拥有独特的优势，而且也有利于参与试验区的各城市进行一种互补性分工，并尽可能地避免

① 单中心城市结构使得用地企业、待就业人口都在“向心力”的作用下向城市核心CBD区靠近，从而使城市中心土地价格迅速上扬，并同时带动其周围社区的生产、生活成本上升。

② 传统的CBD结构特别强调对不同产业部门工作人员面对面（face to face）交流的重要性，以使单中心结构更加节约市场的“交易成本”。

“产业同构”或“小而全”的城市经济格局形成。所以，中国的“后工业化经济试验区”采取“多中心布局”的方案应该是符合潮流、因地制宜且与后工业社会的标准相接轨的。

2. 土地在“后工业化经济试验区”中跨行业、部门和传统行政区配置

“后工业化经济试验区”既然将采取多中心的结构布局，那么，“土地资源如何配置”就成为“后工业化经济试验区”建设过程中绕不开的话题了。具体而言，“后工业化经济试验区”土地配置首先要规避高度的经济集聚所带来的人口高密度及与之伴生的拥挤、资源短缺、污染、犯罪、贫富差距拉大等导致生活质量下降的问题，其次是要实现“后工业化经济试验区”经济社会均衡发展和可持续发展的目标。考虑到东亚文化传统和人多地少的相近性国情，国外可资借鉴的主要有“东京模式”和“首尔模式”两类土地资源配置模式。

（1）东京模式

东京，作为东亚地区后工业化城市的重要代表，其从工业化时代迈向后工业化时代所采取的 TOD① 城市发展模式是最值得我们关注的。实际上，东京都市圈不过是在二战后的 20 世纪 50 年代到 80 年代这短短三十余年时间内就完成了从工业化城市向后工业化城市的转变，而完成这一转变的最大挑战是如何扩展城市以适应东京人口增长、经济发展方式转变方面的要求：从人口增长来看，东京人口从 20 世纪 50 年代的 1 300 余万增长到 80 年代末近 3 000 万的规模，快速上升的城市人口规模必然对东京的住房、就业、交通、环境等造成巨大压力；从经济增长来看，快速的经济增长对城市的商业、住宅及工业区开发提出了很高的需求，这些需求几乎都转化为对土地特别是城市空间扩张后的农业用地征用的压力。

东京的成功之处在于采用 TOD 模式来扩张城市，并同时配合城市开发控制和有效的土地使用战略来推动东京都市圈瞄准后工业社会的水平发展。从 TOD 模式来看，东京特别重视公共交通尤其是地铁的建设，使方便、快捷、舒适的公交系统成为东京发展的基础，城市建设布局也是沿着主要公交线路以“摊大饼”的方式展开，其结果是上班高峰时期约有 73%的人搭乘地铁等公交通勤到东京市中心，而只有 9%的人选择开私家车上班，还有一些人使用公交车、自行车、步行等方式，这对缓解交通拥挤产生了至关重要的作用（Akito Murayama，et al.，2006）；从城市开发区控制来看，日本修改了城市规划法，禁止在城市化控制地区和未开发地区进行开发活动，并将开发活动严格限制在城市化促进地区的商业、住宅以及半工业区，以防止城市无序扩展；在土地使用战略方面，东京充分考虑土地使用的边际收益和边际成本，对农业用地和森林用地的征用非常谨慎，宁可加强现有在建土地的资本密度（以提高住房价格为代价）也不轻易以稀释单位土地资本密度的形式大量征用农业、森林用地，因为整个日本尚属土地资源稀

① TOD 模式即以公共交通为导向的城市发展模式（transit oriented development）。

缺型国家，东京作为高人口密度的城市，其可能产生的“城市病”不是通过土地扩展能够完全缓解的，关键在于从城市规划、功能设计的角度来分散压力，这是东京模式给我们的重要启示。

（2）首尔模式

韩国首尔都市圈的发展与东京模式有较大不同，它是在政府的规划下逐步从战后贫穷落后的城市转变为今天这样的规模和水平的城市。其黄金的城市发展时间不过是从20世纪60年代到20世纪90年代这短短30余年时间，其发展过程中凸现出来的首尔都市圈的过度增长、不平衡发展以及土地配置失衡问题从反面给我们以深刻的启示。韩国政府从20世纪60年代首尔城市发展起步阶段就采取了一系列政策与措施来管理城市快速的增长，其主要采取的方案涵盖四个阶段：①限制人口增长特别措施（1960—1971年）；②绿化带和新城战略（1972—1979年）；③首尔都市管理规划（1980—1989年）；④新城发展与城市增长政策（1989年至今）。这些规划都带有很强的行政主导色彩，因而许多规划尽管很详细，但在付诸实践的过程中却体现出了无效率、不现实或反效率。以1980—1989年首尔都市管理规划为例，尽管其提出的口号是：通过区域整合来减少区域内部的不平等发展，用增长中心战略来解决区域间的不平衡发展，通过离心化（concetrated decentralization）来切断首尔都市的移民涌入链，并保证整个首尔都市区内有效的土地利用，并且还设立了五个特别的功能区①来实现上述目标。但这种行政命令式的规划终究难以成为抵消“城市病”蔓延的良方，随着韩国政府领导人的更迭，这一阶段的规划在尚未充分展开之际便寿终正寝，取而代之的是1989年开始的新城规划②，原有的五个发展功能区也被重新整合为三个③。其政策的不连续性导致首尔新城几乎全部成为“卧城”，首尔市40千米范围内的城市就业机会发展不足，就业与住宅严重失衡，土地和住房价格飙升，城市交通特别是新城——首尔的通勤状况日益恶化④。

到卢武铉政府时期，更是制订了预算高达8 200亿元人民币的“国家均衡发展五年计划”，其中的措施包括限制在首都地区新建工厂、鼓励企业迁入地方等，然而，正是

---

① 这5个功能区是：Ⅰ迁移鼓励区（relocation promotion zone）；Ⅱ限制性重组区（restricted rearrangement zone）；Ⅲ发展鼓励区（development inducement zone）；Ⅳ自然保护区（nature preservation zone）；Ⅴ发展预订区（development reservation zone）（丁成日，2009）。

② 新城规划的内容是在未来的5年内建设5个新城，为30万家庭、120万人口提供住房。这5个新城为盆唐、逸山、中洞、山本、并川，前三个在首尔市绿化带外面，后两个在绿化带内。建设5个新城的主要目的是缓解城市住房问题，抑制房价飙升。城市增长政策和规划（如绿化带和首都区域规划）导致城市发展土地短缺，进而导致住房短缺和城市房价的飙升（宋彦、丁成日，2005）。

③ 新整合的三个功能区是：Ⅰ过度集中限制区（overconcentration restriction zone）；Ⅱ增长管理区（growth management zone）；Ⅲ 自然保护区（nature preservation zone），参见丁成日（2009），第53页。

④ 首尔都市交通恶化状况可用一组数据说明：该市1960年拥有的汽车数是6万辆，1980年增长到20.7万辆，1990年达到119万辆，1995年超过200万辆，1997年再增长到225万辆。1973—1993年，车辆增加了22倍，而同期城市道路只增加了22.1%，这足以说明首尔交通拥堵日益恶化的境况了（Ann & Ohn，2001）。

土地配置没有均衡化，致使其五年计划的实施结果仅仅表现为地方人口不断涌入首都地区，首都与地方居民收入差距持续拉大，只有一些中小企业迁往离首都地区较近的地方，并由此引发地方的不满（陆铭、陈钊，2009）。在这种情况下，首尔经济圈城市建设面积扩展的速度明显小于城市人口的增长速度，其所谓的“均衡发展计划”显然已成泡影。更为关键的是韩国首尔经济圈的“后工业化进程”也因此迟滞，韩国政府那只“看得见的手”在城市规划中所扮演的尴尬角色更是可见一斑。韩国首尔经济圈的前车之鉴提示我们：土地资源在“后工业化经济试验区”内的均衡配置是试验区建设的重要约束条件。显然，我们应当对土地资源的均衡配置设计一些创新性的方案，以实现“后工业化经济试验区”的均衡发展以及其人均意义上的生活水平有较大幅度提升的目标。

据此，我们认为：第一，可以建立后工业化试验区内土地利用指标的市场交易机制以兼顾平等与效率，特别是对于新增建设用地指标的交易应当允许以跨行业、部门以及传统行政区①的方式进行，使得“后工业化经济试验区”多中心的布局结构能够在土地资源高效利用的背景下更好地实现其产业和功能的互补性；第二，要允许“后工业化经济试验区”土地和户籍制度共同推进的配套改革，不再延续现有中国城市内部普遍存在的“城里人”和“外地人”的二元社会分割现象，使后工业化试验区中的劳动就业人口充分享有公平的教育、医疗和社会保障等公共服务，增加“后工业化经济试验区”劳动力的选择权利并免除其后顾之忧。

（四）后工业化经济试验区加快转变发展方式的产业振兴方案

“后工业化经济试验区”的产业基础一方面要前瞻性地瞄准与后工业化经济社会发展相呼应的各类新兴产业，另一方面则必须与国家业已提出的加快转变经济发展方式的战略任务相契合。所谓“瞄准与后工业化经济社会发展相呼应的各类新兴产业”，是指试验区一经成立，即将其产业中心定位于电子信息、生物医药、纳米技术、新能源新材料、低碳节能环保等战略性新兴产业，通过做大做强这些新兴产业，一方面奠定试验区的经济基础，另一方面也借新兴产业的各种正外部性来遏制工业化浪潮中后期传统产业部门中频发的诸如污染、拥挤、高能耗、高排放等弊端，打造一个“生产发展、生活富裕、生态良好”的资源节约型、环境友好型“后工业化经济试验区”。所谓与“加快转变经济发展方式的战略相契合”，是指试验区发展这些新兴产业必须统筹于国家“加快转变经济发展方式”的整体战略框架之下，注重提高这些新兴产业的知识技术密集度和产量/资本比率，控制好产业链上下游的延伸领域，并配合多中心的试验区空间布局进行相应的产业布局，把生态、绿色、循环、低碳、环保等环节充分融入产业布局的各个节点上，在试验区内部实现相当程度的产业（链）互补性延伸，尽可能地节约要素及资源投入，以更经济的方式推动试验区的产业振兴。

---

① 因为“后工业化经济试验区”本身可能就是跨行政区设置的整合模式。

四、结语

工业社会向后工业社会的转变对中国而言只是一个时间早晚的问题。有目的、有意识地率先选择部分具备条件的二线城市群作为“后工业化经济试验区”试点，既是对现有工业化、城市化进程加速后各种弊端凸显的一种反思，亦是有针对性地对中国未来的城市及产业结构进行一种前瞻性的布局，力求使这些试验区发展成为遏制工业化、城市化弊端，并且具有后工业化生产、生活方式的样本，以便为将来中国向后工业化社会迈进奠定基础和减轻“转型成本”。探索建立“后工业化经济试验区”可以是本文所述各种方案的灵活组合，但这种组合必须因地制宜地考虑所选地区的经济发展水平、社会承载能力、生态资源环境禀赋和地区的风俗习惯，防止千篇一律。力求“建成一个、带动一批、辐射一片”，把投入到“后工业化经济试验区”的各种要素资源用好、用足。并且还可以考虑建立一个监管机构来考核“后工业化经济试验区”的“后工业化水准”，防止挂“后工业化经济试验区”牌子而延续传统工业区发展方式的变质做法出现。我认为，工业化中后期的各种危机已经在世界范围内表露无遗，它实质上已经为中国确定自己的发展方向指明了道路——中国的工业化与后工业化可以也应当成为一条并行不悖、融合式发展之路，而“后工业化经济试验区”则是其重要的载体之一。

（本论文原载于《中国工业经济》2010 年第 10 期）

参考文献：

[1] AKITO M, TAKASHI K, TETSUO S. Study on Spatial Planning Framework toward Regeneration of Large-Scale Industrial and Port Area - From Case Studies of London, U. K. and Rotterdam, Netherlands [J]. Journal of the City Planning Institute of Japan, 2006, 41 (3).

[2] AHN K, OHN Y. Metropolitan Growth Management Policies in Seoul: A Critical Review [M]. South Korea: Seoul Development Institute, 2001.

[3] BARTH G. Instant Cities: Urbanization and the Rise of San Francisco and Denver [M]. New York: Oxford University Press, 1975.

[4] BERRY B J L, GARRISON W L. The Functional Bases of the Central-Place Hierarchy [J]. Economic Geography, 1958 (34).

[5] BLACKABY F. Deindustrialization [M]. London: Heinemann, 1979.

[6] BLUESTONE B, HARRISON B. The deindustrialization of America [M]. New York: Basic Books, 1982.

[7] CASTELLS M. The Informational City: Information Technology, Economic Restruc-

turing and the Urban-Regional Process [M]. Basil Blackwell, Oxford, UK, 1989.

[8] CASTELLS M. The lnformation Age: Economy, Society, and Culture, The Rise of the Network Society [M]. Basil Blackwell, Oxford, UK, 1996.

[9] CIABATTARI MARK. San Francisco: The Making of a Uni-Class City [J]. The North American Review, 1983, 268 (4).

[10] CLARK C. The Conditions of Economic Progress [M]. London: MacmillLan, 1940.

[11] GORDON P, RCHARDSON H W. Employment Decentralization in US Metropolitan Areas: is Los Angeles the outlier or the norm ? [J]. Environment and Planning A, 1996 (28).

[12] HAMILTON F E L. Models of lndustrial Location, In Models in Geography [M]. eds, R. J. Choriey and P. Haggett, Methuen, London, 1967.

[13] HARRIS C D, ULLMAN E L. The Nature of Cities [J]. Annals of the American Academy of Political Science, 1945 (242).

[14] MEIJIR M. Growth and Decline of European Cities: changing Positions of cities in Europe [J]. Urban Studies, 1993 (30).

[15] MURPHY R E, VANCE J E. Delimiting the CBD [J]. Economic Geography, 1954 (30).

[16] PETER HALL. Modelling the Post-industrial City [J]. Future, 1997, 29 (4).

[17] 阿尔温·托夫勒. 第三次浪潮 [M]. 北京: 新华出版社, 1997.

[18] 蔡昉. 中国发展的挑战与路径: 大国经济的刘易斯转折 [J]. 广东商学院学报, 2010 (1): 4-12.

[19] 陈阿江. 中国城市化道路的检讨与战略选择 [J]. 南京师大学报 (社会科学版), 1997 (3): 11-15.

[20] 董黎明 .90 年代中国城市超前发展战略透视 [J]. 城市, 1999 (3): 3-5.

[21] 邓宇鹏. 中国的隐性超城市化 [J]. 当代财经, 1999 (6): 20-23.

[22] 丹尼尔·贝尔. 后工业社会的来临: 对社会预测的一种探索 [M]. 王宏周, 等译. 北京: 商务印书馆, 1984.

[23] 丁成日. 城市增长与对策: 国际视角与中国发展 [M]. 北京: 高等教育出版社, 2009.

[24] 高汝熹, 等. 2007 中国都市圈评价报告 [M]. 上海: 上海人民出版社, 2008.

[25] 韩忠. 后工业化城市与制造业: 以旧金山市为例 [J]. 城市问题, 2008 (11): 83-87.

[26] 孔祥智. 小城镇 大战略 [EB/OL]. http://www.cctv.com/lm/131/61/76199.html, 2003.

［27］刘卫东．提高城市化水平是我国经济改革及发展的必然［EB/OL］．http://www.cudi.com.cn/html/topic/view_110.html，2009.

［28］钱纳里．发展模式：1950—1970［M］北京：经济科学出版社，1988.

［29］宋彦，丁成日．韩国之绿化带政策及其评估［J］．城市发展研究，2005（5）：41-46.

［30］速水佑次郎．发展经济学：从贫困到富裕［M］．北京：社会科学文献出版社，1998.

［31］陆铭、陈钊．为什么土地和户籍制度需要联动改革：基于中国城市和区域发展的理论和实证研究［J］．学术月刊，2009（9）：78-84.

［32］约翰·基恩．公共生活与晚期资本主义［M］．北京：社会科学文献出版社，1999.

［33］伊恩·罗伯逊．现代西方社会学［M］．郑州：河南人民出版社，1988.

［34］张鸿雁．循环型城市社会发展模式：城市可持续创新战略［M］．南京：东南大学出版社，2007.

［35］张康之．论后工业化进程中的社会治理变革路径［J］．南京社会科学，2009（1）：66-73.

［36］郑新立．十六大后城市化滞后工业化矛盾将加快解决［EB/OL］．http://www.fsa.gov.cn/web_db/sdzg2004/software/trial/csgd01-17.htm，2004.

中国特色新型城镇化：以刘易斯拐点期为背景的理论、模式与政策研究

吴垠

一、引言：当城镇化遭遇刘易斯拐点

从2004年起至今，中国从沿海到内陆的许多城镇化地区都遭遇了持续的用工荒及人口红利递减问题，这种以“刘易斯拐点”命名的劳动力市场的结构性变革越来越成为当代中国城镇化建设所面临的新背景。既然党的十八大以及十八届三中全会都将中国特色新型城镇化道路明确为中国现今最重要的建设任务之一，那么，关注当前中国城镇化道路从“劳动力无限供给”过渡到“结构性短缺”的刘易斯拐点期就具有重要的理论和现实意义。一个结合发展经济学的二元经济理论和城市经济理论来研究中国城镇化道路的思路呈现在我们面前：

第一，长期以来，发展经济学中的二元经济理论只是关注处于古典状态（劳动力过剩供给）和新古典状态（劳动力短缺）两端的城镇化发展（Nurkse，1953；Lewis，1954；Fei和Ranis，1961；Jorgenson，1961；Harris和Todaro，1970；Dixit，1973；Rakshit，1982；王检贵，2005；蔡昉，2013），而忽视了劳动力供给发生总量或结构性供求逆转并持续较长时间的事实，二元经济理论对城镇化进程的解释力需要拓展。第二，不同时期农村剩余劳动力的各种估算数据（见表1）也表明：中国城镇化建设的实践恰好正处于这样一个劳动力结构变动的时间段，农村劳动力大规模地向城市转移背后体现的是不同的劳动者群体利益变化的政治经济学命题。仅仅遵从西方国家传统城镇化道路亦步亦趋的发展，无疑将很难顺利跨越刘易斯拐点。如果创新二元经济理论对城镇化遭遇刘易斯拐点期的发展理论、模式和政策的分析，并重点关注农村剩余劳动力向城市流动对城镇化道路的影响，这可能为处于变革时代的中国城镇化找到相应的理论基础与实践指南。综合上述，本文将刘易斯拐点、二元经济理论和城镇化理论结合在一起思考中国新型城镇化道路的理论、模式、政策，希望为当前的城镇化建设和“中国梦”城市篇章的实现提供一种新的视角或思路。

表 1　不同时期中国农村剩余劳动力估算数据

数据年份	估算结果	出处
1984—1992	接近或超过 1 亿人	托马斯 · 罗斯基（1997）
1992	9 000 万人	章铮（1995）
1994	1. 17 亿人	王红玲（1998）
1994	1. 38 亿人	王诚（1996）
1998	1. 52 亿人	农业部课题组（2000）
2000	1. 9 亿人	劳动部课题组（1999）
2003	4 600 万人	王检贵等（2005）
2003	7 700 万人	章铮（2005）
2003	1. 93 亿人	何如海（2005）
2006	1. 1 亿人	马晓河等（2007）
2009	7 465 万人	钱文荣等（2009）
2013	2. 69 亿人	人社部（2013）

二、传统城镇化理论忽略的重要经济社会转折条件

（一）国内外研究现状述评

（1）中国是否进入刘易斯拐点期的研究：背景分析

目前学术界对中国是否进入了刘易斯拐点期的争论呈现出泾渭分明的两大类观点。赞成者主要选取农民工工资上涨、农民工供给数量短缺、人口红利消失以及人口结构向老龄化社会转变等实证材料来论证中国进入了刘易斯拐点区间、迎来了一个劳动力短缺的时代（包小忠，2005；蔡昉，2010a、2010b；汪进 等，2011；丁守海，2011）；而反对者则主要从农村大量剩余劳动力的精确测算数据、农民工供求的结构性矛盾、城乡二元结构短期内无法走向均衡以及劳动者工资比重占 GDP 比重的比例呈明显下降趋势等角度来证明现阶段谈论中国进入了刘易斯拐点期还为时尚早（周祝平，2007；刘伟，2008；白南生，2009；钱文荣 等，2009；蔡万焕，2012）。这些学者围绕着：对刘易斯拐点含义的理解；拐点成因的解析；刘易斯二元模型是否有缺陷；开放经济条件下的刘易斯拐点问题；刘易斯拐点“中国化”的微观机制分析和刘易斯拐点期中国社会政策与制度变迁等问题展开了争论。本文认为：发展中国家从劳动力无限供给的“古典阶段”过渡到劳动力短缺的“新古典阶段”，都要经历一段劳动力转移造成结构性短缺的“刘易斯拐点期”，但其过渡的时间长短不一。中国现阶段是否进入“刘易斯拐点期”也许还有争议，但迟早进入却是没有疑义的；从 2004 年开始出现的用工荒现象以及中国庞大的农民工人口规模，都决定中国城镇化进程不可忽视刘易斯拐点的影响。选择这一过渡时期来研究中国城镇化问题，可以为中国新型城镇化道路如何铺开找到理论和政策依据，并体现城镇化建设的“中国特色”。

（2）传统城镇化理论的脉络特征

18 世纪中期英国率先完成工业革命后，人类社会由工业化推动的城镇化进程大大

加速，在不到200年的时间内，西方主要发达国家由工业化推动的城镇化进程基本宣告完成，后起的发展中国家亦先后展开了更加迅速的城镇化历程。这一历史进程催生了以城镇化进程的特点、模式、规律、矛盾和发展方向为主要研究对象的城镇化理论，以科学的理论指引城镇化的发展成为各国城镇化建设进程中的一个共识。

西方学者对城镇化理论的研究大体上分为比较明显的两个阶段：其一是从18世纪工业革命推动城镇化拉开序幕肇始至20世纪50年代各主要资本主义国家以工业化推动城镇化建设基本完成的阶段，西方国家的城镇化经验一度被学界提炼为一种标准模式；其二是从20世纪50年代末至今部分西方先行工业国的城镇衰落，以及发展中国家后起城镇化的快速衰落所引发的对城镇化发展新阶段所出现的矛盾、问题及其求解的经验、理论与政策分析。

纵观这些城镇化的理论文献，有一个十分显著的特征，即将工业化带动的城镇化视为是有无限劳动力供给作为保障或约束条件的。因而，在这些理论文献中，城镇化率的一个核心评价指标是人口城镇化率水平，它是随着城镇化进程的加速而逐渐上升的；反过来讲，人口城镇化率水平的高低可以在很大程度上反映所考察国家或地区的城镇化水平，而城市人口年均增长率则是促成城镇化率快速提高的重要诱因。本文选择在近一个世纪的时间内，以中、俄、印、巴、南为代表的金砖五国和除中国外的欠发达地区平均的城市人口比例和城市人口年均增长率做横向对比（见表2和表3），可以发现这些国家和地区所面临的城镇化背景和任务是极不相同的，中国、印度尚处于城镇化的“起飞”阶段，而俄罗斯、巴西的城镇化基本进入成熟期，中国、印度的城市人口增长率较高与其处于城镇化的追赶期有直接联系①。因而，即便这些处于城镇化追赶期的国家出现了劳动力短缺现象，也常常容易被视为工业化升级换代的信号，并以政府出台调整三次产业结构来缓解劳动力短缺的理论与政策导向所掩盖过去。劳动力的无限供给似乎是这些国家或地区城镇化的一个恒久主题。

表2　城市人口所占比例　　单位:%

国家	1960年	1980年	2000年	2010年	2020年	2050年
中国	16.2	19.4	35.9	49.2	61.0（预计）	77.3（预计）
俄罗斯	53.7	69.8	73.4	73.7	75.5（预计）	81.9（预计）
印度	17.9	23.1	27.7	30.9	34.8（预计）	51.7（预计）
巴西	46.1	65.5	81.2	84.3	86.8（预计）	90.7（预计）
南非	46.6	48.4	56.9	61.5	65.9（预计）	76.8（预计）
欠发达地区平均（除中国外）	24.2	33.5	41.2	44.7	48.3（预计）	61.4（预计）

① 南非的情况介于俄罗斯、巴西和中国、印度之间。

表 3　城市人口年均增长率　　单位：%

国家	1960—1965年	1975—1980年	1990—1995年	2005—2010年	2015—2020 年	2045—2050 年
中国	3.72	3.57	4.32	3.44	2.11（预计）	-0.05（预计）
俄罗斯	2.70	1.63	0.06	0.07	0.08（预计）	-0.16（预计）
印度	3.00	3.95	2.79	2.56	2.40（预计）	1.54（预计）
巴西	4.98	3.83	2.54	1.30	0.95（预计）	-0.02（预计）
南非	2.87	2.60	3.28	1.71	1.09（预计）	0.54（预计）
欠发达地区平均（除中国外）	4.19	4.01	2.94	2.41	2.19（预计）	1.48（预计）

数据来源：根据 World Urbanization Prospects，the 2011 Revision 的相关数据整理而成。http://esa.un.org/unpd/wup/CD-ROM/Urban-Rural-Population.htm.

然而，城镇化理论真的可以视劳动力供给发生总量或结构性供求逆转的事实于不顾吗？换言之，城镇化真的是一个仅仅遵从西方国家传统城镇化道路而不断重复的过程吗？中国等发展中国家发展的经验提示人们：传统城镇化理论以无限劳动力供给作为约束条件、以人口城镇化率作为重要评价指标的方法存在一定的缺陷。因为，二战以后，后起工业化国家都几乎经历了劳动力从过剩到短缺的城镇化历程，尤其是中国自 2004 年起，其城镇化进程就连续遭遇了近 10 年的持续“劳工荒”现象，不同地区的城镇的劳动力供给或者从总量或者从结构上出现了短缺。那么，在这一状态下，城镇化进程再套用传统城镇化理论的约束条件与研究指标，就难免出现“南橘北枳”的理论困境。适时调整、改变城镇化理论的约束条件与研究范围，显然迫在眉睫。

（3）对中国城镇化问题的研究：约束条件的变化引起本文关注

与西方城镇化理论研究相比，中国城镇化问题的前期研究主要集中在城镇化道路、城镇化速度、城镇化质量、比较城镇化、城镇化模式以及城镇化与其他“几化”（工业化、农业现代化、信息化等）的关系等几个方面上，其中，前三方面的研究与本文相关程度最大。①在城镇化道路方面：高佩义（1990）指出，不同国家有不同的城市化道路，任何国家都有自己的优势和劣势、成功的经验、失败的教训以及所面临的问题和所要解决的任务。赵勇（1996）观察到，自 20 世纪 80 年代以来，中国农村工业兴起，就地实现了剩余劳动力的转移，使中国农民直接进入工业化流程，逐渐生成农村工业部门，从而打破了中国二元经济结构的原有平衡，使国民经济呈现出了传统农业、乡村工业和现代工业三大系统并存的三元结构的新局面，这也为中国农村走城市化道路提供了客观需求和可能性。对此路径，温铁军（2000）给予了细化，他认为发展小城镇是在三元结构下解决“三农”问题的必由之路。城市化固然重要，但城市化并不是目的；中国应实践“小城镇、大战略”，在人口压力大而资源严重短缺的基本国情矛盾制约之下，逐步调整产业结构、就业结构和城乡关系，力争合理地解决“三农”问题。王小鲁（2010）利用统计数字回应了关于中国城市规模发展的争论，中国未来新增城市人口仍将主要进入超过100万人的大城市。到2030年，超过100万人的大城市可能将新增150座以上，其中也包括一部分特大和超大城市，所以，既不能全面铺开推动现有的几百座中小城市和成千上万小城镇扩张，也不能只发展少数特大城市，要以城市的均衡发展应对农村人口向城市的迁移。厉以宁（2013）对中外城市化道路发展特征总结道：欧洲国家人口城镇化率在80%以上，美国达到了90%，但农村人口大量涌入城市，同样会造成城市灾难。反观中国，未来中国人口达到15亿，其中80%即12亿人进城，城市必然没有空间，中国不能走西方城镇化的老路，必须要走适合中国国情的城镇化的新路，中国未来的城镇化由三部分组成：老城区+新城区+新社区，以此实现城乡居民的一体化。②在城镇化速度方面：简新华等（2010）利用诺瑟姆曲线预测，中国城镇化还将保持较快发展的趋势，城镇化率仍将以年均提高1个百分点左右的速度推进，在2020年城镇化率达到60%左右。陈明星等（2011）更进一步用数理推导证明了简新华等的观点，并提出城市化依然是我国要坚持的发展方向，现阶段，我国城市化速度进入第三个阶段，城市化的理念与重点均需转型；城镇化与包容性增长、城乡统筹密切相关，农民工市民化是“十二五”时期的主要任务。张占斌等（2013）在预测城市化速度时也着重提出，要积极促进农业转移人口市民化，逐步解决半城镇化问题。目前，有1.6亿农民工长期生活在城镇，但并没有解决市民化问题。③城镇化质量方面：陆铭等（2004）指出，城乡移民及城乡收入差距的扩大是地方政府实施城市偏向政策造成的。王国刚（2010）提出，从已有的实践看，运用制度机制和主观机制来限制农村人口向城镇转移或低层次城镇人口向高层次城市转移的思路是比较困难的，也就是说已经实现向城市迁移的农村人口在城市生活质量并不高。魏后凯等（2013）测算出，截至2012年年底，中国城镇人口达到7.12亿，人口城镇化率提高到52.57%，达到世界平均水平。从城镇人口、空间形态标准来看，中国整体上已进入到初级城市型社会；但从生活方式、社会文化和城乡协调标准看，目前中国离城市型社会的要求还有较大的差距。也就是说，中国城镇化质量并没有与城镇化水平同步提高，城镇化速度与质量不匹配①。

纵览既有的城镇化问题研究，劳动力对城镇化的无限供给成了一个重要的“默认”约束条件，但对这一约束条件的变化与发展趋势的关注却是不够的。约束条件的变化表现在：当前中国的城镇化建设进程中面临着一段较长时期的劳动力从过剩转变到结构性短缺的刘易斯拐点期。所以，本文考虑在刘易斯拐点期的约束条件下展开对中国城镇化

---

① 对新型城镇化的其他研究，还包括：在比较城镇化方面，布莱恩·贝利（2010）、黄小虎等（2009）和卢中原等（2010）分别比较研究了巴西、阿根廷、智力等出现过城镇化加速发展和质量不佳问题的国家的城镇化模式，并意图从比较城镇化的角度指出其对中国的借鉴意义；在城镇化模式方面，辜胜阻等（1998）、李文（2001）和李强等（2012）对中国城镇化的推进模式进行了分析，概括了中国城镇化加速以来的各种城镇化模式及其利弊；在城镇化与其他“几化”方面，廖丹清（1995）、姜爱林（2001）、课题组（2002）和陈锡文（2011）分别就城镇化与农业现代化、城镇化与工业化、城镇化与信息化展开了论述，探讨了城镇化和其他“几化”之间的协同关系；等等。

问题研究，希望借此提出这一过渡时期中国新型城镇化道路的理论、模式、政策的新思路和新观点。

（二）劳动力转移到哪里去了？——中国城镇化进程的新特征引发对“传统城镇化理论”的反思

传统城镇化理论将人口城镇化率作为主要评价指标，主要是基于城镇化过程本质上是一个城市经济、社会条件比农村地区更加优越，从而促成劳动力源源不断地由农村向城市涌入的过程。这些经济社会条件，大体分为三类（刘易斯，1991）：①收入条件：城市与乡村收入差距拉大。②教育条件：乡村学校教育的加速发展，开拓了农村青年人的视野，其进城欲望与势头日益强烈。③福利条件：发展与福利开支不成比例地集中于城市，使城市更具吸引力。但是，这些劳动力迁移的动力指标，至多只能说明农村剩余劳动力向城市转移的原因，而不能保证他们在“离土又离乡”之后真正融入城市。如果存在主观或客观上融入城市的困难，并且这些困难在较短时间内无法较好地克服，那么传统城镇化理论把劳动力转移出农村并进入城市就视为“城镇化”水平提高的结论就存在重大理论缺陷。因为“转而不入（融入）”“移而不就（就业）”的大量农村剩余劳动力转为城市富余劳动力的现象，是任何严肃的理论研究都无法漠视的。城市人口的比例保持稳定根本上是源于城市中大量的临时性失业和农村中的隐蔽性失业并存，而不是转移到城市的农村剩余劳动力都获得了稳定的工作并融入城市所致。因此，同样是提高城镇化率（特指人口城镇化率）1 个百分点，欧洲、北美等的发达国家和地区相较于亚洲、非洲、拉美等的发展中国家和地区，在城镇化的质量上是根本不可比拟的，特别在城镇化人均福利的差距上尤为显著。因此，对于像中国这样的存在“低质量城镇化率”和具有“数字崇拜”传统的发展中国家而言，传统城镇化理论单纯以数量增长作为评价标准与政策导向的研究都是可能引起误导的。

比如：传统城镇化理论在分析了西方主要发达国家的代表性城市发展史后认为，人口城镇化率超过 80%之后，城镇化率的增长将趋于平缓，或者说城镇化在这一水平线上就算成功；因而，后起的发展中经济体只需要亦步亦趋地通过发展工业化、有意识地推动并提高城镇化率，使其在较短时间内达到 80%就算大功告成①。与这一思路配套，传统城镇化理论还提出了一揽子的产业、人口、土地、农村政策为发展中国家“拿来”使用。实际上，但凡遵循这一理论与政策主张的国家或地区，在急急忙忙提高城镇化率的过程中却出现了种种难以克服的“低质量城镇化”的经济社会矛盾。看来，简单地实行提高城镇化率的政策主张，而不管进入城市的农村剩余劳动力真实的就业、生活、

① 西方国家的城镇化推进历程耗时上百年，而发展中经济体在享用工业化技术成果和西方城市规划模板的外部性基础上只用几十年时间将城镇化率提高到与西方国家相同的水平，这显见是一种压缩型的城镇化，所有西方国家城镇化进程中遇到过的矛盾和难题都会集中地在发展中经济体后起城镇化的进程中凸显出来。

福利与发展权利、机会、环境的状况，最终的结果必然是“数字泡沫城镇化”，其成本和代价是十分高昂的。

笔者并非要据此苛责城镇化理论先驱研究者们的理论成果。只是认为：在国情状况迥然不同的地区，城镇化理论的基本约束条件、研究范围和评价标准并不是一成不变的；以西方国家发展历程为主要研究背景的传统城镇化理论，把劳动力对城市的无限供给作为约束条件，把“城镇化”后的劳动人口享有大致等同的福利水平作为城镇化的发展目标并不适应于发展中经济体——尤其是中国的具体情况。面对已经持续了近10年之久的“劳工荒”以及持续了近三十年的“城乡二元结构和城市内部的二元结构”，城镇化理论的约束条件、研究范围与目标体系都应做相应的调整：中国的城镇化进程，是一个以劳动力过剩供给转变为结构性短缺为约束条件，将提高农村劳动力融入城镇化质量提升而非数量提升作为目标体系的特殊过程。这种“特殊性”是相对于西方发达国家城镇化历程的特殊性，但对与中国具有类似发展阶段和发展水平的国家和地区而言却具有“一般性”，它描述了处于经济社会条件具有重大转折期的城镇化所面临的发展模式、路径创新与矛盾问题求解的一般化过程、中国化过程。不妨把这种“城镇化理论的中国化”视为对发展中经济体推动城镇化进程的重要理论和实践贡献。因为，对于这些国家和地区而言，劳动力从空间上转移到城市并不是一个一了百了的过程，它还存在太多的未解决的问题与矛盾。“农村剩余劳动力”转移到哪里去了？这一设问对西方国家而言，也许就是个实证命题，与价值判断无涉；但对中国这样的发展中大国而言，却是一个“规范性”远大于“实证性”的命题，它常常包含着对一系列城镇化改革、政策主张的价值评判。因为，农村劳动力转移到城市，从根本上来说是城市和农村不同人群间的物质利益调整的复杂改革过程，从中国的经验提炼出对后发国家更具一般性的城镇化理论或政策正是本文研究的主旨所在，本文将对此做出详细的说明。

二、刘易斯拐点期的城镇化：传统城镇化理论尚未触及的重要领域

（一）古典假设或新古典假设条件只能解释城镇化进程的两端但不能解释全部

传统的城镇化理论主要关注的是西方工业化强国的城镇化进程。在这一进程的早期，城镇化面临的是古典经济条件——劳动力无限供给。原因在于，肇始于18世纪的西方主要工业化国家的城镇化历程，“基本上是重复英国的路子，诸如靠产业革命推动、城市人口主要是由农村流入城市等等”（高佩义，1990）。在工业化起步的时期，这些发达工业国的农村依然有着充沛的劳动力资源，以至于这场持续了一个多世纪的工业化推动城镇化的典型历程，没有遭遇过劳动力短缺的发展障碍，“在1850年，这些发达国家

的城市人口总数大约只有4 000万，而到1950年则增加到4.49亿人，在这一百年的时间内，城镇化推动4亿多人口转入城市”（高佩义，1990），可以说城镇化的劳动力是源源不断无限供给的。以上，可以视为经典城镇化理论第一阶段的研究背景。

大约在1950年以后，西方主要工业化国家的城镇化进入了新古典阶段，即劳动力有限供给阶段。造成这一重大转变的原因，一是西方主要工业国（以欧美国家为代表）的出生率开始持续下降，老龄化社会提前到来，适龄劳动力逐渐转为严重不足；二是城镇的人口外流日益显著，郊区化、逆城镇化人口流动日益增多。劳动力短缺成为这一时期城镇化的主要特征和研究的主要背景。

但是，以发达国家城镇化进程为背景的城镇化理论研究是否真的涵盖了城镇化的所有重要方面呢？也不尽然。发展中国家城镇化在经历古典经济条件向新古典经济条件转变的过程中，有一段较长时间面临的是城镇化过程中的劳动力结构性短缺，它既非劳动力总量无限供给的古典条件，又非劳动力总量不足的新古典条件，我们把这一转折时期称为刘易斯拐点期。它是一个典型的过程中经济形态，延续时间也较长，可以将其作为一个经济史上的片段加以重点研究。其主要特征是，发展中国家的城镇既面临总量劳动力过剩的压力，城乡失业现象严重；又面临相当部分的城镇产业或企业无法招聘到熟练工人的现实①。因此，这一约束条件下，再以人口城镇化率作为评价城镇化进程的指标就不合适了。第一，由于劳动力的流动更加频繁和复杂，很难确定地说进入城市务工的农民就算是为城镇化率做出贡献了，有的农民工仅仅是短暂停留于城中村等“过夜账篷”便流回农村，或经常穿梭于几个城市之间；有的虽然能够在城市安定下来，但他们的生活方式却是需要经常兼顾城市和农村的，算不得在经济社会学意义上真正地融入城市。第二，单向流动的城镇化机制被打破。传统城镇化理论的一个默认结论是，城镇化水平的提高是人口从农村向城市的单向流动造成的，但刘易斯拐点时期城乡劳动力的流动是双向不确定的，而且发展中国家的城市向郊区蔓延的速度与方式一点也不比发达国家慢（据说这是学习效应带来的），因此，城乡劳动力流动的平衡本身又被城镇化打破。城镇化的高积聚效应吸引劳动力流入城市；而城镇化蔓延则推动劳动力告别传统意义上的城市中心，转而使其在蔓延到的郊县居住。这一入一出再加上结构性短缺或过剩，城镇化发展以人口统计增加值计的人口城镇化率显然就只有统计学的意义而无经济社会学的含义，更无法据此提出有针对性的政策措施来解决这一时期的各种经济社会矛

① 对于这一转折期的研究，包小忠（2005）根据中国农民工打工收入普遍低于城市工业部门制度工资率但高于务农收入水平的现实，开发出了一个三阶段的“改进刘易斯模型”。在他设定的模型中，“刘易斯拐点”由城市制度工资率W，农民工打工实际收入水平N，农民工打工成本B和纯农业劳动收入A（W>N>A）等几个变量共同决定。在该模型下，我们除了观测到传统的两个刘易斯拐点而外，还看到了一个农民工打工收入N逐步趋近于城市工业部门制度工资率W的这样一个新的拐点，而这个新拐点则表明中国农村劳动力从对城市的“有限供给”跨越到“无限供给”阶段的转折，这是以前研究刘易斯拐点的文献所不曾关注到的。农民工流动的激励条件是N-B>A而非W-B>A，因为农民工进城打工处于劳资谈判的弱势地位，很难获得城市工业部门的制度工资率W。

盾问题。据此，我认为：刘易斯拐点期的城镇化进程可以视为传统城镇化理论未触及的一个重要领域加以重点分析。

（二）发展中国家投资型城镇化是促成刘易斯拐点期快速到来的重要原因

劳动力从农村流入城市却未获得稳定的就业从而无法在经济社会学意义上对城镇化进程有显著持续的贡献，这对发展中国家来讲是一个通病。我们常常对下面这个问题感到困惑：发展中国家的城镇化在模仿西方工业国的城镇化进程中，往往有很高的投资率，但却无法向城市的新进入者提供较为充分的就业岗位。由此观之，提高城市的投资水平和提高有质量的城镇化率之间是根本不能画等号的。但经济发展的现实却是：许多发展中国家津津乐道于其在城市的高投资率以集中资本修建基础设施和楼堂馆所，却忽视了这一发展战略或经济政策带来的直接后果是这样一种持久的“均衡”，即城市中大量的临时性失业和农村中的隐蔽性失业长期并存，这使得城镇化进程受到制约，并拉长了城镇化的刘易斯拐点期的时限。

这种大规模的投资型城镇化发展战略或发展模式是基于古典或新古典假设的传统城镇化理论未曾预料到的，也是其难以圆满解释处于刘易斯拐点期的发展中经济体城镇化进程和特征的重要原因。我们看到，后起的发展中国家在投资型城镇化进程中，使其产值增长带来的却是少量的就业的两个制约因素是：

第一，层出不穷的投资浪费问题。在发展中国家政府主导的投资型城镇化进程中，抛开政府经常出现的投资浪费问题不论，就连私人投资者在这场投资热潮中也存在对投资成本不做慎重考虑的现象，就好像笃定了政府搭建的投资型城镇化平台是“掘金场”一样，只要跟进，利润便会源源不断。但事实上，资本的利润不足与浪费却在现实中随处可见，例如：按对需求的期望所建的工厂开工不足；每小时仅有几辆车行驶的高速公路；大型机场和航空集散地建筑的低效利用等，这都是普遍现象。浪费使一切建筑都变得富丽堂皇，政府建筑尤其如此。19 世纪发生工业革命的国家使用资本时很讲究节约，所以能保持很长时间的增长和较理想的就业水平。与此构成对比的是欠发达国家现在正以更大的气派浪费资本，所以当某个大型投资项目完成但提供的就业却比期望的要少时，就没有什么值得大惊小怪了。“我们总是被告知这些国家资本短缺，可同时资本的低效利用和浪费却是这些国家非常明显的特征”（刘易斯，1991）。

第二，由于价格的扭曲，投资项目的资本密集程度比其应该具备的程度高。这个价格体系，主要是资本与劳动两大要素的相对价格体系。发展中国家城镇化发展关键时期[①]往往具有资本稀缺（昂贵）而劳动力过剩（便宜）的禀赋结构，但政府往往为了提高城镇化率而违背比较优势使用资本，这个价格体系对内是以低利率为中心的银行体系提供“廉价”资本，对外是以高估本币提高汇率来获得更多外汇收入，结果是投资过

① 如城镇化率大于 20%，则可以视为是城镇化的关键加速期。参见高佩义（1990）。

于集中在“资本替代劳动”的机器、技术、设备上，带来了严重的资本排斥劳动，这使得实际在城市中获得稳定就业的劳动力较少。劳动力虽然向城市流动，但却很难“市民化”或“产业工人化”，马克思关于资本主义国家“产业后备军”促成社会矛盾风险加剧的预言在发展中国家屡屡出现：城市的富丽堂皇和民生的日益艰难同时并存屡见不鲜，社会矛盾与冲突有时会发展到难以调和的地步。从这个角度看，投资型城镇化发展模式是某种程度的“为城镇化而城镇化”，而且还造成了发展中国家城镇化路径的锁定，越是这样发展，政府就越是欲罢不能、无法抽身，城镇化在发展中国家的刘易斯拐点期时间较长，就是投资型城镇化发展的代价或负担迟迟不能解除的结果。因此，传统城镇化理论无论以古典条件作为假设还是以新古典条件作为假设都是无法圆满解释这一现象的，需要某种适应发展中国家遭遇刘易斯拐点期的城镇化理论予以解析。

（三）技术性失业现象是解释以中国为代表的城镇化结构性矛盾的钥匙

选择技术密集型产业来推动城镇化是发展中国家投资型城镇化的通常选择。这些技术革新在影响相关产业的就业以及城镇化进程的作用机制，主要是看该技术创新对单位产品劳动力耗费的影响，有以下三种可能：①技术革新没有降低单位产品的劳动力成本，它可带来持续增加的就业；②技术创新导致单位产品劳动量降低，但是对产品的需求弹性足以阻止就业减少；③技术创新导致单位产品劳动量降低，但是需求没有足够的弹性去阻止就业量下跌。①②两种情况的技术创新既增加产量又带来就业，城镇化非常欢迎该类技术；但第③种情况，必须既考虑运用新机器的工厂的就业，又考虑制造机器的人们的就业。只有使用机器的工厂的就业的减少超过制造机器的工厂就业的上升时才会使净就业下降（刘易斯，1991）。

遗憾的是，前两种对城镇化有贡献的技术革新，却较难得到发展中经济体的企业家的青睐，因为工资持续刚性上涨带来的劳动力成本增加，使增加就业与产量的技术被人为搁置。而那种自动化、信息化的生产技术则更普遍地被创造并应用于产业生产过程中。结果是，第③种技术革新被企业家们普遍采用，但其对劳动的排斥效应将成为城镇化的重大阻碍。

显见，发展中经济体的城镇化既需要创造就业的技术发现，也需要损害就业的技术革新。在一个充分就业的经济中，能创造就业、扩大工厂规模的发明，除非在其他领域中存在其他有损就业、促使劳动力能够流动的革新时，否则不可能被采用。从更广阔的领域看，制造业和大型通讯业中的新发明吸收劳动力；而农业、零售商业、小型运输和家庭服务业的新发明则释放出劳动力。而刘易斯拐点期城镇化的主要特征即农村人口进入城市之后的就业不确定性和不稳定性，从而在根本上改变了我们对这一时期城镇化的认识：在这一时期，以中国为代表的发展中国家的人口与它的农业资源相比，可能是人口过剩，但与它的工业发展能力相比，人口又不足（刘易斯，1983）。总的来看，经济欠发达国家的城镇化以迅速工业化来使它们的农业人口绝对减少的，为数并不多；假设农村人口占总人口的70%，人口每年以1.5%的速率增加，那么，如果要减少农村的多余人口，非农就业机会必须达到5%以上，显然，这种以城镇化、工业化提供就业岗位缓解涌入城市的农村剩余劳动力的就业压力的发展要求对后起国家来讲是相当苛刻的。失业大军始终是城镇化快速推进过程中的伴生物，权衡好两者的相对关系对发展中经济体的政府而言至关重要。

（四）城镇化是工业化带动的、服务业化带动的还是城市非正规部门正规化发展带动的？

传统的城镇化研究曾经有这样一个结论，即在城镇化发展的早期其推动力量是该国或地区的工业化增长水平，而到了后期则是由服务业的增长带动城镇化。工业的发展增长对城镇化的带动是先扬后抑，而服务业的发展对城镇化的带动是先抑后扬。例如，课题组（2002）的研究认为："在工业化初期，工业发展所形成的聚集效应使工业化对城镇化产生直接和较大的带动作用；而当工业化接近和进入中期阶段之后，产业结构变化和消费结构升级的作用超过了聚集效应的作用，城镇化的演进不再主要表现为工业比重上升的带动，而更多地表现为服务业比重上升的拉动"。"钱纳里-赛尔昆模式"所揭示的一般趋势也表明，在人均GNP超过500美元（1964年）之后，非农产业就业比重的上升明显快于生产比重的上升，而这主要不是工业而是服务业的就业增长带动的（钱纳里 等，1989）。如果城镇化真的如上述规律描述的那样，先用工业化拉动城镇化率上升，再把精力集中到发展服务业上更进一步提高城镇化率，那发展中国家的城镇化进程还有什么值得担忧的呢？依样画葫芦即可。可事实上，我们观察到亚太地区、非洲地区和拉丁美洲地区在"按图索骥"的城镇化过程中，却出现了大量的城市贫困人口等社会性难题（见表4），城镇化率提高与城市发展质量的不协调比比皆是。提高工业化率、大力发展服务业经济在发展中国家的政府规划报告里喊了多年却始终没有和西方国家城镇化过程接轨，反倒形成了一大批有"发展障碍"的城市，这的确值得深思。

表4　全世界贫民窟居民的地区性分布

地区	城市总人口/千人	贫民窟居民的比例/%
撒哈拉以南非洲	231 052	71.9
亚太地区	1 211 540	43.2
拉丁美洲和加勒比海	399 385	31.9
中东和北非	145 624	29.5
转型经济国家	259 091	9.6
发达国家	676 492	5.8
全世界	2 921 184	31.6
发展中国家	2 021 665	43
最不发达国家	179 239	78.2

资料来源：戈兰·坦纳菲尔德，佩尔·卢詹克. 发展城市减少贫困：城市发展与管理导论［M］. 刘超，陈亮，译. 北京：科学出版社，2008：56.

根源在于，这些发展中经济体对城镇化进程的理解太过理想化，先验地把它当作一个工业化和服务业化带动的二元结构，未曾考虑到在城镇化升级换代的过程中，有一个就业人数庞大的非正规部门存在于城市之中，在这个非正规部门没有规范化起来之前，城镇化进程实际上是处于“刘易斯拐点期”的。如果城镇化早期由工业化带动可算作“粗放型”城镇化的发展阶段，而后期由服务业带动的城镇化属“集约型”发展阶段的话，那么，介于上述二者之间的以“城市非正规部门”的大量存在、城市经济社会矛盾问题迭出的城镇化发展的刘易斯拐点期就是一个不能被忽视的重要发展阶段了。在这一阶段如能协调好城镇化与城镇化带来的经济社会民生问题，城镇化质的飞跃可望早日到来；但若处理不好上述关系，让非正规部门的大量就业人口的生存和发展难以为继，那么城镇化进程很可能陷入停滞甚至倒退。所以，发展中国家特别是中国，不能简单照搬西方国家的城镇化政策和经验，仅仅只从工业化和服务业化这两个角度着手去发展城市，而要高度关注刘易斯拐点期城市非正规部门的发展，希望通过非正规部门的正规化发展[①]来带动城市发展质和量的跃升。

三、发展障碍的国际透视和比较：城镇化刘易斯拐点期的突围重点

二战以后，世界各国的城镇化进入了飞速发展期，一大批充满国际和地区影响力的大中城市和城市群相继崛起，城镇化快速进程甚至在经济理论界看来已经成为一个国家或地区经济增长的“发动机”；但与这一欣欣向荣进程相伴随的，却是相当一批城市出现了种种相互联系的“发展障碍”，而且，这些发展障碍比较集中或突出地出现在发展中国家正处于“刘易斯拐点期”的大中城市中，这看上去并不像是一种偶然现象，我们试图从这些“事实”中，归纳出城镇化在刘易斯拐点期的突围重点，以期为中国的城镇化问题新阶段的破题找到理论与现实依据。

（一）临时、非正规劳动力市场的崛起与困境丛生

我们关注刘易斯拐点期的城镇化发展障碍，首先把焦点聚集于城市“非正规”部门，又称“非正规经济”或“穷人的经济”部门的发展困境。

按照戈兰·坦纳菲尔德等（2008）的定义，“非正规经济部门”这一术语是用来指代小生意或者说微型企业的活动（micro-scale business activities），而不管这些企业是否已经在工商部门注册。显见，非正规经济一头是仅能提供生存所需的收入的自我雇佣，另一头是雇佣好几个员工的经营较好的微型企业。从规模上看，处于刘易斯拐点期的城

① 非正规部门的正规化，主要指通过就业合同的长期化、社会保障服务的健全化来留住务工人员的就业模式。即不仅使城市非正规就业人员能够“就业”，还要使他们安居、乐业，无后顾之忧地融入城市。

市，往往有着较大规模的非正规部门的就业人群。一项研究表明（见表5），在拉丁美洲和亚洲的一些国家，非正规经济雇佣的人占到了总人口的一半以上，其对国内生产总值的贡献度在拉丁美洲和亚洲是30%，而在撒哈拉以南非洲地区则达到40%（Flodeman Becker et al.，2004）。

表5　非正规经济的规模和构成　　单位：%

地区	非正规经济的规模（非农业部门就业所占份额）			非正规经济的构成	
	总计	女性	男性	自我雇佣	工资雇佣
撒哈拉以南非洲	72	84	63	70	30
亚洲	65	65	65	59	41
拉丁美洲	51	58	48	60	40

资料来源：ILO，Geneva 2002. Women and Men in the Informal Economy.

非正规经济不是一个新现象，事实上它就是最初的城市经济——小型的手工业、服务和贸易等，它们正是城镇的传统行业。微型企业之所以采取非正规方式是因为它们想要成为正式经济很困难或成本过高。因为，在许多发展中经济体获得经营许可或土地所有权（使用权）的过程非常烦琐，常常需要疏通官僚机构，还必须支付各种税费等。

对于城市非正规经济，我们可以有几种观察视角。它是发展的一个非常重要的因素，对城市贫民来说，它提供了工作和收入。它既包括了正在崛起的企业，同时也包括为了养家糊口而奋斗的赤贫家庭的适龄劳动力。除了提供收入，非正规经济另一个重要作用是以低收入家庭能够支付的价格向他们提供许多必需的服务和商品，这些都是只有这个经济部门才能生产和提供的。

非正规经济的大规模存在和不稳定性使亚、非、拉许多发展中国家的乡村贫困为城市贫困所代替。也就是说，发展中国家在追求快速的人口城镇化的时候，往往是未对这些人口的就业、社会保障和发展权利加以区分的；也没有考虑这些人对城市生活的向往（向城市移民）和适应城市生产生活方式（融入城市）之间还有很长的路要走。为了更好地规避政府对非正规经济和就业的区域规章、税收、卫生、最低工资法等管制，相当一部分地下经济（如制假卖假、传销、走私、贩毒、卖淫、贩卖人口、非法融资、非法博彩、网络诈骗、洗钱、黑社会等）应运而生，充斥于非正规经济之中；更为严重的是，这可能引发各种犯罪活动并引起全社会范围内的不稳定。

说到底，作为一种发展障碍，非正规经济对城镇化的种种负面影响，根本在于这一经济是“低收入的桥头堡”和“低收入的联盟聚集区”（布莱恩·贝利，2010），它在不能带给人们相对稳定和持久的就业和收入的同时，还泯灭了相当一部分人的“城市希望”；因此，城镇化若不关心和实际解决这个“转型的城市聚落”①（Robert J. Crooks，

① 此聚落代指城市非正规经济。参见：R. J. Crooks（1971）。

1971）的居住、就业、收入、疾病传播、子女教育、养老、医疗、社会保障等现实问题，使这个“转型的城市聚落”中的个体成为“中等收入地位的寻求者和实现者”的话，随着这一部分非正规就业人群在人口城镇化进程中的比重加大，其脆弱的经济基础将迫使其要求变革城市体系现有的上层建筑，从而极有可能引发较为尖锐的社会矛盾，这是任何一个发展中经济体的政府都不能坐视不理的严峻问题。

（二）基础设施障碍——以地下排水设施为例的国际比较

从亚、非、拉很多城市发展的历程和现状来看，在经历“刘易斯拐点期”时，其基础设施建设滞后已经成为城镇化进程的重大阻碍。特别是由于缺乏投资、规划缺乏远见和维护不当造成的基础设施不足或老化，使交通堵塞、通讯、水电供应和城市防灾减灾体系都遭遇空前压力，这已经严重地影响到了城市生产效率和生活舒适度。以 2012 年 7 月—8 月期间中国各大城市相继遭遇暴雨而城市陷入内涝灾害为例，我们看到：北京、银川、太原、乐山等城市应对暴雨的排水基础设施和排水能力均严重不足，成为导致整个城市功能在暴雨期间陷入瘫痪的直接诱因。其中，2012 年 7 月 21 日北京的特大暴雨造成了重大人员财产损失，有 77 人罹难；在接下来的十天内，从宁夏银川到山西太原再到四川乐山，一场场暴雨让这些城市纷纷“沦陷”，道路积水、校区被淹，人员多有伤亡（晓德，2012）。

雨果曾说过，下水道是城市的良心。被忽视的排水系统，并非第一次让中国的城市付出代价。热衷于建高楼大厦，却不喜欢修下水道，这是发达国家和“开发中”国家的主要区别之一。衡量一座城市的良心，不能只看外表的高楼林立、街道宽阔、广场气派，更要看重那看不见的排水工程。城市建设管理者需要认真吸取教训，更新城市规划和建设理念，加强城市公共管理和应急机制。与其在城市内涝受灾后修修补补，不如提前规划、未雨绸缪，完善城市地下排水等配套设施，为居民提供便利的城市生活环境。

事实上，像巴黎、柏林、东京、香港等现阶段基础设施特别是排水系统解决得较好的城市，在发展早期依然出现过较严重的问题，只是其政府重新规划并设计超前性的排水基础设施，从而在较长时间内规避了类似风险。比如巴黎，早在 1852 年，就将其排水系统纳入城市建设中，虽然巴黎被塞纳河贯穿，是一座低海拔的城市，而且呈现北高中低的盆地地形，但在年平均降雨量 642 毫米的情况下，却很少出现下雨积水引发的城市内涝灾害。到 1878 年，巴黎拥有了长达 600 千米的下水道网，建成了完善独特的城市下水道排水系统，有约 3 万个下水道盖，6 000 多个地下蓄水池，1 300 多名专业维护工人。到目前，巴黎的地下水处理系统管道总长达到 2 400 千米，其中，污水处理管道总长 1 425 千米（刘卓，2012）。

而柏林在 1905 年遭遇了最大一次内涝后，就开始铺设大面积的下水道官网，在面积达 892 平方千米的柏林地下，铺设有总长达 9 400 千米的下水道管网，超过北京到柏林的距离，百余年来，即使连续遭遇强暴雨，柏林也再没出现过内涝（唐志强，2012）。

东京1994年在其中心部分的23区实现了百分之百的下水道覆盖，总长达到1.6万千米。同时，东京还建设了大批排水泵站，有超过1 000座高层建筑引入了雨水利用设施，其中东京都墨田区是日本雨水利用的样板，方法简单而实用——收集降落在屋顶的雨水，用来洗车、浇花、种菜等。位于墨田区的国技馆是大型公共设施利用雨水的先驱，国技馆8 400平方米的大屋顶能收集1 000立方米的雨水（蓝建中，2012）。

而香港则是在1996年开始实施“雨水排放系统整体计划”。统计显示，自1995年起，香港防洪投入共计220亿港元，目前香港水浸“黑点”已经从当年的90个减少到15个（刘晨，2012），其抗内涝灾害能力上升显著。

虽然本文只列举了排水基础设施的国际比较，但管中窥豹，我们仍能得出如下结论：通盘考虑城市的基础设施规划和建设，提高城市的空间承载力，在刘易斯拐点期尽可能地满足大规模涌入城市的人群对城市基础设施的需求至关重要。实际上，基础设施到位了，不仅有利于破除城镇化发展的障碍，也是从另一个角度保护在城市非正规部门就业的人口在城市的生产、生活，为其提供一个宜业、宜商、宜居的城市环境。

（三）城市管理障碍：放权与收权的难题

城镇化的进程既是一个技术问题，又是一个政治经济问题，只有在有专业精神和全面考虑社会、经济和环境可持续发展的愿景指导下，通过高超的技术规划和科学管理才能实现。刘易斯拐点期的城镇化进程是一个人口流动规模巨大、速度频率快的过渡时期，城市管理的内涵包括对住房、供水供电技术、卫生和暴雨排水、能源、电信和交通等基础设施快速扩张且有序衔接和管理运作的综合性系统工程，这其中所牵涉的利益关系错综复杂，而且这些利益相关者权力地位并不平等，占大部分城市人口比重的城市贫民（包括转移到城市非正规部门就业的农村人口）往往没有权力，所以当前城市管理的最大障碍是地方政府管理权力很可能被一些特殊的既得利益主体“俘获”，导致大多数城市贫民的利益被轻易排除在城市规划和决策程序之外，这在发展中经济体中是一个相当普遍的现象。同时，相当一部分发展中国家的地方政府规划能力很有限，或即使有规划，也是缺乏长期延续性且支离破碎的；规划的多头管理也可能引发矛盾与混乱，比如：一个国家的中央政府部门可能会负责水资源的总体规划，另外一个部门负责电力供应，而第三个机构则负责输送网络的规划，省、市政府可能负责污水系统和当地道路的规划，而全国道路管理部门则负责主干道路的规划，等等。职能边界重叠或交叉的地方很可能成为“管理盲区”或出现管理政策朝令夕改的管理冲突，造成极大的管理障碍和经济社会福利损失。

中国的特殊性在于，出于政绩的考虑，地方政府的规划愿望和能力都比较强（这不等同于说规划就一定科学），但规划付诸实施的财政实力，却因为1993—1994年的分税制改革而变得相对较弱，中央政府在拿走了大部分财税收入之后，地方政府要规划发展适应于刘易斯拐点期且有大规模人口不断涌入的城市，需要极强的“经营城市”能力。

以“土地管理”“土地财政”为中心的城市开发战略（the City development strategy，CDS）应运而生，其中，以土地开发支撑城镇化开发的政府行为遍地开花并不让人感到意外。这种开发模式高强度地实施了一段时间后，我们发现，它的好处在于确实为分税制后相当一部分财政上捉襟见肘的地方政府融通了发展资金，十余年来各地的城镇化进程几乎都受到了“土地财政”的巨大支持；但就城市土地开发或再开发的实际用途而言，却并未真正服务于“刘易斯拐点期”前后大规模农村剩余劳动力向城市的注入的民生现实，也就是说，对生活成本不断增长的城市中心的贫民而言，土地开发并未切实地照顾到他们的民生需求，使其拥有哪怕只有人均几平方米的、能够支付得起的住宅用地。实际上，城镇化的土地管理政策本身在效率或公平的价值取向上有值得斟酌之处。所以，今天我们看到的城市管理对城镇化进程的障碍，已经不是简单的财政分权或收权框架能够完全概括的了，它至少还应该包括地方政府对土地所有权、使用权的权利向民间收放这样一个核心问题。

从其他发展中国家的情况来看，更有效的土地房屋市场可以为城市经济的发展特别是突破刘易斯拐点期的劳动人口定居问题排除障碍。一些国家通过开展司法改革并修改法律，以允许小块土地出售、混合式的土地利用、住房逐步扩建等形式，使大众享用得起相应的土地、住房基础设施。较典型的例子是巴西，巴西地方政府通过与私有土地所有者协商，以私有土地所有者在其地块中保留几小块给穷人为条件，授予其建造房屋的权利，甚至还给予了土地所有者一些建造权，并允许他们购买，把所得收益用于公共利益，通过这种方式来兼顾城市贫民的居住权益（黄小虎 等，2010）。

但显然，对其他发展中国家有利的城市土地管理与经营模式对中国至多是个参考，国情的巨大差异使得我们的地方政府必须将大量的土地资源公共所有，再将其分配为城市低收入家庭的住房用地。中国特色的土地管理思路是：如果公共土地不足以满足当前和未来需要，地方政府应该将土地储备用于城市扩张。若管理得当，这将能够让地方政府以市场价格把一些地块卖给其他开发者。由于城市扩张导致的土地增值至少可以部分弥补为穷人提供的补助，中央政府应该为土地购买融资提供一定政策支持，地方政府也成为这一政策的强力执行者。

事实上，在“十二五”规划中，我们对城镇化的步骤、格局和管理城市体系已经有了诸多安排，例如，提出了“把符合落户条件的农业转移人口逐步转变为城镇居民作为推进城镇化的首要任务”，并指出，面对快速增加的城市人口，应“立足保障基本需求、引导合理消费，加快构建以政府为主提供基本保障、以市场为主满足多层次需求的住房供应体系。对城镇低收入住房困难家庭，实行廉租住房制度。对中等偏下收入住房困难家庭，实行公共租赁住房保障。对中高收入家庭，实行租赁与购买商品住房相结合的制度”，并“强化各级政府责任，加大保障性安居工程建设力度，基本解决保障性住房供应不足的问题"①。

由此可见，在管理城市、完善土地供应政策、增加住房供应总量、优先安排保障性住房用地方面，我们充分地兼顾到了正处于刘易斯拐点期的城镇化发展背景和中国现阶段的具体国情，管理城市在中国"十二五"规划结束后应当显著地成为城镇化的重要助推力，而不是曾经在一些发展中国家中出现过的"发展障碍"。

（四）社会保障与城市贫困的发展障碍

城镇化进程发展到刘易斯拐点期往往也是一个"社会矛盾凸显期"，这些社会矛盾错综复杂、牵涉面广，但其中大多数问题都可归因于贫困；人口向城市的涌入以及由此带来的城市贫困和农村地区的贫困是不一样的。农村的贫困在大多数情况下是"现金贫困而实物相对充裕"，而城市贫民往往依靠现金收入维持生存，并以之购买绝大部分食物以及做饭的燃料和水，一旦发生现金收入短缺，城市贫困往往更加难以为继。而城市住宅和建筑材料的昂贵，更使得他们即使是租住或自建最简单的棚屋，也要遭遇现金流不足或城市土地住房产权管制的困境，城市贫困者在看到城市富有阶层的生活时，往往产生极大的心理不平衡，尖锐的阶层矛盾可能就此引爆。如前所述，城市贫困人群往往是非正规就业大军的主力，这些人口的收入来源极不稳定，有时甚至是朝不保夕，所以，像犯罪、暴力、火灾、交通事故、地震、洪水等给城市贫民带来的危害极具破坏性。政府对这些破坏造成的"烂摊子"往往也"头疼不已"，城市贫困带来的"不安全感""不稳定性"和"不和谐性"已经成为发展中社会的主要威胁，一些国家城市里出现的贫民窟成为反思城镇化进程的重要标本。但必须承认，"贫民窟""城中村"的大量增长既不是城镇化的必然结果，也不能简单将其归咎于财源的缺乏。"贫民窟"同时也是政策失败、管治不善、法制不健全、市场失调、财政系统不作为、贪污腐败以及缺乏政治意愿的结果。

解决城市贫困这种发展障碍，不同发展水平国家的政府几乎都选择性地建立了适应于该国国情的社会保障制度，即失业者可以得到"失业救济金"，老年人可以得到"养老金"，贫困人口则可以得到一定数量的"贫困救济金"。实际上，社会保障系统是给予城市非正规就业人群和贫困者以某种可以控制的商品组合，它们是一个人交换权利的组成部分，其条件是这个人没有进行其他交换。例如，如果一个人用自己的劳动力换取了工资，即成为就业者，那么，这个人就无权继续领取失业救济金；与此相类似，如果市场交换使一个人的收入超过了规定的贫困标准，那么他也没有权利接受救济（阿玛蒂亚·森，2004）。显见，这种社会保障系统所提供的"最低限度"的交换权利既依赖于城镇化人口的个人经济前途，而其经济前途又依赖于生产方式，以及就生产关系而言的社会地位。实际上，城市人口在失业一段时间后，他们可能身无分文，在没有社会保障

① 中华人民共和国国民经济和社会发展第十二个五年规划纲要［M］. 北京：人民出版社，2011：100-101.

系统的情况下，他们资源禀赋的交换权利就不能为其提供充足的商品组合。“如果没有社会保障系统，今天美国或英国的失业状况会使很多人挨饿，甚至有可能发展成饥荒。因此，成功地避免了饥荒发生，靠的不是英国人的平均高收入，也不是美国人的普遍富裕，而是由其社会保障系统所提供保证的最低限度的交换权利”（阿玛蒂亚·森，2004）。

类似的，在中国这样一个社会主义国家，我们在城镇化快速起步之前的计划经济年代实际上是在人均食物数量没有明显增加的情况下消灭了饥饿，饥饿的消失反映权利制度的变迁，社会保障系统的建立以及——更为重要的——通过就业保障制度保证人们能够挣到足以避免饥饿的工资。而在市场经济条件下的城镇化到了刘易斯拐点期，由非正规就业引发的城市贫困确实让人感到措手不及，城市发展的贫困障碍可能成为发展的陷阱（例如中等收入陷阱发展模式）并非危言耸听，广泛覆盖但低水平的社会保障制度即使建立起来了也无法保证其可持续性的话，社会保障制度本身可能从解决城市发展问题的钥匙变为阻碍中国城市发展阶段进一步跃升的重要瓶颈；普通百姓对市场体制下社会保障制度这种新的社会契约的期许，会随着社会保障制度与城镇化快速进程的不匹配而逐渐丧失信心，并进而对市场经济条件下的城镇化产生不信任或抵触情绪，这种矛盾反复积累就可能为一些突发事件（如城镇化进程中的征地、拆迁或社会补偿不到位等）所激化，届时，城镇化将被其自身所引发的社会领域的矛盾所迟滞。因此，未雨绸缪的城镇化战略与政策组合完全可以提前展开并付诸实施，以缓解依靠城镇化本身无法解决的诸多发展障碍。

四、中国刘易斯拐点期的城镇化政策新探

（一）克服结构性劳工短缺的城市就业、户籍和产业新政策

中国正式出现城市劳动力供给的短缺现象，大概是2004年在一些沿海城市中。最初，人们只是认为这种季节性的农村务工人员回流现象不会持续太久，也没有太在意这种劳动人口的结构性变化对城镇化的冲击和影响，因为常识判断告诉我们中国仍旧是一个劳动力供给远大于需求的国度，城镇化所要解决的首要问题是提供足够的就业岗位而不是考虑劳动力的短缺问题。但经过仔细分析，我们发现，刘易斯拐点期在中国城镇化进程中的表现越来越明显是和人口结构与产业结构的变迁直接相关的，再加上地方发展型政府在土地、住房、社会保障、户籍制度等社会保护政策方面的欠缺，使得城镇化在新的历史时期从战略上、方向上和政策上都有调整之必要。

从人口结构来看，中国城镇化的人口红利期已经开始走下坡路，曾经对30年改革开放做出巨大贡献的40后、50后、60后和70后逐渐淡出人口红利的顶峰期，取而代之的是80后、90后以及更加年轻的城市务工人员。这几代人在城市就业模式上有很大的不同，因为他们分属计划经济时期和市场经济时期两种就业模式。40后、50后、60

后和相当一部分70后劳动力接受了国家的就业安排，国家统包分配的体制内就业相对较多，非正规就业相对较少；大多数80后、90后从一开始就在体制外就业，并以合同制、非正规就业的形式大量存在；同时，市场化改革在推动国有企业、集体企业、事业单位改制方面的步伐加快，也使相当部分原来体制内就业人员被剥离出来，以合同制或非正规就业的方式继续获取收入，但收入已经不再稳定。这种快速的就业结构转变带来的直接后果是，中国的城镇化进程加速了人口就业的压力，适合城市正规部门（如企业、事业单位、国家机关、国有部门等）要求的就业门槛一再高筑，许多适龄劳动力是望而却步的；而即便是在城市非正规部门就业的替代性也并不是很高，那些能够满足基本生活需求的收入水准的非正规就业岗位，也要求雇佣有相当的知识、技术水平的人力资本；剩下的低工资、可替代性强的就业岗位，不是无人问津，就是找来的工人“三天打鱼，两天晒网”，流动性非常之大，因为该工资水平实在无法留住人。所以，城镇化若仅仅只看人口城镇化率的话，是存在诸多误区的。那种把提高城镇化水平和提高人口城镇化率等同起来的看法或做法是不可取的。因为短期合同制和非正规就业的这部分“城市人口”究竟在多大意义上属于城市、融入了城市，从根本上说还是个未知数。

所以，从人口就业与户籍制度改革的政策角度来看，需要着重解决被抛出体制外的“老人”和80后、90后乃至更加年轻的这部分劳动力“新人”的就业稳定性与户籍福利性问题。所谓就业稳定性，不是指重新回到计划经济时期体制内就业国家大包大揽的就业模式，而是增加这些就业人群在城市非正规就业的正规化水平。第一，尽可能地延长劳动用工合同的最低年限、设定非正规就业行业的最低工资水平以及劳动用工合同非正常终止后的纠纷及赔偿仲裁法规建设等政策措施；第二，逐步改善非正规就业的基础设施或工作场所、提供必要的就业技能和创业指导培训，力求使其与“脏、乱、差”相提并论的早期非正规就业模式彻底决裂，取而代之的是具有创新性、低成本性和舒适规范性一体化的就业模式。

从产业结构看，中国的城镇化产业分布“雁阵模型”趋势十分明显，第一梯队显然是以北、上、广为代表的发达城市，其传统制造业基本外迁至中西部，其服务业逐渐趋近于中等发达国家水平，非正规就业的机会多；第二梯队是中西部内陆省份的省会城市、内陆直辖市（重庆）、计划单列市和人口规模超百万的城市，这些城市承接了部分东部沿海地区转移来的传统制造业和加工制造业，又同时发展了一些相对高端的现代科技性制造业，服务业水平相对沿海地区落后，非正规就业集中在制造业、生产性服务业的产业链外包末端，近年来就地吸纳了不少农村剩余劳动力；第三及后续梯队是各省、市（区）的二、三线城市，他们也有类似的产业承接趋势，但因各地生产、生活环境与成本的差异不同，这些城市就地吸纳农村剩余劳动力的能力还有所不同。所以，刘易斯拐点期的中国城镇化进程表明：不是所有类型的中国城市都适宜大规模地发展服务业来带动产业结构升级并吸纳就业，相反，以第二、第三梯队为代表的相当一部分城市（群）应该注重制造业和生产性服务业的发展并以相对有吸引力的工资水平就地吸纳农村剩余劳动力。

从以上论述可见，选择适宜的产业发展模式也是克服人口红利衰竭并使中国城镇化平稳度过刘易斯拐点期的关键。从沿海大中型一线城市来看，其制造业比重降低但科技创新含量增加，显见已经不能寄望制造业来吸纳涌入这些城市的适龄劳动力。现阶段沿海城市服务业比重上升但质量与范围还有待进一步拓展的现实提示我们，在这些城市中推动生产性服务业、金融信息服务业以及部分经文化创新后的传统服务业的大发展，并使这些服务性行业的劳动就业更加正规化、合同化，是非常有助于增加就业，并提高沿海地区的城镇化质量的；而对中西部城市而言，其一线大中型城市不宜过分强调服务业大发展，应摆正位置多引进一些适于其发展阶段的制造业，把制造业就业的正规化、中长期合同化作为突破重点，造就一批雄厚的产业工人群体，服务于国家发展实体经济的整体战略；至于二、三线城市，则应根据本地资源禀赋，在能源、加工制造、旅游、生产性服务业方向选择一个主攻方向，突出就业的龙头行业，以带动本地特色的城镇化，切忌跟风搞产业模式的大而全、小而全。可以说，用产业创新发展对冲人口红利衰竭的趋势是发展中国家城镇化实现平稳度过刘易斯拐点期的一条捷径，我国各级政府理所当然地应该成为推动产业模式跃进的重要推动力量。

（二）逆向求解思路：区域布局和城市社会化保障政策

从整体上看，中国的城镇化进入了刘易斯拐点期的判断是一个在“结构性减速”①（袁富华，2012）背景下人口结构和产业结构变迁叠加的必然结果。从政策角度看，调整人口结构对当前城镇化进程中的矛盾问题收效甚微，更何况人口政策的调整是要几代人的时间才能有效果的，而这种长期的不确定性在政策制定者和学术界看来尚存争议；所以，当下城镇化要取得立竿见影的效果还需要从区域布局和城市社会保障等政策联动的角度找到一些政策创新思路。

1. 区域布局

从区域布局来看，刘易斯拐点期的劳动力市场结构变化最初是在沿海地区的城市中出现，并进而扩展到中西部城市的一个渐进过程，迄今已接近10年时间。显见，中国各区域城市面临的刘易斯拐点期的劳动力市场变化和社会经济结构变化是不尽相同的。举例来说，沿海地区的城镇化经过多年的对外开放的洗礼，其赖以发展的经济基础已经发生显著变化，由工业化中前期的城镇化模式进入了工业化中后期的城镇化模式，其产业结构已经由传统制造业和加工制造业为主导转变成了融信息化、自主创新为主导的先进制造业和各类新兴服务业，经济体系的服务业比重日趋上升。这使得沿海地区的城镇化到今天越来越渴求高素质的人力资本而非适应于劳动密集型的产业工人。并且，在吸

① 所谓“结构性减速”，袁富华同志将其解释为“生产率的减速是由于产业结构服务化这种系统性因素造成的现象”。参见：袁富华（2012）。

纳人力资本时，沿海地区也开出了较为诱人的薪资条件；可是，内地向沿海输出的劳动力绝大多数无法满足沿海城市新兴产业对人力资本的要求，而这些劳动力要继续在沿海城市务工的话，就只能在为数已经不多的加工制造业工厂和初级服务业中以短期合同制或非正规的方式就业，代价是接受购买力水平尚不如20世纪90年代中后期的货币工资（相对沿海地区城市日渐高企的物价和高生活成本而言），所以，沿海地区城镇化在刘易斯拐点期的特殊性表现在“城市流动人口”依然众多，但体制内正规就业和长期合同制就业的比重显著下降，高端知识型、技术型人才相对稀缺，而在制造业工资水平多年上升趋势甚微的条件下，沿海城市的制造业企业越来越招不够务工人员，因为即便是最能吃苦耐劳的中西部地区的农民工也是理性的，不会接受一份仅能满足生活保障而连储蓄也没有的工作。所以，当今沿海大中型发达城市地区所出现的“大规模流动人口”和“招工难”现象并存，实在是表面上看起来不可思议但仔细分析又是合情合理的正常现象。

从中西部内陆地区的城市来看，大体又分为两种情况。一是中西部大中型城市，在2008年以后，也相继出现了“招工难”现象，但这种招工难并非是制造业产值比重下降带来的。相反，2008年国际金融危机爆发后，在中央数万亿财政投入和地方配套投入的背景下，中西部大中型城市的制造业产值比重还有所上升（刘英骥、邓良，2010），同时，这些制造业的技术知识含量水准相比以前还有了大幅度的提升，其原因在于：招商引资过程中，地方政府也非常注意引进制造业企业的技术管理知识的外溢效应。所以，中西部的大中型城市虽然也在发展制造业，但对产业工人的技术、知识能力的要求却比以往提高了，适应于传统制造业的农村剩余劳动力反而找不到工作。显见，这是整个国家产业结构升级的效果，制造业对就业的贡献不如以往；唯一可喜的是，中西部大中型城市的服务业正处于快速崛起期，在生活成本相对沿海一线城市较低的情况下，是能够吸引农村剩余劳动力向城市集聚的，只是目前，即便是中西部的大中型城市，其服务业就业的非正规职务比重还相对较高，非正规就业人群受户籍、住房和城市公共服务设施限制的影响，还很难长期立足于这些城市，所以非正规就业部门的社会保障正规化可能是财政实力相对雄厚的中西部大中城市地方政府应该从政策创新角度优先着眼的一条思路。

二是中西部省（市、区）的二、三线城市。近年来，受房地产宏观调控（特别是限购令）的影响，中西部二、三线城市的购房及生活成本上升了许多（王福君，2012）。同时，二、三线城市在产业集聚能力和经济开放度方面比大中型城市差距大，所以在就地就近转移农村剩余劳动力方面，反倒不如以往；再加上，二、三线城市多以地级市、县级市为主，其财政实力在分税制改革之后一直就是相对较弱的，所以在社会保障方面的投入也是有心无力，面对庞大的非正规就业人口，二、三线城市的社会保障人、财、物的缺口更大，有些社会矛盾反而更加尖锐，这也是为什么这些年一些群体性事件高发于县以及县以下的区、镇的主要原因了；所以，这一部分二、三线城市的发展模式还需另辟蹊径，避免盲目模仿一线城市，带来产业结构和劳动力市场结构无法衔接的弊病。它们应当通过错位发展，找到适合各城镇自身的劳动力接纳模式。

综合上述，我认为：从中国城镇化区域布局角度来讲，城镇化模式的创新在沿海一线城市；稳固基础在中西部大中型城市；而解难解困则在发展相对滞后的二、三线城市。区域布局的逆向求解政策思路体现在：第一，中央财政对于各地城镇化的转移支付资金宜多“雪中送炭”而少“锦上添花”，特别是对于中西部、东北老工业基地的二、三线城市的发展应给予大力财政支持；第二，二、三线城市在具备条件时，宜采用组团式、一体化发展模式，构建各类型的多中心城市群，以“集团突围”的方式实现城镇化，并且每个城市群中的不同中心城市宜发挥不同的职能，避免城市功能、布局、产业的同质化，真正实现错位发展；第三，注重调控资金、人口、产业在沿海一线城市、中西部大中城市（东北老工业基地大中型城市）和二、三线城市之间的梯度转移，尽可能补足各地城镇化发展中的“短板”，力求使城镇化区域布局在科学、协调发展的轨道上顺利运行。

2. 城市社会化保障政策：社会承载能力与空间承载能力应相互衔接

刘易斯拐点期的中国各类城市，因其吸引汇聚了大量农村剩余劳动力，使得其人口城镇化进程迅速加快。据统计，2013 年中国人口城镇化率为 53.73%，城镇人口约 7.3 亿，流动人口 2.45 亿（国家统计局，2014）①。30 多年来人口城镇化快速发展，1980—2013 年，年均增加近 1 个百分点。其中，前半期，人口城镇化率从 1980 年的 19.4%上升到 1995 年的 29.0%，年均增加 0.64 个百分点；后半期继续加速，人口城镇化率从 1996 年的 30.5% 上升到 2013 年的 53.73%，年均增加 1.37 个百分点，速度是前半期的 2 倍（见图 1）（中国人口与发展研究中心课题组，2012），到“十二五”末期人口城镇化率将超过 50%（姜卫平，2010）。这一快速的人口城镇化过程有三个特点：①人口城镇化滞后于工业化；②人口城镇化滞后于土地城镇化；③户籍人口化滞后于常住人口城镇化（中国人口与发展研究中心课题组，2012）。

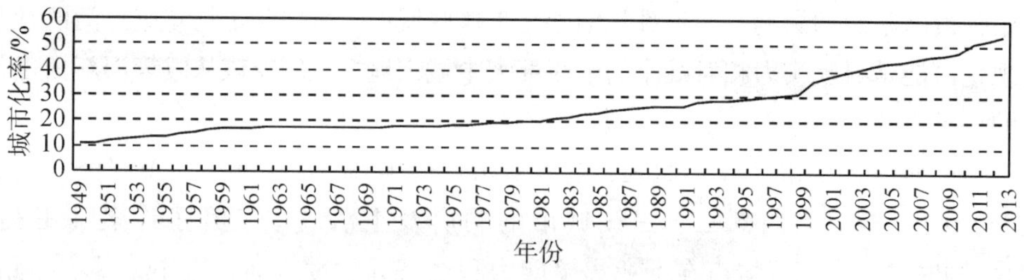

图 1　1949—2013 年中国人口城镇化变动趋势图

资料来源：中华人民共和国统计局. 2013 年中国统计年鉴［M］. 北京：中国统计出版社，2013。

① 国家统计局：《2010 年第六次全国人口普查主要数据公报（第 1 号）》，2011-04-29。

显而易见，由于这三个特征的存在，中国城镇化的整体质量还不高，城市的空间承载能力和社会承载能力与人口城镇化的趋势还不匹配。从空间承载能力的角度来看，由于房地产市场的飞速发展，以及保障房政策在各地的全面铺开，人口城镇化的“立锥之地”将会在“十二五"末期和“十三五”阶段得到有效改善。目前难点在于，商品住房空置率较高和人口城镇化进程中常住人口的住房支付能力不足之间的矛盾尖锐，住房的刚性需求受制于价格因素，使得商品住房的空间承载能力闲置和浪费现象较为严重；而廉租房、经济适用房因其受益人群范围有限和管理上缺乏有效甄别手段而一度陷入“建与不建”“多建还是少建”的舆论困境。姑且认为住房问题的空间承载能力在政府大量投入建设的背景下能够在较短时间内（3~5 年）缓解的话，城市的有效空间承载能力亦是不足的。原因在于，一个人口饱和容量为 600 万人的城市，修建了可供 800 万乃至 1 000 万人居住的住房，这多余的城市常住人口必将给城市的资源禀赋（如水、电、天然气、公共服务设施等）带来极大压力。以四川刚刚设立的天府新区为例，其新区规划人口的上限为 650 万人，但未来如果涌入人口超过 800 万，甚至达到上千万人的规模，其水资源根本就无法承载如此庞大的人口规模，就算住房跟得上人口需求，城镇化也是难以为继的（吴垠，2012）。所以，面对这样严峻的形势，城市空间承载能力和资源禀赋的有效承载能力是处于刘易斯拐点期的中国城市必须优先重点考虑的。

从社会承载能力来看，目前进入城市就业的农村剩余劳动力在城市中大多数是在“体制外”生存，早期的研究从城乡隔离的角度来描述这种体制内外的关系；在放开劳动力流动的情况下，近期的研究更多从户籍制度所关联的社会福利角度来描述这种体制内外的劳动力生存状态。换言之，如今进入城市的大多数农村剩余劳动力更多的是用其自身的人口红利来承载城市生活，通俗地说，就是自己吃自己。不少地方已经为农民工增加的医疗、养老、社保服务，实际上是农民工拿今天挣的工资的一部分缴纳给社保部门，以备将来的养老等支出所用，用宏观经济学的术语来说，相当于“预防性储蓄”于政府社保部门而不是银行，但实际上仍旧是自己养活自己，更何况还有个养老基金空账运行风险和农民工异地流动社保接续的难题，所以眼下看似平静的城市社会承载力问题，其实存在相当大的风险：第一，如果农民工融入城市的进程因为生活成本、工作压力等无法继续，并要求回到农村并一次贴现所有已缴纳的社保支出，城市政府社保部门如何应对？第二，就算农民工能够逐渐融入城市成为常住人口，这种社会保障体系从长远看如何与城市的公务员、国有企业、事业单位等传统“体制内”的社会保障模式相衔接，目前看来困难相当大，因为这些保障模式的资金来源和分配方式有明显的区别，并轨十分不易。第三，城市社会保障模式的双轨制、多轨制，同一单位内部的“新人新办法、老人老办法”短期看来是回避了社会保障领域的矛盾，但这种体制性摩擦表现为城市内部各个群体退休时往往有很大的保障差异，这同样会引发更加尖锐的矛盾，所以，社会保障体制在城市内的并轨宜早不宜迟，特别要防止“社保风险后置法”的各种应时之举。因为，中国城镇化进程遭遇“刘易斯拐点期”绝不是涌入城市的劳动人口总量上减少了，而是劳动人口的经验、素质、性别、技术差别所引发的“结构性刘易斯拐点”，大规模、高难度的社会保障难题实际上已经摆在我们面前，绝不能掉以轻心。

因此，新一轮的城市社会化保障政策应该注意从空间承载能力与社会承载能力相衔接的角度拓宽城市社会保障政策的保障范围并创新保障模式。第一，社会承载能力优先于空间承载能力作为评价城镇化的重要政绩指标，避免强力推进“农民上楼”“拆迁安置”“棚户改造”以为大建楼堂馆所的现象出现；第二，城市社会保障模式多轨制逐渐通过增量改革实现并轨，及早消弭各类社会人群的社会保障差异过大的鸿沟；第三，必要时，可以财政逐年注资一定比例的形式增加社会保障基金的储备厚度，逐渐把“广覆盖、低保障”的社会保障模式过渡为“广覆盖、厚保障”的社会保障模式，以期为中国城镇化平稳度过“结构性刘易斯拐点期”贡献力量。

（三）土地、住房、基础设施的联动建设：用新的理念规划新一轮的城镇化

如果说城市社会保障、户籍制度改革、医疗教育等公共服务资源均等化是城镇化的软件的话。那么，土地整理、住房规划和基础设施的建设就是城市安然度过刘易斯拐点期的“硬件”。如果说，“软件”的完善尚需时日的话，那么硬件的建设显见是中国各城市地方政府在任期内既有政治意愿也能够集中人财物力以求解决的重要工程，只是如何在大规模劳动力涌入城市的同时，规划好这些“硬件”的建设，就要有长远的眼光与决策了。

第一，TOD 模式与城市土地整理：包容性发展思路。

人口异地城镇化是刘易斯拐点期中国城镇化的重要特征。据姚震宇（2011）的一项估计，劳动力跨省市流动人口占全部流动人口的 54.5%，在流动人口最多的广东省，省外流动人员占全部流动人口的比例高达 60%，几个流动人口较多的省（市）的外流入人口加上省（市）内其他市流入人口占总流动人口的比例平均达 70%，跨省市流动农民工的异地城镇化显然是现阶段中国人口城镇化最重要的部分①。显见，城镇化新阶段的土地整理要充分考虑这些外来人口的出行、住房等基本生存需求，在城市空间开发潜力并不富裕的条件下，需要实施一套符合国情且最经济实惠的土地整理方案。我认为，可以采取 TOD 模式与城市土地整理的联动方案来求解这一难题。其中，TOD（transit oriented development）是以公共交通为导向的城市开发模式。它不是单纯地建设几条地铁、公交、轻轨线路满足人们出行需要的工程，而是以公交线路为轴，带动城市连片土地科学开发的新思路（吴垠，2010）。传统工业化、城镇化的经验教训业已表明：工业化、城镇化的骨架和枢纽是城市的公共交通系统，因为它不仅具有承载城镇化、工业化所必

① 根据《中国统计年鉴 2009》提供的数据计算所得，几个主要人口流入省（市）指北京、上海、广东、浙江、江苏、山东、福建。参见：中华人民共和国国民经济和社会发展第十二个五年规划纲要［M］. 北京：人民出版社，2011：100，105.

需的人口、资源流动的功能，同时也是疏导这些人口和资源的重要通道。但人们往往只重视前者而忽视后者，结果在经历了痛苦不堪的“城市病”和“过度工业化”之后才逐渐意识到城市蔓延、土地利用规划与交通配置的先后顺序并不是可以随心所欲的。以完整的轻轨、多层次地铁和公共汽车网络组成的公共交通系统配置和相应的土地规划如果滞后于“城镇化”进程，必将造成城市的混乱、拥挤，土地利用的低效率，以及人口的分散疏导淤滞，成为政府未来公共治理的巨大难题。应当考虑以快捷、便利、高效的公共交通系统导向为手段，把公交系统和其周围的土地开发管理纳入当代中国快速崛起的各类城市整个交通发展，把土地增值部分带来的效益反哺城市其他基础设施建设、旧城改造和中低收入群体的保障房建设等工程，在城镇化的刘易斯拐点期协调互动的基础上实现城市交通、土地开发和人民生活的包容性发展。

第二，基础设施建设：强化公共服务型、隐蔽型基础设施建设，提高城市综合承载能力。

当前中国各地的城镇化无序扩张现象较为严重，很重要的一个原因就在于城市建成区的基础设施无法满足城市人口密度需求，但扩张的结果往往只是城市面积的扩张，而包括交通、通信、供电、供热、供气、供排水、污水垃圾处理等地上地下市政公用基础设施的建设却不能及时有效地跟进。拥挤在城市的人口在享用这些公共设施时呈现出一种“高度竞争性”的状态，一旦出现某些突发情况，这种高度竞争性不仅会造成混乱，有时甚至会引发灾难。例如暴雨、火灾等自然灾害，以及“城中村”“城乡结合部”的征地、拆迁、安置、移民等都可能会引发城镇化的矛盾集中爆发。这些教训提示我们在设计并供给城市基础设施时，要有规划远见，要充分考虑爆炸性的人口增长对城市的种种负面影响，同时，还应想方设法扩大城市绿化面积、地下排水排污等隐蔽型基础设施建设和城市公共活动空间，以及加快面向大众的城镇公共文化和体育设施建设。利用公共基础设施建设的契机推进“城中村”“城乡结合部”的改造，并注重城市人文建设，推动城乡二元文化的一体化。通过改善和提高城市综合承载能力，切实预防并治理好各类“城市病”。

第三，住房保障：稳定城市人口预期的重要手段。

据“十二五”规划，我国将在“十二五”期间实施城镇保障性安居工程，将于“十二五”末期建设城镇保障性住房和棚户区改造住房 3 600 万套（户），全国保障性住房覆盖面达到 20%左右，土地出让净收益用于保障性住房建设各类棚户区改造的比例不低于 10%。相比那些陷入较为严重城市病的国家（如拉美地区），我们的城镇化始终注意了以较为实在的住房供应体系来稳定城市居民的预期；所以，大范围的“城中村”“贫民窟”在中国还没有形成，但不少于 2. 5 亿规模的农村剩余劳动力向城市涌动也使我们的城镇化无法掉以轻心。满足多层次需求的住房供应体系和保障性安居工程的政策出台，显见是因应了这一发展趋势。我们看到，这一城镇住房保障工程基本还由各级地方政府牵头完成，在几大方面还存在待改善的问题：一是资金筹措过度依赖于财政，社会化资本援助不足；二是多层次住房保障体系的产权结构还尚待明晰；三是差别化住房供给体系中提供给城市非正规就业人群的比例还不够。为了稳定城市常住人口的预期，我认为，城市住房保障体系中的廉租房、公共租赁房、保障房应产权国有化，并以此稳定居住人口的预期；社会资本的引入应承诺以其他方面（如税收、广告等）的政策优惠来稳定其未来的企业经营成本缩减预期，而不是把保障性住房体系当作盈利工具来吸引社会资本；最后是加强住房管理，包括信息、准入、收回、价格等各方面的具体措施，最大限度地满足那些还未能完全立足于城市的务工者的基本居住需求，让他们在这样一个住房保障体系下有机会和能力来实现中国梦的“城市篇章”。

（本论文原载于《经济科学》2015 年第 4 期）

参考文献：

1. 阿马蒂亚·森. 贫困与饥荒［M］. 北京：商务印书馆，2004.

2. 白南生. 刘易斯转折点与中国农村剩余劳动力［J］. 人口研究，2009（2）.

3. 包小忠. 刘易斯模型与“民工荒”［J］. 经济学家，2005（4）：55-60.

4. 布莱恩·贝利. 比较城镇化：20 世纪的不同道路［M］. 北京：商务印书馆，2010.

5. 蔡昉. 中国收入分配：完成与未完成的任务［J］. 中国经济问题，2013（5）：3-9.

6. 蔡昉. 人口转变、人口红利与刘易斯转折点［J］. 经济研究，2010（4）：4-13.

7. 蔡昉. 刘易斯转折点与公共政策方向的转变：关于中国社会保护的若干特征性事实［J］. 中国社会科学，2010（5）：125-137，223.

8. 蔡万焕. 论刘易斯拐点理论对中国经济的适用性［J］. 马克思主义研究，2012（3）：54-62.

9. 陈明星，等. 城市化速度曲线及其政策启示：对诺瑟姆曲线的讨论与发展［J］. 地理研究，2011（8）：1499-1507.

10. 陈锡文. 工业化、城镇化要为解决“三农”问题做出更大贡献［J］. 经济研究，2011（10）：8-10.

11. 丁守海. 劳动剩余条件下的供给不足与工资上涨：基于家庭分工的视角［J］. 中国社会科学，2011（5）：4-21，219.

12. 辜胜阻，等. 中国特色城镇化道路研究［J］. 中国人口·资源与环境，2009（1）：47-52.

13. 高佩义. 世界城市一般规律的城镇化［J］. 中国社会科学，1990（5）.

14. 戈兰·坦纳菲尔德，等. 发展城市减少贫困：城市发展与管理导论［M］. 北京：科学出版社，2008.

15. 黄小虎，等. 巴西、阿根廷土地调查技术和制度考察报告［EB/OL］. http://www.diji.com.cn/xl-16-19-38.html.

16. 姜卫平. 中国人口发展趋势［J］. 人口与计划生育，2010（8）：9-10.

17. 课题组. 工业化与城镇化关系的经济学分析［J］. 中国社会科学，2002（2）.

18. 简新华，等. 中国城镇化水平和速度的实证分析与前景预测［J］. 经济研究，2010（3）：28-39.

19. 姜爱林. 21世纪初用信息化推动城镇化的战略选择［J］. 经济学动态，2001（9）：46-48.

20. 厉以宁. 中国城镇化须适合中国国情［J］. 理论学习，2013（2）：40-41.

21. 陆铭，等. 城市化、城市倾向的经济政策与城乡收入差距［J］. 经济研究，2004（6）：50-58.

22. 李文. 城市化滞后的经济后果分析［J］. 中国社会科学，2001（7）：64-75，204.

23. 李强，等. 中国城镇化"推进模式"研究［J］. 中国社会科学，2012（7）：82-100，204-205.

24. 廖丹清. 中国城市化道路与农村改革和发展［J］. 中国社会科学，1995（1）：53-63.

25. 刘易斯. 二元经济论［M］. 北京：北京经济学院出版社，1991.

26. 刘易斯. 经济增长理论［M］. 北京：商务印书馆，1983.

27. 刘伟. 刘易斯拐点的再认识［J］. 理论月刊，2008（2）：130-133.

28. 刘英骥、邓良. 金融危机后中国经济发展路径研究：基于制造业产值增长路径的视角［J］. 首都经济贸易大学学报，2010（5）：11-16.

29. 刘卓. 世界大城市如何防范内涝风险：巴黎：下水管道规模超过地铁［N］. 国际先驱导报，2012年8月3日。

30. 刘晨. 世界大城市如何防范内涝风险：香港：天灾应变计划井井有条［N］. 国际先驱导报，2012年8月3日。

31. 蓝建中. 世界大城市如何防范内涝风险：东京：对雨水和淤泥进行再利用［N］. 国际先驱导报，2012年8月3日。

32. 卢中原，等. 城镇化与农村转型：巴西与智利考察报告［EB/OL］. http://www.chinareform.org.cn/Economy/consume/report/201008/t20100818_40549.htm(2010)

33. 钱纳里，等. 发展的格局［M］. 北京：中国财政经济出版社，1989.

34. 钱文荣，等. 从农民工供求关系看"刘易斯拐点"［J］. 人口研究，2009（2）.

35. 唐志强. 世界大城市如何防范内涝风险：柏林：民防力量多为志愿者［N］. 国际先驱导报，2012-08-03.

36. 王福君. 中国二、三线城市房地产业现状与趋势［J］. 学术交流，2012（1）：100-103.

37. 吴垠. 中国城镇化道路的检视与思考：后工业化经济试验区的前瞻性思考［J］. 中国工业经济，2010（10）：5-14.

38. 吴垠. 为天府新区建议：新型试验区建设的后工业化探索［N］. 四川日报，2012-02-15.

39. 晓德. 暴雨浇出城市科学发展短板：中国城市建设再追问［N］. 国际先驱导报，2012-08-03.

40. 王检贵. 劳动与资本双重过剩下的经济发展［M］. 上海：上海三联出版社，2005.

41. 王小鲁. 中国城市化路径与城市规模的经济学分析［J］. 经济研究，2010（10）：20-32.

42. 王国刚. 城镇化：中国经济发展方式转变的重心所在［J］. 经济研究，2010（12）：70-81，148.

43. 万广华、蔡昉. 中国的城市化道路与发展战略：理论探讨和实证分析［M］. 北京：经济科学出版社，2012.

44. 汪进，等. 中国的刘易斯转折点是否到来：理论辨析与国际经验［J］. 中国社会科学，2011（9）：27-37，219.

45. 温铁军. 中国的城镇化道路与相关制度问题［J］. 开放导报，2000（5）：21-23.

46. 魏后凯，等. 中国城镇化质量综合评价报告［J］. 经济研究参考，2013（6）：3-32.

47. 袁富华. 长期增长过程的"结构性加速"与"结构性减速"：一种解释［J］. 经济研究，2012（3）：127-140.

48. 姚震宇. 空间城镇化机制和人口城镇化目标：对中国当代城镇化发展的一项研究［J］. 人口研究，2011（5）.

49. 中国人口与发展研究中心课题组. 中国人口城镇化战略研究［J］. 人口研究，2012（3）：3-13.

50. 周祝平. 人口红利、刘易斯转折点与经济增长［J］. 中国图书评论，2007（9）：4-12.

51. 赵新平，等. 改革以来中国城市化道路及城市化理论研究述评［J］. 中国社会科学，2002（2）：132-138.

52. 张占斌，等. 新型城镇化的战略意义和改革难题［J］. 国家行政学院学报，2013（2）：48-54.

53. 朱莉芬，等. 城镇化对耕地影响的研究［J］. 经济研究，2007（2）：137-145.

54. 章铮. 农民工城镇化现状与前景 [J]. Social Sciences in China, 2010 (8): 168-193.

55. 赵勇. 城镇化：中国经济三元结构发展与转换的战略选择 [J]. 经济研究, 1996 (3): 63-68.

56. DIXIT. Short-run equilibrium and shadow prices in the dual economy [J]. Oxford Economic Papers, 1973, 23 (3): 384-400.

57. FLODEMAN B, KRISTINA. The Informal Economy [M]. Fact finding study, Sida, Stockholm, 2004.

58. HARRIS J R, TODARO M. Migration, Unemployment and Development: A Two-Sector Analysis [J]. American Economic Review, 1970, 60 (1): 126-142.

59. JORGENSON. The development of dual economy [J]. The Economic Journal, 1961, 6: 309-334.

60. LEWIS W A. Economic Development with Unlimited Supplies of Labour [J]. The Manchester School, 1954, 22: 139-191.

61. NURKSE R. Problems of Capital Foundation in Underdeveloped Countries [M]. New York: Oxford University Press, 1953.

62. CROOKS R J. Urbanization and Social Change: Transitional Urban Settlements in the Developing Countries [J]. Rehovot Conference Papers, Rehovot, Settlement Study Center, 1971.

63. RANIS G, FEI J. A Theory of Economic Development [J]. American Economic Review, 1961, 51 (4): 76-106.

64. RAKSHIT. Rakshit M. Labor Surplus Economy: A Neo-Keynesian Approach [J]. Macmillan India Press, 1982.

城镇化的古典模式与新古典模式：一个简史

吴垠

历史学家黄仁宇曾经指出，关注一个国家的发展与历史传承，“要从历史上获得，而历史的规律性，在短时间内尚不能看清，而需要长时间内大开眼界，才看得出来”①。引述这一段话的目的，是为以下即将展开的城镇化历史分析作一楔子。中国的城镇化道路，不只是今时今日之城镇建设规划所尽能概括的，它本身植根于中外城镇化建设的历史传承之中。今日之城镇化建设，既不能脱离历史上一贯的、具有古典或新古典特征的城镇化模式，又必须在其之上发掘城镇化建设的新思路、新模式和新政策。瞻前顾后，看来是每一位热心于中国城镇化建设道路的同仁们都宜具备的视野，本文在这样一项工作中，愿意就点滴心得与同仁们共享，为思考中国城镇化道路的理论、模式、政策开辟一扇窗口。

一、古典城镇化模式的沿革：借镜与得失

以一种大历史观来看待中国城镇化道路的发展演变，“瞻前”即回顾城镇化发展史的工作显得尤为重要。人类历史上，曾经诞生过各种各样璀璨的城市与城镇模式，有的城市（镇）在慢慢历史长河中能够顺利地保存下来，其城市文化、建筑特色、区域规划基本上体现传统与现代的巧妙结合；而有的城市，则在历史上“昙花一现”后，就只在文字记录和地理位置上残存一些支离破碎的记忆，往昔的荣光再也无法重现。但逝去的城市，未必都是在发展道路或规划理念上出了问题；保留至今的传统城市，也不见得全都是经典犹存。本文所要挖掘的，是历史上城镇化建设占有一席之地，其发展、凝聚、传承的城镇化思路迄今也有重要价值的线索。

对于这一探索，美国城市问题研究权威乔尔·科特金（Joel Kotkin）在其重要著作《全球城市史》中为我们提供了一种对历史名城进行分类的口径。科特金②认为，历史名城，必须具备精神、政治、经济这三个方面的特质，三者缺一不可。他把这三者高度

---

① 黄仁宇. 万历十五年［M］. 北京：生活·读书·新知三联书店，2006：307.

② 乔尔·科特金. 全球城市史［M］. 北京：社会科学文献出版社，2014：2.

概括为：神圣、安全、繁忙。如果按照科特金的划分口径，那么，作为古典城镇化代表的那些历史名城，又有着怎样值得沉淀的特征呢？下文将逐一进行阐述。

（一）以宗教聚拢人气的“神圣”之域

古典城镇模式的代表之一，是以精神支柱维系的，把道德操守与市民属性认同作为聚拢人气手段的传统名城[①]。人类城市文明快速跃进的年代，基本上已经是18世纪工业革命以后的事了。在此之前，人类社会生产力的跃进速度是相当缓慢的，在这样的情况下，以牢固的家庭联系、宗教信仰来聚拢人气，形成形形色色的“城”与“市”，这在农业与手工业剩余产品尚不充分的年代，是既尊重道德与社会秩序安排的一种“城市化”手段，也是依赖宗教获得城市发展物质基础的必经之路。我们看到古代的民间宗教、基督教、伊斯兰教、佛教等凝聚起了历史上大多数曾经辉煌一时的城市。

1. 宗教设施的作用

宗教选择城市兴起的地点往往为“神圣之地”，如历史上的巴比伦、雅典、底比斯、特诺奇蒂特兰、北京等。但实质发挥城市聚集功能的，却是宗教设施，如庙堂、教堂、清真寺和金字塔等，这些宗教建筑长期以来支配着古典大型城市的景观轮廓与形象。它向人们宣示，这些城市也是神圣之地，与直接掌握这个世界命运的神级之力相连。这里的问题是，为什么历史上的名城多数选择以宗教兴城市而不是直接进行大规模的城市建设？

历史学家戈登·蔡尔德（Gordon Childe，1957）和汉斯·尼森（Hans J. Nissen）[②]指出，纵然是像伊拉克境内底格里斯河和幼发拉底河之间的冲积平原，是向城市骤变的理想环境，这里不仅生长着最早的原生谷类、大麦和小麦，能够培育成可食用的农作物，而且使农夫们的劳动产品有了剩余，这是城市文明起源于此地的关键。但即便遇到这样丰饶的环境，这些早期城市的建造者也面临许多严峻的挑战：矿产资源短缺、建筑用的石料与材料缺乏；雨量稀少，河水不能像埃及那样顺遂天意地灌溉周围大面积干涸的土地：等等。归根结底，生产力水平的低下，使人们不得不以“集体行动”的方式来对抗自然条件对城市建设的限制（即便自然条件丰裕之地也面临种种限制）；而维系这种集体行动的力量在早期城市化起步时，只能是宗教信仰下的“道德与社会秩序”。最早的城市即是在宗教及宗教设施的载体之下逐渐兴起的。“这些早期的城市聚落最早可以上溯到公元前5 000年，但按照现代的标准来衡量，其规模都比较小。甚至到公元前3千纪，巨大的乌尔‘都市’也不过150英亩，居住人口24 000人左右而已”[③]。但这对当时低下的生产力水平来讲，已经属于城市建设的奇迹了。

---

① 乔尔·科特金. 全球城市史［M］. 北京：社会科学文献出版社，2014：2.

② 同①4.

③ 同①5.

2. 宗教推动古典城市形成规模的运行体制

（1）城市秩序的形成有赖于宗教组织者的精心谋划

宗教祭司阶层是古典城邦时代城市秩序的主要组织者[①]。按照恩格斯在《家庭、所有制与国家的起源》中的经典表述："一定历史时代和一定地区内的人们生活于其下的社会制度，受着两种生产的制约：一方面受劳动的发展阶段的制约，另一方面受家庭的发展阶段的制约。"[②] 这就是说，在古典城市体制初创之时，人们汇聚于城市，若没有一定的行为规范及制约，在劳动生产力水平相对低下的环境里，城市经济社会的运行必然发生各种各样的混乱。在这一时期，"劳动越不发展，劳动产品的数量越少，从而社会财富越受限制，社会制度就越在较大程度上受血族关系的支配"[③]。并进而演化为，以宗教信仰的形式来统一这种不同血族关系之间的矛盾与冲突。

所以，我们看到，古典城邦体系下的祭司阶层，他们负责阐释人高于自然的神圣法则，完善礼拜体系，在复杂的大型公共活动中规范很多往往看似无关的人们的活动，并使宗教在城市发展史的大部分时间里扮演很多核心角色[④]。例如，天主教、佛教或印度教祭司及神职人员，都在为古典城市秩序赋予恒久的秩序和含义。

（2）古典城市运作体系的商业基础是从服务宗教活动起步的

古典城市模式的发展必然离不开城市商业的繁荣，但在海外贸易和交通通信手段尚欠发达的古典城市的初创时期，城市商业发展是从服务于宗教体制起步的。最为重要的是，宗教建筑群促进了早期城市的发展：除奴隶之外，普通手工业者和熟练工匠也参与到这些宏大的建筑群建设之中，很多人在工程结束后便留在这里服务于祭司阶层。这给古典城市发展注入了源源不断的劳动力。同时，早期的宗教设施，如神庙等也在非祭祀时期起到了"购物中心""社交中心"的作用[⑤]，"它为各种各样的货物和人群提供了一个开放的交易场所，从植物油、动物油脂、芦苇到沥青、席子和石料等"，这相当于早期的"市"；另外，神庙还拥有自己的工场加工衣物和器皿[⑥]，这相当于早期的城市服务业。现代考古学者还发现，从美索不达米亚的乌鲁克城到印度河流域的哈拉巴城市（Harappa，系指公元前第三千纪至公元前第二千纪印度河流域的城市文明，有发达的社会经济结构，还有以反映繁育动物为主的艺术形式——译者注）的所有古城区界内，都找到了三种巨大的石砌或土坯的建筑物，这些建筑的庞大体量使之与城中其他建筑物迥然相异：这就是宫殿、仓廪和庙宇[⑦]，这从一个侧面佐证了早期城镇宗教活动的繁荣盛

① 乔尔·科特金. 全球城市史［M］. 北京：社会科学文献出版社，2014：5.

② 恩格斯. 家庭、所有制与国家的起源［M］. 北京：人民出版社，2006：3-4.

③ 同②序 4.

④ 同①5.

⑤ 同①7.

⑥ 同①7.

⑦ 刘易斯·芒福德. 城市发展史：起源、演变和前景［M］. 北京：中国建筑工业出版社，2005：40.

况。另外，城堡要塞本身则更具有圣地的许多特征：如最古老的城市中要塞墙垣出奇的高度和厚度——科尔萨巴德（Khorsabad，伊拉克北部古城，有大量古文化废墟，公元前7世纪为亚述国王萨尔冈二世的都城），该城堡的城墙竟厚达75英尺（1英尺≈0.3米），这样的高度和厚度对于当时具有的攻城军事手段来说是完全不必要的，这只能说明：当时人们如此劳师动众大兴土木完全是为了敬奉他们的神明①。

（3）古典城市运作的文化体系源自宗教崇拜

早期的古典城市几乎都是从小型的宗教仪式中心演变而来的。因此，其城市的文化也由此逐渐兴盛。一是城市的建筑规划文化。初创时期的古典城市，其建筑格局总是让宗教仪式标志性建筑至少作为城市中心之一，其他的手工业作坊、商市等围绕其渐进展开；而到各国封建王朝发展的成熟时期，不少城市的中心都有用于宗教活动的广场、剧院、神庙；并且，其他大型公共工程开始有计划地、系统地围绕这些中心扩建。典型的例子是古罗马，“它把城市建设推进到一个新的水平，罗马修建了前所未有的公共工程——道路、引水渠、排水系统，以使城市有能力承受不断增长的人口”②。这些公共工程，几乎都指向奥斯古都广场上的宏伟的神庙建筑。二是城市的人文文化。宗教体制对城市文明的推动，使得大量不同背景的人口汇聚于像亚历山大里亚这样的大城市，犹太人、希腊人、埃及人和巴比伦人共同生活，文化冲击与交融不断进行，一个属于古典“神圣”城市时代的城市文化因此诞生。

3. 古典宗教城市模式之得失评价

“人类最早的礼仪性汇聚地点，即各方人口朝觐的目标，就是城市发展最初的胚胎。这类地点除具备各种优良的自然条件外，还具有一些‘精神的’或超自然的威力，一种比普通生活更高超、更恒久、更具有普遍意义的威力，因此它们能把许多家族或氏族团体的人群在不同季节里吸引回来。”③ 这是宗教型古典城市模式兴起的主要原因，人们的精神家园与依托需要宗教与城市相结合。

以宗教势力凝聚人气推动城市化发展的进程在封建时代开启后，其影响逐渐式微。除了封建皇权更加强调城市文明服务于皇权，导致宗教势力不再主导古典城市化运作这个原因外，还与宗教型城市自身的运作模式有很大关系。

第一，宗教体制下城市商业模式发展相对缓慢，充其量只是一个服务手段。早期古典城市的商业发展起步是服务于宗教体系的，但随着城市商业阶层拥有的财产权利的增加，以及私有制、交换、财产差别的出现，商人阶层越来越极力摆脱只是作为宗教的“配角”。但宗教与权力的紧密结合，在古典城市发展早期却压抑着商人阶层发展壮大的冲动，这使得城市虽然出现了宏伟的神庙等建筑，但商业的不发达却使多数人生活在

---

① 刘易斯·芒福德. 城市发展史：起源、演变和前景［M］. 北京：中国建筑工业出版社，2005：40.

② 乔尔·科特金. 全球城市史［M］. 北京：社会科学文献出版社，2014：52.

③ 同①9.

"城市贫民窟"，典型的例子是古罗马城："精美的大理石材料覆盖了新奥古斯都广场上的宏伟建筑和马尔斯神庙，但罗马城内仅有26个住宅片区为个人提供住处，虽然当时的统治者恺撒已经立法，但是大多数住宅建筑破烂不堪，有时会倒塌，并且经常失火。"① 商业本身具有向外扩张的特征，但宗教却往往意图把人群及思想体系收敛于一处。这形成了持久的宗教与商业发展的矛盾，虽然城市蔓延发展并不见得都是好事，但是完全收敛着故步自封的城市注定是缺乏创造力和活力的。

第二，不同宗教体系的冲突，使得人口迁移、战争尾随而至，并破坏古典城市发展的可持续性。在古典城市创制、发展的年代，宗教体系因国家、地区、文明程度的不同而不同，不同宗教体系之间的矛盾、冲突不断，并引起相互之间的战争与巨大的人口迁移，那些曾经一度因宗教而恢宏一时的古典城市典范，如雅典、罗马、君士坦丁堡、巴比伦等，均遭遇到了这种冲击，使其"盛极而衰"。

第三，社会经济发展的激励机制逐渐丧失。宗教的兴盛及其与特权阶级的紧密结合，使刚刚兴起的商业激励机制受到压制，这在日本、朝鲜、中国、印度、埃及的早期最为明显：其资产阶级力量与商业激励机制始终未曾发生②。宗教与专制政权到处任意征税、没收财产、以宫廷喜好行事，破坏了对企业家的激励机制；但财富的创造有其客观规律，社会经济发展终究不能依靠对某个神明的祈祷来实现，这是宗教城市难以从经济上自我维系的关键。伊本·郝勒顿（1969）这样描述："对民众财产的侵犯封杀了获取财富的动机。"③ 这种对激励机制的抑制，自然也削弱了城市发展的创新机制。停步不前，古典宗教城市的衰落必然是历史之定数。

（二）以安全拱卫保障"人气"的"安全之城"

古典城镇模式的代表之二，是以提供最基本的安全保障，包括安全的城市经济环境、社会环境和政治结构聚拢人气的"安全"之城④。古典城镇的重要建设依据是为逃避游牧民族的劫掠及各种自然灾害的威胁。古罗马是这种安全型城市的典型代表。罗马在公元前2世纪达到全盛，其总人口超过一百万。为了罗马城的安全需要，它修建了前所未有的公共工程——道路、引水渠、排水系统等等，以使城市有能力承受不断增长的人口⑤；它建立了庞大的军队系统，通过对外战争来保证财富与要素源源不断涌入罗马；它还将城墙与防御堡垒的作用发挥到冷兵器时代的极致。"安全之城"的时代因此而兴起。

---

① 乔尔·科特金. 全球城市史［M］. 北京：社会科学文献出版社，2014：53.

② 同①101.

③ 同①101.

④ 同①4.

⑤ 同①52.

1. 建设功能首先考虑安全需求

罗马、约克、伦敦、特里尔、巴黎、维也纳、布达佩斯等欧洲古典城市的代表，都十分重视古代城防工事。追求“安全之城”时期的城市居民所看重的，是城市常备不懈的城墙及其带来的那种力量与安全。因为它比任何军事勇敢或口头承诺都要来得可靠。《盎格鲁撒克逊民族编年史》记载，早在913年，建筑要塞与城墙保卫居民区便已经成为国王军队的主要任务之一①。而Maitland（1850—1906年）也指出，那时（古典“安全之城”盛行的时期）把有能力供养一支永久性的军队并修建城墙当作取得城市法人权利的条件之一②。而据目前考古发掘的中外城市具有的一些共同特征可以看出：一是这些城市大都有出于守卫上的需要而构筑的防御性措施——城墙；二是这些城市的功能以政治、军事为主③。刘易斯·芒福德这样形容道：

“这种有城墙的封围地不仅可以防御外来入侵，它还具有一种新的政治功能，因为历史证明它是一把双刃的刀剑。此时的城墙一反古代城市的先例，它可以用来维护城市内部的自由。一座小城若没有城墙，面对一支小小的武装部队也会感到一筹莫展；而有了城墙，这座小城就会变成一座堡垒。人们会争先恐后地投奔这块和平的福地，正像他们过去万般无奈屈从于封建领主，为获得一小块耕地和庇护而变成领主的家臣和奴婢一样；或者像他们过去对家庭幸福万念俱灰而投奔修道院或修女院去寻求一个清苦的圣地一样。”④

显而易见，古典“安全之城”兴起后，居住于乡村的居民都会被其稳定、安全的功能所吸引。这种“磁体功能”最重要的作用是把“商人阶级”庇护并固定在城市的保卫圈里；而且，“当时城市的最大经济利益是每周定期一次的市场交易，它吸引附近地区的农民、渔民、工匠都来进行交换，而这种经济利益须有一个安全环境和合法制度做保障”⑤。

空前的安全保障为城市发展创造了条件。古典安全城市的典范——罗马城不仅把罗马军团布置在边界、城墙和道路附近以保卫各个城市，而且还允许独立城市实行相当程度的自治⑥，城市的基层力量对城市安全也发挥着不可或缺的作用，这就使得古典“安全之城”发展壮大的辉煌时代到来了。

2. 能否维持安全制度是古典城市兴衰演变的重要标尺

建成一个古典城市（镇），相对容易；但维系一个古典城市（镇）的安全制度长期运行，则困难得多。历史上的罗马、君士坦丁堡均是城市安全的代名词，但“成也安

---

① 刘易斯·芒福德. 城市发展史：起源、演变和前景［M］. 北京：中国建筑工业出版社，2005：268.

② 同①269.

③ 何一民. 第一次“城市革命”与社会大分工［J］. 甘肃社会科学，2014（5）：142-146.

④ 同①269.

⑤ 同①269.

⑥ 乔尔·科特金. 全球城市史［M］. 北京：社会科学文献出版社，2014：55.

全、败也安全"，因安全问题垮台的代表例子也是罗马和君士坦丁堡。再高再厚的城墙、防御堡垒与强大的军事机器，往往经不起帝国内部的消耗和折腾。随着罗马帝国和拜占庭帝国的内耗及外部安全形势恶化，罗马城和君士坦丁堡也相继受到安全制度不牢的影响而渐渐走向衰落。

同时，其他的力量也可能削弱城市的安全机制，以君士坦丁堡为例："自然灾害（如地震）和紧随其后的公元6世纪晚期的大瘟疫，夺走了君士坦丁堡1/3到1/2的人口，有些小城镇甚至全城灭绝。灾害和内乱让帝国疲惫不堪，人口减少；面对公元7世纪和8世纪伊斯兰世界的兴起，帝国无力与之抗衡"①；另外，"帝国已经日渐退化成为由永久防卫性的军事堡垒所组成的一个相当小的区域。拜占庭的防御潜力、外交和明目张胆的行贿以及伊斯兰世界的内部纷争等因素加在一起使君士坦丁堡在土耳其人重炮的攻击下被彻底征服"②。

3. 古典安全城市之得失镜鉴

城市安全是一个持续性话题。古典城市（镇）之兴衰演变，确实受到了安全体制变化的影响。人口的流入、城市经济的繁荣、城市可持续功能的强化，都必须在相对安全的城市保障体系下才能充分扩展。古典城市虽然已经消亡，但其对安全制度设计的经验教训却延续至今，安全因素对今天各类城市的影响甚至更有过之而无不及，只是表现形式不再是围绕着城墙和防御工事这类传统安全问题展开了。如科特金所指出的那样："进入现代后，维持一个强有力的安全制度对城市地区的复兴仍有明显作用。20世纪五六十年代美国社会动荡，圣路易斯及底特律等城市因此人口剧减，几十年未能恢复元气，纽约城也一度因为安全问题而严重影响其现代名城的形象。"③ 到20世纪末，一些美国城市社会治安改善，犯罪率明显下降，这就为某些大城市旅游业的发展，甚至城市人口适度回流提供了极为重要的先决条件。"1992年经历了灾难性的城市骚乱之后，洛杉矶不仅设法遏制了犯罪，而且完成了经济和人口的复兴。不幸的是，对城市未来的新威胁在发展中国家又浮出水面。20世纪末，在里约热内卢和圣保罗等巨型城市，城市犯罪演变成了'城市游击战'。毒品走私、黑帮势力和普遍的无政府状态也同样困扰着墨西哥城、蒂华纳、圣萨尔瓦多和其他城市。在信奉伊斯兰教的中东地区，社会经济和政治动荡更加恶化，对全球城市的安全构成最致命的直接威胁。'9·11'事件是最极端的表现形式。"④

（三）以繁忙务实推动城市商业发展的"商贸之城"

按照科特金的定义，繁忙（busy）主要是指经济基础坚实、商业市场完善、城市的

① 乔尔·科特金. 全球城市史［M］. 北京：社会科学文献出版社，2014：66.

② 同①67.

③ 同①序5.

④ 同①序5.

社会基础即中产阶级发育比较成熟的状态①。而商业繁荣的关键，不是依靠居于神圣之地（宗教势力）或政治军事权力（安全保障），而是依赖由“重商主义”慢慢演化而来的“商品经济”或“市场经济”体制②，也就是一切只为孜孜不倦追求财富增加的市场化体制。根据科特金的分析，13—14世纪，意大利威尼斯因重商主义而一度成为西方世界的贸易与金融中心，而且还是西方的主要生产车间，商业与工业得到巧妙的结合③。但据刘易斯·芒福德分析，“直到17世纪时，资本主义才改变了整个力量的平衡。从那儿以后，城市扩展的动力主要来自商人、财政金融家和为他们的需要服务的地主们”④。到19世纪，城市扩张的力量才逐渐由商业资本家过渡到工业资本家手中，大机器工业革命对城市推动力量的又一跃升已是后话。下面，我们将对“繁忙”，即商业助推的城市（镇）化历程做一回顾，并剖析其对今日城镇化发展的得失借镜。

1. 重商主义把古典城市的发展聚焦到了“贸易兴城兴市”的地位

从中国到埃及、美索不达米亚最终到美洲，早期帝国城市控制着广大的疆域，为贸易快速增长创造了条件。尽管如此，手工业者与商人的作用从整体上讲仍旧受到严格的限制⑤。但是，从公元前10世纪到8世纪腓尼基这样一个商业城市的起源来看，商人阶层对财富的追求并进而导致的重商主义越来越成为一种不可阻挡的历史潮流。腓尼基商人依托海岸，利用黑色帆船探索从遥远的非洲海岸到塞浦路斯、西班牙甚至不列颠群岛的每一个地方，并凭借与强大的邻邦进行货物贸易（有时是服务业），来丰富他们的城市生活并获取城市发展所需的丰厚利润⑥。同时，其城市运作绝大部分控制在商业行会手中，它们最关心的是扩展贸易⑦；与商业及贸易的发展相适应的是，从复式簿记、商业汇票、股份公司到三桅帆船、码头、灯塔与运河事业的快速扩张，信用经济和交通经济因之而伴生。既腓尼基后，沿海和滨河的一些港口城市，如布里斯托尔（Bristol）、哈佛（Harve）、美因河畔法兰克福（Frankfurt-am-Main）、奥格斯堡（Augsburg）、伦敦、安特卫普、阿姆斯特丹等纷纷因商业和贸易的便利而崛起，这是13—18世纪重商主义在城市发展史中所显现的必然过程。

2. 商业发展推动“古典城市”不断向外扩展蔓延

（1）都市商业发展对农村的城镇化改良

古典城市工商业的发展，对与其相邻或蔓延所至的农村的改良与开发亦有贡献，根据亚当·斯密（1776）的分析，其途径有三：

---

① 乔尔·科特金. 全球城市史［M］. 北京：社会科学文献出版社，2014：序5.

② 在西方国家，这一体制最后演化为了资本主义体制。

③ 同①序5.

④ 刘易斯·芒福德. 城市发展史：起源、演变和前景［M］. 北京：中国建筑工业出版社，2005：427.

⑤ 同①21.

⑥ 同①23.

⑦ 同①23.

第一，为农村的原生产物提供一个巨大而便利的市场，从而鼓励农村的开发与进一步的改进。古典城市商业的发展壮大，不仅仅拆除其困厄已久的城墙，还不断地开辟自由天地，其中一个重要环节就是到郊区、农村实行城镇化开发。但这一过程的起步，是城市商业市场用强大的磁力吸引农村各项要素向城市聚集开始的。结果，凡与都市通商的农村都受其实惠；当然，在中世纪，商业城市的优势是通过商业垄断、行会的“存福特强制”、道路强制和互市强制来强迫农村向城市提供粮食和农产品，以换取城市的商品①；但尽管如此，与城市临近的农村依然获得了发展的“优先权”。其原生产物的运输所费较省，城市商业市场又能吸纳这些产品与要素，所以，通过不断鼓励农村的产业发展与改进，农村渐渐与城市产生紧密的商业关系，“城乡”一体化趋势增强。

第二，都市居民、企业所获得的商业财富，常用以购买待售的土地，其中很大部分是从城郊向农村蔓延开去的未开垦或农业用地。亚当·斯密（1776）曾十分形象地比喻道：“商人往往是勇敢的事业家，乡绅往往是胆怯的事业家。就商人说，如果他觉得投下大资本来改良土地，有希望按照费用的比例增大它的价值，他就毫不迟疑地马上去做。但乡绅很少有资本，即使有些资本，也很少敢如此来使用。”②“此外，商人由经商而养成的爱秩序、节省、谨慎等各种习惯，也使他更适合于进行土地上的任何改良，不愁不成功，不愁不获利。”③ 而刘易斯·芒福德指出：“在商业城镇郊区，这一进程也在加速进行。通过把边沿地区的农庄土地分划成许多建筑地块，城市也就开始瓜分成一片一片。从19世纪开始，对城市来说，自由放任意味着‘让那些投机提高土地价格和租金的人放手去干’。随着军事防御城墙的拆除，城市就失去社会控制，向外无限制地发展下去。”④

第三，农村居民一向处于在与其邻人的利益争夺和对其管理者的依附之中。工商业的发达，逐渐使农村居民过上符合商业与城市秩序的生活，并更加关注政府行为是否妨碍其商业上的安全与自由。亚当·斯密指出，“就欧洲地区的农村、农业改良而言，城市工商业是农村改良与开发的原因，而不是结果”⑤。他举例说，欧洲大部分居民，在近五百年（指亚当·斯密写《国富论》之前的500年——笔者注）中，未增加一倍。而美国在英属殖民地有些地方，却是二十年或二十五年就增加了一倍。其原因在于，欧洲长男继承法和各种永久所有权，使大地产不能分割，因而小地主不能增加。而在北美洲，拥有五六十磅的资本，便足够开办一个农场，那里未开垦土地的购买与开发，既为最大资本最有利的用途，亦为最小资本最有利的用途。

因此看来，商业资本既为古典城市发展注入活力；又不满足于城市框架的限制，它

---

① 张冠增. 中世纪西欧城市的商业垄断［J］. 历史研究，1993（1）：35-46.

② 亚当·斯密. 国民财富的性质和原因研究［M］. 北京：商务印书馆，2010：372.

③ 同②372.

④ 刘易斯·芒福德. 城市发展史：起源、演变和前景［M］. 北京：中国建筑工业出版社，2005：435.

⑤ 同②379.

力图把触角伸向那些未经商业化开垦的农村土地，从而把城镇化自古典时代的传统大大地向前推进了。至此，城乡二元化、城乡矛盾、城乡一体化的城镇化新命题开始进入城市研究史和决策者的视野。

（2）都市商业发展推动古典城镇化走向公交导向

对于商人阶层来说，理想的城市应该设计得可以迅速地分成可以买和卖的标准货币单位。“这类可以买卖的基本单位不再是邻里或区，而是一块一块的建筑地块，它的价值可以按沿街英尺数来定，这种办法，对长方形沿街宽度狭而进深的地块，最有利可图。”① 但问题是，一旦古典城市按商人阶层的价值要求来开发，必然造成商业用地之间的通达用地（街道）日渐紧张，而且，随着城市土地开发密度的提高，以及商业对外拓展（向农村或其他城市）的需要，车辆及交通设施的使用或更加频繁，快速的公共交通及基础设置越来越成为这类古典城镇发展到商业主宰阶段所不可或缺的通勤手段。以至于“每条街都有可能成为车辆交通街道，每个区都有可能成为商业区”②。

但这种以公交导向为基础的古典城镇不可避免地遇到了公交承载力永远跟不上城市开发密度增加带来的人口增加的压力，以及城市蔓延广度增加带来的通达距离及容量的新增需求，换句话说，在工业化时代的地铁、轻轨尚未发明和普及的年代，商业主导的古典城镇化发展，既需要公共交通有一个大的改善以助推其“再造古典城镇”；但同时其发展也大大地受限于公共交通本身扩展的难度与成本。在今天中国经常出现的“拉链路”（修了又挖，挖了又修）在西方古典城镇化的商业发展时代依然是屡见不鲜的现象，刘易斯·芒福德曾经非常恰当地形容道：“这种规划常常不明确区分主要交通干道与居住区内街道，交通干道不够宽，而居住区内街道按其功能要求，又显得太宽，这就要浪费许多钱来铺设路面，并设置很长的市政管线和总管道。”③ 这并不是当时的规划者不知道“经济”地利用、开发城市及其公共交通系统，实在是由于古典时代城镇模式的商业化扩张速度超过了当时决策者的预期所致。而即便是快速的公交系统建成了，也没有真正减少人们通勤的路程时间，相反，由于其扩大了城市可通达的范围，反倒增加了人们通勤的距离与路程费，而交通时间却一点都不省④。

（3）古典重商主义城市带来的两极分化与拥挤

古典重商主义城市首先影响到的是贫穷人口的居住区。由于对利润与土地价值回报的追逐，商业资本不允许城市贫苦人民拥有相对宽敞舒适的住宅区和活动场所，廉价公寓及出租房成为重商主义城市下贫苦阶层居民的“收容站”。古典城市所发生的拥挤与两极分化就此出现。这种“拥挤”情况从16世纪商人和无产者开始涌向欧洲大陆的首

① 刘易斯·芒福德. 城市发展史：起源、演变和前景［M］. 北京：中国建筑工业出版社，2005：438.

② 同①438.

③ 同①439.

④ 同①446.

都时，就变得长期化了[①]。刘易斯·芒福德曾举例指出：

“中世纪时，每年收入 1 000 法郎的工人，能够毫无困难地租一处小房子，每年付 100~200 法郎的租金，到 15 世纪时，这些工人的日子尤为好过，因为城里空房大量增加，房租大大下降，而他们的工资增加到每年 1 200 法郎。但是，从 1550 年起到 18 世纪中叶，被雇工人每年工资不超过 675 法郎，而当时巴黎最坏的住房每年得花 350 法郎，我们从中不难看出，为何工人们不得不放弃单独借住一处房子，而宁可与人家挤在一起合住一处房子了。”[②]

他同时指出，

“无依无靠的穷苦移民竞相争取一个立锥之地，其产生的影响，对 17 世纪的巴黎或爱丁堡，18 世纪的曼彻斯特和 19 世纪的利物浦与纽约，都是一样的。”[③]

这些现象是重商主义环境下所导致的资本主导城市发展逻辑的必然结果。马克思在《资本论》第一卷分析到：“一个工业城市或商业城市的资本积累越快，可供剥削的人身材料的流入也越快，为工人安排的临时住所也越坏。”因此，他曾生动地描述道：

“在伦敦，随着城市的不断‘改良’，旧街道和房屋的拆除，随着这个京城中工厂的不断增多和人口的不断流入，随着房租同城市地租一道不断地上涨，就连工人阶级中处境较好的那部分人以及小店主和其他下层中产阶级分子，也越来越陷入这种可诅咒的恶劣的居住环境中了。”[④]“这种变化的结果，不仅是城市人口大量增加，而且原先人口稠密的小城市现在也变成了中心，四周建筑起许多房屋，挤得简直没有地方让空气自由流通。这里已不再合富人的心意了，于是他们搬到爽心悦目的郊外去。继这些富人之后而来的住户，住进这些较大的房子里，每家一间，往往还要再收房客。这样一来，居民就都被塞到不是专为他们盖的、完全不适合他们住的房子里，周围的环境的确会使成年人堕落，使儿童毁灭。”[⑤]

这和刘易斯·芒福德所描述的现象完全一致：“据估计，在一些比较大的城市里，多达城市总人口 1/4 的人是乞丐和靠救济生活的：正是这种剩余劳动力被经典的资本主义认为健康的劳动力市场，在这种市场上，资本家可以按其自己的条件雇用工人，并且不用事先通知就可以随意解雇工人，不必考虑工人今后怎样生活或是在这样不人道的情况下城市将会怎样。”[⑥] 可见：古典重商主义城市时期的这种城市化结果，很大程度上是马克思所描述资本主义工业化商业化聚集时期城市的前身，正是有了对财富、土地、

① 刘易斯·芒福德. 城市发展史：起源、演变和前景［M］. 北京：中国建筑工业出版社，2005：447.

② 同①448.

③ 同①447.

④ 马克思. 资本论：第 1 卷［M］. 北京：人民出版社，1975：723.

⑤ 同④725.

⑥ 同①448.

利润的无限度追求，才使得重商主义城市达到了古典城镇化发展时期的顶峰。从这个角度来说，商品化、市场化和城市化本身是相辅相成、相互促进的。

3. 古典重商主义城市之得失镜鉴

重商主义既将古典城市带到了一个前所未有的高度，使城市不再囿于一个固定的、有界的范畴。城市蔓延、农村的城镇化开拓、贸易与交通格局的快速展开以及伴随而来的城乡二元分化都隐隐蕴含着一个可能的新的时代的到来。在阐述那个新的时代之前，我们不妨简单总结一下重商主义城市的得失镜鉴：

第一，古典重商主义城市打破了之前“一城一市”的格局，城市蔓延问题在贸易扩展、人口流动的背景下愈加严重。但这种问题在“重商主义”框架下很难得到彻底解决。至于后来的“城市群模式”“城乡一体化模式”“立体公交导向的城市模式”则是在工业化时代到来之后才将此问题渐渐解决的。

第二，古典重商主义城市使农村城镇化问题“被迫地”卷入城市发展史的历史洪流。一方面，重商主义者不断地向农村进军，农业、农民、农村全部“商品化”了；但是另一方面，这种“商品化”的开拓，是否真的促使农村健康、有序、科学地“城镇化”？在我看来，至少相当一部分农村地区难以企及上述三大标准。相反，更多的农村地区的商品化、城镇化过程，可能是与杂乱无章、极不科学相联系的。这也为新的时代是否能有效处理城乡关系、解决农村城镇化模式敲响了警钟。只不过，这一问题在后文的工业城市时代变得更加严重，所以，对这段历史的回顾，也许还可以促使我们找到解决这一问题的新契机：工业城镇时代确实解决了商业城镇时代一些技术问题，但随之而来的对古典城市的工业化改造未必都是真的实现了城市化对“人”的关切。历史虽然不能假设，但至少可以提供一个避免犯相同错误的机会，也许，这正是我们分析这一部分的重要原因了。

第三，商业城市的大发展使得劳动力供给日趋出现“过剩”状态。适龄劳动人口大量涌入城市化地区所带来的无限劳动力供给和商业资本要求控制成本并获取最大利润的目标相冲突，这使得贫困、拥挤、不平等、二元分化等问题渐渐具有了“当代城市化”的特征。这种历史的延续性，为今天仍在强调招商引资的那些城镇提出了一个自 13 世纪起就没有解决好的问题：如何有效地安置这些劳动力。这是城镇化模式由古典到现代跃进所必须面对的持续性难题。

二、新古典城镇化的历史沿革

18 世纪兴起的工业革命，所催生的不仅仅是生产技术模式的革新，而是在这种生产模式下的城镇化变革。马克思对这一问题的观察可谓细致入微，他举例指出：“对于煤产量不断增加的煤铁矿区的中心太恩河畔新堡，是一座仅次于伦敦而居第二位的住宅地狱。”[①] 由于资本和劳动力的大量流动，像太恩河畔新堡这样的工业城市的居住状况“今天还勉强过得去，明天就可能变得恶劣不堪。或者，有时市政官员终于能振作起来去消除最恶劣的弊端，然而明天，衣衫褴褛的爱尔兰人或者破落的英格兰农业工人就会像蝗虫一样成群地涌来”[②]。

但本文认为，工业城市之所以被冠以“新古典城市”的名称，根本上说，还是在于其把城市也当作一个生产函数，城市的一切资源、资本、劳动力几乎都为这个“生产”服务，从而使它在城市发展史上有着双重重要的研究价值：一方面，它确实是那个时代“先进生产力”的代表，工业城市就是18~19世纪的一种潮流；但另一方面，它又有着像马克思等经典作家所描述的那些弊端，需要更新理念、治理工业城市模式的“病灶”。因此，这部分将从正反两个方面探讨新古典城市在工业化发展阶段的得失镜鉴。

（一）从“兰开夏发源”到“工业纽约崛起”：工业城市的新古典革命

1. 兰开夏发源

英国工业革命所带动的“新古典城市革命”的“震中”位于兰开夏郡[③]。长期以来是英国最贫困地区的兰开夏郡，到19世纪早期一跃成为世界最具活力的经济区域。不同于其首都伦敦以煤炭和羊毛等商品执英国经济之牛耳，兰开夏郡等工业城市革命发生在远离首都（大都市）的其他城市[④]。它们与首都伦敦最大的不同在于，其城市中心依靠大规模的产品加工推动资源、人口聚集。这种变化的结果，马克思用一个数据说明了最真实的变化：“十九世纪初，在英国除伦敦外再没有一个10万人口的城市。只有5个城市超过5万人。而现在，超过5万人的城市已经有28个。”[⑤] 马克思所说的“而现在”，指的就是以兰开夏郡为代表的一批工业城市的崛起状况，英国小说家狄更斯在其小说《艰难时世》（Hard Times）中对这种城市的称谓为“焦炭城”（Coke Town）。而刘易斯·芒福德（2005）指出：“西方世界的每一个城市，或多或少，（迄今）都有着‘焦炭城’特点的烙印。”[⑥] 其中，兰开夏主要城市“曼彻斯特的人口飞速增长，在19世纪的第一个30年，人口由原来的9.4万人上升到27万人。到19世纪末，曼彻斯特人口增长了两倍多”[⑦]。又据刘易斯·芒福德的研究：“曼彻斯特在1685年时约有人口6 000；在1760年时，发展到30 000与45 000之间。伯明翰在1685年时约有人口4 000，

---

① 马克思. 资本论：第一卷［M］. 北京：人民出版社，1975：726.

② 同①726.

③ 乔尔·科特金. 全球城市史［M］. 北京：社会科学文献出版社，2014：144.

④ 同③144.

⑤ 同①725.

⑥ 刘易斯·芒福德. 城市发展史：起源、演变和前景［M］. 北京：中国建筑工业出版社，2005：462.

⑦ 同③145.

而到1760年时，几乎增加到了300 000。1801年时，曼彻斯特人口是72 275人，而1851年时达到303 382人。”①

在何一民看来，“18世纪到20世纪由欧洲开始的工业革命席卷全球，由此推动的城市革命普遍使城市由旧质向新质转变，以农业生产为基础的城市向以大工业为基础的城市转型，城市规模扩大，数量增加，城市的功能和地位发生了重要变化”②。据分析，当时的一些大工厂，“它的各个部门离开动力中心在1/4英里以内时，蒸汽机在这类大工厂里发挥的效率最高：每座纺纱机或织布机必须由中央蒸汽机的轴和皮带传动。在一定面积的范围内，集中纺织机愈多，那么，动力使用的效率就愈高；这样，工厂就趋向大型化”③。而一些“较小的城市经历了更加快速的发展。1810年，精纺加工业中心布莱德福是一个仅有1.6万人的无名小镇。19世纪前半期，该城市工厂的产量增长了600%，人口爆炸式增长，达到了10.3万人，这是同期欧洲城市中最快的增长速度”④。而据阿诺德·汤恩比分析：“这些工业城市的飞速发展加速了英国史无前例的城市化进程。1750—1800年，英格兰仅为欧洲总人口的8%，其在欧洲城市发展比重却达到70%左右。到19世纪中期，英国成为多数人口居住在大城市的第一个国家。到1881年，英国城市居民占总人口的1/3。”⑤

以上数据分析表明，英国的重商主义积累、自由竞争经济加上工业革命的洗礼，在18—19世纪把城镇化顺利地引入了工业推动的轨道。创造出了一批内生发展动力极强的工业城镇，城镇化生产力在工业车轮的运载下达到了以前时代无法企及的城镇化水平与速度。从这一点来讲，以“兰开夏”发源为代表的英国工业城镇模式是成功并领先于当时的世界城镇化潮流的。

现在需要剖析的是，它背后成功的社会生产关系基础是什么？马克思是用相对人口过剩理论和剩余价值学说来阐明这一工业推动城镇化的新进程的：“人口不断地流往城市，农村人口由于租地集中、耕地变成牧场、采用机器等原因而不断地‘变得过剩’，农村人口因小屋拆除而不断地被驱逐，这种种现象是同时发生的。一个地区的人口越稀少，那里的‘相对过剩人口’就越多，他们对就业手段的压力就越大，农村人口多于住房的绝对过剩也就越大，从而农村中地方性的人口过剩以及最容易传染疾病的人口拥挤现象也就越严重。”⑥“而居住条件恶劣又打破了他们最后的反抗能力，使他们完全变成地主和租地农场主的奴隶，以致获得最低的工资对他们来说已成了天经地义。”⑦

---

① 刘易斯·芒福德. 城市发展史：起源、演变和前景［M］. 北京：中国建筑工业出版社，2005：469.

② 何一民. 第一次“城市革命”与社会大分工［J］. 甘肃社会科学，2014（5）：142-146.

③ 同①470.

④ 乔尔·科特金. 全球城市史［M］. 北京：社会科学文献出版社，2014：145.

⑤ 同④146.

⑥ 马克思. 资本论：第一卷［M］. 北京：人民出版社，1975：758.

⑦ 同⑥759.

马克思所说的这两个现象，背后揭示的是资本主义工业化进程所助推的城镇化发展模式的内在脊梁。一方面，农业过剩人口不断地被吸引到城市工厂雇佣，劳动力呈现无限供给态势；另一方面，这些劳动力必须忍受最低工资率，以贡献剩余价值给工业资本家及其主导的工业城镇化模式。刘易斯·芒福德将这种生产关系基础总结为三个方面："①废除同业公会，为工人阶级创造一种永远没有安全感的状态；②为出卖劳动力与出售商品建立一种竞争性的公开市场；③保持在外国的属地，攫取新工业所必需的原材料，同时作为吸收机械化过剩产品的现成市场。"[①] 而其经济基础"是开发煤矿，大量生产铁和利用机器力量的可靠资源（即使效率非常低）：蒸汽机"[②]。

在我看来，18—19 世纪之交的这场"兰开夏"发源，直接导致无产劳动者成为当时人口城镇化率提升的主要客体；其技术依托是矿石燃料的自动化机器革命；其生产关系则是资本主导下的雇佣劳动制度；其财富（资本）和剩余劳动力积累，来自重商主义城市发展中后期商业资本对海外贸易和农村的深度开拓，也就是马克思所说的资本原始积累；只不过我们从城市化的角度来看，这种积累确实催生了一种生产力高度发达且只要有源源不断的燃料、原料、劳动力供应，城市便可自我循环的内生化城市（镇）模式，这是以往的古典城镇化时代所不具有的特征。此时，城镇化发展拥有了劳动力无限供给的约束条件，这个条件保证了资本主义开启的工业城镇模式"一帆风顺"。

2. 工业纽约的崛起

19 世纪上半叶，新的工业热点发生在落后的北美的辽阔土地上。工厂城镇在这里生根发芽，而且以超过英国本土工厂的规模蓬勃发展[③]。工业纽约的崛起确实是一系列历史背景重合在一起导致的：第一，美国建国之初，它的工业仍旧处于工厂手工业阶段，经济上属于欧洲的殖民地。从 19 世纪 20 年代起，美国北方开始了工业革命，棉纺织业、皮革、羊毛纺织、制铁、制陶、玻璃制作等工业部门迅速崛起，以机器生产为基础的工厂制度代替了手工工业制度。更关键的是美国工业部门起步的负担较欧洲国家小，因此，虽然其 19 世纪 40 年代末才开始以机器制造机器，但到 19 世纪 60 年代，美国的工业生产已经跃居世界第四位[④]。第二，独立战争扫除了阻碍工业与贸易发展的封建残余和外国干扰，企业生产的外部环境得到改善；第三，统一的国家促进了国内市场的形成，工业产品的销路顺畅；第四，政府的关税政策有效鼓励了本国新兴工业，诱导出一批具有世界竞争力的工业企业；第五，西进运动和农业发展为工业积累了资本，提供了广阔的市场和原料基地；第六，移民的涌入补充了工业劳动力的缺乏，据刘宗绪（1986）分析，从 1815 年到 1860 年有 500 万移民涌入美国，大大地改善了美国的劳工供给和成本；第七，由于劳动力相比国内市场的容量依旧缺乏，工厂主们十分重视引进

---

① 刘易斯·芒福德. 城市发展史：起源、演变和前景［M］. 北京：中国建筑工业出版社，2005：462.

② 同①462.

③ 乔尔·科特金. 全球城市史［M］. 北京：社会科学文献出版社，2014：152.

④ 刘宗绪. 世界近代史［M］. 北京：高等教育出版社，1986：315.

发明，改进技术，以发展大批量的流水生产线；第八，交通运输和电讯的发展也促进了国内市场的联系；第九，欧洲的投资和北美消费的增长也是促成美国工业发展的重要原因。这些因素的共同作用，使美国在1850年前后，就有一部分工厂超过了英国工厂的机械化程度。

据乔尔·科特金统计，工业主义给美国带来了许多变化，最终把以这个乡村为主的土地转变成了大城市云集的地方。1850年，美国仅有6座人口超过1万人的“大”城市，不到总人口的5%。这一现实在以后的50年里发生了天翻地覆的变化。到1900年，人口过1万人的城市达38个，大约5个人当中就有1个人生活在城市①。以至于Arthur M. Schlesinger，Jr生动地写道：“亚当·斯密的声音在世界的耳朵里响彻了60年，但只有美国听从了这个声音，并推崇和遵循它。”② 而具体到美国工业时代的代表性城市纽约，其特征表现在：

（1）城乡移民和外国移民迅速涌入以纽约为代表的美国东北部工业重镇。保罗·诺克斯统计：“从20世纪20年代开始，由于第一次世界大战后劳动力短缺，‘大迁徙’使黑人大量流入东北部工业城市。而随后的新的移民则是因为以下几个原因：南部地区的农业机械化、南部地区对黑人的歧视和有组织的暴力行为以及由于1921年和1924年的移民法颁布之后移民水平下降引起的北部工业城市劳动力短缺。”③ 而从国外移民来看，从19世纪30年代至40年代发生的爱尔兰大饥荒、英国的“放任主义”政策以及因农场土地大面积经营带来的农业合理化等，都推动了移民运动。这种国内外的移民潮一方面源源不断地解决了纽约等工业城市崛起所必不可少的劳动力需求缺口，另一方面也不断地形成美国工业城市的“贫民聚集区”与“产业后备军”积累。由此看来，美国的工业城镇化也会经历劳动力过剩供给引发的城市发展困境——劳动力结构性短缺的城市发展拐点。

（2）能源地、矿业镇、交通枢纽随着工业城镇的崛起而带动一批城市化地区的兴起。例如：“在燃煤蒸汽机技术和之后的电力大量使用前，水能尤其重要。这一因素导致沿着新英格兰的瀑布线和阿巴拉契亚山脉的东部边缘形成了一系列的工业城镇，如宾夕法尼亚的阿伦敦和哈里斯堡”④；而“矿业城镇阿巴拉契亚山脉的煤田城镇如弗吉尼亚的诺顿则为工业经济提供煤矿”⑤；又如“弗吉尼亚的罗阿诺克作为铁路枢纽镇的崛起，则是因为其出现在‘新’的经济空间中因航道和铁路系统而形成的战略性位置上”⑥；而据何顺果归纳，在美国西部城市崛起的过程中，由于政府决定将公共土地向

---

① 乔尔·科特金. 全球城市史［M］. 北京：社会科学文献出版社，2014：152.

② Arthur M. Schlesinger，Jr. The Age of Jackson［M］. 纽约：寻书俱乐部，1945：315.

③ 保罗·诺克斯，等. 城市化［M］. 北京：科学出版社，2009：83.

④ 同③69.

⑤ 同③69.

⑥ 同③69.

广大移民群众开放，允许人们以不同价格购买联邦土地，以及美国西部地区采矿业、交通业和畜牧业的发展，出现了“投机企业的市镇”（如马里塔、辛辛那提等）、“采矿城镇”（如内华达的弗吉尼亚城和科罗拉多的丹佛等）、“牛镇”（如阿比林）和“铁路城镇”（如奥格登、奥马哈、苏城等）①。

（3）城市增长主要发生在工业集聚的大城市（镇）。这被诺克斯解释为“先发优势”②：“工艺工业和集散、交通活动使得企业成为自身的拥有者，并使用其资本和积累的利润来投资工厂和机器；企业家的传统与技能、投资和贷款促进了工业发展；最大的劳动力市场；最大和最丰富的市场，使得制造业生产拥有极具吸引力的出路。”③ 这种外部经济与集聚经济，使工业城镇的分工越来越专业化：工业企业以外的行会、特殊技能与经验的劳动力市场、各类供应商、转包商、分销机构、法律顾问、储存公司等纷纷涌入工业集聚的大城镇，城市的增长呈现出人口与产业双重聚集的特征。以美国为例，到 1875 年，“工业城市体系已经发展到这样一个程度，即超过 15 座城市，每一座城市连同它们的临近乡村都有 10 万以上的人口。拥有 130 万人口的纽约位于城市等级的顶端，紧跟其后的是五座拥有 35 万~50 万人口的城市：巴尔的摩、芝加哥、费城、匹兹堡和圣路易斯。拥有 10 万~15 万人口的城市包括雅典（佐治亚州）、波士顿、布法罗、辛辛那提、克利夫兰、底特律、曼彻斯特（新罕布什尔州）、新奥尔良、普罗维登斯、罗切斯特和锡拉丘兹”④。而从产业集聚来讲，“匹兹堡对于钢铁制造业的吸引、阿克伦城对于橡胶制品工业的吸引，代顿对于金属制品工业和机械工业的吸引等”⑤ 引领了美国 19 世纪中后期到 20 世纪初的工业城市增长浪潮。

（4）工业城市呈现出城市创新的规模效应。由于工业城市增长对企业、人力资源的高聚集作用，城市规模的增长对创新扩散的助推作用越来越明显。“城市越大，其拥有的规模经济也越大，也易于产生更多的创新，从而吸引移民前来并确保居民不移居至其他城市。因此，大城市的绝对规模，保证了强大和稳定的创新，而这又能促进人口的稳定增长。较小的城市则必须更多地依靠其他城市，一般是较大中心的创新扩散作用。”⑥

（5）工业产业链的上下游联系及成本控制促进城市群的形成。工业发展的一个显著特征是制造业带的形成需要产业链的联系效应予以支持。这是因为，城市再大也不可能涵盖工业链条的所有上下游产业，这时，城市群即以中心城市发展制造业中心区，其周边较小城市为高度专业化和极度盈利的制造业行业提供支持。银行系统、电讯系统和

---

① 何顺果. 美国西部城市的起源及其类型［J］. 历史研究，1992（4）.

② 保罗·诺克斯，等. 城市化［M］. 北京：科学出版社，2009：72.

③ 同②72.

④ 同②72.

⑤ 同②72.

⑥ 同②74.

邮政系统的整合，使城市群的商品流动、要素流动更加合理。例如，从美国东海岸的波士顿、纽约、费城、巴尔的摩到五大湖的匹兹堡、底特律、克利夫兰、芝加哥、密尔沃基等城市群为基础形成了城市制造业带①。

（6）核心—边缘的工业城镇模式逐渐形成。“非均衡发展”（uneven development）是工业资本主义城市体系的一个最重要和特殊的特点②。这种模式可概括为“核心—边缘”模式（core-periphery pattern），即城市制造业“中心”高度工业化、城市化；而“边缘”即农村或其他非能源、矿产、交通枢纽、非制造业的地区成为发展相对滞后的区域；核心城市通过扩散效应或涓滴效应带动边缘城市（镇）以及农村的发展。例如：“边缘城市农业机械生产的增长来自核心城市需要供给数量更多、要求也更多样的人口”③，等等。

（7）工业城市人口增长带来失业率的陡增。纽约等工业城市及城市群的崛起带动了一批以工业制造业作为经济增长发动机的城市，城市的经济增长循序聚集了大量从农村和其他边缘地区乃至国外涌入的移民。但城市自动化技术的日趋成熟必然导致进城务工人口无法找到工作而失业。西方的城市化理论倾向于把这种现象归因于资本主义经济周期造成的间歇性危机，认为是可以克服、治愈的。但事实上，工业城市发展所引起的失业从根本上说是个持久的“技术”现象，经济周期的繁荣或衰退至多只能减缓或增加失业，但不能“治愈”或“根除”失业。工业城市存在的基本前提之一就需要源源不断的劳动力供给，即马克思所说的产业后备军，从此意义上说，工业城镇化历史进程的伴生物之一便是失业大军。

（8）工业城市在聚集资源、人口以带动增长的同时，也聚集着污染。除开纽约所带动的美国东部沿海平原城市群外，19 世纪著名的工业城镇（区）还包括：“法国的里尔区、德国的梅泽堡区和鲁尔区、英格兰中部以伯明翰为中心的工业地区和阿勒格尼—大湖地区”④。这些新兴的工业化增长中心带来了城市的集群化发展与增长，同时也对环境产生了影响。“一个工厂的烟筒，一个鼓风炉，一座印染厂所排放的臭气和污染物，很容易被周围的环境所吸收而消失。但是，一块狭窄的地块内挤上 20 座工厂，就能把空气和水污染得难以治理。所以，有污染的工业，一旦在城市里集中后，情况必然会比它们小规模地分散在农村时严重得多”⑤。另外，工业城市把聚集效应发挥到极致，工业、商业和生活居住者乱七八糟混杂在一起，噪声、雾霾、垃圾的污染接踵而至，工业城市产业人口（包括婴孩）的疾病比率和死亡率非常之高。工业城市增长的繁荣很难掩盖这些实际的恶劣情况，更不要说这种生产上的收益能够在多大程度上抵消残酷的劳

① 保罗·诺克斯，等. 城市化［M］. 北京：科学出版社，2009：79.

② 同①81.

③ 同①81.

④ 刘易斯·芒福德. 城市发展史：起源、演变和前景［M］. 北京：中国建筑工业出版社，2005：471.

⑤ 同④473.

动生活和恶劣的生活环境所带来的牺牲。

（二）新古典城市之得失镜鉴

从“兰开夏”发源到“工业纽约崛起”的过程基本描述了新古典城市兴起的历史过程。这个过程总体上围绕着城市如何聚集产业、人口、资源这个线索而展开，所用的方法是以工业制造业的内生推动方式来带动这一时期的城市化发展。总体来看，这一过程可给我们的得失镜鉴为：

第一，工业城市的“新古典”特征是效率导向的，工业集聚带动企业与城市增长是这一效率的集中体现。新古典工业城市正如新古典经济学最经典的生产函数假设一样，其城市虽然是由工业企业的产业集聚形成的，但是从整体上看，工业城市本身就是一个巨大的企业和生产函数，这是它选址、存在、增长、演变的根本推动力。这也为那些尚未经历工业化洗礼的国家或城市提供了某种模仿的机制——采用工业企业聚集的方式来推动城镇化，“效率显著”。

第二，工业城市的新古典特征要求劳动力对城市增长和工业发展形成无限供给。这其中有两个特征：①工业企业的集群式聚集在形成工业城市时，也不断吸引劳动力进入城市的工业企业就业，这种劳动力要求在城市工业企业获得高于农村的收入（工资）水平，以便抵消城市较高的生活费用，因此，工业城市必须提供相对于农村更有竞争力的工资水平以吸引劳动力；②涌入城市的农村劳动力不断增加之后，必然导致城市工业部门（企业）就业竞争加剧，就业岗位的稀缺使工资率逐渐下降到一个制度性的低工资水平；③低工资率尽管可以覆盖相当比例的进城劳动人口，但城市工业部门就业增加的速度始终赶不上劳动力进城的速度，所以，工业城市发展的重要成本就是造成日渐高企的城市失业率，这个成本的消化，迄今都未得到妥善解决。这也是从工业革命所引致的工业城市发展至今一直存在的“常态型”问题。

第三，工业城市新古典聚集也会造成污染、拥挤及各类城市病的聚集。兰开夏与工业纽约在崛起的早期，均经历过聚集型工业城市所挥之不去的污染（噪音、粉尘、雾霾、水质恶化、空气污浊）、拥挤（道路拥堵、河床堵塞、就业场所人满为患）、疾病流行和犯罪迭生。在环境方面，刘易斯·芒福德一度把这种工业城市形容为“焦炭城”，这种城市对能源、资源的聚集能力超过了以往时代的城市。城市的核心区全部是工厂与烟囱矗立，一切均被淹没在工厂排放的烟尘与污染物之中。从治理的角度看，发达国家花了几十乃至上百年的时间才将工业城市的污染源迁出，这种治理成本是十分高昂的。而拥挤、犯罪等工业城市发展的社会性成本却一直延续至今，这些成本如何治理，西方国家至今也在不断探索之中。

第四，工业城市不可避免地带来社会财富分配两极化趋势加重。分配的不均等并不是工业城市的独有特征，与商业、贸易等早期的城市相比，工业城市更加剧了这一分配不均的社会化进程。从拉佐尼克（Lazonick）[1] 的观点来看，工业型城市的微观载体就是工业企业的一个个“车间”，车间里的劳动生产关系存在等级制、雇佣制；由于产业后备军大量涌入城市，低工资的劳动者逐渐沦为工业城市的无产阶级，他们只能从城市发展和增长中分享到少数剩余，城市发展与增长的多数剩余被工厂资本家和企业中高层管理人员拿走，社会财富的贫富分配差距又被工业资本主义体制进一步拉大了。以至于托马斯·皮凯蒂针对近200年以来的资本主义体制指出：“那些长期存在的促进不稳定和不平等的力量并不会自动减弱或消失”[2]，城镇化的工业推动模式和财富积累机制，至今仍在助推西方主要发达国家劳资分配不平等的趋势加剧。

三、小结与启示

通过对城镇化古典时代到新古典时代的历史回顾，我们可以得出结论：城市的发展根本上取决于生产力的进步，但城市生产关系却经历了古典阶段到新古典阶段的历史变迁。古典城市因为生产力尚未达到驱动城市内生发展的阶段，因此其治理与发展城市的手段依赖宗教、“城墙”（安全）与商业贸易，但这并不是说这些治理和发展古典城镇的手段就注定是“落后”的，虽然它们在发展“城市生产力”方面不及工业时代的新古典城市，但是，它们在凝聚人口、保障城市安全秩序以及扩展城市商贸规模方面的确有许多方式方法值得今天的城市借鉴。而新古典工业化城镇从其诞生之日起，就以摧枯拉朽的方式把各种古典城市推倒重来，美其名曰“工业改造”，可事实上，新古典工业城市模式发展到极端时带来的是一系列“城市病”，以至于后续的城市研究者均从不同角度想出了“田园城市”“服务型城市”“智慧城市”“多中心城市”“逆城市化”等方式来治理工业城市的弊病，其结果是，一些城市回归古典模式，一些城市进入后工业化阶段，城市发展的历史由此掀开新的篇章。中国当下正在经历新古典工业城市建设的洗礼，此时尤其需要对人类历史上曾经经历的古典和新古典城市发展史有相对清醒的认识，才能真正发展出最适宜我国国情的各类城市；本文的历史回顾即是为那些还在追求“高大上”的工业城市提供一个往昔的城市发展参照系，以方便它们重新定位自己的发展轨迹。

（本论文原载于《中国人民大学学报》2016年第5期）

---

① 拉佐尼克. 车间的竞争优势［M］. 北京：中国人民大学出版社，2007：4-7.

② 托马斯·皮凯蒂：《21世纪的资本论》，中信出版社，2014：22.

城镇化、工业化、信息化与中国的能源强度

——基于中国省域面板数据的经验分析

李标　吴贾　陈姝兴

能源是人们现代生产和生活不可或缺的要素，是经济社会发展的重要基础。但是，过度依赖不可再生能源以及能源资源的过度消耗又成为影响经济可持续发展和生态环境恶化的重要原因[1]。中国能源赋存体量大，多年的粗放发展模式严重激化了能源消费与生态环境、经济绿色发展之间的矛盾。中国城镇化、工业化、信息化（下文简称“三化”）的加速建设必将引致更高的能源消费，加大节能降耗压力，同时，三化又能够借助全要素生产率的传导机制，促进经济增长，改善能源强度。这一正负叠加效应使三化施加于能源强度的总体影响难以准确把握。

目前，三化与能源强度的关系在学界尚未盖棺论定。

首先，城镇化对能源强度有正负两方面效应[2]。一方面，城镇化进程中人口和产业的空间集中规模不断提高，能源消费规模将随城镇化的推进而增加[3]，加大能源强度的上升压力。另一方面，城镇化的集聚效应也带来了技术进步。Garbaccio 等[4]、Fisher-Vanden 和 Jefferson[5]研究发现技术水平的提高和创新投入的增加往往会带来能源利用效率的提升，从而能源强度的降低成为可能。但是，Khazzoom[6]、李廉水和周勇[7]指出技术进步促进经济扩张，带动能源消费增加的回弹效应（rebound effect）抵消了因技术进步所节约的部分能源。

其次，工业化对能源强度的影响不容忽视。工业化并不仅仅是工业比重的提升，更是一种结构转换和优化升级的过程。Kambara[8]、Richard 等[9]、王秋彬[10]、董锋等[11]的研究表明，能源要素会因为产业结构的优化升级在不同产业间流动，主要是由生产率低的第一产业流向生产率高的第二、三产业，由高消耗、低产出的传统产业流向低消耗、高附加值的高新技术产业，从而有利于拉低能源强度。狭义上看，大多数工业行业对能源具有高消费和强依赖特点[12]。工业化进程中经济规模与能源消费同步上升趋势显著，使得能源强度难以下降。Sadorsky[13-14]认为，工业化将会增加能源消费，对能源强度的长期弹性为正。

最后，信息化对能源强度的影响极为重要，但较缺乏定量分析。信息化加快了信息

传播。在大量流动的信息中，提高微观主体投资决策效率与引导转变消费行为两个方面的信息能够显著改善能源利用效率，降低能源强度[15]。这可能得益于，信息化能够通过促进技术扩散与创新、提高企业与个人的决策质量、增加需求与降低生产成本三种途径推动产出水平大幅提升[16]。然而，信息的产生、传播与获取都离不开能源支撑，信息化的推进必然强化这一现象，从而刺激能源消费规模上升，不利于能源强度的下降。

本研究的贡献体现在三个方面：一是，将信息化纳入定量分析框架。既有文献大多研究了工业化、城镇化对能源强度的影响或是定性说明信息化与能源、能源强度的关系。本文利用国家统计局统计科研所信息化统计评价研究组的信息化指数测度信息化水平，将信息化融入分析，填补这一空缺。二是，强化计量建模的理论基础。现有城镇化、工业化与能源强度关系的研究，多是将它们或其一直接引入计量模型。而本文基于理论模型，借助三化与全要素生产率的联系机制，推导三化与能源强度的数理关系，加强理论分析。三是，处理内生性与降低估计偏误。已有研究文献往往忽视工业化与能源强度的反向因果关系导致的内生性问题，本研究使用 IV-FE 与 IV-GMM 方法解决工业化的内生性及其带来的估计偏误。另外，在面板分析中，一般假定各截面变量对被解释变量有同质影响，当截面数量较多或存在截面相关时，会产生估计偏误。我们用组间均值估计（mean group，MG）方法处理此问题。并且，通过该方法还可识别三化对能源强度的长、短期影响。

1 模型构建

1.1 理论模型

国际上通常使用单位 GDP 能耗测算能源强度。为得到三化与能源强度的数理关系表达式，将三化作为变量融入生产函数中是一种可行之举。包含资本、劳动、能源三要素的总量生产函数为

$$Y = A(\cdot)F(K, L, E) \tag{1}$$

Y 代表总产出；K 代表资本投入；L 代表劳动力投入；E 代表能源投入；$A(\cdot)$ 表示总量生产函数的全要素生产率，是除了资本、劳动与能源要素以外所有影响产出的综合代表。对于全要素生产率 $A(\cdot)$，此处我们着重考虑三化的影响：

第一，城镇化是全要素生产率的重要影响因素已得到学者的论证，如 Henderson[17]、Hanson[18]等。Jacobs[19]、Jaffe 等[20]认为城镇的市场竞争结构极大地推动了技术创新与知识积累，微观个体在城镇空间上更加邻近，信息传播速度更快，彼此之间的创新热情更容易被激发，新专利与新发明更易产生，从而推动全要素生产率上升。这可称为“创新中介效应产生的间接影响机制”，城镇化影响全要素生产率增长的直接影响机制则是聚集效应带来的交易效率的提高、劳动分工的演进[21]。

第二，工业化是一种动态演化过程，不仅仅是工业增加值比重的提高，更多地表现

为整个非农产业、服务业在国民经济中比重和地位的提升。因而，可认为工业化本质上是产业结构不断优化升级或高级化的过程。在产业结构高级化的不断调整过程中，投入要素从低生产率或低生产率增长率的部门流向高生产率或高生产率增长率的部门，可以促进整个社会生产率水平的提高[22-23]。由于非农产业多聚集于城镇，在城镇发展过程中，产业结构（工业化）确实可能是全要素生产率的重要影响因素[24]。

第三，信息化对经济增长具有正的显著的影响力[25]。这有两方面的原因：一方面，信息化技术的发展和应用形成了巨大的生产力，提高了生产效率；另一方面，信息通过作用于人力、资本、自然资源等，促进资源优化配置[26]，利于精确使用资源等要素提高了要素配置效率。另外，信息化发展有利于技术水平进步，信息是技术进步要素分解的一部分[27]。可见，信息化是推动全要素生产率上升的重要原因[28]。

进而，将城镇化（u）、工业化（ind）以及信息化（inf）纳入 $A(\cdot)$ 中，可得

$$Y = A(\ln u,\ \ln ind,\ \ln inf)\cdot F(K,\ L,\ E) \tag{2}$$

借助 C-D 生产函数以及幂指数的生产率形式，将（2）式显性化为

$$Y = A_0 e^{\varphi\cdot\ln u+\varphi\cdot\ln ind+\eta\cdot\ln inf}\cdot K^{\alpha}\cdot L^{\beta}\cdot E^{\gamma} \tag{3}$$

其中，A_0 表示初始生产率水平；α，β，γ 分别表示资本、劳动和能源要素的产出弹性。假定规模报酬不变，即 $\alpha+\beta+\gamma=1$。式（3）两边同时除以 E 可得

$$\frac{Y}{E} = A_0 e^{\varphi\cdot\ln u+\varphi\cdot\ln ind+\eta\cdot\ln inf}\cdot\frac{K^{\alpha}\cdot L^{\beta}\cdot E^{\gamma}}{E^{\alpha+\beta+\gamma}} \tag{4}$$

上式取倒数后，两边求自然对数有

$$\ln(\frac{E}{Y}) = -\ln A_0 - \varphi\cdot\ln u - \varphi\cdot\ln ind - \eta\cdot\ln inf + \alpha\cdot\ln(\frac{E}{K}) + \beta\cdot\ln(\frac{E}{L}) \tag{5}$$

1.2 计量模型

基于式（5），可建立如下计量模型：

$$\begin{aligned}\ln(\frac{E}{Y})_{it} &= \beta_1\ln u_{it} + \beta_2\ln ind_{it} + \beta_3\ln inf_{it}\\ &\quad + \alpha_1\ln(\frac{E}{K})_{it} + \alpha_2\ln(\frac{E}{L})_{it} + X_{it}'\Gamma_i + \varphi_i + \varepsilon_{it},\end{aligned} \tag{6}$$

其中，i 表示省份，t 表示时间。$\ln u_{it}$，$\ln ind_{it}$，$\ln inf_{it}$ 分别表示 i 省 t 年的城镇化、工业化和信息化水平的对数值；$\ln(\frac{E}{K})_{it}$ 和 $\ln(\frac{E}{L})_{it}$ 分别表示 i 省份 t 年资均能耗和劳均能耗的对数值；X_{it} 表示其他控制变量，有学者（如 Jones[29]，Martinez-Zarzoso 和 Maruotti[30]）发现收入水平对能源强度影响显著，因此，我们在模型中加入了人均实际收入作为控制变量；φ_i 用来控制省际固定效应；ε_{it} 为误差项。本研究关注的估计系数为 $\beta=(\beta_1,\ \beta_2,\ \beta_3)'$，由于模型中各变量已取了自然对数，从而 β 可解释为城镇化、工业化和信息化的能源强度弹性。

上述计量模型中，可能引起估计偏误的问题是变量 $\ln ind_{it}$ 的内生性。原因在于能源强度可能影响工业化进程，比如能源效率较低的省份，为获得计划的经济增速，往往会倾向于粗放的发展模式，因此式（6）具有的反向因果关系将使得 $E[\ln ind_{it} \cdot \varepsilon_{it}] \neq 0$，从而导致对系数 β_2 的估计产生偏误。为解决该问题，本文采用两阶段最小二乘法对固定效应模型进行估计（下文简称为 IV-FE）。

由于能源效率的改善需要较长的时间，当期的能源效率可能受到前期的影响，这说明能源强度可能存在累积滞后效应。进一步，构建以下动态模型：

$$\ln(\frac{E}{Y})_{it} = \lambda \ln(\frac{E}{Y})_{i,t-1} + \beta_1^0 \ln u_{it} + \beta_2^0 \ln ind_{it} + \beta_3^0 \ln inf_{it} + \beta_1^1 \ln u_{i,t-1} + \beta_2^1 \ln ind_{i,t-1} + \beta_3^1 \ln inf_{i,t-1} + \alpha_1 \ln(\frac{E}{K})_{it} + \alpha_2 \ln(\frac{E}{L})_{it} + X_{it}'\Gamma_i + \varphi_i + \xi_{it}, \tag{7}$$

（7）式被称为自回归分布滞后（autoregressive distributed lag，ARDL）模型。

由于在用差分法去除式（7）固定效应后，被解释变量的差分项将与误差项相关，即 $E[\Delta \ln(\frac{E}{Y})_{i,t-1} \cdot \Delta \xi_{it}] \neq 0$，这被称为动态面板偏误[31]。对此问题，Arellano 和 Bond[32]提出的 IV-GMM 方法可以解决。该方法的好处在于不仅可以去除方程存在的动态面板偏误，也可以解决多个内生变量问题[33]。

但 IV-GMM 方法的局限性在于它假设各截面对被解释变量具有相同的弹性，当数据存在截面相关时，会产生估计偏误。为此，本文进一步采用组间均值（mean group，MG）回归方法（Pesaran 和 Smith[34]；Pesaran[35]）处理此问题。该方法不仅可以去除固定效应、解决动态面板偏误（Pesaran 和 Shin[36]），并且可以识别关注变量的长短期影响。MG 方法针对每一截面进行回归，所得估计系数作为变量的短期影响，估计系数的平均值作为变量的长期影响。由式（7）可推导出相应的误差修正模型（ECM）：

$$\Delta \ln(\frac{E}{Y})_{it} = \tau[\eta \ln(\frac{E}{Y})_{i,t-1} - \theta_1 \ln u_{i,t-1} - \theta_2 \ln ind_{i,t-1} - \theta_3 \ln inf_{i,t-1}] + \mu_i \Delta \ln(\frac{E}{Y})_{i,t-1} + \rho_{i1} \Delta \ln u_{it} + \rho_{i2} \Delta \ln ind_{it} + \rho_{i3} \Delta \ln inf_{it} + \alpha_1 \ln(\frac{E}{K})_{it} + \alpha_2 \ln(\frac{E}{L})_{it} + X_{it}'\Gamma_i + \nu_{it}, \tag{8}$$

其中，系数 τ 称为误差修正系数，决定了调整到长期均衡的速度。若 $\tau \in (-1, 0)$ 则说明方程是动态平稳的，并且可以收敛到长期均衡。$\theta = (\theta_1, \theta_2, \theta_3)'$ 衡量了城镇化、工业化和信息化的长期影响，系数 $\rho = (\rho_{i1}, \rho_{i2}, \rho_{i3})'$ 则衡量了这三个变量对能源强度的短期影响。

2 变量说明

2.1 能源强度

国际上通常使用衡量一个国家或地区整体层面上能源使用的综合化效益指标单位 GDP 能耗（*E/Y*）测度能源强度。该指标可由《中国统计年鉴》直接查询获得。单位是“吨标准煤/万元”。

2.2 资均能耗

资均能耗（*E/K*）表示生产过程中每单位资本占用的能源规模。它可由《中国能源统计年鉴》中的能源消费规模除以资本投入总量计算得到。对于资本投入规模总量指标，我们使用《中国统计年鉴》中的固定资产投资总额予以粗略测算①。单位是“吨标准煤/万元”。

2.3 劳均能耗

劳均能耗（*E/L*）表示生产过程中每单位劳动所消费的能源量。本研究使用《中国能源统计年鉴》中的能源消费总量与《中国统计年鉴》中的地区从业人员规模的比值衡量 *E/L*。单位是“吨标准煤/人”。

2.4 城镇化水平

城镇化水平（*u*）表示一个国家或区域城镇化发展达到的程度，是人口向城镇集中程度的主要标志。本研究使用《中国统计年鉴》中的城镇化率对其进行测算。单位是“%”。

2.5 工业化水平

既有研究文献一般使用工业增加值（就业人数）的比重、非农产业增加值（就业人数）的比重或服务业增加值（就业人数）占非农产业的比重衡量工业化水平（*ind*）。鉴于中国正处于工业化的中后期，非农产业凸显服务化，因而，我们使用《中国统计年鉴》中的服务业增加值占非农产业之比衡量 *ind*。单位是“%”。

2.6 信息化水平

信息化水平（*inf*）是后工业化社会发展高度化与现代化的基础。我们使用国家统计局统计科研所信息化统计评价研究组[37]构造的信息化综合发展指数测算 *inf*。

---

① 鉴于对资本存量的估计方法没有一致的结论，且各省域的资本折旧率难以科学界定，因而我们仅使用流量数据粗略衡量。此外，实证分析中进行差分后所做的估计能够消除使用流量数据替代存量数据的影响。

3 实证分析

本文将分别对静态和动态面板模型实证三化与能源强度的关系。采用静态模型分析时，首先采用固定效应模型（FE）去除不可观测的省际异质性；其次用 2SLS（IV-FE）解决工业化的内生性问题。采用动态模型分析时，首先用 IV-GMM 估计方法解决动态面板偏误，并处理 $\ln ind_{it}$ 的内生性；其次，用组群均值估计（mean group，MG）方法估计三化对能源强度的长短期影响。

3.1 静态面板模型

3.1.1 FE 估计

表 1 报告了基于式（6）的 FE 结果。其中，（1）和（2）列为全国样本估计结果；（3）和（4）列为东部子样本估计结果，（5）和（6）列为中西部子样本估计结果，（2）（4）和（6）列为控制人均 GDP 的回归结果。我们有如下发现：

表 1 固定效应模型估计结果

静态模型	全国		东部		中西部	
	（1）	（2）	（3）	（4）	（5）	（6）
工业化	−0.075***	−0.075***	−0.104***	−0.109***	−0.039	−0.083
	（0.027）	（0.026）	（0.030）	（0.029）	（0.084）	（0.086）
城镇化	0.321**	0.280**	0.901***	0.712***	0.386**	0.367**
	（0.139）	（0.134）	（0.269）	（0.265）	（0.168）	（0.166）
信息化	−0.508***	−0.336***	−1.509***	−1.070***	−0.255**	−0.219*
	（0.102）	（0.105）	（0.201）	（0.242）	（0.125）	（0.125）
资均能耗	0.058*	0.038	−0.079	−0.082*	0.113***	0.090**
	（0.031）	（0.030）	（0.050）	（0.047）	（0.039）	（0.040）
劳均能耗	−0.111***	−0.038	0.076	0.096	−0.159***	−0.108*
	（0.040）	（0.042）	（0.067）	（0.065）	（0.049）	（0.055）
人均 GDP		−0.490***		−0.485***		−0.319**
		（0.109）		（0.163）		（0.160）
常数项	1.574**	5.664***	3.041***	6.881***	0.390	3.400*
	（0.636）	（1.095）	（0.968）	（1.585）	（0.896）	（1.757）
观测数	270	270	99	99	171	171

注：括号内为标准误；***、**、*分别表示在 1%、5%、10%的水平上显著。

第一，城镇化水平的提高推动了能源强度上升。全国与区域层面上，城镇化对单位 GDP 能耗的弹性系数均显著为正。一般而言，城市人均能源消费量远远高于农村，城市化水平的提高必将带动整体能源消费水平的上升[38]。同时，城镇化进程中交通运输业和通信业等高耗能行业飞速发展，大幅拉升能源消费规模，阻碍了能源强度降低。值得一提的是，东部城镇化水平对能源强度的影响大于中西部。其潜在的可能原因是，东部城镇化起步时间要早于中西部，发展速度也更快，城镇人口和非农产业的集中度更是高于中西部，这就导致东部地区的能耗规模高于中西部地区，再加上能源强度的累积效应，东部多年城镇化发展伴生的高能耗在短期内难以消化，从而使得东部能源强度对城镇化的弹性系数大于中西部地区。

第二，工业化水平提升对改善能源强度的作用显著。工业化水平在全国样本和分区域样本下的回归系数均表现出显著为负的特征，说明伴随工业化的推进，产业结构逐渐优化升级，改善了能源消费效率，非农产业的服务化带来的产出增长幅度要大于其调整过程中的能耗增幅，从而有效降低产出能耗。三产比重的提升能够降低能源强度的主要原因是各项节能措施的实施和节能技术的推广，行业内的能源配置效率较高，经济结构对能源效率的总效应为正[39]。我们的结果也印证了魏楚和沈满洪[40-41]、袁晓玲等[42]等大多数学者的结论：工业化进程中产业结构调整能够有效改善能源效率。

第三，信息化水平提高有益于能源强度降低。信息化的弹性系数均显著为负，可见，不同层面的信息化水平与能源强度均呈现负相关的特征，信息化建设的加快推进对提高能源效率、降低能耗强度尤为重要。从信息化的节能降耗效应大小来看，东部较中西部明显。当我们控制人均收入水平时，信息化水平每提高 1%，东部的能源强度将降低 1. 070%，高于全国水平的 0. 336%，而中西部的能源强度仅约下降 0. 219%。原因可能是，东部在运用信息技术监测用能、管理用能、精准用能、节约用能、提高能效等方面显著优于中西部，这就使得东部信息化发展降低能源强度的效果好于中西部。

3. 1. 2　IV-FE 估计

FE 的估计结果可能由于工业化存在的内生性问题而产生估计偏误。为此，我们用 2SLS 对固定效应模型进行估计。

表 2 显示，工业化的弹性系数在-0. 20 至-0. 10 之间，较表 1 中的结果显著降低，说明在没有控制工业化内生性的估计中产生了向上的偏误。一个可能的原因在于某些欠发达的省份倾向于以粗放的工业化发展达到预定的经济增速。我们通过对中西部样本进行回归发现能源强度增加 1%将会引起工业化下降 0. 198%。

城镇化、信息化的 IV-FE 估计结果与 FE 基本相同。当模型控制收入水平时，城镇化的弹性系数在 0. 28 至 0. 85 之间，且均在 5%及以上的水平上显著。这说明中国城镇化的发展进程中并没能够有效提高能源的利用效率、改善能源强度，相反地，能源强度是伴随城镇化水平的提高而有所提升的。相较于中西部，东部城镇化水平的提高带来更高的能源强度。另外，信息化的弹性系数在-1. 56 至-0. 40 之间，且均在 1%的水平上显著。具体来讲，东部的信息化程度提高 1 个百分点可使能源强度显著降低 0. 907%，高于中西部的 0. 401%，再次肯定了东部在利用信息技术资源降低能耗方面所取得的重大成效。

表 2　IV-FE 模型估计结果

静态模型	全国		东部		中西部	
	(1)	(2)	(3)	(4)	(5)	(6)
工业化	-0.095**	-0.095***	-0.124***	-0.133***	-0.165	-0.198
	(0.037)	(0.037)	(0.043)	(0.043)	(0.138)	(0.156)
城镇化	0.283*	0.328**	0.849***	0.739***	0.367*	0.378**
	(0.149)	(0.149)	(0.270)	(0.267)	(0.190)	(0.192)
信息化	-0.579***	-0.471***	-1.558***	-0.907**	-0.413***	-0.401***
	(0.109)	(0.119)	(0.216)	(0.379)	(0.136)	(0.138)
资均能耗	0.025	-0.002	-0.137**	-0.190***	0.065	0.050
	(0.035)	(0.036)	(0.056)	(0.063)	(0.046)	(0.054)
劳均能耗	-0.088**	-0.081*	0.055	-0.036	-0.150***	-0.145***
	(0.042)	(0.042)	(0.064)	(0.078)	(0.055)	(0.055)
人均 GDP		-0.497**		-1.174**		-0.187
		(0.228)		(0.585)		(0.340)
常数项	1.803***	5.788***	3.503***	13.537***	1.121	2.879
	(0.668)	(1.949)	(0.978)	(5.124)	(1.156)	(3.469)
观测数	210	210	77	77	133	133

注：括号内为标准误；***、**、* 分别表示在 1%、5%、10% 的水平上显著；工具变量为工业化的 2 阶滞后。

3.2　动态模型

3.2.1　IV-GMM 估计

在静态 FE 模型中，假定能源强度只受变量当期值的影响，这对于本文关注的问题过于严格。一方面，能源效率受到技术水平、产业结构等具有黏性特征因素的影响，能源强度可能会受到这些因素过去值的影响；另一方面，能源强度可能具有累积效应，即前期的能源强度可能会对当期值产生较大影响。为此，本文采用 IV-GMM 方法对式（7）设定的动态模型进行估计。为处理动态面板偏误，我们选用能源强度 2 阶及以上的滞后期作为工具变量。工具变量中也包含了工业化的 2 阶滞后项①，用于处理工业化的内生性。

从表 3 中我们能够得到以下信息：首先，城镇化当期值对能源强度的影响较 IV-FE 明显减小。比如，从全国样本来看，其弹性系数由 0.33 减小到 0.15，且不显著，但这并非说明城镇化对能源强度不具有影响。可以发现，城镇化对能源强度的影响体现在其

① 用工业化的 2 阶滞后项，而没有包含更高阶的滞后项原因在于要与 IV-FE 估计模型中的工具变量保持一致，使结果具有可比性。

滞后项上。比如，表 3 第（2）列显示，能源强度对城镇化滞后期的弹性为 0.46。究其原因，在于城镇化对能源强度在长短期具有不同的影响。

表 3　IV-GMM 模型估计结果

动态模型	全国		东部		中西部	
	（1）	（2）	（3）	（4）	（5）	（6）
能源强度（-1）	0.492***	0.485***	0.570***	0.566***	0.567***	0.576***
	（0.061）	（0.064）	（0.085）	（0.079）	（0.061）	（0.059）
工业化	-0.339	-0.348	-0.062**	-0.061*	-0.462***	-0.415***
	（0.217）	（0.216）	（0.027）	（0.032）	（0.117）	（0.125）
城镇化	0.138	0.150	0.065	0.052	0.168	0.272
	（0.287）	（0.286）	（0.244）	（0.242）	（0.380）	（0.321）
信息化	-0.500**	-0.455**	-1.286**	-1.256**	-0.391*	-0.391*
	（0.185）	（0.201）	（0.545）	（0.517）	（0.222）	（0.223）
工业化（-1）	0.022	0.028	0.005	0.007	-0.012	-0.006
	（0.040）	（0.044）	（0.019）	（0.020）	（0.131）	（0.115）
城镇化（-1）	0.406**	0.460**	0.710**	0.732**	0.284	0.324
	（0.167）	（0.217）	（0.265）	（0.289）	（0.573）	（0.605）
信息化（-1）	0.111	0.169**	0.598	0.607	0.144**	0.185**
	（0.070）	（0.073）	（0.599）	（0.692）	（0.067）	（0.082）
资均能耗	-0.036	-0.054	-0.039	-0.032	-0.010	-0.034
	（0.065）	（0.062）	（0.055）	（0.071）	（0.073）	（0.053）
劳均能耗	-0.215***	-0.215***	-0.050	-0.042	-0.263***	-0.253***
	（0.055）	（0.056）	（0.044）	（0.059）	（0.064）	（0.066）
人均 GDP	—	-0.425	—	-0.071	—	-0.502
		（0.374）		（0.544）		（0.492）
观测数	210	210	77	77	133	133
Hensen *P*	0.665	0.665	1.000	1.000	0.986	0.991
AR2 *P*	0.735	0.755	0.449	0.895	0.964	0.953

注：括号内为标准误；***、**、*分别表示在 1%、5%、10%的水平上显著；工具变量为能源强度 2 阶及以上滞后，工业化的 2 阶滞后。

其次，与 IV-FE 的估计结果进行比较，工业化水平对能源强度的影响也明显减小，但与城镇化的影响转移到滞后项上的现象不同，工业化滞后期的弹性系数非常微小且并不显著。其可能原因是动态模型中控制了能源强度的滞后期，这也肯定了我们关于能源强度对工业化具有反向影响的设想。

再次，IV-GMM 模型下信息化的弹性系数基本与采用静态模型的回归结果一致，信息化的估计值在-1.29 至-0.39 之间，均在 10%及以上的水平上显著，且信息化程度的提高对降低能源强度在东部比中西部更为有效。

最后，能源强度具有显著的累积效应。各模型对能源强度滞后期前的系数估计值在0.5左右，且在1%的水平上显著，较好地印证了能源强度具有累积效应的猜测假定，其值小于1说明累积效应随时间推移而逐渐减弱。

3.2.2 均值组间（MG）回归估计

IV-GMM估计方法控制了能源强度、城镇化、工业化和信息化的滞后值，当模型控制一阶滞后项时，相当于对被解释变量和解释变量之间的相互关系在时间上做出了假设，从而难以考察自变量对因变量的长短期影响。均值组间估计方法（MG）能够很好地识别区分三化对能源强度的长短期影响。表4报告了基于式（8）的MG结果。

短期来看，城镇化对能源强度的影响为负，控制地区收入水平时，弹性系数在-0.65至-0.35之间。由于城镇化初期发展阶段能够在有限空间内加快产业整合、集约利用资源、形成竞争性市场，这有利于快速增加产出，提高能源效率，从而改善能源强度。这与Sadorsky[13-14]的结论一致。然而，从长期来看，城镇化对能源强度的影响为正，控制地区收入水平时，弹性系数在0.71至0.90之间，且均在5%的水平上显著。这说明了中国城镇化发展中的一个不协调现象：各地区在初期取得城镇化固有的优势后，没有持续发挥城镇化集聚、集约的节能优势，尤其没有处理好城镇化进程中能耗与发展的关系，城镇化的快速推进伴生了能源的“浪费性”消耗。因此，中国的城镇化从长期来看是以牺牲能源效率为代价的，发展潜力和持续性遭到极大削弱。

表4 均值组间回归估计结果

动态模型	全国		东部		中西部	
	（1）	（2）	（3）	（4）	（5）	（6）
长期影响						
工业化	-0.110*	-0.111*	-0.159***	-0.180***	-0.263	-0.285
	(0.063)	(0.060)	(0.057)	(0.058)	(0.220)	(0.227)
城镇化	0.666*	0.705**	1.205**	0.900**	0.819**	0.848**
	(0.342)	(0.329)	(0.524)	(0.563)	(0.413)	(0.420)
信息化	-0.471*	-0.243	-1.931***	-0.970	-0.191	-0.161
	(0.262)	(0.285)	(0.424)	(0.999)	(0.319)	(0.326)
资均能耗	0.015	-0.031	-0.178*	-0.267**	0.086	0.065
	(0.081)	(0.082)	(0.103)	(0.131)	(0.102)	(0.112)
劳均能耗	-0.245**	-0.219**	0.200	0.038	-0.361***	-0.346***
	(0.106)	(0.102)	(0.145)	(0.205)	(0.131)	(0.134)
人均GDP		-0.941*		-1.544		-0.336
		(0.547)		(1.497)		(0.772)

表4(续)

动态模型	全国		东部		中西部	
	(1)	(2)	(3)	(4)	(5)	(6)
短期影响						
误差修正系数	-0.377***	-0.393***	-0.407***	-0.439***	-0.422***	-0.423***
	(0.054)	(0.055)	(0.077)	(0.084)	(0.076)	(0.077)
工业化	-0.015	-0.010	0.020	0.029	-0.059	-0.043
	(0.033)	(0.033)	(0.028)	(0.030)	(0.105)	(0.112)
城镇化	-0.288	-0.346	-0.628*	-0.646*	-0.399	-0.409
	(0.246)	(0.248)	(0.351)	(0.352)	(0.333)	(0.335)
信息化	-0.231**	-0.273***	-0.639	-0.790	-0.263**	-0.270**
	(0.098)	(0.101)	(0.480)	(0.505)	(0.115)	(0.116)
资均能耗	0.055	0.084*	0.190***	0.236***	-0.011	0.003
	(0.043)	(0.046)	(0.066)	(0.081)	(0.060)	(0.068)
劳均能耗	-0.036	-0.052	-0.156**	-0.127*	0.007	-0.001
	(0.049)	(0.049)	(0.063)	(0.070)	(0.071)	(0.074)
Constant	-1.327**	-5.565	-1.944*	-16.856	-1.756**	-14.508
	(0.580)	(6.265)	(1.052)	(22.370)	(0.879)	(9.065)
观测数	240	240	88	88	152	152

注：括号内为标准误；***、**、*分别表示在1%、5%、10%的水平上显著。

工业化不论在长期还是短期对能源强度影响都不显著（除东部地区显著为负外）。值得注意的是，由于MG回归无法对工业化的内生性加以控制，因此表4中的工业化弹性会存在向上的偏误。因此，对工业化弹性的测量，我们更倾向于接受IV-GMM的估计结果。

信息化水平的提升在长期和短期都可以有效增加能源使用效率，长期的影响较短期更大，但短期影响在统计上更显著。从全国样本来看，信息化的长期影响为-0.24，短期影响为-0.27，但短期影响在1%的水平上显著，长期影响不显著；对比东部与中西部的差异，东部更有效地利用了信息化在节能促产方面所发挥的作用，在长期和短期都有所体现，这也与前述结论一致：东部短期的信息化弹性是中西部的2.9倍，长期中这一倍数高达6倍。

4 结论与建议

本研究立足中国经济发展转型的现实国情和三化加速建设的阶段背景，依托包含资本、劳动和能源的三要素生产函数，探讨能源强度与三化的数理关系，以此为基础构建静态和动态面板模型，基于中国30个省域2005—2013年的面板数据，使用FE、IV-

FE、IV-GMM 和 MG 四种估计方法，实证研究三化与能源强度之间的关系。结果表明，城镇化短期内能够显著降低能源强度，但中国在城镇化发展道路中并没有持续发挥其在集约利用能源方面的优势，以至于城镇化对能源强度的长期影响表现为正；在控制工业化的内生性后，IV-FE、IV-GMM 模型表明工业化水平的提升可有效改善能源强度；信息化在提升能源效率、降低能源强度方面的短期和长期能力尤其值得重视。

本研究的政策意蕴在于以下几点：第一，中国应正视能源强度的累积效应，协调能源消费与环境保护、持续发展的长短期关系，努力建设两型社会；第二，中国应妥善处理城镇化发展与能源消费的矛盾，创新性地将城镇化进程中人才、技术、产业等短期经济增长优势转化为长期节能降耗优势，着力推进绿色、低碳、集约型城镇化建设；第三，中国应坚持新型工业化道路，加快产业升级转型，构筑节能型现代产业体系，全力释放工业化的结构节能红利；第四，中国应重视信息化的节能效应，深挖“信息节能”潜力，促进能源强度降低。

（本论文原载于《中国人口·资源与环境》2015 年第 8 期）

参考文献：

[1] 史丹. 中国能源效率的地区差异与节能潜力分析 [J]. 中国工业经济，2006 (10)：49-58.

[2] WEI B R, et al. Urbanization Impaction Energy Demand and CO_2 Emission in China [J]. Journal of Chong Qing University-Eng. Ed, 2003, 2 (10): 46-50.

[3] PARIKH J, SHUKLA V. Urbanization, Energy Use and Greenhouse Effects in Economic Development: Results from Across-National Study of Developing Countries [J]. Global Environmental Change, 1995, 5 (2): 87-103.

[4] GARBACCIO R F, et al. Why Has the Energy-Output Ratio Fallen in China? [J]. Energy Journal, 1999, 20 (3): 63-91.

[5] FISHER-VANDEN, JEFFERSON K. What Is Driving China's Decline in Energy Intensity? [J]. Resource and Energy Economics, 2006, 7 (26): 7-97.

[6] KHAZZOOM J D. Economic Implication of Mandated Efficiency Standards for Household Appliances [J]. Energy Journal, 1980, 1 (4): 21-39.

[7] 李廉水，周勇. 技术进步能提高能源效率吗?：基于中国工业部门的实证检验 [J]. 管理世界，2006 (10)：82-89.

[8] KAMBARA T. The Energy Situation in China [J]. The China Quarterly, 1992, 131 (5): 608-636.

[9] RICHARD G, ADAM B. The Induced Innovation Hypothesis and Energy-Saving

Technological Change [J]. Quarterly Journal of Economics, 1999, 114 (3): 941-975.

[10] 王秋彬. 工业行业能源效率与工业结构优化升级：基于2000—2006年省际面板数据的实证研究 [J]. 数量经济技术经济研究, 2010 (10): 49-63.

[11] 董锋, 等. 产业结构、技术进步、对外开放程度与单位GDP能耗：基于省级面板数据和协整方法 [J]. 管理学报, 2012, 9 (4): 603-610.

[12] 王少平, 杨继生. 中国工业能源调整的长期战略与短期措施：基于12个主要工业行业的综列协整分析 [J]. 中国社会科学, 2006 (4): 88-97.

[13] SADORSKY P. Do Urbanization and Industrialization Affect Energy Intensity in Developing Countries? [J]. Energy Economics, 2013 (37): 52-59.

[14] SADORSKY P. The Effect of Urbanization and Industrialization on Energy Use in Emerging Economies: Implications for Sustainable Development [J]. American Journal of Economics and Sociology, 2014, 73 (2): 392-409.

[15] HENRYSON J, et al.. Energy Efficiency in Buildings Through Information-Swedish Perspective [J]. Energy Policy, 2000, 28 (3): 169-180.

[16] VU K M. ICT As A Source of Economic Growth in The Information Age: Empirical Evidence from The 1996-2005 Period [J]. Telecommunications Policy, 2011 (35): 357-372.

[17] HENDERSON J. V. Efficiency of Resource Usage and City Size [J]. Journal of Urban Economics, 1986, 19 (1): 47-70.

[18] HANSON G H. Market Potential, Increasing Returns, and Geographic Concentration [J]. Journal of International Economics, 2005, 67 (1): 1-24.

[19] JACOBS J. The Economy of Cities [M]. New York: Random House, 1969: 116-127.

[20] JAFFE A, et al. Geographic Localization of Knowledge Spillovers As Evidenced by Patent Citations [J]. Quarterly Journal of Economic, 1993, 108 (3): 577-598.

[21] 魏下海, 王月龙. 城市化、创新与全要素生产率增长：基于省际面板数据的经验研究 [J]. 财经科学, 2010 (3): 69-76.

[22] PENEDER M. Industrial Structural and Aggregate Growth [J]. Structural Change and Economic Dynamics, 2003 (14): 427-448.

[23] 干春晖, 等. 中国产业结构变迁对经济增长和波动的影响 [J]. 经济研究, 2011 (5): 4-16.

[24] 毛丰付, 潘加顺. 资本深化、产业结构与中国城市劳动生产率 [J]. 中国工业经济, 2012 (10): 32-44.

[25] 周先波, 盛华梅. 信息化产出弹性的非参数估计分析 [J]. 数量经济技术经济研究, 2008 (10): 130-141.

[26] 徐瑾. 地区信息化对经济增长的影响分析 [J]. 统计研究, 2010 (5): 74-80.

[27] WELFENS P J J. Interneteconomics. net: Macroeconomics, Deregulation, and Innovation [M]. New York: Springer, 2002: 78-110.

[28] ANTONOPOULOS C, SAKELLARIS P. The Contribution of Information and Communication Technology Investments to Greek Economic Growth: An Analytical Growth Accounting Framework [J]. Information Economics and Policy, 2009, 21 (3): 171-191.

[29] JONES D W. Urbanization and Energy Use in Economic Eevelopment [J]. Energy Journal, 1989 (10): 29-44.

[30] MARTINEZ-ZARZOSO I, MARUOTTI A. The Impact of Urbanization on CO_2 Emissions: Evidence from Developing Countries [J]. Ecological Economics, 2011 (70): 1344-1353.

[31] NICKELL S. Biases in Dynamic Models with Fixed Effects [J]. Econometrica, 1981, 49 (6): 1417-1426.

[32] ARELLANO M, BOND S. Some Tests of Specification for Panel Data: Monte Carlo Evidence and An Application to Employment Equations [J]. Review of Economic Studies, 1991, 58 (2): 277-297.

[33] ZHANG H, et al. Does Parental Absence Reduce Cognitive Achievements? Evidence from Rural China [J]. Journal of Development Economics, 2014, 111 (11): 181-195.

[34] PESARAN M H, SMITH R. Estimating Long-Run Relationships from Dynamic Heterogeneous Panels [J]. Journal of Econometrics, 1995, 68 (1): 79-113.

[35] PESARAN M H. Estimation and Inference in Large Heterogeneous Panels with A Multifactor Error Structure [J]. Econometrica, 2006, 74 (4): 967-1012.

[36] PESARAN M H, et al. Pooled Mean Group Estimation of Dynamic Heterogeneous Panels [J]. Journal of The American Statistical Association, 1999, 94 (446): 621-634.

[37] 国家统计局统计科研所信息化统计评价研究组. 信息化发展指数优化研究报告 [J]. 管理世界, 2011 (12): 2-12.

[38] 成金华, 陈军. 中国城市化进程中的能源消费区域差异: 基于面板数据的实证研究 [J]. 经济评论, 2009 (3): 38-46.

[39] 谭忠富, 张金良. 中国能源效率与其影响因素的动态关系研究 [J]. 中国人口·资源与环境, 2010, 20 (4): 43-49.

[40] 魏楚, 沈满洪. 能源效率及其影响因素: 基于 DEA 的实证分析 [J]. 管理世界, 2007 (8): 66-76.

[41] 魏楚, 沈满洪. 结构调整能否改善能源效率: 基于中国省级数据的研究 [J]. 世界经济, 2008 (1): 77-85.

[42] 袁晓玲, 等. 基于环境污染的中国全要素能源效率研究 [J]. 中国工业经济, 2009 (2): 76-86.

中国新四化对能源强度的影响

——基于省际面板数据的实证分析

李标　宋长旭　吴贾　吴波

1　引言

能源强度是反映经济发展方式与资源环境代价的重要参考指标。在 2016 年正式签署生效的《〈联合国气候变化框架公约〉巴黎协定》中，中国承诺到 2030 年 CO_2（二氧化碳）排放达到峰值且将努力早日达到峰值。众所周知，碳排放主要源于化石能源消费。该承诺对化石能源经济特征突出的中国来说，同时实现中高速增长与能源强度下降的压力无疑是巨大的。目前，中国正加快推进新型城镇化、新型工业化、信息化与农业现代化（简称“新四化”），在强调经济增长与结构升级的同时，特别重视能源环境维度的约束，这在四化（城镇化、工业化、信息化与农业现代化）的实践中尚未得到认真对待。因而，节能降耗是新四化的应有之义，新四化进程中降低能源强度对实现上述承诺极为重要。本研究将检验新四化是否能促进能源强度下降，为此研究主题提供一个补充。考虑到新四化内涵的多维特性，已有研究中使用的城镇化率、工业化率、计算机普及率与农机总动力等单一指标难以有效涵盖新四化对经济增长、结构变化、能源消费、环境污染等多个维度的要求，本文使用多元指标构建的四个新四化指数考察不同省域的新四化水平，并刻画其空间分布特征。不同于传统四化进程突出的诸如信息化支持工业化和农业现代化支撑城镇化、工业化等单向作用，党的十八大报告明确指出“新四化”应相互联系、相互促进，这从实践上对新四化的四个子系统提出了“互动发展”的新要求。比如，强调信息化与其他三化融合；新型城镇化与新型工业化相互支撑；在农村、农业支持城镇、工业的同时，加强新型城镇化与新型工业化对农业现代化的反哺。这将使得新四化互动可能会影响能源强度。新四化互动是否对能源强度有间接作用？此效应是收敛，抑或是发散？受其影响，每一化对能源强度的最终弹性如何？这是前人研究没有识别与关注的。由此，本研究将基于多元指标构建的新四化指数纳入统一的分析框架，考察省际新四化水平及其空间分布特征，控制粗放发展惯性引致的能源强度累积滞后效应，识别新四化互动对能源强度的作用，判定新四化对能源强度的影响。

既有文献中，鲜有关于新四化影响能源强度的成果，多是四化中的一化、两化或三化与能源消费或能源强度关系的研究，且尚未达成一致结论。

1.1 城镇化对能源强度的影响

城镇化对能源强度来说是一把双刃剑。城镇化能撬动能源消费规模上升，加大能源强度上升压力。城镇化与能源消费具有较强的正向关联性[1-2]，这是与产业和人口向城镇空间集中分不开的。城镇化进程中城镇空间的外延扩展导致了单位产出的能耗提高[3]，产品需求的上升使能源消费需求得以较快释放[4]。因此，城镇化是能源消费上升的格兰杰原因[5-6]。城镇化也使能源强度的降低成为可能。城镇化能减少煤炭、木炭等燃烧效率较低的有机燃料资源的消费量，电力、天然气等相对清洁的能源消费规模将快速上升，有效地改善了能源使用结构[7]。城镇化进程中技术水平的提高和创新投入的增加往往会带来能源利用效率及全要素生产率的提升，降低能源强度[8]。

1.2 工业化对能源强度的影响

一种观点认为，工业化不利于能源强度降低。随着工业化程度的提高，耗能总量将会增加[9]，阻碍能源强度降低。加快推进的工业化将诱使基础设施、房地产等项目大量实施，带动高耗能工业发展，引起能源消费规模快速上升，能源强度也随之显著提高[10]。这一结论也为 Poumanyvong 和 Kaneko[11]、Sadorsky[12] 等学者的经验研究所证实。持反对意见的学者认为，工业化能够降低能源强度。工业化进程中，工业能源利用效率改进的幅度大大高于其他产业部门，较大程度上抵消了产业结构变化对能源强度的负面影响[13]。工业化水平的提高、工业结构的调整能显著改善能源效率[14]。可能的原因是，能源要素会随着工业化发生流动，由低效率的产业流向高效率的产业[15]。

1.3 信息化对能源强度的影响

信息化离不开信息化技术（information and communication technology，ICT）的支撑，诸如硬件设施、创新研发等 ICT 相关投资提高了能源强度。信息化技术对能源消费的直接影响是人们在持续消费信息产品和使用互联网服务，且规模在不断增长，电力能源消耗随之快速增长[16]。尽管 ICT 硬件基础设施的技术在逐渐升级，但是其本身所消耗的能源却在快速增长[17]。信息化资本与能源强度之间便呈现出显著的正相关关系[18-19]。另一方面，信息化通过促进技术扩散与创新、提高企业与个人的决策质量、增加需求与降低生产成本三种途径推动产出大幅提升[20]，产出增幅高于因此而增加的能源消费增幅[21]，使能源强度趋于下降。Romm[22]、Hilty 等[23] 也认为，尽管 ICT 一定程度上增加了能源消费，但此类技术的快速发展能够促进国民经济部门提高自身的能源使用效率，有利于改善能源强度。

1.4 农业现代化对能源强度的影响

从消极影响看，农业现代化会增加农业用能，形成能源强度上升的动力。农业现代化增加了农业生产耗能的直接消费与间接消费[24]。中国与日本的农业能源投入密度与消费强度较高，美国则最低，欧洲大部分国家、美国与日本的农业能源强度有下降的趋势[25]。从积极影响看，农业用能提高了土地生产率、劳动生产率和商品率，有利于整体能源强度下降。Kennedy 发现，样本期内美国农作物产量的快速增加要得益于农业能源使用效率的提升[26]。Karkacier 等得出农业能源的有效运用能促进当地农业生产率提升的结论[27]。Beckman 等认为，可持续农业生产体系的建立，降低了农业用能强度，有利于缓解整体能源强度的上升压力[28]。

中国所处的发展阶段以及新四化模式较过去已出现显著不同，寻找新四化及其互动能否降低能源强度的经验证据是对此研究领域的重要补充。本文的贡献如下：第一，已有的实证研究多是采用单一指标衡量新四化，难以充分反映新四化的丰富内涵。这里使用基于多元指标构建的新四化指数（其中，新型城镇化、新型工业化与农业现代化指数着重控制了能源与环境因素）测度新四化水平是在该研究主题上的一个创新。第二，绘制了省域的新四化水平分布图，重新评价以新四化作为参考指标时的区域发展差异情况。第三，新四化对能源强度的影响可能不是单独存在的，某一化水平的提升可能促进或抑制其他三化对能源强度的改善作用，从而对能源强度产生间接影响，以往的研究并没有考虑。本文在模型中考察了新四化的交互作用，结果发现新四化水平提升对能源强度的效应趋于收敛。

2 研究方法与变量说明

2.1 基本方法

能源强度体现一个国家或地区能源的综合利用效率，经济发展过程中所付出的资源环境代价[29]。国际上通常使用单位 GDP 能耗衡量能源强度。为得到新四化影响能源强度的弹性系数，本文借助生产函数得到新四化与能源强度关系的数理表达，进一步建立计量分析模型，使用静态面板和动态面板处理。在包含劳动与资本两个投入要素的柯布-道格拉斯生产函数基础上，将能源作为第三个投入要素纳入：

$$Y = A(\cdot) \cdot K^{\alpha} \cdot L^{\beta} \cdot E^{\gamma} \tag{1}$$

式中，Y 表示总产出；K 表示资本投入；L 表示劳动投入；E 表示能源投入；α，β，γ 分别代表资本、劳动和能源对产出的弹性系数；$A(\cdot)$ 表示全要素生产率。从已有文献看，Henderson[30]、Hanson[31]的研究表明，城镇化对 $A(\cdot)$ 有显著影响；Peneder[32]发现，工业化进程中能源要素随产业结构调整而发生流动影响着 $A(\cdot)$；Welfens[33]对 $A(\cdot)$ 进行要素分解后发现，信息要素的作用不容忽视；农业现代化可通过积累农业人力资本与技术推广、推进三次产业联动、盘活生产要素资源作用于 $A(\cdot)$。总体来说，新四化变量的确可能是影响 $A(\cdot)$ 的重要因素。将 $A(\cdot)$ 进行指数化处理后，有

$$Y = \exp[\varphi\ln(urb) + \varphi\ln(ind) + \eta\ln(inf) + \lambda\ln(agr)]K^{\alpha} \cdot L^{\beta} \cdot E^{\gamma} \tag{2}$$

式中，urb 表示新型城镇化；ind 表示新型工业化；inf 表示信息化；agr 表示农业现代化；φ，φ，η，λ 分别表示新四化对 $A(\cdot)$ 的影响系数，数值越大，说明影响程度越高。式（2）两边取倒数后同时乘 E，并假定生产函数规模报酬不变（$\alpha+\beta+\gamma=1$），可得

$$\frac{E}{Y} = \exp\{-[\varphi\ln(urb) + \varphi\ln(ind) + \eta\ln(\inf) + \lambda\ln(agr)]\} \cdot \frac{E^{\alpha+\beta+\gamma}}{K^{\alpha} \cdot L^{\beta} \cdot E^{\gamma}}$$

进一步，上式取自然对数有

$$y = \ln\left(\frac{E}{Y}\right) = -[\varphi\ln(urb) + \varphi\ln(ind) + \eta\ln(inf) + \lambda\ln(agr)] + \alpha\ln\left(\frac{E}{K}\right) + \beta\ln\left(\frac{E}{L}\right) \tag{3}$$

式中，y 即为单位 GDP 能耗，即能源强度。据此设定的理论模型框架下，考察新四化对能源强度的影响需要控制资均能耗（E/K）与劳均能耗（E/L）两个变量。但是，对于新型城镇化、新型工业化、信息化与农业现代化构成的新四化有机系统，各子系统并不是独立运行的，彼此之间存在相互作用。比如，当单独考虑农业现代化时，其降低能源强度的效应有限，但随着当地信息化、新型工业化和新型城镇化的发展，农业现代化对能源强度的积极作用可能会出现变化。新四化与能源强度的数理关系还应包括新四化互动因素，这里使用新四化的交互项反映。Martinez-Zarzoso 和 Maruotti[34] 认为国民收入水平显著影响能源强度。此处使用人均 GDP 衡量国民收入水平作为控制变量。进而，设定如下计量模型：

$$y_{it} = \psi_{it} + \alpha_1 lurb_{it} + \alpha_2 lind_{it} + \alpha_3 linf_{it} + \alpha_4 lagr_{it} + \alpha_5 luiia_{it} + \alpha_6 lek_{it} + \alpha_7 lel_{it} + \beta_1 lrjgdp_{it} + \varepsilon_{it} \tag{4}$$

式中，y_{it} 表示 i 省 t 年的能源强度，$lurb_{it}$、$lind_{it}$、$linf_{it}$、$lagr_{it}$ 表示 i 省 t 年的新型城镇化、新型工业化、信息化、农业现代化；$luiia_{it}$ 表示四个新四化指标的交互项，用以捕捉 i 省 t 年的新四化相互作用对能源强度的影响，使用其乘积表示，即 $luiia_{it} = lurb_{it} \cdot lind_{it} \cdot linf_{it} \cdot lagr_{it}$；$lek_{it}$ 代表 i 省 t 年的资均能耗；lel_{it} 表示 i 省 t 年的劳均能耗；$lrjgdp_{it}$ 表示 i 省 t 年的人均 GDP；ψ_{it} 表示固定效应；ε_{it} 表示误差项。α_6，α_7，β_1 是资均能耗、劳均能耗、人均 GDP 对能源强度的弹性系数。由于考虑了新四化互动的影响，新四化的弹性系数表示如下：

$$\begin{aligned}
\xi_{urb} &= \alpha_1 + \alpha_5 \cdot lind \cdot linf \cdot lagr \\
\xi_{ind} &= \alpha_2 + \alpha_5 \cdot lurb \cdot linf \cdot lagr \\
\xi_{\inf} &= \alpha_3 + \alpha_5 \cdot lurb \cdot lind \cdot lagr \\
\xi_{agr} &= \alpha_4 + \alpha_5 \cdot lurb \cdot lind \cdot \mathrm{linf}
\end{aligned} \tag{5}$$

式中，ξ_{urb}、ξ_{ind}、$\xi_{\inf}$和ξ_{agr}分别表示新型城镇化、新型工业化、信息化与农业现代化的弹性系数。在估计出新四化各子变量回归系数的基础上，使用相应变量样本期内的均值可计算新四化对能源强度的弹性系数，作为分析判定新四化影响能源强度的依据。

2.2 估计方法

基于上文设定的面板模型，本研究拟采用混合最小二乘估计（Pool-OLS）和系统广义矩估计（SYS-GMM）两种方法回归。Pool-OLS 估计假定所有个体同质，不存在个体效应。因而，面板模型（4）中的ψ_{it}是恒定不变的，为常数项c。实际上，在 Pool-OLS 估计忽视省际异质性较强的假定下，中国省域之间的能源强度、经济发展阶段、资本与劳动的用能效率以及新四化水平存在的较大差异特征，在回归过程中被“平均”掉了，该方法舍弃个体差异下得到的结果是一种“平均”效应。实证模型设定为固定效应模型对异质性进行控制更为合理。本文样本时间跨度并不长，注重控制省际的异质特征，因而本文将面板模型设定为个体固定效应。此外，能源强度存在显著的累积滞后效应[21]，对被解释变量的影响值得注意，混合回归模型却遗漏了这一重要的变量。需对能源强度的一期滞后值（$y_{i,t-1}$）加以控制，如此实证模型将变为动态面板模型。

当采用动态面板模型消除固定效应时，会带来动态面板偏误问题[35]，即被解释变量的滞后项的差分项与误差项的差分项存在相关性（$E[\Delta y_{i,t-1}\cdot\Delta\varepsilon_{it}]\neq 0$）。而且，面板模型中人均 GDP 与能源强度可能存在相互影响，引发内生性问题，使$E[lrjgdp_{it}\cdot\varepsilon_{it}]\neq 0$，产生估计偏误。同时，新四化指标变量可能并不符合严格外生条件的假定，但符合先决（predetermined）变量的假设。这类变量与当期的误差项不相关，但与误差项的滞后项相关，以至于成为“隐形”的内生变量。在采用差分法去除固定效应时，先决变量的差分项与误差的差分项存在相关性（$E[\Delta lurb_{it}\cdot\Delta\varepsilon_{it}]\neq 0$，$E[\Delta lind_{it}\cdot\Delta\varepsilon_{it}]\neq 0$，$E[\Delta l\inf_{it}\cdot\Delta\varepsilon_{it}]\neq 0$，$E[\Delta lagr_{it}\cdot\Delta\varepsilon_{it}]\neq 0$）。以上问题将导致动态面板估计结果的非一致，致使模型回归参数出现偏误。

为处理这些问题，采用 Blundell 和 Bond[36]提出的 SYS-GMM 方法进行估计。SYS-GMM 估计一方面能够解决ε_{it}违背球形扰动和严格外生性假定带来的异方差和内生性问题；另一方面也能解决ε_{it}违背条件正态分布假定导致的有效性问题。尽管 SK 检验显示并不是所有的变量都服从正态分布，但当线性回归ε_{it}违背条件正态分布假定时，可使用不要求ε_{it}必须满足正态分布假定的 GMM 方法估计，且根据大数定理和中心极限定理，可对参数估计量进行相应的统计推断，尽可能地避免非同分布变量回归引发的估计偏误。

2.3 指标选取

新四化于 2012 年由党的十八大正式提出，但考虑到 2011 年上海、江苏、四川等省市已对新四化有所表述与实践，且“十二五”起始年份为 2011 年。所以，本研究以 2011—2014 年中国 30 个省（区、市）（不含西藏及港、澳、台地区）的数据为样本，基础数据来源于《中国统计年鉴》[37]《中国能源统计年鉴》[38]《中国农村统计年鉴》[39]和《中国农村金融服务报告》[40]。本文实证分析涉及的指标如下：

能源强度（*y*）通常由单位 GDP 能耗衡量。基期设定为 2011 年，使用各地区的能源消费总量除以经过不变价平减指数的实际 GDP 测算各省市不同年份的单位 GDP 能耗。

人均 GDP（*lrjgdp*）反映国民收入水平。为剔除价格因素影响，文章使用 2011 年为基期的平减指数对样本期内各地区的人均 GDP 名义值进行调整。

资均能耗（*lek*）是能源消费规模与全社会固定资产投资总额的比值，表示单位资本的耗能状况。考虑到资本存量折算方法尚未统一，且不同地区资本折旧率也有所差异，此处使用定基的固定资产投资价格指数调整后的固定资产投资总额予以粗略测算。

劳均能耗（*lel*）是能源消费总量与劳动投入规模的比值，反映单位劳动消耗能源的平均水平。劳动投入规模以各省市就业人员总量衡量。

新型城镇化（*lurb*）是在人口由农村向城镇转移的同时，实现经济发展、空间调整、设施配套优化、生态资源存量提高以及环境污染改善的过程。因而，城镇化率指标不足以全面反映新型城镇化的多维要求，本研究从六个方面选取 14 个指标，构建综合评价指标体系，利用主成分方法计算新型城镇化指数，测度新型城镇化水平。这些指标分别是：人均 GDP、财政收入占 GDP 比重（经济发展），城镇化率（城乡人口结构），城市建成区面积占辖区面积比重、城市人口密度（空间调整），燃气普及率、人均城市道路面积、每万人拥有公交车数量（设施配套），人均湿地面积、人均城市绿地面积、人均水资源量（生态资源存量），废水排放总量、废气中污染物总量与单位 GDP 能耗（环境污染）①。

新型工业化（*lind*）不同于传统工业化侧重工业在国民经济中占比的提升，更加强调创新力度的加大、创新绩效的提升、污染治理的加强、污染排放的减少与用能效率的改善，是一个结构转型优化的过程。由此，本文从工业产出（工业增加值及其占 GDP 比重）、创新投入（R&D 经费支出及其占 GDP 比重）、创新绩效（规模以上工业企业新产品销售收入及其占工业总产值比重）、污染治理（工业污染治理投资）、污染排放（万元工业增加值废水排放量、万元工业增加值废气排放量、万元工业增加值固体废弃物排放量）和用能效率（万元工业增加值能耗）六个方面选择 11 个指标②，并利用主成分方法计算各新型工业化指数，以反映新型工业化水平。

信息化（*linf*）是信息技术发展及运用，推动经济社会发展的过程。我们借鉴使用了国家统计局科学研究所信息化评价课题组测算的信息化发展指数③，以评价信息化水

① 废水排放总量、废气中污染物总量、单位 GDP 能耗为负向指标，主成分分析前进行逆向化处理。

② 万元工业增加值废水排放量、万元工业增加值废气排放量、万元工业增加值固体废弃物排放量和万元工业增加值能耗为负向指标，主成分分析前进行逆向化处理。

③ 以 2000 年以来的指数为基础预测得到 2014 年的指数。

平。该指数的细项指标涉及基础设施、产业技术、应用消费、知识支撑和发展效果五个方面，共 12 个指标：电话拥有率、电视机拥有率、计算机拥有率，人均电信业产值、每百万人发明专利申请量，互联网普及率、人均信息消费额，信息产业从业人数占比重、教育指数，信息产业增加值占比重、信息产业研发经费占比重、人均国内生产总值。

农业现代化（*lagr*）是利用非农产业的技术、生产、经营等优势推动传统农业向现代农业转变，提升农业劳动生产率与产出的过程。新发展阶段下的农业现代化不仅要体现水利化和机械化特点，还应突出商品化、金融化和绿色化等特征。所以，本文以“农业增加值及其占 GDP 比重”反映农业产出状况，以“农业从业人员比重和劳均粮食产量”反映农业劳动投入及效率，以“有效灌溉面积比重”反映农业水利化，以“单位播种面积农机总动力和单位播种面积柴油使用量”反映农业机械化，以“单位播种面积的低微毒农药使用量”反映农业生产绿色化，以“农村居民经营净收入占可支配收入比重”反映农业商品化，以“年末涉农贷款余额占金融机构贷款余额比重”反映农业金融化①。基于所选的 10 个细项指标，并使用主成分方法计算农业现代化指数，测度农业现代化水平。

这些变量实证分析之前均经对数化处理。需要指出的是，鉴于新四化指数中存在负值，本文将其向右平移 10 个单位后取自然对数，这种处理方法一定程度上消除了观测个体的部分异质性，使得新四化水平在省与省之间存在一定差异，但并不大。表 1 报告了变量的统计性信息。能源强度的统计特征值显示，中国省际能源强度的平均值为-0.23，说明样本期内能源强度的平均水平小于 1，其标准差为 0.42，表明中国能源强度存在显著的省际差异，这也可从能源强度的最大值与最小值之间较大的差距看出。对于控制变量，人均 GDP 的差异较小，资均能耗与劳均能耗则表现出省际差异特征。

表 1　变量定义与统计描述

名称	变量定义	平均值	标准差	最小值	最大值	样本数
能源强度（*y*）	*y*=*ln*（基期为 2011 年的单位 GDP 能耗）	-0.226	0.424	-1.086	0.719	120
人均 GDP（*lrjgdp*）	*lrjgdp*= *ln*（基期为 2011 年的实际人均 GDP）	11.456	0.108	11.310	11.658	120
资均能耗（*lek*）	*lek*=*ln*（能耗总量/基期为 2011 年的固定资产投资）	4.729	0.368	3.993	5.570	120
劳均能耗（*lel*）	*lel*=*ln*（能耗总量/年末就业人员总量）	1.748	0.467	0.942	2.719	120
新型城镇化（*lurb*）	*lurb*=*ln*（新型城镇化指数）	2.296	0.039	2.240	2.390	120
新型工业化（*lind*）	*lind*=*ln*（新型工业化指数）	2.306	0.060	2.207	2.447	120

① 机械化指标一定程度上可反映工业对农业的反哺。商品化指标也能说明市场经济对农业的影响。农产品市场占有率是体现农产品商品化的有效指标，但囿于该指标尚未统计，故使用收入类指标衡量，此外，受统计制度变化影响，2011 和 2012 年使用农村居民经营纯收入占纯收入比重替代。对于金融化，统计资料未单独列出农业的贷款余额，故使用涉农贷款测算。省际的低微毒农药使用比例由各地区的“植保植检站”调查统计。

表1(续)

名称	变量定义	平均值	标准差	最小值	最大值	样本数
信息化(*linf*)	*linf*=*ln*(信息化指数)	2.375	0.011	2.361	2.414	120
农业现代化(*lagr*)	*lagr*=*ln*(农业现代化指数)	2.335	0.034	2.268	2.415	120

3 实证分析

3.1 省际新四化水平

在构建的综合评价指标体系基础上，使用主成分分析方法进行处理。从多个基础指标中萃取出若干个能够最大程度上反映这些指标信息的主成分，并令其对应的特征根在提取的特征根之和中的占比为每个主成分相应的权重，经过加权求和，便可以计算2011—2014年中国30省市的新四化指数。

文章直接使用前人测算的信息化指数，此处仅报告基于新型城镇化、新型工业化和农业现代化多元指标构建的综合评价体系，运用主成分分析方法萃取的主成分及每一个主成分对应的特征根和权重（详见表2）。新型城镇化指数对应的主成分有4个，2011—2014年，各主成分的权重波动幅度不大：第一主成分的权重区间是（0.33，0.35），第二主成分的权重在0.27和0.28之间调整，第三主成分的权重则处于区间（0.19，0.23），第四主成分的权重波动范围为（0.17，0.19）。这也显示了基于主成分特征根设定权重的优势，即一定程度上能够避免主观赋权因素对最终结果的影响。使用新型工业化与农业现代化的基础指标，分别萃取得到3个主成分和4个主成分，其对应的权重也表现出较好的稳定性。

对主成分得分及其对应的权重进行加权计算处理，便可以得到样本期内各省市的新型城镇化指数、新型工业化指数和农业现代化指数。

表2　新型城镇化、新型工业化和农业现代化的主成分特征根与权重系数

类别	主成分	2011年		2012年		2013年		2014年	
		特征根	权重	特征根	权重	特征根	权重	特征根	权重
lurb	第一主成分	3.903	0.354	3.696	0.341	3.450	0.317	3.432	0.325
	第二主成分	3.050	0.277	2.904	0.268	3.009	0.277	2.823	0.267
	第三主成分	2.132	0.193	2.252	0.208	2.392	0.220	2.391	0.226
	第四主成分	1.944	0.176	1.985	0.183	2.028	0.186	1.920	0.182
lind	第一主成分	4.946	0.477	4.324	0.443	4.930	0.468	4.426	0.414
	第二主成分	3.370	0.325	3.640	0.373	3.502	0.333	4.238	0.397
	第三主成分	2.060	0.199	1.796	0.184	2.093	0.199	2.020	0.189

表2(续)

类别	主成分	2011 年		2012 年		2013 年		2014 年	
		特征根	权重	特征根	权重	特征根	权重	特征根	权重
lagr	第一主成分	4.394	0.512	4.490	0.520	4.291	0.505	4.617	0.535
	第二主成分	1.643	0.191	1.730	0.200	1.686	0.199	1.599	0.185
	第三主成分	1.454	0.169	1.346	0.156	1.308	0.154	1.279	0.148
	第四主成分	1.098	0.128	1.076	0.125	1.205	0.142	1.128	0.131

注：因信息化指数直接使用国家统计局科学研究所信息化评价课题组的结果，故表中未包含信息化的相关信息。

新型城镇化、新型工业化、信息化和农业现代化的整体水平与中国省域经济发展水平是一致的，即四者均表现出东部地区优于中西部地区、中部地区优于西部地区的经济事实，这也与区域经济发展的梯度特征吻合。从区域“四分法”的角度看，新四化水平也有东部>东北>中部>西部的表现。中国省际新四化水平的梯度化现象也印证了钱纳里、赛尔昆在《发展的格局》一书中提出的经济发展阶段与城镇化、工业化相对应的“标准结构”或“一般型式”[41]。需要指出，在钱纳里、赛尔昆所处的时期，信息化对国家经济增长的贡献作用并不大，也没有那么显著，所以，他们提出的“标准结构”或“一般型式”主要是着重强调经济发展水平与城镇化、工业化的相互对应关系。

新四化的省际分布同时显示出“逆梯度”特征，即中西部个别省份的新四化水平优于东部省份、部分西部省份的新四化水平也要优于中部省份。以 2014 年为例，四川与重庆的新型城镇化指数在 30 个省（区、市）中分别位居第 8 位和第 10 位，高于部分东部省份和中部 8 省市的排名；西部的四川、重庆和内蒙古的新型工业化指数排名相对靠前，分列第 7、8 和 14 位，高于东部和中部一些省份的位序；就信息化水平而言，西部的陕西、重庆、内蒙古等省份也明显优于部分东部与中部省份；30 个省（区、市）的农业现代化指数排序结果表明，第 8 位的黑龙江高于福建、辽宁和河北的位次，内蒙古和四川的农业现代化水平也明显优于安徽、湖北、湖南与山西等省。新四化水平在省与省之间展现出的“逆梯度”事实也进一步为落后地区发挥后发优势，实现赶超发展提供了佐证。

值得一提的是，使用播种面积、有效灌溉面积、粮食产量、农机总动力等传统指标测算的农业现代化指数（限于篇幅此处未报告）显示，中西部地区的粮食主产区具有较高的农业现代化水平。然而，现阶段的农业现代化尤其强调商品化、金融化、绿色化等。将这些因素纳入农业现代化指数计算后，东部地区传统农业生产的资源劣势（如土地、劳动力等资源的萎缩）被技术、金融、市场等新兴优势所抵消，东部地区的工业、服务业反哺农业的效果充分显现，进而使得东部地区在农业现代化发展方面表现较好。

3.2 计量回归分析

3.2.1 混合回归

表3给出了基于面板模型的POOL-OLS估计结果。回归1不包含新四化变量，回归2纳入新型城镇化与新型工业化变量，回归3在回归2的基础上加入信息化与农业现代化变量，回归4进一步考虑了新四化互动因素的影响。整体来看，四个回归方程的调整可决系数呈递增态势，模型整体拟合效果较好。

从控制变量的回归系数分析，人均GDP、劳均能耗、资均能耗三个变量回归系数在所有回归结果中均显著为正。这说明单位资本、单位劳动的能源使用效益并不高，随之上涨将刺激能源强度提高。而人均GDP的提高将放大消费需求，可能诱使微观主体采用粗放的生产模式，反而不利于能源强度降低。

考察关注变量的系数可知，新四化对能源强度的影响均显著为负，且回归系数的绝对值较大，似乎表明新四化的推进能够在较大程度上降低能源强度。但是，由于交互作用的存在，并不能简单地将新四化变量的回归系数视为其对能源强度的弹性系数。四化互动对能源强度的弹性系数显著为正，一定程度上弱化了新四化降低能耗的作用。此外，受模型潜在的内生性以及能源强度可能存在累积滞后效应的影响，使基于POOL-OLS估计结果得到的新四化对能源强度的弹性系数可能存在偏误，这可通过SYS-GMM估计方法解决。

表3 POOL-OLS回归结果

变量	回归1	回归2	回归3	回归4
rjgdp	0.898***	0.142	0.305**	0.242*
	(0.327)	(0.161)	(0.130)	(0.123)
el	0.052	0.252***	0.326***	0.358***
	(0.085)	(0.041)	(0.031)	(0.030)
ek	0.851***	0.389***	0.425***	0.337***
	(0.124)	(0.062)	(0.047)	(0.049)
lurb		−5.675***	−0.368	−19.514***
		(0.510)	(0.635)	(4.986)
lind		−1.352***	−1.093***	−20.931***
		(0.328)	(0.239)	(5.133)
linf			−16.333***	−39.415***
			(2.036)	(6.268)
lagr			−2.351***	−22.138***
			(0.479)	(5.135)
luiia				1.541***
				(0.398)

表3(续)

变量	回归1	回归2	回归3	回归4
c	-14.635^{***} (4.053)	15.265^{***} (2.412)	41.341^{***} (3.409)	187.841^{***} (38.007)
样本数	120	120	120	120
可决系数	0.489	0.891	0.944	0.951

注：圆括号内为标准误；*、**、***分别表示在0.1、0.05、0.01水平下显著。

3.2.2 动态面板回归

针对混合面板模型回归存在的一些问题，在回归过程中加入被解释变量的滞后一期值控制能源强度的累积滞后效应，并假定新四化及其互动为先决变量，使用SYS-GMM方法估计动态面板模型。与POOL-OLS回归类似，依次加入变量，可得SYS-GMM回归估计的四个结果（详见表4①）。回归5并未通过IV过度识别检验，在5%的显著水平上无法拒绝“所有工具变量均有效”的原假设。相对地，回归6、7、8则通过了该检验，即这三个回归方程的IV均是有效的，进一步说明了回归6、7、8的估计结果相对于回归5更可靠。从最后三个回归方程的结果可知，能源强度一期滞后值的回归系数为正，且在1%水平下显著，证实关于能源强度具有累积滞后效应的猜想。人均GDP、劳均能耗、资均能耗也表现出与能源强度正相关的特征，肯定了表3的结果。当新四化变量纳入计量模型时，回归6的四个新四化变量的系数显著为负。进一步考虑新四化互动的回归7中，新四化回归系数依然保持了降低能源强度的特性，且显著水平有所改善。基于此，有如下发现：

第一，新四化水平的提高对能源强度的效应趋于收敛。回归4和回归8中新四化交互项的系数显著为正，表明在降低能源强度的作用上，新四化的边际效应递减。当以新四化反映的区域发展水平较高时，提升某一化水平对整体能源强度的改善效果有所降低。立足区域协调发展视角，发达地区的新四化水平较高，能源强度下降空间有所收窄，应加大先进技术、高端产业、优惠政策等资源向落后地区倾斜配置的力度，提升区际的资源配置效率，优先助力落后地区提升新四化水平，将有益于整体能源强度的下降。

表4 SYS-GMM回归结果

变量	回归5	回归6	回归7	回归8
$y(-1)$	0.533^{***} (0.138)	0.537^{***} (0.041)	0.297^{***} (0.037)	0.270^{***} (0.052)

① 鉴于新四化进程中可能出现规模报酬递增的现象，当$\alpha+\beta+\gamma>1$时，令$\alpha+\beta+\gamma=q=1$，公式(3)将转化为$y=-[\varphi\ln(urb)+\varphi\ln(ind)+\eta\ln(inf)+\lambda\ln(arg)]+\alpha\ln(E/K)+\beta\ln(E/L)-q\ln(E)$。因此，计量模型应增加控制变量能源消费。回归结果表明，规模报酬不变与递增假定下新四化对能源强度的影响稳定。限于篇幅，此处未报告规模报酬递增下的结果。

表4(续)

变量	回归5	回归6	回归7	回归8
rigdp	−2.144* (1.116)	0.059 (0.404)	1.834*** (0.357)	0.012 (0.378)
el	0.337*** (0.094)	0.024 (0.028)	0.071*** (0.029)	0.236*** (0.026)
ek	0.727*** (0.107)	0.399*** (0.042)	0.597*** (0.049)	0.361*** (0.033)
lurb		−2.220*** (0.420)	−0.596* (0.354)	−19.224*** (5.807)
lind		−1.074*** (0.242)	−0.805*** (0.184)	−18.934*** (5.643)
linf			−9.837*** (1.281)	−31.287*** (6.186)
lagr			−0.827 (0.556)	−19.932*** (6.228)
luiia				1.444*** (0.450)
c	−11.778*** (2.960)	3.441** (1.635)	17.083*** (3.480)	161.310*** (42.198)
样本数	90	90	90	90
IV 过度识别检验	0.029	0.178	0.738	0.951

注：圆括号内为标准误；*、**、*** 分别表示在 0.1、0.05、0.01 水平下显著；差分方程的 IV 分别是 $y_{i,t-2}$、$y_{i,t-3}$、$lrjgdp_{i,t-2}$、$lrjgdp_{i,t-3}$、$lurb_{i,t-1}$、$lurb_{i,t-2}$、$lurb_{i,t-3}$、$lind_{i,t-1}$、$lind_{i,t-2}$、$lind_{i,t-3}$、$linf_{i,t-1}$、$linf_{i,t-2}$、$linf_{i,t-3}$、$lagr_{i,t-1}$、$lagr_{i,t-2}$、$lagr_{i,t-3}$、$luiia_{i,t-1}$、$luiia_{i,t-2}$、$luiia_{i,t-3}$；水平方程的 IV 分别是 *LD.y*、*L2D.lrigdp*、*D.lurb*、*D.lind*、*D.linf*、*D.lagr*、*D.luiia*。

第二，能源强度的累积滞后效应显著，但逐渐减弱。SYS-GMM 估计的 4 个回归方程中能源强度滞后一期的回归系数均大于 0，且在 1%或 5%水平上显著，说明当期能源强度的大小除了受其他解释变量影响，还受上期能源强度大小的影响，这与 Sadorsky[42] 等学者的结论一致。能源强度滞后一期的弹性系数小于 1，表明尽管其对能源强度有正向作用，但会随着时间的推移而有所衰减。比如，高投入、高耗能的粗放发展模式下，短时间内微观主体囿于技术、人才、资本等壁垒，难以快速转变发展方式，依然沿着既有路径模式开展生产，可能进一步提升能源强度，但随着资本积累、人才引进以及技术革新的出现，粗放路径逐步转向集约路径，能源强度的累积效应也相应衰减。

第三，伴随新四化水平的提升，能源强度下降趋势显著。表 4 显示，新四化系统中各子变量对能源强度的效应统计上表现出较高的显著水平，考虑新四化互动作用后，每一化对能源强度的边际效应与另外三化的取值有关。在分析某一化对能源强度的边际作用时，将其他三化固定在均值水平上，基于式（5）可得能源强度的新型城镇化、新型工业化、信息化和农业现代化弹性别为：−0.76、−0.55、−13.44 和−1.77。由此可见，新四化体现了绿色发展特征，新四化进程的加快有利于实现节能降耗目标。

第四，新四化各子变量对能源强度的边际效应存在差异。首先，信息化可有效改善能源强度。这与信息技术广泛运用于监测用能、精准用能、节约用能等方面以及信息化与生产要素高效融合，优化要素配置，变革生产经营方式，大幅提升能源利用效率与全要素生产率有较大关联。其次，新型城镇化有利于能源强度下降。不论是否纳入新四化互动变量，新型城镇化水平的提高均可显著降低能源强度。与“城镇化短期内能显著降低能源强度（经济意义上显著，即估计系数为负，但统计上不显著），长期影响为正”[21]和“城镇化影响能源强度的大小和方向难以确定”[43]的两种结果相比较，此处有明显改善。由于他们仅使用人口城镇化率测算城镇化水平，既不能反映新型城镇化对经济增长、能源消耗、环境污染与治理等方面的要求，也与实践工作不符，新型城镇化指数则对上述方面进行了控制，从而此处新型城镇化在经济与统计意义上均可显著降低能源强度。再次，新型工业化促进能源强度降低的作用相对较弱。产业结构升级改造是工业化进程中国家实现经济社会与能源环境耦合协调发展路径的最佳选择[44]。中国新型工业化发展进程中，虽然以战略性新兴产业为代表的高端产业取得了长足发展，但高耗能产业占比依然较大，新常态下这些传统工业行业产能过剩且尚未革新或被淘汰的事实进一步强化了结构调整的技术与资本瓶颈，工业转型发展困难有增无减，再加上保增长的潜在动机可能诱使地方政府选择粗放的工业发展路径，致使新型工业化的经济效益出现下滑，新型工业化的节能降耗作用相对较弱。最后，农业现代化对能源强度的积极效应显著。背后的原因在于：尽管传统农业向现代农业转变过程中，使用了更多的化肥、农药、耗能机具[45]，一定程度上刺激了耗能总量上升，然而，农业生产经营商品化程度提高的市场经济红利不断释放，金融化、机械化、绿色化等非农产业反哺农业优势的逐步发挥，农业生产规模化程度的日益提高等诸多因素共同促进农业生产效益大幅提升，使能源强度的下降成为可能。

第五，基于两化互动影响能源强度的视角考察发现，新四化的协调发展仍有进一步的提升空间。为论证新四化各子变量在降低能源强度方面是否有相互促进作用，此处使用某一化样本期内不同分位点上的值测算另一化（其他两化固定在均值水平上）对能源强度边际影响（详见表5）。首先，信息化与新型城镇化、新型工业化、农业现代化之间的互动的积极效应正快速释放，有利于能源强度的改善。当 *lurb*、*lind*、*lagr* 在1%、5%……95%、99%分位点上依次取值时，ξ_{linf} 始终为负，同时 ξ_{lurb}、ξ_{lind} 和 ξ_{lagr} 在 *linf* 选取不同分位点数值时也均为负。其次，农业现代化与其他三化的互动能降低能源强度，但农业现代化与新型工业化之间的互动对能源强度的积极作用的衰减速度较快。可能的原因是，虽然新型工业化进程中工业不断反哺农业，但中高毒农药的使用比例依然较高、化肥利用率较低以及对农业生产所需的劳动力、资本、土地等要素的挤占等，压缩了农业发展潜力，致使其与农业现代化互动时能源强度改善的效果出现快速减弱的现象。此外，在控制信息化和农业现代化变量后，*lind* 和 *lurb* 在不同分点上的取值逐渐增大的情况下，ξ_{lurb} 和 ξ_{lind} 由负转正，说明新型城镇化与新型工业化在互动发展初期能够促进能源强度下降，但随着时间推移，这一积极效应有所减弱，最终出现消极影响。可能由于传统粗放发展模式下的城镇化与工业化，在能源环境方面累积的诸多负面因素已成为新型城镇化与新型工业化互动发展的瓶颈，削弱了其对能源强度的积极效应，这也侧面印证了二者之间的不协调。

表 5　不同分位水平下新四化对能源强度的弹性系数

弹性系数	分位点	1%	5%	10%	25%	50%	75%	90%	95%	99%
ξ_{lurb}	*lind*	-1.512	-1.397	-1.338	-1.174	-0.756	-0.467	-0.050	0.192	0.318
	linf	-0.542	-0.531	-0.519	-0.502	-0.475	-0.414	-0.333	-0.239	-0.155
	lagr	-1.272	-1.153	-1.074	-0.948	-0.837	-0.560	-0.362	-0.307	-0.188
ξ_{lind}	*lurb*	-0.990	-0.944	-0.901	-0.786	-0.650	-0.312	-0.057	0.099	0.189
	linf	-0.646	-0.636	-0.624	-0.607	-0.580	-0.521	-0.442	-0.350	-0.268
	lagr	-1.060	-0.942	-0.863	-0.737	-0.627	-0.351	-0.154	-0.099	-0.019
ξ_{linf}	*lurb*	-13.864	-13.820	-13.778	-13.666	-13.534	-13.206	-12.959	-12.807	-12.720
	lind	-14.164	-14.053	-13.995	-13.838	-13.434	-13.154	-12.751	-12.517	-12.395
	lagr	-13.932	-13.817	-13.741	-13.619	-13.512	-13.244	-13.053	-12.999	-12.885
ξ_{lagr}	*lurb*	-2.211	-2.166	-2.123	-2.009	-1.875	-1.542	-1.290	-1.136	-1.047
	lind	-2.516	-2.403	-2.344	-2.184	-1.773	-1.488	-1.079	-0.841	-0.716
	linf	-1.871	-1.861	-1.850	-1.833	-1.806	-1.747	-1.669	-1.579	-1.498

4　结论与政策建议

本文视新四化为有机系统，在多元指标构建的新四化指数基础上，运用面板模型探求新四化及其互动对能源强度的影响。本文使用 2011—2014 年中国 30 个省（区、市）的经济数据，以新四化指数为基础绘制省际新四化水平分布图，并做出评价。分析发现：新四化水平与区域经济发展梯度吻合，但也存在逆梯度现象。

本文进一步利用混合面板与动态面板模型，实证判定新四化及其互动和能源强度之间的关系。结果表明：伴随新四化水平提升，能源强度下降趋势显著。新四化中，信息化改善能源强度的效果最好，与相关研究结论一致。新型城镇化在经济与统计意义上均可显著降低能源强度，不同于其他学者认为的城镇化对能源强度有负面影响或不确定影响的结论，相较于我们前期得到的城镇化短期内降低能源强度在统计意义上不显著的结果也有所改善。新型工业化促进能源强度下降的作用相对较弱，主要因为中国工业结构调整的瓶颈迟迟难以破除，致使经济效益下滑。农业现代化对能源强度有积极效应，深层次的原因是市场经济红利的释放与非农产业反哺农业优势的发挥。此外，在降低能源强度的作用上，新四化的边际效应递减，致使新四化对能源强度的改善效果趋于收敛。

基于以上结论，本文的政策意蕴是：第一，借助信息化发展机遇，精准、精确用能，改善生产生活用能效率，发挥信息化推动能源强度下降的优势。第二，加大能源消费与环境保护考核力度，促进城镇发展与资源环境良性互动，提高新型城镇化的技能降耗能力。第三，加大革新或淘汰传统产业力度，发展低消耗、高产出的高端产业，尽快突破结构调整瓶颈，释放新型工业化的节能红利。第四，以突出农业低能耗特征为着力点，发展循环化、绿色化、规模化农业，优化农业生产用能效率，同时加大非农产业反哺农业力度，全力推动“高能低效农业”转向“低能高效农业”。第五，着力优化区际资源配置效率，提升落后地区的新型城镇化、新型工业化和信息化水平，以新四化的同步发展来提高能源强度下降空间。

（本论文原载于《资源科学》2017 年第 8 期）

参考文献：

[1] SHEN L, CHENG S, GUNSON A J, et al. Urbanization, sustainability and the utilization of energy and mineral resources in china [J]. Cities, 2005, 22 (4): 287-302.

[2] ZHANG C, LIN Y. Panel estimation for urbanization, energy consumption and CO2 emissions: a regional analysis in China [J]. Energy Policy, 2012, 49 (10): 488-498.

[3] JONES D W. How urbanization affects energy use in developing countries [J]. Energy Policy, 1991, 19 (7): 621- 630.

[4] PARIKH J, SHUKLA V. Urbanization, energy use and greenhouse effects in economic development: results from across-national study of developing countries [J]. Global Environmental Change, 1995, 5 (2): 87-103.

[5] LIU Y B. Exploring the relationship between urbanization and energy consumption in china using ARDL (autoregressive distributed lag) and FDM (factor decomposition model) [J]. Energy, 2009, 34 (11): 1846-1854.

[6] AI-MULALI U, FEREIDOUNI H G, LEE J Y M, et al. Exploring the relationship between urbanization, energy consumption and CO2 emission in MENA countries [J]. Renewable and Sustainable Energy Reviews, 2013, 23 (4): 107-112.

[7] PACHAURI S, JIANG L. The household energy transition in India and China [J]. Energy Policy, 2008, 36 (11): 4022-4035.

[8] FISH-VANDEN K, JEFFERSON G H, HONGMEI L, et al. What is driving China's decline in energy intensity? [J]. Resource and Energy Economics, 2006, 26 (1): 7-97.

[9] 马珩. 中国城市化和工业化对能源消费的影响研究 [J]. 中国软科学, 2012 (1): 176-182.

[10] BERNARDINI O, GALLI R. Dematerialization: long term trends in the intensity of use of materials and energy [J]. Futures, 1993, 25 (4): 431-448.

[11] POUMANYVONG P, KANEKO S. Does urbanization lead to less energy use and lower CO_2 emissions? across-country analysis [J]. Ecological Economy, 2010, 70 (2): 434-444.

[12] SADORSKY P. Do urbanization and industrialization affect energy intensity in developing countries? [J]. Energy Economics, 2013, 37 (1): 52-59.

[13] 史丹. 我国经济增长过程中的能源利用效率改进 [J]. 经济研究, 2002 (9): 36-43.

[14] 王秋彬. 工业行业能源效率与工业结构优化升级: 基于2000—2006年省际面板数据的实证研究 [J]. 数量经济技术经济研究, 2010 (10): 49-63.

[15] RICHARD G, ADAM B. The induced innovation hypothesis and energy-saving technological Change [J]. Quarterly Journal of Economics, 1999, 114 (3): 941-975.

[16] KOOMEY J G. Estimating the total power consumption by servers in the U. S. and the world [EB/OL]. (2007-02-15) [2016-04-10]. http://www.irif.univ-paris-diderot.fr/~yunes//divers/papers/green/svrpwrusecompletefinal.

[17] AEBISCHER B, HILTY L M. The energy demand of ICT: a historical perspective and current methodological challenges [M] //Hilty L M, Aebischer B. ICT Innovations for sustainability. Berlin: Springer International Publishing, 2015: 71-103.

[18] COLLARD F. Electricity consumption and ICT in the French service sector [J]. Energy Economics, 2005, 27 (2): 541-550.

[19] 胡剑锋. 信息化资本对能源强度的影响研究: 基于中国省际面板数据的实证分析 [J]. 中国经济问题, 2010 (4): 26-32.

[20] VU K M. ICT as a source of economic growth in the information age: empirical evidence from the 1996-2005 period [J]. Telecommunications Policy, 2011, 35 (4): 357-372.

[21] 李标, 吴贾, 陈姝兴. 城镇化、工业化、信息化与中国的能源强度 [J]. 中国人口·资源与环境, 2015, 25 (8): 69-76.

[22] ROMM J. The internet and the new-economy [J]. Resource、Conversation and Recycling, 2002 (36): 197-210.

[23] HILTY L M, COROAMA V C, EICKER M O D, et al. The role of ICT in energy consumption and energy efficiency executive summary [R]. EMPA Working Paper, 2009.

[24] FLUCK R C. Energy analysis for agricultural systems: a volume in energy in world agriculture [M]. Amsterdam, Holland: Elsevier Science Ltd, 1992.

[25] GHISELLINI P, SETTI M, ULGIATI S. Energy and land use in worldwide agriculture: an application of life cycle energy and cluster analysis [J]. Environment, Development

and Sustainability, 2016, 18 (3): 799-837.

[26] KENNEDY S. Energy use in American agriculture [J]. Sustainable Energy Term Paper, 2000, 5 (1): 1-27.

[27] KARKACIER O, GOKTOLGA Z G, CICEK A. A regression analysis of the effect of energy use in agriculture [J]. Energy Policy, 2006, 34 (18): 3796-3800.

[28] BECKMAN J, BORCHERS A, JONES C. Agriculture's supply and demand for energy and energy products [J]. Ssrn Electronic Journal, 2013, 85 (1): 29-32.

[29] 林伯强，杜克锐. 理解中国能源强度的变化：一个综合的分析框架 [J]. 世界经济，2014 (4): 69-87.

[30] HENDERSON J V. Efficiency of resource usage and city size [J]. Journal of Urban Economics, 1986, 19 (1): 47-70.

[31] HANSON G H. Market potential, increasing returns, and geographic concentration [J]. Journal of International Economics, 2005, 67 (1): 1-24.

[32] PENEDER M. Structural change and aggregate growth [R]. WIFO Working Paper, 2002.

[33] WELFENS P J J. Interneteconomics. net: macroeconomics, deregulation, and innovation [M]. New York: Springer Berlin Heidelberg, 2002.

[34] MARTINEZ-ZARZOSO I, MARUOTTI A. The impact of urbanization on CO2 emissions: evidence from developing countries [J]. Ecological Economics, 2011, 70 (7): 1344-1353.

[35] NICKELL S. Biases in dynamic models with fixed effects [J]. Econometrica, 1981, 49 (6): 1417-26.

[36] BLUNDELL R, BOND S. Initial conditions and moment restrictions in dynamic panel data models [J]. Journal of Econometrics, 1998, 87 (1): 115-143.

[37] 中华人民共和国统计局. 中国统计年鉴 [M]. 北京：中国统计出版社，2012—2015.

[38] 国家统计局能源统计司. 中国能源统计年鉴 [M]. 北京：中国统计出版社，2012—2015.

[39] 国家统计局农村社会经济调查司. 中国农村统计年鉴 [M]. 北京：中国统计出版社，2012—2015.

[40] 中国人民银行农村金融服务小组. 中国农村金融服务报告 [M]. 北京：中国金融出版社，2012—2015.

[41] 钱纳里，赛尔昆. 发展的格局 [M]. 李小青，等译. 北京：中国财政经济出版社，1989.

[42] SADORSKY P. The effect of urbanization and industrialization on energy use in e-

merging economies：implications for sustainable development［J］. American Journal of Economics and Sociology，2014，73（2）：392-409.

［43］王珂英，张鸿武. 城镇化与工业化对能源强度影响的实证研究：基于截面相关和异质性回归系数的非平衡面板数据研究［J］. 中国人口·资源与环境，2016（6）：122-129.

［44］王宪恩，王寒凝，夏菁，等. 典型国家工业化进程中经济社会与能源环境协调发展分析［J］. 资源科学，2016，38（10）：2001-2011.

［45］戴小文，漆雁斌，唐宏. 1990—2010 年中国农业隐含碳排放及其驱动因素研究［J］. 资源科学，2015，37（8）：1668-1676.

专题五

金融改革

金融不稳定性的逻辑

——一个马克思主义的阐释

杨慧玲

一、引言

2008年美国金融危机证明其指导理论存在着明显的缺陷，而中国也越来越面临系统性金融风险的威胁，中国金融改革需要适合国情的创新理论指引，马克思主义货币信用理论无疑是理论创新的重要思想来源。

作为西方主流的现代货币主义以货币“外生性”为前提，坚持货币“中性”论。货币“中性”论起源于古典经济学的“两分法”。以大卫·休谟为代表的古典经济学家把经济变量分为名义变量和实际变量，认为货币供给量的变动，只会影响名义变量，而并不会影响实际变量，这构成了古典的货币数量论的基本观点。

现代货币数量论继承了古典货币数量论的两分法，并通过费雪方程式和剑桥方程式等工具，证明货币供给的“外生”变动只会引起一般价格水平的同比例变动，强调货币只是交易媒介，对实物经济起降低交易成本的“润滑”作用。

以弗里德曼为代表的现代货币主义，兴起于20世纪50年代，其秉持货币供给的“外生性”理念，指出货币存量的外生变化是引起货币收入或名义收入变动的主因。他们承认短期内如果名义货币量变动，将会提高名义收入，进而刺激消费需求，最终引起产出变动；但是长期中，货币只影响物价水平，而不会对经济活动产生实质影响，即坚持货币“中性”论。据此，现代货币主义者主张实施“单一规则”的货币政策。现代货币主义实质上是现代版本的货币数量论，“从长期来看，‘现代货币主义’几乎全盘接受早期货币数量论”[1]138。

虽然，现代货币主义并没有直接提出放松或者解除金融管制，甚至在货币供给上提出“保守”政策。但是，一方面，它所坚持的货币“中性”论主观上隔断了货币与信用制度的内在联系，同时，它“坚持‘货币至关重要’的理论研究方法”[1]138，而造成了对信用和金融体系的忽略……[2]另一方面，货币主义宣扬新自由主义，认为价格机制是实现市场配置效率的完美法宝，所以它还主张实施浮动汇率制等。正是在这样的思想理论准备下，1965—1970 年，同属于芝加哥学派的尤金·法玛提出并完善了“有效市场假说”，抛出了解除金融市场管制的政策主张。

经济学说史上对货币“中性”论的最大质疑，来自凯恩斯经济学；20 世纪五六十年代的“剑桥资本争论”，也对新古典基于实物变量的总量生产函数应用于现实宏观经济而带来的加总悖论进行了批判；20 世纪 70 年代，以罗宾逊、卡尔多以及明斯基等为代表的后凯恩斯主义进一步发展了凯恩斯的货币经济学思想，从企业投融资模式及现代银行的货币创造过程等角度论证了货币“内生性”和“非中性”，强调金融监管的必要性。这一理论成果一直被边缘化，但是在 2008 年美国金融危机爆发后，海曼·明斯基的著作《稳定不稳定的经济——一种金融不稳定视角》一时间洛阳纸贵，从侧面证明了主流货币理论面对现实的力不从心。

二、马克思劳动价值范畴中的金融不稳定逻辑

马克思主义货币信用理论是建立在科学的方法论基础之上的，它的研究根植于社会物质生产活动这一人类的伟大历史实践，它遵循历史唯物主义和辩证唯物主义，进行科学的抽象分析，是人类认识社会规律的宝贵思想财富。

（一）基于辩证唯物主义的方法论，揭示了货币的“内生性”和“非中性”，为分析金融不稳定性奠定了科学理论前提

1. 货币是商品交换的历史产物。

马克思从物质生产活动这一人类社会生产的实践出发，讨论了货币的产生。“货币结晶是交换过程的必然产物……随着劳动产品转化为商品，商品就在同一程度上转化为货币。”[5]105

从原始共同体尽头开始的偶然的、个别的产品交换，随着生产力的提高，发展为经常性的商品交换……交换发展的历史，同时也是货币产生的历史，“随着商品交换日益突破地方的限制，从而商品价值日益发展成为一般人类劳动的化身，货币形式也就日益转到那些天然适于执行一般等价物这种社会职能的商品身上，即转到贵金属身上。”[5]107

2. 作为价值形式发展的结晶，货币是商品内在矛盾运动的独立外化形式，体现的是商品价值的社会属性。

基于商品交换发展之客观历史现实，马克思从劳动价值论出发，对货币的产生进行了逻辑分析，由此抽象出了货币的本质及其职能，从而奠定了马克思主义货币信用理论的基础。

简单商品经济的基本矛盾转化为商品内在的使用价值和价值之间的对立，后者借助商品交换进行化解，由此形成了价值形式，于是，商品内在的矛盾外化为商品的使用价

值和价值形式之间的矛盾，即一种商品和另一种商品的对立；在商品交换发展的过程中，价值形式不断演进，充当一般等价物的商品经过不断的筛选，最终成就了货币，“这种排挤最终限制在一种特殊的商品上，从这个时候起，商品世界统一的相对价值形式才获得客观的固定性和一般社会效力”[5]85，货币产生之后，使用价值和价值之间的对立最终体现为商品与货币之间的对立。

马克思主义的唯物辩证分析，首先证明货币是商品内在矛盾展开的逻辑结果，它强调，货币不仅内生于交换经济，而且内洽于劳动价值系统；此外，作为独立的价值形式，货币反映的是商品的价值属性，即承载了商品生产者之间的经济利益关系，货币的这种与生俱来的特性，构成货币主导商品经济活动的基础。

3. 资本主义经济是货币经济。

马克思在《资本论》中揭示，当以资本雇佣劳动为前提的资本主义商品生产出现之后，商品流通公式 W—G—W 演变为资本流通的一般形态 G—W—G′，货币变成了货币资本，货币利润成为资本主义生产的推动力，因而是整个资本主义经济体系得以运转的原始动力，因此，货币无论如何都不能解释为只是罩在实物上的一层“面纱”。《资本论》中揭示剩余价值的生产、实现到剩余价值的分配，都是以货币关系作为分析载体，并由此构建了马克思主义政治经济学理论体系。资本主义经济运行是附着在货币身上实现的，货币的作用远非计价单位和流通手段所能概括，以货币所表示的生产价格，推动着资本主义社会再生产过程，货币价格成为资本主义市场经济完成资源配置的指挥棒，离开货币，将难以厘清资本主义生产关系。在涉及上述观点的时候，马克思批判萨伊定理对货币的片面认识，“企图把资本主义生产当事人之间的关系，归结为商品流通所产生的简单关系，从而否认资本主义生产过程的本质”[5]133。

（二）从货币的支付手段职能入手揭示信用与货币的内在联系，基于劳动价值范畴阐明货币信用关系内含金融不稳定基因

1. 货币的贮藏手段和支付手段这两种职能构造了信用关系。

古典经济学家和后来的货币主义者只看到了货币能充当流通手段和计价单位，与他们不同，马克思全面考察了货币的职能，包括贮藏手段和支付手段，“货币的几个功能，特别是作为贮藏与支付手段的功能，是信用理论不可缺少的建筑材料。马克思的货币理论在这方面要优于古典李嘉图理论，因为后者把货币的功能仅限制在流通手段领域”[6]107。

马克思发现了货币的支付手段职能在商业信用关系中的作用，“卖者成为债权人，买者成为债务人。由于商品的形态变化或商品的价值形式的发展在这里起了变化，货币也就取得了另一种职能。货币成了支付手段”[5]155。“商业信用的基础是由作为支付手段的货币的功能来提供的。”[6]109伊藤·诚还强调了货币的贮藏手段职能之于信用的意义，他指出，资本周转过程中的闲置货币资本是信用体系的核心基础，同时，与社会总资本

循环无关的社会储蓄所形成的闲置货币也构成信用货币的来源，而这些依靠的都是货币充当贮藏手段。

2. 货币信用关系割裂商品经济中生产、分配、交换和实现之间固有的价值关系，破坏生产和消费之间的平衡，因此包含金融不稳定基因。

社会交换经历了商品交换到商品流通再到信用循环这三个阶段。

没有货币介入的物物交换，即商品交换，买卖同一，价值生产、价值交换与价值分配和价值实现之间，保持了时间和空间上的一致性。同时，等价交换使对应的主体，其所生产、所交换与所分配及所实现的价值，在量上也保持了一致，贯彻了公平原则。也就是说，商品流通条件下，消费与生产是均衡的。所以，萨伊定理用“供给创造其自身的需求”来描述是恰当的。

货币作为流通手段介入之后，商品交换发展为商品流通，也导致价值在生产、交换、分配和实现等诸环节之间发生时空错位，但是这并没有改变各环节之间总量上的一致。买非卖，卖非买，买卖之间的时空对立，也就是价值分配、交换和实现的时间和区域相对于价值生产的时间和区域已经有所变化，因此，在一定区域或者一定时段，供给没有产生与其相对应的需求，消费与生产在量上出现差异，于是，局部、暂时过剩的可能性出现；但是，商品流通中，生产决定分配、交换和消费这一商品经济的运转定律并没有被打破，总的社会购买能力仍然取决于社会生产总量。因此，从商品经济运行的全时空维度考察，全社会的价值生产、价值交换、价值分配与价值实现在量上保持一致的前提条件并没有改变。即使出现货币过量发行，也仅限于引起通货膨胀而干扰价值分配的公平性，却不足以打破总量平衡。所以，商品流通条件下，危机仅仅是一种可能性。

货币作为支付手段介入之后，商品交换汇入信用循环过程。这产生了三个分离：其一，价值交换与价值实现的分离。支付手段与流通手段的区别就在于，流通手段与所交易商品同时出现在流通领域，商品与货币互换，价值交换即价值实现。而支付手段则是在所交易商品完成交换退出流通领域之后才进入流通领域，所以，信用循环中价值交换与价值实现分离了，后者是以货币回流为标志的，显然这里价值实现滞后于价值交换，也就意味着信用循环条件下，商品交换的仪式虽然完成了，但是被交换的商品并未换回货币，其私人劳动并未取得社会认可。其二，价值交换与价值生产的分离。货币的支付手段职能赋予交换主体更大的价值交换能力——使不具备实际购买力者具有交换能力，或者具有大于其实际购买力的交换能力。据此，价值交换已不仅仅在时间和空间上脱离了价值生产，还在量上与价值生产发生“切割”，更为甚者，生产决定交换和消费的规律被颠倒过来了——反而由交换决定生产！所交换的价值量大于所生产的价值量，也就是支付手段所支持的社会总需求是大于实际社会总供给水平的。其三，一方面，所交换的价值量大于所生产的价值量，另一方面，价值实现滞后于价值交换，即完成的交换并未取得社会的价值认可，前者发出的是更大的需求信号，起着刺激社会生产的作用，后者却提示这种支付性的“购买力”缺乏实际收入基础，并不是真实的需求，于是，虚假需求诱导过度生产，生产与消费失衡已经不可避免。至此，危机的发生已经具有了现实性。

上述逻辑显示，货币支付手段所构建的信用关系，一开始就包含打破生产和消费之间均衡的不稳定基因。因供过于求而导致价值实现困难，支付链因此断裂发生债务危机，应该是这种不稳定显现的基本形式。

（三）现代金融体系的运行使金融不稳定演变为系统性风险

1. 银行信用创造的生息资本，成为衍生虚拟资本、创造资产泡沫的基础

银行信用创造了虚拟资本的雏形——生息资本。“信用制度的另一方面，生息资本或货币资本的管理，就作为货币经营者的特殊职能发展起来。”[5]453 马克思把银行为了获得利息而贷放的“货币资本（moneyed capital）”定义为生息资本，作为生息资本的货币是基本的信用工具，执行的是支付职能。

生息资本具有借助信用机制自我扩张的能力。“在没有任何现实积累的时候，借贷资本的积累，可以通过纯技术性手段，如银行业务的扩大和集中，流通准备金或私人支付手段准备金的节约（因此，这些准备金在短期内就转化为借贷资本）而实现。”[7]561

作为生息资本的货币还是虚拟资本由以衍生的母细胞。“生息资本的形式造成这样的结果：每一个确定的和有规则的货币收入都表现为资本的利息，而不论这种收入是不是由资本生出。货币收入首先转化为利息，有了利息，然后得出产生这个货币收入的资本。”[7]526 马克思称这种货币索取权证书为虚拟资本，它们代表的仅仅是现实资本的“纸质复本”，这些纸质复本的运动完全脱离现实资本的运动，而且其价值运动与现实资本的价值变动并不存在必然相关性。

虚拟资本的衍生及其价值膨胀与货币信贷规模成正相关关系：如果货币量相对增加，利率下降，那么资产价格就会上涨，并进一步引起“投机—资产价格膨胀”的循环效应；此外，虚拟资本价值在繁荣周期，因预期资产的货币收入回报提高而上升，萧条周期，随预期货币收入回报下降而下跌。

2. 现代金融体系是构筑在不确定性之上的

资本主义信用系统不断扩张的结果形成了现代金融系统。其中，银行信贷机制是它的活力“机关”，而银行信贷的发行依靠对未来收益的预期以及商业信用的扩张，后两者是以实际工商业活动为基础的：第一，实际积累的无政府状态决定了未来预期本身难以避免的不确定性，“商业机会是否首先存在，资本家是否成功地生产了剩余价值，商品资本是否出售，以及是否出售及时，都最终决定信用的需求和偿还。”[6]305 第二，商业信用本质上是债权债务关系，它归根结底也还是受制于市场经营的风险。可见，货币信用体系的不确定性，归根结底来源于它所赖以产生和存在的物质生产基础——资本主义私有制市场经济固有的无序及矛盾。

3. 银行信贷机制加持下的现代信用体系使金融不稳定性演进为一种系统性的风险

资本主义金融系统中，实际积累和银行信用之间建立的是弹性关系而不是函数关系，在这种多重、复杂的互动网络中，实际积累的不确定因素与信用的投机因子之间天然地相互吸引，其中的任何因素在任何环节的变化，都会触发不确定性和投机活动之间相互作用、相互推升的螺旋式过程，引发系统性多米诺骨牌效应。所以，实际积累中存在的诸多不确定性因素，构成促使金融不稳定最终演进成为系统性风险的物质基础。

系统性金融不稳定的技术枢纽则是银行信贷及其信用衍生机制。首先，银行信贷扩张及信用衍生，具有无限地创造支付手段的能力，所以从时空及总量上都加剧了价值交换与价值实现、价值交换与价值生产之间的分离；其次，信贷扩张不仅引起通货膨胀，还会催化资产泡沫，从而引发了新的价值关系的分离——价值分配与价值生产的分离，从而严重扭曲价值分配，导致社会不公。这种价值分配与价值生产的对立，最终通过分配决定消费，辐射到社会消费与社会生产的进一步背离上。所以，现代资本主义货币信用制度条件下，社会消费与社会生产之间的落差越来越大，并越来越难以控制，这恰恰使得危机的发生从现实性转向了必然性。

良好的预期及商业信心会使银行大开信贷阀门，超过实际积累水平的信贷规模导致价格水平提高和利率降低，前者可能引起囤积投机，后者则推动虚拟资本价格上涨，资本市场投机者应声而来，资产泡沫出现；进而，不仅引起社会收入分配的分化，而且膨胀的价格发出虚假需求信息，误导生产和供给。这种高溢价环境下，原始的利益驱使商业银行和企业，信用衍生和投机活动之间的相互推升模式被开启，杠杆率越来越高——被多重支付手段诱导生产出来的价值，归根结底不可能有相应价值的货币购买力来实现，也就是供给远远超过有支付能力的需求，商业债权债务已经无法正常清偿，整个信用循环的基础遭到破坏。随之，“现金为王”的时代到来——只有货币才显示出它作为独立价值形式的公信力，商业汇票等信用工具沦为废纸；货币不得不接棒数倍于自身的衍生工具履行支付手段，其数量缺口如此巨大，以至于工商业经营活动因为支付力的短缺终显需求乏力而开始收缩，信贷也随之收缩，至此，不仅以借新债抵旧债的信用链条维持之路被堵，而且利率上升引起资产价格暴跌，反过来导致银行等信用机构因抵押资产缩水而面临破产风险，债权债务关系烂尾，信用链条在最脆弱的环节首先断裂。即使对于按照投融资模式正常经营的企业实体，这时候也因为信用环境恶化无法获得融资输血而走向困境。

可见，在这个升级版的信用系统中，银行的信用衍生功能将最初由货币支付手段职能所造成的各种价值关系的分离，包括价值交换与价值实现、价值交换与价值生产、价值分配与价值生产等在时空和量的关系上的分离，从范围和规模上实施了倍增。信用衍生与投机相互推升、不断地加注杠杆的机制，是债务危机“演进”到金融危机的枢纽。不确定性作用下的信用连锁反应，不仅使资本积累过程的震荡加剧，更会强烈刺激信用投机，从而激发反冲效应，最终导致金融不稳定演变为一种系统性风险。

4. 货币危机中的劳动价值“硬核”

当金融危机发生时，只有作为最后贷款人的中央银行，通过向市场投放新货币才可能阻止系统性金融危机的发生或者蔓延。我们须回到劳动价值论，才能厘清最后贷款人的作用。

价值实现的社会标志，是在一切支付相互抵消的终点，得以用货币完成清算。由于信用衍生，信用体系中流通着的支付手段，除了货币，还有数倍于货币价值的巨量汇票及各种证券等信用工具。但是，货币与其他一切支付手段存在着一个根本区别，那就是，货币是唯一得到社会普遍认同的价值载体，作为社会劳动的化身，具有代表经济人之间利益关系的特殊资格和独立承担交换价值的能力，这是其他一切支付手段所不具备的。所以，在信用循环过程中，虽然包括货币在内的各种信用工具，在充当支付手段这一职能上是毫无分别的，但是，到了一切支付相互抵消的终点——清算环节，也就是价值实现的最终环节，能被接受的支付手段，却只有货币。因此，马克思强调货币在执行支付手段这一职能的时候具有强制性，在信用结算环节，它不是纯粹观念性的，或者转瞬即逝的媒介，而必须变成“坚硬”的货币。这就是为什么，社会信用系统所维系的支付链条，无法摆脱货币支付能力这个终极硬约束。

当货币支付的强制性无法达成的时候，就是金融不稳定性到达极限之时：庞大的支付手段所构建的债权债务关系被抻拉超过极限——信用支付力支撑的交换能力已经不可能在信用到期时被完全创造出来，不能转变为真正的社会需求，生产严重过剩。难以避免地，终极支付发生缺位而造成债务链条无法闭合的困境，“货币作为支付手段的职能包含着一个直接的矛盾……这种矛盾在生产危机和商业危机中成为货币危机的那一时刻暴露得特别明显。这种危机只有在一个接着一个的支付的锁链和抵消支付的人为制度获得充分发展的地方，才会发生”[5]158。

中央银行投放货币的“救市”措施，实质上是货币价值的进一步虚拟化，削弱的是货币的价值表现力，并为下一轮的信用衍生创造了更大的基础。

总之，本文立足于马克思主义政治经济学的研究显示：金融不稳定性的经济根源在于资本主义生产的无政府性，而金融不稳定性的逻辑，则始于货币也终于货币，货币承载的是商品经济中人们之间的物质利益关系。由此可知，金融的不稳定性，是无序的社会生产透过对社会经济关系的重塑，即改变生产、分配、交换和消费的关系，最终背离生产相对分配、交换和消费的第一性而传导的，实际积累越是失衡，社会经济关系越是扭曲，金融越是不稳定，金融危机正是这种遭到破坏的社会经济关系暴力纠错的过程。

三、金融不稳定性的历史演绎

在资本主义货币信用制度成熟发展的历史条件下，危机“可能性—现实性—必然性”的演进逻辑，具备了实践演绎的一切条件。纵观历史上的金融危机，这样的逻辑线索总是隐匿其中。所有危机归根结底都源自资本主义积累的无政府状态，后者给系统带来不确定性。

（一）货币信用制度是资本积累的自我调节机制，二者的互动关系在多维度不断演进

马克思对资本主义货币信用关系的讨论，是在揭示资本主义基本矛盾及其运动规律的理论前提下进行的，是对资本主义货币经济规律一般意义上的分析，它奠定了对资本主义金融不稳定性的认识基础；马克思主义经济学家依据资本积累的历史进程，在相对具体的层次上，分析依次更替的资本主义积累，及其各个阶段的内在关系，他们发现，在资本主义基本矛盾作用下，资本积累模式处于历史演进之中，不同历史阶段的积累是由一整套制度支撑的，而货币信用制度则是其中的关键构成制度。

1. 马克思指出，货币信用制度是随着资本主义经济的发展而发展的

"随着商业和只是着眼于流通而进行生产的资本主义生产方式的发展，信用制度的这个自然基础也在扩大。"[7]544 "很明显，随着劳动生产力，从而大规模生产的发展，①市场会扩大，并且会远离生产地点，②因而信用必须延长……但是要使一国的资本增加一倍，以便商业能够用自有的资本把全国的产品买去并且再卖掉……信用就是不可避免的了；信用的数量和生产的价值量一起增长，信用的期限也会随着市场距离的增加而延长……"[7]544

由此可见，马克思实际上已经把货币信用关系看作是资本积累的适应性制度，强调前者在克服私人资本局限性上的意义，认为资本主义信用"实现了很大一部分社会资本为社会资本的非所有者使用"[7]498，所以，"信用制度加速了生产力的物质上的发展和世界市场的形成；使这二者作为新生产形式的物质基础发展到一定的高度，是资本主义生产方式的历史使命……"[7]499

2. 货币、信用关系不仅是调节性制度结构的重要构成体系，而且越来越在积累结构中占据主导地位

马克思主义经济学家研究指出，资本主义基本矛盾在一定历史范围内具有可调节性，积累过程就如同是一种适者生存的机制，只有那些促进积累的制度才会被选择。

货币信用关系作为关键制度构成之一被强调，"货币信用关系一般包括银行和产业的关系，股票市场在产业融资中的作用，流动性创造机制，货币管理的类型，以及国家和国际金融系统的发展结构和水平等"[8]。

货币信用关系的不同特征成为区别社会积累结构的重要标志之一。大卫·科兹分析美国战后积累模式时，认为以 1973—1974 年的结构性危机为转折点，1980 年之前，美国属于国家管制的资本主义（regulated form of capitalism）结构，而 20 世纪 80 年代初开始进入新自由主义的积累结构。后者与前者在制度结构上的一个显著区别就在于，新自由主义模式中"国际、国内范围内商业和金融管制放松，以便于以'自由市场'规则实

现资本的自由流动”[9]。

法国调节学派研究第二次世界大战之后福特制积累模式的时候，认为美国支配下的国际贸易（关贸总协定）和金融体系（布雷顿森林体系）的相互配合构成福特制模式的重要制度结构。“1986—2008 年，尤其是对非特权阶层而言，信贷逐渐取代收入，这一变化成为金融为主导的积累体制的潜在基础。”[10]通过对战后货币信用体系演进历史的梳理和分析，布瓦耶发现，金融的相对权力转变为绝对统治，金融自由化使得货币信用关系对宏观经济的运动趋势愈益重要，这是战后积累结构演进的重要趋势和特征，随之，金融资本的回报率“从 20 世纪 60 年代的 5%增加到 21 世纪初的 16%”[10]。

3. 货币信用体系之于资本积累的制度调节功能，不仅从积累的“历史演进”维度得以体现，而且还从积累的“空间生产”维度得以凸显

以利润率下降和过度积累危机所体现出来的工业资本生产过程的积累矛盾，必然要通过从“初级循环”转向“次级循环”来加以解决。“初级循环”即工业生产，“次级循环”被大卫·哈维用“空间生产”加以描述——以固定资本形式存在的物质基础设施的建造，即空间本身的生产，包括公路、港口、码头、铁路以及学校、住房、公园等物质基础设施。由于固定资本投资规模大，建设周期长，可以吸收大量劳动力，因此成为资本积累矛盾的一种“时间修复”——通过固定资本投资推迟价值在未来重新进入流通领域的时间，从而缓解价值生产与价值实现的矛盾。

资本在从初级循环转向次级循环过程中，如果离开信用系统是无法实现的，后者支持了流动资本向固定资本的“沉淀”，争取了积累的时间。“当固定资本的规模、数量和耐用性随着积累而不断增加时，资本主义必然演化出更加复杂的信用体系来处理固定资本流通所产生的问题。”[11]97

马克思主义经济学强调，积累矛盾并不能在资本主义框架内得到根本解决，甚至积累矛盾在信用作用下进一步恶化，这导致资本在“时间修复”之后，将继续寻求“空间修复”，推动全球化的动力正由此产生。信用制度在全球化进程中的作用，后文将继续讨论。

4. 除时间和空间维度之外，资本内在的竞争压力对积累也发挥着调节作用

马克思指出在激烈的竞争中获取超额剩余价值、避免被淘汰始终是个别资本进行技术革新的动力，信用在技术革命中同样发挥着举足轻重的作用。“他们把创新活动看作一种会带来丰厚利润的摇钱树，并且愿意投入所需的资金以尝试新工艺、试制新产品并扩大其生产。正是在这里，如熊彼特所言，信用制度以这样或那样的形式发挥了关键作用。”[12]38

技术创新，一种是原有企业投入资金展开技术研发活动，企业债务融资在这里成为主要的信用支持方式；一种是拥有新想法的新企业家，凭借自己的产品设计和市场前景，以潜在的高额利润吸引风险投资，最终将观念变为现实，完成技术创新，这时候，与生产资本相对立的、以风险资金形式存在的金融资本成为技术创新的关键驱动力。当

年高盛的“天使基金”和软银等机构的风险投资，成就了今天的阿里巴巴，而比之更早的国际互联网公司，比如亚马孙、谷歌等，也都是金融资本和企业家创新结合实现双赢的成功范例。随着后工业化的到来，技术创新趋于在传统产业外围寻找全新的切入，激发新的增长点，因此，以风险资金为代表的金融资本，在激励“外部人”创新方面具有先天优势，其作用越来越重要。

（二）资本主义发展的历史同时是金融不稳定强化和加剧的过程

马克思主义经济学家强调，信用发展及其与资本积累的互动虽然起着调节积累的作用，但这并不意味积累矛盾被消除了，反而信用的发展及其介入的深化，甚至加大了资本主义生产与消费之间固有的不平衡，这命中了积累矛盾之要害，从而更大程度地激活了金融不稳定基因。

首先，信用着力于社会生产的各个环节，尤其重塑着生产、交换、分配和消费各环节之间的关系。它使资本的循环和周转在一定的时空范围内摆脱了生产决定消费这一固有约束，加速了积累。但同时，也掩盖并加剧了生产和实现之间的价值断层。信用越发达，介入程度越深入，生产和消费之间的背离就越大，这实质上激化了剩余价值生产与实现之间的矛盾。其次，金融垄断作为信用发展的后果之一，导致金融垄断资本和产业资本之间的收入分配差距拉大，富人与穷人之间的收入差距拉大，这从根本上加剧了生产与实现之间的鸿沟。最后，信用的社会基础越来越广泛，银行家、金融家对社会财富的掌握和控制能力空前强大，垄断金融家凭借信用体系所吸纳的巨量社会资金，进行疯狂金融投机，他们通过虚拟资本价值的涨落对社会财富进行巧取豪夺，这种行为严重扭曲社会供求关系，进一步加大过度积累的风险。“非正常形式的虚拟资本是罪魁祸首，并在信用体系内部发生了高度扭曲。”[11]99

1. 金融不稳定性强化的逻辑首先反映在资本主义积累对货币信用制度的依赖性日益加深，引起经济周期特征发生转变

“货币与金融在区别长波的历史特征方面经常起到关键性的作用。”[6]187 “而经济周期的转变最终归因于古典时代结束后那些要求巨大固定资产投资的主导产业的出现。”[6]180铁路、石油及电力、通信等现代化基础设施建设代替大机器工业成为主导产业，增加了实际投资领域的投机机会：巨大固定资产投资往往耗时数年，在其筹建阶段，不增加产品供给却因为消耗大量资本品而带动有效需求，这种投资热潮鼓励了投机性预期，容易诱发资本品产业的盲目投资。所以，由巨额固定投资所引致的经济周期上升阶段具有更加强烈的投机特征；加之固定资本产能建设投资大，周期长，对信用具有空前的依赖性，往往造就低利率及信贷扩张；投机机会与信用扩张结合的互动作用下，不仅相互竞争的公司的产能扩张幅度往往超过市场对资本品实际需求的增加幅度，而且这种固定资本投资领域的投机更是制造了虚假需求，引起资产价格上涨，投机需求与投资需求交织在一起，不可避免地会引起可贷资金的短缺，低利率难以持续，资产价格上

涨趋势停止，预期转向悲观，“而这又会在相对于劳动人口的过度积累能够引起实际工资上涨的很长时间之前，就导致上升阶段的中断”[6]181。

2. 技术革命是资本主义经济发展和资本积累水平演进的重要标志，信用与技术革命的互动及其破坏性干扰呈现出规律性，并成为现代金融不稳定性的典型表现

在新技术的导入期，金融资本借着新技术集中融资的机会从原有部门脱身，帮助促进技术革命；而在新技术导入期后半段，金融资本与生产资本开始分化，“生产资本，包括革命性的产业，成为金融资本操纵和投机的又一个对象；金融资本和生产资本几乎完全对立了”[12]83。该阶段，投机本性被前一阶段的成功所蛊惑，金融资本更加专注于纯粹的投机冒险，“在这一时期，金融资本产生了强大的磁场，吸引投资进入新领域，从而加速控制了作为‘新经济’基础的范式。然后，金融资本就担当了创造毁灭的执行者”[12]83。由此导致资产价格膨胀趋于失控，泡沫经济产生；泡沫破裂之后金融资本又回归到鼓励创造真实财富之本位，以生产资本为主导的协同过程带来真实增长，迎来新技术的展开期；到了新技术的成熟期，虽然金融资本仍然可以支持技术延伸和地理迁移，但是，市场饱和预示的暗淡前景最终促使金融资本逐渐流出而成为“闲置资金”，并开始寻找新的有利可图的领域。“这包括贷给遥远地区和重大新技术的款项。前者会在以后导致债务危机；后者则引发下一次技术革命。”[12]85

上述周期突出了两个金融不稳定阶段，导入期向展开期过渡阶段，频频发生泡沫崩溃，成熟阶段的经济衰退往往伴随债务危机或者金融危机。前者如 1929 年的美国证券危机和 20 世纪 30 年代的世界经济危机，后者如 1974 年前后的石油危机，这些都是第四次技术革命，即石油、汽车和大规模生产时代金融不稳定的历史演绎。而到了第五次技术革命，即信息技术时代，1997—1998 年亚洲金融危机和 2000 年美国网络泡沫的破裂即是前者的典型表现，2008 年美国金融危机和 2011 年的欧洲债务危机则属于后者的历史呈现。

3. 金融不稳定性在新自由主义及金融化模式中登峰造极

20 世纪 70 年代前后，资本主义积累矛盾催生了新自由主义模式，货币信用关系随之重构——放松金融管制，走向全面自由化。

金融自由化导致了三个后果，首先，收入分化加剧。工资被压低，社会分配不断向高收入群体集聚，“CEO 与金融家薪酬的爆炸式增长，管理者与工资劳动者的利益发生分化。追溯到 20 世纪 70 年代，前 100 名 CEO 的平均薪酬约为 130 万美元，而劳动者平均工资为 4 万美元”[10]。经济刺激要求使货币供给趋于宽松，从而为投机和泡沫准备了物质条件，住房、证券炒作代替了实体投资，加剧财富向富有者转移。其次，经济金融化。资产泡沫使金融资产回报率超过大多数产业资本利润率，金融机构从传统部门转向投机风险业务，“美国金融机构在高风险的抵押证券，衍生品以及其他证券上制造了数万亿美元，金融机构的利润在整个公司利润中的份额从 1979 年的 21.1%翻了一番，到 2002 年已经达到 41.2%，2006 年下降到 37.2%（U. S. Bureau of Economic Analysis

2008）”[9]。同时，从企业外部聘用 CEO 职位的制度安排，诱发企业管理者倾向于利用金融操作创造企业的股市业绩而弱化企业的经营管理。最后，建立借贷消费模式，无底线地增加信贷，使工人群体维持比其收入更高的支出水平，“化解”了剩余价值实现的困境。总之，金融化使新自由主义的增长模式发生异变：投资推动型增长转变为资产泡沫驱动型增长[13]。

必须强调，货币信用关系的新自由主义重构是金融不稳定性空前加剧的直接原因。信用源于实际积累，包括货币在内的虚拟资本的价值基础是它所代表的实际资本，这决定了，信用货币与商品货币之间的转换关系，是信用货币价值之锚，并构成中央银行控制信贷、对信用货币的价格以及其交换价值的调整基础。所以，历史上的金本位制实质上是对信用货币的数量设定了终极限制，从而在源头上抑制虚拟资本的过度膨胀，控制虚假需求的生成，实质上发挥着稳定金融的基本作用。

1974 年美国利润率下降使布雷顿森林体系解体，美元与黄金脱钩，接着各国货币与美元实施浮动汇率，预示着美元及其主导的世界货币体系失去了用来保障货币价值稳定性之锚，意味着货币——虚拟资本母细胞其价值幻想失去底线，虚拟资本及其价值衍生成了断线的风筝；20 世纪 80 年代之后金融管制放松，使金融部门获得独立性和自驱力，金融体系更是因此受到利用信用衍生疯狂制造泡沫谋取投机利益之激励。正是这样的货币信用制度变革，催生了美国房地产次级贷款及后来的金融危机。

所以，新自由主义及其所树立的金融霸权已经使金融风险极端恶化，它们创造了使系统性金融风险一触即发的所有条件。而新自由主义及金融化是现代资本主义陷入积累困境这一历史背景下的制度选择，它用事实证明了，现实积累的无序及其矛盾始终是金融不稳定发生、发展的根源。

（三）全球化进程中，金融化成为金融不稳定的全球扩散工具

资本借助信用制度完成了从“初级循环”到“次级循环”的转换，然而，这样的“时间修复”并没有从根本上消除积累困境，反而因为信用的反作用加剧了积累矛盾，资本积累不得不寻找“空间修复”的可能性[14]。全球化的逻辑起点正在于此。

全球化进程伴随着金融化，这是一个不能忽略的特征。作为资本积累矛盾演绎的必然结果，从全球化的角度看，金融化不仅是发达资本主义国家的内部制度安排，发达国家更是凭借其金融资本的支配地位，极力在发展中国家推行金融开放和金融自由化政策，一方面为自己在全球范围内利用金融资本的灵活性和自由性进行资源配置打开方便之门，从而将原本游离在系统之外的资源廉价地整合进其资本运行体系之内，实现积累的“空间修复”；另一方面，金融化实质上成为金融不稳定性全球化扩散的制度安排，它将金融动荡的种子植入整个世界市场——以财富掠夺机制代替了虚拟经济与实体经济之间价值的时空置换机制，使金融沦为垄断资本国际投机的工具，因为金融化为国际垄断金融资本赋予了在国际范围内配置资金获取最高资产回报的权利。“大多数的政府开

始自由化本国的金融市场以吸引国际资本。它产生了两种影响：一方面，促使华尔街和伦敦金融城在金融调节和改革方面的专业化；另一方面，弱化了国与国之间关于资本利得税的议价能力。金融全球化使得金融家在世界范围内最优化资产回报率成为可能。”[10]金融投机的全球扩散，正是20世纪80年代之后，世界上的发展中国家和地区轮番被债务危机、金融危机袭击的罪魁祸首。

从资本主义历史体系的视野看，从战后黄金时期到全球化时代，发达资本主义国家的转变，主要是经济的金融化，即以投机金融活动愈趋于主导为特点，这说明资本尽量逃避与生产性经济部门捆绑在一起，因为后者的利润率持续下降。金融化的内在矛盾是：对利润的投机追求挤压生产性活动，导致系统性的需求不足并侵蚀利润来源。资本主义利用金融化构造了“掠夺式积累”模式，从而借助信用工具完成以更低生产成本为目标的、产业由发达国家到发展中国家的世界性迁移。透过这种模式，资本积累的可持续性取决于投机活动及其金融不稳定性扩散带来的损害和对原来体系之外廉价资源掠夺性活动所提供的支持之间的力量消长。金融化得以持续的根据在于这两个力量相互抵消的结果能够维持一般利润水平。问题在于，“掠夺式积累”仍将面临一个系统性制约：产业迁移在扩大资本主义生存空间，带来新的生产能力的同时，也以更大规模再生产出资本主义的系统性需求不足的问题。结论是，工业迁移只能推迟却不能解决过度积累的难题，这个难题随着时间推移不断加重，正是2008年美国金融危机爆发后世界性衰退的深层次原因[15]。

总之，马克思主义货币信用理论认为金融不稳定性根源于资本主义生产的无政府状态，而作为积累的调节性制度，货币信用体系自带投机因子；在积累矛盾的作用下，积累对信用的依赖日益紧密，它们之间的关系趋于复杂，但是积累矛盾并没有从根本上消除，信用的演进反而强化着供求不平衡，金融不稳定性因此不断升级、加剧，在新自由主义时代的金融化条件下达到极致，并向全球扩散。

四、启示

理论讨论的意义在于不断地总结经验教训，为实践提供正确的指导。我国经济改革的深入，离不开实体经济改革和金融改革。面对当前不确定因素加大的国际、国内经济、金融形势，我们首先应该思考：

第一，掌控好国家实体经济这条大船，避免陷入过剩—低迷—刺激—泡沫—过剩的怪圈。我国市场经济处在资本主义世界体系之中，非公有制经济在国民经济中占据相当份额，同时，我国市场经济体制改革还在进行中，存在很多不完善的地方。这一切都决定了中国的市场经济运行不可能始终保持稳定，政府对经济的调控就是为了达到缓解经济波动、促进经济平稳发展的目的，这应该是新时代中国特色社会主义市场经济体制的着力点。只有保证实体经济的平稳运行，才能从源头上抑制金融不稳定的发生和发展。

第二，货币政策工具作为政府调控的重要手段，也为我国社会主义市场经济所用。但是，当前我国资本市场有一定的发展，但是比之发达国家又存在明显不完善、容易鼓励非理性投机氛围的情况下，信贷放松政策很有可能不会达到刺激投资的预期，反而信贷量会急速溢出到资本市场，鼓励投机；同时，货币供给的增加，必然会引发虚拟资本衍生的狂潮，不仅导致资产价格泡沫，而且引起过高的杠杆率，金融风险不请自来。在这个意义上，货币政策和宏观审慎的“双支柱”政策框架堪称“及时雨”，前者控制好货币阀门，后者防止投机和泡沫。

第三，金融开放过程中，应该充分评估国际金融垄断资本的实力及其掠夺性，审慎考量资本项目开放建议。美国于 2016 年年底结束了其自 2008 年金融危机以来的宽松量化货币政策，受其影响，我国资本市场出现动荡，并且资本外逃迹象较为明显，这给未来中国经济、金融前景带来了一抹不确定性，已经引起了我国政策当局的注意，并开始采取一定的防范措施。因为一旦发生大规模资本外逃，那就意味着系统性金融风险的来临。现阶段，在以美国为首的资本主义货币、金融强权下，人民币供给尚难以做到完全自主，在这种条件下，如果贸然放开资本市场，任由国际垄断资本肆意进出炒作，那我国国民经济建设的成果将很可能成为西方金融掠夺的战利品。

总之，我国的金融改革，应该首先保证国家的金融安全，守住不发生系统性金融风险之底线，对内规范金融制度，进行以为实体经济输血造福为目的的金融创新。而不应该以西方自由化理论马首是瞻，把国家金融完全暴露在金融化的国际环境中，结果出现对内“鼓励”投机，对外“鼓励”掠夺的局面。

（本论文原载于《当代经济研究》2018 年第 1 期）

参考文献：

[1] 王志伟. 现代西方经济学流派 [M]. 北京：北京大学出版社，2015.

[2] 瞿强，王磊. 由金融危机反思货币信用理论 [J]. 金融研究，2012（12）：1-10.

[3] 保罗·A. 萨缪尔森，威廉·D. 诺德豪斯. 经济学 [M]. 12 版. 刘保春，张新和，译. 北京：中国发展出版社，1992.

[4] 海曼·明斯基. 稳定不稳定的经济：一种金融不稳定的视角 [M]. 北京：清华大学出版社，2015.

[5] 马克思. 资本论：第 1 卷 [M]. 郭大力，王亚南，译. 北京：人民出版社，1975.

[6] 伊藤·诚，考斯达斯·拉帕维查斯. 货币金融政治经济学 [M]. 孙刚，戴淑艳，译. 北京：经济科学出版社，2001.

[7] 马克思. 资本论：第3卷 [M]. 北京：人民出版社，1975.

[8] GUTTMANN R. Money and credit in regulation theory [J]. Regulation theory, the state of the arts, 2002：57-63.

[9] KOTZ D M. The Financial and Economic Crisis of 2008：A Systemic Crisis of Neoliberal Capitalism [J]. Review of Radical Political Economics, (Summer) 2009.

[10] 罗贝尔·布瓦耶. 历史视角中的美国和世界的危机 [J]. 北京：经济理论与经济管理，2014 (3)：84-94.

[11] 张佳. 大卫·哈维的历史地理唯物主义理论研究 [M]. 北京：人民出版社，2014.

[12] 卡萝塔·佩蕾丝. 技术革命与金融资本：泡沫与黄金时代的动力学 [M]. 田方萌，胡叶青，刘然，等译. 北京：中国人民大学出版社，2007.

[13] 罗伯特·布伦纳. 繁荣与泡沫 全球视角中的美国经济 [M]. 王生升，译. 北京：经济科学出版社，2003.

[14] 大卫·哈维. 资本之谜：人人需要知道的资本主义真相 [M]. 陈静，译. 北京：电子工业出版社，2011.

[15] 卢荻. 马克思主义经济学的全球化理论：一个阐释 [EB/OL]. [2016-12-16]. 中国政治经济学教育科研网，http://www.cpeer.org/html/zhengzhijingjixueqianyan/2012/0317/5360.html.

金融不稳定性及其对我国金融监管的启示

杨慧玲

2014 年后半年开始，我国股市摆脱长达七年之久的低迷状态，各方面期盼已久的牛市行情逐渐显现。2015 年在短短的六个月时间里，上证指数就由 3 000 多点突破 5 000 点大关。一时间，“北京股民人均赚 8 万，上海股民人均赚 15 万”“这一轮牛市顶部在一万点”……这类令人亢奋的报道和言论甚嚣尘上，无人不炒股，无人不谈股，全国都沉浸在一片从股市上发财的热潮之中。然而，6 月 19 日，中国股市单日跌幅超过 300 点，更让人始料不及的是，无数股民的发财梦在接下来的两周之内摔得粉碎，有媒体报道股民人均损失 41 万……股灾就这样发生了！甚至一度到了发生系统性金融危机的边缘……以证监会为中心，各上市公司、金融机构包括中央银行在内，发起了一场轰轰烈烈万众瞩目的“为国护盘”运动，甚至公安部门也介入调查证券市场的违法违规操作……一个多月间，股民经历了亢奋、失落、希望、失望、迷茫……

树欲静而风不止，痛未定而必须思痛，这样血的教训促使我们回到理论，厘清资本市场的运行规律以及它与实体经济的关系，这样才能深刻认识这次股灾的根源，为今后我国金融市场的健康、有序发展提供有益的借鉴。

一、银行信用的投机性构成金融不稳定性的根源

1. 货币的支付手段职能是银行信用体系的基本元素

现代金融业是银行信用体系的统称，它以信用货币的发行为基础和起点，不断衍生出日益复杂的信用工具，构建起了庞大的信用运行系统，而支撑这个系统的则是货币的支付手段职能。

银行信用使得作为支付手段的货币不可避免地介入商品生产和商品交换过程，它产生的效应是深远的，马克思早在一百多年前就分析了这个信用介入的后果——将单纯作为流通手段的货币介入商品交换过程所引起的供、求脱节和失衡，升级为不可避免的矛盾和危机。如果说货币作为流通媒介，只在一定限度内引起了买卖行为的时空错位，那么，货币的支付手段职能则割断了买卖之间的天然联系：它凭借支付功能所编织的债务链条，将原本统一的生产和消费置于各自独立的运动循环之中，从而在供求之间引入了

不确定性。进而，这种买和卖事实上的分裂，为投机做好了铺垫，“信用又使买和卖的行为可以互相分离较长的时间，因而成为投机的基础”[1]493。

银行信用的发展是通过金融衍生工具和信用体系的扩展不断实现的。在信用货币及其运行基础上，以货币支付功能为支撑，迅速地衍生出债券、股票、期货等信用工具。马克思认为无论是由银行创造出来作为“生息资本”的信用货币，还是这些衍生品，因其价值及价值运动脱离了它所代表的真实的资本积累过程而沦为现实资本的“纸质副本”、货币索取权证书，因而它们都是虚拟资本。“所有这些证券实际上都只是代表已积累的对于未来生产的索取权或权利证书，它们的货币价值或资本价值，或者像国债那样不代表任何资本，或者完全不决定与它们所代表的现实资本的价值。”“随着生息资本和信用制度的发展，一切资本好像都会增加一倍，有时甚至增加两倍，因为有各种方式使同一资本，甚至同一债权在不同的人手里以不同的形式出现。这种‘货币资本’的最大部分纯粹是虚拟的。”[1]533-534

虚拟资本特有的价值“幻想性”，构成了信用投机的基础。虚拟价值助长了人们不劳而获的心理，尤其是，金融衍生品的价值的虚幻性激活了人们以低价买进、高价卖出的方式从中获取投机利润的心理，并且往往诱发“羊群效应”，因而使得大众投机行为具有显著的非理性特征；猖獗的信用投机反过来成为金融泡沫膨胀的直接推手，“由这种所有权证书的价格变动而造成的盈亏，以及这种证书在铁路大王等人手里的集中，就其本质来说，越来越成为赌博的结果”[1]541。

信用投机所产生的价值泡沫制造了虚假需求，加深了资本积累的固有矛盾，反过来刺激了金融危机爆发。投机是为了卖而买的行为，它并不是真正的需求，即使存在着需求能力。但是，投机性购买同样会改变市场供求关系，推升商品价格和资产价格，这反过来又强化了投机获利的预期，并进一步刺激投机的非理性化发展——借债投机，最终使得大部分的市场购买行为完全没有了需求能力的支撑。这种庞大的由债务维系的需求，通过市场机制加剧了资本积累固有的矛盾：信用发行的规模有多大，债务链条就会延伸多长，市场供求之间分裂的自我循环就会持续多久，金融泡沫就会膨胀到多高，而它对生产和消费之间矛盾的助推也会达到相应的程度。因此，随着信用愈来愈深入地介入实体经济运动过程，实体经济内在的不稳定性也会越来越突出，它也必然以一次又一次的金融危机的暴力方式来纠错，金融危机于是成为金融不稳定性的典型反应。“在再生产过程的全部关系都是以信用为基础的生产制度中，只要信用突然停止，只有现金才有效，危机显然就会发生，对支付手段的强烈追求必然会出现。所以乍看起来，好像整个危机只表现为信用危机和货币危机。而且，事实上问题只是在于汇票能否兑换为货币。但是这种汇票多数是代表现实买卖的，而这种现实买卖的扩大远远超过社会需要的限度这一事实，归根到底是整个危机的基础。不过，除此而外，这种汇票中也有惊人巨大的数额，代表那种现在已经败露和垮台的纯粹欺诈营业；其次，代表利用别人的资本进行的已告失败的投机；最后，还代表已经跌价或根本卖不出去的商品资本，或者永远

不会实现的资本回流。”[1]554-555

2. 现代信用发行的弹性机制构成金融不稳定性的现实基础

现代金融系统，是自上而下由中央银行、货币市场、商业银行以及其他金融机构构成的影子银行、自发产生的企业之间的商业信用等形成的金字塔结构。中央银行居于金字塔顶端，工商企业则是这个金字塔的基础，整个系统是信用扩张的结果，同时，也正是借助这个发达的金融体系，现代信用不断发展。

银行信用的客观基础是其所吸收的居民储蓄存款，但是，信用发行的基础则是对未来收益的预期和商业信用的扩张。一方面，预期具有不确定性，它与现实积累之间的偏离度（弹性）取决于进行预期评估所依据的各种要素及其现实变化，还包括各种偶发因素；另一方面，商业信用本身就是基于实际工商业活动，运用一定的时空伸缩度构建的债务关系，而银行信用则凭借着自身更高的社会信誉，进一步增加了这种债务弹性。上述两方面说明，银行信用具有弹性叠加效应，因此，实际积累不可能对银行信用进行精准控制。

随着资本主义信用阶段性地过度扩张和收缩，信用货币的价值呈现下降和上升的波动自然不可避免，“黄金为这些波动提供了一个锚，但它仅仅在借款者争先恐后地为获得支付手段而使过度扩张的银行信用突然崩溃，并因此导致商品价格下降时，才具有意义”[2]。这时候，作为最后借款人的中央银行的存在是至关重要的，因为只有它才能解决债务链条拉伸到极限，弹性失效后才能显现出来的流动性短缺的问题。

3. 现代金融衍生品的杠杆效应加剧了金融不稳定性

随着现代信用制度的演进，金融衍生品一代又一代地被孵化出来，金融衍生系统及其扩展水平，以及估算证券资产价值的技术公式的复杂程度等，已经成为一个国家信用制度发达与否的标志。世界公认的金融业最发达的美国，就拥有以华尔街为代表的发达金融体系，其影响力遍布全球，华尔街的各项证券指数成为全球金融，甚至经济的风向标。耐人寻味的是，华尔街最为引人注目的并不是传统银行，而是高盛、摩根士丹利等投资银行。与传统银行专注于证券发行与承销、证券交易经纪、证券私募发行等不同，这些投资银行的核心业务由企业并购、项目融资、风险投资、资产及基金管理、资产证券化、金融创新等组成。正是借助这些业务平台，投资银行进行着所谓的金融产品创新——通过设计金融产品的交易结构，使用多种金融工具，实现多个杠杆叠加的效果，实现以小搏大的资产控制能力，满足追求巨额金融利润的目的。金融杠杆的升级与扩大是这些投资银行业务创新的核心，这也是投资银行与传统银行业务的主要区别。

资产的证券化、金融杠杆的升级等等，诸如此类的金融创新业务，本质上属于放松信用范围和信用程度的技术操作——利用最初的原始债务制造、衍生出更为庞大的债务，把小范围的债务演绎成大范围的债务。因此，它是一种鼓励以债养债和借债投机的模式，同时也刺激了大众“无本万利”这种极度非理性投机心理的膨胀。杠杆率有多高，这种投机的强度就增加多少倍，并且投机的非理性程度也随之成比例上升。利用杠杆可能获取成倍的投机利润，但同时也招致了相同级数的潜在风险，杠杆率反应的正是市场购买行为与真实购买能力之间的比例关系。如果说传统信用业务的核心是提供风险可控的对冲融资，那么，投资银行的这些高杠杆业务则致力于发掘投机融资，多重投机叠加的效应往往引起相当比例的庞氏融资，致使收入不抵利息，债务重复，必须以债抵债或者变卖资产和抵押物。可见，现代金融的不稳定性随着金融衍生系统的升级及其对非理性投机的极度刺激而呈现不断被强化的趋势。当面临不可抗拒的市场运行的周期性，金融不稳定性即被催化到极致，系统性金融危机很可能发生，并对实体经济产生强烈的反向冲击。

二、技术创新周期中的金融不稳定性

科学技术创新是现代经济增长的引擎，而正是信用体系为企业家前期的创新活动提供了必不可少的研发资金，现代经济发展离不开信用体系的金融支持。熊彼特说“凭借着信贷，企业家在对社会商品源流还不具备正式的要求权之前，就取得社会商品源流的活动的机会”[3]。

但是，信用的投机性并没有因为它促进技术创新活动而减弱或者抵消，在金融资本与技术革命的互动周期中，金融资本不仅在技术创新中发挥建设性作用，而且在技术创新周期的特定阶段也爆发破坏力，金融不稳定性一如既往淋漓尽致地发挥和表现出来，乃至于在每一轮技术革命的周期运动中，金融崩溃的宿命都未能逃脱，后者几乎成为金融不稳定性的规律表现。卡萝塔·佩雷斯说“金融资本始终扮演着关键的角色——最初支持了技术革命的发展，继而加剧了可能引发冲突的技术—经济领域和社会—制度领域之间的互不协调。当上述两个领域之间的协调建立起来时，金融资本又成为展开期的推动力；而当一场技术革命行将结束，它又有助于催生下一场革命”[4]2。

在旧技术的成熟期，大量闲置资金等待机会寻求转向，这时候，实体经济增长对新技术导入的渴望与金融资本对高利润的追求相契合。对新兴技术部门投资收益的预期，促使金融资本从创新收益递减和市场饱和的旧部门撤出，为了发掘新技术宝库，它首先通过自身的创新深度介入到技术革命的浪潮之中。“革命性突破和多次试错的最突出特征即是在代表金融资本的风险资本工具创造中所体现出的一种创新态度。”[4]101 人类历史上发生的五次技术、工业革命浪潮证明，信用制度的发展及金融创新所产生的动力在技术革命的发展和传播中发挥着越来越重要的作用。比如，大家都比较熟知的风险投资基金，就在互联网及其运用的技术创新中发挥了显著作用，正是在它的催生下，2000 年前后，涌现出了亚马孙、搜狐以及后来的脸书等具有代表性的互联网企业，最近在美国上市的中国企业阿里巴巴也是金融风险投资成功的典型案例。

新技术的成功导入，使金融资本取得了与其所承担的风险相称的丰厚利润回报。但是，对于金融资本来说，这种高额创新利润的获得，可以归功于它当初对新技术未来收益的成功预期，以及大胆的信用创新及其在技术创新周期的适当介入。显然，站在金融资本的角度，这暗示的是不确定性前提下的获利——一种投机的成功。所以，新技术的爆发力使金融资本的自信心大受鼓舞，并因此激发了大众追逐投机利润的非理性热情，其对社会资本的吸引力进一步提高，这样两个前提条件下，金融资本固有的投机性被完全催化了。

与新技术导入期不同，这一阶段金融操作不再以财富创造预期作为基本参照，而是层出不穷地推出各种纯粹投机性金融工具，不断地升级衍生品，于是，金融走上了一条独立于实体经济的赌博之路。几乎所有产业，包括革命性产业，都成为金融资本操纵投机的对象，对冲基金、垃圾债券等充斥于市。疯狂的投机使得证券资产的市场价值大大超过了其所代表的真实财富的价值，虚拟资本价值与它们所代表的实际资本的价值分裂达到极限，最后，对账面价值和真实价值进行协调的金融崩溃已经是在所难免……这种金融的不稳定性在不同国家的不同时期不断重演，20 世纪之前主要表现为“运河热”“铁路热”及随后的恐慌，20 世纪之后则以“房地产热”“股市热”以及“互联网热”及其崩溃的形式出现，最近这三十年更为频繁。2000 年 6 月，美国互联网泡沫的破裂正是互联网经济周期中的一次必然的金融震荡。每一次的金融崩溃都是对金融投机的暴力反抗，借此重构金融资本价值，使它回归真实增长，抑制金融投机的破坏作用。这样的暴力回归也为金融资本和生产资本走向下一个协同阶段铺平道路。

三、金融化是将金融不稳定性系统化扩散的制度安排

20 世纪 70 年代开始，美国为首的西方发达国家，开启了经济金融化模式。大卫·科兹总结说，金融化就是金融部门的发展独立于非金融部门，转而致力于金融投机以追求纯粹的金融利润。这种趋势反映在国民经济层面，就是经济增长模式由实业投资推动型转向金融泡沫驱动型，金融化意味着国民经济增长对信用投机的依赖性不断增强。

1. 发达资本主义国家的信用放松推动了金融化

金融化作为资本积累矛盾演绎的必然结果，从其展开的技术逻辑看，离不开信用放松这个前提。1974 年布雷顿森林体系崩溃，实际上使得信用货币的发行及其价值失去了黄金之锚，开启了信用放松的模式，这实际上从源头为金融的加速动荡供给了能量。由此，价格与金融（商品价格、资本价格及外汇价格）波动加剧，全球开始脱离传统的银行储蓄存款这种低收益金融工具，转向更为直接的证券投资资金，中央银行被迫放弃了低利率的传统承诺，这种金融的进一步放松，一方面打破了 20 世纪 70 年代的通胀势头，加速了全球范围的工业重建，另一方面，利率超过增长率的局面加强了债务的金融脆弱性，金融风险从私人部门扩展到公共部门，不仅对于二战后产生的福利国家的财政可行性产生了深刻的影响，而且，“利息率和增长率之间的不平衡关系也鼓励了牺牲长期工业发展的短期投机。这种糟糕的趋势被金融市场的价格波动强化了，后者由信用

体系的衍生创新所致”[5]。

2. 金融化将金融投机体系嵌入世界市场

从全球化的角度看，金融化不仅是发达资本主义国家的内部制度安排，它同时也构造了资本主义“全球掠夺式积累”的模式，发达国家凭借其金融垄断资本的支配地位，极力在发展中国家推行金融开放和金融自由化政策，为自己在全球范围进行金融操纵打开方便之门，从而将原本游离在系统之外的资源廉价地整合进其资本运行体系之内。

值得关注的是，发达国家无论是在国内制造推动经济增长的金融泡沫，还是整合国际资源为其国内各种垄断资本掠夺利润，共同点都是依赖发达的信用体系，借助这个系统衍生出来的金融工具来完成，或者说为了实现上述目的，金融创新不断跟进，各种衍生工具应运而生，投机手段越来越高明。随着金融自由化政策的推行，发达的金融垄断资本把魔爪伸向世界上一切可掠夺的资源，它所携带的不稳定性病毒也就广泛传播，金融动荡不再仅仅潜伏于国民经济的某个局部或者某个环节，而是深入到各国的国民经济系统之中，扎根于世界经济大循环体系之中。

有大量的实践证明，20 世纪 80 年代以来，一国范围内的金融不稳定性往往升级为系统性金融危机，进而演变为区域性金融危机的概率大大提高：如 20 世纪 80 年代拉美债务危机与美国储贷危机，20 世纪 90 年代日本房地产泡沫破裂陷入长期经济衰退，1994 年墨西哥比索危机，1997—1998 年东南亚金融危机，1998 年俄罗斯债务危机，1999 年土耳其、阿根廷与巴西的汇率危机，2007 年美国次贷危机演变为 2008 年席卷全球的金融危机，2011 年欧洲债务危机，直至近期再次爆发的希腊债务危机。上述金融和经济的震荡，在发达国家内部，主要表现为股票、期货等虚拟资本投机引发金融泡沫及其破裂，而在其外围，则突出表现为发达国家向目标国的债务投放及后者债务违约所引致的风险和危机，其幕后无一没有国际金融垄断资本投机的影子。比如，刚刚爆发的希腊债务危机，就源自十几年前华尔街著名投行高盛为希腊加入欧盟“创造”条件所做的金融“造假”及债务操作，以及希腊加入欧盟后其产业支撑的丢失……

3. 金融化用财富掠夺机制代替了虚拟经济与实体经济之间价值的时空置换机制

金融化制度框架的确立，信用缰绳的松开，猖獗的投机……使得虚拟资本价值泡沫膨胀的空间压力达到前所未有的水平，往往等不及实体经济自然增长所创造的新价值填充，泡沫就破裂了。从本质上看，就是放松管制的信用链条被拉伸到了极致，资产泡沫所制造的虚假需求是如此庞大，以至于无法在有效的时间之内依靠实体经济发展所创造的真实购买能力来弥补，导致债务容量大到根本不可能在债务到期时得到偿还，债务链条断裂而引起金融震荡甚至金融危机自然不可避免。其根源在于追求纯粹金融利润的金融化，把目标放在金融投机本身，它割裂了虚拟资本与实体资本价值之间的时空置换的有效机制，违背了信用为实体经济培育增长点的初衷，不符合金融服务于实体经济的本分。

但是，金融化的步伐并没有停止，它之所以持续进行甚至向更大范围扩散，可以从两个角度分析其原因：从金融化的源地——美国等发达国家内部来看，这种制度安排不仅通过构造“寅吃卯粮”的债务消费模式暂时地解决了积累的困境，而且赋予垄断金融资本更宽松的投机机制，便于其将大众手中的财富合法地转移到自己手中，实现高额垄断利润；从全球范围来看，发达国家强力推行金融自由化，利用发展中国家参与全球分工系统，提高其劳动生产率的迫切诉求和资金短板，借助世界银行和国际货币基金组织等推行自由化的国际垄断金融机构，以资金援助等为要挟，使得发展中国家自觉或不自觉地开放其处于发育阶段，尚不具备自我保护能力的资本市场。这样做的后果，就是发展中国家从发达国家获得所谓巨额债务援助的同时，失去了本国的经济自主权利，尤其是本国财政、货币甚至产业政策都受到作为债权人的外国金融垄断资本利益的裹挟，根本没有条件利用国际资金发展本国实业，结果往往是国内财富被国际金融资本盘剥一番之后，陷入国内产业凋敝，背负沉重国际债务，不得不以更大的国家利益换取债权展期的恶性循环之中，而债权国家不仅借助金融手段占有别国财富，也在一定程度上转嫁了本国金融、经济危机的压力。

四、充分评估国内、国际金融风险，加强金融监管，审慎推进金融开放

综上所述，信用的投机性决定了金融天生具有不稳定性，信用膨胀鼓励了市场投机的非理性发展，加大了金融动荡的风险；金融崩溃在金融与技术之间的互动周期中仍然呈规律性爆发；金融化已经成为国际垄断资本利用金融投机对世界资源进行掠夺的工具，这种制度安排将金融不稳定性嵌入到整个世界经济循环之中。因此，以有效市场假说和理性选择理论为基础，推行金融化，鼓吹资本项目自由化，反对对证券市场进行监管和干预的新自由主义思想，与发展中国家金融市场的实践不相符合，必将招致更大的灾难。

对于我国社会主义市场经济而言，需要依靠信用体系为实体经济拓宽融资渠道，为企业发展提供更加充足的资金血液；需要借助虚拟经济的发展激发技术创新机制，以实现优化社会经济结构、获得经济增长持续动力的目标；需要健康发展的资本市场，为老百姓搭建一个享受经济增长红利的平台；需要成熟、完善的金融市场，与国际金融垄断力量相抗衡，增强中国在国际金融市场上的竞争力。

但是，我们必须清醒地意识到，金融市场的不稳定性并没有随着信用制度的发展而减弱，甚至越发达的金融市场，其衍生的投机因素越复杂，金融动荡越呈极端化爆发趋势；而对于我国发展中的金融市场而言，现阶段，国内资本市场发育并不成熟，金融制度及金融技术缺乏实践的历练，根本无法和成熟的国际金融资本相抗衡，金融参与者的基本知识欠缺，国内资本市场上盲目投机倾向突出；此外，作为新兴市场经济国家，我国还面临着国际金融资本“输入”其金融不稳定因素、利用资本市场控制我国资产和

财富的风险。这些现实存在的问题，为我国金融监管提出了艰巨的任务和严峻的挑战。

1. 加强金融监管，防范高杠杆引发过度投机，保证金融服务于实体经济

从某种意义上说，金融市场是依靠投机维持其活力的，随着金融资本的壮大和金融垄断力量的形成，这种投机性呈自我强化的趋势；同时，随着科学技术的进步，金融资本吸引社会闲置资金的能力在不断地加强，这使大量社会资金参与金融投机活动成为可能，所有这一切都为非理性投机的社会化蔓延提供了条件。

金融市场监管的责任不在于制止或者扼杀投机，而在于防止投机走向极端非理性状态。一旦大范围的投机狂潮形成，市场的非理性投机很可能失控，这时候金融市场即变成一个在泡沫掩盖下的纯粹价值掠夺和转移的赌场，不仅失去了其发现投资价值，为实体资本融资的功能，同时也将整个国民经济置于系统性金融风险之上。中国股市在这一轮牛市之初，即涌现出了多种杠杆工具和杠杆操作平台，除了融券融资，还包括场外配资、伞形信托等等，它们通过诸如 HOMS 等软件的分仓功能，经过层层操作之后，后两者的杠杆率甚至高达三十多倍，显然，通过这些杠杆工具，信用体系打开了大规模投机资金进场的闸门，这本来是监管机构应该密切关注、严加控制和防范的分内之事。而事实是，过度投机加上各路媒体，甚至包括官方媒体对牛市大肆渲染和鼓吹，误导了大众的心理预期，对盲目投机起了推波助澜的作用，这一切终于在短时间内造就了中国股市的神化。

但是，金融的不稳定性加上市场的无政府性暗示，投机行为的可控性非常低，尤其是非理性投机趋势一旦形成，市场就会像脱缰的野马，形势很容易失控。当监管机构意识到风险的时候，泡沫已经高企，风险已然铸就，证监会着手清理融资配资杠杆的措施，很快改变了市场预期，使得非理性的投机演变为非理性的逃离，首先是股指期货市场大跌，接着连锁反应到股票市场上的踩踏事件……以各种杠杆工具为媒介，包括银行及影子银行在内的社会信用链条与股票等虚拟资产的价格紧密相关，当股灾发生时，股票等资产价格暴跌，整个社会信用链条因此而断裂的风险骤然加大，系统性金融风险开始逼近。

上述事实提醒我们，应该尽快出台法律法规，加强金融监管，严防过度、非理性的市场投机发生。而从信用的源头控制过度杠杆，提前防止投机资金大量进场是非常关键的一环，这同时也会在很大程度上减弱银行信贷流入投机市场，抽空实体经济血液的负面效应。

2. 防范金融垄断资本恶意操纵，避免证券市场的财富掠夺效应

中国老百姓投资理财渠道的可选择性比较小，所以居民的股市参与率相对比较高，而同时，老百姓的投资知识还有待于进一步提升，投资的非理性成分比较大，在股市震荡的时候，也更容易因羊群效应而发生“踩踏”。在这样的背景下，如果资本市场被个别金融垄断资本操控，甚至公司大股东趁机卖出所持股票，一走了之，那么，股市就成为这些垄断资本圈钱的工具，不仅发挥不了为实体产业融资的作用，而且还致使广大百

姓的血汗钱被合法掠夺，这是与政府希望通过股票等证券市场让普通居民分享改革和增长红利的初衷背道而驰的。要避免这样的情况发生，除了防范过度投机之外，还应该完善法律法规，约束金融垄断资本，对其非法、恶意操控进行严格防范和严厉打击，维持健康、有序的金融秩序，避免股市非常规波动造成大面积损失的情况发生。

3. 把控金融开放节奏，防范国际投机资本冲击，保证国家经济安全

发达资本主义国家的经济金融化，从某个角度来讲就是国际金融垄断资本主导的全球掠夺模式，而金融掠夺的前线战场正是股票、外汇、期货等金融证券市场。我国在长期的对外贸易顺差中，积累了大量的美元资产，形成了庞大的外汇储备。同时，包括人民币、楼市、股市以及债市的我国资产价格已经处于高位，这为外国金融垄断资本操纵的对冲基金做空中国，套取美元外汇，从而掠夺中国财富提供了机会。调查显示，这次我国股市严重震荡过程中，不仅存在国内恶意做空的势力，也有国外量子基金推波助澜。国际投机资本不仅仅通过助推证券市场震荡赚取高额投机利润，而且一旦触发金融风险，引起人民币贬值，国内金融机构和国有企业的股权将变得极其低廉，这种情况下，如果资本项目完全开放，则这些投机资金所掌握的美元资产就会乘机抄底，轻松完成对中国企业和财富的控制。可见，在当前的国际、国内金融环境下，如果全面放开中国资本市场，无疑是为国际金融投机掠夺行为开了绿灯。事实也再一次教训我们，在自身金融市场发育完善尚需时日的情况下，一定要审慎评估金融开放的步伐和节奏，切不可操之过急，盲目开放资本市场。

（本论文原载于《当代经济研究》2016 年第 2 期）

参考文献：

［1］马克思. 资本论：第 3 卷［M］. 郭大力，王亚南，译. 北京：人民出版社，1975.

［2］伊藤·诚. 货币金融政治经济学［M］. 孙刚，戴淑梅，译. 北京：经济科学出版社，2001：226.

［3］熊彼特. 经济发展理论［M］. 郭武军，吕阳，译. 北京：商务印书馆，1990：119.

［4］卡萝塔·佩雷丝. 技术革命与金融资本：泡沫与黄金时代的动力学［M］. 田方萌，等译. 北京：中国人民大学出版社，2007.

［5］GUTTMANN R. Money and credit in regulation theory［J］. Regulation theory：the state of the arts，2002：57-63.

金融部门利润与平均利润

——基于资本功能维度的分析

肖斌　王雪苓　唐婧鑫

一、引言

近年来有关金融部门利润过高的言论和报道越来越多，2012年5月《证券日报》就刊文称：去年中国50家金融业公司整体的净利润高达9 564.95亿元，平均每家的净利润高达191.30亿元，较房企高出42.5倍。食品饮料、交通运输行业的上市公司平均利润与金融业相比也相差数十倍[1]。另外，在“《财经》年会2012”上，杨伟民指出金融企业每100元的增加值中，62%留给了企业自己，而这个数据在非金融机构中是38%[2]。而西方发达经济体，在20世纪80年代就进入了金融化时代，金融部门在利润分配中的份额不断提高。

在研究金融部门利润来源方面，以考斯达斯·拉帕维查斯为代表的马克思主义学者认为掠夺收入是重点，“随着成熟的资本主义经济体变得金融化了，金融利润的来源发生了十分显著的变化。从工人和其他人的个人收入中直接榨取金融利润变得越来越重要。这可以被称为金融掠夺”[3]31。迈克尔·赫德森也强调了：“银行贷款、股票和债券是对财富的法律索取权，这与实物生产资料形式的产业资本不同。金融并不直接创造剩余价值，但是建立债权人所有制——债权人对于债务人的收入和财产的索取权——而当债务人不能偿付时剥夺他的财产的收入。”[4]这种收入掠夺的观点，很直观也很容易被接受，但没有透过现象去探寻金融部门利润来源更本质的部分。

而有关金融部门利润与平均利润的关系研究，热拉尔·杜梅尼尔和多米尼克·列维、埃尔多干·巴基尔和艾尔·坎贝尔等人发现，在新自由主义条件下，利润以利息的形式从实体部门向金融部门大规模转移，造成了金融部门利润高于实体经济利润。巴基尔和坎贝尔还认为，利润的转移恶化了资本积累的条件，从而造成了新自由主义时期利润率的低下[5]。垄断学派补充道，金融的集中垄断以及金融资产阶级权势的增加，使得金融部门利润所占份额史无前例地提高[6]。这些都对金融部门利润与平均利润的具体关系做了动态研究。

利润是资本带来的，要考察金融部门利润的来源就必须探寻部门中不同分工资本的利润创造问题，进而揭示金融部门利润与平均利润的关系。本文的第二部分，从独立的价值运动形式出发来透视金融部门利润的源泉；第三部分，将从金融业资本内部不同的功能分工出发，分别讨论各个部门资本利润的获得，并说明与平均利润的关系；第四部分，通过对美国经济利润率的实证分析，来探讨金融部门利润与平均利润的动态关系及其原因。

二、独特的价值运动形式：透视金融部门利润的源泉

“从事各种活动的金融组织，林林总总，统称为金融中介、金融中介机构。也常常称为金融机构。”[7]267本文把从事金融中介服务的产业或者部门叫作金融业或者金融部门。“金融普遍被认为是货币资本通过投资实物资产（实物资本）的积累用来创造出更多价值的一种手段。但是，现在有一种倾向，即金融资本总是偏离确保实物资产投资的功能（或者如马克思所说的“完整的资本循环”），且追求更独立的价值创造形式。”[8]这种价值创造形式抽象地表示为 G—G⋯W⋯G′—G″。加入股份资本等虚拟资本的运动形式又可表示为

$$\begin{array}{l} S\begin{cases} G_1—G_1\cdots W\cdots G'_1—G''_1 \\ G_2 \end{cases} \\ | \\ G_3 \\ | \\ S' \end{array}$$

金融股票（S）被发行，其实是为货币（G）而出卖。G 由两部分构成，一部分 G_1 转化为产业资本，另一部分 G_2 作为创业利润归于金融业资本家。G_3 作为股票、债券等市场的交易货币额，为股票 S 赎回并转化为货币资本提供了条件，而 S′与 S 的差额形成投机利润。

观察 G—G⋯W⋯G′—G″可知，G 的第一次换位既没有形态上的变化，也没有数量上的增减，只是资本的使用价值在法律上的让渡。当 G 被第二次支出时，进入了生产资本的角色。对于 G 的回流则表现为双重性，第一重是作为已经增殖了的资本（G′）带着全部利润，回流到职能资本家手中；第二重回流是由职能资本家到金融业资本家的回流过程，在量上存在着 $G''=G+\Delta G$，ΔG 作为利息只是平均利润的一部分。对金融业资本家来说，他的资本由 G 增殖到 G′，中间的生产过程是职能资本家的事。剩余价值的创造是由货币资本转化为职能资本之后才产生了的。由此可见，金融业资本其实是参与剩余价值的分配，然后转化为自己的利润。而马克思的劳动价值论和剩余价值论，论证了剩余价值的唯一源泉是生产过程中工人的活劳动。

金融业资本其本质也是以价值增值作为唯一动机，那么在追求金融利润的过程中，

金融业资本是否也像产业资本、商业资本和货币经营资本一样参与平均利润的形成，换个表达就是金融部门利润与平均利润的关系问题。探讨这个问题，有利于理解引言中涉及的金融部门高利润的情况。

三、金融部门利润与平均利润的关系：基于资本功能维度的规范分析

金融部门产生于社会分工需要的职能资本裂变过程，主要是从借贷资本和货币经营资本独立化、专业化的经营发展而来。在资本动员等因素的作用下，金融部门的活动由借贷、技术性服务等，发展到创业、投机活动，而现代金融业的发展使得各个功能在越来越高的程度上综合，它们或在一个企业中完成，或在多个企业中分别完成。对金融部门来说，执行不同功能的资本，将获得不同形式的金融利润。

（一）纯技术性资本参与平均利润的形成：金融部门利润中的平均利润部分

货币经营资本是从产业资本和商业资本中分离出来并为之服务的，是剩余价值生产和实现过程的润滑剂，因而是资本再生产不可或缺的部分，以独立的职能资本形式而存在。“同样很清楚，货币经营者的利润不过是从剩余价值中所做的一种扣除，因为他们的活动只与已经实现（即使只是在债权形式上实现）的价值有关。”[9]359这种利润和产业资本家、商业资本家的利润一样，属于平均利润。在后来的发展过程中，由于银行等金融机构的出现，货币经营等纯技术性的业务为之吸收，一方面为整个资本家的货币机制进行集中性的、专业化的服务；另一方面在营业内部又发生细密的分工，形成相互独立的子部门，例如国内和国际货币的收付、外汇保管和经营、贸易差额平衡、来往账目登记等等。执行这些职能的资本需求量主要是由业务规模和技术条件规定的，是生产和流通过程的客观条件决定的。如果把资本运动分为生产过程和流通过程，很显然，只有生产过程才创造出剩余价值，而流通过程只是实现剩余价值。纯技术性功能的资本既不创造剩余价值，也不实现剩余价值，而只是作为它们的辅助。如此，社会总资本的理性分配是，把创造剩余价值以外的资本控制在最低限度内，也把为生产和流通提供技术服务的资本量压缩到最低点。由此可见，金融部门中的一部分资本跟货币经营资本处于同样的位置，并靠这种资本实现平均利润。然而，下面要分析的执行其他功能的金融业资本并不是如此。

（二）借贷资本的利润：平均利润分割出利息转化为金融部门利润

金融部门利用它所支配的整个资本（包括自有的和借入的）的一部分来发放贷款、投资股票、购买债券，它们本质上都是债权和债务的形成过程，以获得利息为目的。有价证券的价格和收益也是以平均利息为参考。为了便于分析，本文把它们归为广义的借

贷资本。自有资本又称权益资本，企业可以自由支配，没有偿还期或者说偿还期无限延长。借入资本顾名思义，是通过一定的信用方式筹措而形成的资本。与一般企业不同，金融企业尤其是银行机构，借入资本占银行资本的多数，是创造收入的主要来源。对金融部门而言，“它们所分别支配、运营的资本规模，与各自的权益资本相比，比率高达十几倍、几十倍，甚至更高，并不罕见。”[7]270不同的是，借入资本需要支付利息成本。“如果利息=0，用借入资本经营的产业资本家就会和用自有资本经营的资本家处于同等地位。”[9]417在这一点上金融业资本家和产业资本家是处于相同的地位。

借贷资本不管是金融业资本家自有的还是借入的，在借贷功能上面是没有差别的，本身既可以是货币形式也可以是实物形式（比如金融租赁），在回流的时候收回本来的形式并带着一定的利息。在资本主义生产方式下，任何资本都有获取剩余价值的能力，金融业资本家放弃了生产利润的机会，把资本“生产利润”的使用权让渡给了职能资本家，因此借贷资本家必须取得一定的补偿。如果把“生产利润”当作借贷资本的使用价值，那么，利息率就是这种使用价值的价格形式，受市场价值规律的调节。利息率首先是由借贷资本的一般供求关系决定的，然后受平均利润制约。当利息率高于平均利润率时，生产中的产业资本和商业资本会抽出并转化为借贷资本，造成供大于求，利息率下降。同时，高额的利息会像高利贷一样摧毁资本主义的生产方式，进而摧毁自己存在的基础。而过低的利息又会使金融业资本家处于不利地位，难以填补借入成本和经营费用，使得借贷资本惜贷，供给减少，竞争的作用迫使职能资本家抬高利息率。所以有利的或者说最优的利息水平是介于借入利息和平均利润之间，贷出利息与借入利息的差额构成了借贷资本的利润。

这部分金融业资本家不仅靠自有资本获得利润，也能靠借入资本获得利润。利润水平主要取决于利息水平，而利息水平由市场总借贷规模决定，受平均产业利润限制，但是不参与平均利润率的形成。“因此，这种利润不是绝对意义上的利润，它的高低不是由平均利润决定的。它也正像其他货币资本家的利润一样，是由利息产生的。”[10]187希法亭在这里说的“绝对意义上的利润”指的就是产业利润。

（三）金融创业资本的利润：平均利润率与平均利息率共同决定的金融部门利润

随着社会化大生产和信用制度的发展，一种新的经营方式的企业组织——股份公司出现了。股份资本投入实体部门要分割产业利润，投入到金融部门则要分享金融部门的利润。而当货币资本家在选择投资产业股和金融股无差异时，它们的预期利润率肯定是一致的。对货币资本家来说，投资于股票资本还是投资于借贷资本，是要进行收益权衡的，需求市场也为争夺有限的货币资本而竞争，结果就会使股票的收益接近于借贷资本的利息，进而获得平均利息，这也说明了股票资本实质也是生息资本。至此，我们注意到了一个问题，由平均利润率决定的产业利润与平均利息之间会有个差额，由产业资本家（或金融业资本家）获得，并形成企业主收入，在资本化的条件下成了“创业利润”。事实上，创业利润是对资本家创立产业、组织生产、研发和创新的激励方式，以产业资本向虚拟资本的转化为前提，在量上是创造平均利息的资本额与创造平均利润的资本额之间的差额，在质上是参与剩余价值分配的一种形式。希法亭进一步论述到：“创业利润的高低，首先是由平均利润率决定的，其次是由利息率决定的。平均利润减利息决定企业主收入，企业主收入按占统治地位的利息率资本化形成创业利润。”[10]190

创业利润，是资本主义利润的一种特殊形式，其真正来源仍然是剩余价值，而不是表面上显现的那种财产再分配。“创业利润的实质是对创业垄断利润的提前支取，其来源具有二重性，最终来源是创新劳动，实现来源是创业资本虚拟定价方式。”[11] “当然，创业利润通常并不以货币形式由创业者收于囊中，其存在形式是：在没有新投资人入伙企业的情况下，不论创业者的资本收益率多高，都只以超额利润的形式存在，不过超额利润中隐含着成功的创业行为所带来的处于潜在状态的创业利润。”[12]虽然股份公司的产品同样服从市场竞争和价值规律的调节，长期来看随着股份公司的推广，金融股份公司的利润与独资企业的利润要趋于一致。但是在信息技术不断提高的环境下，金融部门产品的低成本生产和研发、易创新等特性，可以使金融部门获得稳定的创业利润，从而形成金融部门的超额利润。

（四）投机利润的掠夺性：金融部门的另一种超额利润

金融的发展产生了一种机制来保证货币资本家投资有价证券的安全性和流动性。这种特殊的机制就是证券交易市场，它为货币资本家收回自己的资本提供了可能性。“只有这种市场的形成，才赋予现在对各个人始终都是‘能够实现的’股份资本以完全的货币资本性质。”[10]108在证券交易市场，除了具有收回投资资本的功能外，还可以低买高卖进行金融投机活动获得投机利润。其他金融市场如利率市场、外汇市场、金融衍生品市场等，它们同样在对冲风险的时候，也留出了投机的空间。

金融业投机资本的目标是短期利润，只需资产价格波动，于是它们司空见惯的手法是炒作和资产证券化。对不同原始资产的收益风险进行打包和组合，创造出高收益率的证券公开销售，获得第一次资产价差。新的证券购买者，再一次证券化并重新定价，获得第二次价差。如此过程可以反复多次，造成金融市场繁荣的假象。在理论上初始风险经过多次打包、多次分散，可以得到一步步稀释，但新的金融工具又有新的风险，并且总的系统性风险在累加中。当风险和价格累积到一定程度时，投机资产无人接手，后续投机链断裂，市场将会陷入崩溃状态。此时，资产价格急转直下，下降的速度甚至超过上涨的速度。一方面，投机利润由资产价格的价差产生，投机赢家总是在适当的时候出手获得利润，而投机失败的一方将承担全部的损失；另一方面，市场崩溃之后受冲击的银行等金融储蓄机构无法偿还债权人，这些机构的存款大多数又是来自普通民众。最后一方面，政府对金融机构实施的直接救助，更是直接用纳税人的钱替金融业资本家填补利润。金融投机也通常具有以小搏大的特性，即杠杆化，投机者通过负债进行投机，以较小的自有资本获得高额的收益。由此可见，这些投机利润不是任何金融业资本新创造的剩余价值，而只是收入、资本、利润、地租的转移。一部分来源于已经创造的剩余价值，另一部分是来源于未来的剩余价值。金融业投机资本的利润是完全不同于社会平均利润的一种利润形式，但本质上还是对剩余价值的占有和分割。

四、金融部门利润与平均利润的实证研究
——基于美国经济部门的利润率数据

金融部门利润不同于产业利润，而且绝大部分利润不参与平均利润的形成。但是从理论上来讲，以自有资本来计算的利润形式，又必须等于平均利润，通过利润额与自有资本计算得来的利润率也必须等于平均利润率。如果不是这样，资本的投入情况将会发生改变。低于平均利润率的资本便从金融部门转移，并在市场中寻找到更高的回报；如果高于平均利润率，则相对较低利润率的资本就会流入金融部门。下面以美国 1975—2008 年经济部门的利润率数据，来考察金融部门利润与平均利润的动态关系。用有限定金融公司的利润（率）代替金融部门的利润（率），以实体经济部门的利润（率）代替平均利润（率）。

如图 1 所示，先看非金融公司部门（non-financial corporate business，NFCB）两种利润率的变化趋势。r_{NFCB}表示纯实体经济利润率，r^*_{NFCB}为参与金融活动后的实体部门利润率。①1981 年以前 r^*_{NFCB}要高于 r_{NFCB}，这说明实体经济部门参与金融活动增加了利润获得。滞胀影响下的经济利润没能得到有效恢复，加上高通胀的存在，美国的实际利率处于低位水平，所以非金融部门参与金融活动后的利润率高于纯实体经济利润 2~3 个

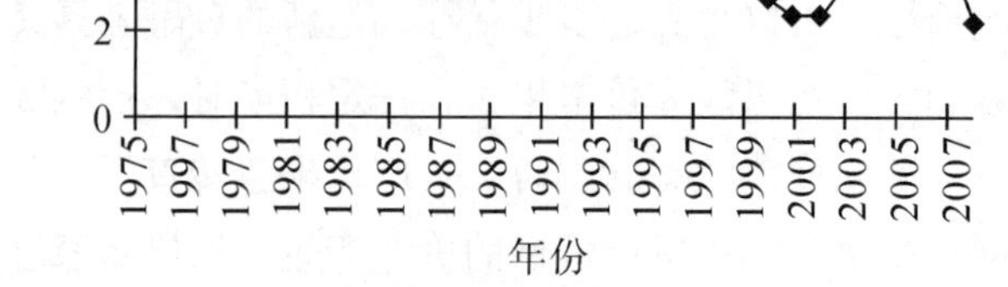

图 1　NFCB 部门的两种利润率

资料来源：谢富胜，李安，朱安东. 马克思主义危机理论和 1975—2008 年美国经济的利润率［J］. 中国社会科学，2010（5）：65-82，221.

百分点。②这种情况持续到1982年左右就发生了逆转，此后r^*_{NFCB}要低于r_{NFCB}，而且还有朝前扩大的趋势。杜梅尼尔和列维认为发生这种变化的原因主要是，随着企业负债的增多和真实利率的上升，利息负担越来越重，以至于抵消了参与金融活动的收益[13]。金融化的美国经济体，金融势力显然得以增强，而利息率的提高是这种势力的表现。另外，明斯基所讲的“投机融资”和“旁氏融资”在金融化时期占了主导地位，为金融部门带来了大量的投机利润，从而造成实体部门的利润流向了金融部门。

图2进一步显示了金融部门利润与平均利润的关系。有限定的金融部门①的利润率以r_{RFCB}表示。①排除金融危机的特殊年份，在总的趋势上r_{RFCB}与r^*_{NFCB}波动周期是一致的，这说明了金融部门受实体经济部门波动的影响。②1981年之前r_{RFCB}与r^*_{NFCB}总体上是持平的，在金融化之前金融部门的利润率与平均利润率大致趋同。严格的金融管制（“格拉斯-斯蒂格尔法案”），使金融部门的创业和投机活动大为减少，这压缩了金融部门获得超额利润的通道。③从1981年到1990年r_{RFCB}时而高于时而低于r^*_{RFCB}，此阶段为金融化的初期，金融管制还未完全打开，金融部门的利润表现不稳定。反映了金融部门和非金融部门争夺利润分配的情况。④1991年之后除了互联网泡沫和次贷危机的年份，r_{RFBC}的值大幅高于r^*_{NFBC}，最大的时候超过10%。因为更宽松的金融监管（“格雷姆-里奇-比利雷法案”），以及网络信息技术革命的发展，都降低了金融部门的经营成本。创业活动和投机活动空前繁荣，金融规模前所未有，推动着金融化快速发展，使得资本主义利润的积累越来越多地通过金融渠道。反过来，金融化又强化了金融的势力，金融部门通过借贷资本、创业资本、投机资本等分割了更多的剩余价值。

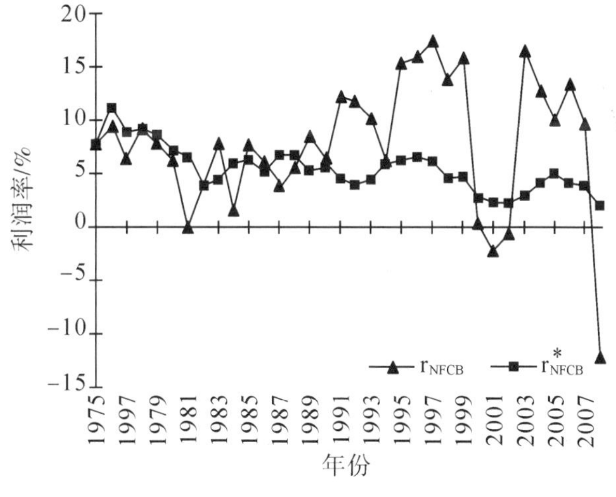

图2　RFCB部门的利润率和NFCB部门参与金融活动后的利润率

资料来源：谢富胜，李安，朱安东. 马克思主义危机理论和1975—2008年美国经济的利润率［J］. 中国社会科学，2010（5）：65-82，221.

---

① 杜梅尼尔和列维、谢富胜等人考虑到利润计算的可得性以及可用性，将讨论的金融部门限定为商业银行、储蓄机构、信贷机构、人寿和财产保险公司、证券化产品发行机构、金融公司和证券经纪机构这七个部门。

实证的结论是：金融化之前，因资本利润竞争的存在，以及在金融管制和较低利率的作用下，金融部门的利润也受平均利润的调节，从而两者有大致相同趋势。而金融化之后，金融部门参与利润分配的份额明显提高；总体上，金融部门的利润率已经超过了社会平均利润率。这主要是因为，金融化时期金融部门获得大量的超额利润，而超额利润主要是通过创业资本和投机资本获得，同时被强化了的金融势力也有利于金融部门参与利润的分配。

五、结语

首先，金融业资本运动过程可抽象为 G—G″，它本身不创造剩余价值，但是参与剩余价值的分配。金融部门的利润不是产业利润，其唯一的源泉还是生产过程中工人的活劳动。

其次，创业利润和投机利润形成了金融部门的超额利润，这让实体经济当中无利可图的资本涌入金融部门，从而资本主义利润的积累越来越依靠金融渠道，直接引起了资本主义金融化的趋势。反过来，金融化强化金融的势力，使金融部门利润分割的份额变得更多。所以，在实体经济利润增长乏力的条件下，金融部门利润率提高既是金融化的原因也是金融化的结果。

最后，金融产品具有低成本性和强创新性，也是金融部门能长期保持超额利润水平的重要原因。另外，杰克·拉斯姆斯指出："由于金融资产形式实际上没有产品成本或者销售成本，对它们的需求和市场是即刻发生的和全球性的，所以更具营利性。"[8]金融部门不存在资本的"生产过剩"，金融危机是商品生产过剩和过度投机的结果，从而表现为金融部门的流动性和货币形式的资本匮乏。

（本论文原载于《财经科学》2013 年第 4 期）

参考文献：

［1］王铮. 148 家房企去年平均仅赚 4.5 亿元［N］. 证券日报，2012-05-10（D01）.

［2］财经网. 《财经》年会 2012 专题［EB/OL］.［2011-12-15］. http://www.caijing.com.cn/2011-12-15/111524650.html.

［3］考斯达斯·拉帕维查斯. 金融化了的资本主义：危机和金融掠夺［M］//政治经济学评论. 北京：中国人民大学出版社，2009.

［4］迈克尔·赫德森. 从马克思到高盛：虚拟资本的幻象和产业的金融化（上）［J］. 曹浩瀚，译. 国外理论动态，2010（9）.

[5] ERDOGAN BAKIR, CAMPBELL AL. Neoliberalism, the Rate of Profit and the Rate of Accumul-ation [J]. Science and Society, 2010, 74 (3).

[6] BELLAMY F J, HOLLEMAN H. The Financial Power Elite [J]. Monthly Review, 2010, 62 (1).

[7] 黄达. 金融学 [M]. 北京：中国人民大学出版社，2003.

[8] 杰克·拉斯姆斯. 投机资本、金融危机以及正在形成的大衰退 [J]. 王姝，译. 马克思主义与现实，2009 (3)：177-185.

[9] 马克思. 资本论：第3卷 [M]. 北京：人民出版社，2004.

[10] 鲁道夫·希法亭. 金融资本：资本主义最新发展的研究 [M]. 北京：商务印书馆，1997.

[11] 刘志阳. 创业资本运动机理：一个马克思主义视角 [J]. 南开学报，2005 (3)：97-106.

[12] 熊海斌. 创业利润实质、计量方法与股票发行价评价 [J]. 广东商学院学报，2005 (2)：22-25.

[13] DUMENIL GERARD, LEVY DOMINIQUE. The Real and Financial Components of Profitability (United States, 1952—2000) [J]. Review of Radical Political Economics, 2004, 36 (1).

马克思借贷资本理论的现实还原与国有商业银行竞争力重塑研究

李标　杨英

一、引言

历经改革开放四十年的快速发展，中国国有商业银行当前面临着大而不强的瓶颈。党的十九大及其后召开的两会明确给出新时代中国金融领域诸如引导经济结构优化、健全宏观调控框架、防范系统性风险的改革任务及方向。IMF（国际货币基金组织）于2018年4月发布的《全球金融稳定报告》强调，低利率积聚的信贷配置风险致使金融凸显脆弱性和实体经济下行压力加大，银行部门和银行业出现危机的可能性也相应提升。中国过去多年粗放发展进程中累积的企业债务和地方政府债务在经济新常态下逐步显化，以债务高企为代表的信贷错配风险正向商业银行汇聚，威胁着实体经济健康发展。增强银行竞争力，提高整个金融业的效率，已成为金融改革的核心与关键[1]。商业银行竞争力综合表现为盈利能力、风险管理与应对能力、融合科技要素能力、监管适应能力和可持续发展能力等多方面的能力，但最终体现在盈利水平及其增长潜力上。提高商业银行竞争力既是我国商业银行改革发展的主要目的，也是我国监管机构的一个重要法定目标[2]。综合考虑中国金融领域对外资进一步开放、国内严峻的金融监管形势以及技术创新冲击传统金融业等因素，本研究以拓展的马克思借贷资本理论为基础，探析国有商业银行竞争力重塑的必然性和再造路径有理论与实践双重价值。已有相关研究主要集中在以下四个方面：

一是商业银行竞争力的理论源起。著名管理学家波特（Porter）基于哈佛学派的S-C-P分析范式首次给出涵盖总成本领先、差异化和专一化三大战略的竞争力理论。此后，波特竞争力理论被广泛用于商业银行的竞争力研究。国内学者樊纲认为，竞争力的概念不复杂也不特别，它所涉及的不过是经济学的最基本内容[3]。刘锡良和刘轶从经济成本视角对此问题进行研究[1]。易纲和赵先信从规模、创新和产权的角度对商业银行的竞争力开展分析[4]。二是商业银行竞争力的分析框架。黄宪和牛慕鸿构建了商业银行竞争力三层次分析框架：竞争力的本质（X 效率）、竞争力的表现（以利润率为代表的一组绩效指标）、竞争力的来源（形成效率和绩效差异的内外因素）[5]。陈雨露和甄峰给出大型商业银行国际竞争力分析框架的钻石模型，包含了资产与负债、收益与风险、创新与稳健、本地与扩长四组均衡关系[6]。三是商业银行竞争力评价及实证分析。Fu Xiaoqing 等计算了亚太经济体国家商业银行竞争力的 Z 得分，进一步关注银行竞争与金融脆弱性的关系[7]。波尔特和哈弗瑞（Bolt 和 Humphrey）基于竞争效率理论，运用 HHI、Lerner Index 和 H-statistic 三种指数比较了美国的商业银行竞争力[8]。陆跃祥和曹永栋从现实竞争力与潜在竞争力两大角度，选择 27 项指标运用因子分析方法研究了中国城市商业银行的竞争力[9]。四是商业银行竞争力的影响因素。利昂（Leon）发现，商业银行业务部门的竞争力和银行市场进出的自由水平与商业银行的竞争力显著正相关[10]。韩松和姜鹏验证了股权结构、员工数量、工资薪酬等对 14 家上市商业银行效率的影响[11]。何凌云等特别关注了绿色信贷和内外部政策在我国商业银行竞争力提升方面的积极作用[12]。

在国内外学者研究的基础上，本研究的创新点有三：第一，丰富了马克思的借贷资本理论，使其更加逼近金融发展现实，提高对现实的指导价值。本文从借贷资本供给（G^{AS}）与需求（G^{AD}）两个角度，打开被马克思借贷资本理论中抽象舍去的 G^{AS} 和 G^{AD} 两个“黑箱”，并融入监管与技术两个因素，拓展了马克思借贷资本理论。第二，聚焦国有商业银行转型。既有文献多是基于管理学的竞争力理论关注所有商业银行竞争力的定量评价，本文则以理论分析为主并结合国有商业银行面临的实际情况，检视中国金融体系和货币政策的主要执行主体国有商业银行竞争力下滑与转型紧迫的原因。研究发现，异质借贷资本供给主体显化、科技创新下互联网金融的崛起和金融需求主体及需求意愿多元化是国有商业银行竞争力下滑与转型紧迫的根源所在。第三，以拓展的马克思借贷资本理论为基本参考，探求国有商业银行再造竞争力的可操作路径。重塑国有商业银行竞争力的四大路径——转变发展观念、创新中介职能、业务管理与调整并重和变革管理模式。

二、理论基础

商业银行由劳动分工产生的货币经营业发展而来。货币经营业兴起之初主要为商业和产业资本家提供保管、记账和出纳等服务，这“只能缩短买和卖引起的技术活动，并由此减少这种周转所必要的货币现金量。”[13]358 最初的货币经营业只是行使货币贮藏和支付手段职能，并未涉及借贷职能。一旦借贷的职能和信用贸易同货币经营业的其他职能结合在一起，货币经营业就得到了充分的发展[13]356。货币经营业职能扩容涵盖信用中介职能后，货币经营业方逐步演变为经营货币与信用的现代企业——商业银行，信用中介职能的地位也越来越高。所以，分析商业银行的相关问题需溯源至马克思的借贷资本理论。

1. 马克思借贷资本理论的基本内容

（1）总体描述

在经典的马克思主义借贷资本理论中，马克思抽象出两个借贷关系主体，即贷出者A（借贷资本家）和借入者B（职能资本家）。信息不充分、不对称的条件下，贷出者A和借入者B之间的借贷交易耗时较长且难以达成，不利于商品的生产、流通和价值实现。商业银行可通过向若干个贷出者提供存款服务，支付存款利息，吸纳全社会闲置的货币，成为实际贷出者A的代理人，并以大于存款利率的贷款利率贷放给资金需求方，提高货币交易效率的同时而获利。如马克思所指出的："银行一方面代表货币资本的集中，贷出者的集中，另一方面代表借入者的集中。银行的利润一般地说在于：它们借入时的利息率低于贷出时的利息率。"[13]453 也即，商业银行成为借贷资本家的代理人后，所获利润直观地表现为借贷利差。

（2）理论公式

商业银行通过经营信用为借入者B提供资金融通。商业银行的贷放行为主要是贴现与贷款，但表现形式多样，比如"通过票据贴现来进行的，是通过不同形式的贷款，即以个人信用为基础的直接贷款，以有息证券、国债券、各种股票做抵押的贷款，特别是以提单、栈单及其他各种证明商品所有权的凭证做抵押的贷款来进行的，是通过存款透支等等来进行的。"[13]454需要指出，现代商业银行的贷放行为依然是以各种质押或抵押贷款为主。不考虑商业银行因吸收存款与社会上各主体之间的借贷关系，并假设商业银行与借入者B之间的借贷关系以契约界定达成，二者之间的借贷资本的运动抽象为G_{bank}—G_B—W—G′。此式中，G_{bank}是指商业银行贷给职能资本家B的货币量；G_B是指职能资本家B将全部的G_{bank}转化的货币资本，G_{bank}—G_B的转换"通常在一定的法律形式和条件下进行"[13]381；W表示生产的商品；G′表示职能资本家B实现商品W价值量的货币形式。理论上，G′回流至商业银行是法律契约规定的结果。从贷出资金最终回流的数量上看，$G'=G_{bank}$（或G_B）$+\Delta G$。在这里，ΔG不等于利润的全部，而只是利润的一部分，即利息[13]381。

（3）进一步解析

借贷资本家在把借贷资本的支配权出让给产业资本家的时间内，就把货币作为资本的这种使用价值——生产平均利润的能力，让渡给产业资本家[13]393。所以，尽管商业银行与借入者B之间不存在商品的买卖关系，但"价值额，货币，在没有等价物的情况下付出去，经过一定时间以后交回来……即作为价值加上剩余价值（利息）来偿还。"[13]395马克思认为："这个运动——以偿还为条件的付出——一般地说就是贷和借的运动。"[13]389信用中介商业银行集中借贷资本并通过让渡货币使用权而获取利息后，"资本的一般形式G—G′也就会在这里出现。由于G的预付，对预付者来说，就会产生G+ΔG。但是，在G—G′中作为中介的东西，在这里与形态变化的物质要素无关，而只与它的技术要素有关。"[13]359

商业银行借出的货币资金（G）“既不是被付出，也不是被卖出，而是被贷出。”[13]384商业银行贷出 G 时，所有权并没有发生转移，仅是使用权在一定时间窗口内的转移，契约文本约定的使用期限截止时，依据企业的逐利性特征，商业银行收回的货币量理论上应大于初始的贷出值 G′。正如马克思所说：“一切借入资本，不管它的形势如何，也不管它的偿还会怎样受它的使用价值性质的影响，都始终只是货币资本的一个特殊形式。因为这里贷放的，总是一定的货币额，并且利息也是按这个金额计算的。”[13]385所以，对于商业银行来说，在合法的货币资本借贷关系中，最终回流的货币数量 G′是：$G' = G + \Delta G = G + R$。R 表示利息，意指商业银行贷出货币资本的使用权在经济上的实现。

2. 马克思借贷资本理论的现实还原

马克思高度简化抽象的借贷资本理论，直观反映了借贷资本的本质是以利息的形式与职能资本家共同占有工人创造的剩余价值。但是，该理论中有两个“黑箱”被简化舍去了：一是借贷资本供给（G^{AS}）；二是借贷资本需求（G^{AD}）。然而，这两个“黑箱”对现代商业银行，尤其是中国国有商业银行竞争力的再造极为重要。此外，马克思高度抽象的借贷资本理论也忽视了监管与技术两大因素的影响。当我们考虑 G^{AS} 和 G^{AD} 两个“黑箱”并融入监管与技术因素时，马克思借贷资本理论的分析框架可拓展如图 1 所示。在这个拓展的模型下，影响不同类型贷出机构的利润规模（R）、资产质量及其他未来获利能力的要素都将因市场竞争、技术创新及制度变化等原因而受到影响。

（1）G^{AS}“黑箱”的影响

马克思指出，“产业家和商人以货币形式持有的暂时闲置的资本部分，即货币准备或尚未使用的资本，一切收入和积蓄中永远或暂时不用的货币收入”[13]685均将存入商业银行，以存款的形式成为商业银行支配的货币资本的主要构成。囿于马克思所处时代的金融业是银行绝对主导，且是唯一合法的微观信用中介，他更多考虑的是借贷资金来源，且假设所有市场主体在银行办理存款。当代中国经济多元化发展的事实表明，忽视 G^{AS}“黑箱”的处理方式降低了高度简化模型解释现实的力度。

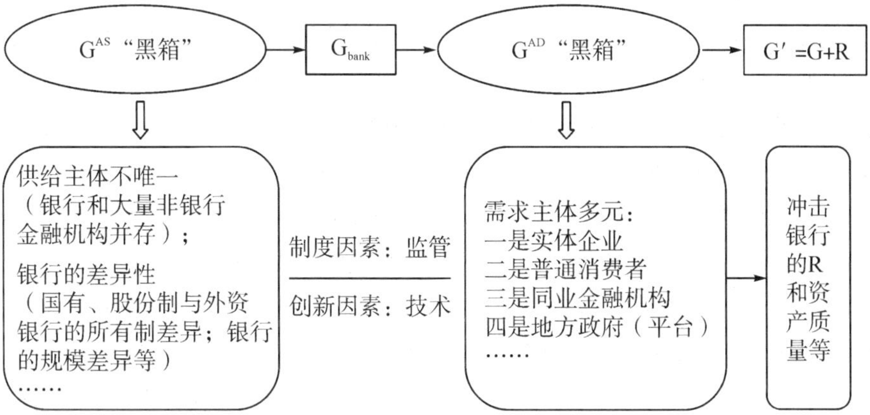

图 1　拓展的马克思借贷资本理论架构

一方面，金融市场的潜在进入者借助技术创新成功显性化，冲击银行的贷放资金来源。银行贷放的资金主要源于公众储蓄，在证券公司、保险公司、大型财务公司、信托公司、金融租赁公司以及互联网公司等非银行金融机构大力加强创新研发，带有储蓄性质的产品如雨后春笋般涌入金融市场后，存款市场快速分化，银行业的存款萎缩压力大，进而影响银行贷款规模与利息收入。另一方面，银行业内部异质性的快速显化（如所有制、资产规模等）并不利于借贷资金集中，尤其是城市商业银行的异军突起加剧金融市场的价格竞争、产品竞争、服务竞争，导致借贷资金加剧分化，快速瓜分了大型国有商业银行的市场份额。实际上，这在马克思的基本借贷资本理论中也没得到充分重视。此外，政府部门对金融体系监管的趋紧（如要求商业银行提高拨备率、严格审查资金需求方的偿还能力等）有双面性，长期来说确实有利于维持金融体系的稳定，但短期内却有降低商业银行贷放资金供给规模，致使金融市场借贷资金获取难度加大，企业资金链断裂引发债务危机概率上升等负面效应。

（2）G^{AD}“黑箱”的影响

马克思主义经典的借贷资本理论假设只有产业或商业两类职能资本家，并使用“—”符号进行了抽象舍弃。细致地审视中国金融市场上既存的借贷资金需求者，除了上述不同所有制性质的企业以外，还有诸如众多普通消费者、不同规模与不同股本结构的商业银行、非银行的金融机构、金融租赁公司、地方政府（地方政府融资平台）等多元化的资金需求主体。

异质供给主体显性化条件下，借贷资本市场竞争更充分，买方（如普通消费者、实体企业）具备较强的议价能力。在服务、产品、利率以及放款期限等因素影响下，大量买方可能会转向其他银行，也可能转向在互联网技术支撑下兴起的互联网金融公司等非银行金融机构，商业银行尤其是大型国有商业银行的借贷规模受到显著冲击，不利于自身盈利能力的稳定提升。对于其他类型的资金需求者来说，商业银行的议价能力通常相对较弱，在具体交易过程也会被要求附加高质量服务、降低借款成本等要求，严重影响商业银行贷款及利润增速。此模式下，商业银行更注重短期利益，以同业拆借或购买非银行金融机构的理财产品形式发放表外贷款，难以把控贷出货币资金的真正流向，与防控风险的监管目标冲突。贷放的货币资本可能会在金融系统内“空转”，也可能会投向不良项目，还可能会大量用于房地产和基础设施建设，诱使商业银行积累资产错配风险，加大风险管理难度，资产质量下滑概率提升，且未来的盈利空间被压缩。

基于马克思的借贷资本理论能够直观地观察到商业银行的主要获利来源是借贷利差。现代金融机构的获利本质上亦是如此，只不过被复杂的技术条件（如金融产品及衍生品的创新）所掩盖。马克思经典借贷资本理论高度抽象，在挖掘借贷资本的本质方面有共知的便利性，但对经营与管理模式日益复杂的商业银行来说借鉴意义并不大。从借贷资本供给与需求角度进行拓展的马克思借贷资本理论能够更好地逼近现实，在分析商业银行经营管理上面临的问题有显著作用，特别是对找准国有商业银行重塑竞争力的着力点有实际价值。

三、国有商业银行重塑竞争力的必然性

伴随中国金融市场的快速发展，G^{AS}和G^{AD}主体已出现显著变化，市场经济条件下国有商业银行的利润规模及资产质量受到较大冲击。国有商业银行曾经在中国金融市场上一度占据绝对主导地位，而其影响力与控制力正逐步被其他银行和非银行金融机构分化。鉴于当前中国国有商业银行的利润来源依然是借贷利差的现状，这里基于拓展的马克思借贷资本理论，挖掘影响国有商业银行利润获取的主要因素，为寻找国有商业银行竞争力的再造路径打下基础。

1. 异质借贷资本供给主体的显化对国有商业银行的冲击

（1）异质借贷资本供给主体显性化。

国有商业银行借贷资本供给的绝对主体地位的瓦解是与中国多元金融格局的形成相伴而生的。以工、农、中、建四大国有银行为主及少量股份制商业银行为辅构成中国改革开放之初的金融体系。为了给地方经济建设搭桥铺路，服务中小企业，中国于20世纪80年代设立城市商业银行的前身城市信用社，全国城市信用社在90年代末已达5 000多家。21世纪初，我国加入WTO后银行业对外开放的力度逐渐提高。2016年年底，外资银行已在我国设立了39家法人机构、121家总行直属分行和166家代表处，营业性机构总数达1 031个[14]。同时，证券、保险、金融租赁、信托、小额信贷等非银行金融机构数量也持续增多。当下，这些金融机构与国有商业银行一并为市场主体供给借贷资本。

（2）异质借贷资本供给主体冲击国有商业银行的贷款规模。

异质借贷资本供给主体影响国有商业银行贷款规模的根本原因是获利动机及获利方式的同质化。市场化体制改革期间，商业银行通过股权变革已成功塑造为具备市场化人格的现代企业，盈利成为所有商业银行的基本目标。商业银行成立之初的定位快速模糊（甚至三大政策性银行也有以盈利为目标开展业务的转型动作），彼此之间服务领域开始交叉，非国有商业银行以“同质化产品和价格优惠”的方式争抢国有商业银行固有的客户和业务，国有商业银行的存款与贷款业务受到明显冲击。非银行金融机构则借助“大金融”发展机遇和技术创新，通过直接或间接融资、变相揽储等金融服务迈过借贷市场门槛，蚕食国有商业银行的存贷市场份额。种种迹象表明，国有商业银行在贷款市场上已越来越被动。

（3）异质借贷资本供给主体增大国有商业银行利润下滑概率。

拓展的马克思借贷资本理论框架中，商业银行利润的主要来源是存贷利息差。竞争性金融市场的制度安排下，利率市场化成为必然。当借贷资本需求既定时，借贷资本供给主体的增多必然引发激烈的市场竞争，作为衡量借贷资本价格的利息率由此降低。同时，借贷资本供给主体为了获取充足的储蓄供应以支撑贷放的资金池，存款利率或理财

产品收益率提升的动机增强。存贷市场价格竞争的加剧使得国有商业银行将面临贷款规模、贷款利率“双降”和存款利率被迫上升的尴尬局面。此外，国有商业银行的机构网点分布广泛，数量众多，会计成本长期显著高于其他商业银行及非银行金融机构，进一步缩小盈利能力提升空间。

2.“互联网+金融”对国有商业银行的冲击

科技创新的作用不仅表现为金融产品或工具的创新，还演变为科技型企业与金融的融合发展。互联网公司正加速向金融业拓展，以混业经营方式挑战商业银行的诸多传统业务，国有商业银行所受冲击尤为明显。这表现为“互联网+金融”在贷款、存款以及支付清算服务方面的迅速崛起，而国有商业银行除了近年来在“虚拟开卡与无人银行”方面的探索有所建树外，其他互联网相关的服务产品均较为滞后，而且由此产生的收入流量在总体量中的比重微乎其微。

（1）互联网借贷影响国有商业银行贷款的市场份额。

互联网技术普及应用的条件下，以“P2P 网络贷款平台和股权众筹融资”为代表的借贷模式依托互联网平台，连接资本市场和货币市场，关联间接融资和直接融资，以信息透明的小微企业和创新性项目为支撑，采用“化零为整”方式为货币资金需求方提供借贷资本。这一模式以申请便利和信息对称特性被市场认可，迅速打破商业银行在融资领域的垄断地位，解决融资难问题的同时加速促进借贷市场向买方市场转化，加大国有商业银行开拓贷款市场的难度。

由于额度限制、利率成本、严苛的申请条件及漫长的期限，从国有商业银行获得中小微企业贷款的可能性较低。《P2P 网贷行业 2018 年 6 月月报》数据显示，2018 年 6 月底，中国正常运营的 P2P 网贷平台为 1 842 家，行业历史累计成交量高达 73 341.9 亿元，P2P 网贷行业贷款余额增至 13 170.5 亿元。由此可见，在互联网借贷条件相对宽松、项目信息较透明、可获得性也较高等因素的推动下，大量中小微企业不在国有商业银行门前排队等候，反而直接选择互联网借贷模式，制约了国有商业银行当期及潜在获利能力的提升。

（2）互联网金融产品降低国有商业银行派生贷款的能力。

理论上，存款市场的买方化与贷款市场竞争的激烈化，不仅拉高了国有商业银行的负债成本，缩小了存贷利差，而且降低了国有商业银行负债规模与派生贷款能力。商业银行派生贷款的能力与吸储能力或负债规模直接相关，对其当期的利润水平及潜在获利能力的培育有显著影响。

在“宝宝类”互联网理财产品的预期收益率高于银行存款利率、便利划转、直接支付及其与生活娱乐、公益场景捆绑的功能等因素的吸引下，国有商业银行达不到理财产品购买起点、短期闲散资金或不定期使用资金以及没有闲暇时间去银行理财的部分客户群体的资金迅速流向互联网金融公司。以余额宝为例，2017 年 6 月末，余额宝创下了吸纳存款 1.43 万亿元的新高，超过了众多股份制商业银行的活期存款规模。这表明，商业银行的负债业务正经受互联网金融产品兴起的冲击，对国有商业银行派生贷款能力来说是一大挑战。

（3）互联网支付弱化了国有商业银行的支付中介职能。

支付中介是商业银行的基本职能之一，由此产生的中介服务费用也是商业银行收入的重要来源。垄断及垄断竞争条件下，国有商业银行可以持续获得稳定的中介支付收入。随着支付市场竞争的充分化，第三方互联网支付快速瓜分国有商业银行在此领域的市场份额。微信和支付宝等第三方“触屏式或刷脸式”的支付方式，凭借超便利性与低交易成本的优势已经成为老百姓常用支付选择，极大程度上弱化了商业银行在传统支付中介功能上的优势。国有商业银行在卡业务、POS 收单业务、网点柜面、ATM 使用等金融服务方面也受到明显影响，相应的结算服务费持续减少，中间业务收入增长受到显著阻碍。

3. 需求主体及意愿的多元对国有商业银行的冲击

在马克思的基本借贷理论模型中，抽象的产业或职能资本家是借贷资本的唯一需求主体。现代经济中，除了以企业为代表的借贷资本需求主体外，还有众多普通消费者、地方融资平台和同业金融机构。它们正从不同角度、不同方面挤压着国有商业银行的竞争力。

（1）国有商业银行贷款主体“固定化”阻碍资产质量提升。

长期以来，中国的国有商业银行以大型工业企业、建筑业以及地方融资平台等为主要贷款主体。中国进入经济新常态后，受工业企业库存存量较大、地方政府债务高居不下、房地产行业不正常发展等因素影响，国有商业银行的不良贷款规模高企，资产质量持续下降，再加上提高拨备覆盖率等强监管要求致使国有商业银行核销呆坏账压力有增无减，获利空间进一步被压缩，不利于持续和潜在盈利能力的优化改善。

（2）国有商业银行贷款结构调整缓慢影响利润率提升。

后工业化发展阶段，中国产业结构凸显服务化，创新型中小企业百花齐放，中小微企业、小项目和服务业金融需求增加。金融市场需求的个性化、多样化特征与国有商业银行过度支持和重视传统大型企业的信贷政策导向矛盾，由此出现大企业过度融资与中小微企业“融资难、融资贵”并存的局面。忽视市场需求主体多元化现实，一味竞逐传统大型国有工业企业引发金融资源错配，这使得信贷错配风险不断向国有商业银行积聚。另外，过去被国有商业银行排除在外的“长尾客户”（如众多普通消费者）对金融服务的需求总量变大。这些过去被国有商业银行长期放弃与忽视的中小微企业与长尾客户，反而成为互联网与大型财务公司等资本进入金融业的突破口。资本自由流动引发日益剧烈的产业间竞争，致使国有商业银行的存贷市场份额逐渐萎缩，利润率也因而下滑。

（3）国有商业银行金融服务创新与金融需求转换不匹配。

企业经营模式转变引起金融需求变化，国有商业银行间接融资服务已经不能满足企业所需的金融服务。由未来的发展趋势看，更多的金融需求将集中于创新型创业企业的股权融资服务和国际型企业在信贷、避险、资产管理等方面的全方位、全过程金融服务需求以及多元化经营企业跨市场的综合性金融服务需求。传统通道业务被严格管制的状况下，国有商业银行在既有金融服务与丰富货币资本供给的产品创新滞后于股份制银行、外资银行以及非银行金融机构，难以有效匹配买方多元化的金融需求，潜在竞争力的下降压力已可预见。

总之，在面临货币资本供给主体异质性、需求主体多元性、科技创新与金融加速融合发展以及国家的金融监管约束日益趋紧的高质量发展阶段背景下，要实现国家新时代发展阶段下给出的金融服务实体、引导资源跨行业与跨地区配置、增强金融市场体系的稳定性的任务目标，国有商业银行重塑自身竞争力，不断提升影响力和支撑实体的能力极为必要。

四、国有商业银行竞争力再造的四大路径

前文分析表明，由于异质借贷资本供给主体显化、需求主体及其意愿多元化、科技创新与金融监管等因素的作用，国有商业银行的存贷款市场份额、资产质量、当期盈利水平及潜在盈利能力均受到显著负向冲击，竞争力提升空间不断被其他进入者和潜在进入者挤压，稳定金融市场的能力也明显削弱。下文将结合理论分析与国有商业银行的实际运营情况，从发展观念、中介职能、风险管理与业务调整、组织管理四个方面，给出国有商业银行做大做强、重塑竞争力的可操作路径。

1. 转变发展观念

基于既有的规模优势、垄断优势、政策优势等，国有商业银行长期将传统产业的“大客户”作为主要贷款主体，忽视中小客户，贷款结构不合理。在去产能、去杠杆、防风险的背景下，国有商业银行资产质量改善压力大。旧有的管理模式令国有商业银行更加侧重指标任务的层级分解，侧重销售业绩考核，疏忽客户培育及金融产品服务创新，客户流失严重。国有商业银行重塑竞争力的首条途径应是转变发展观念，即转变“唯大、等客和唯 GDP”的观念，以促进金融产品供需协调。

（1）转变“唯大”观念：分层维护全量客户。

国有商业银行在信贷业务中“垒大户”现象比较突出，贷款集中度较高，易遭受风险错配危机。相较于传统大型工业企业，发展迅速的新零售、共享经济、物联网等新型产业、环保产业盈利能力更强、金融需求更多、议价能力相对较弱、政策风险更小。中国市场化改革正向纵深推进，靠政府兜底的大而不倒的旧时代已成为历史，国有商业银行要真正用市场的眼光去发掘客户。

普惠型互联网金融展现出聚沙成塔的“长尾效应”的事实表明，国有商业银行长期坚持的“二八”定律零售策略已不合时宜。尤其是科技创新使得“单笔金额小微化、

交易笔数海量化、边际成本超低化”，“长尾效应”日益凸显。国有商业银行应积极适应金融需求多元化的格局，在扎实做好高端客户服务的同时，更要注重对全量客户的分层维护，针对不同收入群体的客户定制和供给不同的金融产品，让所有客户在服务上有相同的体验。

（2）转变“等客”观念：创新拓展业务方式。

进入21世纪，我国迎来高速发展的黄金十年，金融需求也快速增长。凭借严格的制度管制和过去积累的规模优势，国有商业银行的垄断地位依然显著，即使金融服务供给不足，网点也经常人满为患，银行雇员只需坐等客户上门即可轻松实现绩效增长。然而，近些年受实体经济萎靡和金融“脱媒”的双重影响，国有商业银行网点客户流量集聚减少，网点运营成本与员工工资却与效益呈反向运动。这说明，粗放铺设网点“等客”模式难以为继，国有商业银行需要及时转变业务拓展方式。

国有商业银行应抓住第四次科技革命的机遇，努力创新客户获取方式，关注重点是如何提高科技性与便利性，将金融服务与“长尾客户”的日常生活工作融合，而非普通的营销方法创新。应充分借鉴互联网金融营销思维、分享经济模式，跨界合作，采用先进金融科技，营造服务营销场景；着力发展无人银行，以优质的科技服务主动吸引客户，促使客户主动推荐客户，用更低的成本，更现代、更快速的方式拓展客户群体，实现客户拓展业务的内涵式增长。

（3）转变“唯GDP”销售观念：重视消费流量。

商业银行的本职是提供金融服务，满足主体需求。异质借贷资本供给主体显化引发激烈的金融市场竞争，加大了商业银行营销压力，倒逼围绕市场和客户的销售战略转向自上而下分解指标、派任务的“唯GDP”营销模式。客户经理不再全心维护客户，而是向客户推销产品，不惜违背客户意愿、损害客户利益的现象时有发生，导致客户忠诚度与信任度“双降”。此外，国有商业银行推出的金融产品同质性强、特色不突出、竞争性不高，业务流量难以有效提升。

金融市场上的竞争体现为客户的竞争，必须把握客户需求的调整。“80后”“90后”以及“00后”客户群体更注重金融消费体验，更强调个性、人性和时尚前卫的金融服务。国有商业银行要适应金融消费需求变化的新趋势，真正落实“以客户为中心”的经营理念，联合实体企事业单位创新金融服务，将之充分嵌入客户日常的衣、食、住、行、娱、学、医等生活工作中，获得客户流量。

2. 创新中介职能

国有商业银行的主要职能依然是借贷双方的信用中介和支付中介。然而，随着金融市场的发展完善与互联网公司的跨业发展，国有商业银行的信用中介职能因为市场竞争及不同金融机构功能定位的差异而有所弱化。这表现为，绕过商业银行的直接融资业务快速发展降低了融资成本，金融“脱媒”越来越明显；互联网金融便捷、高效、开放、信息更透明的特点，互联网理财、保险、基金、融资类产品被市场广泛认可；便捷性优势突出的第三方支付，极大地节省了交易和流通成本，加速商业银行支付中介职能弱化。由此，提高国有商业银行的盈利能力与竞争力的主要着力点是创新优化中介职能。

（1）构建创新性的金融平台，提高金融交易效率。

传统金融交易模式下，个体分散且信息不对称，交易成本较高。商业银行的出现在一定程度上提高了信息的透明度与交易效率，但新一轮的科技创新尤其是互联网技术在平台搭建方面的广泛运用，使得商业银行借助金融平台进一步提高金融交易信息的搜寻匹配效率及交易成功概率成为可能。商业银行本身就是一个提供金融产品和服务的大平台，但平台内部各部门节点、各客户节点并没有充分链接聚合，彼此间的需求及供给信息尚未真正交互整合，交易效率并不高。

互联网时代下，国有商业银行应充分汲取互联网公司的优质基因，开创银行和客户间交流和沟通的新方式和新渠道。依托现有的平台基础与持续技术创新优势，聚合关联金融主体信息，将供应链上下游客户或有某一类金融服务需求特征的客户纳入基本的结构单元，着眼产品、资金与物流的关联性形成大企业集团内客户城市集群、社区集群等，适时嵌入在线融资、支付结算、资金清算、咨询顾问等等在内的一系列综合性金融服务，提高交易效率的同时拓展自身收入来源，夯实潜在获利增长点。

（2）解决人力资本错配问题，发展有大金融特质的咨询服务。

随着资本市场在我国的深入发展，未来大部分微观主体均有参与资本市场的动机。囿于资本市场的复杂性、专业性和风险性较强，进入资本市场需付出高昂的学习成本与时间成本，限制个体参与金融交易的深度与广度。因此，商业银行开展投资理财服务的空间较大，着力培育新收入增长点，增加中间业务收入，以弥补利率市场化背景下存贷利差缩小对竞争力的负面影响。

然而，当前的国有商业银行人力资本错配问题极为突出，大量具备金融背景的本科及以上学历的员工却从事技术含量较低的柜台与营销工作，较低的人力资本使用效率已成为商业银行竞争力提升的主要制约因素。因而，国有商业银行应及时调整人力资本使用结构，充分发挥人力资本存量优势，强化具备“大金融”特质的投资理财融资类咨询顾问服务的智力支持，拓宽个体及中小微企业投融资渠道，以增加非利息收入，进而达到优化收入结构、培育客户忠诚度与可持续发展能力提升的效果。

3. 风险管理与业务调整并重

传统经济发展模式下，国有商业银行主营业务的僵化、固化导致的负面影响在中国经济步入新常态后逐步显露，国有商业银行的风险防控水平、信贷结构以及经营的智慧化程度与经济环境以及宏观调控制度建设不适应、不匹配。同抓业务管理与取向调整是高质量发展阶段下国有商业银行重塑竞争力的重要抓手。

（1）注重化解与防范风险。

受国内外经济下行，去产能、去库存结构调整政策指导的影响，传统产能过剩、高污染以及房地产等行业的企业债务违约现象时有发生，国有商业银行在这些行业的信贷资产有明显劣变趋势，国有商业银行不良资产的比重持续增高。中国工商银行近几年的财务数据显示，2012—2016 年的不良贷款率呈逐年上升态势，分别为 0. 85%、0. 94%、1. 13%、1. 5%、1. 62%，国有商业银行对公信贷资产质量管控形势严峻。因此，国有商业银行一是要注重对存量不良资产的处置，创新清收方式，加大清收力度，减少风险损失；二是加强对新增信贷资产投向的精细化、科学化管理，同步做好风险防范工作，保持稳定经营。

（2）积极调整信贷结构。

理论与实践表明，实体经济对金融资源的需求从根本上决定了商业银行信贷资金的流向。当前，我国产业的整体发展状况是，传统产业加速萎缩，以人工智能、云计算、大数据为基础的高新技术产业发展前景广阔，康养文旅体教等“幸福产业”异军突起。产业结构的调整要求金融服务与之适应。国有商业银行过去的瞄准传统行业“垒大户”的信贷模式已不可取，应及时调整信贷投向。国有商业银行信贷结构调整步伐的加快，需从以下方面着手：

一是坚持分类导向。着力将传统产业分为积极进入类、审慎进入类和退出类等，实行行业信贷导向标准化政策，严控产业结构快速演变所引发的资产错配风险。二是布局新兴产业。通常而言，新兴产业具备科技含量高、契合市场需求、受国家鼓励支持的特征，市场发展前景好。国有商业银行以信贷支持新兴产业发展既能落实国家给予的引导经济结构优化的任务，也可持续获得较高的资本回报，强化利润长期稳定增长动力。三是以制度确保绿色金融良性发展。绿色经济是未来较长一段时期的发展导向。经济绿色化要求加大清洁能源、环境修复、污染防治等方面的投入，环保产业将迎来黄金发展期。国有商业银行不应将与环保有一丝联系的业务均纳入绿色信贷范畴，粗放扩张绿色金融体量，而应制定领跑行业的绿色金融标准制度框架，认真甄别遴选优质的环保项目予以绿色信贷支持，以实现绿色金融支撑竞争力提升的局面。

（3）全力打造智慧业务格局。

新时代，科技与金融的深度融合颠覆以往面对面的金融服务模式，对国有商业银行的零售金融而言，机遇与挑战并存。国有商业银行固有的经营逻辑使得零售金融市场份额被以余额宝为代表的“互联网+金融”瓜分的速度有增无减。国有商业银行以提升零售金融的科技含量，加速零售业务的智慧化转型为抓手，重塑自身竞争力已迫在眉睫。具体来说：

一要实现物理网点智慧化。人力成本与运营维护成本高企是国有商业银行利润率下滑的重要因素。既要拆撤流量少的物理网点，也要推进客流量大的网点智能化与自助化改造升级；积极增设超级柜台设备和具备人脸识别功能的存取款设备，实现柜面业务智能化与便利化，释放人力资源为拓展诸如咨询顾问类服务提供智力支持；强化网点线上线下一体化建设，实现一点接入、全程响应的智慧化客户识别响应机制和精准营销服务闭环。

二要实现拓客方式智慧化。"触屏化"的金融需求模式大大降低了国有商业银行业务流量，倒逼"等客"零售模式转型。国有商业银行在扩容客户智慧化上，一方面应从金融服务平台入手，以业务链条为支撑，构建良性循环的金融生态圈；另一方面，应积极与互联网巨头开展跨界合作，共享互联网平台客户资源，变互联网用户为银行客户。此外，要借助嵌入式的金融服务增加年轻长尾客户储量。

三要实现客户维护智慧化。零售客户大量流失的重要因素是国有商业银行未充分了解微观主体金融需求的异质性。因而，应依托大数据分析客户行为特征，对全量客户进行智慧分层与精细化管理；借助远程运维机制实现中高端客户的单体维护和长尾客户的批量维护有机结合；提供差异化服务，制定适合不同目标客户群的基础产品渗透方案、金融资产配置方案和增值服务个性化方案。

4. 变革管理模式

马克思主义政治经济学表明，管理是重要的生产力要素。良性的组织管理制度能有效改善企业的劳动生产效率，提高企业生产力；反之亦然。商业银行也是企业，组织管理制度对其竞争力有极为重要的作用。国有大型商业银行竞争力再造的难点往往不在于如何确立战略或方向，也不在于如何创新技术或工具，而是在于如何破除管理体制机制制约。

（1）优化组织管理机制。

横向来看，国有商业银行条块分割不利于管理效率提升。部门多、专业线条细分、管理分散是国有商业银行的突出特征。这种管理割裂的状态使以客户为中心的理念往往流于形式，难以积聚力量为客户量身打造定制服务，本质上是以各专业线条的产品销售为中心。因此，应着力理顺组织架构，积极转变组织管理方式，通过多专业人员组成柔性团队，如为某类客户或某个项目专门组建委员会，整合人力资源，提升组织的灵活性和适应性，进而改善管理效率。

（2）优化信息决策机制。

纵向来看，国有商业银行管理层级多影响信息传递，拉低了管理效率。从总行到一级、二级分行，再到支行与网点，总行的战略意图经多层传导后信息衰减严重，个体理解能力的差异也诱发贯彻执行偏差问题，而且冗长的信息传导链条致使基层网点也难以向上有效传递及时搜集的市场信息。这使得国有商业银行的决策效率、执行效率和市场反应效率相对较低，与互联网时代精准定位、快速应变的要求相背离，恶化了国有商业银行的竞争力。所以，有必要充分借助考核指挥棒作用，建立直通化的考核评价机制，促进纵向直通化信息传导机制的形成，降低上下信息传递的损耗率，提升决策执行效率。

五、结论

在马克思看来，商业银行是经营货币与信用的企业，是集中各类闲散资金为职能资本家提供现金出纳、融通货币等服务的中介，并通过提供中介服务获取利息收入。现代市场经济条件下，商业银行的传统中介职能已有明显弱化，非存贷业务利息收入占比明显提高，同时与其他非银行金融机构共同组成国家的金融体系，共同为微观经济主体输送货币资本“血液”，承担支持实体经济发展与维持金融稳定的责任。

作为金融机构主体的国有商业银行为中国特色社会主义经济的发展长期持续提供资金支撑，并始终是国家宏观货币政策调控政策的主要执行主体。然而，异质货币资本供给主体显化、需求主体与需求意愿多元化、互联网公司跨业经营等市场因素致使国有商业银行基于传统规模、垄断及政策优势下形成的经营模式难以适应经济发展需要和双支柱宏观调控框架要求。国有商业银行当前面临着大而不强的瓶颈，这表现为近年来资产质量不断下降，利润增速显著下滑等，解决此难题的关键是再造竞争力。

国有商业银行竞争力的弱化直接影响其在金融市场上的控制力与影响力，不利于中国金融系统和实体经济的稳定。高质量发展阶段下，提升国有商业银行竞争力对中国来说极为重要。基于拓展的马克思借贷资本理论与国有商业银行的实际状况，国有商业银行竞争力的重塑既要注重生产力层面的改善，也要注重生产关系的调整，双管齐下以匹配经济社会发展的需要。具体是，通过转变“唯大、等客和唯 GDP”的发展观念、创新中介职能、风险管理与业务调整并重和变革组织管理模式四大措施再造国有商业银行竞争力。

（本论文原载于《当代经济研究》2020 年第 2 期）

参考文献：

[1] 刘锡良，刘轶．提升我国商业银行竞争力：成本领先战略视角［J］．金融研究，2006（4）：71-81.

[2] 杨家才．商业银行竞争力及其评价研究［J］．金融研究，2008（12）：147-163.

[3] 樊纲．论竞争力：关于科技进步与经济效益关系的思考［J］．管理世界，1998（3）：10-15.

[4] 易纲，赵先信．中国的银行竞争：机构扩张、工具创新与产权改革［J］．经济研究，2001（8）：25-32.

[5] 黄宪，牛慕鸿．商业银行竞争力研究的新框架：以 X 效率为核心的三层次分析

[J]. 国际金融研究，2008 (7)：25-32.

[6] 陈雨露，甄峰. 大型商业银行国际竞争力：理论框架与国际比较 [J]. 国际金融研究，2011 (2)：89-95.

[7] FU X Q, LIN Y, MOLYNEUX P. Bank Competition and Financial Stability in Asia Pacific [J]. Journal of Banking & Finance, 2014, 38 (1): 64-77.

[8] BOLT W, HUMPHREY D. A Frontier Measure of U. S. Banking Competition [J]. European Journal of Operational Research, 2015, 246 (2): 450-461.

[9] 陆跃祥，曹永栋. 中国城市商业银行竞争力分析 [J]. 统计研究，2011，28 (9)：110-112.

[10] Leon F. Does Bank Competition Alleviate Credit Constraints in Developing Countries? [J]. Journal of Banking & Finance, 2015, 57 (61): 130-142.

[11] 韩松，姜鹏. 中国商业银行竞争力及影响因素分析：2002—2009 年 [J]. 经济理论与经济管理，2011 (7)：56-66.

[12] 何凌云，吴晨，钟章奇，等. 绿色信贷、内外部政策及商业银行竞争力：基于9 家上市商业银行的实证研究 [J]. 金融经济学研究，2018 (1)：91-103.

[13] 马克思. 资本论：第 3 卷 [M]. 北京：人民出版社，2014.

[14] 申万宏源证券. 在华资金金融机构明显增多 [N]. 经济日报，2017-07-12 (7).

马克思主义视角下金融发展、创新投入与工业创新绩效

李标 崔西伟 吴贯

一、引 言

经济“脱虚向实”的着力点之一是金融与创新相结合。目前，我国经济发展进入“新常态”，摒弃高污染、高耗能型企业，实现产业升级，寻求新的增长点，将是未来一段时期国内经济的“主旋律”[1]。这就要求落后产能过剩的工业必须加大创新力度，实现创新发展。创新的高投入、长周期及不确定性的特征决定了其有赖于金融发展提供资金支持、降低融资和交易成本[2]。理论上，金融发展水平越高，就越能识别真正富有创新精神的企业家，并为之提供创新基金[3]，新技术出现的可能性也就越高[4]，对创新绩效与经济增长的促进作用就越大。实证方面，已有文献从企业规模、所有制结构、行业与地域差异以及金融异质性等角度针对此论题展开了研究，但仍有尚未盖棺论定的问题：诸如，金融发展、创新投入对创新绩效的影响是否存在拐点？从时间维度上分析，二者对创新绩效的长期与短期效应如何？2011 年，国家正式启动了科技与金融相结合的试点工作，试点政策是否有效，或者说，借助金融发展丰富创新资金供给的机制能否改善创新绩效？技术上，可将创新行为分为前半段和后半段。前半段主要从事基础与应用研究，成果以科研论文与专利等形式体现；后半段则是以应用研究成果及现有的知识和技术为基础，围绕新技术、新产品等方面开展的研发活动。后半段创新行为对创新绩效有何影响？这是前期研究较少关注的。为此，本文以马克思主义金融理论和创新理论为基础，利用我国 30 个省（区、市）的数据，围绕上述问题开展实证检验。已有的国内外相关研究可归纳如下：

金融发展对创新的影响首先成为关注焦点。Claessens 和 Laeven 认为，金融发展与外部融资渠道有紧密联系，间接决定企业能否获得持续资金支持，影响企业技术创新[5]。孙伍琴、朱顺林运用中国 23 个省（区、市）的数据发现金融发展促进技术创新的效率的平均水平不断提高[6]。Brown 等借助 32 个国家的公司样本研究发现，股票市场能够为小

规模公司的研究与发展（Research and Development，R&D）投资带来稳定且更高的收益率，贷款市场对 R&D 投资没有影响，法规完善与金融发展有利于 R&D 活动[7]。易信、刘凤良在理论层面融合了“卡尔多事实与库兹涅兹事实”，并运用经济数据验证了金融发展可促进技术创新[8]。在金融发展过程中，金融机构、金融工具、金融制度以及企业规模、所属行业、区域等异质特征也会影响金融发展与创新投入及其绩效的关系。

金融发展对不同规模、不同所有制类型企业创新的影响有所差异。解维敏、方红星认为，外部融资对企业技术创新极为重要，地区金融发展推动了上市公司的 R&D 投入，这种影响在小规模企业和私企上表现得较为显著[9]。Hottenrott 等指出，信息不对称的情况下，企业 R&D 活动的外部融资成本将会上升，规模小的制造业企业所受的影响较大[10]。融资方式的迥异也将带来不同的创新绩效。Brown 等认为，R&D 活动一直都存在着严重的信息不对称现象，与债务融资方式相比，股权融资更能促进创新绩效提升[11]。行业视角下，Hsu 等以高科技密集度高的行业为样本，证实股权市场发展水平与创新效率正相关[12]。唐青元、巫岑发现，竞争性的银行市场结构缓解企业 R&D 融资难问题，在民营、高科技和小微企业上优势明显[13]。王兰芳、胡悦的研究显示，创业投资对外部融资依赖度、高新技术密集度更高行业的企业创新绩效的促进作用更显著[14]。此外，杨畅、庞瑞芝以制度优化为切入点，得出契约环境的改善可以有效缓解中小企业和非国有企业债务融资约束，降低融资成本的结论[15]。

本研究的贡献有以下四点：一是，围绕此主题在马克思主义视角下开展理论与实证研究。已有实证文献的理论基础多属于西方经济学范畴，本文立足马克思主义金融和创新理论，分析金融发展与创新投入对创新绩效的影响机制机理，并给出五个假定，以备计量分析检验。

二是，文章验证了金融发展与创新绩效、创新投入与创新绩效之间是否存在倒“U”形关系。前期文献多是直接假定他们之间存在稳健的线性关系，却并没有加以检验。本文使用系统广义矩估计法（system GMM，SYS-GMM）对此问题进行了讨论，结果发现：样本期内，金融发展与工业创新绩效之间并不存在倒“U”形或“U”形关系，金融发展对工业创新绩效的作用表现出线性特征；创新投入与工业创新绩效之间的倒“U”关系显著，但我国当前的创新投入水平位于倒“U”拐点左侧，尚未达到最优投入水平，提升空间大。

三是，鲜有研究论证二者对创新绩效的长期与短期作用。前期研究更多关注金融发展与创新投入对前半段创新绩效（使用科技论文、专利授权、R&D 项目数量等指标衡量）的影响，我们则进一步强调金融发展对后半段创新研发绩效的作用。本文以工业的新产品销售收入测度后半段的创新绩效，以新产品开发支出占工业增加值比重反映后半段的创新投入水平，且在衡量省际金融发展水平时，不同于较多文献采用的单一指标（如 M_2/GDP、股票市值/GDP、存贷和/GDP 等），我们使用的代理指标是基于 6 个指标计算的金融发展指数。组群均值估计（mean group，MG）结果显示：金融发展水平对工业创新绩效显著的积极影响只存在于长期；不论短期，还是长期，创新投入强度的提高均能推动工业创新绩效增长，但长期效应明显优于短期。

四是，科技与金融相结合的宏观政策是否有效需进一步检验。在国家倡导“脱虚向实”的经济背景下，借助金融发展的资金供给渠道，提高创新投入强度，是否能推动工业创新绩效提升？这在已有文献中尚未寻找到足够的经验依据。2011 年，我国正式启动了科技与金融相结合的试点工作。据此，本研究在实证环节运用双重差分法（difference-in-difference，DID）检验科技与金融相结合政策的有效性，为该问题提供了经验证据，同时也证明了金融发展推动创新绩效提升的机制的确增加了创新资金供给。

本研究的后续章节安排如下：第二部分是理论分析，侧重阐述马克思主义视角下金融发展与创新投入影响创新绩效的机制机理；第三部分是研究设计，由样本来源、变量描述和计量模型构成；第四部分是实证分析，验证理论分析提出的五个备择假设；最后是结论与启示。

二、理论分析

如文献梳理所述，站在不同的角度考察金融发展对创新投入或创新绩效的影响，会得出不同方向的结论。此处基于马克思主义金融和创新理论，对金融发展与创新投入影响创新绩效的机制机理展开分析。

（一）金融发展有助于破解创新面临的“资金门槛”，确保创新活动的连续性，促进创新绩效提高

企业出于扩大再生产或提高劳动生产率的目的，会将部分收入转化为贮藏货币的形式——积累基金。货币积累基金已经是潜在的货币资本的存在[16]99。假设企业决定使用货币积累基金用于创新活动，以期改善劳动生产率。创新活动长周期的特性表明，创新基金的投入有着“门槛条件”，即“这个货币必须先达到一定的最低限额”[17]570。需求转变、灾害、危机等诸多不确定性可能致使创新基金得不到及时补充，影响创新活动的推进。实践与研究均表明，内部财务现金流的不稳定性将导致创新活动出现中断[18-19]。也就是说，利用自有资金开展创新活动具有显著的不连续特征。

信用制度、信用机构及其创造的信用工具有利于解决此问题。商业银行是最为常见的一类信用机构。“银行一方面代表货币资本的集中，贷出者的集中，另一方面代表借入者的集中。”[17]453企业为避免创新资金链条的断裂，可向银行寻求资金。银行为企业提供创新资金支持，“是通过票据的贴现——使票据在到期以前转化为货币——来进行的，是通过不同形式的贷款，即以个人信用为基础的直接贷款，以有息证券、国债券、各种股票作抵押的贷款，特别是以提单、栈单及其他各种证明商品所有权的凭证作抵押的贷款来进行的，是通过存款透支等等来进行的。”[17]454此外，企业也可以通过发行债

券、股票、引进风险投资等方式获取资金，弥补创新投入的资金缺口。

这里首先给出第1个假定（H1）：金融发展能够为创新活动提供充足的资金保障，保持创新的稳定性，改善工业创新绩效。创新活动长期性的事实要求连续追加创新投入。发达的金融市场可降低内部财务不稳定以及外部不确定性对创新活动的冲击，金融发展水平越高越能为工业创新资金“门槛条件”的突破提供有力支持，创新活动的连续性得以保证，有益于促进工业创新绩效提升。

资本的逐利性使得即使金融发展水平高，企业因创新行为而获得的外部资金规模可能也不会很高。此时，外部干预的重要性更加显现。例如，政府出台相关政策引导金融资本流向创新领域。在科技与金融相结合的政策刺激下，针对创新的新型融资工具、融资方式、融资制度等会相继出现，金融发展水平随之进一步提高，这将强化外部融资渠道对创新活动的支持作用，更加有利于企业开展外部融资，充实创新资金，加快创新实现。

因而，我们提出第2个假定（H2）：通过金融发展增加创新资金，提高新产品创新投入强度，改善工业创新绩效的机制有效。

（二）连续追加创新投入有利于提高创新绩效

创新是改善劳动生产率，推动经济发展的根本动力。对于生产力快速发展的事实，马克思曾进行如下概括：“生产力的这种发展，最终总是归结为发挥着作用的劳动的社会性质，归结为社会内部的分工，归结为脑力劳动特别是自然科学的发展。”[17]96源于自然科学进步的发明、发现与创新之间有着紧密的联系。马克思明确指出：“工场手工业使工人畸形发展，变成局部工人，大工业则把科学作为一种独立的生产能力与劳动分离开来，并迫使科学为资本服务。”[20]418这暗示了，任何一项重大的发明或迟或早总会被运用于生产领域，转化为现实的生产力[21]。但是，从科学发现到生产上采用间隔的时间很长，科学发现与企业创新结合并且互动，可大大缩短这一时间[22]。

生产力发展过程中，企业也会主动增加创新投入。一方面，是由单一资本追求更多的相对剩余价值、甚至超额剩余价值的动机使然；此外，按照马克思的生产、交换、分配和消费四环节理论，消费不仅是生产的目的，消费的升级转型也将成为创新向前发展的基本推力。不论客观上，还是主观上，“使用新机器和采用新技术便导致企业创新总是使其生产的商品更加符合市场需求”[23]，资本生产价值的能力得以提高，生产价值的源泉也进一步丰富。

进一步，本文做出第3个假定（H3）：在已有新发现、新发明和新创造的基础之上，不断增加新产品开发经费的支出，确保后半段创新行为的连续，可提升科技的应用程度，满足新需求的产品得以快速进入市场，工业创新绩效将出现有效改善。

（三）金融发展、创新投入与创新绩效之间可能存在非线性关系

金融发展对创新绩效可能的非线性影响主要表现在两个方面。一方面，高利息率对

创新绩效的侵占。不论何种形式下的非自有创新资金，都可以简化为“借贷资本”。对借助外部渠道融通创新资金，用于新产品开发活动的主体来说，“总利润会分成两部分：利息和超过利息的余额”[17]418。在平均利息率既定的情况下，受金融资本的食利性与创新活动的高风险性影响，须为来源于外部的创新资金支付高利息。因新产品开发活动的企业可能获得高利润率，“这个高利润率，除去高利息率之后，只留下一个低的企业主收入率。企业主收入率可以在高利润率持续存在时缩减”[17]580。可见，较高的外部融资成本下，依靠自身积累创新资金的时间被大幅延长，不利于创新绩效提升。另一方面，吸引预留的创新资金进入金融市场逐利。在金融市场上，“利息率能够提高到这样的程度，以致暂时把一些处境特别不好的营业部门的利润全部吞掉”[17]569。畸高的额外利润驱动大量社会资本流入金融业，从事货币信贷等信用活动[24]。来自内部或外部的创新资金虽然在财务报表上仍表现为创新支出，但实际上可能用于金融交易，以获取高额投机收益，这将妨碍创新绩效改善，甚至可能会将创新绩效拉入下降通道。

由此，我们给出第 4 个假定（H4）：金融发展对工业创新绩效的影响可能存在“先上升、后下降”的趋势。

创新投入对创新绩效也并非是线性作用。首先，创新过程中，创新失败的冲击时有发生。创新投入具有高风险特性，并不是所有的创新投入均能够带来有效产出。可能是“创新资金供应不足，导致创新活动中断”[25]，也可能“由于竞争对手赢得了这场创新竞赛”[26]，这会直接导致创新投入转化为沉没成本，创新绩效也将因此恶化。其次，开发的新产品并没有为市场所接受，难以实现预期价值。新产品转换为货币的过程，本质上是马克思称之为“惊险的跳跃”的一个过程。尽管新产品开发取得成功，但受市场需求变化等因素影响，新产品并没有顺利销售出去，使得大量新产品转化为存货，流向消费领域的部分产品的价值不足以充分抵消前期投入，创新绩效则会下降。正如马克思所述：“这个跳跃如果不成功，摔坏的不是商品，但一定是商品占有者。”[20]127此外，市场竞争的加剧也是导致新产品价值难以实现的重要因素。区域贸易、技术引进、产业梯度转移等促使低水平重复或简单创新大量出现，由此推动满足相同需要的替代品供给快速增加，以至于“某种产品今天满足一种社会需要，明天就可能全部地或部分地被一种类似的产品排挤掉”[20]127。由此可见，低水平技术转移与简单模仿创新大量出现时，市场竞争日趋激烈，新产品的存货增加与价格下跌现象频频发生，不利于创新绩效增加。

此处，进行如下估计（H5）：创新投入与工业创新绩效之间可能存在倒“U”形关系。创新投入水平在达到最优值前，工业创新绩效将随之提高而上升。

三、研究设计

上文已基于马克思主义视角，分析了金融发展和创新投入对创新绩效的影响机理，并给出五个初步的推断，这些判断是否成立，有待后续的计量分析加以检验。据此，本文以中国30个省（区、市）为研究对象，从宏观层面探讨金融发展、创新投入对工业创新绩效的影响，讨论金融发展、创新投入与工业创新绩效是否存在非线性倒“U”关系，区分识别这一影响的长期效应与短期效应，进一步检验科技与金融相结合政策的有效性。

（一）样本来源与指标描述

1. 样本来源

基于数据可获得性，本研究建立面板模型的时间窗口为2005—2015年，样本个体为中国30省（区、市）（不含西藏及香港、澳门和台湾地区），共计330个样本观测点。样本数据均可由网站查询获取。其中，不同省（区、市）的工业相关数据来源于历年《中国统计年鉴》，不同省（区、市）的金融相关数据来源于《中国金融统计年鉴》和wind数据库。

为检验科技与金融结合试点政策的有效性，基于已有的试点地区，我们对样本进行了再划分。2011年，我国正式启动科技与金融相结合试点工作时，选择了中关村国家自主创新示范区、天津、上海、江苏、浙江“杭温湖甬”地区、安徽合芜蚌自主创新综合实验区、武汉市、长沙高新区、广东“广佛莞”地区、重庆、成都高新区、绵阳市、关中—天水经济区（陕西）、大连、青岛、深圳共计16个地区作为试点。考虑到政策具有外溢特性，即若某一省市管辖的个别地区属于科技与金融相结合的试点区域，其实施的相关政策会形成可复制的、推广覆盖全省的经验，促进金融与科技在全域的融合发展。为此，本文将16个试点地区所在的14个省（市）（北京、天津、辽宁、上海、江苏、浙江、安徽、山东、湖北、湖南、广东、重庆、四川、陕西）作为处理组，其余省（区、市）作为控制组。

2. 指标选取

（1）因变量

本研究的因变量设定为工业创新绩效（y），用以说明开展创新活动所能够带来的经济效益。已有研究多使用专利申请或授权数量反映区域或产业的创新绩效水平。实际上，专利申请或授权数量仅能描述知识向市场化产品转化的中间情况，并不能充分表征全部创新努力的最终产出状况。尤其是，这一指标难以反映进一步开发产品的商业化水平，也不足以体现工艺流程、产品质量改进等其他研发效应的经济价值[27]。相对地，新产品销售收入则可以弥补上述缺陷。因而，结合本文的观测样本和研究目的，此处选择因变量的代理指标为“规模以上工业企业的新产品销售收入”。

（2）自变量

自变量分为关注变量和控制变量。关注变量有两个：金融发展水平（*fd*）和创新投入强度（*prd*）；控制变量有三个：研发劳动（*prdl*）、资产规模（*asset*）和利润规模（*profit*）。

①金融发展水平（*fd*）。与M_2/GDP等单一指标测算方法相比较，多指标更能全面

度量金融发展水平[28]。本研究使用6个指标构建金融发展指数测度省际的金融发展水平。这6个基础指标分别是：反映金融市场活力的“股票总市值与股票总市值占GDP比重”；反映金融市场效率的“贷款余额与存贷余额比值”；反映金融市场规模的“存贷款余额之和及其占GDP比重”。由于篇幅有限，此处仅以2005年各省市的数据为例简要说明金融发展指数的计算过程。SPSS23的KMO检验值为0.571，Bartlett球形度检验卡方值为185.98，说明样本数量足够，有较高相关性，适用因子分析法。基于因子分析技术，按照累积方差贡献率大于90%的标准，萃取了3个公因子。它们的累积方差贡献率达到92.5%，表明提取的公因子包含了样本的绝大部分信息，解释力较强。而后，以萃取的每一公因子对应的特征根在特征根之和中的占比作为其权重，3个公因子的权重分别为0.597、0.243和0.16。最后，将每一省市的3个公因子得分与对应权重相乘并求和，便可得到用以反映2005年各省市金融发展水平的金融发展指数。由此，可计算出其后每年各省市的金融发展指数。

②创新投入强度（*prd*），用以说明开展后半段创新活动过程中的资金投入水平。这里参考R&D投入强度的计算方法（R&D经费支出占GDP比重），使用地区“新产品开发经费支出/工业增加值”测算。

③研发劳动（*prdl*），用以反映后半段创新过程中智力活动的情况，说明创新过程中积累的智力资本劳动投入。现代大工业导致劳动分工更加精细，工厂中存在着一类小规模、但不从事具体生产的工人。马克思指出，“这一类是高级的工人，其中一部分人有科学知识，一部分人有手艺”[20]484。这部分人除了他提及的“工程师、机械师”等工人以外，还包括从事创新活动的研发人员。鉴于新产品开发劳动人员或劳动时间数据尚未统计，R&D人员与新产品开发人员具有重合特征，地区R&D活动多集中于规模以上工业企业，此处选择地区“R&D人员全时当量”指标衡量。

④资产规模（*asset*），是一个重要的控制变量。通常来说，工业企业总资产与外部融资有较大关联，这将对创新投入强度与创新绩效产生影响。我们用不同省市的“规模以上工业企业总资产”作为测度指标。

⑤利润总量（*profit*），作用于创新绩效的通道是资金供给机制。如马克思所述，“资本家在急需的时候会不顾他手中的货币的规定职能”[16]99。所以，当创新资金出现缺口时，为避免创新活动中断，利润便可能直接由其他计划的用途转向创新方面。此外，利润对外部投资者来说也是关键信号，利润总量越高，越有可能受到外部投资者的青睐，由外部获取创新资金的可能性更高。本文选取各省市“规模以上工业企业利润总额”加以测度。

3. 统计描述

上述变量指标进行实证分析前均取了自然对数。表1报告了不同指标对数化处理后的统计信息。可知，工业创新绩效的平均值为11.39，标准差为1.60，表明不同地区规模以上工业企业新产品销售收入有一定的差异，这也可由最大值与最小值看出。与创新绩效统计特征表现的信息一致，金融发展水平、创新投入强度、研发劳动、资产规模和利润总量在不同省市上均表现出较大的差异。这要求面板模型中需注重控制地区异质性的影响。

表 1　各指标变量的统计信息

变量名称	观测数	平均值	标准差	最小值	最大值
y	330	11.386	1.604	6.193	14.415
fd	330	1.609	0.125	1.446	2.014
prd	330	0.605	0.617	−1.210	2.231
prdl	330	10.107	1.400	4.443	13.132
asset	330	4.721	0.956	2.068	6.724
profit	330	1.995	1.178	−1.556	4.360

（二）计量模型设定

1. 平均影响的判定

为判定金融发展、创新投入对工业创新绩效的影响，本文建立如下固定效应模型：

$$y_{it} = \alpha_1 \cdot fd_{it} + \alpha_2 \cdot prd_{it} + \alpha_3 \cdot prdl_{it} + \alpha_4 \cdot asset_{it} + \alpha_5 \cdot profit_{it} + \varphi_i + \varepsilon_{it} \quad (1)$$

其中，y_{it} 表示 i 省 t 年的工业创新绩效；fd_{it} 表示 i 省 t 年的金融发展水平；prd_{it} 表示 i 省 t 年的工业创新投入强度；$prdl_{it}$ 表示 i 省 t 年的新产品研发劳动；$asset_{it}$ 表示 i 省 t 年的工业资产规模；$profit_{it}$ 表示 i 省 t 年的工业利润总量；φ_i 用来控制省际固定效应；ε_{it} 为误差项；α_1，α_2，…，α_5 表示估计系数。

当期的工业创新绩效除了与同期的创新劳动、创新资金投入因素有关外，还有可能受到上一期工业创新绩效水平的影响。比如，若上一期的创新绩效水平较高可能意味着新产品拥有较好的市场接受度，会对当期的创新努力形成良性激励，加大当期的创新投入，当期的创新绩效水平由此受到上一期的影响。然而，公式（1）并未考虑此作用机制，且理论上加入被解释变量滞后一期值能够进一步消除模型（1）中可能存在的自相关问题。故，此处建立如下动态面板模型：

$$y_{it} = \gamma \cdot y_{i,t-1} + \alpha_1 \cdot fd_{it} + \alpha_2 \cdot prd_{it} + \alpha_3 \cdot prdl_{it} + \alpha_4 \cdot asset_{it} + \alpha_5 \cdot profit_{it} + \varphi_i + \varepsilon_{it} \quad (2)$$

式（2）控制了上一期绩效水平的影响。同时，fd_{it} 和 prd_{it} 等变量也可能存在内生性问题，比如 i 省的金融发展水平和创新投入强度会取决于 i 省的金融设施完备程度，而金融设施的完备程度同样会影响企业的创新绩效，这将导致 $E[fd_{it} \cdot \varepsilon_{it}] \neq 0$ 和 $E[prd_{it} \cdot \varepsilon_{it}] \neq 0$，从而引起估计偏误。针对以上问题，可使用系统广义矩方法（SYS-GMM）估计。这一方法的好处在于不仅可以去除方程存在的动态面板偏误（$E[\Delta y_{i,t-1} \cdot \Delta \varepsilon_{it}] \neq 0$），在满足较弱的假设条件下，同时解决多个内生变量的问题[29]。本文使用变量 y_{it} 的二阶与三阶滞后项（$y_{i,t-2}$，$y_{i,t-3}$）以及变量 fd_{it} 和 prd_{it} 的二阶与三阶滞后项（$fd_{i,t-2}$，

$fd_{i,\ t-3}$；$prd_{i,\ t-2}$，$prd_{i,\ t-3}$）作为工具变量，解决模型的内生性问题。本研究重点关注 SYS-GMM 估计下 α_1 和α_2 的结果。由于计量分析前各变量均取了自然对数，α_1 和α_2 可解释为金融发展、创新投入强度对工业创新绩效的弹性。

2. 倒“U”关系的验证

基于理论分析，金融发展、创新投入与工业创新绩效之间可能存在非线性倒“U”关系。这里在式（2）中加入fd_{it} 和 prd_{it} 的平方项fd_{it}^2 和 prd_{it}^2，有：

$$y_{it} = \gamma \cdot y_{i,t-1} + \alpha_1 \cdot fd_{it} + \alpha_2 \cdot prd_{it} + \beta_1 \cdot fd_{it}^2 + \beta_2 \cdot prd_{it}^2 + \alpha_3 \cdot prdl_{it} + \alpha_4 \cdot asset_{it} + \alpha_5 \cdot profit_{it} + \varphi_i + \varepsilon_{it} \tag{3}$$

依然使用 SYS-GMM 方法估计式（3）。因为变量fd_{it} 和 prd_{it} 有内生性，变量fd_{it}^2 和 prd_{it}^2 也有内生性。为保证回归结果的可比性，此处使用两个平方项变量（fd_{it}^2 和 prd_{it}^2）的二阶与三阶滞后项（$fd_{i,\ t-2}^2$，$fd_{i,\ t-3}^2$；$prd_{i,\ t-2}^2$，$prd_{i,\ t-3}^2$）作为二者的工具变量。若$\beta_1 = 0$，说明金融发展水平与工业创新绩效之间不存在非线性关系；若$\beta_1 < 0$，表明二者之间存在倒“U”形关系；反之，则是“U”形关系。同理，prd_{it}^2 回归系数β_2 的经济学意蕴亦是如此。

在各变量均已取自然对数的前提下，式（3）两边分别对变量fd_{it} 和 prd_{it} 求一阶导数有：$dy_{it}/dfd_{it} = \alpha_1 + \beta_1 \cdot 2fd_{it}$；$dy_{it}/dprd_{it} = \alpha_2 + \beta_2 \cdot 2prd_{it}$。严格来说，这并不是经济学意义上的“常弹性”，而是类似于“时变的点弹性”，即fd_{it} 和 prd_{it} 变量的单位变化对 y_{it} 的影响会随着fd_{it} 和 prd_{it} 取值的不同（通常使用时间窗口期内观测样本的平均值、中位数和四分位数）而变化。这里依然借用弹性系数的说法。令 $\varepsilon_{fd} = dy_{it}/dfd_{it}$；$\varepsilon_{prd} = dy_{it}/dprd_{it}$，$fd_{it}$ 和 prd_{it} 变量对工业创新绩效的弹性系数可记为

$$\varepsilon_{fd} = \alpha_1 + \beta_1 \cdot 2fd_{it};\quad \varepsilon_{prd} = \alpha_2 + \beta_2 \cdot 2prd_{it} \tag{4}$$

结合式（3）的回归系数，将样本期内fd_{it} 和 prd_{it} 变量的平均值代入上式，可计算弹性系数 ε_{fd} 和 ε_{prd}，用以判定时间窗口内fd_{it} 和 prd_{it} 变量的单位变化对 y_{it} 的平均效应。在已知β_1 和β_2 的情况下，ε_{fd}、ε_{prd} 与 0 相比较，能够判定金融发展和创新投入所处的阶段。例如，若$\beta_1 < 0$，$\varepsilon_{fd} > 0$，说明样本处于拐点左侧的上升轨迹曲线上，此时金融发展水平上升，工业创新绩效也随之提高。

3. 长期和短期效应的识别

SYS-GMM 估计给出的结果仅仅是金融发展水平、创新投入强度对工业创新绩效的平均影响，该方法尚不能识别出长期和短期效应。为此，进一步采用组间均值估计处理此问题。基于式（2），建立如下模型：

$$\Delta y_{it} = \tau \cdot [\delta \cdot y_{i,t-1} - \theta_1 \cdot fd_{i,t-1} - \theta_2 \cdot prd_{i,t-1}] + \rho_i^1 \cdot \Delta fd_{i,t-1} + \rho_i^2 \cdot \Delta prd_{i,t-1} + \alpha_3 \cdot prdl_{it} + \alpha_4 \cdot asset_{it} + \alpha_5 \cdot profit_{it} + \varphi_i + \varepsilon_{it} \tag{5}$$

其中，τ 为误差修正系数，若 $\tau \in (0,\ 1)$ 说明式（5）有良好的平稳性，能够收敛至长期均衡状态。θ_1、θ_2 和 ρ_i^1、ρ_i^2 分别衡量了金融发展水平、创新投入强度对工业创新绩效的长期和短期效应。

4. 科技与金融相结合政策有效性的检验

虽然在 SYS-GMM 估计中，使用 prd_{it} 的滞后期值作为工具变量解决了创新投入强度的内生问题，但创新投入强度仍然可能作用于部分可以影响创新绩效的遗漏变量，如果不能很好地控制这些遗漏变量，那么即使采用滞后期作为工具变量，也不能很好地处理模型的内生性问题。故而，我们寻找一个外生的政策变量，运用双重差分法（DID）来解决创新投入强度的内生问题。

2011 年，我国启动了科技与金融相结合试点工作，相关政策的实施以及新型金融工具和融资方式的产生，将更加有利于创新活动开展外部融资，增加创新投入。为检验科技与金融相结合政策的有效性，进一步处理 prd_{it} 变量的内生性问题，同时论证前文结论的稳健程度，本研究以 2011 年为时间节点，以 16 个试点地区所在的 14 个省（区、市）为处理组，采用 DID 方法估计如下模型：

$$y_{it} = \vartheta_1 \cdot T_t + \vartheta_2 \cdot treat_j + \vartheta_3 \cdot T_t * treat_j + \gamma_1 \cdot fd_{it} + \gamma_2 \cdot prdl_{it} + \gamma_3 \cdot asset_{it} + \gamma_4 \cdot profit_{it} + \varphi_i + \varepsilon_{it} \tag{6}$$

式（6）中，$T_t(t \geqslant 2011)$ 为时间虚拟变量，用以区分政策实施的时间节点；$treat_j$ 为识别处理组与控制组的虚拟变量，若 j 为试点省份，$treat_j = 1$，否则 $treat_j = 0$；$T_t * treat_j$ 为 T_t 与 $treat_j$ 的交互，用以捕捉试点政策影响工业创新绩效的效应。本研究重点关注 $T_t * treat_j$ 的回归系数 ϑ_3。若 ϑ_3 显著大于 0，说明科技与金融相结合的试点政策对工业创新绩效的提升有促进作用。也即，在此政策的刺激下，通过金融发展增加创新资金投入改善工业创新绩效的机制有效。

四、实证分析

以理论分析为指导，基于设定的计量模型，下文采用 SYS-GMM、MG 和 DID 三种估计方法开展计量分析：首先，使用 SYS-GMM 估计方法判定金融发展、创新投入对工业创新绩效的平均影响。其次，使用 SYS-GMM 估计方法验证金融发展与工业创新绩效、创新投入与工业创新绩效之间是否存在非线性的倒“U”或“U”形关系。再次，运用 MG 估计方法识别金融发展、创新投入对工业创新绩效的长期效应和短期效应。最后，运用 DID 估计方法论证科技与金融相结合政策的有效性，并进一步处理创新投入的内生性问题，为前述计量结果提供一个稳健性检验。

（一）平均影响的判定

为判定金融发展过程中，金融发展水平和创新投入强度对工业创新绩效的平均影响，本文使用 SYS-GMM 回归方法去除个体固定效应，并解决金融发展与创新投入强度变量的内生性，估计模型（2）。表 2 报告了逐次添加变量的 4 个方程的回归结果，所有方程均通过了 IV 过度识别检验。

可以发现：四个回归方程中，控制变量 y（-1）的回归系数有较高的统计显著特征，表明上一期的工业创新绩效对当期的工业创新绩效有明显的积极作用，同时小于1的回归系数暗示累积滞后效应会随时间推移衰减。

fd 和 *prd* 的回归系数均大于0，且在0.01水平上显著，这说明在控制金融发展与创新投入两个变量的内生性问题以后，金融发展水平与创新投入水平的提升能够有效推动创新绩效提高，假定H1和H3成立。背后可能的原因是，金融市场质量与服务水平的不断改善，一定程度上消除了内源融资不稳定的负面影响，为创新资金提供了稳定的来源，助力创新活动突破“资金门槛”，有效避免了创新活动的中断，使创新绩效提高成为可能。

表2 SYS-GMM 回归结果

变量	(1)	(2)	(3)	(4)
y（-1）	0.732*** (0.018)	0.592*** (0.027)	0.578*** (0.028)	0.547*** (0.022)
fd	3.340*** (0.496)	2.180*** (0.500)	2.099*** (0.580)	2.103*** (0.439)
prd	0.313*** (0.024)	0.137*** (0.049)	0.126*** (0.043)	0.197*** (0.069)
prdl		0.237*** (0.008)	0.208*** (0.018)	0.156*** (0.013)
asset			0.071** (0.030)	0.315*** (0.038)
profit				0.428*** (0.033)
常数项	-2.394*** (0.672)	-1.237** (0.526)	-0.992 (0.783)	-0.790 (0.542)
样本数	300	300	300	300
Sargan 检验	27.392	28.347	27.904	26.483
Abond-AR（1）检验	0.046	0.044	0.048	0.043
Abond-AR（2）检验	0.928	0.895	0.961	0.914

注：圆括号内为标准误；***、**、*表示在1%、5%、10%水平下显著。Sargan检验结果显示在10%的显著水平上接受“所有工具变量都有效”的原假设，Abond检验结果（P值）显示在10%的水平上没有拒绝“扰动项差分无二阶自相关”的原假设。

（二）倒“U”关系的验证

按照前文设定的计量模型（3），这里使用SYS-GMM方法，验证金融发展与工业创新绩效、创新投入与工业创新绩效之间是否存在非线性的倒“U”关系。

由表3可知，变量 prd^2 的回归系数在1%的显著水平上为负，表明工业创新绩效并不会随着创新投入强度的提高持续保持增长趋势，而是会在某一时点转入下降通道，即创新投入强度与工业创新绩效之间存在倒“U”关系，假定H5成立。这有三方面的原因：一是，开发成功的新产品的市场认可度不高，难以充分实现自身价值，存货积累增加；二是，智力资本的储备与跟进可能不足，致使只能进行简单的模仿创新与改进，拖累创新绩效；三是，不同省（区、市）间可能存在重复低水平转移国内技术和设备，不利于改善工业全要素生产率[30]，妨碍工业创新绩效提升。基于式（4）和列 4 的回归结果，变量 *prd* 对工业创新绩效的弹性系数为 $\varepsilon_{prd}=0.30$。可知，创新投入强度处于倒“U”曲线的上升通道范围内。该阶段下，后半段创新投入强度每提高 1 个百分点，工业创新绩效将提高 0.3 个百分点。

变量 fd^2 的回归系数在表 3 第 1 列中显著为负，但在其后 3 个回归方程中的估计系数为负，但不显著。这说明并不能确定金融发展与工业创新绩效之间存在倒“U”关系，假定 H4 不成立。因而，我们更倾向于接受表 2 所展示的金融发展对工业创新绩效有线性影响的结论。在我国金融发展过程中，这一线性影响趋势可能有两个原因：一方面，稳步推进金融市场改革与及时且强有力的监管并重，有效避免了金融波动的冲击；另一方面，适时出台相应政策、资金等引导金融资本流向创新领域。进一步，可以得到如下启发：在金融发展过程中，倘若能确保金融“脱虚向实”，更多金融资本流向创新领域，将有助于保持其对工业创新绩效的促进作用。

表 3　非线性的 SYS-GMM 回归结果

变量	(1)	(2)	(3)	(4)
y（-1）	0.805*** (0.036)	0.669*** (0.020)	0.670*** (0.054)	0.554*** (0.054)
fd	13.402** (6.228)	5.288 (5.275)	4.654 (11.187)	9.806 (6.486)
prd	0.299*** (0.085)	0.239*** (0.050)	0.276** (0.110)	0.476*** (0.056)
fd^2	-3.640** (1.827)	-1.026 (1.572)	-0.849 (3.341)	-2.359 (1.912)
prd^2	-0.079*** (0.017)	-0.098*** (0.011)	-0.100*** (0.013)	-0.144*** (0.028)
prdl		0.197*** (0.018)	0.224*** (0.032)	0.205*** (0.059)
asset			-0.070 (0.043)	-0.457*** (0.093)
profit				0.425*** (0.034)
常数项	-9.844* (5.265)	-3.997 (4.349)	-3.421 (8.902)	-5.420 (5.526)
样本数	300	300	300	300
Sargan 检验	27.609	25.613	26.937	21.291
Abond-AR（1）检验	0.046	0.039	0.036	0.023
Abond-AR（2）检验	0.896	0.906	0.783	0.467

注：圆括号内为标准误；***、**、*表示在 1%、5%、10%水平下显著。Sargan 检验结果显示在 10%的显著水平上接受“所有工具变量都有效”的原假设，Abond 检验结果（P 值）显示在 10%的水平上没有拒绝“扰动项差分无二阶自相关”的原假设。

（三）长期和短期效应的识别

为避免 SYS-GMM 估计可能存在的自相关问题，且进一步识别金融发展和创新投入强度对工业创新绩效的长期效应和短期效应，考虑变量 *prd* 对工业创新绩效有显著的非线性影响，此处只控制变量 prd^2，并使用 MG 方法对模型（3）进行估计（详见表 4）。第 1 列和第 2 列未包含变量 prd^2，第 3 列在短期控制变量 prd^2，第 4 列在长期控制变量 prd^2，第 5 列则在长期与短期同时对变量 prd^2 进行了控制。表 4 显示，误差修正系数 τ 的回归系数大于-1，小于 0，表明模型能够稳定地收敛至长期均衡状态。第 3 列到第 5 列中，长期中控制 prd^2 时，其回归系数为负并不显著，短期中控制 prd^2 时，其回归系数显著为负。基于 MG 方法下第 1、第 2 和第 5 列的结果，有如下发现：

表 4　MG 回归结果

变量	（1）	（2）	（3）	（4）	（5）
长期影响					
fd	5.983*** （1.997）	4.460*** （1.488）	4.399*** （1.527）	4.120*** （1.495）	4.173*** （1.537）
prd	1.049*** （0.130）	1.037*** （0.151）	1.057*** （0.155）	1.167*** （0.183）	1.144*** （0.188）
prdl		0.209* （0.108）	0.203* （0.110）	−0.165 （0.111）	−0.173 （0.115）
asset		−0.176 （0.197）	−0.195 （0.202）	−0.299 （0.219）	−0.277 （0.225）
profit		0.705*** （0.119）	0.710*** （0.123）	0.763*** （0.128）	0.749*** （0.131）
prd^2				−0.102 （0.078）	−0.069 （0.082）
短期影响					
τ	−0.426*** （0.037）	−0.545*** （0.049）	−0.527*** （0.050）	−0.548*** （0.049）	−0.531*** （0.050）
D. *fd*	−0.848 （0.685）	−0.889 （0.647）	−1.030 （0.646）	−0.830 （0.648）	−0.978 （0.649）
D. *prd*	0.166* （0.089）	0.091 （0.089）	0.139 （0.091）	0.057 （0.093）	0.111 （0.097）
D. *prdl*		−0.022 （0.092）	0.004 （0.092）	−0.036 （0.093）	−0.008 （0.093）
D. *asset*		0.532 （0.338）	0.477 （0.336）	0.507 （0.338）	0.465 （0.337）
D. *profit*		−0.063 （0.070）	−0.060 （0.070）	−0.077 （0.071）	−0.069 （0.071）
D. *prd*^2			−0.154** （0.070）		−0.141* （0.072）

表4(续)

变量	(1)	(2)	(3)	(4)	(5)
常数项	0.584 (1.371)	2.820** (1.416)	2.795** (1.406)	3.148** (1.436)	3.014** (1.430)
样本数	300	300	300	300	300

注：圆括号为标准误；***、**、*表示在1%、5%、10%水平下显著。

第一，不论短期，还是长期，创新投入强度均与工业创新绩效正相关。变量*prd*对工业创新绩效的短期弹性系数在0.08和0.17之间，*prd*对工业创新绩效的长期弹性系数在1.03和1.07之间，显示提高创新投入强度对工业创新绩效有积极影响，且长期作用显著大于短期。在创新研发过程中，创新资金总量的增加不仅有利于追加开展创新活动的已有或新增资源的规模，更重要的是能确保创新活动的连续性，使多种创新资源的配置效率在长期中进一步优化，创新将更有可能成功，进而促进工业创新绩效改善。因而，应不断增加新产品开发经费，加强智力资本积累，加大后半段创新研发力度，以助力新技术、新专利、新发现等研发成果加快应用推广，丰富工业企业创造价值的来源，提高创新产出能力。

第二，就金融发展水平而言，提高金融发展水平对工业创新绩效的长期影响明显优于短期。短期来看，变量*fd*对工业创新绩效的弹性系数为负，且不具备统计上的显著特征。这与创新主体因新产品开发周期较长而将计划用于新产品开发的资金投放至信贷等金融领域追逐更高的利润以及时有发生的内部财务冲击有较大关联。两种因素共同作用于后半段的创新活动，导致创新效率下降，短期的工业创新绩效因此有所恶化。

相对地，*fd*对工业创新绩效的长期弹性系数在1%的水平上显著为正。这说明，长期中金融发展水平的提高有利于促进工业创新绩效改善。可能的原因是：在长期，金融市场结构、效率等方面的优化，能充分甄别前景好的创新项目，“逐渐提升的金融发展水平也因此提高了资本的配置效率”[31]，大量资金可及时流向创新领域，“创造性毁灭（creative destruction）”所需的资金规模与创新投入强度能够得以满足[32]，较大程度上缩短创新时间，创新产出能力随之提升。

（四）科技与金融相结合政策有效性的检验

科技与金融相结合政策有效性的直接表现是此政策的实施能明显促进创新绩效提升。为验证这一直观判断，这里基于2011年启动的科技与金融相结合试点工作，设计了一个由处理组的14个省（市）与对照组的16个省（区、市）共同构成的自然实验。

2011年，“北京、天津、上海、江苏、浙江、安徽、武汉、湖南、广东、重庆、四川、陕西、辽宁和山东”共14个省（区、市）被国家列为科技与金融相结合的试点地区。这些处理组通过加快落实科技发展的金融配套政策，能迅速为工业企业提供创新资金支持，促进专利等科技成果向现实产品或服务转化，加快工业创新绩效提升。控制组的16个省（区、市）则不能享受相应的金融支持科技创新的特殊政策倾斜，其实验前后的工业创新绩效趋势则不会产生显著变化。基于这个外生的试点政策，我们采用双重差分DID模型对科技与金融融合的效果进行评估，DID模型如式（6）所设定。

在采用DID进行估计时，一个重要的假设是处理组和对照组在政策实施前具有平行的趋势。图1对处理组和控制组在政策实施前后的创新绩效情况进行了描述。图1中实线表示实验组（试点地区），虚线表示对照组，垂直的竖线表示政策实施开始的年份，即2011年。从图中可以清楚地发现，在政策实施前实验组和对照组具有明显的平行趋势，这说明我们选择的控制组可以作为测度实验组工业创新绩效发展的潜在趋势。自2011年后，试点地区实施了科技与金融相结合的相关政策后，实验地区的工业创新绩效有明显的上升。需要强调的是，处理组与控制组同时包含了东、中、西部地区的省（区、市），而且模型对地区工业资产规模、工业利润总量和研发劳动投入等变量进行了控制，一定程度上消除了异质性对工业创新绩效的平行性趋势带来的影响。

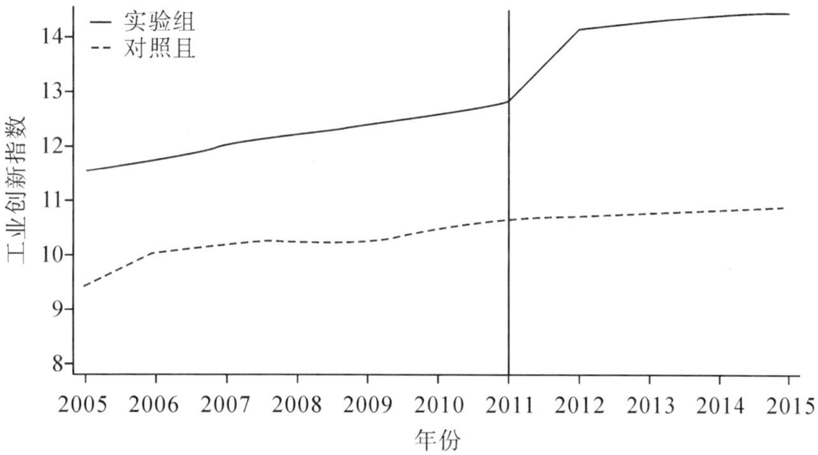

图1　处理组和对照组的工业创新绩效平行趋势检验

在采用式（6）的DID模型对政策效果进行评估时，表5报告了估计结果。首先，金融发展水平与创新绩效依然显示了同步上升趋势，这一点表现为变量*fd*的四个回归系数在1%水平上显著大于0。另外，在利用DID方法解决创新投入强度（*prd*）内生性问题以后，科技与金融相结合政策是有效的，即该政策的实施对创新绩效有明显的促进作用。回归模型中处理效应$T*treat$的回归系数为正，且在表5中第（1）（3）（4）列的估计结果中显著。进一步说明，前述计量分析结论是稳健的。

此结论从宏观角度论证了前文关于“金融发展能够通过为创新活动融通资金的机制，进而实现改善创新绩效目标”的猜测，即假定H2成立。这也为其他学者的研究结果提供了佐证。例如，黄志忠、谢军发现区域金融市场发展有利于缓解企业融资约束，激励企业扩张投资，推动企业创新[33]。

表 5　DID 回归结果

变量	（1）	（2）	（3）	（4）
fd	6.524*** （0.543）	2.100*** （0.394）	1.633*** （0.419）	1.850*** （0.420）
prdl		0.820*** （0.037）	0.645*** （0.069）	0.608*** （0.069）
asset			0.321*** （0.107）	0.070 （0.133）
profit				0.238*** （0.078）
T	0.650*** （0.146）	-0.029 （0.096）	-0.109 （0.099）	-0.059 （0.099）
treat	0.986*** （0.166）	0.363*** （0.108）	0.364*** （0.107）	0.408*** （0.106）
T * *treat*	0.226** （0.114）	0.160 （0.134）	0.205** （0.103）	0.143* （0.076）
常数项	0.088 （0.839）	-0.473 （0.528）	0.563 （0.625）	1.261* （0.658）
样本数	330	330	330	330
可决系数	0.643	0.860	0.864	0.868

注：圆括号为标准误；***、**、*表示在 1%、5%、10%水平下显著。

五、结论与启示

新常态阶段与“脱虚向实”的经济背景下，促进金融与创新相结合，提升工业创新绩效是践行创新驱动发展战略的重要着力点之一。本研究基于马克思主义金融理论和创新理论，以后半段的创新为楔入点，使用 2005—2015 年中国 30 省市的面板数据，利用系统广义矩估计（SYS-GMM）、组群均值估计（MG）和双重倍差（DID）三种估计方法，实证检视金融发展、创新投入对工业创新绩效的影响。本文的结论与启示如下：

金融发展对工业创新绩效有积极影响，即金融发展水平提升能促进工业创新绩效提升。这一积极作用更多地体现在长期中。由此，在金融发展过程中，应确保金融与创新长期融合，促进金融资本流向创新领域。

不论短期还是长期，提高创新投入强度均可显著推动工业创新绩效增长，且长期效应明显优于短期。从而，应不断增加新产品开发经费，加大后半段创新研发力度，加快新创造、新专利、新发现的应用，以丰富工业创造价值的来源。

金融发展对工业创新绩效不存在倒“U”关系，而表现为线性关系。因此，可继续加大金融发展对工业创新的支持力度。创新投入与工业创新绩效之间有倒“U”关系。可能的原因是：新产品的市场认可度不高；智力资本储备不足；重复低水平转移国内技术和设备降低了工业全要素生产率。需要强调，当前我国的创新投入水平尚未达到最优投入水平。因而，应重视潜在的竞争机制与学习效应的积极作用，纠正不利于创新的行为，尤其要着力增加创新投入，注重加强智力资本积累，杜绝低水平的技术复制，以推动工业创新，持续改善创新绩效。

科技与金融相结合政策有效，此政策更加有利于后半段创新活动开展外部融资，充实创新资金，加快创新速度，能明显改善工业创新绩效。易言之，通过金融发展实现提升工业创新绩效目标的机制是：丰富创新资金供给。进一步优化金融发展质量，便利资金融通，弱化创新融资约束，对助力工业加大加快创新，提升创新产出能力极为重要。

（本论文原载于《财经科学》2018 年第 6 期）

参考文献：

［1］李连燕，张东廷．高新技术企业智力资本价值创造效率的影响因素分析：基于研发投入、行业竞争与内部现金流的角度［J］．数量经济技术经济研究，2017（5）：55-71.

［2］贾俊生，伦晓波，林树．金融发展、微观企业创新产出与经济增长［J］．金融研究，2017（1）：99-113.

［3］KING R G，LEVINE R. Finance，Entrepreneurship and Growth：Theory and Evidence［J］. Journal of Monetary Economics，1993，32（3）：513-542.

［4］SAINT - PAUL G. Technological Choice，Financial Markets and Economic Development［J］. European Economic Review，1992，36（4）：763-781.

［5］CLAESSENS S，LAEVEN L. Finance Development，Property Rights and Growth［J］. The Journal of Finance，2003，58（6）：2401-2436.

［6］孙伍琴，朱顺林．金融发展促进技术创新的效率研究：基于 Malmuquist 指数的分析［J］．统计研究，2008（3）：46-50.

［7］BROWN J R，MARTINSSON G，PETERSEN B C. Law，Stock Markets and Innovation［J］. Journal of Finance，2013，68（4）：1517-1549.

［8］易信，刘凤良．金融发展、技术创新与产业结构转型：多部门内生增长理论分析框架［J］．管理世界，2015（10）：24-39.

［9］解维敏，方红星．金融发展、融资约束与企业研发投入［J］．金融研究，2011（5）：171-183.

［10］HOTTENROTT H，HALL B H，CZARNITZKI D. Patents as Quality Signals? The Implications for Financing Constraints on R&D［J］. Economics of Innovation & New Technology，2016，25（3）：197-217.

[11] BROWN J R, FAZZARI S M, PETERSEN B C. Financing Innovation and Growth: Cash Flow, External Equity, and The 1990s R&D Boom [J]. Journal of Finance, 2009, 64 (1): 151-185.

[12] HSU P H, TIAN X, XU Y. Financial Development and Innovation: Cross-country Evidence [J]. Journal of Financial Economics, 2014, 112 (1): 116-135.

[13] 唐青元，巫岑. 银行业结构与企业创新活动的融资约束 [J]. 金融研究，2015 (7): 116-134.

[14] 王兰芳，胡悦. 创业投资促进了创新绩效吗?: 基于中国企业面板数据的实证检验 [J]. 金融研究，2017 (1): 177-190.

[15] 杨畅，庞瑞芝. 契约环境、融资约束与“信号弱化”效应：基于中国制造业企业的实证研究 [J]. 管理世界，2017 (4): 60-69.

[16] 马克思. 资本论：第2卷 [M]. 中共中央马克思恩格斯列宁斯大林著作编译局译，北京：人民出版社，2004: 99.

[17] 马克思. 资本论：第3卷 [M]. 中共中央马克思恩格斯列宁斯大林著作编译局译，北京：人民出版社，2004.

[18] Hall B H, Lerner J. The Financing of R&D and Innovation [C] // S. Shane. Handbook of the Economics of Innovation. Oxford: Blackwell Publishers, 2010, 1: 609-639.

[19] 鞠晓生，卢荻，虞义华. 融资约束、营运资本管理与企业创新可持续性 [J]. 经济研究，2013 (1): 4-16.

[20] 马克思. 资本论：第1卷 [M]. 中共中央马克思恩格斯列宁斯大林著作编译局译，北京：人民出版社，2004.

[21] 汪澄清. 马克思与熊彼特创新思想之比较 [J]. 马克思主义与现实，2001 (3): 42-47.

[22] 洪银兴. 科技创新与创新型经济 [J]. 管理世界，2011 (7): 1-8.

[23] 刘红玉，彭福扬. 马克思创新思想研究述评 [J]. 马克思主义研究，2009 (11): 155-158.

[24] 刘诗白. 论过度金融化与美国的金融化 [J]. 经济学家，2010 (6): 20-27.

[25] HALL B H. The Financing of Research and Development [J]. Oxford Review of E-conomic Policy, 2002, 18 (1): 35-51.

[26] GU L F. Product Market Competition, R&D Investment and Stock Returns [J]. Journal of Financial Economics, 2016, 119 (2): 441-455.

[27] 朱有为，徐康宁. 中国高技术产业研发效率的实证研究 [J]. 中国工业经济，2006 (11): 28-45.

[28] RAJAN R G, ZINGALES L. The Geat Reversals: The Politics of Financial Development in The Twentieth Century [J]. Journal of Financial Economics, 2003, 69 (1): 5-50.

［29］李标，吴贾，陈姝兴．城镇化、工业化、信息化与中国的能源强度［J］．中国人口·资源与环境，2015（8）：69-76．

［30］万伦来，朱琴．R&D 投入对工业绿色全要素生产率增长的影响：来自中国工业 1999—2010 年的经验证据［J］．经济学动态，2013（9）：20-26．

［31］李青原，李江冰，江春，等．金融发展与地区实体经济资本配置效率：来自省级工业行业数据的证据［J］．经济学季刊，2013（2）：527-548．

［32］李标，宋长旭，吴贾．创新驱动下金融集聚与区域经济增长［J］．财经科学，2016（1）：88-99．

［33］黄志忠，谢军．宏观货币政策、区域金融发展和企业融资约束：货币政策传导机制的微观证据［J］．会计研究，2013（1）：63-69．

信用创造、虚拟资本与现代经济运行

——兼论我国实体经济与虚拟经济的关系

肖磊

“虚拟经济”是中国经济学研究中创造出的一个重要学术概念，2002 年党的十六大报告首次在最高级别的官方文件中提出正确处理虚拟经济与实体经济之间的关系。2016 年习近平在《在中央经济工作会议上的讲话》中指出，我国经济的重大结构性失衡主要表现为实体经济结构性供需失衡、金融和实体经济失衡以及房地产和实体经济失衡[1]。其中，金融与房地产主要属于虚拟经济领域，这一论述进一步凸显了虚拟经济问题的研究在当前所具有的重大理论意义。研究虚拟经济运行规律，应当回归马克思经济理论，马克思不仅采用了“信用货币”“虚拟资本”等概念，而且提出了一种货币经济分析框架。马克思货币经济思想对我国更加有效地处理虚拟经济与实体经济的关系具有重要理论指导意义。

一、虚拟货币与现代经济运行

现代经济是依托信用制度而发展起来的经济形式，信用关系构成了现代经济运行的基础，“货币作为支付手段的职能”在中央银行（代表国家）的层面上成为一国货币创造与货币循环的根源。现代经济一方面不断地产生出债券、股票等以纯粹所有权凭证为载体的虚拟资本，形成社会中现实资本（生产资本和商品资本）的影像或影子，另一方面则不断地产生出适应现实资本运动和虚拟资本运动的主权信用货币，形成货币的运动，信用货币实际上就是货币资本的影像或影子。所以，马克思将这两种形式都视为虚拟经济的要素，并将“货币资本与现实资本”作为研究重点之一。马克思的研究表明，虚拟货币的运动是理解现代经济的关键。

1. 信用货币的虚拟性质及其在现代经济中的作用

信用货币是建立在信用基础上的流通手段，包括商业信用中的汇票、银行发行的银行券等。马克思将银行券看作“真正的信用货币”，并将汇票视为这种信用货币的基础，“真正的信用货币不是以货币流通（不管是金属货币还是国家纸币）为基础，而是以汇票流通为基础”[2]450-451。汇票和银行券作为信用货币的区别在于，一个是商业信用的结果，一个是银行提供信用的结果，汇票贴现只是表明商业信用转化为银行信用：“开出汇票是把商品转化为一种形式的信用货币，而汇票贴现只是把这种信用货币转化为另一种信用货币银行券。”[2]482在现代信用制度下，货币的创造过程主要是以有价证券这种虚拟资本为基础的，中央银行主要是以有价证券为基础发行基础货币，而信用货币最主要的部分是通过派生存款创造出来的，银行体系和信用制度构成了整个货币创造的基础。

现代经济中的现金是以国家信用为保证、由具有法定钞票发行权的银行（例如中央银行）发行的银行券以及各种辅币。这种信用货币不能兑换成黄金，并且以没有内在价值的纸币或金属的形式进行强制性流通，成为“流通的信用符号”[2]454。中央银行通过购买“储备资产”发行现金（法定的银行券），储备资产可以是黄金，也可以是外汇，即对国外的资产所有权，还可以是各种有价证券（包括国外的债券等），发行的银行券实际上是向公众购买这些资产的债务凭证，实现资产所有权的转移。因此，在中央银行的资产负债表上，现金是“负债”，而储备资产则是“资产”。通过这种购买而发行的现金进入流通领域，只要公众将持有的这些现金存入商业银行，就会在商业银行体系形成多倍的货币创造。公众的存款成为银行的贷款，而贷款又转化为银行的存款：“我今天存在的 A 处的 1 000 磅，明天会被支付出来，形成 B 处的贷款。后天它又可能由 B 处再支付出来，形成 C 处的存款，依此类推，以至无穷。因此，这 1 000 磅货币，通过一系列的转移，可以成倍地增长为一个绝对无法确定的存款总额。因此很可能，英国全部存款的十分之九，除存在于银行家各自的账面上面，根本就不存在。”[2]457-458这是马克思引用的《通货论》中的一段话，它表明了银行的信用创造过程。

根据马克思对于虚拟资本的界定，中央银行发行现金除了以金储备为保证的部分外，其他都是通过购买虚拟资本而创造出来的，即使有黄金储备的那部分现金也是不能兑换的，所以，可以说现代经济中的现金基本上完全是虚拟的，在这种虚拟的信用货币的基础上创造出来的多倍的存款，也同样是虚拟的。而且商业银行的银行资本的很大部分也是通过购买或者兑换而储存起来的虚拟资本，“这种想象的货币财产，不仅构成私人货币财产的很大的部分，并且正如我们讲过的，也构成银行家资本的很大的部分”[2]541。由此，原来的以贵金属作为一般等价物的货币资本，在现代经济中都以“虚拟的货币资本”的形式而存在。

以现代信用货币为流通手段的资本流通，主要是通过商业银行与私人资本家的借贷关系而进行的，而商业银行的这种信用创造功能随着经济的扩张和收缩而不断地发生变化。马克思在分析“货币资本与现实资本”的关系时，主要分析的就是这种“借贷货币资本”的积累与现实资本积累之间的关系。这种“借贷货币资本”是银行体系创造出来的信用，是商业银行吸收存款的结果，而这些存款又是贷款的结果。除了一般商品交易的需要外，社会中的货币资本和收入都会以存款的方式进入银行，而这些存款一部分变成了银行购买的虚拟资本，另一部分变成了银行对私人资本家的“借贷货币资本”，还有一部分成为准备金以应付提现的需要。在货币资本转化为生产资本的过程中，货币资本可以仅仅表现为存款额度在不同交易主体之间的划转。但是在扩大再生产规模超出了个体资本积累的范围时，货币资本的增加则可以通过股票融资实现，也可以通过银行进行借贷融资来实现，前者会增加有价证券这种形式的虚拟资本，后者会增加信用货币这种形式的虚拟货币。

在现代经济中，有价证券与货币之间的转化实际上是虚拟财富的两种不同形式的转化，货币转化为有价证券是金融资产“投资”，有价证券转化为货币被视为“变现”，有价证券转变为货币的难易程度被称为资产的“流动性”。一部分有价证券由于容易“变现”在交易中可以发挥货币的职能，因而也逐渐被纳入货币的范围。例如，根据我国的情况，流通中的现金通常被定义为流通中的现金（M0），M0 加上单位在银行的活期存款被定义为狭义货币供应量（M1），M1 加上单位在银行的定期存款和城乡居民个人在银行的各项储蓄存款以及证券客户保证金被定义为 M2，M2 加上具有高度流动性的证券和其他资产被定义为广义货币供应量（M3）。

2. 借贷货币资本积累与现实资本积累

马克思从三个方面分析了借贷货币资本与现实资本的关系。第一个方面是借贷货币资本的运动与产业资本运动之间的关系。在产业周期的开端，即萧条阶段，产业资本收缩和萎缩，借贷货币资本相对充裕，利息率处于低点；在复苏阶段，商业信用扩张，资本容易流回，利息率已经高于最低限度，但是仍然处于低水平，在此，“低利息率，从而借贷资本的相对充裕，是和产业资本的现实扩大结合在一起的”[2]553；在繁荣阶段，产业资本显著扩大，借贷货币资本的供求大致相当，利息率达到平均水平，开始出现“没有准备资本甚至根本没有任何资本而完全依赖信用货币进行投机的骑士们”[2]553；随着生产的继续发展，繁荣达到顶点，信用扩张到最大界限；于是，危机爆发，进入产业周期的末尾，产业资本大量过剩，大量的商业信用需要转变为银行信用来解决，支付手段稀缺，利息率处于高水平。

现代信用货币已经成为纯粹的价值符号，在危机期间出现的信用危机或货币危机，是劳动的社会化表现为商品的单纯货币存在的结果，这种看似“独立的货币危机”或“作为现实危机尖锐化的货币危机”[2]585，实际上是以信用为基础的现代经济体系不可避免的产物。从虚拟经济领域开始的危机常常看起来好像仅仅是支付危机、货币危机或金融危机，但实际上却是实体经济危机在虚拟经济领域的表现。在现代信用制度下，危机的爆发往往是从金融领域开始的。正如马克思所指出的，“信用的最大限度，等于产业资本的最充分的动用，也就是等于产业资本的再生产能力不顾消费界限的极度紧张”；“在再生产过程的全部联系都是以信用为基础的生产制度中，只要信用突然停止，只有现金支付才有效，危机显然就会发生，对支付手段的激烈追求必然会出现……，而这种现实买卖的扩大远远超过社会需要的限度这一事实，归根到底是整个危机的基础”[2]546,554-555。

第二个方面是从借贷货币资本来源的角度，分析以借贷货币资本形式进行的资本积累与现实资本的积累关系。马克思分析了两种情况的借贷货币资本积累，一种是货币单纯地转化为借贷资本，另一种资本或收入转化为货币，然后货币再转化为借贷资本。前一种是和现实资本积累无关的借贷货币资本积累，包括由于生产的收缩而产生的大量闲置货币资本转化为借贷资本（广泛地存在于萧条和复苏阶段），银行业务的扩大和集中、流通准备金和私人支付手段准备的节约、对汇票进行再贴现或用作抵押贷款、以没有完成的产品的提货单发放的抵押贷款等纯技术性手段而实现的积累，以及黄金从国外流入、发行股票所获得的款项在实际使用前存入银行转化为借贷资本，等等。

另外一种形式的借贷货币资本的积累是现实资本积累的表现和结果。首先，借贷资本家通过从产业资本家和商业资本家获得的利息以及持有有价证券获取的增值收益来扩大自身的货币资本积累，这部分货币资本可以转化为借贷资本。其次，剩余价值中用于积累的部分、剩余价值中用于收入的部分存入银行转化为借贷货币资本；一切用于消费的收入如地租、高级工资、非生产阶级的收入等，采取货币的形式变为存款，成为借贷资本。这些用于积累和收入的部分成为银行存款，但其使用都是逐渐进行的，在其保持为货币形式的期间，都可以成为银行家的借贷货币资本。这是职能资本家直接提供的借贷货币资本积累。在这里，借贷货币资本积累与现实资本积累的关系是：“一切收入，不论是用于消费还是用于积累，只要它存在于某种货币形式中，它就是商品资本转化为货币的价值部分，从而是现实资本积累的表现和结果，但不是生产资本本身。”[2]570这就是说，这些收入或资本只要它不是以现金和实物的方式存在，而是以存款的方式存在，它都可以变成银行的借贷货币资本的要素。

第三个方面是货币资本积累量与现实资本积累量的关系。货币资本代表现实资本的货币形态，所以，现实资本的积累也就是货币资本的积累，在这个意义上，即在资本运动从货币资本、生产资本、商品资本不断转化的形式上，货币资本的量与现实资本的量必然是一致的，货币资本的积累量与现实资本的积累量也必然是一致的。但是，由于剩余价值中用于消费的收入部分并不代表现实资本的积累，但它能够转化为借贷货币资本积累，所以，在经济中实际可发挥作用的货币资本量大于现实资本量，“货币资本所反映的资本积累，必然总是比现实存在的资本积累更大”[2]573。也就是说，即使不考虑前面所述的与现实资本积累无关的引起借贷货币资本增加的诸多因素，仅就现实资本运动而言，经济中所创造出来的货币资本量必然大于现实资本的量，货币资本积累量必然大于现实资本积累量。由于借贷货币资本的存在，资本的增殖可以不受自身资本积累的限制，从而为生产的发展提供了更为广阔的条件。

二、虚拟经济与实体经济

现实资本的所有权作为单纯的分割剩余价值的产权，取得了虚拟资本的存在形式。

由于虚拟资本可以获取稳定的收入流，因而可以通过资本化得到其价值，并在市场中进行交易，这些交易只是所有权的转手，对现实资本的运动没有影响。相反地，现实资本的不断增加会造成这些虚拟资本的不断增加，现实资本的积累会扩大虚拟资本的积累，“当这些证券的积累表示铁路、矿山、汽船等的积累时，它们也表示现实再生产过程的扩大，就像动产征税单的扩大表示这种动产的增加一样”[2]540。现实资本的积累反映到虚拟资本的积累上，使以所有权证书为载体的货币财富的积累逐渐增加，形成了一个庞大的上层建筑。

如果将经济划分为虚拟经济和实体经济两大领域，那么虚拟经济就是虚拟资本运动所产生的各种经济现象的统称，而实体经济就是现实资本运动所产生的各种经济现象的统称，联结两大经济领域的纽带就是主权信用货币的运动。在一些特殊的经济部门，例如房地产领域，生产过程属于实体经济，但交易过程即商品资本的实现过程，却成为虚拟经济的领域，由此形成了一种独特的经济运行方式，可将这类经济运动视为实物资产的运动，并归入虚拟经济领域。虚拟资本的创造、虚拟资本的内在价值、虚拟资本的价格决定、虚拟资本运动与货币运动的关系，是虚拟资本运动的几个主要方面。

第一，虚拟资本是基于现实经济运动创造出来的。例如，政府债券、企业债券、股票等的发行，通过发行创造出新的权利凭证，而募集的资金或者成为纯粹的消费资金，或者成为货币资本用于社会资本的再生产，还可能由政府部门用于公共基础设施的建设。若募集的资金作为消费资金，相当于社会中财富的转移，即资金在富余者与短缺者、未来与现在之间的重新配置，它与直接的再生产没有关系，但间接地与再生产有重要的联系。在资本循环中，从商品资本到货币资本的转化是再生产最重要的环节，马克思称为“惊险的跳跃”，而经济危机的表现形式也主要是消费资料的过剩，从而表现为生产资本的过剩和货币资本过剩，即商品资本大量积压不能快速地转化为货币资本。

若募集的资金成为货币资本，它就直接成为企业扩大再生产的手段，与资金用于消费的情况不同，这时虚拟资本所代表的现实资本的量在运动中并没有消失，而是不断地在现实资本的运动中进行转化。不管虚拟资本在二级市场上怎样进行交易，现实资本的运动并不受影响。若募集的资本成为政府部门投资公共基础设施的资金，虽然不构成现实的资本运动，但是这却是现实资本运动的必要条件，公共基础设施可以获取社会的平均利润，也可以是纯粹的公益性事业，如果以社会平均利润进行产品或服务定价，那么这种政府支出可以视为资本积累，性质是相同的。

第二，虚拟资本是所有权凭证，它本身没有价值，但能够带来收益。作为一种生息资本的衍生形式，它的价值（虚拟价值）是通过收益资本化来计量的。虚拟资本的运动反映着现实资本的运动：企业的盈利能力强、资本积累快，意味着股票所代表的资本权益和投资收益更高，从而股票的虚拟价值更高；社会中闲置资本过多，借贷资本过剩，利息率降低，虚拟资本的价值就会提高。虚拟价值与虚拟资本的收益成正比，与社会的一般利息率水平成反比。

决定利息率的主要因素包括借贷资本的供求以及利润率，利息是实体经济利润的分割，利润率构成利息率的最高界限。随着技术的进步，资本有机构成提高，社会中的平均利润率有不断下降的趋势，即使利息率的下降与货币的特有运动无关，而单纯是利润率下降的结果，也会导致虚拟资本的价值不断扩大，正如马克思所言，“单是由于这个原因，这个想象的财富，按照它的原来具有一定的名义价值的每个组成部分的价值表现来说，也会在资本主义生产发展的进程中扩大起来”[2]541。

第三，虚拟资本的市场价格并不完全取决于其虚拟价值，而是受到货币资本供求的强烈影响。虚拟资本（证券）的价格决定因素可以归结为四个方面：定期获得的收益、利息率、证券持有者对于流动性的需要以及投机性预期[3]。借贷资本的供求在两个方面同时影响着虚拟资本的市场价格，一方面影响一般利息率水平，另一方面直接影响着虚拟资本与货币之间的变换，正如马克思指出的，“它们的价格还会由于信用的普遍缺乏而下降，这种缺乏使证券所有者在市场上大量抛售这种证券，以便获得货币……在危机期间，这种虚拟的货币资本大大减少，从而它的所有者凭它在市场上获得货币的力量也大大减少。这些有价证券在行情表上的减少，虽然和它们所代表的现实资本无关，但是和它们的所有者的支付能力关系极大”[2]541。与之相反，在信用充分时，虚拟资本就会成为炒作的对象，大量货币追逐虚拟资本，从而拉动虚拟资本价格上涨，这种炒作实际上就是“赌博”，一种不创造财富的“零和博弈”，在客观上会造成财富再分配。马克思认为，“由这种所有权证书的价格变动而造成的盈亏，以及这种证书在铁路大王等人手中的集中，就其本质来说，越来越成为赌博的结果。赌博已经代替劳动，并且也代替了直接的暴力，而表现为夺取资本财产的原始方法”[2]541。作为吸收过剩货币资本的重要领域，虚拟资本还会通过借贷资本的放大而获得更大规模的价格增值，形成“泡沫经济”。

虚拟资本的虚拟价值与现实资本的运动有密切联系，但其市场价格却可以完全脱离其虚拟价值和现实资本运动，二者有不同的决定机制。虚拟价值取决于收益的资本化，而市场价格由于投机和炒作而能够极大地偏离其虚拟价值，当人们预期虚拟资本的价格上涨时，就会大量购买，从而推动虚拟资本价格的继续上涨，由虚拟资本价格上涨所带来的差价成为现代经济中社会财富分配的一种重要的方式。特别地，当虚拟资本的炒作获得信用支持时，投机者可以通过银行信用或私人信用获得多倍于自有资本的资金，使社会的杠杆率大幅度提升，从而为泡沫的破裂、货币危机或信用危机的发生创造条件。

第四，虚拟资本的运动包括了两个连续的方面，一个是虚拟资本的创造和消失，一个是虚拟资本的交易。虚拟资本可能被创造出来，但并没有成为交易的对象，从而不能产生虚拟资本交易的二级市场。另一方面，有些实物产品可能并不属于虚拟资本，但却能成为炒作的对象，因而具有与虚拟资本相同的性质，在反复的交易过程中只是实现了这些实物资本的所有权转移。例如，收藏品、艺术品、房地产以及一些其他实物产品（如郁金香、大蒜等）虽然本身的价值并不是虚拟的，但其所有权却能够成为反复交易的对象，形成投机性交易市场，在这些市场中实物产品的市场价格并不取决于其内在价值。更有甚者，以虚拟资本或者实物产品的交易权为基础，能够在已经形成的虚拟资本或实物产品交易的基础上形成派生的虚拟资本（例如金融衍生品）。就虚拟资本的定义而言，有价证券及其派生的虚拟资本之所以能够在市场中进行买卖，是因为它们的收益权，它们是生息资本的一种衍生形式，但虚拟资本的交易并不完全是为了获取这种收益，更重要的还在于通过所有权的变现获取流动性的需要。

就股票的情况而言，在股票市场上，买卖双方的供求决定了股票的实际市场价格的波动，正是因为这种价格波动，使股票的买卖产生了价差，于是就吸引了一批以获取价差收益为目的的交易者，他们希望在市场上低价买入然后再高价卖出。因而，在正常的市场交易中，出现了市场的投机者，供求关系就不再取决于获取流动性的需要与获取股息收入的需要之间的联系，而是更多地取决于投机者的投机需求，股票价格波动与实体经济状况就发生了偏离。虚拟资本的“炒作”指的就是这种投机性交易。由于价格波动的高度灵活性、产品的耐久性，虚拟资本是最为理想的炒作对象。

就房地产而言，情况则有所不同。房子的生产过程，首先需要获取货币资本，这些货币资本可能来自企业的自有货币资本积累，也可能来自银行借贷、债券融资或股权融资等，然后这些货币资本转化为购买的劳动力和生产资料，进入房子的生产过程。房子的生产过程完全属于实体经济的领域，它与其他商品生产情况类似，不同之处在于房子的生产需要以土地作为生产资料投入，因此房子的价格与土地的价格密切相关，当房子的需求增加时，对于土地的需求就会增加，房价的上涨会带动土地价格的上涨（房价带动地价，而不是相反）。另一个最为重要的区别在于，房地产的流通不同于一般商品的流通，一般商品的流通是进入消费领域或生产领域（作为投入品），房地产不仅可以像一般商品那样进入消费领域或生产领域，也可以由于单纯的财富储藏或投机需要而进行流通。当房地产所有权作为金融工具时，房地产的反复交易实际上具有虚拟资本的性质，房地产的价格不仅反映真实的消费需求，而且还包含了金融投资需求和投机需求。因此，房地产的价格上涨会通过市场上的金融投资和投机而导致价格的进一步上涨，这种价格上涨使房子的生产能够获取大量超额利润。在没有金融投资和投机的情况下，房地产市场价格波动的平均数等于房地产的生产价格（成本价格加上平均利润），房地产市场处于均衡状态，假如这时市场上出现了一批金融投资者和投机者，他们或者追求购买房地产的保值增值，或者进行低价买入高价卖出的投机行为，于是房地产的市场价格开始偏离了其生产价格，金融投资或投机需求越是高涨，房地产的价格就会越高，如果房地产的成本价格（包括购买土地的支出）不变，房地产的生产商就可能由于金融投资或投机需求而按照不断增长的新的市场价格售卖房子，从而获取超过平均利润的大量超额利润，即使随着房价的上涨土地价格也在不断上涨，只要成本价格的上涨赶不上房价的上涨，超额利润就会存在。由此可见，房地产的虚拟资本功能够带动房地产作为实体经济的发展，只要房地产的价格随着金融投资和投机而不断上涨，房地产作为实体经济就会不断发展，由于房地产行业关联到上下游数十个行业，房地产的生产能够成为经济增长的发动机。也就是说，房地产的价格越是上涨，其金融和虚拟资本功能就会越强，从而其价格就会更进一步上涨，随着房地产价格的不断上涨，房地产的生产就会获取越来越高的超额利润，房地产的实际投资就会不断增加，从而实体经济就会不断增长。而且这个过程还会引起进一步的连锁反应，一方面，由于房地产的开发建设周期长、投入资金量大，房地产的不断发展会导致社会中用于房地产开发建设的债务不断增加；另一方面，由于房地产属于大额交易商品，对于家庭部门而言，购买这些大额商品需要向银行进行按揭贷款和其他贷款，由此就会引起家庭部门债务的不断积累，从而社会的杠杆率就会随着房地产经济的不断发展而不断增大。

虚拟资本的创造和买卖都与货币的运动密切关联。就虚拟资本的创造而言，发行有价证券会导致银行存款从一部分人手中转移到另一部分人手中，发行股票是将购买股票的投资者的银行存款转移到企业的银行存款上，发行债券是将债券购买者的银行存款转移到债券发行者的银行存款上；就虚拟资本的交易而言，交易双方的银行存款在金融市场的资本账户上相互转移，买者的银行存款转化为资本账户上的资金并购买金融资产，卖者的资本账户上的资产转化为银行存款。虚拟资本的运动使货币的交易性需求除了在实体经济之外，还增加了虚拟经济的领域。

更有甚者，当实体经济萎缩或处于萧条时，社会中的货币就会大量地向虚拟经济领域流动，从而导致虚拟经济的繁荣。因为货币的充裕或过多将导致社会中的利息率降低，从而会提高虚拟资本的价格，虚拟资本的价格上涨将吸引货币不断地向虚拟经济流动，这种正反馈机制将使经济中出现“脱实向虚”的现象，货币不断地进入虚拟经济，虚拟经济不断地膨胀，从而推动虚拟经济逐渐演化成“泡沫经济”。另外，实体经济的萎缩或萧条，意味着实体经济的利润率较低，而虚拟经济由于能够通过自身的膨胀而获取较高利润率，必然会促使货币向虚拟经济流域流动。在这里，虚拟经济的利润率不仅来自资本权益收入（如股息和利息），而且来自投机收入（即低买高卖的收入），资本权益收入是对实体经济中的利润的分割，而投机收入则是社会财富的再分配。以虚拟资本的市场价格衡量的财富本身是虚假的，如果股票投资者所持有的股票的价格上涨了，从账面上看其财富增加了，但这种增加并不是真实的，只有当他在这个较高价格上卖出股票时，才意味着他的实际财富增加，但是依靠这种手段所增加的财富只是财富的转移，社会中的总的财富并没有增加。在实体经济萎靡时，虚拟经济的利润主要来自社会财富的再分配，也就是说投机收入而不是投资收入是虚拟经济的主要利润来源。实体经济的萎靡、利润率的下降，意味着虚拟经济所分割的利润在下降，虚拟经济的利润率也必然跟着下降，但是由于虚拟经济不仅是金融投资市场，也是低买高卖的投机市场，随着货币资金不断流入虚拟经济领域，引起虚拟经济的繁荣，投机收入成为主要利润来源，通过对于已有财富积累、工资总额、利润总额以及国外财富的重新分配，使虚拟经济成为更加理想的资本盈利渠道。资本的本性是逐利，哪里的利润率高，资本就会流向哪里，甚至在实体经济情况较好时，虚拟经济仍然能够与实体经济争夺资金，从而削弱实体经济的资金获取能力。

虚拟经济膨胀对货币运动的影响在于：第一，虚拟经济膨胀将吸收更多社会中的货币进入虚拟经济领域，例如，当股市繁荣时，股票开户数量会增加，炒股的资金会增加，原来处于存款状态的资金越来越多地转变为金融资产。第二，虚拟经济的膨胀意味着交易的市值越来越大，即使有价证券交易的数量没有变，单纯由于有价证券的价格上涨，也会使交易的规模不断增加，这意味着购买相同数量的有价证券需要更多的货币，也就是说用于有价证券买卖的银行存款的量会越来越大。第三，虚拟经济的膨胀将使有价证券的创造更为有利可图，企业是由持有其股票份额最高的一批人所控制的，企业股票价格的上涨，意味着这些企业控制人所占有的虚拟财富的增长，对于这些人而言，发行股票将获取双重收益，一是为企业融资，二是能够获取股票溢价收入。虚拟经济的膨胀将会促使新股发行量的增加，从而增加有价证券的数量，使用于有价证券创造和交易的货币量增加。第四，虚拟经济的膨胀将使有价证券的市值增加，从而使有价证券可更多地用于抵押贷款，使银行信用扩张，若银行信用再次用于虚拟经济，将会导致虚拟经济的进一步膨胀。第五，虚拟经济的膨胀还会导致金融部门的扩张，使金融从业人员数量增加，金融部门的劳动服务于虚拟资本的价值流通，它们本身并不创造价值，但是却占有了社会的一部分剩余价值，随着虚拟经济的膨胀，金融部门的增加值在整个国民收入中的比例不断提高。

在实体经济和虚拟经济两大领域，货币在四种形式上进行转换，即货币资本、货币财富（储藏货币）、非货币资产（虚拟资本和实物资产）、货币资产四种形式不断地进行转化：货币资本主要用于社会的资本循环，能够转化为产业资本和商业资本，是社会中现实资本运动的媒介，是创造剩余价值的价值。货币财富是以货币形式保存的社会财富，在实体经济中有现实的对应物，例如，劳动者所获得的工资收入，在未花费之前，以银行存款的形式存在，即属于货币财富。非货币资产是现实资本运动的影像（虚拟资本）或实物产品的产权，包括有价证券、房地产产权、外汇、黄金等，有价证券、外汇属于虚拟资本，房地产、黄金则可视为实物资产。货币资产是在虚拟经济中以货币形式存在的金融资产，通常由货币财富转化而来，即由现金和银行存款转化为金融账户中的货币资产，成为与其他金融资产并列的资产形态，一般来说，货币金融资产仅仅是为其他金融资产交易需要而保存在金融资产账户上的货币余额。在现代经济中，货币的四种职能的发挥是同时进行的，任何一笔交易一方面导致买者的现金或银行存款减少，另一方面导致卖者的现金或银行存款增加，整个社会的货币存量就是现金和银行存款总量。商品交易和虚拟资本交易并不会改变社会的货币总量，只有银行存款被当作银行借贷货币资本转化为贷款、贷款转化为银行存款才能创造出一笔新的货币。

实体经济中扩大再生产的货币资本来源主要有三个方面，即自身积累、债权融资、股权融资。如果债权融资是通过银行贷款实现的，则会导致社会中的货币量增加，因为企业获得一笔贷款，使用这笔贷款购买劳动力和劳动资料，这笔贷款又转化为存款，贷款创造出新的银行存款。如果是通过发行企业债券（债权融资的另一种形式）和股票募集资金，社会中的货币量不变，但是虚拟资本的量增加了，因为发行债券和股票一方面导致购买债券和股票的公众银行存款减少，另一方面导致企业的银行存款增加，若不考虑现金漏损和准备金率，社会中的银行存款总量并没有发生变化。

如果企业通过自身资本积累扩大再生产，则社会中的货币总量随着资本积累的速度增长。假定社会中只有一家企业，生产中不需要不变资本，该企业用自身拥有的货币资本购买劳动力，这笔货币资本就转化成劳动者的工资，生产出来的商品资本经过售卖再转化为两个组成部分，一部分是作为成本价格的投入的量（原来投入的货币资本），另一部分是企业主的利润。劳动者买去的商品的量等于劳动者所获得的工资总额，而相当于企业主利润量的商品一部分供企业主消费，另一部分成为追加劳动力的消费资料。假定企业主向银行获取了相当于积累量部分的贷款，用于购买劳动力进行扩大再生产，而企业主的消费直接来自自己生产的商品，则在第二次生产过程中，企业主的贷款就变成了追加的劳动力的工资，这笔工资转化为银行存款，对于银行而言，它的资产（对企业主的贷款）与它的负债（追加劳动力的工资存款），正好处于平衡状态，社会中的货币量增加了相当于积累量的部分。

与实体经济的情况类似，如果用于购买非货币资产的货币来自银行贷款，即买方通过银行信用获取资金买进非货币资产，卖方则卖出非货币资产收取款项并存入银行，那么社会中就会增加一笔新的存款，从而导致社会中的货币总量增加。在虚拟经济中的交易，如果能够获取银行信用的支持，它就能够创造出更多的货币，从而极大地提高社会中的杠杆率。这对于房地产经济同样适用，购房者以按揭贷款的方式买房，开发商获取款项（银行存款形式），将使社会中的存款数额增加相同的数额，从而导致社会中的货量总量增加。由此可见，以信用扩张为基础的虚拟经济越是膨胀，社会中的货币量以及非货币资产的交易性货币需求将越是增加。

还有一个必须考虑的问题是信用货币和虚拟资本的存续时间。不考虑现金漏损和准备金率，一笔银行贷款即同时产生等额的一笔新增银行存款，这笔银行存款作为货币可以媒介多次交换，在每一次交换中卖者的银行存款增加，买者的银行存款减少，社会中总的银行存款没有变化。但是，如果债务人到期归还了这笔银行贷款，那么，原来的银行存款也就消失了，从而社会中的货币量也就减少相同的数额。一个经济体中，有大量的人在进行银行贷款，也有大量的人在进行还款，而且贷款期限也各不相同，社会中的银行贷款总额减去还款总额实际上相当于现有的银行存款的总量，只要银行贷款没有到期归还，它就必然以银行存款的形式保存在银行账户上，其媒介交换行为只不过是银行存款在不同的所有人之间和不同的银行之间转移而已，并不影响银行存款的总量（通过微信、支付宝交易亦是如此）。

虚拟资本不同的种类有不同的时间期限。对于债券而言，有中央政府债券、地方政府债券、企业债券等，不同的债券有不同的计息方式、还款方式和时间期限，随着债券到期，债券这种形式的虚拟资本也就消失了。债券只是债权凭证，它的创造和买卖并不会改变社会中的货币量，而只是导致银行存款在不同人之间的转移，债券消失了，银行存款并没有消失。对于股票而言，它是企业所有权的凭证，如果企业是永远存在的，那么股票这种形式的虚拟资本就不会消失，如果企业破产了，企业的股票也就不存在了。与债券一样，股票的创造和买卖也并不影响银行存款的总量，而只是导致银行存款在不同的经济主体之间转移。在经济持续运行中，每一个时点都有大量的虚拟资本消失，同时也有新的虚拟资本产生，社会中总的虚拟资本的数量大致保持在一个固定的数额。

社会中的信用货币（银行存款）和虚拟资本的总量会随着经济的景气循环而不断发生变化。一般地，在经济低迷时，企业的融资需求下降，银行贷款以及发行债券和股票的数量会下降，社会中的货币量和虚拟资本的量下降。在经济高涨时，银行信用扩张，企业的银行贷款增加，发行的债券和股票数量增加，社会中的货币量和虚拟资本的量上升。若考虑政府部门的逆经济周期调节，在经济低迷时，政府债券会增加，在经济高涨时，政府债券会减少。中央银行持有的虚拟资本也会随着逆经济周期调节的需要而发生变化，在经济低迷时，中央银行持有的虚拟资本增加，即买进虚拟资本（有价证券、股票、外汇等）、释放货币；在经济高涨时，中央银行持有的虚拟资本减少，即卖出虚拟资本、回收货币。商业银行在中央银行的准备金存款，在经济低迷时会随着商业银行信用紧缩而下降，随着中央银行调低法定存款准备金率而上升，在经济高涨时会随着商业银行信用扩张而上升，随着中央银行调高法定存款准备金率而下降。至于商业银行向中央银行的再贴现、再贷款，在经济低迷时一般会随着商业银行信用紧缩而下降，随着中央银行调低基准利率、再贴现率而上升，在经济高涨时一般会随着商业银行信用扩张而上升，随着中央银行调高基准利率、再贴现率而下降。中央银行通过调整现金和存款准备金数量控制基础货币，通过调整基准利率和再贴现率控制对商业银行的信贷，从而调控社会中的信用货币总量的变化。

三、我国经济“脱实向虚”的根源和发生机制

虚拟经济是由虚拟资本运动所产生的经济现象，而虚拟资本运动的重要特征就是炒作或者投机行为对价格决定起主要作用，这也同样适用于房地产、黄金等实物资产。这些实物资产虽然具有内在价值，与虚拟资本不同，但是在市场中进行投机性交易的是其资产的所有权，是为了获取价差收益或金融投资收益，而不是为了获取其使用价值。所以，在研究中，我们将实物资产的交易归入虚拟经济的领域。在这样的界定下，一国经济的“脱实向虚”指的就是货币资金从实体经济向虚拟经济领域流动的过程，这个过程包括两个方面的情况：一是原来作为实体经济运动媒介的一部分货币流向了虚拟经济；二是经济中的新增货币大部分没有进入实体经济而是进入了虚拟经济，这两种情况

都会导致虚拟经济的膨胀。我国经济“脱实向虚”的主要原因是实体经济产能过剩、房地产经济的过分膨胀以及银行信用的巨额扩张。

实体经济增速可以用资本积累速度来表示，它取决于经济中的积累率（剩余价值中用于积累的部分）和平均利润率水平①。积累率是利润率的函数，利润率水平越高，企业的预期利润前景越好，积累率就越高。根据这样的理论逻辑，实体经济增速的主要决定因素就是实体经济的预期利润率水平。利润率既是实体经济运行状态的核心指标，也是实体经济与虚拟经济之间的重要关联变量。当实体经济的利润率低于虚拟经济利润率时，货币资本就会从实体经济流向虚拟经济。

我国实体经济利润率走低是实体经济增速下滑的重要原因，也是资金“脱实向虚”的主要原因。引起实体经济利润率下降的根源在于市场经济必然蕴含的产能过剩，而产能过剩的主要原因在于外需萎缩、内需不足。内需主要由投资（实物投资）需求和消费需求构成，但投资最终必须服从于消费，因为消费是最终需求，投资只是购买生产资料、扩大再生产，是中间需求。尽管投资增加，也会带来收入增加，从而扩大消费，但是这种反过来引致的消费需求增加从根本上仍然受最终需求制约。消费的量取决于国民收入在工资和利润之间的分配，一般地，工资份额增加时，消费的比例就会上升，工资份额下降时，消费的比例就会下降。当前我国消费不足的主要原因除了收入分配这一根本制约因素之外，还有一个重要影响因素，就是购买住房的贷款对消费的挤压。劳动者的很大一部分收入花费在住房按揭贷款的还本付息上面，而真正用于购买消费品的收入比例较低，房地产越来越繁荣，劳动者的真正消费份额就越来越少，以至于房地产开发投资越来越成为拉动经济增长的主要动力。在这种经济运行模式下，社会中货币的流向变成：银行向房地产开发商发放贷款，房地产开发商向住户出售房屋，住户向银行按揭贷款支付购房款，开发商收回房款并向银行还本付息，住户按照按揭贷款期限向银行支付本息，成为银行的长期债务人。假设住户每年向银行还本付息的数额相当于其年收入的一半，那么在按揭期间，社会中的工资总额的实际消费能力就下降了一半，另一半用于逐年地消减银行贷款。从社会整体来看，经济中债务水平随着房地产经济的发展而不断提高，根据贷款创造新的货币量的原理[4]，社会中的货币量就会随着房地产经济的发展而不断增长。

当消费逐渐下降时，首先引起消费品的生产过剩，然后从消费品的生产过剩传导至投资品的生产过剩，最后引起社会的全面的产能过剩。社会中的利润率水平由于产能过剩而不断下降，一部分企业变得无利可图，一部分企业所获利润率低于社会的平均利润

---

① 假定国民财富为（$W = C + V + M$），资本有机构成为 k（不变），剩余价值率为 s，积累率为 a，则下一期新创造的价值为 $G = \left(V + \frac{1}{1+k}aM\right) + \left[\left(V + \frac{1}{1+k}aM\right)s\right]$，经济中新增的价值量为 $\Delta G = \left(\frac{1}{1+k}aM\right) + \left[\left(\frac{1}{1+k}aM\right)s\right]$，由此经济增长率可记为 $g = \frac{\Delta G}{G} = ar$。

率，只有那些能够进行创新的企业才能获得高于平均利润率水平的利润。当大量企业由于亏损或低利润率而退出生产领域时，社会中的闲置货币资本的量就会大量增加，这些货币资本不再发挥资本循环的媒介作用，不再变成货币资本而进入产业资本循环，它们就会成为纯粹的货币财富，以银行存款的形式保存在账面上。事实上，资本的本性是逐利，这些货币不可能以存款的形式保存在银行里，特别是当存款利率低于通货膨胀率时，货币资金将不得不产生自动亏损。过剩货币资本首先寻求的是保值增值，进入非货币资产的领域，购买具有较好保值增值能力的资产。由于房地产经济自身发展的正反馈机制，在房地产日益繁荣的情况下，过剩货币资本进入房地产领域就成了最好的保值增值渠道，过剩货币资本的涌入加剧了房地产经济的正反馈，促使虚拟经济膨胀。随着虚拟经济膨胀，虚拟经济的虚拟财富越来越大，这为货币资本寻求更高利润率提高了更好的途径，不仅过剩货币资本，能够获得等于或高于平均利润率的资本都会涌向虚拟经济，于是实体经济进一步萎缩，而虚拟经济却更加膨胀。

资金“脱实向虚”的根源在于实体经济的内在矛盾。在“脱实向虚”的经济运行模式中，扩张性的货币政策效果能够改变经济中的货币量，但不能改变货币的流动渠道和流动方向。而且，经济中的货币量并不是传统凯恩斯主义模型中的外生变量，而是经济体系内生的，是银行系统、实体经济、虚拟经济三者相互作用的产物，它取决于银行贷款的量。考虑虚拟经济对货币的吸收机制，货币政策的实施效果就会与单纯实体经济模式完全不同。针对实体经济减速，采取量化宽松的货币政策，很可能仅仅导致虚拟经济膨胀，而对实体经济的效果微乎其微，因为货币流向了虚拟经济。即使采取直接的价格型货币政策（另一种为数量型货币政策），降低利率，也并不能起到应有的效果，因为降低社会中的利率水平有利于降低融资成本，但同样也有利于虚拟资本和实物资产的价格上涨，从而提高了虚拟资本和实物资产的价差收益，推动虚拟经济膨胀，从而进一步导致货币从实体经济流向虚拟经济。

针对实体经济衰退，采用财政政策能够取得更为明显的效果。在私人投资不足的情况下，增加政府的公共投资能够起到同样的效果，但由此产生的货币量的变化要视公共支出的资金来源而定。若公共投资的资金来自税收收入，相当于从国民收入中取出一部分由政府部门进行投资，不改变社会中的货币总量。若公共投资的资金来自公债，则会增加社会中的虚拟资本数量，将社会中用于购买公债的银行存款转化为政府用于公共投资的银行存款，社会中的货币量没有发生变化。若公共投资的资金来自银行贷款，则社会中的货币量增加相同的数额，当公共投资完成之后，这笔资金就转化成企业和住户的银行存款，这部分增加的银行存款是在不减少社会中原有的银行存款总量的情况下产生的，增加银行贷款即意味着增加了社会中的货币量。

当前我国经济中货币量的增加与政府部门的银行贷款扩张密切关联，政府贷款的增加导致了经济中货币量的增加，成为推动银行信用扩张的重要力量。住户部门、企业部门和政府部门的银行贷款总额减去其还款总额等于社会中每年实际新增的货币量。在我国经济中，政府投资是有效需求的重要组成部分，也是刺激经济、进行逆周期调节的重要手段。为应对经济增速下滑，我国采取了扩张性财政政策，政府债务巨额增长，这些债务主要包括政府债券（中央政府债券和地方政府债券）、地方融资平台从银行获取的贷款等，政府投资成为拉动经济增长的主要角色，社会中的货币量也随着地方融资平台的贷款量的巨额增加而不断增长。对于整个社会而言，一笔贷款创造出等额的存款，形成等额的货币量。假定社会中的现金余额不变，不考虑转变为现金部分，这些货币在完成政府投资的媒介功能之后，即形成社会公众的存款，在实体经济不振的情况下，它们会进入虚拟经济领域。

由此可见，房地产开发贷款的增加、住户购房贷款的增加、政府投资贷款的增加，使银行信用大幅扩张、社会中的货币量巨额增长，但是同时实体经济产能过剩、利润率低下，于是，社会中的大量资金进入虚拟经济领域，推动了虚拟经济的膨胀。这是我国经济“脱实向虚”的内在机制。“脱实向虚”的根源在于实体经济的内在矛盾，这是市场经济的必然结果，在本质上属于“生产过剩”的表现形式。

值得特别指出的是，虚拟经济的膨胀包括两个不同的方面：一是社会中更多的货币去买卖虚拟资本和实物资产；二是虚拟资本和实物资产的量的增加。虚拟资本和实物资产的量的增加，一是通过发行政府债券募集政府投资的资金产生的，二是由于企业发行股票或债券募集资金产生的，三是用于投资或投机的实物资产的增加。也就是说，一方面我国银行信用扩张导致社会中的货币量巨额增长，另一方面我国的虚拟资本和实物资产的量也在巨额增长，社会中创造出的虚拟资本和实物资产的交易吸收了社会中产生的货币量。当前我国经济增长的两个重要推动力是政府投资和房地产投资，政府投资和房地产投资通过债券或股票融资创造了虚拟资本，通过银行贷款融资创造了新的货币（信用货币），这些虚拟的形态都是实体经济的产物，但是，在实体经济的基础上，却产生了虚拟资本的运动和实物资产买卖，产生了虚拟经济的庞大上层建筑，使实体经济的货币不断地流向虚拟经济。

四、我国经济“脱虚向实”的推进机制

虚拟经济发展要适应于和服务于实体经济发展的需要。实体经济是基础，虚拟经济是上层建筑，实体经济决定虚拟经济，虚拟经济反作用于实体经济，二者呈现为对立统一的辩证关系，这是现代经济运行的基本规律。推进经济“脱虚向实”，就是调整宏观经济的货币循环，改变货币的流向。资本的本性是逐利的，改变货币循环的方向，在根本上需要振兴实体经济，提高实体经济的利润率，使实体经济比虚拟经济更加有利可图，使虚拟经济的发展适合于实体经济发展的需要。因此，研究我国经济“脱虚向实”的推进机制，实际上就是探索如何促进实体经济发展、如何调控虚拟经济规模、如何形成与实体经济发展相适应的虚拟经济发展模式三个根本性问题。

这三个问题涉及不同的方面，形成了一个统一的整体。创造实体经济增长点、振兴实体经济是根本，控制虚拟经济规模、渐进性逐步化解房地产泡沫和金融风险是关键，形成实体经济与虚拟经济良性互动的经济机制是最终目标。这三大推进机制须遵行两个基本原则：第一，正确处理好政府与市场的关系，推进经济“脱虚向实”本质上是更好地发挥政府作用，而不是政府直接决定资源配置，政府的作用是创造经济发展条件，让微观经济主体自主决策，让市场在政府调控的外部条件下对资源配置起决定性作用，因此，政府的调控要满足市场主体的激励相容原则。第二，回归虚拟经济的基本功能，例如，金融的基本功能是为实体经济提供直接融资和间接融资渠道，投资于金融资产（有价证券等）是为了获得实体经济的一部分利润（股息或利息），卖出虚拟资本是为了获取流动性，买进虚拟资本是为了投资收益，“房子是用来住的，不是用来炒的”，等等，这些基本功能在市场经济中的异化，不仅使虚拟经济服务于实体经济的功能不能有效实现，而且本末倒置、经济发展畸形化，实现虚拟经济的基本功能是推动实体经济发展的重要条件。基于三个问题与两大原则，可提出六个方面的具体机制：

1. 推动我国经济“脱虚向实”的顶层设计

所谓顶层设计，是指最高层次上的战略统筹和系统规划。就当前我国经济“脱虚向实”而言，就是要实现实体经济发展目标与虚拟经济真实功能的有效耦合。实体经济的发展目标是建立现代化经济体系、实现社会主义现代化强国，其核心要义可归结为结构调整、创新驱动、产业升级，主要手段是供给侧结构性改革，即用改革的办法推动经济结构向更高层次跃迁。虚拟经济的功能定位在于为实体经济服务，主要体现在三个方面：一是为实体经济提供更好的资金融通渠道，为产业升级提供资金支持；二是提供稳定的虚拟资本和实物资产的交易市场，满足各经济主体的流动性需要，使投资者稳定地分享投资收益；三是为实体经济资源配置提供更有效的方式，实现资源在现在和未来之间的有效配置，提高社会资源集中效率，更好地分散和管理风险。建设现代化经济体系不仅要求建设现代化的产业体系，而且要求建立现代化的金融体系，要求虚拟经济的真实功能得到有效发挥。

“脱虚向实”不能仅仅理解为一种货币经济问题，它的本质要求是实体经济发展和虚拟经济回归其应有的功能，这是高质量发展的重要方面。当前我国实体经济生产过剩、经济增长面临下行压力，虚拟经济膨胀、资金在金融领域空转，实体经济与虚拟经济严重失衡，与“脱虚向实”的本质要求和顶层设计是背道而驰的，与高质量发展的目标也是不相符合的。推动经济“脱虚向实”必须对实体经济、虚拟经济以及二者之间的关系实施新的战略调整，实体经济从低端过剩生产转向中高端创新发展，虚拟经济回归真实功能，实体经济与虚拟经济有效耦合、良性互动、相互促进。

2. 过剩经济调节机制

市场经济运行的一般形态是经济不断地进行景气循环，每一次景气循环都会以过剩经济的方式造成生产和消费之间的矛盾，并以经济波动或生产萎缩的形式缓解矛盾，矛盾的“积累—缓解—积累”是经济波动或经济周期的实质。在我国经济运行中，市场经济的内在矛盾通常表现为周期性的库存增加和产能过剩。市场调节机制和政府调节机制对于过剩经济的作用是不同的。针对一般性商品的市场过剩，市场调节机制通过价格变动和数量调整能够最终使市场出清、达到均衡状态。古典经济学和新古典经济学假定市场调节机制是完全有效的，经济可以平滑地运行，即使出现了生产过剩也不需要政府干预，市场机制能够自己解决问题。这对于一般性的、较小的经济波动是适用的，但是对于特殊的、较大的经济波动却是不适用的。在什么情况下让市场机制调节自主发挥作用，在什么情况下发挥政府的调节作用，需根据经济运行的具体形势而定，让市场在资源配置中发挥决定性作用，必须要考虑市场调节机制的负面效应和时间期限，必须要考虑虚拟经济与实体经济的关系所带来的经济运行新情况，必须要考虑单纯市场调节机制的巨大社会成本。

我国经济运行的结构性问题突出，显然并不能通过市场机制有效解决，必须更好地发挥政府的作用，政府的作用是必要的和互补性的，而非仅仅用政府调节机制弥补和矫正市场调节机制的不足和缺陷：第一，在市场机制自动清理过剩产品和过剩产能时，造成的失业等社会成本，需要政府发挥社会稳定器的作用；第二，通过政府的引导和规划，减少市场的盲目性，减少市场中的信息不对称，增强调节针对性，将过剩资源引入新的经济增长渠道；第三，对房地产行业的生产环节和流通环节进行控制，减少房地产作为实物资产的虚拟经济运行所带来的生产性投资，让房地产回归居住属性；第四，理顺市场价格机制，减少市场分割、市场壁垒、行政干预，清除资源流动障碍，让市场价格更好地反映资源供求状况，使市场在资源配置中的决定性作用充分发挥出来，加速过剩经济的自动清理；第五，为实体经济的结构调整，如产业升级、产业转移、消费升级等，提供良好的制度、金融环境、基础设施等外部条件。

3. 利润增长机制

我国实体经济的根本问题在于产能过剩、利润率下降。要改变这种经济运行状况，最重要的就是提高实体经济的利润率，寻找利润增长点。利润率提高了，资金才会进入实体经济。没有利润率的提高，即使去库存、去产能暂时解决了过剩经济中生产和消费之间积累的矛盾，也不可能使实体经济产生对货币和资金的引力效应，经济仍然萧条或复苏乏力。

从我国经济现状来看，利润增长点可能在于创新、减税、产业转移、农业现代化、对外投资等方面。其中，创新是利润增长的主要机制。创新的内涵广泛，既可以是制度创新，也可以是科技创新。在经济学意义上，创新是指新制度、新发明、新方法、新产品、新模式等的首次商业化运用，特别是原有产业的技术革命和新的产业部门的出现（产业创新）。所谓结构调整、创新驱动、产业升级，指的就是经济中原有过剩产业的生产资源向创新产业的转移，产业结构从低端向中高端迈进，创新成为经济发展的主要动力。创新之所以成为经济发展的主要动力，是因为创新促使企业的利润率提高，使社会中的资本向创新产业流动，创新产业的发展通过蜂聚效应以及前后产业的关联效应，带动整体经济的发展。在产业创新推动经济发展的过程中，信贷扩张，投资增加，收入增长，消费增加，资本积累加速，整体经济运行从复苏到繁荣。

减税是通过减少企业税收支出的方式来提高企业的利润率。减税对于经济中利润率提升的效果，要视具体情况而定。在经济“脱实向虚”的情况下，虽然税率降低，企业税后盈利增加，但是增加的利润并不一定会成为资本积累资金，而可能进入虚拟经济领域。尽管如此，减税对于处于平均利润率水平以下或处于亏损状态的企业而言，能够使它们渡过经济衰退和经济萧条期，从而减少经济中的破产和产业资金的流出。相对于创新引起利润率的上升而言，减税是一种消极的利润增长机制。

我国是一个产业门类齐全、区域发展不平衡的大国，不同区域产业发展状态不同，这为通过产业的区域转移提高经济中的利润率水平提供了条件。发达地区的产业向中高端迈进，而不发达地区承接发达地区的产业转移，从而形成产业区域演进的梯度发展模式。不同区域之间的产业分工的形成，分工结构的更新，能够为经济发展提供新的利润增长条件。农业现代化也是一个重要的经济增长点。我国传统农业的生产方式转变为现代农业，可形成生产要素的新的组合，为经济发展创造利润增长条件。农业虽然在国民经济中的比例不断下降，但是农业却是一个前后产业关联度较高的行业，农业生产资料（机器、农药、种子、原材料等）、农产品加工、农业产品流通等等，都会随着农业现代化而发展。产业转移和农业现代化是我国两个重要的经济增长点，是我国利润增长的重要机制，可作为我国经济“脱虚向实”的重点领域。

在实体经济过剩运行的背景下，大量过剩资本可以向国外进行直接投资，从而缓解资本过剩的压力，提高实体经济的利润率。过去我们引进外国资本对内进行直接投资，为经济发展带来了重要的外部力量。在新时期，我国应该更加重视引进外资的质量，防止高污染、高能耗、低端产业进入直接投资领域，侧重引进中高端制造业进行外商直接投资，同时，让国内过剩产业资本向国外转移，积极服务于第三世界国家的经济建设。对外投资是我国经济“脱虚向实”的重要推进机制，是一个重要的利润增长点。

4. 泡沫消化机制

我国虚拟经济的膨胀主要源于房地产价格的上涨。出现房地产经济膨胀的原因，一方面是我国人口城镇化导致住房需求的增加，这是房地产的真实需求，另一方面则是房地产作为实物资产，成为金融投资和投机的工具。房地产经济的膨胀是真实需求和金融需求相互作用的结果，房地产的金融属性使房地产价格偏离了供给和真实需求所决定的价格水平，产生了房地产的泡沫。房地产泡沫有四种直接的经济效应：第一，高于真实需求水平的房地产价格，使住房的真实需求下降；第二，过高的房地产价格使购房者每月支付的本息占个人收入的比例上升，压缩了其他消费支出，缩小了最终需求的份额，导致社会中的有效需求水平下降；第三，房价泡沫催生土地价格泡沫，房产价格的上涨使土地价格上涨，土地价格上涨导致政府的土地出让收入增加，这些土地出让收入实际上是级差地租的现值，而不是创造出来的真实财富，它们相当于政府对购房者的税收；第四，过高的房地产价格提高了房地产行业的利润率，房地产作为实物资产进行金融投资和投机，产生的虚假需求（不以居住为目的）提高了房地产价格，在生产成本不变的情况（不包括购买土地的支出）下，企业的利润率会随着房价的提高而不断提高，从而更多的资本会进入房地产行业。

房地产泡沫的形成和扩大，造成了信贷资金在房地产行业以越来越大的规模进行循环。房地产价格越是上涨，房地产开发规模越大，社会中的信贷资金的循环规模就越大，最终沉淀下来的长期贷款（住房贷款）就越多，从而房地产经济就越膨胀。这种经济发展模式从长期来看是不可持续的。随着房地产经济的繁荣，信贷规模的增加，社会中的金融风险也会逐渐积累。

房地产的去泡沫化，重点要抑制房地产的金融属性，防止房地产作为实物资产进行金融投资和投机，让房地产回归其居住属性（用于自住或出租）。房地产的泡沫消化机制包括供给机制和需求机制。供给机制是从供给侧着手，提高居住型房屋的供给，使供给的房屋不能成为金融市场上的实物资产，同时，增加非居住型房屋的供给成本，减少非居住型房屋的供给；需求机制是从需求侧着手，区分真实住房需求和金融需求，通过机制设计，满足真实住房需求，减少或消除投资或投机需求。如果通过供给和需求两个方面的机制设计，能够使社会中的真实需求表现出来，那么业已形成的有泡沫的房地产价格就会抑制真实住房需求、提高居住型住房供给（利润率高），从而居住型住房的供给增加、需求减少，房地产价格向真实水平回归。

5. 货币流通机制

货币进入实体经济可以通过直接融资的方式，创造出股票、债券等虚拟资本，也可以通过间接融资的方式，创造出银行贷款、形成货币增量。无论货币通过哪种方式进入实体经济，都需要构建有效的货币流通机制。银行体系和金融市场是货币流通的中介，银行体系和金融市场机制不健全、渠道不畅通、流通不顺畅，也是造成货币“脱实向虚”的重要原因。例如，如果货币进入中小企业的机制不健全，银行不愿意向中小企业借贷，中小企业本身又达不到股权融资和债券融资的条件，就会造成中小企业融资需求得不到有效满足。

货币流通包括媒介商品交换的货币流通、媒介虚拟资本的货币流通以及媒介银行信贷的货币流通。媒介商品交换和虚拟资本的货币流通，在经济中不创造新的货币，表现为银行存款在不同经济主体之间转移；媒介银行信贷的货币流通将创造出新的贷款、形成新的存款，增加社会中的货币总量。这两种不同的货币流通机制在市场中相互制约，银行信贷的减少将使社会中的货币紧缩，从而媒介商品交换和虚拟资本的货币不足，利率上升，银行增加信贷、货币增加，反之，则银行减少信贷、货币减少。货币流通机制实际上就是这两种货币流通相互依存、相互渗透的关系。

健全货币流通机制，就是要消除社会资本进入实体经济的障碍，畅通资本流通渠道，创造有效的金融工具，通过市场机制反映资金的价格和数量，发挥市场在资金配置中的决定性作用，使社会中各层次的资金需求都得到满足。创新、产业转移、农业现代化、对外投资等利润增长领域，都需要有效的金融支持，消除流通渠道中存在的各种障碍，消除金融抑制，使社会资金更有效地进入这些经济领域，才能够为实体经济的利润增长机制创造出必要的货币和金融条件。

6. 虚拟经济监管机制

虚拟经济的监管主要包括三个方面：一是防止虚拟资本和实物资产的过度炒作以及虚拟经济的过分膨胀；二是防止虚拟经济导致的信用扩张，特别是虚拟经济直接导致的银行信用扩大、杠杆率增加；三是防止虚拟资本的过度衍生，减少虚拟资本的再虚拟化。

虚拟资本和实物资产的炒作是市场预期和逐利行为的结果，在市场经济条件下具有存在的必然性。对虚拟经济的监管，必须防止过度的投机行为对真实需求的干扰，使虚拟经济的价格反映真实的供求关系，否则，虚拟经济的膨胀就会形成经济泡沫，从而导致金融风险的加剧。

特别是，当虚拟经济膨胀得到信用扩张的支撑时，虚拟经济泡沫能够迅速扩大。投机资金如果来自自有资金，一般地其用于推动资产价格上涨的能力受限，但是，投机资金如果能够在市场上发行股票、债券等有价证券或通过银行贷款而获得，那么就会产生多倍于自有资金的投机资金，从而资产价格会产生数倍于其内在价值的上涨，一旦泡沫破裂，就会对金融系统造成破坏性影响。对虚拟经济的监管，必须有效地控制虚拟经济直接产生的杠杆率，防止社会资金通过直接融资和间接融资的方式进入虚拟经济领域，进行投机行为。

虚拟资本和实物资产最初都产生于实体经济，例如，股票、债券等有价证券是实体经济直接融资产生的，房地产是投资建造而产生的，这些资产都来源于实体经济。但是，在这些资产产生出来后的交易过程却会形成多方面的再虚拟现象：第一，以这些资产为抵押能够获取银行贷款，从而使社会中虚拟的货币（信用货币）增加；第二，依托这些资产能够产生大量的金融衍生品，形成各种形式次生的虚拟资产；第三，通过发行股票、债券等方式募集资金购买这些资产，从而产生更多的虚拟资本；第四，将银行的债权证券化形成虚拟资本；第五，再虚拟化催生大量不同性质的交易机构，这些机构也能够创造出新的虚拟资本；等等。再虚拟化程度越高、范围越广、运行环节越多，其金融风险越大，对虚拟经济监管，就必须对这些复杂的再虚拟化现象进行有效管控。

（本论文原载于《当代经济研究》2019 年第 12 期）

参考文献:

［1］中共中央文献研究室编. 习近平关于社会主义经济建设论述摘编［M］. 北京：中央文献出版社，2017：113-115.

［2］马克思. 资本论：第3卷［M］. 北京：人民出版社，1975.

［3］陈享光，袁辉. 现代金融资本的积累及其影响［J］. 当代经济研究，2010(7)：33-38.

［4］AUGUSTO GRAZIANI. The Monetary Theory of Production［M］. Cambridge University Press，2003：25-26.

后记

中国的改革是一场全域性的改革，是一次社会革命，由经济改革开始，逐步向其他社会领域扩展。经济体制改革是社会大革新的第一场战役。肇始于1979年的中国经济体制改革实现了人类历史上一次史无前例的经济起飞，促成了中国的社会进步和国力增强，谱写了20世纪末以来世界历史上中国崛起这一最华丽的篇章。当前，在习近平新时代中国特色社会主义思想指导下，新一轮的改革、发展大潮正在中国大地涌现。

习近平总书记指出："随着改革开放的不断深入，我们形成了当代中国马克思主义政治经济学的许多重要理论成果。这些理论成果，马克思主义经典作家没有讲过，改革开放前我们也没有这方面的实践和认识，是适应当代中国国情和时代特点的政治经济学，不仅有力指导了我国经济发展实践，而且开拓了马克思主义政治经济学新境界。""哲学社会科学研究要立足中国特色社会主义伟大实践，提出具有自主性、独创性的理论观点，构建中国特色学科体系、学术体系、话语体系。""我们要立足我国国情和发展实践，不断开拓当代中国马克思主义政治经济学新境界，为马克思主义政治经济学创新发展贡献中国智慧。"

经济体制改革仍然是新时代我国改革的一个重头戏。进入深水区的经济体制改革的顺利推进，需要研究的重大现实问题很多。坚持习近平新时代中国特色社会主义思想，西南财经大学政治经济学研究团队围绕新时期中国社会主义经济体制改革历程中的重大关键性问题进行了深入研究。本书由经济制度改革专题、企业改革专题、农村改革专题、城市改革专题、金融改革专题五个专题，共计36篇论文构成，共60.6万字。新时代向我们提出了更繁重的理论任务要求，中国经济学工作者大有可为，应肩负起重要责任和使命，积极参与改革开放和中国特色社会主义事业，深入开展理论研究，奉献更多智力。

本书是集体智慧的结晶。具体执笔者有：刘诗白教授、刘灿教授、丁任重教授、李萍教授、程民选教授、王朝明教授、蒋南平教授、盖凯程教授、杨慧玲教授、吴垠教授、王雪苓副教授、韩文龙副教授、李标副教授、肖磊副研究员、孙根紧副教授、田世野博士等。全书由丁任重教授和盖凯程教授负责统稿。

本书得到了西南财经大学马克思主义经济学研究院暨全国中国特色社会主义政治经济学研究中心"中国特色社会主义政治经济学理论体系构建"项目资助。本书的成功出版离不开诸位团队成员的辛勤付出以及西南财经大学出版社工作人员的鼎力支持与协助，此处一并表达真挚的谢意。